ÉCOLE D'APPLICATION DU GÉNIE MARITIME

# COURS
## DE
# CONSTRUCTION DU NAVIRE

PAR

## L. CALLOU

INGÉNIEUR EN CHEF DE LA MARINE
SOUS-DIRECTEUR DE L'ÉCOLE D'APPLICATION DU GÉNIE MARITIME

TOME PREMIER

PARIS
AUGUSTIN CHALLAMEL, ÉDITEUR
17, RUE JACOB
LIBRAIRIE MARITIME ET COLONIALE

1902

# COURS
## DE
# CONSTRUCTION DU NAVIRE

TYPOGRAPHIE FIRMIN-DIDOT ET Cⁱᵉ. — MESNIL (EURE)

ÉCOLE D'APPLICATION DU GÉNIE MARITIME

# COURS
DE
# CONSTRUCTION DU NAVIRE

PAR

L. CALLOU

INGÉNIEUR EN CHEF DE LA MARINE
SOUS-DIRECTEUR DE L'ÉCOLE D'APPLICATION DU GÉNIE MARITIME

TOME PREMIER

PARIS
Augustin CHALLAMEL, Éditeur
LIBRAIRIE MARITIME
17, RUE JACOB

1902

# COURS
## DE
# CONSTRUCTION DU NAVIRE

## PREMIÈRE PARTIE

DÉFINITION ET REPRÉSENTATION DES FORMES DU NAVIRE.

### CHAPITRE PREMIER

**Notions générales. — Définition des dimensions principales du navire.**

**1. Définitions et notions générales.** — Un navire est un flotteur dont l'unique propriété géométrique est de posséder un plan de symétrie. L'existence de ce plan de symétrie est la conséquence évidente de la faculté que doit avoir en général ce flotteur, de se déplacer à la surface de l'eau sous l'influence d'une force extérieure convenablement appliquée (pression du vent ou réaction de l'eau). Pour diminuer autant que possible la résistance opposée par l'eau à ce déplacement, on est conduit à donner au flotteur une forme plus ou moins affinée, le plan de symétrie étant dirigé dans le sens de la plus grande dimension. On donne à ce plan le nom de *plan longitudinal* ou *plan diamétral*. Lorsque le navire est dans son état de flottabilité normal, ce plan est vertical, c'est-à-dire perpendiculaire au plan d'eau, ou *plan de flottaison*.

Les extrémités du navire, repérées par rapport à la direction normale de marche, sont appelées *avant* et *arrière*. Les anciennes dénominations de *proue* et de *poupe* ne sont plus guère usitées maintenant. Les indications d'avant et d'arrière sont représentées souvent à l'aide des symboles abrégés $A$ et $R$. Pour désigner sans confusion les deux côtés du navire, on appelle *tribord* le côté de droite et *bâbord* le côté de gauche, pour un observateur placé à l'arrière et regardant l'avant.

L'avant et l'arrière devant être affinés, le premier pour fendre et déplacer l'eau, le second pour la laisser revenir facilement dans le sillon creusé par le navire, on est conduit à leur donner des formes plus ou moins différentes. La divergence s'accuse lorsque le navire est muni d'un propulseur établi à l'arrière, les formes de la région arrière devant être alors étudiées pour faciliter l'afflux de l'eau vers ce propulseur. C'est pour cela qu'un navire ne possède en général qu'un seul plan de symétrie. Dans certains cas, il peut être utile de disposer le navire de manière qu'il puisse se déplacer indifféremment dans un sens ou dans l'autre. Il n'y a plus alors d'avant ou d'arrière distincts, et le navire possède deux plans de symétrie perpendiculaires l'un à l'autre ; il est dit dans ce cas *amphidrome*. Ce cas se présente pour des navires destinés par exemple à naviguer dans des rivières trop étroites pour permettre les évolutions, ainsi que pour les chalands, pontons, etc.

L'intersection du plan d'eau avec le contour extérieur du navire se nomme *ligne de flottaison* ou simplement *flottaison*. La partie du navire située au-dessous de ce plan, c'est-à-dire la partie immergée, constitue la *carène*, ou *œuvres vives*. La partie non immergée constitue les *œuvres mortes*, désignées aussi sous le nom d'*accastillage*. La coque du navire est partagée dans le sens de la hauteur en un certain nombre d'étages appelés *entreponts*, au moyen de planchers à peu près horizontaux qui portent le nom de *ponts*. On considère en général les œuvres mortes comme s'arrêtant au pont continu le plus élevé, et on donne le nom de *superstructures* aux constructions légères établies quelquefois au-dessus de ce pont.

Un navire, envisagé comme flotteur immobile, est en équilibre sous l'action de la pesanteur et des poussées hydrostatiques, lesquelles ont, comme on le sait, une résultante unique égale au poids du volume du liquide déplacé. Si donc on désigne par P le poids du navire, par V le volume du liquide qu'il déplace, et par $\pi$ le poids spécifique du liquide, on a comme relation d'équilibre :

$$P = \pi V$$

Ce produit $\pi V$, représentant le poids du liquide déplacé par le flotteur, est appelé *déplacement* du navire. Il est, d'après ce qui précède, égal au poids total du navire.

Pour une même valeur de P, à des valeurs différentes de $\pi$ correspondront des valeurs différentes de V, c'est-à-dire que le volume immergé changera si le navire passe de l'eau de mer dans l'eau douce, par exemple. La valeur de $\pi$ est assez variable suivant la position géographique du point considéré, et pour un même lieu, au moins à proximité des côtes, varie périodiquement suivant la direction et l'intensité des courants de marée; elle est toujours comprise entre 1 et 1,03. La valeur admise en France pour tous les calculs relatifs aux navires destinés à naviguer sur mer est égale à 1,026, et représente à peu près la valeur maxima de la densité des eaux du littoral de la Manche et de l'Océan. La relation fondamentale d'équilibre s'écrit alors :

$$P = V \times 1,026$$

Si d'autre part on suppose $\pi$ invariable, on voit que toute variation de P entraînera une variation corrélative du volume immergé V. La position de la ligne de flottaison sur le contour du navire variera donc avec l'état de chargement.

Pour un état de chargement donné, c'est-à-dire pour un déplacement donné, il existe une position unique d'équilibre stable, dans laquelle le centre de gravité du flotteur et le centre de gravité du volume du liquide déplacé, ou *centre de carène*, se trouvent comme on le sait sur une même verticale (1). Si on modifie la répartition des poids, la valeur du volume immergé ne changera pas, mais la position du centre de gravité du flotteur sera en général modifiée. Il existe donc, pour un déplacement donné d'un navire, une infinité de lignes de flottaison qui toutes limitent des carènes différentes, mais de même volume. On les nomme flottaisons *isocarènes*.

---

(1) Nous supposons connues toutes les notions relatives à la géométrie du navire, c'est-à-dire aux diverses conditions d'équilibre du navire envisagé comme corps flottant. Nous renvoyons pour ce sujet aux ouvrages spéciaux.

Il existe pour tout navire une ligne de flottaison normale, en vue de laquelle il a été tracé et construit. L'objectif constant du constructeur doit être de régler la valeur et la répartition des poids des matériaux qui composent la charpente et des divers objets qui doivent trouver place à bord, de telle sorte que, le navire une fois complètement terminé et armé, la flottaison réelle coïncide aussi exactement que possible avec la flottaison normale prévue. Ce plan de flottaison normale et le plan diamétral qui lui est perpendiculaire sont pris, ainsi que nous le verrons plus loin, comme plans de repère pour la représentation des formes du navire.

La flottaison normale prévue est aussi appelée flottaison *en charge*, puisqu'elle correspond au déplacement du navire supposé chargé de tous les poids qu'il doit recevoir. Lorsque le navire a un déplacement inférieur à ce déplacement prévu, on dit qu'il est *lège*; lorsqu'il a un déplacement supérieur, on dit qu'il est en *surcharge*. Parmi les flottaisons isocarènes correspondant à un déplacement donné, celle qui est parallèle à la flottaison normale est dite flottaison *droite*.

On voit qu'il est indispensable de calculer à l'avance, avec le plus grand soin, le poids de la charpente et de tous les objets qui doivent trouver place à bord. Pour éviter toute omission, ces poids sont classés en groupes méthodiques, qui seront étudiés dans la 7$^{me}$ partie.

En dehors de la flottaison en charge normale, on est amené à considérer dans les calculs diverses flottaisons *lèges*, correspondant à la suppression de certains poids afférents à des matières consommables, par exemple à l'état de chargement après consommation complète des vivres et du combustible.

La tranche du navire comprise entre la flottaison en charge et la flottaison droite isocarène de la flottaison lège correspondant à la suppression hypothétique de tous les poids pouvant être considérés comme amovibles, c'est-à-dire du personnel, des objets d'approvisionnement, et de tous les organes relatifs à la propulsion, à la puissance offensive et à la navigabilité, est désignée sous le nom de tranche d'*exposant de charge*.

**2. Plans de repère. — Dimensions principales.** — Les dimensions principales d'un navire sont repérées par rapport à trois plans rectangulaires qui sont : le plan diamétral, le plan de flottaison normale, et un plan perpendiculaire aux deux précédents, dit plan *transversal*.

Dans le sens longitudinal, on emploie comme repères deux droites appelées *perpendiculaires*, tracées dans le plan diamétral normalement à la trace du plan de la flottaison en charge, et limitant à peu près la carène à ses extrémités. En réalité, la carène est limitée à l'avant par une pièce qui porte le nom d'*étrave*, à l'arrière par une pièce appelée *étambot*. Mais ces pièces ont un contour généralement courbe, et pouvant affecter des formes assez diverses. On a donc adopté la convention suivante :

*Les perpendiculaires passent par les points les plus saillants des parties immergées de la carène.*

La fig. 1 montre l'application de cette convention à divers

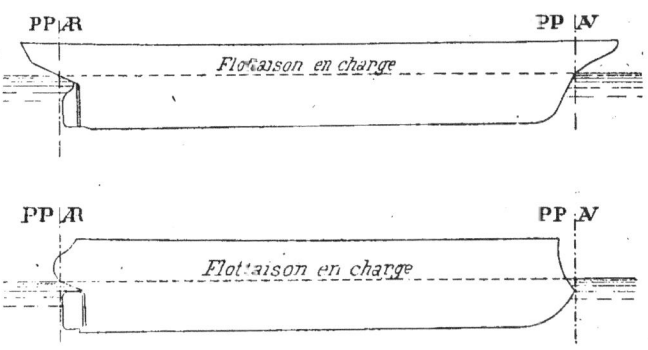

Fig. 1.

tracés du contour de l'avant et de l'arrière. Les perpendiculaires sont représentées sur les plans par les symboles PPAV et PPAR.

La convention ci-dessus indiquée ne date que de 1893. Antérieurement à cette date, la convention en usage était de faire passer les perpendiculaires par l'intersection de la flottaison en charge avec le contour extérieur de l'étrave pour la perpendiculaire AV, avec l'axe du gouvernail pour la perpendiculaire AR (fig. 2). Exceptionnellement, pour les bâtiments à éperon, la perpendiculaire AV était tracée par l'extrémité de l'éperon, comme dans la convention actuelle. On rencontre encore un assez grand nombre de plans sur lesquels les perpendiculaires sont tracées de cette façon (1).

Les perpendiculaires extrêmes étant ainsi définies, la *perpendiculaire milieu* est une ligne de repère tracée parallèlement aux

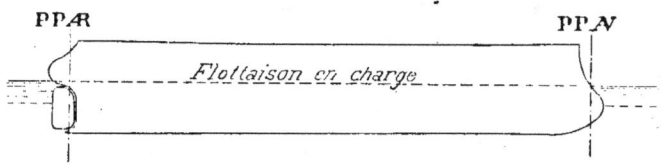

Fig. 2.

perpendiculaires extrêmes et à égale distance de chacune d'elles.

La distance comprise entre les perpendiculaires extrêmes est appelée *longueur entre perpendiculaires*. On la représente généralement dans les calculs par le symbole A.

On appelle *longueur à la flottaison* la distance comprise entre la perpendiculaire AR et l'intersection de la flottaison avec le contour de l'étrave, distance qui, pour certains tracés d'étrave, pour les bâtiments à éperon par exemple, peut différer assez notablement de la longueur entre perpendiculaires.

On appelle *longueur d'encombrement* la distance comprise entre les parallèles aux perpendiculaires menées tangentiellement au contour extérieur de la projection du navire sur le plan longitudinal. Elle est au moins égale, et en général supérieure, à la longueur entre perpendiculaires.

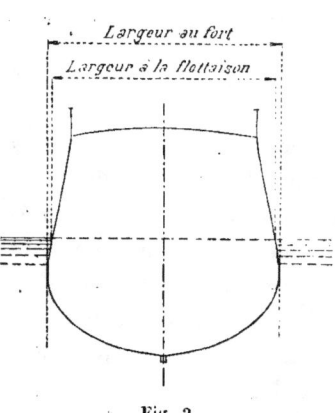

Fig. 3.

Dans le sens transversal, les dimensions du navire sont définies par la *largeur au fort*, distance comprise entre les plans parallèles au plan diamétral menés tangentiellement au contour extérieur du navire. On considère aussi la *largeur à la flottaison*, distance comprise entre les deux tangentes à la flottaison parallèles au plan diamétral (fig. 3). Assez souvent, ces deux dimensions se confondent, la lar-

---

(1) C'est également la convention admise dans la marine anglaise.

geur maxima correspondant précisément au plan de flottaison.

En général, le plan transversal dans lequel sont comptées ces largeurs maxima coïncide avec le plan transversal passant par la perpendiculaire milieu. Mais cette coïncidence n'est bien entendu nullement obligatoire et n'existe pas toujours.

**3. Fond de carène. — Profondeur de carène. — Tirants d'eau.** — Dans le sens vertical, on prend comme lignes de repère la trace de la flottaison en charge sur le diamétral, et une parallèle à cette trace, considérée comme limitant fictivement la carène à la partie inférieure. Cette parallèle, appelée *ligne d'eau zéro* (on verra au chapitre II le motif de cette dénomination), est définie de la manière suivante.

Pour les bâtiments à charpente en bois, l'ossature de cette charpente s'appuie à la partie inférieure, comme nous le verrons plus tard, sur une pièce longitudinale appelée *quille* (fig. 4). Cette

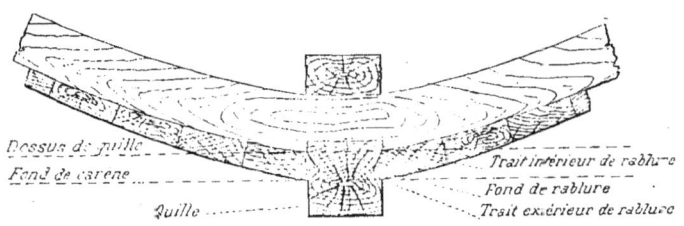

Fig. 4.

charpente est recouverte extérieurement par une enveloppe étanche appelée *bordé*, qui vient s'encastrer dans une feuillure à section triangulaire pratiquée dans la quille, et portant le nom de *râblure*. Les trois arêtes de cette feuillure sont désignées respectivement par les noms de *trait intérieur* (ou supérieur) de râblure, *fond* de râblure, et *trait extérieur* (ou inférieur) de râblure. La projection du trait intérieur de râblure sur le diamétral est appelée *dessus-quille*. La projection du trait extérieur sur le même plan est considérée comme limitant la carène à la partie inférieure, la partie saillante de la quille constituant seulement un appendice plus ou moins développé extérieur à la carène. Cette projection du trait extérieur de râblure est ce qu'on appelle le *fond de carène*.

Pour les bâtiments à charpente métallique, le bordé est formé de feuilles métalliques, ou *tôles*. Ces tôles viennent quelquefois s'assembler avec une quille massive, mais le plus souvent forment dans la région inférieure un contour continu, extérieurement auquel est parfois rapportée une pièce saillante en bois, dite *fausse quille*. On considère alors comme fond de carène l'intersection avec le plan diamétral du contour extérieur du bordé métallique, ou de ce contour prolongé fictivement dans le cas d'une quille métallique massive (fig. 5).

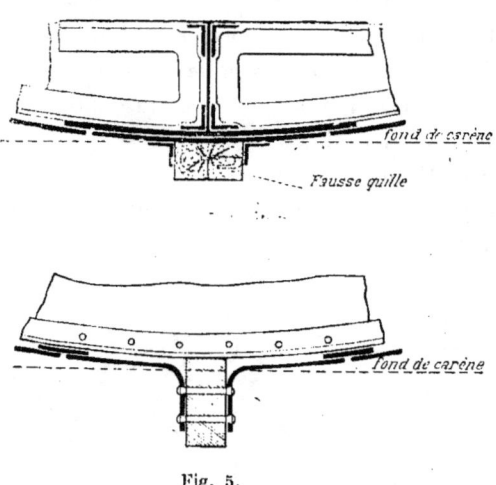

Fig. 5.

Il peut y avoir indécision dans le cas où le bordé métallique est constitué, comme nous le verrons plus tard, de tôles se recouvrant

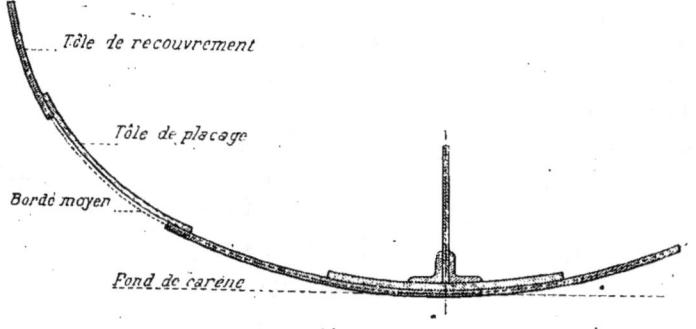

Fig. 6.

partiellement (fig. 6). Les tôles qui sont en contact direct avec la charpente sont dites alors *tôles de placage*, et les autres *tôles de recouvrement*. Il est évident qu'on ne peut prendre comme surface extérieure de la carène ni la surface des tôles de placage, qui donnerait un volume trop faible, ni celle des tôles de recouvrement, qui donnerait un volume trop fort. On considère alors la carène comme limitée à une surface fictive, dite *bordé moyen*, tracée parallèlement à la surface des tôles de placage et à mi-épaisseur des tôles de recouvrement. Le fond de carène est dans ce cas l'intersection avec le diamétral du contour du bordé moyen.

Le fond de carène ainsi défini est une ligne qui peut être courbe et qui n'est pas en général parallèle à la flottaison en charge. On prend comme ligne de repère, ou *ligne d'eau zéro*, une ligne parallèle à la flottaison en charge menée par l'intersection de la perpendiculaire milieu avec le fond de carène (fig. 7). La distance

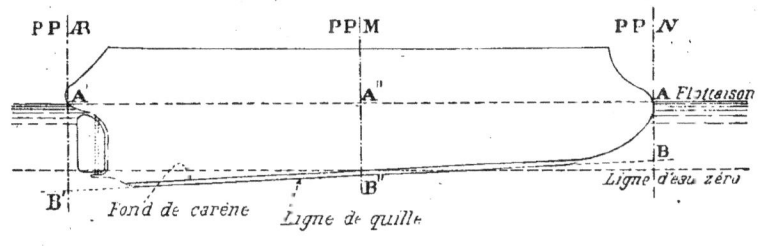

Fig. 7.

de cette ligne d'eau zéro à la flottaison est appelée *profondeur de carène*.

La projection sur le diamétral du contour inférieur de la quille, ou, si elle n'existe pas, du contour inférieur de la carène, porte le nom de *ligne de quille* ou *dessous-quille*. En général, pour la facilité d'échouage du navire dans un bassin de radoub, cette ligne de quille est rectiligne au moins sur une notable portion de la longueur. S'il n'en est pas ainsi, on appelle ligne de quille la tangente au contour inférieur de la quille parallèle à la direction générale de ce contour.

Considérons, dans le plan diamétral, la trace de la flottaison en charge, les perpendiculaires, et la ligne de quille (fig. 7.) Cette ligne de quille prolongée coupe les perpendiculaires aux points B et B'. Les longueurs AB et A'B' sont appelées *tirants d'eau fictifs* de la carène. Dans la plupart des cas, la ligne de quille est oblique par rapport à la flottaison en charge, et le tirant d'eau Æ est supérieur au tirant d'eau AV. La quantité A'B'—AB est dite la *différence de tirants d'eau*, ou par abréviation la *différence*.

La pente de la ligne de quille, c'est-à-dire la quantité $\frac{A'B'-AB}{A}$, est appelée *assiette* du navire.

Lorsque la ligne de quille est oblique par rapport à la flottaison en charge, on dit que le navire est *en différence*. Dans le cas très rare où le tirant d'eau AV est supérieur au tirant d'eau AR, le navire est dit *en contre-différence*. Dans le cas où la ligne de quille est parallèle à la flottaison, le navire est dit *sans différence*.

La distance A″B″, comptée sur la perpendiculaire milieu entre la flottaison en charge et la ligne de quille, s'appelle le *tirant d'eau milieu*. Ce tirant d'eau est évidemment égal à la moyenne arithmétique des tirants d'eau fictifs AV et AR. Lorsqu'il n'y a pas de quille saillante, la ligne de quille se confondant avec le fond de carène, le tirant d'eau milieu est exactement égal à la *profondeur de carène*. Lorsqu'il y a une quille saillante, le tirant d'eau milieu est supérieur à la profondeur de carène, et la différence entre ces deux quantités est dite *tableau de la quille*.

Lorsqu'un navire a été construit avec une ligne de quille droite, cette ligne subit en général, une fois le navire à flot, une certaine déformation; le plus souvent, elle prend la forme d'une courbe très allongée dont la flèche maxima coïncide très sensiblement avec la perpendiculaire milieu. Cette déformation est surtout accentuée pour les navires à charpente en bois, dont la coque présente une rigidité beaucoup moins grande que celle des navires à charpente métallique. La flèche maxima peut atteindre dans ce cas 15 à 20 centimètres pour un navire de 60 à 70 mètres de longueur, et même davantage au bout d'un certain nombre d'années de service. Pour les navires à charpente métallique, la flèche maxima est beaucoup plus faible, et dépasse rarement 10 à 15 millimètres.

On appelle *tirant d'eau milieu réel* (fig. 8) la distance A″c comptée sur la perpendiculaire milieu entre la flottaison en charge et la ligne de quille réelle. Le tirant d'eau fictif milieu A″B″ peut être supérieur ou inférieur à ce tirant d'eau réel, suivant le sens de la déformation. Dans le premier cas, la différence B″c entre les deux tirants d'eau porte le nom d'*arc;* dans le second cas, cette différence est appelée *contre-arc*.

Outre les tirants d'eau fictifs et le tirant milieu réel, il y a lieu de considérer le *tirant d'eau maximum réel*, c'est-à-dire la distance entre la flottaison en charge et le plan parallèle à cette flottaison mené tangentiellement au contour inférieur du navire. Ce tirant

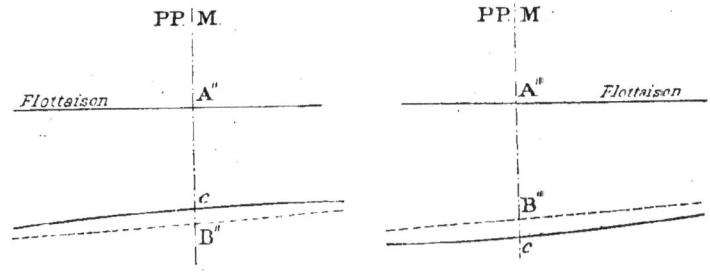

Fig. 8.

d'eau réel est la mesure de la profondeur d'eau nécessaire pour que le navire flotte sans s'échouer. La plupart des navires étant tracés en différence, ce tirant d'eau maximum est en général assez peu différent du tirant d'eau fictif $AR$.

On prenait autrefois comme plan de repère, au lieu de la flottaison en charge, une flottaison isocarène tracée perpendiculairement au diamétral et parallèlement à la ligne de quille. Ce mode de tracé se rencontre encore sur quelques plans anciens, mais est aujourd'hui abandonné.

**4. Maître couple. Plan de dérive.** — Le mouvement normal du navire est une translation parallèle à l'intersection de la flottaison en charge et du plan diamétral. Cette translation est obtenue soit au moyen de la poussée du vent agissant sur des voiles, soit au moyen de la réaction d'un organe moteur prenant appui sur l'eau (aviron, hélice, roue). La surface de la plus grande section transversale immergée, ou ce qui revient au même la surface de la projection de la carène sur le plan transversal, donne évidemment une idée du degré de résistance opposé par l'eau à la propulsion du navire. Cette surface porte le nom de *maître couple* ou *maîtresse section*; on la désigne dans les calculs par le symbole $B^2$. Dans la plupart des cas, la maîtresse section coïncide avec la section milieu, c'est-à-dire qu'elle se trouve placée dans le plan transversal contenant la perpendiculaire milieu.

Lorsque le navire se déplace obliquement par rapport à l'intersection de la flottaison en charge et du plan diamétral, on dit qu'il *dérive*. On doit alors évidemment faire intervenir dans le calcul de la résistance opposée par l'eau à ce déplacement la surface de la projection de la carène sur le plan longitudinal ; cette surface est appelée *plan de dérive*. Pour les applications, il est suffisant de connaître approximativement la valeur de cette surface, et on admet comme valeur *pratique* du plan de dérive le *produit de la longueur entre perpendiculaires par le tirant d'eau fictif milieu*.

**5. Description sommaire de la charpente au point de vue de la terminologie technique.** — Avant d'étudier le mode de représentation des formes du navire, il est nécessaire d'examiner rapidement la disposition générale de la charpente, de manière à définir la signification des termes techniques qui seront désormais d'un usage courant.

L'enveloppe étanche qui constitue la coque d'un navire a sa forme maintenue par une ossature intérieure appelée *membrure*, formée d'arcs transversaux en charpente appelés *couples* ou quelquefois *membres*. La position de chaque couple est définie par un plan de repère qui est généralement le plan d'une des faces latérales de la pièce qui le constitue, et qui porte le nom de *plan de gabariage*. L'écartement de ces plans, ou *distance de gabariage en gabariage*, est ordinairement constant d'un bout à l'autre du navire. L'intervalle compris entre deux couples consécutifs porte le nom de *maille*.

Les plans de gabariage sont en général dirigés perpendiculairement à la flottaison en charge, ou quelquefois, sur d'anciens bâtiments, perpendiculairement à la ligne de quille.

Le couple placé à mi-distance des perpendiculaires porte le nom de *couple milieu*. C'est lui en général, comme nous l'avons déjà dit, qui limite la section transversale la plus grande; de là la dénomination de *maître couple* appliquée à cette section.

Sur les navires en bois, les couples s'assemblent à leur partie inférieure avec une pièce longitudinale appelée *quille*, se relevant à l'AV et à l'AR pour former l'*étrave* et l'*étambot*. La liaison des couples entre eux est complétée par une pièce longitudinale appelée *carlingue* (fig. 9), courant parallèlement à la quille par dessus les couples.

**Sur les navires à charpente métallique, la quille n'est plus, en général, qu'une simple tôle fixée extérieurement aux poutres d'as-

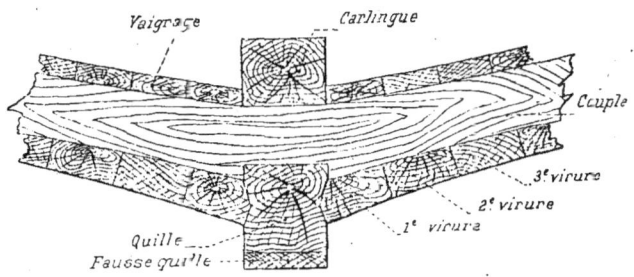

Fig. 9.

semblage qui constituent les couples (fig. 10), et formant la pièce inférieure du bordé. Les couples sont entrecroisés à angle droit par

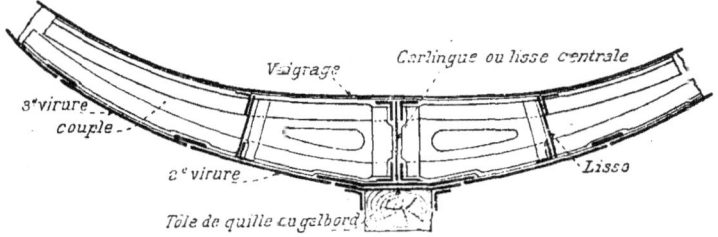

Fig. 10.

des membrures longitudinales appelées *lisses*. Une membrure de ce genre est en général placée dans le plan diamétral, et est appelée *lisse centrale*, ou aussi *carlingue*, par analogie avec la construction en bois.

Le *bordé*, enveloppe étanche de la coque, est constitué par des pièces appliquées sur la surface extérieure des couples, et disposées par files longitudinales. Ces files longitudinales portent le nom de *virures*; les faces de joint des diverses pièces sont appelées *cans*. Dans la construction en bois, les pièces qui constituent le bordé reçoivent le nom de *bordages*. Les trois premières virures, à partir de l'axe, sont appelées *virures de galbord*. Dans la construction métallique, on donne souvent par analogie le nom de *galbord* à la virure centrale, qui se confond alors avec la tôle-quille.

Certaines virures de bordé reçoivent une épaisseur plus forte que les virures voisines. Ces virures renforcées, qui existent notamment dans la construction en bois à la hauteur de chaque pont, portent le nom de *préceintes*.

Dans la plupart des cas, outre l'enveloppe extérieure formée par le bordé, il existe sur la face intérieure des couples, au moins dans les parties basses du navire, une seconde enveloppe formée de virures disposées comme celles du bordé. Cette seconde enveloppe est appelée *vaigre* ou *vaigrage*. Si elle est construite de manière à être étanche, l'espace compris entre elle et le bordé extérieur est appelé *double-fond*.

La charpente des planchers qui constituent les ponts est formée de poutres transversales appelées *baux* ou *barrots*. Ces poutres sont, bien entendu, recouvertes par un bordé, percé de *panneaux* ou *écoutilles* pour permettre la circulation et l'aérage.

La surface des ponts est rarement plane, et présente le plus souvent une certaine courbure, aussi bien dans le sens longitudinal que dans le sens transversal. La surface supérieure de chaque barrot est définie dans ce cas par sa corde ou *ligne droite*, réunissant les points où son contour supérieur prolongé rencontre la surface extérieure du navire, et par sa flèche ou *bouge*. On verra plus tard comment à l'aide de ces données on peut tracer le profil du barrot. La courbe réunissant sur la surface extérieure du navire les aboutissements des lignes droites s'appelle le *livet en abord* du pont (fig. 11). L'intersection de la surface supérieure des barrots avec le plan diamétral s'appelle le *livet milieu* du pont. Ce livet milieu est ordinairement une ligne courbe, dont les extrémités avant et arrière sont légèrement relevées. La flèche de ce livet milieu porte le nom de *tonture*.

Dans ces conditions, la position en hauteur d'un pont est définie par son *creux sur fond de carène*, c'est-à-dire par la distance, comptée dans le plan du couple milieu, entre sa ligne droite et le fond de carène. Un quelconque des ponts étant ainsi repéré en hauteur, les autres s'en déduisent par la *distance de ligne droite en ligne droite*, ou *hauteur d'entrepont*. La valeur du creux et le tracé des livets définissent complètement la position et la surface d'un pont.

La double courbure des surfaces de pont était imposée autrefois, du moins pour les ponts situés au-dessus de la flottaison, par la nécessité de l'écoulement naturel des eaux de pluie ou de lavage. Dans les constructions modernes, dans lesquelles les entreponts sont en général très compartimentés, cette nécessité ne se présente plus guère que pour le pont supérieur. En fait, les ponts placés au-dessous de la flottaison ont actuellement leur surface plane, et il en est quelquefois de même d'une partie des ponts placés au-dessus de la flottaison. Il y a cependant intérêt, au point de vue de l'aspect général extérieur du bâtiment, à conserver une légère

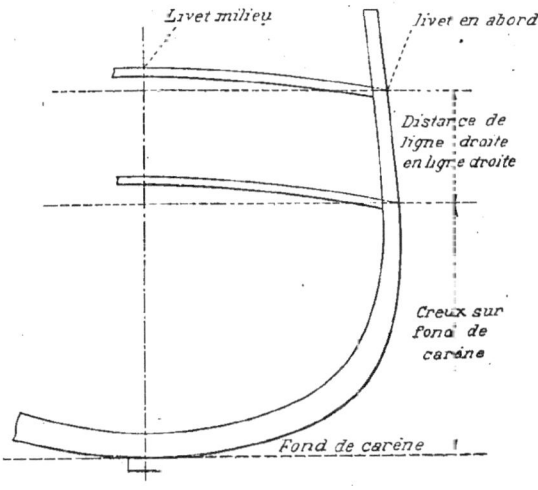

Fig. 11.

tonture pour les livets des ponts supérieurs. Ces livets sont quelquefois rendus apparents à l'extérieur au moyen d'une baguette rapportée sur la muraille, et appelée *liston*.

Il n'y a pas de règle bien fixe pour la désignation des différents ponts, empruntée plus ou moins aux anciens bâtiments à voiles. Le pont continu le plus élevé est appelé *pont des gaillards*. Le premier pont situé au-dessous de la flottaison est ordinairement appelé *faux-pont*. Lorsque le navire a des dimensions assez grandes, il existe souvent un pont placé au-dessous du faux-pont, au moins sur une partie de la longueur du navire; ce pont est appelé *plate-forme de cale* (fig. 12). Entre le faux-pont et le pont des gaillards, il peut exister un ou deux ponts intermédiaires, suivant les dimensions du navire. Le premier à partir du faux-pont est généralement appelé *pont principal* ou *faux-pont supérieur*. C'est le premier pont au-dessus de la flottaison. Sur beaucoup de navires de guerre, il est, comme nous le verrons, protégé par un blindage, et il est alors appelé *pont cuirassé*. Le pont intermédiaire entre le pont principal et le pont des gaillards, s'il existe, est appelé ordinairement *pont de batterie*, par analogie avec les anciens bâtiments, bien que souvent il ne supporte aucune pièce d'artillerie.

Sur les navires de commerce, le pont continu le plus élevé est appelé *pont supérieur* ou *premier pont* et les autres ponts sont

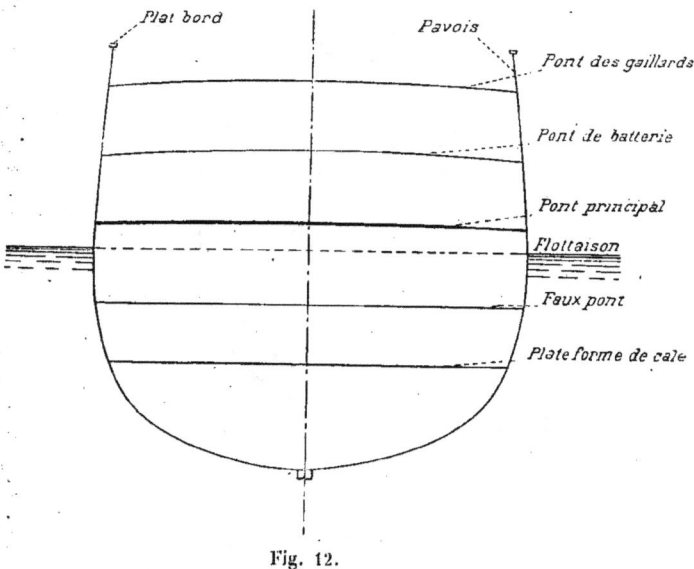

Fig. 12.

désignés par leur numéro d'ordre à partir de ce pont en allant de haut en bas (2$^{me}$ pont, 3$^{me}$ pont, etc.).

Il existe quelquefois au-dessus du pont des gaillards deux entreponts couverts incomplets, l'un à l'avant, l'autre à l'arrière, laissant entre eux au centre un espace vide. Celui de l'A/ est appelé *gaillard d'avant* ou *teugue*, celui de l'arrière *gaillard d'arrière* ou *dunette*. C'était la disposition classique des anciens bâtiments à voiles, la teugue et la dunette étant réunies par les *pavois*, prolongements de la muraille extérieure au-dessus du livet en abord du pont des gaillards; ces pavois portaient à leur partie supérieure des caissons longitudinaux destinés à recevoir les hamacs de l'équipage et appelés *bastingages*. On retrouve d'ailleurs une disposition analogue sur certains navires modernes. Quelquefois, les ponts qui recouvrent la teugue et la dunette se prolongent sur une partie du navire, au niveau du dessus des pavois, formant un pont léger appelé *spardeck* ou *pont supérieur*. D'autres fois, les pavois supportent de simples passages longitudinaux, mettant en communication les ponts de la teugue et de la dunette, et appelés *passavants*.

Lorsque les pavois latéraux ne supportent ni spardeck, ni passavant, ils sont terminés à la partie supérieure par une pièce longitudinale appelée *plat-bord* (fig. 12).

Les entreponts sont désignés par le nom du pont qui les limite par en bas. L'étage inférieur, compris entre le vaigrage et le pont inférieur (faux-pont ou plate-forme de cale), est appelé *cale*.

Les entreponts placés au-dessus de la flottaison sont éclairés latéralement, soit par des ouvertures rectangulaires percées dans la muraille et appelées *sabords*, soit par des ouvertures circulaires garnies d'une fermeture vitrée et étanche, appelées *hublots*.

Dans la construction en bois, on appelle *échantillons* d'une pièce ses dimensions transversales. La plupart des pièces étant limitées par deux surfaces planes à peu près parallèles et par deux surfaces courbes, on distingue l'*échantillon sur le tour*, mesuré normalement aux surfaces courbes, et l'*échantillon sur le droit*, mesuré normalement aux surfaces planes. Ainsi, l'échantillon sur le tour d'un couple est compté suivant la normale commune aux surfaces intérieure et extérieure de ce couple; l'échantillon sur le droit est compté perpendiculairement au plan de gabariage. Pour une pièce du bordé, l'échantillon sur le droit se compte entre les cans, l'échantillon sur le tour entre la surface extérieure, ou *surface hors bordé*, et la surface intérieure ou *surface hors membres*. L'échantillon sur le droit de la quille, de l'étrave et de l'étambot se mesure perpendiculairement au diamétral; l'échantillon sur le tour se mesure dans le plan diamétral, normalement au contour extérieur.

Le mot d'*échantillon* a été conservé dans la construction métallique pour désigner d'une façon générale les dimensions transversales, épaisseur ou largeur, des diverses pièces entrant dans la construction.

**6. Considérations sur les formes extérieures du navire.** — Le tracé des formes extérieures du navire n'est soumis à aucune loi mathématique précise. Si l'on envisage uniquement la translation du flotteur se déplaçant à la surface de l'eau, on peut se proposer de chercher les formes qui correspondent à la résistance minima. La solution complète du problème exigerait la connaissance de la trajectoire des filets liquides, de la pression exercée par l'eau en chaque point du flotteur en marche et des lois du frottement de l'eau sur la carène, résultats que la science actuelle de l'hydrodynamique est impuissante à fournir. On ne peut guère arriver, dans cet ordre d'idées, qu'à des solutions approchées, basées sur de nombreuses hypothèses, et les travaux de Scott Russell et de Rankine sur ce sujet n'ont conduit à aucun résultat pratique.

Il faut remarquer d'ailleurs que cette question de la propulsion ne constitue qu'un des côtés du problème, qu'il est nécessaire de concilier avec les exigences imposées par la stabilité, la navigabilité, et l'utilisation militaire ou commerciale du navire.

Ainsi le flotteur doit évidemment posséder une stabilité suffisante, pour que, écarté même notablement de sa position normale d'équilibre, il tende à y revenir de lui-même. Ceci conduit en général à ne pas trop réduire la largeur, alors que l'affinement des formes conduirait au contraire, si on ne s'occupait que de la résistance à la marche, à diminuer le plus possible les dimensions transversales du flotteur.

On ne peut de même exagérer outre mesure le rapport de la longueur à la profondeur de carène, ce qui rendrait la rigidité de la charpente trop difficile à réaliser. Bien que l'emploi de matériaux métalliques ait permis d'arriver dans cet ordre d'idées à des résultats qui eussent été impossibles à obtenir avec la construction en bois, on ne peut dépasser certaines limites. Une trop grande réduction de la profondeur de carène peut d'ailleurs être défavorable au point de vue de la propulsion.

La facilité d'évolution, lorsqu'elle doit entrer en ligne de compte, intervient également pour limiter l'accroissement de la longueur par rapport aux autres dimensions.

Si l'on suppose le programme que l'on veut remplir nettement arrêté, on peut, comme nous le verrons plus tard, déterminer le poids total du navire que l'on doit construire, et par conséquent son déplacement, ou ce qui revient au même le volume de sa carène. Une certaine fraction de ce poids total doit être consacrée à la construction proprement dite. On cherche, bien entendu, à réduire le plus possible le poids de la charpente, mais on est limité par la nécessité de conserver une rigidité suffisante, et souvent par des considérations de navigabilité et de puissance militaire, qui conduisent à donner aux œuvres mortes un développement suffisant pour la sécurité du navire sur mer agitée, pour le logement du personnel, pour l'installation de l'artillerie. Avec les procédés de construction actuels, le poids de la charpente représente environ 30 à 34 % du poids total. Le poids du personnel, des approvisionnements et de tout le matériel nécessaire à la navigabilité représentant environ 6 %, on voit que les $\frac{60}{100}$ environ du poids total restent disponibles pour la propulsion et, s'il s'agit d'un navire de guerre, pour la puissance offensive et défensive (artillerie, cuirasse, etc.), s'il s'agit d'un navire de commerce, pour l'utilisation commerciale (passagers, chargement, etc.) On arrivera ainsi à la détermination du poids que l'on peut affecter à l'appareil de propulsion et par conséquent de la puissance de cet appareil. Le problème consistera alors à utiliser le mieux possible cette puissance, en traçant une carène de volume donné, dont les proportions et les formes soient telles que la résistance opposée par l'eau à sa marche soit aussi faible que possible, les conditions de stabilité et de navigabilité étant par ailleurs satisfaites.

Nous n'avons pas à examiner ici les diverses considérations qui peuvent guider dans cette étude. Disons seulement que dans le tracé d'une carène, c'est l'expérience qui intervient pour la plus large part, comparant et discutant les tracés antérieurement réalisés, et poursuivant à l'aide des données acquises l'amélioration graduelle des formes.

Il importe enfin de bien se rappeler que les exigences auxquelles doit satisfaire un navire sont pour la plupart contradictoires. Si l'on se borne aux navires de guerre, il résulte de ce qui précède que l'on pourra, suivant les cas, faire prédominer tel ou tel des trois éléments principaux : propulsion, puissance offensive ou puissance défensive. La prépondérance de l'un quelconque de ces éléments dépendra du rôle spécial que l'on veut assigner au navire et ne sera acquise qu'au détriment des deux autres. L'art de l'ingénieur consistera à réaliser la transaction la plus satisfaisante entre les diverses données d'un problème, dont on peut dès maintenant envisager toute la complexité.

# CHAPITRE II

## Représentation des formes du navire.

**7. Mode de représentation des formes du navire.** — La surface extérieure d'un navire est représentée au moyen des projections de lignes tracées sur cette surface. On emploie principalement dans ce but des courbes de niveau équidistantes parallèles aux plans de repère, suivant un procédé analogue à celui usité en topographie.

L'emploi d'une série unique de courbes de niveau suffirait évidemment, au point de vue théorique, pour la représentation complète des formes. Mais on n'obtiendrait ainsi dans la pratique qu'une exactitude insuffisante, surtout pour la carène, dont les divers éléments (volume, centre de gravité, etc.), doivent pouvoir être déterminés avec précision, puisqu'ils interviennent au point de vue de la flottabilité et de la stabilité, et dont la surface doit présenter une continuité parfaite, en vue de réduire autant que possible la résistance à la marche. On emploie en conséquence pour la représentation de la carène trois séries de courbes de niveau parallèles aux trois plans de repère, combinées au besoin avec un certain nombre de sections obliques. Pour les œuvres mortes, on peut en général se contenter de deux séries de courbes de niveau, complétées par la projection sur les trois plans de repère de lignes définissant le contour du navire ou le tracé de certaines parties importantes, les livets des ponts par exemple.

La concordance entre les trois projections est une garantie de la continuité des formes. En outre, telle ou telle partie du navire, insuffisamment représentée par une série de courbes, sera au contraire définie exactement par une autre série de direction différente.

Les trois séries de courbes de niveau employées sont les suivantes :

1° les *sections horizontales* ou *lignes d'eau*, parallèles à la flottaison en charge ;

2° les *sections transversales* ou *couples de tracé*, parallèles au plan transversal ;

3° les *sections longitudinales*, parallèles au plan diamétral.

Pour compléter la représentation de la carène, principalement dans les fonds, on fait aussi usage de sections obliques qui portent le nom de *lisses planes*. Ces courbes sont les intersections de la surface de la carène avec des plans perpendiculaires au plan transversal, mais obliques par rapport au diamétral.

Les œuvres mortes sont représentées par les sections transversales et longitudinales, complétées par quelques sections horizontales, par la projection sur le longitudinal du contour de l'étrave et de l'étambot, et par la projection sur les trois plans de repère des lignes définissant les parties principales du navire ; ces lignes sont appelées *lisses à double courbure* ou *lisses au carré*. Elles comprennent les livets en abord des ponts situés au-dessus de la flottaison et quelques autres lignes de contour apparent, telles que le plat-bord, le trait supérieur des bastingages, les cans inférieur et supérieur de cuirasse, etc.

Remarquons ici qu'il ne faut pas confondre les couples et lisses du tracé avec les couples et lisses de construction dont il a été question au § 5.

La surface que l'on représente est bien entendu la surface extérieure du navire, c'est-à-dire la surface *hors bordé*. Dans le cas où le bordé est formé de virures se recouvrant partiellement, comme on l'a vu au § 3, la surface représentée est la surface *hors bordé moyen*.

**8. Règles de tracé des plans de navires.** — Pour permettre l'emploi d'une méthode uniforme de calcul des éléments de la carène, et faciliter l'étude comparative des formes des divers navires, la représentation sur papier des formes d'un navire doit être exécutée d'après des règles bien déterminées. Les règles actuellement en usage dans la marine française sont les suivantes :

Les plans de formes (1) sont tracés à l'échelle de :

---

(1) Les plans d'emménagements sont tracés à la même échelle que le plan des formes. Les coupes au milieu et détails divers de construction sont tracés à l'échelle de

10 $^m/_m$ par mètre pour les bâtiments de 100 mètres de longueur et au-dessus ;

15 $^m/_m$ par mètre pour les bâtiments dont la longueur est comprise entre 50 et 100 mètres ;

30 $^m/_m$ par mètre pour les bâtiments dont la longueur est inférieure à 50 mètres ;

50 $^m/_m$ par mètre pour les embarcations.

Les lignes d'eau sont au nombre de 12, numérotées de 0 à 11. La ligne d'eau zéro passe par l'intersection du fond de carène (voir § 3) avec la perpendiculaire milieu. La ligne d'eau n° 10 coïncide avec la flottaison en charge. L'intervalle entre deux lignes d'eau consécutives est par conséquent égal au dixième de la profondeur de carène. La ligne d'eau n° 11 est tracée au-dessus de la flottaison, à la même équidistance, de manière à permettre d'obtenir par le calcul les éléments d'une carène correspondant à une flottaison en surcharge. Les 11 premières lignes d'eau, correspondant à la carène normale, sont tracées en traits *bleus* pleins, la flottaison étant marquée par un trait plus gros. La ligne d'eau n° 11 est tracée en tirets bleus.

On peut, si on le juge nécessaire pour la représentation des œuvres mortes, tracer une ou plusieurs lignes d'eau supplémentaires au-dessus de la ligne d'eau 11, à une distance quelconque. Ces sections complémentaires sont tracées en tirets bleus.

Les couples de tracé sont au nombre de 21, et passent par les points obtenus en divisant en 20 parties égales la distance entre les perpendiculaires extrêmes. Le couple milieu reçoit le numéro zéro ; les autres couples sont numérotés de 1 à 10, en allant du milieu vers les extrémités. Les perpendiculaires extrêmes correspondent donc aux couples 10 AV et 10 AR.

Dans le voisinage des extrémités, si on le juge utile pour mieux préciser les formes, on ajoute quelques couples intermédiaires, ou *faux-couples*, subdivisant en parties égales l'intervalle des couples de tracé. On peut également, s'il est nécessaire, ajouter des faux-couples au delà des perpendiculaires extrêmes. Toutes ces sections complémentaires sont tracées en tirets noirs, les couples de tracé étant figurés en traits *noirs* pleins.

---

50 $^m/_m$ par mètre pour les bâtiments dont la longueur est supérieure à 100 mètres, de 100$^m/_m$ par mètre pour tous les autres.

Le navire étant symétrique par rapport au plan diamétral, on ne représente qu'une moitié du navire. Les sections longitudinales menées dans cette moitié sont au nombre de cinq, non compris la section diamétrale. Elles sont équidistantes, la plus éloignée du plan diamétral étant tracée à une distance de ce plan égale aux $3/4$ de la demi-largeur au fort du bâtiment. Les sections longitudinales sont figurées en traits *rouges* pleins.

Bien qu'il y ait deux séries de courbes verticales, on réserve habituellement le nom de sections verticales aux couples de tracé, et on désigne sous le nom de *vertical* l'ensemble de la projection de ces lignes sur le plan transversal.

En raison du choix des séries de courbes représentatives, on voit que les lignes d'eau se projetteront en vraie grandeur sur l'horizontal, et seront représentées par des droites horizontales sur le vertical et sur le longitudinal. Les couples se projetteront en vraie grandeur sur le vertical et seront représentés par des droites parallèles sur le longitudinal et l'horizontal. Enfin, les sections longitudinales se projetteront en vraie grandeur sur le longitudinal, et seront représentées par des droites parallèles sur le vertical et l'horizontal (fig. 13).

Les lisses planes sont représentées par leurs traces sur le vertical, et par leurs rabattements sur l'horizontal. Elles sont figurées en traits *noirs* pleins. Le nombre et la position de ces lisses sont fixés arbitrairement d'après les formes du navire et le degré de précision dont on a besoin.

Les lisses à double courbure sont représentées par leurs projections sur les trois plans de repère. Ces projections sont tracées en *rouge* plein pour les livets des ponts, en *noir* plein pour les autres lisses et d'une façon générale pour toutes les lignes de contour apparent.

Sur le vertical et le longitudinal, on fait habituellement ressortir la trace de la flottaison en charge, au moyen de quelques traits bleus parallèles au-dessous de la ligne d'eau 10 et en dehors du contour apparent (fig. 13).

Pour faciliter l'examen et la comparaison des plans, on représente le longitudinal au-dessus de l'horizontal, les traces des couples se correspondant, et le vertical à gauche du longitudinal, les traces des lignes d'eau étant placées à la même hauteur. Sur le

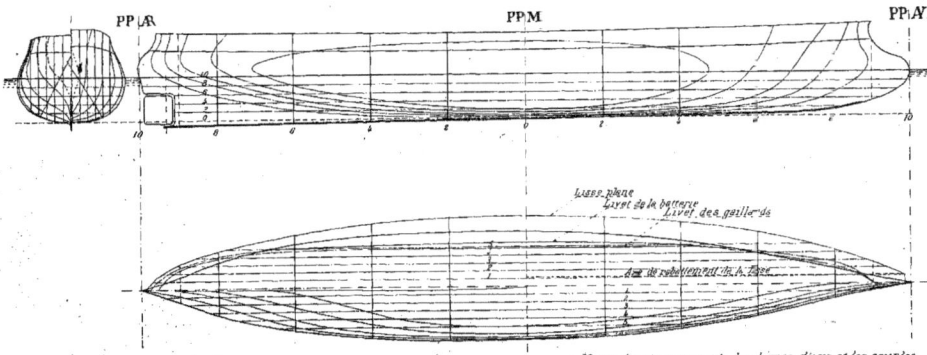

Fig. 13.

longitudinal et l'horizontal, l'avant est figuré à droite, l'arrière à gauche. C'est là d'ailleurs une convention générale qu'il est bon d'observer autant que possible dans tous les plans et croquis de détails.

La moitié du navire étant seule figurée, on trace sur l'horizontal, au-dessous de l'axe, les lignes d'eau de la carène, et au-dessus de l'axe la ligne d'eau 11, les lignes d'eau complémentaires s'il en existe, les rabattements des lisses planes et les projections des lisses à double courbure. On reproduit souvent au-dessus de l'axe la seconde moitié de la ligne d'eau 10, c'est-à-dire de la flottaison. Sur le vertical, on trace à droite de l'axe les couples de l'AV, à gauche les couples de l'AR ; pour le couple milieu, les deux moitiés symétriques sont représentées.

Nous avons dit que les lisses planes étaient tracées arbitrairement. Pour les faire concourir utilement à la vérification de la continuité des formes, il convient qu'elles coupent aussi normalement que possible les différents couples qu'elles rencontrent. Dans ce but, on compose en général chaque lisse de deux plans, l'un pour la partie AV l'autre pour la partie AR, ces deux plans passant par un même point du couple milieu, de manière que leur intersection avec la surface de la carène forme une ligne continue (fig. 13).

Les traces rectilignes des trois séries de sections sur les plans de repère constituent un réseau orthogonal qu'il convient de tracer en premier lieu, avec des précautions assez minutieuses, pour assurer la continuité des formes et l'exactitude de leur représentation.

On commence par tracer la ligne d'eau zéro parallèlement à un des grands côtés de la feuille de papier, en laissant en dessous un espace suffisant pour le tracé de l'horizontal, c'est-à-dire un peu supérieur à la largeur du bâtiment. On porte sur cette ligne la longueur entre perpendiculaires et on trace les perpendiculaires extrêmes par la méthode des arcs de cercle. Un procédé commode de vérification de ces perpendiculaires consiste à porter sur les deux droites, à partir de leur point de rencontre, des longueurs égales respectivement à 16 et 12 centimètres. La distance des deux points obtenus doit être exactement égale à 20 centimètres ($20^2 = 16^2 + 12^2$).

Parallèlement à la ligne d'eau zéro, au milieu de l'espace réservé en dessous, on trace l'axe horizontal, en portant sur les perpendiculaires convenablement prolongées des longueurs égales à partir de la ligne d'eau zéro, et joignant les deux points obtenus.

On trace de même la flottaison en charge, ou ligne d'eau 10, en portant sur les perpendiculaires, au-dessus de la ligne d'eau zéro, des longueurs égales à la profondeur de carène.

A gauche du longitudinal, à une distance suffisante pour que le vertical ne se superpose pas à la projection longitudinale de l'AR, on trace parallèlement aux perpendiculaires l'axe du vertical. Si les dimensions de la feuille sont trop restreintes pour que le vertical trouve place à gauche du longitudinal, on le superpose au longitudinal en faisant coïncider son axe avec la perpendiculaire milieu.

Les lignes de repère principales étant ainsi tracées, on marque, sur les deux perpendiculaires et l'axe du vertical, la division des lignes d'eau. On fait cette division en partant d'abord de la flottaison, puis de la ligne d'eau zéro, de manière à balancer les erreurs. On a ainsi des séries de trois points, par lesquels on fait passer les traces des lignes d'eau sur le vertical et le longitudinal. On trace également la ligne d'eau 11 au-dessus de la flottaison.

On fait de la même manière la division des couples de tracé sur la flottaison, la ligne d'eau zéro et l'axe de l'horizontal, et on obtient ainsi les traces de ces couples sur le longitudinal et l'horizontal.

Enfin, sur l'horizontal, de part et d'autre de l'axe, on détermine à la distance voulue la trace de la section longitudinale extrême, et on en déduit celles des sections intermédiaires. On reporte cette division de part et d'autre de l'axe du vertical.

Tout ce quadrillage doit être exécuté avec beaucoup de soin, de manière qu'un quelconque de ses points puisse servir de repère pour l'achèvement du tracé. Comme il est rare que l'on dispose de règles parfaitement droites, on doit avoir soin de se servir toujours d'un même côté de la règle et d'opérer dans le même sens, de manière à représenter les sections de la carène par des surfaces parallèles.

**9. Exécution d'un tracé d'après devis.** — Nous examinerons dans la 7$^{me}$ partie les procédés à suivre pour le tracé des formes d'un navire projeté, dont les dimensions principales ont été préalablement choisies. Nous nous bornerons pour le moment à la représentation des formes d'un navire existant.

Les formes d'un navire existant sont définies au moyen d'un document dressé dès le début de la construction, comme on le verra dans la 4$^{me}$ partie, et qui porte le nom de *devis de tracé*. Ce devis de tracé est un répertoire dans lequel sont inscrites toutes les dimensions nécessaires pour la reproduction des courbes représentatives des formes et, d'une façon générale, pour la reproduction du tracé d'une partie quelconque du navire.

Pour reproduire un plan de formes d'après devis, on commence par établir le quadrillage défini au paragraphe précédent, en partant des trois dimensions principales, longueur, largeur et profondeur de carène. Cela fait, on porte sur le longitudinal la demi-différence au-dessus de la ligne d'eau zéro sur la perpendiculaire AV, au-dessous de cette ligne sur la perpendiculaire AR. Par les deux points ainsi obtenus, et par l'intersection de la perpendiculaire milieu avec la ligne d'eau zéro, on fait passer une ligne droite qui est le fond de carène. S'il y a une quille saillante, on trace la ligne de quille parallèlement au fond de carène, à une distance, comptée verticalement, égale au tableau.

On figure ensuite, sur le longitudinal, le contour extérieur de l'AV et de l'AR, dont les points sont donnés par le devis.

Sur le vertical, on marque s'il y a lieu la trace des lisses planes. Les devis indiquent en général les points où ces traces rencontrent l'axe du vertical et une des lignes d'eau par exemple.

Les courbes représentatives des formes sont définies dans les devis de tracé par leurs *demi-ouvertures*, c'est-à-dire par la distance à l'axe d'un certain nombre de leurs points, comptée suivant leur plan. La surface du navire est définie ainsi par une série unique de demi-ouvertures, correspondant aux points d'intersection de deux séries quelconques de lignes représentatives. Le plus ordinairement, les devis fournissent le relevé des demi-ouvertures correspondant aux points d'intersection des couples et des lignes d'eau, quelquefois aux points d'intersection des couples et des lisses planes.

Supposons d'abord que le devis indique les demi-ouvertures aux intersections des couples et des lignes d'eau. Chacune de ces demi-ouvertures est portée simultanément sur le vertical suivant la trace H′ de la ligne d'eau correspondante, sur l'horizontal suivant la trace C du couple correspondant (fig. 14). On a ainsi les

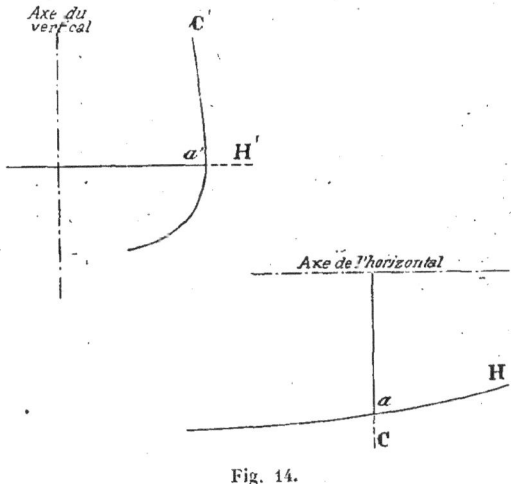

Fig. 14.

projections $a$, $a'$ d'un point de la carène, à côté duquel on marque le numéro d'ordre de la ligne d'eau ou du couple auquel il appartient.

Les aboutissements des lignes d'eau sont fournis sur le longitudinal par le tracé du contour de l'AV et de l'AR; on les projette sur l'horizontal, et en faisant passer un trait continu par tous les points obtenus sur l'horizontal, on a le tracé complet des lignes d'eau.

Les aboutissements des couples sur le vertical sont obtenus sur le longitudinal par le tracé des contours AV et AR, du fond de carène et de la ligne de quille. On a de plus une série de points des couples fournis par les lisses planes et les lisses à double courbure. Si le devis indique par exemple les demi-ouvertures d'une lisse plane dont les traces sur le vertical sont $m'$ $p'$ et $n'$ $q'$ (fig. 15), on porte ces demi-ouvertures suivant $m'$ $p'$ pour les couples de l'AV, suivant $n'$ $q'$ pour les couples de l'AR, et on obtient ainsi des points tels que $b'$, appartenant au couple C′. Sur l'horizontal, au-dessus de l'axe on porte en même temps ces demi-ouvertures sur les traces des couples correspondants. On a ainsi des points tels que $b$, appartenant au rabattement de la lisse plane considérée.

Les lisses à double courbure sont en général définies dans les devis par leurs points d'intersection avec les couples, chacun de ces points étant donné par sa hauteur au-dessus de la ligne d'eau

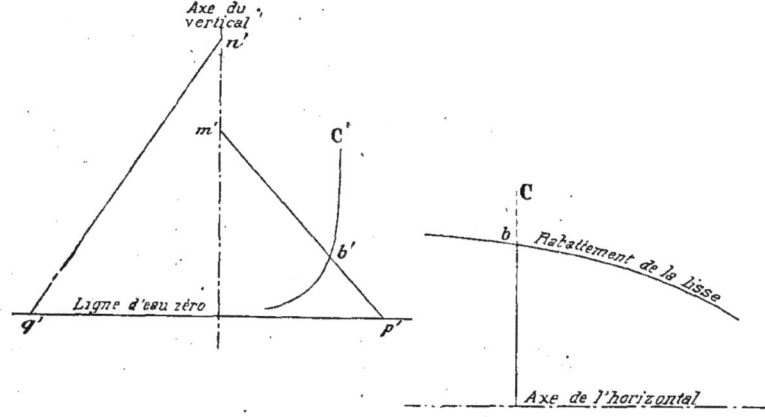

Fig. 15.

zéro et sa distance au plan diamétral ou *demi-largeur* de la lisse au couple considéré (1). En portant ces longueurs sur les trois

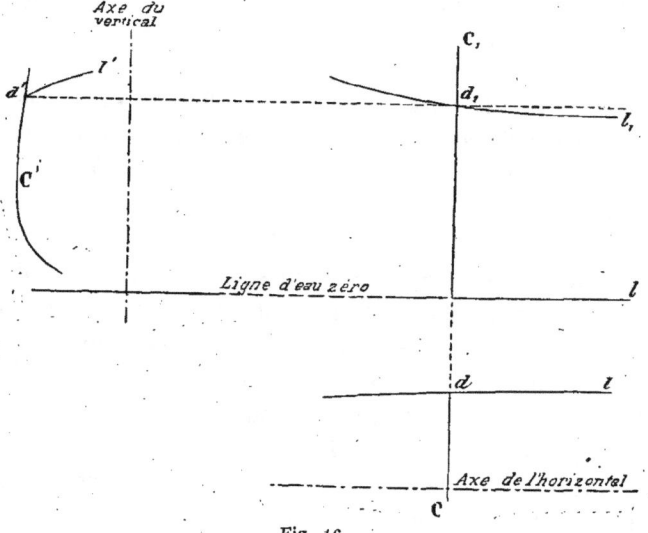

Fig. 16.

(1) Lorsque plusieurs livets sont parallèles, ils sont définis dans les devis par leurs demi-largeurs aux différents couples et par la hauteur constante de livet en livet, un seul d'entre eux étant repéré par rapport à la ligne d'eau zéro.

projections, on obtient les projections telles que $d$, $d'$, $d_1$ d'un même point de la carène, correspondant à l'intersection d'un couple et d'une lisse à double courbure (fig. 16).

En joignant par des traits continus les points ainsi obtenus, on aura le tracé complet des couples, les rabattements des lisses planes, et les trois projections des lisses à double courbure. Pour le couple milieu, on trace comme nous l'avons dit les deux moitiés symétriques.

Il y a une précaution à prendre relativement au tracé des rabattements des lisses planes. La lisse étant composée de deux plans, les longueurs telles que $m'\,r'$, $n'\,s'$, ne sont pas égales (fig. 17). Pour que les rabattements des deux moitiés de la lisse se

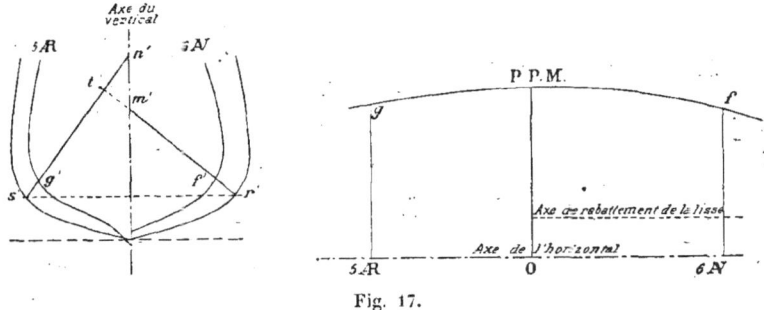

Fig. 17.

raccordent, il faudra donc porter sur $r'\,m'$ prolongé une longueur $r'\,t'$ égale à $n'\,s'$ et reporter sur l'horizontal, pour les couples de la partie AV, les demi-ouvertures comptées à partir de $t'$, au lieu de $m'$. Cela revient à tracer sur l'horizontal, pour la partie AV, un axe de rabattement mené parallèlement à l'axe de l'horizontal à la distance $m'\,t'$, et à porter les demi-ouvertures données par le devis à partir de ce nouvel axe. La longueur $m'\,t'$ est ce qu'on appelle la *différence d'axe* de la lisse plane. Avant de tracer l'axe de rabattement, on vérifiera que les points $r'$ et $s'$, projections d'un même point de la carène, sont exactement symétriques par rapport à l'axe du vertical.

Il convient de remarquer, à titre de vérification, que les aboutissements d'une lisse à double courbure aux deux points symétriques du couple milieu sur le vertical doivent avoir leurs tangentes concourant en un même point de l'axe du vertical (fig. 18).

Dans le cas où le devis de tracé donne les demi-ouvertures suivant une série de lisses planes, on procédera d'une manière analogue. On commencera alors par le tracé des couples sur le vertical, au moyen des points fournis par les lisses planes et les lisses à double courbure. On en déduira ensuite le tracé des lignes d'eau.

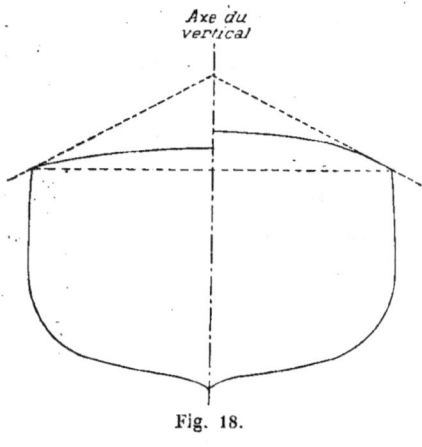

Fig. 18.

Les couples, les lignes d'eau et les lisses à double courbure étant tracés, on détermine les sections longitudinales. Ces sections ne sont pas données par le devis, et leur tracé a pour but de compléter la représentation des formes et de fournir une vérification du tracé des autres lignes. Soient L' la trace verticale et L la trace horizontale d'une sec-

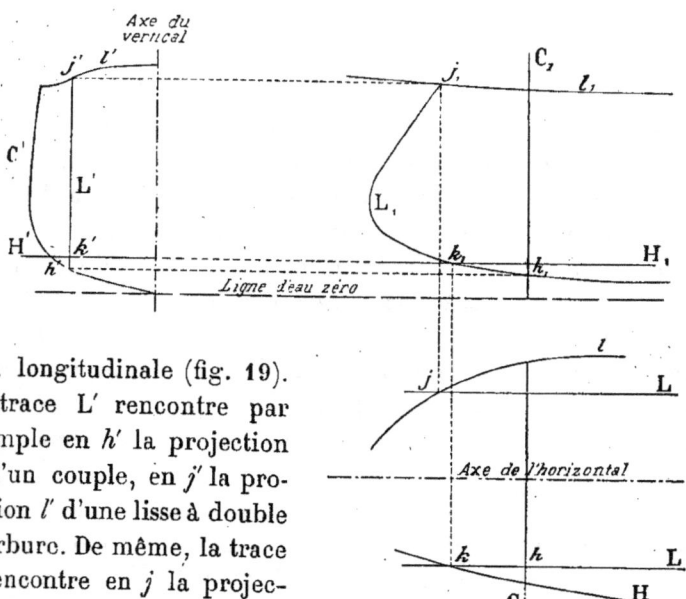

Fig. 19.

tion longitudinale (fig. 19). La trace L' rencontre par exemple en $h'$ la projection C' d'un couple, en $j'$ la projection $l'$ d'une lisse à double courbure. De même, la trace L rencontre en $j$ la projection horizontale $l$ de la lisse à double courbure, en $k$ la projection H d'une ligne d'eau. En reportant sur le longitudinal le point $h'$ sur la trace $C_1$ du couple, le point $j'$ sur la verticale du point $j$, et le point $k$ sur la trace $H_1$ de la ligne d'eau, on aura trois points $h_1 j_1 k_1$ de la projection longitudinale de la section cherchée. On opérera de même pour les intersections de cette section avec les autres lignes du tracé, et on aura une série de points qui doivent, si le tracé a été bien exécuté, pouvoir être reliés par un trait bien continu.

Le tracé des différentes courbes dont nous venons de voir la détermination par points s'exécute à l'aide de lattes élastiques en bois, que l'on fixe aux points marqués à l'aide de plombs à bec (fig. 20) et qui dans l'intervalle prennent une courbure bien régulière. Ces lattes ont une section rectangulaire de hauteur constante (8 $^m/_m$), d'épaisseur légèrement décroissante aux extrémités. Le tracé des plans de formes exige l'emploi de trois jeux de lattes, d'épaisseur différente, car il est clair que pour obtenir une courbure bien régulière il con-

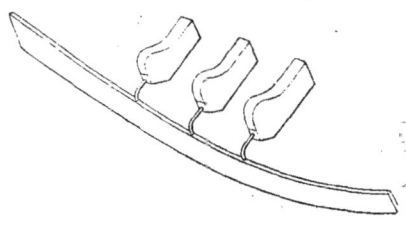

Fig. 20.

vient de choisir une latte aussi raide que le permet la configuration de la courbe à tracer. Les lattes les plus minces, dites *lattes à couples*, de 0 $^m/_m$ 8 d'épaisseur, servent pour le vertical et les contours $AV$ et $AR$ ; les plus épaisses, dites *lattes à livets* (5 $^m/_m$ 5), servent pour les projections longitudinales des livets des ponts et des lisses à double courbure ; entre les deux se placent les *lattes à lisses* (3 $^m/_m$), qui conviennent pour les lignes d'eau, les sections longitudinales, les projections horizontales des lisses à double courbure, les rabattements des lisses planes.

En plaçant les plombs, on doit veiller à ce que le bec ne dépasse pas la face de la latte qui sert de guide pour le tracé, afin de ne pas gêner le passage du crayon ou du tire-ligne.

**10. Balancement.** — Le tracé des courbes ne doit être effectué d'abord qu'au crayon. En effet, quelle que soit la précision avec laquelle on ait fait le tracé des lignes d'eau et des couples, il est à peu près impossible d'arriver du premier coup à une continuité parfaite de la surface. Ce défaut de continuité sera mis en évidence par le report sur le longitudinal des points des diverses sections longitudinales. On apercevra, en cherchant à faire suivre à la latte le contour d'une de ces sections, quelques irrégularités provenant soit de légères erreurs dans la rédaction du devis, soit principalement d'erreurs dans le report sur papier des valeurs inscrites dans le devis. Pour bien se rendre compte de ces irrégularités, il suffit d'examiner la courbe en raccourci, en plaçant l'œil à peu de distance d'une de ses extrémités.

On sera conduit ainsi, pour obtenir des sections longitudinales bien continues, à abandonner quelques-uns des points qui les déterminaient. Il est donc nécessaire de rectifier légèrement le tracé des autres lignes, de manière à rétablir la corrélation rigoureuse des projections d'un point quelconque de la carène sur les trois plans de repère. Cette opération s'appelle le *balancement*. Après avoir rectifié approximativement les sections longitudinales, on reporte sur l'horizontal et le vertical les modifications qui en résultent pour les lignes d'eau et pour les couples, et on cherche à rétablir leur continuité, ce qui entraîne une nouvelle rectification des sections longitudinales. Par une série de tâtonnements et de rectifications d'une projection d'après les autres, on arrive à obtenir la concordance exacte de toutes les lignes du tracé.

Quelques remarques facilitent d'ailleurs la recherche d'une surface continue, et permettent même de vérifier approximativement la continuité au moyen d'une seule projection. D'abord, il est évident que si l'on trace des droites parallèles tangentes aux intersections de la surface par des plans parallèles, les points de contact de ces tangentes doivent se trouver sur une ligne continue, qui est la courbe de contact de la surface avec un cylindre dont les tangentes tracées sont les génératrices. Ainsi, $M_1$ $M_2$ $M_3$... étant des sections parallèles (couples, lignes d'eau, sections longitudinales), les points de contact des tangentes $T_1$ $T_2$ $T_3$... parallèles à une direction arbitraire devront être sur une ligne continue (fig. 21). On devra de même obtenir un résultat analogue avec des tangentes issues d'un même point, le lieu de leurs points de contact étant alors la courbe de contact de la surface du navire avec un conoïde. Ce genre de vérification, par tangentes parallèles ou concourantes, est utile dans les régions à courbure accentuée, comme on en rencontre pour les sections longitudinales dans certains tracés d'avant et d'arrière, et pour les lignes d'eau dans certains tracés d'arrière.

Dans le même ordre d'idées, si l'on considère sur le longitudinal, par exemple, les traces des couples et des lignes d'eau, on peut faire passer par les intersections de traces des lignes obliques telles que $a_1\ b_1\ c_1\ d_1,\ a_2\ b_2\ c_2\ d_2,\ldots$ qui peuvent être prises comme traces de plans parallèles et équidistants coupant la surface de la carène (fig. 22). Si l'on considère maintenant le vertical, par exemple, les lignes telles que $a'_1\ b'_1\ c'_1\ d'_1,\ a'_2\ b'_2\ c'_2\ d'_2\ldots$, obtenues en joignant les points d'intersection des couples et des lignes d'eau,

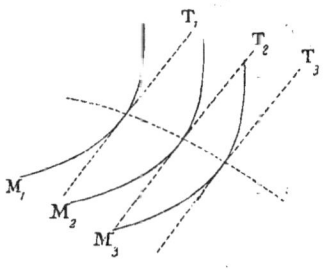

Fig. 21.

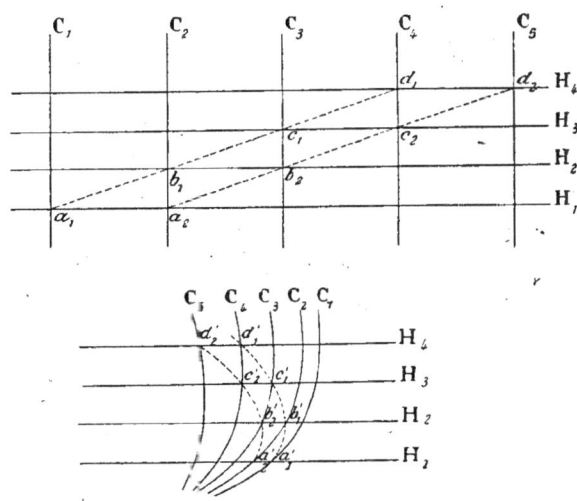

Fig. 22.

sont les projections des intersections de la carène par les plans auxiliaires, et doivent être par conséquent des courbes continues. On peut par ce procédé faire un balancement approximatif du vertical et de l'horizontal, avant le tracé des sections longitudinales.

36 DÉFINITION ET REPRÉSENTATION DES FORMES DU NAVIRE.

La continuité absolue des lignes n'est bien entendu nécessaire que pour la carène et la partie des œuvres mortes voisines de la flottaison. La partie supérieure des œuvres mortes peut présenter, et présente souvent dans la pratique, des régions discontinues. Ces discontinuités doivent d'ailleurs être régulières d'une courbe de niveau à l'autre, pour que l'aspect extérieur du navire soit satisfaisant. La figure 23 représente par exemple les sections lon-

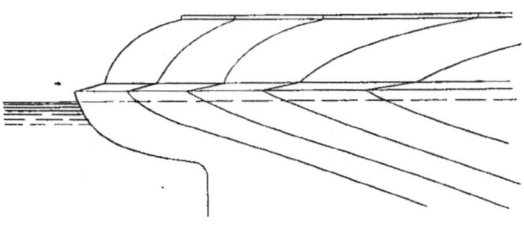

Fig. 23.

gitudinales de l'arrière d'un navire à œuvres mortes discontinues.

**11. Légendes, courbes et détails divers à inscrire sur le plan des formes.** — Le plan des formes doit être complété par le tracé de différentes courbes résumant les calculs relatifs aux divers éléments de la carène et l'inscription de légendes contenant les dimensions principales et les résultats des calculs de déplacement et de stabilité (abscisses des centres de carène, aires des lignes d'eau, rayons métacentriques, etc.)

Enfin, on doit faire figurer sur le plan des formes divers détails propres à donner une idée des dispositions extérieures, tels que le contour extérieur du gouvernail, les hélices avec les parties extérieures de leurs arbres et les supports de ces arbres, les cheminées, les mâts, les ancres, etc. (Voir l'Instruction ministérielle du 5 novembre 1885). Tous ces détails sont figurés seulement sur le longitudinal. Sur le vertical, on trace la projection du cercle décrit par les extrémités des ailes des hélices. Quelquefois, sur **la moitié supérieure de l'horizontal**, on figure la disposition d'ensemble de l'artillerie placée sur les gaillards.

# DEUXIÈME PARTIE

MATÉRIAUX EMPLOYÉS POUR LA CONSTRUCTION
ET PROCÉDÉS D'ASSEMBLAGE.

## CHAPITRE PREMIER

**Matériaux employés pour la construction en bois.**

**12. Avantages et inconvénients de la construction en bois.** — Jusqu'au commencement du XIX$^e$ siècle, le bois a été la seule matière première employée pour la construction des navires. A partir de cette époque, la rareté toujours croissante des pièces de bois de forme appropriée et le perfectionnement des méthodes de production des métaux à l'état ouvré ont amené la disparition progressive de la construction en bois, qui eût été d'ailleurs impuissante à se prêter aux exigences de l'architecture navale moderne. La difficulté de réaliser une liaison intime entre les diverses pièces d'une charpente en bois conduit en effet à augmenter le poids de cette charpente pour obtenir une rigidité suffisante. C'est pour cette raison que l'accroissement des dimensions et l'affinement des formes du navire, c'est-à-dire l'augmentation de la puissance et de la vitesse, sont restés très limités jusqu'à l'apparition de la construction métallique.

En ce qui concerne la marine de guerre, la substitution du métal au bois a été subordonnée dans une certaine mesure à la nécessité d'épuiser les approvisionnements de bois considérables dont les méthodes de conservation exigeaient l'entretien dans les arsenaux. Cette substitution a commencé en France en 1866, en Angleterre dès 1859, et n'a guère été complète en France qu'à partir de 1881. La marine de commerce, au contraire, avait précédé de plus de vingt ans dans cette voie la marine militaire.

La construction en bois n'a cependant pas totalement disparu. Dans un certain nombre de cas, le bois est resté d'un usage avantageux en raison de sa facilité de travail et de l'outillage peu compliqué que nécessite sa mise en œuvre. Actuellement ce genre de construction est encore appliqué pour de petits bâtiments de commerce, destinés au service de cabotage, et pour des embarcations de pêche et de plaisance. Dans la marine militaire, en outre, les embarcations à rames sont encore construites en bois.

Le principal avantage qu'ait conservé le bois, c'est sa faible conductibilité calorifique. Les matériaux métalliques sont évidemment peu propres à ce point de vue à la construction de logements habitables, et leur emploi entraîne dans cet ordre d'idées divers inconvénients auxquels on ne peut remédier que partiellement par les procédés que nous examinerons plus tard. C'est pour cette raison que, dans la marine militaire, quelques navires-écoles et quelques transports ont encore été construits en bois postérieurement à 1881, et que, même à l'époque actuelle, on emploie encore un mode de construction mixte pour certains bâtiments de station.

Bien qu'ayant perdu de son importance, l'étude de la construction en bois ne doit pas être laissée complètement de côté. L'examen du système de construction de l'ancienne flotte, fruit des enseignements d'une longue tradition, constitue l'introduction naturelle à l'étude des constructions métalliques, que ce système a inspirées et auxquelles il a dans l'origine servi de modèle.

**13. Bois employés pour la construction des navires.** — Toutes les essences de bois sont loin d'être également appropriées à la construction des navires. Le bois de construction par excellence, en Europe du moins, est le *chêne*, dont les diverses variétés ne présentent d'ailleurs pas toutes les mêmes qualités. Suivant la provenance et les conditions de développement de l'arbre, le tissu cellulaire peut être constitué de façons très différentes. Tantôt la partie formée de vaisseaux est très étendue par rapport aux zones fibreuses, tantôt c'est le contraire qui a lieu. On distingue ainsi les bois de chêne *gras* et les bois de chêne *maigres*. Le bois maigre, plus fort et résistant mieux à la pourriture, convient pour les parties principales de la charpente, membrures, quille, carlingue, et en général pour toutes les pièces de liaison dont le remplacement ultérieur serait difficile. Le bois gras, moins résistant, a l'avantage de prendre moins de retrait en séchant et de ne pas se fendiller comme le bois maigre, ce qui permet de le débiter plus aisément en bordages ou en planches; il convient par suite pour le bordé de carène. Les bois de chêne proviennent principalement de France et d'Italie.

Le *pin*, un peu moins résistant mais plus léger et plus abondant que le chêne, est utilisé dans la construction en bois partout où l'usage du chêne n'est pas nécessaire: barrots, bordé des ponts, vaigrage, pièces de mâture, etc. On emploie principalement les essences de pin fournies par l'Europe et l'Amérique septentrionales.

Le *teak*, arbre de l'Asie méridionale, donne un des meilleurs bois que l'on connaisse pour la construction et la plupart des usages de l'industrie. Il est aussi fort que le chêne, plus léger, et plus résistant à la pourriture. Il ne travaille pas en séchant et ne prend presque pas de retrait. Enfin, il a sur le chêne l'avantage de ne pas contenir d'acide gallique, et par suite de ne pas attaquer le fer en présence de l'humidité. Son prix élevé est le seul obstacle à son emploi. La marine militaire en fait usage pour les revêtements de bordés métalliques, pour les matelas en bois contre lesquels on appuie les grosses plaques de cuirasse, pour les menuiseries de luxe.

L'*orme*, bois bien résistant et assez abondant en Europe, a des fibres très enchevêtrées, ce qui le rend impropre au débit en bordages. Il est par contre bien flexible, ce qui le rend propre à la construction des membrures d'embarcations. On l'emploie aussi quelquefois pour la confection des quilles ou fausses quilles.

**14. Densité des bois de construction.** — Il est indispensable de connaître la densité du bois dont on fait usage pour pouvoir calculer à l'avance le poids de la charpente. Cette densité est malheureusement assez variable avec les conditions de développement de l'arbre, et surtout avec le degré de dessiccation du bois abattu et conservé en magasin. Dans les arsenaux, les bois de chêne sont conservés d'abord immergés sous l'eau pendant un certain temps, puis desséchés à l'air sous des hangars. La densité va ainsi en décroissant progressivement, comme le montrent les chiffres suivants, relevés a Toulon sur des pièces de chêne de Bourgogne:

40   MATÉRIAUX DE CONSTRUCTION ET ASSEMBLAGES.

|  | DENSITÉ MOYENNE. |
|---|---|
| A la sortie des fosses d'immersion | 1,070 |
| Après 1 an de séjour en magasin | 0,965 |
| — 2 ans — | 0,927 |
| — 3 ans — | 0,895 |
| — 4 ans — | 0,865 |
| — 5 ans — | 0,840 |
| — 6 ans — | 0,822 |
| — 10 ans — | 0,770 |

Sous cette réserve, voici les limites moyennes entre lesquelles varie, suivant la provenance, la densité des bois *bien secs* employés dans les arsenaux :

| Chêne | 0,618 à 1,049 |
|---|---|
| Pin | 0,320 à 0,866 |
| Teak | 0,696 à 0,710 |
| Orme | 0,546 à 0,678 |

On remarquera que le chêne peut quelquefois donner des bois *fondriers,* c'est-à-dire de densité supérieure à celle de l'eau.

Il résulte de ce qui précède que pour l'établissement d'une construction en bois il est nécessaire d'apprécier par des expériences directes la densité des bois que l'on doit mettre en œuvre, en prélevant des échantillons sur les approvisionnements dont on dispose. La méthode la plus simple consiste à peser des cubes taillés dans les pièces.

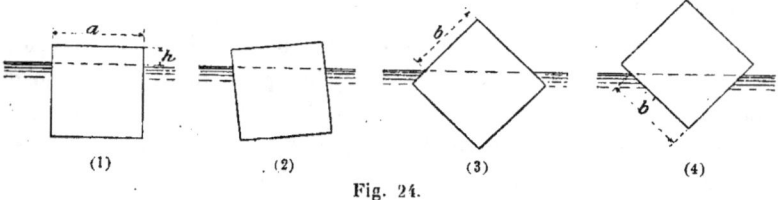

Fig. 24.

Citons en passant le moyen simple d'apprécier approximativement la densité d'une pièce de bois ayant la forme d'une poutre à section carrée, en la faisant flotter. Si une poutre de ce genre flotte en équilibre stable, sa face supérieure parallèle à la flottaison (fig. 24, position 1), on a :

$$1 > \frac{\delta}{\delta'} > 0,7887$$

et

$$\frac{\delta}{\delta'} = \frac{a-h}{a}$$

en appelant $\delta$ la densité du bois, $\delta'$ celle du liquide, $a$ l'équarrissage de la pièce de bois, et $h$ la quantité dont elle émerge.

Si la poutre flotte avec sa face supérieure inclinée (position 2), on a :

$$0,7887 > \frac{\delta}{\delta'} > 0,7187.$$

Si la poutre flotte avec une diagonale verticale, l'autre diagonale étant immergée (position 3), on a :

$$0,7187 > \frac{\delta}{\delta'} > 0,5$$

et

$$\frac{\delta}{\delta'} = 1 - \frac{b^2}{2\,a^2}$$

en appelant $b$ le côté du triangle émergé.

Enfin, si la poutre flotte avec une diagonale verticale, l'autre diagonale étant au-dessus de la flottaison (position 4), on a :

$$0,5 > \frac{\delta}{\delta'} > 0,2812$$

et

$$\frac{\delta}{\delta'} = \frac{b'^2}{2\,a^2}$$

$b'$ étant le côté du triangle immergé.

Dans le cas de l'eau de mer ($\delta' = 1,026$) les formules précédentes deviennent :

Position 1. . . . . . . . $1,000 > \delta > 0,809$
— 2. . . . . . . $0,809 > \delta > 0,737$
— 3. . . . . . . $0,737 > \delta > 0,513$
— 4. . . . . . . $0,513 > \delta > 0,288$

Pour la démonstration de ces formules, nous renvoyons aux traités de Théorie du navire.

**15. Classement des bois de construction.** — D'après leur configuration, les bois de construction sont divisés en trois groupes : *bois droits, bois courbants, courbes.* Les bois droits comprennent, outre les bois réellement droits, ceux qui ne présentent qu'une très légère courbure permettant de les utiliser comme barrots, par exemple.

Les bois courbants doivent avoir une courbure régulière et continue ; la plupart n'ont qu'une courbure dans un plan, mais quelques-uns peuvent présenter une double courbure et sont dits alors *bois à deux bouges*.

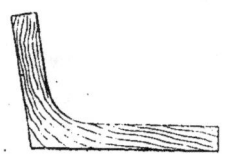

Fig. 25.

Les courbes (fig. 25) sont des pièces droites qui en un certain point de leur longueur forment un coude brusque sur une face et, sur l'autre face, présentent un congé raccordant les deux parties. La région moyenne de ce congé s'appelle le *collet* de la courbe; la portion de la courbe empruntée au tronc de l'arbre s'appelle le *pied*, l'autre portion la *branche*. La fig. 26 montre des exemples de prélèvement sur l'arbre d'un bois droit et d'une courbe, ou d'un bois droit et d'un bois courbant.

Au point de vue de leur utilisation présumée, toutes les pièces reconnues susceptibles d'être employées dans la construction sont rangées dans l'une des trois grandes catégories ci-dessus indiquées sous une appellation distincte formant un *signal*. Enfin, dans chaque signal, il y a un certain nombre de classes différentes appelées *espèces*. Le signal caractérise la configuration de la pièce, l'espèce indique ses dimensions. Ainsi, par exemple, dans la catégorie des bois droits est compris le signal *quille,* sous lequel on range les pièces susceptibles,

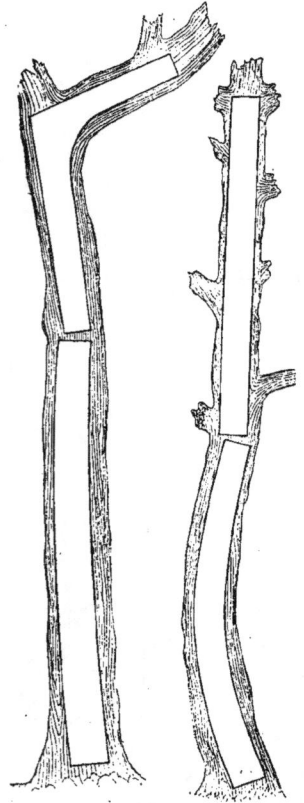

Fig. 26.

par leur forme et leurs dimensions, d'entrer dans la confection de la quille d'un navire. Ce signal comprend lui-même quatre espèces, d'après les dimensions.

Cette classification a pour but de faciliter les recherches dans les approvisionnements et de servir de base à l'estimation de la valeur des bois, très variable suivant la rareté plus ou moins grande du signal sous lequel on peut les ranger. Nous renvoyons pour plus amples détails à l'Instruction sur les bois de marine du 8 juin 1859 et au tarif qui l'accompagne. Il convient seulement de remarquer la grande importance qu'avait autrefois l'étude de la nature des prélèvements à opérer sur les différents arbres, d'après leur configuration.

# CHAPITRE II

**Matériaux employés pour la construction métallique.**

**16. Avantages et inconvénients de la construction métallique.** — Nous avons déjà indiqué au § 12 quelques-uns des motifs qui ont amené la substitution du métal au bois pour la construction des navires. A égalité de poids, l'emploi de matériaux métalliques permet d'augmenter la résistance d'une charpente, ou inversement, à égalité de résistance, de diminuer son poids. Cet avantage ne tient pas à la nature même des matériaux, car s'il est vrai qu'on puisse faire travailler par traction une tige de fer à raison de 6 kil. environ par millimètre carré, tandis que la charge de sécurité généralement admise pour le bois de chêne n'est que de $0^k,800$ environ, en revanche la densité du fer est environ 8 fois plus grande que celle du chêne; il y a donc compensation. Le bénéfice réalisé tient d'abord à ce que l'emploi du métal permet de donner aux diverses pièces de la construction des formes particulièrement appropriées à la résistance aux efforts de flexion; or c'est, comme nous le verrons, à des efforts de ce genre qu'un grand nombre de pièces de la charpente doivent pouvoir résister.

Un exemple simple nous permettra de mettre ce fait en évidence. Considérons un barrot de pont (fig. 27); il s'agit d'une pièce fixée à ses deux extrémités à la muraille et travaillant par flexion dans un plan vertical en raison des poids divers qu'elle supporte. Dans la construction en bois, sous peine d'augmenter outre mesure les déchets et les frais de main-d'œuvre, on est forcé de donner aux diverses

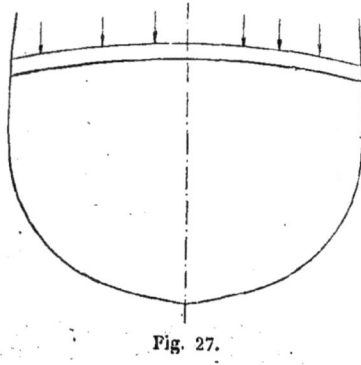

Fig. 27.

pièces une section à peu près carrée ou rectangulaire (fig. 28). Si l'on voulait établir un barrot en fer résistant aux mêmes efforts, en conservant la forme rectangulaire et la hauteur $h$ de la section, on serait conduit à diminuer la dimension transversale $a$ dans le rapport de 1 à 8 environ. La section serait 8 fois plus petite, mais, les densités étant dans le rapport de 8 à 1, le poids

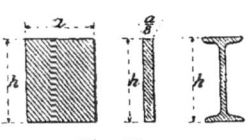

Fig. 28.

de la pièce serait le même. Supposons maintenant que, sans changer l'aire de la section, nous changions sa forme en augmentant la quantité de matière aux extrémités supérieure et inférieure de cette section. Les conditions de résistance seront totalement changées. On sait en effet que la fatigue d'une pièce soumise à un effort de flexion est inversement proportionnelle au quotient $\dfrac{I}{v}$, I étant le moment d'inertie de la section droite de la pièce par rapport à

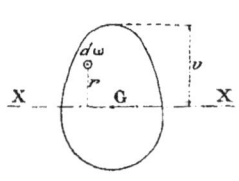

Fig. 29.

un axe XX perpendiculaire au plan de flexion mené par le centre de gravité G de cette section (fig. 29), et $v$ la distance à l'axe XX du point le plus éloigné de la section. Or $I = \int r^2 \, d\omega$. On a donc intérêt à reporter la matière aussi loin que possible de l'axe XX. Si l'on considère par exemple une barre à section rectangulaire, suivant que le plan de flexion sera parallèle au grand ou au petit côté de la section, le quotient $\dfrac{I}{v}$, qui porte le nom de *module de flexion*, variera dans le rapport du grand au petit côté. Dans l'exemple représenté par la figure 28, la valeur de $v$ est égale à $\dfrac{h}{2}$ pour les deux formes de section métallique, mais le moment d'inertie de la seconde est égal à environ 5 fois celui de la première. La résistance à la flexion est donc 5 fois plus grande, le poids étant resté le même; d'autre part, la résistance au flambement est également accrue d'une manière notable.

En second lieu, l'emploi du métal permet d'établir entre les divers éléments de la charpente une solidarité impossible à obtenir dans une construction en bois, dont les pièces ne peuvent être que juxtaposées et dont les assemblages ne peuvent, quelque précaution que l'on prenne, offrir la même solidité que les assemblages métalliques. En fait, l'adoption de matériaux métalliques a permis, tout en donnant aux coques une rigidité bien supérieure à celle des coques en bois, de réduire leur poids dans une proportion assez notable. Sur l'ancienne flotte en bois, le poids de la coque atteignait et dépassait même la moitié du déplacement. Avec les matériaux métalliques, ce poids est compris en général entre 30 et 34 % du déplacement, soit le tiers environ au lieu de la moitié. De plus, l'accroissement de rigidité a permis d'affiner beaucoup les formes, en réduisant les dimensions transversales et augmentant la longueur, et par suite d'obtenir des vitesses plus élevées. On est parvenu aujourd'hui à construire des navires de plus de 200 mètres de longueur doués d'une vitesse de 23 nœuds (1), ce qui eût été irréalisable avec la construction en bois.

La construction métallique présente encore divers avantages. Elle permet de réaliser à l'intérieur de la coque un compartimentage efficace et bien étanche, qui atténue l'effet d'une voie d'eau produite par un échouage ou un abordage, l'eau ne pouvant s'introduire que dans une cellule de volume limité. Dans un échouage, il est vrai, le bordé métallique est beaucoup plus aisément crevé que le bordé en bois, mais ce désavantage est largement compensé par la localisation de la voie d'eau. Les exemples de navires sauvés ainsi par leur compartimentage sont extrêmement nombreux (*Dévastation, Fulminant, Milan, Amiral-Duperré, Hoche,* etc.). Avec la construction en bois, il serait impossible de réaliser des cloisonnements vraiment étanches, et, si même on y parvenait, cette étanchéité disparaîtrait rapidement au bout d'un certain temps par la déliaison résultant du peu de rigidité de la charpente.

Nous noterons également la sécurité que l'on obtient au point de vue de l'incendie, avantage particulièrement précieux pour un navire de combat. Les guerres navales récentes ont démontré en effet qu'un navire comprenant une certaine quantité, même

---

(1) Un *nœud* équivaut à une vitesse de 1 mille marin (1852 mètres) par heure. Une vitesse de 23 nœuds représente donc à peu près 42 kilomètres et demi par heure, soit un peu plus de $11^m,80$ par seconde.

restreinte, de matériaux en bois, pouvait être mis hors de combat par le seul fait de l'incendie provoqué par l'éclatement des projectiles ennemis. En outre, sous l'action des projectiles modernes, le bois donne des éclats très dangereux dont l'effet s'ajoute à celui des projectiles eux-mêmes. C'est ainsi que l'on a été amené, dans les constructions les plus récentes, à supprimer, ou du moins à réduire le plus possible l'usage du bois, même pour les aménagements intérieurs.

Enfin, la facilité de réaliser des assemblages **rigides** permet, dans la réparation d'une avarie, de se borner souvent à rapporter une pièce remplaçant la partie avariée, tandis qu'avec la construction en bois il est dans la plupart des cas indispensable de changer et de remplacer complètement toutes les pièces atteintes même partiellement par l'avarie.

Le principal inconvénient de la construction métallique, ainsi que nous l'avons déjà indiqué, est relatif à l'habitabilité. Le froid peut être combattu assez aisément par des procédés de chauffage que nous examinerons plus tard. Mais il n'en est pas de même de la chaleur, contre laquelle il est difficile de se prémunir, et qui rend souvent pénible le séjour à bord des bâtiments naviguant dans les pays chauds. En outre, les parois métalliques ont l'inconvénient de condenser facilement la vapeur d'eau, qui se rassemble en gouttelettes à leur surface.

Dans un autre ordre d'idées, la grande perméabilité du fer au point de vue magnétique donne lieu à des **actions** parasites sur l'aiguille aimantée des boussoles, ou *compas,* servant à la direction du navire. Cet inconvénient est d'ailleurs peu important, et nous ne le signalons que pour mémoire, car il est possible de corriger ces influences perturbatrices d'une manière parfaitement suffisante pour la pratique.

**17. Forme des matériaux métalliques.** — Indépendamment des pièces massives obtenues par forgeage ou par moulage, le métal entre dans la construction des coques soit sous forme de feuilles planes appelées *tôles,* soit sous forme de *barres profilées* ayant une longueur de 10 à 15 mètres environ et différentes formes de sections combinées soit de manière à donner une résistance à la flexion aussi grande que possible, soit de manière à faciliter les assemblages. La figure 30 représente les diverses formes de section usitées. Les *cornières* servent principalement pour les jonctions d'angle. Les cornières à boudin et les barres en T à boudin, fréquemment employées dans la construction des navires de commerce, ne sont presque jamais utilisées par la marine de guerre. Les barres en Z, peu employées en France, sont d'un usage courant dans les constructions anglaises.

Les tôles sont des feuilles planes, le plus généralement rectangulaires. On les définit en France par leur épaisseur en millimè-

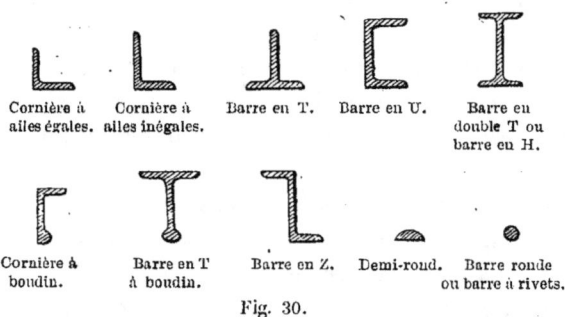

Fig. 30.

tres; dans d'autres pays, en Angleterre par exemple, par le poids du mètre carré. On donne en particulier le nom de *bandes* ou *couvre-joints* aux tôles dont la largeur ne dépasse pas $0^m,40$, et qui sont utilisées comme nous le verrons pour les assemblages.

Au point de vue de l'épaisseur, on distingue les tôles en quatre classes :

Tôles extra-minces............ au-dessous de $1^m/_m 5$;
— minces.................. de $1^m/_m 5$ à $4^m/_m$ exclusivement;
— moyennes............... de $4^m/_m$ à $8^m/_m$ exclusivement;
— fortes................... $8^m/_m$ et au-dessus.

A partir de $3^m/_m$, les épaisseurs usuelles croissent de millimètre en millimètre. L'épaisseur maxima employée ne dépasse pas en général $25^m/_m$. Au-dessus de ce chiffre, on adopte plutôt la dénomination de *plaques*, les pièces employées servant alors principalement à la protection contre les projectiles ennemis.

Pour chaque épaisseur de tôle, les nécessités de fabrication imposent un maximum pratique de surface, et en général de largeur, qu'il est difficile de dépasser. Nous reviendrons sur ce sujet dans la quatrième partie en parlant des commandes de matières.

CONSTRUCTION MÉTALLIQUE.   49

Préalablement à leur mise en œuvre, les tôles de fer ou d'acier de faible épaisseur sont en général recouvertes d'une mince couche protectrice de zinc, qui a pour but d'empêcher leur oxydation. Il n'y a pas de règle bien fixe à ce sujet, mais la pratique ordinaire est de zinguer toutes les tôles au-dessous de 4 $^m/_m$. L'opération du zingage peut se faire dans les arsenaux, mais on achète aussi les tôles toutes zinguées.

Pour les cloisons d'emménagements, on emploie des tôles zinguées de 1 $^m/_m$, 1 $^m/_m$ 5 et 2 $^m/_m$ auxquelles on donne un profil plissé pour qu'elles aient une raideur suffisante. Il existe deux genres de profil, tôles *ondulées* et tôles *nervées*. La figure 31 indique le tracé réglementaire de ces deux profils.

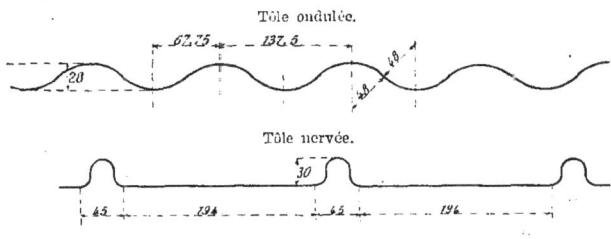

Fig. 31.

Enfin, pour les parquets de machines et de chaufferies, on fait usage de tôles *striées* ou tôles *à empreintes*, présentant sur une de leurs faces des nervures saillantes entre-croisées en losange (fig. 32), de manière à donner de la prise aux pieds. On définit ces tôles par leur épaisseur, nervures comprises.

Les barres profilées sont définies par les dimensions linéaires de leur section, renseignement auquel on ajoute le poids du mètre courant, en raison des petites variations qui peuvent exister d'une usine à l'autre dans le tracé des congés. Ainsi, la cornière

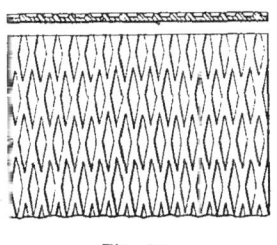

Fig. 32.

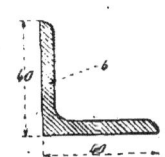

Fig. 33.

représentée par la figure 33 sera définie : cornière de 40 × 40 × 4 ($2^k,400$). Pour un même profil, on peut obtenir au laminage des épaisseurs variant entre certaines limites, qu'indiquent les albums des diverses usines métallurgiques. Ainsi le profil de cornière 40 × 40 pourra être exécuté par exemple avec une épaisseur variant de 3 à 7 $^m/_m$; la proportion la plus ordinaire de ce genre de profil comporte une épaisseur égale au dixième de la largeur de l'*aile* ou *panne* de la cornière.

Les barres en T sont caractérisées par la largeur de la panne, la hauteur de l'âme, et les épaisseurs de ces parties. Ainsi, le profil représenté par la figure 34 sera défini : T de $\frac{117}{10}$ × $\frac{100}{12}$ ($20^k,500$). Le mode de définition est le même pour les barres en U et en double T. Pour ces différents profils, comme pour les cornières, les épaisseurs peuvent varier entre certaines limites.

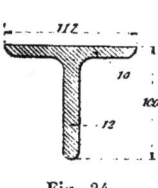

Fig. 34.

Le demi-rond est défini par sa largeur et sa flèche, les barres à rivets par leur diamètre.

**18. Métaux employés pour la construction métallique.** — Le fer a été pendant longtemps le seul métal employé pour la construction des coques. Jusqu'en 1860 environ, le métal fabriqué sous le nom d'acier était peu homogène, d'une ténacité et d'une ductilité très variables. De 1860 à 1870, le procédé Bessemer, et surtout le procédé Martin, permettant d'obtenir une combinaison métallique à dosage rigoureux, ayant par suite des propriétés bien définies et bien constantes, amenèrent une révolution profonde dans l'industrie métallurgique. C'est en 1873, sous l'impulsion de M. l'inspecteur général du génie maritime de Bussy, qu'on tenta pour la première fois, en France, d'appliquer l'acier à la construction des navires. Les procédés de travail du nouveau métal, dit *acier doux*, furent étudiés et réglés par MM. de Bussy, Joëssel et Barba, qui parvinrent à triompher des difficultés rencontrées à l'origine, et le succès de la construction du *Redoutable*, aujourd'hui encore en service, eut une heureuse influence sur les progrès de la construction navale et aussi, par une répercussion naturelle, sur la métallurgie de l'acier. Depuis 1888 environ, l'acier doux, combinaison de fer avec de petites quantités de carbone et de manganèse, s'est totalement substitué au fer dans les constructions de la marine militaire, et son emploi se développe de plus en plus dans la marine de commerce.

L'emploi de l'acier doux présente des avantages notables pour la construction. Sa densité est sensiblement la même que celle du fer, mais sa résistance à la rupture est notablement plus grande (40 à 45 kil. par millimètre carré au lieu de 28 à 30 kil. environ). On a pu ainsi, tout en conservant la même solidité, réduire les échantillons et diminuer le poids de la charpente d'une manière sensible. La résistance à la rupture n'est d'ailleurs pas le seul élément à considérer; il faut aussi faire intervenir la faculté de subir sans rupture des déformations assez considérables, qualité qui est caractérisée approximativement par l'allongement à la rupture. Cet allongement est de 20 à 22 % pour l'acier doux, de 10 à 15 % seulement pour le fer. Il en résulte une élasticité plus grande de la charpente, lui permettant de mieux résister aux divers efforts qu'elle a à supporter. En particulier, des efforts locaux considérables, qui amèneraient infailliblement la rupture de matériaux en fer, peuvent ne déterminer qu'une déformation sans déchirure de l'acier doux; ce cas s'est présenté maintes fois dans des abordages de torpilleurs, par exemple.

L'acier doux, fabriqué aujourd'hui couramment par l'industrie à un prix très modéré (20 à 25 francs les 100 kilogrammes), constitue donc un excellent métal de construction. Il n'a que l'inconvénient, commun à toutes les combinaisons ferreuses, d'être facilement oxydable, ce qui exige des mesures de préservation que nous examinerons plus tard en détail. Sa mise en œuvre nécessite plus de précautions que celle du fer, mais les procédés de travail ne présentent pas en somme de difficulté bien particulière, et sont entrés depuis longtemps dans la pratique courante des arsenaux.

Il est d'ailleurs évident que l'on peut espérer faire encore bénéficier dans l'avenir la construction maritime des progrès incessants de l'industrie métallurgique. Depuis 1896, on étudie l'emploi d'aciers plus résistants que l'acier doux ordinaire, et possédant néanmoins un allongement à la rupture suffisant. L'acier dit *acier mi-dur*, caractérisé par une résistance moyenne à la rupture de 50 kil. et un allongement moyen de 17 à 21 %, a été appliqué en France à tous les grands navires de guerre mis en chantier depuis 1896 (1). Des aciers plus durs encore, donnant 60 kil. et même 65 kil. avec 12 °/₀ environ d'allongement, ont été employés pour diverses parties de la charpente des grands navires et pour la construction de petits bâtiments à grande vitesse. Tous ces aciers s'obtiennent en alliant au fer, outre le carbone et le manganèse, de petites quantités d'autres métaux, principalement le nickel et le chrome. Leur mise en œuvre est sensiblement plus délicate que celle de l'acier doux, et leur prix de revient un peu plus élevé. L'expérience acquise au sujet de ces nouveaux aciers est encore de trop courte durée pour qu'on puisse apprécier si le bénéfice de résistance compensera l'augmentation du prix et de la main-d'œuvre.

Bien que ces diverses combinaisons ferreuses n'aient pas une composition rigoureusement constante, leur densité ne varie qu'entre des limites assez restreintes pour qu'on ait pu adopter une valeur moyenne suffisamment approchée pour être utilisée dans tous les calculs. La valeur admise pour la densité des divers aciers est égale à 7,8, celle admise pour le fer étant 7,75. Il n'y a exception que pour les aciers spéciaux employés pour la fabrication des blindages, pour lesquels on a adopté la densité uniforme de 7,85.

En alliant au laiton ordinaire, formé de cuivre et de zinc, de petites quantités d'autres métaux, on peut obtenir des alliages désignés sous le nom de *bronzes à haute résistance,* qui sont assez comparables à l'acier doux au point de vue de la résistance et de l'allongement, et qui ont sur lui l'avantage d'être inoxydables. Ils ont par contre une densité sensiblement supérieure à celle de l'acier (8,3 à 8,5 environ) et leur prix de revient est beaucoup plus élevé. Ils ne conviennent guère par suite pour la construction d'ensemble d'une coque, et n'ont été employés jusqu'ici dans cet ordre d'idées, pour des motifs spéciaux, que pour la charpente de quelques bateaux sous-marins. Mais leur emploi devient indispensable pour certaines pièces de la charpente (étrave, étambot, gouvernail, etc.) lorsqu'il s'agit d'un navire dont la carène est recouverte d'un doublage en cuivre, comme on le verra dans la troisième partie.

Enfin, de nombreux essais ont déjà été tentés en vue de l'emploi

---

(1) La Compagnie transatlantique a également admis l'emploi de cet acier pour une partie de la charpente des grands paquebots mis en chantier en 1898 (type *Lorraine*).

de l'*aluminium*, dont la grande légèreté constitue un avantage précieux. L'aluminium pur n'a qu'une résistance insuffisante, et le métal dont on a fait usage jusqu'ici est un bronze d'aluminium, alliage d'aluminium avec 3 à 6 °/₀ de cuivre donnant environ 20 kil. de résistance à la rupture avec 16 °/₀ d'allongement. La résistance de cet alliage est donc un peu plus faible que celle du fer, mais sa densité est seulement de 2,9 environ, ce qui, à résistance égale, donnerait encore un bénéfice de poids très sensible. Malheureusement, il est encore difficile, à l'époque actuelle, d'obtenir pour l'aluminium une homogénéité de fabrication suffisante pour empêcher les attaques galvaniques de se produire entre deux pièces en contact et de déterminer leur oxydation rapide ; le phénomène est bien entendu encore plus marqué lorsqu'on associe dans une même construction le bronze d'aluminium avec de l'acier ou du bronze d'étain ordinaire. En outre l'aluminium, que l'on a cru longtemps à peu près inattaquable par la plupart des agents chimiques, est au contraire un métal extrêmement altérable. Les travaux de M. Ditte (1898) ont montré que sa résistance apparente était due à la facilité avec laquelle il se recouvre de couches protectrices adhérentes gazeuses ou solides, formant une sorte d'écran qui s'oppose à l'altération du métal. Mais dans certaines circonstances, notamment en présence d'une dissolution de sel marin contenant soit un sel acide, soit un acide libre, la couche protectrice se détruit à mesure qu'elle se forme, et le métal se dissout peu à peu sous forme de combinaison avec l'oxygène et le chlore. On a dû pour ces motifs renoncer, pour le moment du moins, à l'emploi de ce métal. En outre, le prix de revient des alliages d'aluminium, bien que s'abaissant régulièrement avec le développement de la production de l'aluminium, est encore très élevé par rapport au prix de l'acier.

Pour les pièces massives obtenues par forgeage, on fait usage soit de fer, soit le plus souvent d'acier. Le fer n'est plus guère employé que pour certaines pièces spéciales, telles que les ancres et les chaînes, formées d'éléments *soudés* et dans lesquelles l'égalité de résistance entre les diverses parties joue un rôle important. L'acier est en effet plus difficile à souder que le fer, et on n'est jamais aussi sûr du résultat obtenu. Le fer a été employé aussi, comme nous le verrons, pour certaines catégories de blindages.

Pour les pièces obtenues par moulage, on utilise, suivant les cas, les bronzes d'étain ordinaires, les bronzes à haute résistance, la fonte ou l'acier. Les moulages d'acier tendent de plus en plus à se substituer dans la marine militaire aux moulages de fonte; l'*acier moulé* coûte plus cher que la fonte et est d'une exécution plus difficile, mais permet de réduire un peu les échantillons et de diminuer le poids des pièces. Les densités admises usuellement pour le calcul du poids des pièces moulées sont égales à **7,2** pour la fonte, **7,8** pour l'acier, **8,8** pour les différents bronzes.

# CHAPITRE III

### Assemblage des matériaux en bois.

**19. Modes d'assemblage des pièces de bois.** — Les assemblages de matériaux en bois, principalement dans la construction maritime où la forme des pièces est en général beaucoup plus compliquée que dans les constructions à terre, doivent présenter une simplicité aussi grande que possible, de manière à éviter des frais de main-d'œuvre trop élevés et un déchet trop considérable. En outre, on ne peut compter sur la forme seule des surfaces de joint pour la tenue de l'assemblage, dont la solidarité serait rapidement détruite par le retrait du bois et par les divers efforts de dislocation auxquels est soumise la charpente des navires. Cette forme des surfaces de joint peut, dans certains cas, fournir un supplément de résistance, mais la tenue principale des assemblages est toujours obtenue au moyen de broches cylindriques (chevilles, clous ou vis) traversant les pièces à réunir.

Lorsque deux pièces de bois se croisent, on peut se contenter de les fixer l'une à l'autre en plaçant un certain nombre de chevilles au point de croisement. Dans beaucoup de cas, on améliore la tenue en entaillant légèrement les deux pièces. Si chacune des pièces peut être soumise à des efforts de traction dans les deux sens, on fait l'entaille comme l'indique la figure 35. Si l'une des pièces se termine au croisement, on fait l'entaille en queue d'aronde (fig. 36). Dans le cas où l'une des pièces vient buter contre l'autre à angle droit, l'assemblage est fait soit par entaille, soit par tenon et mortaise, consolidé par une cheville (fig. 37).

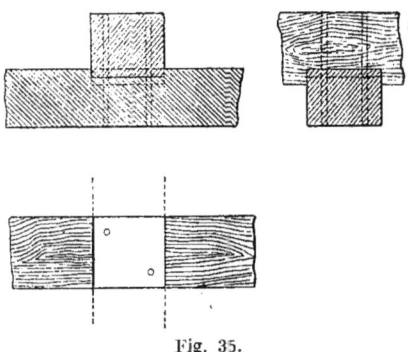

Fig. 35.

56  MATÉRIAUX DE CONSTRUCTION ET ASSEMBLAGES.

Lorsqu'on a à former une poutre d'assemblage d'une certaine longueur, constituée par des pièces de même échantillon mises

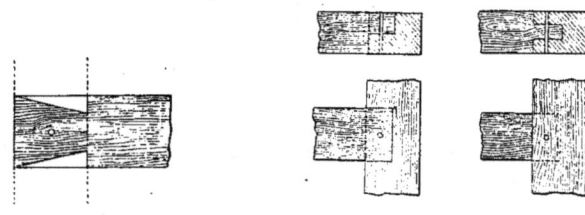

Fig. 36.                Fig. 37.

bout à bout et destinée à résister à un effort de traction, on emploie le mode de jonction dit *écart long*, ou simplement *écart*. Les deux pièces *écarvées* sont taillées en biseau, comme l'indique la figure 38. La longueur A B de l'écart est comprise entre 4 et 6 fois l'épaisseur $h$ de la pièce, ou hauteur de l'écart, et l'épaisseur de l'extrémité amincie est égale au quart de cette hauteur.

Les biseaux sont terminés soit d'équerre (fig. 38), soit par deux

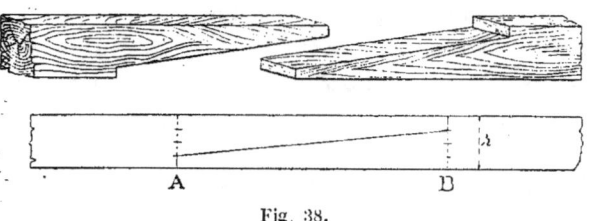

Fig. 38.

plans faisant entre eux un angle très obtus (fig. 39). La tenue est assurée au moyen de trois ou quatre chevilles, suivant les dimensions de l'écart, auxquelles on ajoute quelquefois deux clous à chaque extrémité amincie (fig. 39). Les chevilles doivent être, bien entendu, disposées en quinconce, pour ne pas faire fendre la pièce.

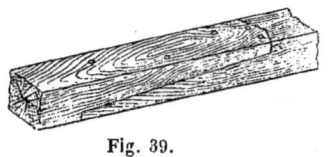

Fig. 39.

Pour améliorer la tenue de l'écart, on ménageait autrefois des adents sur la face oblique du joint (écart à *trait de Jupiter*), ou bien on y pratiquait le logement d'une *clef* entaillée à mi-épaisseur avec chacune des pièces (fig. 40). Ces deux modes d'assemblage, qui exigent une grande précision de coupe et que le retrait du bois altère bien vite, ont été abandonnés et remplacés par le suivant.

Dans la face de joint, au passage de chaque cheville on incruste un tampon cylindrique ou *dé*, en bois de chêne bien sec (fig. 41). Ces dés, découpés dans du bois *de fil*, c'est-à-dire de telle sorte que

Fig. 40.

l'axe du cylindre soit parallèle à la direction générale des fibres, consolident l'écart par leur résistance au cisaillement; leurs axes doivent être exactement parallèles, pour que l'assemblage soit possible.

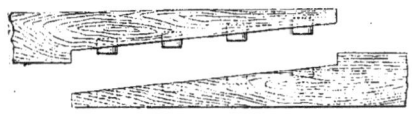

Fig. 41.

Lorsque les dimensions transversales de la poutre d'assemblage sont trop considérables pour pouvoir être obtenues avec une seule pièce, on la constitue au moyen de deux ou trois files parallèles, juxtaposées, dont on a soin, bien entendu, de décroiser les joints. Si l'on n'a pas besoin d'une grande résistance longitudinale, on se contente de réunir les pièces juxtaposées au moyen de chevilles placées en quinconce, munies de dés à leur passage à travers la face de joint (fig. 42). Le croisement de deux pièces l'une par rapport à l'autre porte le nom d'*empature;* cette empature doit avoir une longueur aussi grande que possible, limitée d'ailleurs évidemment par la dimension des pièces à assembler. Bien que les deux pièces consécu-

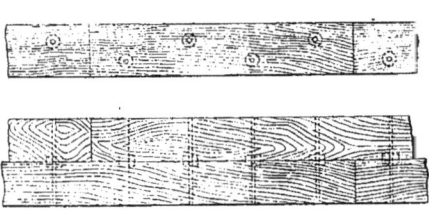

Fig. 42.

tives d'une même file butent simplement l'une contre l'autre, on applique souvent dans le langage courant le nom d'écart à leur face de joint. Les extrémités des pièces portent le nom d'*abouts*.

Avec le mode d'assemblage représenté par la figure 42, la résistance à un effort de traction est seulement égale à la résistance offerte par la section d'une pièce. Lorsqu'on a besoin d'une résistance plus grande, on écarve l'une avec l'autre les pièces consécutives d'une même file (fig. 43). Quelquefois, pour améliorer la résistance à un effort de flexion, on ajoute de distance en distance, sur la face de jonction des files, des clefs qui s'opposent au glissement d'une file par rapport à l'autre (fig. 43).

Fig. 43.

**20. Chevilles et gournables.** — La tenue des assemblages dont nous venons de parler est obtenue dans la plupart des cas au moyen de *chevilles*. Ces chevilles sont des broches cylindriques traversant les pièces à réunir de part en part. Elles peuvent être faites en métal ou en bois. Elles portent dans ce dernier cas le nom de *gournables*.

Les chevilles métalliques sont faites soit en fer, soit en cuivre. Les chevilles en fer sont plus résistantes et de prix moins élevé; on ne peut cependant les employer partout pour le motif suivant. Lorsque des chevilles en fer sont en contact avec du bois de chêne, elles sont attaquées par l'acide gallique qu'il renferme, ainsi que nous l'avons déjà indiqué au § 13. Si le bois est bien sec, l'altération est assez lente, mais si le bois est humide elle devient très rapide, et se fait à la fois sentir sur la cheville, qui se détruit par oxydation, et sur le bois qui se désagrège par pourriture. Pour obvier à cet inconvénient, on recouvre les chevilles en fer d'une couche protectrice de zinc. Mais si dans le voisinage se trouve une pièce en cuivre ou en bronze, et que l'eau vienne à fermer le circuit, il se forme une pile dont le pôle négatif est le zinc, qui s'oxyde en mettant le fer à nu; celui-ci s'oxyde dès lors très rapidement. Or, comme nous le verrons, le bordé de carène est revêtu extérieurement d'un doublage mince en cuivre; aussi exécute-t-on en cuivre le chevillage de toutes les pièces de ce bordé et en général de toutes les régions où l'action galvanique peut être à redouter. Partout ailleurs, on peut se servir de chevilles en fer zingué.

Les chevilles en fer ou en cuivre sont à section circulaire, terminées à une de leurs extrémités par une tête légèrement conique. On les enfonce à coups de masse dans un avant-trou percé à l'aide d'une tarière, et on refoule ensuite l'autre extrémité sur une petite plaque dite *rouelle* ou *virole*, de manière à former ce qu'on appelle une *rivure* (fig. 44). L'avant-trou est percé à un diamètre légèrement inférieur à celui de la cheville, de telle sorte que l'élasticité naturelle du bois lui permette de céder sous l'action de la cheville en produisant une pression latérale qui assure la tenue. La différence entre le diamètre du trou et celui de la cheville est ce qu'on appelle le *hâle* de la

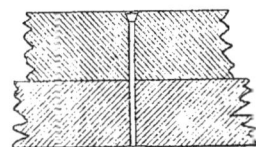

Fig. 44.

cheville. Ce hâle doit être proportionné de façon que la résistance de frottement créée par la compression soit un peu supérieure à la résistance propre de la cheville ; en d'autres termes, si on exerce parallèlement à l'axe de la cheville un effort de traction suffisant pour séparer les pièces assemblées, la cheville, sans tête ni rivure, doit se rompre sans glisser dans son logement. La tête et la rivure ont seulement pour but de donner un supplément de tenue destiné à parer à une insuffisance de frottement ou à une diminution de ce frottement par altération ultérieure de la charpente. On peut donc les supprimer sans inconvénient si l'assemblage est tel que les chevilles travaillent exclusivement par cisaillement ; ces chevilles sans tête ni rivure portent le nom spécial de *goujons*.

On voit que le hâle doit être réglé avec le plus grand soin ; s'il est trop fort, la cheville peut être trop difficile à enfoncer et se refouler sous la masse ; s'il est trop faible, la tenue peut devenir insuffisante. Pour les chevilles en fer enfoncées dans du bois de chêne, le hâle est pris habituellement égal à 3 $^m/_m$ si la longueur de la cheville ne dépasse pas $0^m,60$, à 2 $^m/_m$ si cette longueur est comprise entre $0^m,60$ et $2^m$, à 1 $^m/_m$ si elle est supérieure à 2 mètres. Dans le bois de pin, moins élastique et plus facile à fendre, le hâle doit être réduit de 1 $^m/_m$ environ.

Lorsqu'il s'agit de chevilles en cuivre, les conditions sont différentes. Le cuivre, beaucoup plus malléable que le fer, se refoule sous l'action de la masse, et le diamètre de la cheville augmente assez sensiblement, surtout dans les régions voisines de la tête. Le hâle doit être en conséquence négatif sur une partie de la longueur de l'avant-trou. La pratique ordinaire, pour les chevilles en cuivre de longueur inférieure à 1 mètre, enfoncées dans du bois de chêne, est de donner à l'avant-trou un diamètre supérieur de 2 $^m/_m$ à celui de la cheville sur la première moitié de sa longueur, égal au diamètre de la cheville sur la seconde moitié. Pour les chevilles plus longues, l'excès du diamètre de l'avant-trou sur celui de la cheville peut atteindre 3 et même 4 millimètres.

On fait quelquefois usage, dans certains cas, de chevilles à *bout perdu*, ne traversant pas complètement les pièces à réunir. Il est difficile d'être sûr de la tenue de ce genre de chevilles, et il convient en général de les éviter autant qu'on le peut.

On employait autrefois des chevilles à section carrée, enfoncées dans un avant-trou cylindrique de diamètre égal à celui du cercle inscrit dans la section. Ces chevilles ne pénétraient donc dans le bois qu'en le mâchant sur les quatre arêtes, et leur tenue était moins satisfaisante. On a renoncé également pour le même motif aux chevilles dites *grillées*, c'est-à-dire barbelées sur leurs arêtes au moyen d'encoches faites avec un ciseau (fig. 45).

Les chevilles métalliques, lourdes et assez coûteuses, sont remplacées avantageusement dans beaucoup de cas par des *gournables*. Les gournables sont des chevilles en bois, n'ayant par suite ni tête ni rivure ; pour les remplacer, on perce à chaque extrémité un petit trou dans lequel on enfonce un coin effilé en bois, appelé *épite*, ce qui produit un forcement de l'extrémité de la cheville ; cette opération s'appelle le *poinçonnage* de la gournable.

Les gournables sont faites en chêne bien maigre ou en acacia, débitées suivant le fil du bois. Leur forme primitive est celle d'un prisme à section rectangulaire. Autrefois, on les travaillait ensuite à huit pans avec une plane de tonnelier, en suivant la direction des fibres du bois, qui peut être un peu sinueuse sans inconvénient, les fibres se redressant par flexion au moment de la mise en place. Les gournables étaient en outre légèrement effilées d'une extrémité à l'autre, pour faciliter leur introduction.

Fig. 45.

Aux gournables à huit pans, on a substitué avec avantage les **gournables comprimées à section circulaire**. Ces gournables sont

ASSEMBLAGE DES MATÉRIAUX EN BOIS.

tournées à l'aide d'une machine spéciale qui les façonne suivant des diamètres décroissants tout en respectant la direction plus ou moins sinueuse des fibres. Elles sont ensuite comprimées dans une sorte de laminoir spécial. La compression qu'on leur fait subir, mesurée par la diminution du diamètre, est d'environ 20 %; elle produit une augmentation de densité de 16 %, et une augmentation de résistance de 17 % environ.

Les gournables sont employées surtout pour compléter la tenue du bordé extérieur. Elles doivent être réservées pour les parties du navire qui n'émergent jamais, car les alternatives de sécheresse et d'humidité les feraient pourrir rapidement.

Les dimensions des gournables en usage dans les arsenaux français sont réglées conformément aux indications du tableau ci-dessous :

| LONGUEUR. | DIAMÈTRE AVANT COMPRESSION | | DIAMÈTRE APRÈS COMPRESSION | |
|---|---|---|---|---|
| | GROS BOUT. | PETIT BOUT. | GROS BOUT. | PETIT BOUT. |
| m. | millim. | millim. | millim. | millim. |
| 1,00 | 42 | 29 | 38 | 26 |
| 0,80 | 38 | 27 | 34 | 24 |
| 0,65 | 34,5 | 24,5 | 31 | 23 |
| 0,50 | 31,5 | 23,5 | 28 | 21 |
| 0,40 | 28 | 21,5 | 25 | 19 |

Les gournables sont enfoncées dans un avant-trou percé avec deux tarières de diamètre gradué. La première tarière a pour diamètre celui de la gournable mesuré à 10 $^c/_m$ de la pointe, diminué de 3 $^m/_m$ pour le chêne, de 2 $^m/_m$ pour le pin ; la seconde tarière, utilisée pour la moitié seulement de l'avant-trou, a pour diamètre celui de la gournable mesuré à 10 $^c/_m$ de la tête, diminué de 3 $^m/_m$ pour le chêne, de 2 $^m/_m$ pour le pin.

Les gournables avant leur mise en place sont trempées dans du goudron végétal, ce qui favorise leur conservation. Elles sont chassées au moyen d'une masse en fer; pour que la tête ne s'écrase pas, on la renforce au moyen d'une petite virole en fer qu'on retire avant de donner les derniers coups de masse.

**24. Clous et vis à bois.** — Les *clous*, employés principalement pour la tenue des bordés de pont et la fixation des assemblages provisoires, ne sont autre chose que des chevilles coniques à bout perdu. Il y en a deux catégories : les *clous à bordages* et les *clous à tête étampée,* les uns et les autres pouvant être faits, suivant les cas, en fer ou en cuivre.

Les clous à bordages (fig. 46) ont une tête carrée et un fût rectangulaire compris dans un sens entre deux faces parallèles et dans l'autre entre deux faces inclinées, de manière à former un coin effilé.

Les clous à tête étampée (fig. 47) ont un fût cylindrique terminé

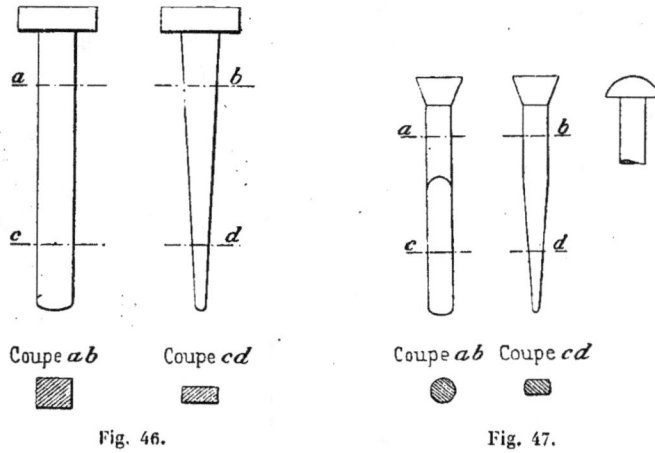

Fig. 46.    Fig. 47.

par une partie rectangulaire effilée. La tête est soit tronconique, soit bombée. Cette forme n'est guère employée que pour les clous de petite dimension.

Les clous en fer sont zingués pour le motif que nous avons indiqué plus haut pour les chevilles. La longueur des clous est prise généralement égale aux $\frac{22}{10}$ de l'épaisseur de la pièce de bois qu'il s'agit de fixer.

Pour faciliter la mise en place du clou, on perce dans la pièce à assujettir, et dans celle-ci seulement, un avant-trou d'un diamètre égal au petit côté de la section du fût, mesuré au milieu de la longueur du clou. Pour les clous très longs, dépassant 45 $^c/_m$ de longueur, l'avant-trou est prolongé un peu plus loin, mais avec un diamètre plus faible.

## ASSEMBLAGE DES MATÉRIAUX EN BOIS.

Lorsqu'on enfonce un clou, on doit avoir soin de diriger le côté effilé perpendiculairement au fil du bois. Sans cette précaution, le clou agissant comme un coin écarterait les fibres au lieu de les trancher et ferait fendre la pièce.

Lorsqu'on ne peut traverser complètement les pièces à réunir et qu'on a besoin d'une tenue supérieure à celle donnée par les clous, on fait usage de *vis à bois*. Ces vis sont faites soit en fer zingué, soit en laiton. Elles comprennent une tête de forme variable (fig. 48) et un fût composé d'abord d'une partie cylindrique, puis d'une partie légèrement conique sur laquelle est enroulé un filet de vis à profil triangulaire. Le pas de ce filet de vis est assez allongé, de façon que le bois compris entre deux spires consécutives, qui au moment de l'introduction de la vis est toujours un peu désagrégé par le tranchant des filets, conserve malgré cela dans une partie de son étendue l'état de cohésion voulu pour ne pas compromettre la tenue.

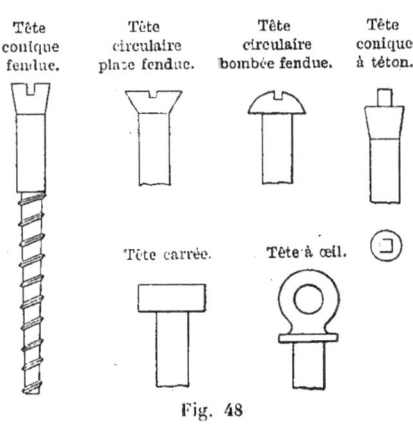

Fig. 48

Les proportions habituelles des vis à bois sont les suivantes :

| | | |
|---|---|---|
| Diamètre de la partie cylindrique. | | D |
| Diamètre du noyau conique. | à l'origine. | 0,75 D |
| | au bout. | 0,65 D |
| Diamètre circonscrit au filet. | à l'origine. | 0,90 D |
| | au bout. | 0,75 D |
| Pas de l'hélice. | | 0,75 D |
| Saillie du filet. | | 0,125 D |
| Base du filet. | | 0,150 D |

La longueur de la partie cylindrique est prise égale aux $\frac{11}{10}$ environ de l'épaisseur de la pièce à assujettir, de façon que la vis résiste bien à pleine section aux efforts de cisaillement. Quant à la longueur à donner à la partie filetée, elle dépend de la résistance du bois dans lequel on la fait pénétrer. On admet généralement qu'il faut environ 7 à 8 filets en prise dans le bois de chêne, 10 à 12 dans le bois de pin.

L'avant-trou d'une vis à bois est exécuté au moyen de trois tarières. La première tarière a un diamètre égal à celui du noyau au petit bout, diminué de 2 $^m/_m$; la seconde, que l'on arrête lorsqu'elle atteint la profondeur correspondant au milieu du noyau conique, a un diamètre égal à celui du noyau dans cette région, diminué de 2 $^m/_m$; la troisième, que l'on arrête à l'extrémité du fût cylindrique, a un diamètre égal à celui de ce fût, diminué de 2 $^m/_m$. Le hâle de 2 $^m/_m$ est réduit à 1 $^m/_m$ pour les vis en cuivre.

**22. Calfatage.** — Un grand nombre des faces de joint des pièces de la charpente d'un navire doivent être rendues *étanches*, de manière à empêcher l'eau de pénétrer à l'intérieur ou de séjourner entre les faces de contact. Il faut également faire obstacle à l'introduction de l'eau dans les fentes naturelles du bois ou le long des chevilles ou gournables. Cette opération porte le nom de *calfatage*. Le calfatage des joints et des fentes s'obtient en y refoulant, par les procédés que nous étudierons dans la quatrième partie, de l'étoupe provenant du décommettage de vieux cordages goudronnés, que l'on corde en la tordant légèrement à la main. On fait aussi usage de divers mastics, notamment du mastic ordinaire au blanc de Meudon et d'un mastic spécial composé de 3/4 d'ocre rouge et 1/4 de goudron.

Pour les gournables, le goudron dont on les enduit et le gonflement du bois sous l'action de l'humidité suffisent en général pour assurer leur étanchéité. Pour les chevilles, il suffit de garnir la tête d'une cravate en étoupe enduite de céruse, qui se trouve enfoncée et comprimée dans la partie supérieure du trou; à l'autre extrémité on dispose une cravate identique sous la virole avant de faire la rivure.

# CHAPITRE IV

## Assemblage des matériaux métalliques.

**23. Modes d'assemblage des matériaux métalliques.** — Les pièces métalliques peuvent être réunies les unes aux autres par *soudure*. Mais ce procédé, applicable pour des parties d'éléments préparés à l'avance, serait d'une exécution peu pratique pour l'ensemble d'une construction, et rendrait trop difficiles les réparations ultérieures. La liaison des tôles et barres profilées qui constituent les éléments de la charpente s'obtient au moyen de broches cylindriques logées dans des trous pratiqués dans les pièces à assembler. Les broches portent le nom de *rivets* lorsqu'elles sont lisses, de *prisonniers* quand elles sont filetées et vissées dans leur logement.

Le *rivet* est un cylindre muni de deux têtes, l'une fabriquée à l'avance, l'autre façonnée au moment de la mise en place. Les bords des deux pièces à assembler étant percés de trous d'un diamètre légèrement supérieur à celui du fût du rivet, on les superpose, on engage le rivet dans son logement (fig. 49), et, maintenant d'un côté la tête au moyen d'un butoir ou *las* solidement fixé, on refoule l'autre extrémité de manière à former une rivure qui serre l'une contre l'autre les pièces à réunir. Pour améliorer

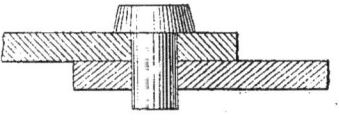

Fig. 49.

la tenue du rivet, on ménage ordinairement à la naissance du fût un renfort tronconique qui porte le nom de *fraisure ;* le logement préparé pour le rivet doit avoir, bien entendu, la forme nécessaire pour recevoir cette fraisure. La tenue de l'assemblage est ainsi conservée, même si la tête vient à être rongée ou enlevée accidentellement. Pour la même raison, et aussi pour faciliter la formation de la rivure, on fraise également le logement du rivet du côté de cette rivure (fig. 50).

Les *prisonniers* (fig. 51) sont des vis à tête fraisée. On ne les emploie en général que lorsqu'on ne peut déboucher le trou dans une des pièces à réunir, c'est-à-dire lorsqu'on ne peut y pratiquer

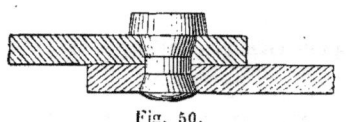

Fig. 50.

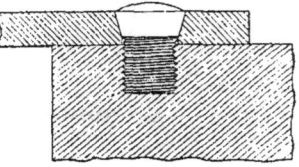

Fig. 51.

qu'un trou *borgne*. Pour permettre la mise en place, la tête est munie d'un téton carré qu'on coupe une fois le prisonnier vissé dans son logement. Pour les prisonniers de fort diamètre, ce sectionnement est facilité par une gorge ménagée à la base du téton (fig. 52). Les prisonniers sont également employés pour remplacer les rivets dans les régions peu accessibles où le rivetage serait impossible faute de place suffisante pour faire la rivure.

Le *taraudage* des trous borgnes, c'est-à-dire la confection de leur filetage, est une opération assez longue et dispendieuse. On a une solution beaucoup plus économique en donnant au trou un profil tronconique, qu'on remplit en refoulant le rivet à coups de masse (fig. 53). Ce genre de rivets a été employé dans certains

Fig. 52.

Fig. 53.

cas, mais ne peut convenir que lorsque la solidité de l'assemblage n'a pas besoin d'être très grande, car on n'est jamais sûr que leur tenue soit satisfaisante.

Lorsqu'on a à assembler bout à bout deux pièces métalliques massives, on peut pratiquer un écart, comme s'il s'agissait de pièces de bois. L'homogénéité plus grande de résistance du métal permet en ce cas d'obtenir un affaiblissement moindre, en donnant à l'écart une longueur plus considérable, égale environ à neuf fois la hauteur (fig. 54). La tenue est effectuée au moyen de rivets ou de prisonniers, dont la distribution peut être réglée par les procédés que nous indiquerons plus loin.

Lorsque l'épaisseur des pièces à réunir est faible, ce qui a lieu pour les barres profilées et les tôles, il n'est plus possible de pratiquer un écart.

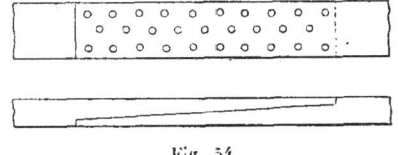

Fig. 54.

Pour les tôles, par exemple, on peut les juxtaposer bout à bout, ou, comme on dit, à *franc-bord*, et rapporter sur le joint un morceau de tôle appelé *couvre-joint*, assemblé séparément avec chacune des pièces (fig. 55). On peut aussi rapporter un morceau de tôle sur chacune des deux faces : on a ainsi un couvre-joint *double* (fig. 56). On opérera de façon analogue pour réunir bout à bout deux barres profilées.

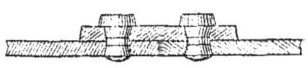 

Fig. 55.   Fig. 56.

Le poids de ces couvre-joints rapportés vient accroître le poids de la charpente, et on doit par suite s'attacher à les réduire autant que possible. Lorsqu'il s'agit de réunir deux tôles, on peut supprimer le couvre-joint en faisant chevaucher les tôles, de manière à former un *clin* (fig. 57), ce qui permet de les assembler directement. Cette disposition, qui est évidemment la plus simple, a l'inconvénient de créer une discontinuité dans la surface formée par les tôles à réunir, tandis qu'avec un couvre-joint simple la surface

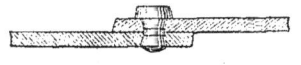 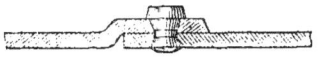

Fig. 57.   Fig. 58.

reste continue du côté opposé au couvre-joint. On peut remédier à ce défaut par l'emploi du joint à *bord tombé* ou à *clin épaulé* (en anglais *joggling*), qui exige une déformation du bord d'une des tôles, mais donne le même poids que le joint à clin tout en laissant une des surfaces continues (fig. 58).

Il est d'ailleurs souvent facile, dans l'agencement d'une charpente, de décroiser les pièces les unes par rapport aux autres de telle sorte qu'elles se fassent mutuellement couvre-joint. Considérons, par exemple, une poutre d'assemblage formée d'une tôle bordée de deux cornières (fig. 59). En décroisant les joints comme l'indique la figure, on n'aura besoin de couvre-joint qu'en A ; en B et C, c'est la tôle elle-même qui assure la liaison des cornières.

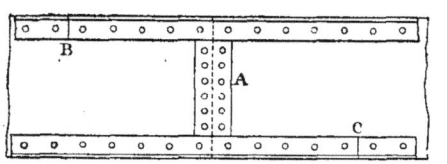

Fig. 59.

Dans la construction métallique, de même, que dans la construction en bois, on conserve souvent par extension le nom d'*écart* au joint de deux pièces juxtaposées bout à bout.

**24. Matage.** — L'étanchéité des joints métalliques ne peut être obtenue par le calfatage, dont la tenue ne serait pas assurée, en raison du peu d'élasticité des faces de joint. On la réalise en refoulant la matière des deux lèvres contiguës du joint, de manière à serrer énergiquement ces deux lèvres l'une sur l'autre. Cette opération porte le nom de *matage*, et s'exécute au moyen d'outils de forme appropriée, appelés *matoirs*. Pour un joint à clin (fig. 60), on emploie un matoir en forme de biseau légèrement émoussé, et on refoule la matière en A et B tout le long de la couture de manière à assurer le contact parfait des faces de joint. Pour un joint à franc bord (fig. 61), on matera en A et B comme

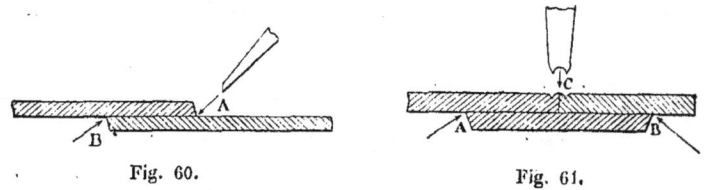

Fig. 60.   Fig. 61.

dans le cas précédent, et en C au moyen d'un matoir à gorge de façon à accoster les deux bords du joint.

Pour que le matage soit possible, il est nécessaire, dans le cas d'un joint à franc-bord, que les tôles soient bien exactement juxtaposées, et dans le cas d'un joint à clin que le can de la tôle en saillie soit légèrement incliné comme l'indiquent les fig. **60** et **61**. Lorsqu'un joint à clin doit être maté, il est par suite nécessaire de chanfreiner légèrement le bord des tôles. C'est pour cette raison que dans le tracé des barres profilées on termine les extrémités des ailes en forme de congé arrondi. Or, ces profils étant obtenus par laminage, il peut arriver, lorsqu'on veut obtenir une épaisseur plus grande en augmentant l'écartement des cylindres du laminoir, que cette modification entraîne une déformation des extrémités des ailes. Pour une cornière, par exemple, on aura le profil indiqué par la figure **62**; il faudra alors, pour rendre le matage possible, chanfreiner les deux ailes suivant $ab$ et $cd$.

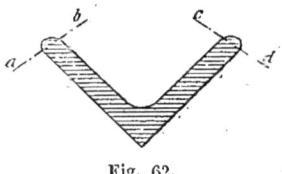

Fig. 62.

**25. Proportions des rivets et prisonniers.** — Le rivet (ou le prisonnier) est une broche cylindrique réunissant les pièces à assembler. Si les efforts qui agissent sur l'assemblage font travailler ce rivet au cisaillement, la résistance qu'il oppose est égale à $\dfrac{\pi D^2}{4} R'_1$, en appelant D le diamètre et $R'_1$ la résistance unitaire au cisaillement du métal du rivet. Si au contraire le rivet travaille par traction, la résistance est $\dfrac{\pi D^2}{4} R_1$, en appelant $R_1$ la résistance unitaire à la traction du métal, sous réserve que la tête et la rivure offrent une tenue au moins équivalente à cette quantité. Or la tête ou la rivure peuvent être rongées par l'oxydation ou accidentellement coupées, et d'ailleurs il est dans certains cas nécessaire de supprimer la saillie qu'elles forment sur la surface du joint. On est ainsi conduit à proportionner la fraisure de telle sorte qu'elle fournisse à elle seule la résistance voulue. Tout d'abord, on aura une limite inférieure de la hauteur de la fraisure en écrivant que celle-ci ne peut pas se cisailler suivant la surface cylindrique A C B D (fig. 63); en appelant H la hauteur de la fraisure, on a ainsi la condition

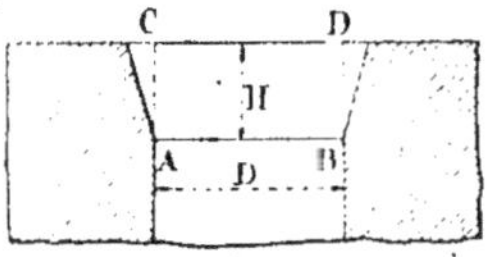

Fig. 63.

$$\pi D H R'_1 \geqslant \frac{\pi D^2}{4} R_1$$

d'où

$$H \geqslant \frac{R_1}{4 R'_1} D.$$

Si le rivet est en acier doux, par exemple, on a environ $R_1 = 42^k$, $R'_1 = 38^k$, ce qui donne

$$H \geqslant 0,28 \, D.$$

Mais le tracé de la fraisure influe également sur sa résistance, car elle tend à fléchir en s'étirant pour passer au travers du trou. A ce point de vue, toute saillie extérieure à la surface du joint est avantageuse pour s'opposer à cette déformation, et c'est pour cela qu'on laisse subsister toutes les fois qu'on le peut une calotte bombée saillante, dont la flèche varie de 1/5 à 1/3 du diamètre (fig. 64). Dans ces conditions, la forme de fraisure la plus usuelle est la fraisure tronconique, dont les proportions sont indiquées par la fig. 65. La *pente* de cette fraisure, c'est-à-dire

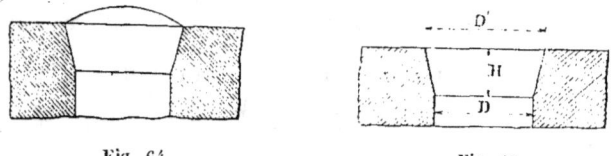

Fig. 64.  Fig. 65.

la quantité $\dfrac{D' - D}{2 H}$, est égale à 1/4. Ce tracé est celui qui est couramment employé pour tous les rivets qui travaillent principalement par cisaillement. Dans le cas où le rivet doit travailler par traction, la tenue n'est pas suffisante, la fraisure pouvant passer au travers de la tôle malgré la présence de la calotte bombée. On emploie alors les fraisures dites *renforcées*, dont il existe deux tracés. Le premier, proposé en 1883 par M. l'ingénieur de la marine Clauzel, a comme section méridienne un arc de cercle se raccordant avec le fût cylindrique (fig. 66); c'est la *fraisure renforcée convexe*. Le second, proposé en 1889 par M. Grall, adjoint principal chef de l'atelier des bâtiments en fer de Brest, est obtenu en retournant l'arc de cercle du profil précédent et le raccordant par un petit congé avec le fût cylindrique (fig. 67); c'est la *fraisure renforcée concave*. La fraisure convexe

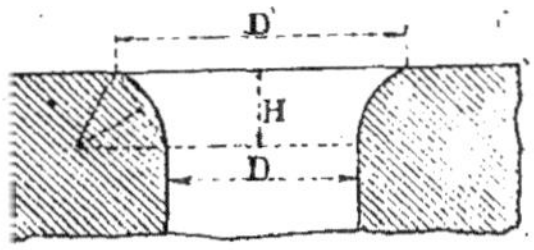

$$H = 0,4\,D$$
$$D' = D + \frac{D}{2}$$

Fig. 66.

a l'avantage de moins découper la tôle que la fraisure tronconique; avec une calotte bombée ayant pour flèche le tiers du dia-

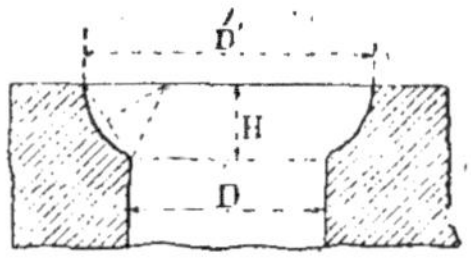

$$H = 0,4\,D$$
$$D' = D + \frac{D}{2}$$

Fig. 67.

mètre, elle donne une tenue supérieure à la résistance du fût. Par contre, lorsqu'on est obligé d'araser complètement la tête, ce profil laisse subsister sur le pourtour une lèvre amincie qui peut être soulevée et détériorée facilement, et la tenue n'est plus absolument équivalente à celle du fût. Avec la fraisure concave, on a une tenue satisfaisante, même sans saillie, et le profil de la fraisure coupe normalement la surface de la tôle; par contre, la tôle est beaucoup plus découpée qu'avec la fraisure tronconique.

Les fraisures renforcées, concave ou convexe, sont employées toutes les fois que dans l'assemblage le rivet doit travailler principalement par traction. Elles ont l'inconvénient commun d'exiger un outillage un peu coûteux pour leur exécution. Des expériences faites à Brest en 1897, par M. l'ingénieur de la marine Maugas, ont montré qu'avec des rivets en acier mi-dur il est possible d'obtenir une tenue suffisante pour un rivet travaillant par traction avec une fraisure tronconique à pente plus forte que la fraisure usuelle. La figure 68 représente le tracé de cette fraisure, dont la pente est égale à $\frac{1}{2}$.

Nous avons dit plus haut que les différents tracés de fraisure découpaient inégalement la tôle. Pour apprécier la diminution de section ainsi opérée, on procède de la manière suivante. Considérons une tôle d'épaisseur $e$, percée d'un trou de rivet de diamètre D, avec la fraisure tronconique ordinaire par exemple (fig. 69). Traçons le rectangle A' B' C' D' équivalent à l'aire de

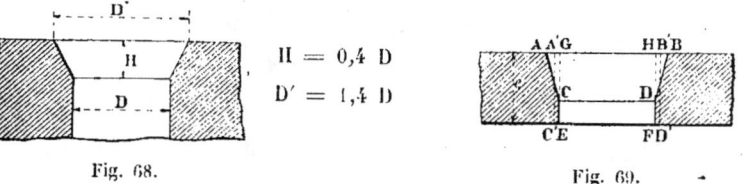

Fig. 68.                                   Fig. 69.

la section droite du trou, et posons A' B' $= \alpha$ D. La valeur de $\alpha$ est ce qu'on appelle le *coefficient de fraisure*, et la tôle est d'autant plus découpée que ce coefficient est plus grand. Dans le cas considéré, on voit immédiatement, en prolongeant E C et F D, que l'on a :

$$\alpha D e = D e + \frac{D^2}{16}$$

car $AG = BH = \dfrac{D}{8}$ et $GC = \dfrac{D}{2}$. Donc :

$$\alpha = 1 + \frac{1}{16} \frac{D}{e}.$$

D'une façon générale, pour les différents profils de fraisure que nous avons indiqués, il est facile de voir que l'on a toujours :

$$\alpha D e = D e + \beta D^2$$

$$\alpha = 1 + \beta \frac{D}{e}$$

$\beta$ étant un coefficient numérique dont les valeurs sont fournies par le tableau suivant :

|  | $\beta$ |
|---|---|
| Fraisure tronconique (pente 1/4) | 0,0625 |
| Fraisure renforcée convexe | 0,058 |
| Fraisure renforcée concave | 0,142 |
| Fraisure tronconique (pente 1/2) | 0,080 |

Nous verrons plus loin l'usage du coefficient de fraisure dans le calcul des assemblages rivés.

Bien que, comme nous l'avons dit, la tête du rivet puisse être supprimée grâce à la fraisure, on la conserve néanmoins, à titre de précaution, dans les régions du navire où la corrosion des rivets par oxydation est particulièrement à redouter. On fait alors usage d'une tête tronconique (fig. 55 et suivantes), qui peut être matée sur tout son pourtour et protège ainsi la fraisure d'une manière efficace. Mais ces têtes saillantes donnent un excédent de poids assez notable; aussi convient-il d'en réduire le nombre autant qu'on le peut. On les utilisait autrefois pour tout le rivetage du bordé de carène, la tête étant placée à l'intérieur du navire. L'usage actuel est de limiter leur emploi au bordé des fonds et quelquefois à certains compartiments latéraux ayant une paroi empruntée au bordé de carène et formant lest d'eau ou *water-ballast*, en un mot aux régions du bordé de carène où on peut avoir à craindre le séjour intermittent de petites quantités d'eau. Sur les bâtiments mis en chantier depuis 1897, on a même abandonné complètement l'usage des têtes tronconiques. Le bénéfice de poids ainsi réalisé n'est évidemment pas négligeable, mais il ne faut pas oublier que dans ces conditions l'étanchéité est moins bien assurée.

Il n'existe pas de tracé réglementaire pour les têtes tronconiques. Le profil le plus habituellement suivi est celui qui est indiqué dans le manuel de rivetage de M. l'inspecteur général du génie maritime Godron, et que représente la figure 70; la fraisure est la fraisure tronconique ordinaire. Avec les bordés de carène en fer, dont les trous étaient percés comme nous le verrons plus tard par poinçonnage, il y avait intérêt à diminuer la pente de la fraisure, de manière à pouvoir l'obtenir directement par l'opération même du poinçonnage; on se servait dans ce cas d'une fraisure

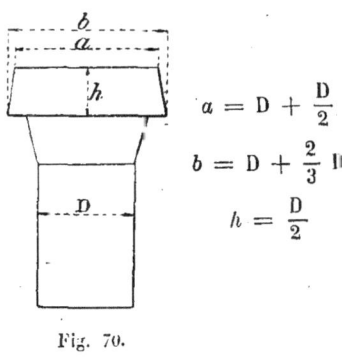

Fig. 70.

$$a = D + \frac{D}{2}$$
$$b = D + \frac{2}{3}D$$
$$h = \frac{D}{2}$$

tronconique de hauteur égale à $\frac{2}{3}$ D et de pente égale à $\frac{3}{16}$.

Sur certains chantiers, on emploie une tête tronconique dont les diamètres sont les mêmes, et dont la hauteur est un peu plus forte (0,6 D environ).

Dans toutes les régions où l'emploi de la tête tronconique n'est pas justifié, on limite la saillie à une calotte bombée en forme de segment sphérique. On a ainsi le rivet dit à *tête fraisée bombée*, dont la figure 71 indique les proportions usuelles. C'est le type de rivet le plus communément employé. Il sert pour l'assemblage de toutes les liaisons intérieures, des membrures, des lisses, des cloisons, du vaigrage; son emploi est réglementaire pour le rivetage de toutes les œuvres légères, bordé compris.

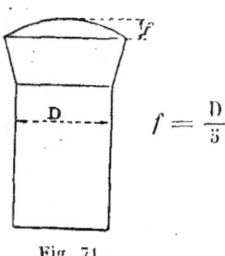

Fig. 71.

$$f = \frac{D}{5}$$

La saillie en forme de calotte bombée doit être supprimée dans certaines régions où il est indispensable d'avoir une surface parfaitement lisse. Le cas se présente par exemple pour certains *platelages*, c'est-à-dire pour des tôles contre lesquelles doit venir s'appliquer exactement une plaque de cuirasse. On fait alors usage de rivets à tête fraisée plate, qui ne diffèrent du tracé précédent que par la suppression de la calotte bombée.

Bien entendu, toutes les fois que le rivet doit travailler spécialement par traction, on substitue à la fraisure ordinaire une fraisure renforcée, en portant même si on le peut la flèche de la calotte bombée à $\frac{D}{3}$ au lieu de $\frac{D}{5}$. Ces fraisures renforcées sont employées par exemple pour l'attache du platelage des ponts blindés avec les barrots, pour la liaison au travers de cloisons transversales continues des cornières d'attache de lisses ou de cloisons longitudinales discontinues, etc.

Dans le cas où on a à assembler des tôles de faible épaisseur, il peut arriver que l'on soit obligé de modifier légèrement le tracé de la fraisure. Il importe en effet que la hauteur de la fraisure ne soit jamais supérieure à l'épaisseur de la tôle. S'il en était ainsi (fig. 72), on ne saurait comment délimiter à l'avance la portion de fraisure pratiquée dans la seconde pièce, car il est impossible d'obtenir avant la **mise en place du rivet l'accostage rigou-**

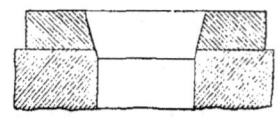

Fig. 72.

reux des tôles. Or, comme nous le verrons, pour les tôles de 10 $^m/_m$ et au-dessous, le diamètre du rivet employé peut être supérieur au double de l'épaisseur de la tôle. On est donc forcé de diminuer un peu la hauteur de la fraisure tronconique pour les rivets de diamètre égal ou inférieur à 20 $^m/_m$; on prend ordinairement $H = \dfrac{D}{2} - 1\ ^m/_m$ et $D' = D + \dfrac{D}{4} - 0\ ^m/_m\,5$, de façon à conserver la valeur de la pente. La valeur du coefficient de fraisure est par suite modifiée pour les rivets de diamètre $D \leqslant 20\ ^m/_m$, et on a alors $\beta = 0{,}0625 - \dfrac{1}{4D}\left(1 - \dfrac{1}{D}\right)$, ce qui donne :

| D | β | D | β |
|---|---|---|---|
| 8 | 0,035 | 16 | 0,048 |
| 10 | 0,040 | 18 | 0,049 |
| 12 | 0,043 | 20 | 0,051 |
| 14 | 0,046 | | |

Pour les tôles minces, d'épaisseur inférieure à 4 $^m/_m$, on serait obligé de trop réduire la hauteur de la fraisure, qui n'aurait plus aucune efficacité. On fait alors usage de rivets cylindriques, sans fraisure, à tête saillante généralement tronconique, conforme au tracé de la figure 70.

Dans tout ce qui précède, nous avons rapporté les dimensions des fraisures et des têtes au diamètre D du rivet. En réalité, ce diamètre D n'est que le *calibre nominal* et non pas le diamètre réel du rivet confectionné. En effet, pour les rivets de 8 $^m/_m$ et au-dessus, il est nécessaire de porter le métal à une température assez élevée pour que l'exécution de la rivure soit possible, et il faut par suite que le trou présente par rapport au rivet un excès de diamètre correspondant à la dilatation; le rivet, refoulé à chaud et se refroidissant pendant le rivetage, remplit complètement son logement à la fin de l'opération. Comme d'ailleurs, dans tous les calculs d'assemblages rivés, c'est le diamètre du rivet mis en place, et par suite le diamètre du trou, qui intervient, c'est à ce diamètre, dit *calibre nominal* du rivet, que l'on rapporte toutes les dimensions. Le rivet de calibre D est confectionné au moyen d'une barre cylindrique de diamètre $D_1$ légèrement inférieur à D.

La différence $D - D_1$ doit être limitée au strict nécessaire, et ne pas excéder 1/2 millimètre pour les tôles minces. Les règles adoptées varient un peu dans les divers arsenaux. Voici par exemple celles qui sont suivies à Brest et à Lorient :

$$\text{Brest} \begin{cases} D \geq 28 \text{ m/m} \ldots D_1 = D - 1 \text{ m/m} \\ 18 \text{ m/m} \leq D < 28 \text{ m/m} \ldots D_1 = D - 0 \text{ m/m} 5 \\ D < 18 \text{ m/m} \ldots D_1 = D - 0 \text{ m/m} 25 \end{cases}$$

$$\text{Lorient} \begin{cases} D \geq 24 \text{ m/m} \ldots D_1 = D - 1 \text{ m/m} \\ 10 \text{ m/m} \leq D < 24 \text{ m/m} \ldots D_1 = D - 0 \text{ m/m} 5 \\ D < 10 \text{ m/m} \ldots D_1 = D \end{cases}$$

Du côté de la rivure, les proportions de la fraisure sont exactement les mêmes que du côté de la tête. La forme de rivure la plus usitée est celle d'une calotte bombée, de même dimension que celle de la tête, que l'on régularise au moyen d'une pièce appelée *bouterolle*, présentant en creux l'empreinte de la forme à obtenir, et sur laquelle on frappe à coups de masse. Lorsque la surface doit rester lisse, on fait la rivure plate, sans saillie; le cas se présente par exemple pour le bordé de carène. Les rivures très saillantes, en *goutte de suif* ou en *pointe de diamant* (fig. 73) ne sont employées que dans le rivetage des tôles de chaudières et de constructions à terre.

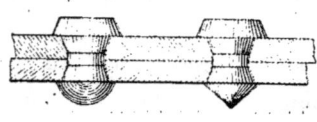

Fig. 73.

Les prisonniers sont, comme nous l'avons vu, des broches cylindriques filetées. Le filet est un triangle équilatéral de côté égal au pas; ce pas est variable avec le diamètre et doit être assez faible de manière à donner un nombre de filets en prise suffisant pour assurer la résistance à un effort de traction. Le calibre nominal est le diamètre hors filet. **La série réglementaire des pri-**

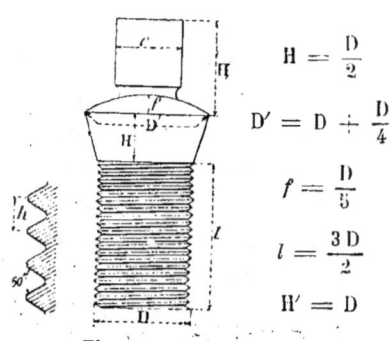

Fig. 74.

$H = \dfrac{D}{2}$

$D' = D + \dfrac{D}{4}$

$f = \dfrac{D}{5}$

$l = \dfrac{3D}{2}$

$H' = D$

sonniers employés dans les arsenaux (fig. 74), est indiquée dans le tableau suivant :

| CALIBRE D | PAS $h$ | COTÉ DU CARRÉ $c$ | CALIBRE D | PAS $h$ | COTÉ DU CARRÉ $c$ |
|---|---|---|---|---|---|
| millim. | millim. | millim. | millim. | millim. | millim. |
| 8 | 1 | 5 | 32 | 2 | 22 |
| 10 | 1 | 7 | 34 | 2,5 | 23 |
| 12 | 1 | 8 | 36 | 2,5 | 25 |
| 14 | 1,5 | 9 | 38 | 2,5 | 26 |
| 16 | 1,5 | 11 | 40 | 2,5 | 28 |
| 18 | 1,5 | 12 | 44 | 2,5 | 30 |
| 20 | 1,5 | 14 | 48 | 3 | 32 |
| 22 | 1,5 | 15 | 52 | 3 | 36 |
| 24 | 2 | 16 | 56 | 3 | 39 |
| 26 | 2 | 18 | 60 | 3 | 42 |
| 28 | 2 | 19 | 70 | 3,5 | 49 |
| 30 | 2 | 21 | 80 | 4,5 | 56 |

On remarquera que, D étant le diamètre hors filet, la section résistante du prisonnier est seulement la section au fond du filet, c'est-à-dire approximativement $\dfrac{\pi (D - 2 h \cos 30°)^2}{4}$ ou $\dfrac{\pi (D - 1,73 h)^2}{4}$.

Pour la tenue de certains platelages, on fait usage, comme nous le verrons, de prisonniers sans fraisure filetés sur toute l'épaisseur des tôles à réunir (fig. 75). Ces prisonniers sont pris dans des barres filetées dans lesquelles on pratique des gorges convenablement espacées, et sont arasés au burin de manière à faire disparaître toute saillie.

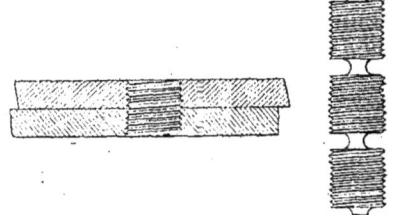

Fig. 75

**26. Choix du diamètre des rivets.** — Pour une tôle d'épaisseur donnée $e$, le calibre D du rivet à adopter varie entre certaines limites déterminées par des considérations diverses.

Lorsqu'il s'agit d'une tôle en fer, les trous peuvent être percés par poinçonnage, c'est-à-dire en forçant un poinçon cylindrique en acier à passer au travers de la tôle. Si l'on désigne par $R'$ la résistance au cisaillement du métal de la tôle, par $R_p$ la résistance à l'écrasement du métal du poinçon, on doit par suite avoir :

$$\frac{\pi D^2}{4} R_p \geqslant \pi D e R'$$

ou :

$$\frac{D}{e} \geqslant 4 \frac{R'}{R_p}.$$

On peut admettre environ $R' = 30^k$, $R_p = 120^k$ (acier dur trempé), ce qui donne :

$$\frac{D}{e} \geqslant 1.$$

Pour les tôles d'acier, on ne peut procéder de la même manière, sous peine d'altérer le métal ; on est obligé de percer les trous au foret, ou tout au moins d'aléser au diamètre définitif les trous débouchés au préalable avec un poinçon de diamètre plus faible. La limite inférieure de $\frac{D}{e}$ s'élève dans ce dernier cas à 1,15 environ.

Considérons maintenant une tôle rivée, soumise à un effort de traction tendant à cisailler le rivet (fig. 76). Il y a intérêt, si quelque chose doit casser, à ce que ce soit plutôt le rivet, facile à remplacer, que la tôle elle-même. Si donc on appelle $R_t$ la résistance à l'écrasement du métal de la tôle, $R'_t$ la résistance au cisaillement du métal du rivet, on doit avoir, pour être sûr que le rivet casse avant que le trou ne s'ovalise :

Fig. 76.

$$D e R_t \geqslant \frac{\pi D^2}{4} R'_t$$

d'où

$$\frac{D}{e} \leqslant \frac{4}{\pi} \frac{R_t}{R'_t}.$$

Pour des tôles de fer tenues par des rivets en fer, on peut

admettre $R_t = 65^k$, $R'_1 = 35^k$, ce qui donne :

$$\frac{D}{e} \leqslant 2,38.$$

Pour des tôles d'acier, avec rivets en fer, on aura $R_t = 95^k$ environ, soit :

$$\frac{D}{e} \leqslant 3,46.$$

Enfin, pour des tôles d'acier avec rivets en acier, on aura $R'_1 = 38^k$ environ, ce qui donne

$$\frac{D}{e} \leqslant 3,18.$$

Il importe de remarquer que dans le cas d'une tôle prise entre deux autres tôles (fig. 77), ce qui se présentera par exemple dans un assemblage à couvre-joint double, la rupture du joint exige le cisaillement du rivet suivant deux sections. Si donc $e$ est l'épaisseur de la tôle intermédiaire, la condition précédente s'écrira :

Fig. 77.

$$\frac{D}{e} \leqslant \frac{2}{\pi} \frac{R_t}{R'_1}$$

c'est-à-dire que les limites supérieures de $\frac{D}{e}$ seront la moitié des chiffres que nous venons d'indiquer.

Il faut aussi tenir compte de la fraisure, dont la hauteur ne doit pas excéder l'épaisseur de la tôle. Pour les fraisures renforcées, on a $H = 0,4 D$; on devra donc avoir :

$$0,4 D < e$$

ou :

$$\frac{D}{e} < 2,5.$$

Avec la fraisure ordinaire, on devra de même avoir :

$$\frac{D}{e} < 2 \text{ pour les tôles de 11 }^m/_m \text{ et au-dessus.}$$

$$\frac{D}{e} < 2 + \frac{2}{e} \text{ pour les tôles de 10 }^m/_m \text{ et au-dessous.}$$

Enfin, la possibilité de l'exécution du rivetage impose un maximum à la valeur absolue de D. Dans le cas de rivets refoulés à la main, on ne peut guère dépasser 32 $^m/_m$ pour les rivets en acier extra-doux, 26 $^m/_m$ pour les rivets en acier mi-dur; avec le rivetage mécanique, on peut aller jusqu'à 40 $^m/_m$.

Entre les limites que nous venons d'indiquer, l'expérience a amené les divers chantiers à adopter des chiffres qui ne diffèrent que peu. Dans les arsenaux français on suit en général, sauf indication contraire, les règles dites de Lorient, formulées par M. l'inspecteur général du génie maritime Godron. Ces règles sont résumées dans le tableau ci-dessous :

| TOLES DE FER RIVÉES EN FER | | TOLES D'ACIER RIVÉES EN FER OU EN ACIER EXTRA-DOUX | |
|---|---|---|---|
| e | D | e | D |
| millim. | millim. | millim. | millim. |
| 1 | 4 | 1 | 4 |
| 2 | 6 | 2 | 6 |
| 3 | 8 | 3 | 8 |
| 4 | 10 | 4 | 10 |
| 5 — 6 | 12 | 5 | 12 |
| 7 — 8 | 14 | 6 | 14 |
| 9 — 10 | 16 | 7 | 16 |
| 11 — 12 | 18 | 8 — 9 | 18 |
| 13 — 14 | 20 | 10 — 11 | 20 |
| 15 — 16 — 17 | 22 | 12 — 13 | 22 |
| 18 — 19 — 20 | 24 | 14 — 15 | 24 |
| 21 — 22 — 23 | 26 | 16 — 17 | 26 |
| 24 — 25 — 26 | 28 | 18 — 19 — 20 | 28 |
| 27 — 28 — 29 | 30 | 21 — 22 | 30 |
| 30 — 31 — 32 | 32 | 23 — 24 | 32 |
| | | 25 — 26 | 34 |
| | | 27 — 28 — 29 | 36 |
| | | 30 | 38 |

Les calibres des rivets croissent seulement de 2 en 2 $^m/_m$ pour ne pas multiplier les approvisionnements. Les valeurs de D et de $e$ sont liées approximativement par la relation $D = 5,5 \sqrt{e}$ pour la première partie du tableau, et par la relation $D = 5,5 \sqrt{\frac{3}{4}e}$ ou $D = 6,33 \sqrt{e}$ pour la seconde partie.

## ASSEMBLAGE DES MATÉRIAUX MÉTALLIQUES.

Pour les navires de commerce, qui s'écartent peu en général d'un petit nombre de types bien définis, les résultats de l'expérience acquise depuis les origines de la construction métallique ont été codifiés dans des règles assez précises édictées par diverses sociétés, qui se chargent d'inspecter la construction des navires et de fournir des renseignements propres à éclairer les armateurs, chargeurs et assureurs sur la qualité des navires qui leur sont présentés. Le constructeur d'un navire est libre bien entendu de ne pas se soumettre aux prescriptions de ces sociétés, et de fixer à son gré les échantillons et le mode d'agencement de la charpente, mais il enlève ainsi à sa construction une grande partie de sa valeur vénale, en ne lui donnant pas la garantie d'une des sociétés dont nous venons de parler. Les deux principales de ces sociétés sont en France le *Bureau Veritas* et en Angleterre le *Lloyd's Register*, qui ont sous leur surveillance la majeure partie de la flotte commerciale. En ce qui concerne en particulier le calibre des rivets (pour les assemblages où le métal des rivets est à peu près le même que celui des tôles), les règles du Veritas et du Lloyd sont résumées par le tableau ci-dessous :

| ÉPAISSEUR DES TOLES $e$ | DIAMÈTRE DES RIVETS | | ÉPAISSEUR DES TOLES $e$ | DIAMÈTRE DES RIVETS | |
|---|---|---|---|---|---|
| | VERITAS. | LLOYD. | | VERITAS. | LLOYD. |
| millim. | millim. | millim. | millim. | millim. | millim. |
| 5 | 12 | » | 15 | 22 | 22 |
| 6 | 14 | » | 16 | 22 | » |
| 6,5 | » | 16 | 16,5 | » | 22 |
| 7 | 16 | » | 17 | 24 | » |
| 7,5 | » | 16 | 17,5 | » | 25 |
| 8 | 16 | » | 18 | 24 | » |
| 9 | 18 | 19 | 19 | 24 | 25 |
| 10 | 18 | 19 | 20 | 26 | 25 |
| 11 | 20 | » | 21 | 26 | » |
| 11,5 | » | 19 | 22 | 26 | » |
| 12 | 20 | » | 23 | 28 | » |
| 12,5 | » | 22 | 24 | 28 | » |
| 13 | 20 | » | 25 | 28 | » |
| 14 | 22 | 22 | » | » | » |

En ce qui concerne les constructions de la Marine militaire française, les règles de Lorient ci-dessus indiquées ne doivent pas être considérées comme absolues. Les diamètres inscrits sont des diamètres moyens, et on admet que pour chaque épaisseur on peut adopter le diamètre immédiatement supérieur ou inférieur. Ainsi, avec les tôles d'acier, pour $e = 12\ ^m/_m$, on pourra faire usage de rivets de 20, 22 ou 24 $^m/_m$.

Pour les tôles de 1 et 2 $^m/_m$, on admet l'emploi des calibres impairs, c'est-à-dire que pour $e = 1\ ^m/_m$ on peut prendre des rivets de 3, 4 ou 5 $^m/_m$ et pour $e = 2\ ^m/_m$ des rivets de 5, 6 ou 7 $^m/_m$.

Dans le cas où les pièces à réunir ont des épaisseurs différentes, la règle en usage dans les arsenaux français est de proportionner le diamètre à la plus faible des deux épaisseurs. Le Veritas et le Lloyd donnent la règle contraire, ce qui est d'ailleurs parfaitement admissible. Nous verrons en effet que d'une façon générale il y a intérêt au point de vue de la résistance du joint à augmenter le plus possible le diamètre des rivets. Il est donc logique, sous réserve que la hauteur de la fraisure ne soit pas exagérée par rapport à la plus faible des deux épaisseurs, de proportionner le diamètre du rivet à la plus grande, et c'est ce qu'on fait d'ailleurs quelquefois, même dans les arsenaux français. Ainsi, pour assembler une panne de cornière de 12 $^m/_m$ avec une tôle de 11 $^m/_m$, on pourra faire usage de rivets de 22 $^m/_m$, puisque la hauteur de fraisure ne sera dans ce dernier cas que de 11 $^m/_m$.

Dans le cas de trois pièces conjuguées ensemble (fig. 77), l'épaisseur de la pièce intermédiaire n'a pas à intervenir, du moins en ce qui concerne la fraisure, qui ne pénètre pas jusqu'à cette pièce. Il faut seulement tenir compte de la condition indiquée plus haut :

$$\frac{D}{e} \leqslant \frac{2}{\pi} \frac{R_t}{R'_1}$$

qui pour des tôles d'acier rivées en acier donne $\frac{D}{e} \leqslant 1,59$. Ainsi, pour deux tôles de 8 $^m/_m$ assemblées à franc-bord avec couvrejoint double de même épaisseur, il conviendra d'adopter le rivet de 12 $^m/_m$ de préférence à celui de 14 $^m/_m$.

En fait, l'ingénieur chargé d'une construction doit étudier et fixer dès le début la règle de correspondance à adopter entre les épaisseurs de tôles et les diamètres de rivets, règle qui dépend de la nature des matériaux employés, et qu'il est bon de baser sur quelques expériences de détermination directe des résistances du métal des rivets et de celui des tôles, *dans les conditions où sont réalisés les assemblages*. C'est ainsi que pour la construction de l'*Iéna*, exécutée en partie avec des matériaux en acier mi-dur, avec rivets en acier à 6 % de nickel donnant $R'_1 = 80^k$, on a été conduit à Brest à adopter, pour les tôles moyennes et fortes (de 4 $^m/_m$ à 23 $^m/_m$), la règle très simple de prendre pour calibre du rivet le nombre *pair* immédiatement supérieur à celui exprimant l'épaisseur de la tôle ; pour les tôles de 12 et 13 $^m/_m$, par exemple, on a pris le rivet de 14 $^m/_m$.

**27. Distance des rivets au bord des pièces.** — Considérons deux pièces (tôles ou pannes de barres profilées) reliées par une file de rivets (fig. 78). Si cette file de rivets est trop rapprochée du bord des pièces, il pourra arriver, sous l'influence d'un effort de traction tendant à faire glisser l'une sur l'autre les deux pièces, que les rivets arrachent par cisaillement les petites bandes de tôle telles que A B C D, ou que, ovalisant leur logement, ils déchirent ces bandes de tôle en les faisant fléchir. Dans la première hypothèse, en

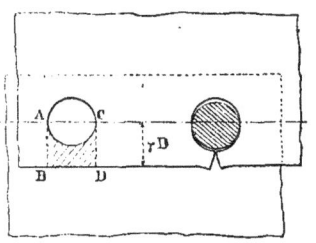

Fig. 78.

écrivant que la résistance de la tôle au cisaillement suivant A B et C D doit être au moins égale à la résistance au cisaillement du rivet, on aura une limite inférieure de la distance de l'axe du rivet au bord de la tôle. Désignons par $\gamma D$ cette distance. On trouverait par exemple, pour des tôles et des rivets en acier doux, $\gamma \geqslant 0{,}35 \frac{D}{e}$ environ. Mais cette limite serait trop faible pour que la tôle pût résister au second mode de rupture ; le calcul devient alors assez complexe, et il est plus simple de faire appel à l'expérience directe. On a été ainsi conduit à admettre que la distance du bord du rivet au bord de la tôle ne devait pas être inférieure au diamètre du rivet, ce qui donne $\gamma \geqslant 1{,}5$. C'est du moins la règle qui est adoptée usuellement pour les tôles et rivets en acier ordinaire. Pour parer aux malfaçons possibles et tenir compte du chanfrein qu'il peut être nécessaire de pratiquer pour le matage, et qui n'est exécuté qu'après le traçage des files de rivets, on force légèrement la valeur indiquée ci-dessus. M. Godron, dans son Manuel de rivetage, indique la règle

$$\gamma D = 1{,}5 D + 5 \text{ m/m}.$$

Le Lloyd exige

$$\gamma = 1{,}75.$$

Il est assez rationnel de proportionner $\gamma$ à l'épaisseur de la tôle; dans les arsenaux français, on adopte souvent la règle suivante :

$\gamma D = 1{,}5 D + 3$ m/m pour $e = 4$ m/m et au-dessous
$\gamma D = 1{,}5 D + 2$ m/m pour $e$ compris entre 4 et 8 m/m
$\gamma D = 1{,}5 D + 1$ m/m pour $e \geq 8$ m/m.

La détermination de la valeur de $\gamma$ est importante, car c'est elle qui règle la largeur des *recouvrements* des pièces. Il y a donc intérêt à réduire $\gamma$ au strict nécessaire pour ne pas avoir un excédent de poids inutile, et on obtient ainsi, pour l'ensemble d'une charpente, une économie de poids qui peut n'être nullement négligeable. Ici encore, l'ingénieur chargé d'une construction devra déterminer au début la règle à adopter, d'après la nature des matériaux employés. C'est ainsi que pour l'*Iéna*, dans les conditions citées plus haut, on a été conduit à adopter $\gamma D = 2 D + 3$ m/m.

Dans le cas d'une panne de barre profilée, s'il y a deux files de barres de rivets, la distance de la file extérieure au bord de la panne ne doit pas être inférieure à $\gamma D$; s'il y a une seule file, on la place bien entendu à peu près au milieu de la panne.

# CHAPITRE V

### Calcul des assemblages rivés.

**28. Espacement des rivets.** — Le calcul des assemblages dans lesquels les rivets travaillent par traction n'offre aucune difficulté, puisque, la fraisure étant réglée comme nous l'avons indiqué, il suffit de proportionner la section totale des rivets, c'est-à-dire leur nombre, à la résistance que l'on veut réaliser. Le calcul des assemblages dans lesquels les rivets travaillent par cisaillement est un peu plus complexe, et nous allons examiner en détail les procédés à employer.

On remarquera d'abord que, dans ce cas, l'étude de tous les genres d'assemblages indiqués au § 23 se ramène à l'étude de l'assemblage à clin de deux pièces l'une avec l'autre. Nous avons considéré jusqu'ici cette jonction comme effectuée au moyen d'une file unique de rivets; mais on peut également la réaliser au moyen de plusieurs files parallèles, et obtenir ainsi de meilleures conditions de résistance comme nous le verrons plus loin. Le diamètre des rivets une fois choisi, les inconnues à déterminer sont donc le nombre $n$ de files, le nombre N des rivets de chaque file, supposés également répartis sur une longueur L donnée, et l'espacement des diverses files. Au lieu de prendre pour inconnue le nombre N des rivets d'une file, il est souvent plus commode de prendre pour inconnue auxiliaire l'écartement d'axe en axe de deux rivets consécutifs; en désignant cet écartement par $m\,D$, on a évidemment entre $m$ et N la relation

$$N \cdot m D = L \qquad \text{ou} \qquad N = \frac{L}{m D}$$

les rivets étant supposés également répartis sur la longueur L. Le coefficient $m$ est ce qu'on appelle l'*écartement relatif* des rivets de la file considérée.

Indépendamment de tout calcul, la valeur de $m$ doit être comprise entre certaines limites déduites des considérations suivantes. Lorsque l'assemblage n'a pas besoin d'offrir une grande résistance, et qu'il s'agit simplement de *conjuguer* des pièces, c'est-à-dire de les maintenir appliquées les unes contre les autres, la valeur de $m$ n'a pas besoin d'être calculée, et doit être prise assez grande pour ne pas créer d'affaiblissement inutile dans les pièces. Les assemblages de cette nature sont par exemple l'attache du bordé et du vaigrage avec les couples et lisses non étanches, l'attache du bordé des ponts avec les barrots, l'attache des cornières sur l'âme en tôle dans une poutre d'assemblage, etc. Les chiffres admis pratiquement pour ces rivetages de conjugaison sont les suivants :

Pour la jonction des membrures transversales avec le bordé de carène, on prend $m = 8$ à $10$; il y a intérêt, en effet, à espacer le plus possible ces rivets pour ne pas créer de section transversale trop affaiblie dans le bordé.

Pour la jonction des membrures longitudinales avec le bordé, on prend $m = 6,5$ à $8,5$.

Pour la jonction des membrures transversales et longitudinales avec le vaigrage, on prend $m = 5$ à $6$; il convient en effet de serrer un peu plus ce rivetage, parce que la pression de l'eau, en cas d'envahissement du double fond, tend à soulever la tôle au lieu de l'appliquer sur les membrures comme cela a lieu pour le bordé extérieur.

Pour l'attache d'un bordé de pont avec les barrots, on prend $m = 6,5$ à $7,5$.

Pour la jonction des tôles et cornières formant une membrure d'assemblage, on prend $m = 6$ à $7$.

Dans le cas où le joint considéré doit être fait étanche, les conditions sont toutes différentes. Les rivets doivent être alors assez rapprochés pour que la tôle ne risque pas de se soulever entre deux rivets consécutifs sous l'effort du matoir ou de la pression de l'eau. L'espacement des rivets dépendra donc, dans ce cas, de l'épaisseur de la tôle et du degré d'étanchéité que l'on veut réaliser. M. Cuizinier, inspecteur du Bureau Veritas, a proposé la formule très simple :

$$m = 2,5 \left(1 + \frac{e}{D}\right).$$

Autrement, si l'on considère la bande de tôle comprise entre deux rivets consécutifs comme une pièce encastrée à ses extrémités et soumise à une charge uniformément répartie, la flèche maxima de cette bande de tôle est proportionnelle à $\dfrac{(m\,D)^3}{e^3}$. On peut donc logiquement prendre

$$\frac{m\,D}{e} = k$$

$k$ étant une constante qui dépendra du degré d'étanchéité que l'on veut réaliser. D'après des expériences faites par M. l'ingénieur de la marine Maugas, on peut admettre pour $k$ une valeur comprise entre 8 et 12, la première de ces valeurs correspondant à l'étanchéité sous une pression ne dépassant pas $3^k$ environ par $cm/_m^2$, et la seconde à l'étanchéité sans pression sensible.

On est conduit ainsi en général à des valeurs de $m$ comprises entre 2,5 et 5,5 suivant le degré d'étanchéité et l'épaisseur. Si on laisse de côté l'épaisseur, en se rappelant seulement qu'à étanchéité égale le rivetage doit être d'autant plus serré que la tôle est plus mince, on observe en moyenne les règles suivantes :

Pour les joints étanches intérieurs au vaigrage, on prend $m = 5$ à $5,5$.

Pour les cloisonnements étanches entre le bordé extérieur et le vaigrage, on prend $m = 4,5$ à $5$.

Pour le bordé extérieur, on prend $m = 4$ à $4,5$ et on descend même à $m = 3,5$ pour certains joints dont le matage est difficile ou dont l'étanchéité doit être particulièrement soignée.

Pour les joints qui doivent être étanches non seulement à l'eau, mais au pétrole, il est nécessaire de serrer davantage les rivets, et on prend en général $m = 2,5$ à $3$ [1].

L'espacement de $2,5\,D$, d'axe en axe, doit être considéré comme un minimum au-dessous duquel il convient de ne pas descendre, pour ne pas découper la tôle d'une manière exagérée. On descend même rarement au-dessous de 3 diamètres, sauf dans le cas particulier que nous venons d'indiquer.

---

[1] Pour les rivetages de chaudières, dont nous n'avons pas à nous occuper ici, on prend ordinairement $m = 2,5$. On fait d'ailleurs usage dans ce cas de rivets à tête saillante, qui appuient la tôle sur une surface plus étendue.

## 29. Espacement des files de rivets.

— Lorsqu'un joint est formé de plusieurs files de rivets, ceux-ci, que nous supposerons d'abord également espacés sur les diverses files, peuvent être disposés soit *en quinconce* (fig. 79) soit *en chaîne* (fig. 80). Nous

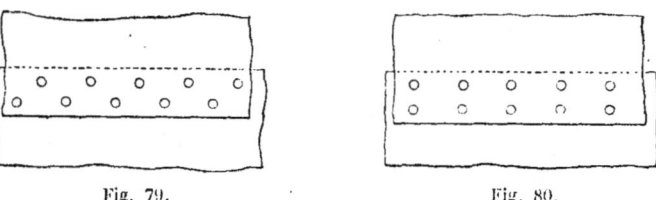

Fig. 79.   Fig. 80.

allons chercher comment on doit régler la distance d'axe en axe de deux files consécutives, distance que nous désignerons par $f\,D$.

Considérons d'abord un rivetage en quinconce. L'écartement des files ne doit pas descendre au-dessous d'une certaine limite, déterminée de la façon suivante. Une tôle percée par une file de rivets présente au droit de cette file une section affaiblie. Si L est la largeur de la tôle, $e$ son épaisseur, R la résistance à la traction du métal de la tôle, la résistance de la tôle non découpée à un effort de traction est égale à $L\,e\,R$. Chaque trou de rivet fraisé étant équivalent à un trou cylindrique de diamètre $\alpha\,D$ (§ 25), la résistance de la tôle au droit d'une file comprenant N rivets sera seulement $(L - N\,\alpha\,D)\,e\,R$. Ceci posé, si l'on considère le triangle $O_1\,O_2\,O_3$ (fig. 81) formé par les centres de trois rivets voisins et si

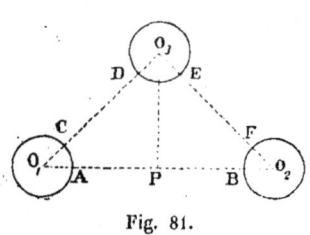

Fig. 81.

l'on trace les cercles de diamètre $\alpha\,D$, on voit que l'on devra faire en sorte que la résistance à la rupture suivant la ligne brisée $CD + EF$ ne soit pas inférieure à la résistance suivant $AB$, pour ne pas créer dans la tôle de ligne de rupture donnant une résistance inférieure à la résistance au droit d'une file de rivets. Or on a :

$$O_1\,O_2 = m\,D \qquad AB = (m - \alpha)\,D \qquad O_3\,P = f\,D$$

$$CD = O_1\,O_3 - \alpha\,D = D\left(\sqrt{f^2 + \frac{m^2}{4}} - \alpha\right).$$

La condition à remplir s'écrit donc :

$$2D \left( \sqrt{f^2 + \frac{m^2}{4}} - \alpha \right) \geq (m - \alpha) D$$

d'où
$$f \geq \frac{1}{2} \sqrt{2 \alpha m + \alpha^2}.$$

Dans la pratique, on prend ordinairement $f = 2$; mais il faut remarquer que ceci exige :

$$\sqrt{2 \alpha m + \alpha^2} \leq 4$$

ou
$$m \leq \frac{16 - \alpha^2}{2 \alpha}.$$

condition qui n'est réalisée que lorsque $m$ ne dépasse pas 6,5 environ avec la fraisure ordinaire.

Le mode de raisonnement sur lequel repose le calcul précédent est évidemment approximatif, car le déchirement d'une bande de tôle soumise à un effort de traction ne se fait pas forcément suivant une section normale à la direction de cet effort. Il pourrait donc être plus logique de proportionner à AP non la valeur de CD, mais la valeur de sa projection sur AP. Ceci conduirait dans le cas de la figure 81 à prendre $f \geq \dfrac{m \sqrt{3}}{2}$, et il est facile de vérifier que ce maximum est toujours supérieur à celui indiqué par l'autre formule. En l'absence d'expériences précises, il semble suffisant de conserver l'écartement minimum usuel de 2 diamètres, en forçant sa valeur d'après la formule obtenue plus haut lorsque $m$ dépasse 6,5.

La détermination de la valeur de $f$ intervient au même titre que celle de $\gamma$ pour régler la largeur des recouvrements dans les joints à plusieurs rangs. Pour un joint à $n$ files de rivets, la largeur du recouvrement sera en effet égale à $[(n - 1) f + 2 \gamma] D$.

Considérons maintenant un rivetage en chaîne (fig. 82). Le joint peut être détruit si la tôle se cisaille suivant les lignes ACE et BDF, ou se rompt par flexion en M et N. La détermination de $f$ se fera donc ici par les mêmes considérations que celle de $\gamma$. On aura :

$$f = \gamma + 0,5$$

la bande de tôle entre les deux files étant découpée par les demi-cercles tels que C G D. Dans la pratique, on prend ordinairement

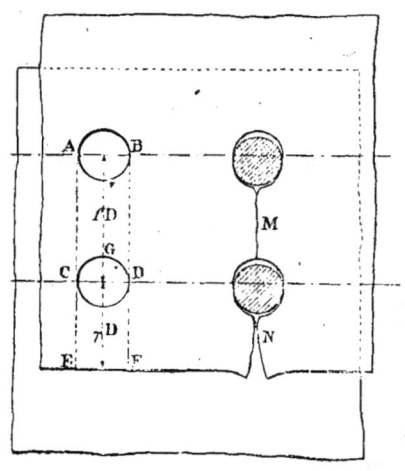

Fig. 82.

$f = 2,5$. Le Lloyd impose même $f = 3$ pour les joints à grande résistance.

La valeur de $\gamma$ étant supérieure à $1,5$, celle de $f$ est supérieure à $2$. Le rivetage en chaîne conduit donc à des largeurs de recouvrements un peu plus grandes que le rivetage en quinconce, et par suite à un excédent de poids. Il donne par contre un peu plus de facilité pour la répartition des rivets, du moins dans les joints à deux rangs de rivets également espacés.

Le rivetage en quinconce est celui qui est employé en pratique dans les arsenaux français. Les règles du Lloyd prescrivent au contraire le rivetage en chaîne, qui est également d'usage courant dans les arsenaux anglais. Le Veritas admet le choix entre l'une ou l'autre des deux dispositions.

**30. Joints à une seule file de rivets**. — Nous allons examiner maintenant les méthodes qui permettent de régler le nombre des files et la répartition des rivets dans les différentes files. Nous considérerons d'abord le cas de joints comportant une file unique de rivets.

Soient deux tôles d'égale épaisseur, à assembler à clin par un rang de rivets (fig. 83). Le joint peut être rompu de deux manières, soit par cisaillement de tous les rivets, soit par déchirure de l'une des tôles suivant la section affaiblie X Y. La condition à réaliser est évidemment de rendre égale la résistance aux deux modes de rupture, puisque sans cela il y aurait de la matière inutile. Cette condition s'écrit, en conservant les notations que nous avons adoptées :

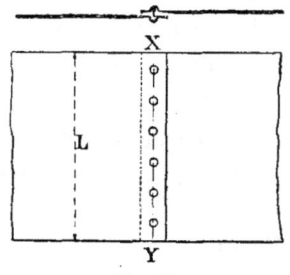

Fig. 83.

$$(L - N \alpha D) \, e R = N \frac{\pi D^2}{4} R'_1.$$

Prenons comme inconnue auxiliaire l'écartement relatif $m$ des rivets. Il vient :

$$\left(L - \frac{L}{mD} \alpha D\right) e R = \frac{L}{mD} \cdot \frac{\pi D^2}{4} \cdot R'_1$$

d'où, toutes réductions faites :

$$m = \alpha + \frac{\pi}{4} \cdot \frac{R'_1}{R} \cdot \frac{D}{e}$$

Nous poserons $\frac{\pi}{4} \cdot \frac{R'_1}{R} = K$. Ce coefficient ne dépend que de la nature du métal des tôles et des rivets; il est donc connu à l'avance. L'écartement cherché est alors :

$$m = \alpha + K \frac{D}{e}$$

et $m$ se trouve déterminé dès qu'on a choisi le diamètre de rivets que l'on veut adopter.

Cette formule peut s'écrire

$$m = \alpha (1 + \lambda)$$

en posant

$$\lambda = \frac{KD}{\alpha e}.$$

On remarque que $\lambda$ est un coefficient numérique dépendant de K, de $\frac{D}{e}$ et du coefficient de fraisure. Il est donc connu à priori, pour chaque épaisseur de tôle, une fois que l'on a déterminé le diamètre et la forme des rivets que l'on veut employer. On peut le mettre sous la forme

$$\lambda = \frac{\frac{\pi D^2}{4} R'_1}{\alpha D e R}$$

et on voit ainsi qu'il représente le rapport de la résistance au cisaillement d'un rivet à la diminution de résistance créée pour la tôle par l'existence de ce rivet. Nous retrouverons ce coefficient dans tous les calculs d'assemblages.

Nous discuterons plus tard la valeur qu'il convient d'attribuer au coefficient K suivant la nature des matériaux employés. Nous supposerons pour fixer les idées, dans tous les calculs qui vont suivre, qu'il s'agit de tôles et de rivets en acier, ce qui conduit à prendre comme nous le verrons K = 0,75. Nous admettrons de même, sauf indication contraire, que l'on emploie exclusivement la fraisure tronconique ordinaire.

Étudions maintenant la résistance de l'assemblage que nous venons de calculer. On appelle *résistance relative* d'un joint le rapport entre la résistance effective du joint et celle de la tôle supposée intacte. Ce rapport, que nous désignerons par $\rho$, est évidemment toujours plus petit que 1, la tôle étant forcément affaiblie par les trous des rivets du joint. Dans le cas qui nous occupe, la résistance effective du joint est égale à la résistance offerte par l'assemblage à l'un ou l'autre des deux modes de rupture, soit $(L - N z D) e R$ par exemple; la résistance de la tôle intacte étant $L e R$, la résistance relative est :

$$\rho = \frac{(L - N z D) e R}{L e R} = 1 - \frac{N z D}{L}$$

ou :

$$\rho = 1 - \frac{z}{m} = 1 - \frac{1}{1 + \lambda}.$$

Pour prendre un exemple numérique, considérons deux tôles d'acier de 6 m/m d'épaisseur, à réunir par des rivets en acier avec fraisure ordinaire. Prenons d'abord D = 14 m/m. On a (voir le tableau de la page 144) :

$$\frac{D}{e} = 2,33 \quad z = 1,107 \quad \lambda = 0,75 \times \frac{2,33}{1,107} = 1,581$$

et par suite :

$$m = 1,107 \ (1 + 1,581) = 2,857$$

L'espacement des rivets d'axe en axe devra être égal à $2,857 \times 14 = 40^m/_m$, et la résistance relative sera :

$$\rho = 1 - \frac{1}{2,581} = 0,612$$

soit un peu plus de la moitié de la résistance de la tôle intacte.

Si l'on prenait des rivets de $12^m/_m$, on trouverait $m = 2,586$ et $\rho = 0,581$. Il est d'ailleurs évident, d'après les formules que nous avons trouvées, que $m$ et $\rho$ sont d'autant plus grands que D est plus grand.

Il ne faut pas perdre de vue que les exigences de la pratique conduisent en général à modifier la valeur théorique de $m$. Si on adopte une valeur plus faible, par exemple $m = 2,5$ au lieu de 2,857 dans l'exemple considéré, il est évident que l'on abaisse la résistance de la tôle au déchirement suivant X Y par rapport à la résistance au cisaillement des rivets. La résistance relative est encore $\rho = 1 - \dfrac{x}{m}$, mais n'est plus égale qu'à $1 - \dfrac{1,107}{2,5} = 0,557$.

Si au contraire on est amené à augmenter la valeur de $m$, par exemple si on veut prendre $m = 3$ au lieu de $m = 2,857$, c'est la résistance de la tôle qui devient prépondérante par rapport à la résistance des rivets, et la résistance relative n'est plus que :

$$\rho = \frac{N \dfrac{\pi D^2}{4} R'_1}{L\, e\, R} = \frac{K \dfrac{D}{e}}{m} = \lambda \frac{x}{m}$$

soit, avec $m = 3$, $\rho = 0,583$ au lieu de 0,612.

Remarquons en passant que le maximum de résistance relative correspond au cas de l'égalité de résistance. En effet les deux expressions $\rho' = 1 - \dfrac{x}{m}$ et $\rho'' = \lambda \dfrac{x}{m}$ croissent la première dans le même sens que $m$, la seconde en sens inverse, et ont, par suite, leur valeur maxima lorsqu'elles sont égales c'est-à-dire lorsque $m = x(1 + \lambda)$.

L'assemblage de deux tôles à franc-bord, avec couvre-joint simple de même épaisseur (fig. 84) se déduit immédiatement de ce qui précède. Il n'y a qu'à considérer séparément l'assemblage à clin de chaque tôle avec le couvre-joint. Les formules sont les mêmes; la largeur du couvre-joint est évidemment égale à $4\, \gamma\, D$.

Si l'on emploie un couvre-joint double (fig. 85), les formules se modifient un peu. D'une part, en effet, la fraisure n'existe que dans les couvre-joints et ne pénètre plus dans la tôle; en second lieu, les rivets résistent au cisaillement par une double section. Il suffira donc, dans le calcul précédent, de remplacer $\alpha$ par 1, K par 2 K et $\lambda$ par 2 $\lambda$ $\alpha$, puisque $\lambda = \dfrac{KD}{\alpha e}$ [1]. On a ainsi :

$$m = 1 + 2\lambda\alpha \qquad \rho_{max.} = 1 - \dfrac{1}{1 + 2\lambda\alpha}$$

$$\rho = \begin{cases} 1 - \dfrac{1}{m} \text{ (si la résistance des rivets est prépondérante).} \\ \dfrac{2\lambda\alpha}{m} \text{ (si la résistance de la tôle est prépondérante).} \end{cases}$$

Dans le cas du couvre-joint double, il paraît assez rationnel de réduire un peu la valeur de $\gamma$ pour les lisières des deux couvre-

Fig. 84.          Fig. 85.

joints, ce qui permet de diminuer la largeur totale du couvre-joint. Ici encore l'expérience directe doit intervenir pour déterminer les valeurs qu'il convient d'adopter.

Il est facile de voir que les résistances relatives obtenues avec un rang unique de rivets sont en général assez faibles. En effet, en admettant toujours K = 0,75, la résistance relative maxima est :

$$\rho = 1 - \dfrac{1}{1 + 0{,}75\,\dfrac{D}{\alpha e}}.$$

En se reportant au tableau de la page 144, on voit que pour les épaisseurs de tôles courantes la résistance relative est comprise entre 0,6 et 0,4, sa valeur étant d'autant plus faible que la tôle est plus épaisse. D'ailleurs, dès que $e$ dépasse 5 $^m/_m$, on obtient pour $m$ des valeurs inférieures à 3, c'est-à-dire au-dessous du minimum admis généralement dans la pratique. Le joint à un rang, à clin ou

---

[1] Ceci suppose que la résistance au cisaillement du rivet suivant une double section est égale au double de la résistance au cisaillement suivant une seule section; il est probable que ce résultat n'est pas rigoureusement exact, d'autant plus qu'il faudrait faire intervenir la résistance de frottement de la tôle serrée entre les deux couvre-joints. Les expériences peu nombreuses faites sur ce sujet étant assez contradictoires, nous admettrons que la résistance est doublée dans le cas du cisaillement double. On pourrait d'ailleurs, par une expérience directe, déterminer la valeur exacte qu'il convient d'attribuer au coefficient K.

à couvre-joint simple, ne convient donc que pour les tôles minces, pour lesquelles la résistance relative varie entre 0,60 et 0,75.

Avec le couvre-joint double, la valeur de $\rho$ est assez sensiblement accrue. On a en effet dans ce cas :

$$\rho = 1 - \frac{1}{1 + 1,5 \times \frac{D}{e}}.$$

Pour $e = 4\ ^m/_m$, par exemple, avec $D = 10\ ^m/_m$, on a $\rho = 0,790$ tandis qu'avec le couvre-joint simple on a $\rho = 0,630$. Pour que $m$ soit au moins égal à 3, il suffit que l'on ait :

$$1 + 1,5\frac{D}{e} \geqslant 3 \qquad \frac{D}{e} \geqslant 1,33$$

ce qui a lieu tant que $e$ ne dépasse pas 18 $^m/_m$. L'emploi du couvre-joint double est cependant peu fréquent, en raison de l'excédent de poids qu'il entraîne, comme nous le verrons plus loin, et de la discontinuité qui en résulte pour les deux surfaces du joint.

**31. Joints à plusieurs files de rivets également espacés.** — Considérons maintenant un assemblage à clin, entre deux tôles de même épaisseur, réalisé au moyen de deux files de rivets également espacés sur les deux files (fig. 86). Le joint peut se rompre soit par déchirement de la tôle A suivant la file 1, soit par cisaillement de tous les rivets, soit par déchirement de la tôle A suivant la file 2 et cisaillement des rivets de la file 1. Il

Fig. 86.

est inutile d'envisager le cas du déchirement de la tôle B, puisqu'on retomberait sur les mêmes efforts. Le troisième mode de rupture est d'ailleurs à écarter, puisque l'effort de déchirement de la tôle A est le même suivant la file 1 et suivant la file 2. La condition d'égale résistance s'écrit donc :

$$(L - N \times D)\ eR = 2N\ \frac{\pi D^2}{4}\ R'_1$$

ce qui donne évidemment :

$$m = \alpha + 2K\frac{D}{e} = \alpha(1 + 2\lambda) \qquad \rho_{max} = 1 - \frac{1}{1 + 2\lambda}$$

et (avec la valeur pratique de $m$) :

$$\rho = \begin{cases} 1 - \dfrac{\alpha}{m} \text{ (si la résistance des rivets est prépondérante)}. \\ 2\lambda\,\dfrac{\alpha}{m} \text{ (si la résistance de la tôle est prépondérante)}. \end{cases}$$

Au coefficient de fraisure près, ce sont les mêmes conditions de résistance maxima que pour le joint à un rang avec couvre-joint double, mais il y a économie notable de poids.

Pour les tôles moyennes et fortes, les limites de $\rho$ sont égales à 0,773 ($e = 4$, D $= 10$) et 0,644 ($e = 26$, D $= 34$). Si l'on veut $m \geqslant 3$, on voit que cette condition est réalisée tant que $e$ ne dépasse pas 26 $^m/_m$. Le joint à deux rangs convient donc pour toutes les épaisseurs ordinaires, lorsqu'on peut se contenter d'une résistance relative comprise entre 0,65 et 0,75.

Lorsqu'une des pièces à assembler est une panne de barre profilée, il est nécessaire que cette panne ait des dimensions suffisantes pour qu'on puisse placer les deux rangs de rivets. Considérons par exemple une cornière (fig. 87). Pour tenir compte du congé de

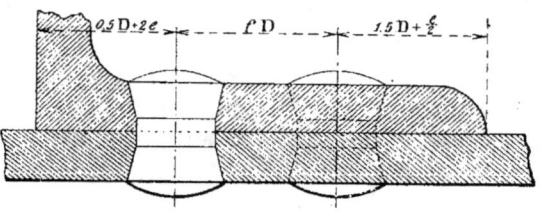

Fig. 87.

raccordement des deux ailes, dont le rayon est égal à $e$, il est nécessaire de réserver $0,5\,D + 2\,e$ entre l'axe de la file la plus éloignée du bord et le plan extérieur de l'aile non appliquée sur la tôle. D'autre part, en raison de l'arrondi de l'extrémité de l'aile, il est bon que $\gamma\,D$ ne soit pas inférieur à $1,5\,D + \dfrac{e}{2}$. En admettant le rivetage en quinconce, on peut prendre $f = 2$, sous réserve que $m$ ne dépasse pas 6,5. Dans ces conditions, la largeur minima de l'aile sera :

$$(0{,}5 + 2 + 1{,}5)\,D + \frac{5\,e}{2} \qquad \text{soit} \qquad 4\,D + \frac{5\,e}{2}.$$

Pour l'attache d'une cornière avec une tôle de 10 $^m/_m$, par exemple, on pourra, avec des rivets de 20 $^m/_m$, employer une cornière de $110 \times 110 \times 10$ et un rivetage à 2 rangs. En prenant des rivets de 18 $^m/_m$, on pourrait adopter une cornière de $100 \times 100 \times 10$. Ces considérations permettent de fixer les échantillons des cornières de jonction d'après le rivetage dont on a besoin.

Pour l'assemblage à couvre-joint simple à 2 rangs (fig. 88), on aura les mêmes formules que pour l'assemblage à clin. La largeur du couvre-joint sera égale à $(4\gamma + 2f)$ D.

Fig. 88.    Fig. 89.

Avec un couvre-joint double (fig. 89), on aura :

$$m = 1 + 4 K \frac{D}{e} = 1 + 4 \lambda \alpha$$

$$\rho = \begin{cases} 1 - \dfrac{1}{m}. \\ 4 \lambda \dfrac{\alpha}{m}. \end{cases}$$

Avec $K = 0,75$, on aura $m = 1 + 3 \dfrac{D}{e}$ ; la valeur de $m$ sera par suite supérieure à 5 dès qu'on aura $\dfrac{D}{e} > 1,33$, c'est-à-dire pour toutes les épaisseurs inférieures à 26 $^m/_m$. Donc, sauf pour les tôles très épaisses, ce genre d'assemblage ne pourra être employé lorsque le joint devra être fait étanche. Quant à la résistance relative, pour les épaisseurs usuelles comprises entre 5 $^m/_m$ et 20 $^m/_m$, elle varie entre 0,80 et 0,85 environ.

Le calcul d'un joint à $n$ files de rivets également espacés se fait de la même manière que celui d'un joint à 2 rangs. Tous les modes de rupture autres que le déchirement de la tôle suivant la première file et le cisaillement de tous les rivets donnant une résistance surabondante, on a :

$$m = \alpha - n K \frac{D}{e} = \alpha (1 + n \lambda)$$

$$\rho = \begin{cases} 1 - \dfrac{\alpha}{m}. \\ n \lambda \dfrac{\alpha}{m}. \end{cases}$$

CONSTRUCTION DU NAVIRE

La discussion se ferait comme dans le cas précédent. Pour les épaisseurs usuelles, de 5 à 20 $^m/_m$, la résistance relative d'un joint à clin ou à couvre-joint simple varie à peu près de 0,74 à 0,83 pour 3 rangs, de 0,80 à 0,87 pour 4 rangs. On remarquera que le couvre-joint simple à 4 rangs, à peu près équivalent comme résistance au couvre-joint double à 2 rangs, donne en général une économie de poids. En effet, le couvre-joint double à 2 rangs est équivalent à un couvre-joint simple de largeur $(8\gamma + 4f)D$, tandis que le couvre-joint simple à 4 rangs a pour largeur $(4\gamma + 6f)D$. La différence $(4\gamma - 2f)D$ est positive avec les valeurs usuelles de $\gamma$ et de $f$.

Les rivetages à 3 ou 4 rangs de rivets également espacés, employés autrefois pour les assemblages à grande résistance, sont à peu près abandonnés maintenant, car on peut, comme nous allons le voir, obtenir des assemblages donnant une résistance plus forte, en modifiant l'écartement des rivets dans les diverses files et augmentant l'épaisseur des couvre-joints. Remarquons d'ailleurs que le rivetage à 4 rangs ou plus conduit en général à des écartements incompatibles avec l'étanchéité du joint.

**32. Joints à plusieurs files de rivets inégalement espacés. Couvre-joints renforcés.** — Nous venons de voir que dans les rivetages à plusieurs rangs de rivets également espacés un certain nombre de modes de rupture donnent une résistance surabondante. Considérons par exemple le joint à 2 rangs de la fig. 86 et supposons maintenant que l'écartement des rivets ne soit pas le même dans les deux files; appelons $m_1$ et $m_2$ ces écartements. Désignons par $t_1$ et $t_2$ les résistances au déchirement de la tôle suivant les files 1 et 2, par $r_1$ et $r_2$ les résistances au cisaillement des rivets de ces files. Les divers modes de rupture du joint donnent comme résistance :

$$t_1$$
$$t_2 + r_1$$
$$r_1 + r_2$$
$$t_2$$
$$t_1 + r_2$$

On voit immédiatement que si les deux tôles ont la même épaisseur tous ces modes de rupture ne peuvent être équivalents, puis-

CALCUL DES ASSEMBLAGES RIVÉS.

qu'il faudrait $t_1 = t_2$, c'est-à-dire $r_1 = r_2$, $m_1 = m_2$. On retomberait sur le cas déjà traité, et il resterait toujours un mode de rupture à résistance surabondante.

Cela étant, considérons l'assemblage des deux tôles A et B avec un couvre-joint simple (fig. 90), et supposons que l'épaisseur de ce couvre-joint, que nous désignerons par E, ne soit pas fixée. Appelons $t'_1$ et $t'_2$ les résistances au déchirement du couvre-joint suivant les files 1 et 2. Les résistances fournies par les divers modes de rupture seront alors :

$$t_1$$
$$t_2 + r_1$$
$$r_1 + r_2$$
$$t'_2$$
$$t'_1 + r_2$$

Fig. 90.

Tout d'abord, il faut nécessairement que E soit plus grand que $e$. S'il n'en était pas ainsi, l'équation $t'_2 = t_1$ entraînerait $m_2 > m_1$, c'est-à-dire $t_2 > t_1$, et $t_2 + r_1$ serait alors forcément plus grand que $t_1$. Supposons donc $E > e$. Dans ce cas, on aura $m_2 < m_1$, et, si les deux tôles ont partout la même largeur, nous voyons que le dernier mode de rupture donnera une résistance surabondante puisqu'on a $t'_1 > t_1$. Laissons de côté pour le moment ce mode de rupture. En égalant entre elles les quatre autres résistances, nous aurons trois équations

$$t_2 + r_1 = r_1 + r_2 \quad \text{ou} \quad t_2 = r_2$$
$$t_1 = t_2 + r_1$$
$$t'_2 = t_1$$

qui nous détermineront les 3 inconnues $m_1$, $m_2$ et E. Les joints de ce genre, dont l'usage a été proposé pour la première fois par M. l'ingénieur de la marine Clauzel, sont dits à couvre-joint *renforcé*.

Introduisons les notations habituelles. On a en général, pour une file quelconque de rang $p$, comprenant $N_p$ rivets :

$$t_p = (L - N_p \alpha D) e R$$
$$t'_p = (L - N_p \alpha' D) E R$$
$$r_p = N_p \frac{\pi D^2}{4} R'_1$$

en appelant $\alpha'$ le coefficient de fraisure relatif au couvre-joint, qui est égal à $1 + \beta \dfrac{D}{E}$. Ces expressions peuvent se mettre sous la forme :

$$t_p = \left(1 - \frac{\alpha}{m_p}\right) L\,e\,R$$

$$t'_p = \left(1 - \frac{\alpha'}{m_p}\right) L\,E\,R$$

$$r_p = \lambda \frac{\alpha}{m_p} L\,e\,R$$

d'où :

$$t_p - r_p = \left[1 - \frac{\alpha(1+\lambda)}{m_p}\right] L\,e\,R.$$

Cela posé, les équations du joint qui nous occupe sont :

$$t_2 - r_2 = 0 \qquad 1 - \frac{\alpha(1+\lambda)}{m_2} = 0$$

$$t_1 - r_1 = t_2 \qquad 1 - \frac{\alpha(1+\lambda)}{m_1} = 1 - \frac{\alpha}{m_2}$$

$$t'_2 = t_1 \qquad E\left(1 - \frac{\alpha'}{m_2}\right) = e\left(1 - \frac{\alpha}{m_1}\right)$$

ou, en posant $\dfrac{E}{e} = \varphi$ :

$$m_2 = \alpha(1+\lambda)$$
$$m_1 = m_2(1+\lambda) = \alpha(1+\lambda)^2$$

$$\varphi = \frac{1 - \dfrac{\alpha}{m_1}}{1 - \dfrac{\alpha'}{m_2}} = \frac{1 - \dfrac{1}{(1+\lambda)^2}}{1 - \dfrac{\alpha'}{\alpha} \cdot \dfrac{1}{1+\lambda}}.$$

Le joint est ainsi déterminé. La 3$^{me}$ équation donne la valeur de $\varphi$, c'est-à-dire de E, par une expression du 1$^{er}$ degré. On a en effet :

$$\alpha' - 1 = \beta \frac{D}{E}$$

$$\alpha - 1 = \beta \frac{D}{e}$$

d'où

$$\frac{\alpha - 1}{\alpha' - 1} = \varphi \qquad \alpha' = 1 + \frac{\alpha - 1}{\varphi}.$$

Plus simplement, comme en pratique la valeur de E diffère en général assez peu de $e$, on peut admettre approximativement $\alpha' = \alpha$, et on a alors :

$$\varphi = \frac{2 + \lambda}{1 + \lambda}.$$

Cherchons la résistance relative. Elle est égale à $\dfrac{t_1}{L\,e\,R}$, par exemple, soit

$$\rho = 1 - \frac{\alpha}{m_1} = 1 - \frac{1}{(1 + \lambda)^2}$$

c'est-à-dire supérieure à celle obtenue avec le même écartement dans les deux files, qui était, comme nous l'avons vu,

$$\rho = 1 - \frac{1}{1 + 2\lambda}.$$

Revenons maintenant au dernier mode de rupture que nous avons laissé de côté jusqu'ici. Les rivets étant moins nombreux dans la file 1 que dans la file 2, nous pouvons, sans rien changer à la résistance de la tôle, diminuer l'écartement de ces rivets de manière à réduire la largeur du couvre-joint au droit de la file 1 (fig. 91). Si L' est la nouvelle largeur, $N_1$ le nombre des rivets de la file 1, nous aurons :

$$t'_1 = (L' - N_1\,\alpha'\,D)\,E\,R$$

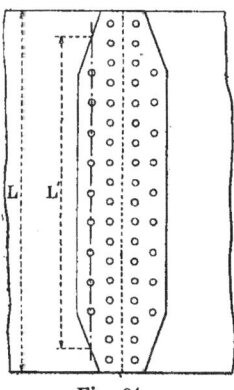

Fig. 91.

et nous voyons que l'équation $t'_1 + r_2 = r_1 + r_2$, ou $t'_1 = r_1$, pourra être satisfaite par une valeur convenable de L'. On aura ainsi :

$$(L' - N_1\,\alpha'\,D)\,E\,R = N_1\,\frac{\pi D^2}{4}\,R'_1$$

ou :

$$\varphi\,(L' - N_1\,\alpha'\,D) = \lambda\,N_1\,\alpha\,D$$

$$L' = \left(\alpha' + \frac{\alpha\lambda}{\varphi}\right) N_1\,D$$

$$= m'_1\,N_1\,D$$

en désignant par $m'_1$ l'écartement relatif des rivets par rapport à la largeur $L'$ du couvre-joint. Si la valeur de $\alpha' + \dfrac{\alpha\lambda}{\varphi}$ donne un écartement admissible, c'est-à-dire n'est pas inférieure à 3 par exemple, et si d'autres considérations ne s'opposent pas à ce qu'on donne au couvre-joint, au droit de la file 1, la largeur ainsi calculée, on aura un joint dans lequel tous les modes de rupture seront exactement équivalents.

Cherchons le poids du couvre-joint ainsi dessiné. Le couvre-joint à 2 rangs égaux est un rectangle de longueur L, de largeur $l$ et d'épaisseur $e$. Le nouveau couvre-joint se compose approximativement d'un rectangle de longueur L, de largeur $\dfrac{l}{2}$ et d'épaisseur E, et de deux trapèzes équivalents chacun à un rectangle de largeur $\dfrac{l}{2}$, de longueur $L'$ et d'épaisseur E. Le rapport du poids du couvre-joint renforcé à celui du couvre-joint primitif est donc :

$$\varepsilon = \dfrac{E\left(\dfrac{L+L'}{2}\right)}{eL} = \dfrac{\varphi}{2}\left(1 + \dfrac{L'}{L}\right).$$

Or $L = m_1 N_1 D = N_1 D \alpha (1+\lambda)^2$. Donc :

$$\varepsilon = \dfrac{\varphi}{2}\left[1 + \dfrac{\dfrac{\alpha'}{\alpha} + \dfrac{\lambda}{\varphi}}{(1+\lambda)^2}\right].$$

En admettant $\alpha' = \alpha$ et donnant à $\varphi$ la valeur indiquée plus haut, on trouve :

$$\varepsilon = \dfrac{3+\lambda}{2(1+\lambda)} + \dfrac{1}{2(1+\lambda)^3}.$$

La valeur de $\lambda$ étant en général assez peu différente de 1 (voir le tableau de la page 144), il en est de même de la valeur de $\varepsilon$. Le poids ne sera donc pas sensiblement modifié.

Dans la réalité, l'obligation de prendre pour $N_1$ et $N_2$ des nombres entiers, et pour E un nombre entier de millimètres, imposera de légères modifications aux chiffres théoriques fournis par le calcul. Les conditions d'égale résistance ne seront plus alors exactement satisfaites, et la résistance relative réelle sera le rapport de la résistance effective du mode de rupture donnant la résistance la plus faible à la résistance de la tôle intacte.

Comme application, considérons deux tôles de 10 $^m/_m$, avec rivets de 20 $^m/_m$. Nous avons dans ce cas :

$$\alpha = 1,102 \qquad \lambda = 1,361$$

ce qui donne :

$$m_2 = \alpha(1+\lambda) = 2,602$$
$$m_1 = \alpha(1+\lambda)^2 = 6,143$$
$$\varphi = \frac{2+\lambda}{1+\lambda} = 1,423.$$

La résistance relative théorique sera $\rho = 1 - \dfrac{1}{(1+\lambda)^2} = $ 0,821. Avec un couvre-joint de même épaisseur, on aurait :

$$m_1 = m_2 = \alpha(1+2\lambda) = 4,102$$
$$\rho = 1 - \frac{1}{1+2\lambda} = 0,732.$$

Le joint que nous venons de calculer est le joint théorique. Pour le réaliser, nous avons d'abord :

$$E = \varphi \times 10\ ^m/_m = 14,23$$

Nous prendrons donc $E = 14\ ^m/_m$. En second lieu, l'écartement $m_2$ est un peu trop faible. Supposons que la largeur L des tôles soit égale à 1 mètre. On aurait

$$N_2 = \frac{1000}{2,602 \times 20} = 19,2.$$

En prenant $N_2 = 18$, nous aurons $m_2 = \dfrac{1000}{18 \times 20} = 2,777$, ce qui est admissible. On a ensuite :

$$N_1 = \frac{1000}{6,143 \times 20} = 8,15.$$

Nous prendrons $N_1 = 9$. Enfin nous avons ($\alpha' = \alpha$, $\varphi = 1,4$) :

$$m'_1 = \alpha' + \frac{\alpha\lambda}{\varphi} = 2,17.$$

Cet écartement serait trop faible. De plus, il donnerait pour L' une valeur notablement trop faible, qui conduirait à un couvre-joint donnant, comme nous le verrons plus tard, des lignes de rupture obliques.

Nous prendrons $m'_1 = 1,5\ m_2$, ce qui facilitera le traçage, et nous aurons

$$L' = 4,165 \times 20 \times 9 = 750\ ^m/_m$$

Cette valeur de $L'$ serait encore trop faible pour éviter les ruptures obliques. Nous prendrons $L' = 850\ ^m/_m$, en conservant pour les rivets de la première file un écartement égal à $1,5\ m_2$. Nous aurons ainsi le joint représenté par la figure 91:

Cherchons maintenant la résistance relative réelle. Elle s'obtiendra en divisant par $L\,e\,R$ la résistance absolue des divers modes de rupture et en prenant le plus faible des chiffres trouvés.

Nous avons ainsi ($m_1 = \dfrac{L}{N_1 D} = 5,555$) :

| | | |
|---|---|---|
| $\dfrac{t_1}{L\,e\,R}$ | $1 - \dfrac{\alpha}{m_1}$ | $0,802$ |
| $\dfrac{t_2 + r_1}{L\,e\,R}$ | $1 - \dfrac{\alpha}{m_1} + \lambda\,\dfrac{\alpha}{m_1}$ | $0,873$ |
| $\dfrac{r_1 + r_2}{L\,e\,R}$ | $\lambda\left(\dfrac{\alpha}{m_1} + \dfrac{\alpha}{m_2}\right)$ | $0,810$ |
| $\dfrac{t'_2}{L\,e\,R}$ | $\varphi\left(1 - \dfrac{\alpha'}{m_2}\right)$ | $0,844$ |
| $\dfrac{t'_1 + r_2}{L\,e\,R}$ | $\varphi\left(\dfrac{L'}{L} - \dfrac{\alpha'}{m_1}\right) + \lambda\,\dfrac{\alpha}{m_2}$ | $1,453$. |

La résistance relative réelle sera $0,802$. Avec le rivetage à deux rangs égaux, on aurait eu $N_1 = N_2 = 12$ avec $m_1 = m_2 = 4,167$ et la résistance relative réelle eût été $2\,\lambda\,\dfrac{\alpha}{m_1} = 0,720$.

On discuterait d'une manière analogue le calcul d'un couvre-joint renforcé à trois rangs. Mais pour envisager le problème sous son aspect le plus général, nous exposerons d'abord, sous une forme un peu différente de celle qui lui a été donnée en 1880 par M. l'ingénieur de la marine Clauzel (1), la théorie complète des joints rivés.

**33. Théorie générale des joints rivés.** — Considérons une tôle T, d'épaisseur $e$, assemblée à clin avec une tôle T' d'épaisseur E par $n$ files de rivets de diamètre D (fig. 92). Examinons suc-

---

(1) G. Clauzel. *Étude sur le rivetage*, Bernard et C$^{ie}$, 1882.

cessivement les différents modes de rupture, en faisant usage des notations précédemment adoptées. Ces modes de rupture se divisent en quatre groupes :

1° Cisaillement de tous les rivets ;
2° Combinaisons comportant rupture de la tôle T seule ;
3° Combinaisons comportant rupture de la tôle T' seule ;
4° Combinaisons comportant rupture des tôles T et T'.

Le premier mode de rupture donne une résistance égale à la somme des résistances au cisaillement des rivets des diverses files, somme que nous représenterons par le symbole $\Sigma_1^n r$.

Les modes de rupture du deuxième groupe comprennent d'abord la rupture de T suivant la file 1, puis la rupture de T suivant une

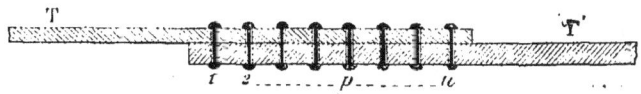

Fig. 92.

file quelconque $p$ avec cisaillement des rivets des $p-1$ files précédentes. Les résistances offertes par les modes de rupture du deuxième groupe sont donc représentées par l'expression générale :

$$t_p + \Sigma_1^{p-1} r$$

$p$ variant de 1 à $n$.

On a de même, pour le troisième groupe :

$$t'_p + \Sigma_{p+1}^n r.$$

Quant aux modes de rupture du quatrième groupe, on peut avoir : 1° déchirure de T' suivant la file $p$ et de T suivant la même file ou une des files immédiatement voisines, soit :

$$t'_p + t_{p-1}$$
$$t'_p + t_p$$
$$t'_p + t_{p+1}$$

2° déchirure de T' suivant la file $p$ et de T suivant une file non immédiatement voisine, avec cisaillement des rivets intermédiaires, soit :

$$t'_p + t_q + \Sigma_{p+1}^{q-1} r \quad (q > p)$$
$$t'_p + t_{q'} + \Sigma_{q'+1}^{p-1} r \quad (q' < p).$$

De tous ces modes de rupture, les plus simples, c'est-à-dire ceux dont le calcul est le plus rapide, sont la rupture de la tôle T suivant la file 1 et le cisaillement de tous les rivets. C'est ce dernier que nous prendrons comme point de départ. Il suffira dès lors, pour bien proportionner le joint, que les résistances correspondant à toutes les autres combinaisons soient au moins égales à $\Sigma_1^n r$, et la résistance relative réelle sera $\dfrac{\Sigma_1^n r}{L e R} = \lambda \dfrac{\pi D}{L} \Sigma_1^n$ N, le symbole $\Sigma_1^n$ N représentant le nombre total des rivets du joint. Dans le cas où tous les modes de rupture seront équivalents, le joint sera exactement d'égale résistance.

Appliquée aux modes de rupture des deuxième et troisième groupes, la condition que nous venons de poser s'écrit :

$$\begin{cases} t_p + \Sigma_1^{p-1} r \geqslant \Sigma_1^n r \\ t'_p + \Sigma_{p+1}^n r \geqslant \Sigma_1^n r \end{cases} \quad \text{ou} \quad \begin{cases} t_p \geqslant \Sigma_p^n r. \\ t'_p \geqslant \Sigma_1^p r. \end{cases}$$

Quant au quatrième groupe, les cinq combinaisons possibles peuvent se mettre sous la forme :

$$t'_p + t_{p-1} + \Sigma_1^{p-2} r - \Sigma_1^{p-2} r$$
$$t'_p + t_p \quad + \Sigma_1^{p-1} r - \Sigma_1^{p-1} r$$
$$t'_p + t_{p+1} + \Sigma_1^{p} r - \Sigma_1^{p} r$$
$$t'_p + t_q \quad + \Sigma_1^{q-1} r - \Sigma_1^{p} r$$
$$t'_p + t_{q'} \quad + \Sigma_1^{p} r - \Sigma_1^{p} r + \Sigma_{q'+1}^{p-1} r$$

ou

$$t'_p - \Sigma_1^p r + t_{p-1} + \Sigma_1^{p-2} r + \Sigma_{-1}^{p} r$$
$$t'_p - \Sigma_1^p r + t_p + \Sigma_1^{p-1} r + r_p$$
$$t'_p - \Sigma_1^p r + t_{p+1} + \Sigma_1^{p} r$$
$$t'_p - \Sigma_1^p r + t_q + \Sigma_1^{q-1} r$$
$$t'_p - \Sigma_1^p r + t_{q'} + \Sigma_1^{q'-1} r + \Sigma_{q'}^{p} r + \Sigma_{q'+1}^{p-1} r.$$

Or, si les conditions relatives au deuxième et au troisième groupe sont satisfaites, on a, pour une valeur quelconque de $p$, $t_p + \Sigma_1^{p-1} r \geqslant \Sigma_1^n r$ et $t'_p - \Sigma_1^p r \geqslant 0$. Toutes les combinaisons du quatrième groupe donnent donc dans ce cas une résistance au moins égale à $\Sigma_1^n r$, trois d'entre elles donnant même une valeur forcément supérieure. Les conditions à remplir pour que la résistance relative réelle soit $\lambda \frac{\alpha D}{L} \Sigma_1^n N$ sont donc :

$$\begin{cases} t_p \geqslant \Sigma_p^n r \\ t'_p \geqslant \Sigma_1^p r \end{cases}$$

inégalités de forme bien symétrique, qui peuvent s'écrire :

$$\begin{cases} t_p - r_p \geqslant \Sigma_{p+1}^n r \\ t'_p - r_p \geqslant \Sigma_1^{p-1} r \end{cases}$$

ce qui exprime que l'excès de la résistance au déchirement d'une tôle au droit d'une file quelconque sur la résistance au cisaillement des rivets de cette file doit être au moins égal à la somme des résistances des rivets des files postérieures pour la tôle la plus faible, des files antérieures pour la tôle la plus épaisse, le numérotage partant de l'extrémité de cette dernière tôle.

En transformant ces inégalités en égalités, on aura un joint qui sera, autant que possible, d'égale résistance, et il est aisé de voir que l'on aura ainsi le joint de résistance maxima; tout accroissement de la résistance des rivets, c'est-à-dire de leur nombre, correspond en effet à une réduction de la résistance des tôles; la résistance réelle du joint, qui est réglée par celle des rivets si les conditions que nous venons de poser sont satisfaites, a donc un maximum qui est atteint lorsque la résistance des tôles a cessé d'être prépondérante.

En prenant pour inconnues les nombres de rivets de chaque file, les deux conditions fondamentales auxquelles doit satisfaire un joint rivé s'écrivent :

$$(L - N_v \alpha D) eR \geqslant \frac{\pi D^2}{4} R'_1 \Sigma_1^v N$$

$$(L - N_p \alpha' D) ER \geqslant \frac{\pi D^2}{4} R'_1 \Sigma_1^p N$$

ou :

$$\frac{L}{\alpha D} - N_p \geqslant \lambda \, \Sigma_p^n N$$

$$\varphi \left( \frac{L}{\alpha D} - \frac{\alpha'}{\alpha} N_p \right) \geqslant \lambda \, \Sigma_1^p N.$$

**Nous discuterons ces formules dans les trois cas suivants :**

1° $\varphi$ est arbitraire, c'est-à-dire qu'on est maître de choisir à volonté l'épaisseur E de la tôle T';

2° $\varphi$ est égal à 1, c'est-à-dire que les deux tôles ont même épaisseur;

3° $\varphi$ a une valeur donnée différente de l'unité.

Supposons donc, en premier lieu, que la valeur de $\varphi$ soit arbitraire. Comme elle n'entre que dans la seconde condition, nous pouvons la choisir de manière que cette condition soit satisfaite pour toutes les valeurs de $p$. Le rivetage des diverses files sera alors uniquement réglé par la première condition, qui donne pour la file 1 :

$$N_1 \leqslant \frac{L}{\alpha D} - \lambda \, \Sigma_1^n N.$$

Or, si l'on appelle $\rho$ la résistance réelle du joint, on a :

$$\rho = \lambda \, \frac{\alpha D}{L} \Sigma_1^n N \qquad \text{ou} \qquad \lambda \, \Sigma_1^n N = \frac{L}{\alpha D} \rho.$$

On doit donc avoir :

$$N_1 \leqslant \frac{L}{\alpha D} (1 - \rho).$$

On aura ensuite :

$$N_2 \leqslant \frac{L}{\alpha D} - \lambda \, \Sigma_2^n N$$

ou

$$N_2 \leqslant \frac{L}{\alpha D} - \lambda \, \Sigma_1^n N + \lambda \, N_1$$

ce qui exige

$$N_2 \leqslant \frac{L}{\alpha D} (1 - \rho) + \lambda \, \frac{L}{\alpha D} (1 - \rho)$$

c'est-à-dire

$$N_2 \leqslant \frac{L}{\alpha D} (1 - \rho)(1 + \lambda).$$

On trouverait de même :

$$N_3 \leqslant \frac{L}{\alpha D} (1 - \rho) (1 + \lambda)^2$$

. . . . . . . . . . . . . . . . . .

$$N_n \leqslant \frac{L}{\alpha D} (1 - \rho) (1 + \lambda)^{n-1}$$

c'est-à-dire que les nombres des rivets des diverses files doivent être inférieurs ou au plus égaux aux termes d'une progression géométrique dont le premier terme est $\frac{L}{\alpha D} (1 - \rho)$ et la raison $1 + \lambda$. On a donc forcément :

$$\Sigma_1' N \leqslant \frac{L}{\alpha D} (1 - \rho) \frac{(1 + \lambda)^n - 1}{\lambda}$$

ou :

$$\frac{L}{\alpha D} \rho \leqslant \frac{L}{\alpha D} (1 - \rho) [(1 + \lambda)^n - 1]$$

c'est-à-dire, toutes réductions faites :

$$\rho \leqslant 1 - \frac{1}{(1 + \lambda)^n}$$

formule qui donne la valeur du *maximum* de résistance réalisable pour un nombre de files donné. Cette résistance maxima s'obtiendra en prenant un nombre total de rivets :

$$\Sigma_1^n N = \frac{L}{\alpha D} \cdot \frac{\rho}{\lambda} = \frac{L}{\alpha D} \frac{1}{\lambda} \left[ 1 - \frac{1}{(1 + \lambda)^n} \right]$$

et en adoptant pour nombres de rivets aux diverses files les termes de la progression géométrique :

$$N_1 = \frac{L}{\alpha D} \cdot \frac{1}{(1 + \lambda)^n}$$

$$N_2 = \frac{L}{\alpha D} \cdot \frac{1}{(1 + \lambda)^{n-1}}$$

$$N_3 = \frac{L}{\alpha D} \cdot \frac{1}{(1 + \lambda)^{n-2}}$$

. . . . . . . . . .

$$N_n = \frac{L}{\alpha D} \cdot \frac{1}{1 + \lambda}.$$

Si on se donne, non pas le nombre de files, mais la valeur $\rho$ de la résistance à réaliser, l'inégalité $\rho \leqslant 1 - \dfrac{1}{(1+\lambda)^n}$ fixe le nombre *minimum* de files nécessaires pour réaliser la résistance $\rho$ ; le nombre total des rivets est égal à $\dfrac{L}{\alpha D} \cdot \dfrac{\rho}{\lambda}$, et le rivetage des files successives est encore donné par les termes de la progression géométrique.

Pour que ces résultats puissent être admis, il faut que la deuxième condition soit toujours satisfaite, ce qui exige :

$$\rho \geqslant \frac{\lambda \, \Sigma_1^p N}{\dfrac{L}{\alpha D} - \dfrac{\alpha'}{\alpha} N_p}$$

$p$ ayant une valeur quelconque variant de 1 à $n$. Or, d'après ce qui précède, $N_p$ et $\Sigma_1^p N$ vont en croissant avec $p$ ; il est donc nécessaire et suffisant que la condition soit satisfaite pour $p = n$, c'est-à-dire que l'on ait

$$\rho \geqslant \frac{\lambda \, \Sigma_1^n N}{\dfrac{L}{\alpha D} - \dfrac{\alpha'}{\alpha} N_n}.$$

Cette inégalité sera à fortiori satisfaite si l'on remplace $\Sigma_1^n N$ et $N_n$ par leurs valeurs maxima, c'est-à-dire si l'on prend :

$$\rho \geqslant \frac{\dfrac{L}{\alpha D}\left[1 - \dfrac{1}{(1+\lambda)^n}\right]}{\dfrac{L}{\alpha D} - \dfrac{\alpha'}{\alpha} \cdot \dfrac{L}{\alpha D} \cdot \dfrac{1}{1+\lambda}}$$

ou :

$$\rho \geqslant \frac{1 - \dfrac{1}{(1+\lambda)^n}}{1 - \dfrac{\alpha'}{\alpha} \cdot \dfrac{1}{1+\lambda}}$$

$$\rho \geqslant \frac{(1+\lambda)^n - 1}{(1+\lambda)^{n-1}\left(1 + \lambda - \dfrac{\alpha'}{\alpha}\right)}$$

ce qui fixe l'épaisseur minima à adopter pour la tôle T'.

CALCUL DES ASSEMBLAGES RIVÉS.

Dans la pratique, il est évidemment impossible de réaliser exactement les conditions de résistance maxima, par suite de l'obligation de choisir pour les valeurs successives de $N_p$ des nombres entiers. Les résultats que nous avons obtenus peuvent dès lors se résumer de la manière suivante :

1° Dans le cas où l'épaisseur E de la tôle T' est arbitraire, et où on se donne le nombre $n$ des files, la résistance réalisable a un maximum égal à $1 - \dfrac{1}{(1+\lambda)^n}$.

2° Pour réaliser une résistance aussi approchée que possible d'une valeur donnée $\rho_o$, le nombre total $\Sigma_1^n N$ des rivets du joint doit être égal au nombre entier le plus voisin de $\dfrac{L}{\alpha D} \cdot \dfrac{\rho_o}{\lambda}$ et la résistance réelle sera $\rho = \lambda \dfrac{\alpha D}{L} \Sigma_1^n N$.

3° La condition nécessaire et suffisante pour qu'aucun des modes de rupture comportant déchirure de la tôle T ne donne une résistance inférieure à $\rho$ est que l'on ait pour chaque file $t_p \geqslant \Sigma_p^n r$, c'est-à-dire :

$$N_1 \leqslant \frac{L}{\alpha D}(1-\rho)$$

$$N_2 \leqslant \frac{L}{\alpha D}(1-\rho) + \lambda N_1$$

$$N_3 \leqslant \frac{L}{\alpha D}(1-\rho) + \lambda (N_1 + N_2)$$

$$\dots\dots\dots\dots\dots\dots\dots\dots$$

$$N_n \leqslant \frac{L}{\alpha D}(1-\rho) + \lambda (N_1 + N_2 + \dots + N_{n-1})$$

le nombre total de rivets devant être égal à $\Sigma_1^n N$.

4° La condition suffisante pour qu'aucun des modes de rupture comportant déchirure de la tôle T' ne donne une résistance inférieure à $\rho$ est :

$$\varphi \geqslant \frac{(1+\lambda)^n - 1}{(1+\lambda)^{n-1}\left(1 - \lambda - \dfrac{\alpha'}{\alpha}\right)}.$$

Si les obligations de la pratique conduisaient à s'écarter des conditions ci-dessus formulées, on ne serait plus sûr que la résistance réelle du joint est réglée par celle des rivets, et il serait nécessaire d'en vérifier directement la valeur en étudiant successivement tous les modes de rupture.

Comme application, prenons l'exemple déjà traité de l'assemblage de deux tôles par un couvre-joint renforcé à deux rangs de rivets. Le maximum de résistance sera $1 - \dfrac{1}{(1+\lambda)^2}$, correspondant à

$$N_1 = \frac{L}{\alpha D} \cdot \frac{1}{(1+\lambda)^2} \qquad \text{ou} \qquad m_1 = \alpha(1+\lambda)^2.$$

$$N_2 = \frac{L}{\alpha D} \cdot \frac{1}{1+\lambda} \qquad \text{ou} \qquad m_2 = \alpha(1+\lambda).$$

L'épaisseur du couvre-joint sera réglée par :

$$\varphi \geqslant \frac{(1+\lambda)^2 - 1}{(1+\lambda)\left(1+\lambda - \dfrac{\alpha'}{\alpha}\right)}$$

ou, en admettant $\alpha' = \alpha$ :

$$\varphi \geqslant \frac{2+\lambda}{1+\lambda}.$$

En prenant pour $N_1$ et $N_2$ des nombres entiers inférieurs aux valeurs théoriques, la résistance relative réelle sera $\rho = \lambda \dfrac{\alpha D}{L}(N_1 + N_2)$.
Nous retrouvons ainsi les résultats obtenus précédemment.

On remarquera que la résistance maxima est souvent impossible à réaliser en raison de l'écartement trop faible auquel on est conduit pour les rivets de la dernière file. En effet, quel que soit le nombre de files, cet écartement est donné par :

$$m_n = \alpha(1+\lambda) = \alpha + K\frac{D}{e}$$

et nous avons vu au § 30 que la valeur de $m_n$ devenait inférieure à 3 dès que $e$ dépassait 5 $^m/_m$. Si l'on admet comme minimum de $m$ la valeur 2,5, on a la condition :

$$\frac{D}{e} \geqslant 1{,}845$$

ce qui permet de réaliser la résistance maxima tant que $e$ ne dépasse pas $12^{\text{m}}/_{\text{m}}$.

Considérons maintenant le cas où les deux tôles à réunir ont la même épaisseur, c'est-à-dire $\varrho = 1$. Il est évident que le joint doit être alors symétrique par rapport à la ligne médiane du recouvrement; on a donc deux cas à envisager, suivant que $n$ est pair ou impair. Si $n = 2q$, on a deux séries de $q$ files symétriques deux à deux; si $n = 2q - 1$, on a une file médiane $q$ et deux séries de $q - 1$ files symétriques par rapport à cette file médiane; on a par conséquent :

$$n = 2q - 1 \qquad\qquad n = 2q$$
$$\Sigma_1^n N = 2\Sigma_1^{q-1} N + N_q \qquad \Sigma_1^n N = 2\Sigma_1^q N$$

Les deux tôles ayant la même épaisseur, les conditions générales deviennent :

$$t_p \geqslant \Sigma_p^n r$$
$$t_p \geqslant \Sigma_1^p r$$

et il est clair que si la première est vérifiée pour toute valeur de $p$ comprise entre 1 et $q$ la seconde le sera également à fortiori. Nous sommes donc ramenés à faire croître les nombres de rivets de la file 1 à la file $q$ suivant la même loi que précédemment, ce qui entraîne :

$$\Sigma_1^{q-1} N \leqslant \frac{L}{\alpha D}(1-\rho)\frac{(1+\lambda)^{q-1}-1}{\lambda}$$

$$N_q \leqslant \frac{L}{\alpha D}(1-\rho)(1+\lambda)^{q-1}$$

$$\Sigma_1^q N \leqslant \frac{L}{\alpha D}(1-\rho)\frac{(1+\lambda)^q-1}{\lambda}$$

et par conséquent :

$$n = 2q-1 \begin{cases} \Sigma_1^n N \leqslant \frac{L}{\alpha D}(1-\rho)\frac{1}{\lambda}[2(1+\lambda)^{q-1}-2+\lambda(1+\lambda)^{q-1}] \\ \frac{L}{\alpha D}\cdot\rho \leqslant \frac{L}{\alpha D}(1-\rho)[(2+\lambda)(1+\lambda)^{q-1}-2] \\ \rho \leqslant 1 - \frac{1}{(2+\lambda)(1+\lambda)^{q-1}-1} \end{cases}$$

$$n = 2q \begin{cases} \sum_1^n N \leqslant \dfrac{L}{\alpha D} (1-\rho) \dfrac{1}{\lambda} [2(1+\lambda)^q - 2] \\ \dfrac{L}{\alpha D} \cdot \rho \leqslant \dfrac{L}{\alpha D} (1-\rho) [2(1+\lambda)^q - 2] \\ \rho \leqslant 1 - \dfrac{1}{2(1+\lambda)^q - 1}. \end{cases}$$

Les conclusions sont les mêmes que dans le premier cas; il n'y a que la valeur de la résistance maxima qui se trouve modifiée.

Comme application, considérons l'assemblage de deux tôles par un couvre-joint simple de même épaisseur.

Pour $n = 1$, on a $q = 1$. La résistance maxima est:

$$\rho = 1 - \dfrac{1}{1+\lambda}$$

et la valeur théorique de $N_1$ est:

$$N_1 = \dfrac{L}{\alpha D}(1+\lambda) \qquad m_1 = \alpha(1+\lambda).$$

La résistance réelle sera, suivant que l'on aura forcé ou diminué $N_1$:

$$\rho = 1 - \dfrac{N_1 \alpha D}{L} \qquad \rho = \lambda \dfrac{\alpha D}{L} N_1.$$

Pour $n = 2$, nous avons encore $q = 1$; le maximum de résistance est:

$$\rho = 1 - \dfrac{1}{2(1+\lambda)-1} = 1 - \dfrac{1}{1+2\lambda}$$

et les valeurs théoriques de $N$ sont:

$$N_1 = N_2 = \dfrac{L}{\alpha D} \cdot \dfrac{1}{1+2\lambda} \qquad m_1 = m_2 = \alpha(1+2\lambda).$$

Ce sont les résultats que nous avons déjà établis directement (§§ 30 et 31).

Pour $n = 3$, la valeur de la résistance maxima est ($q = 2$):

$$\rho = 1 - \dfrac{1}{(2+\lambda)(1+\lambda)-1} = 1 - \dfrac{1}{1+3\lambda+\lambda^2}.$$

On voit immédiatement que la solution du couvre-joint renforcé est plus avantageuse, puisque la résistance maxima devient dans ce cas :

$$\rho = 1 - \frac{1}{(1+\lambda)^3}.$$

Il nous reste à examiner le cas où $\varphi$ a une valeur donnée plus grande que 1, c'est-à-dire le cas de l'assemblage de deux tôles d'épaisseurs inégales données.

Supposons d'abord que le nombre des files ne soit pas fixé, et qu'on cherche à réaliser une résistance donnée $\rho$, ce qui détermine le nombre total de rivets $\Sigma_1^n N$. Les deux conditions générales :

$$\frac{L}{\alpha D} - N_p \geqslant \lambda \Sigma_p^n N$$

$$\varphi \left( \frac{L}{\alpha D} - \frac{\alpha'}{\alpha} N_p \right) \geqslant \lambda \Sigma_1^p N$$

peuvent s'écrire :

$$N_p \leqslant \frac{L}{\alpha D} - \lambda \Sigma_p^n N$$

$$N_p \leqslant \frac{L}{\alpha' D} - \frac{\alpha \lambda}{\alpha' \varphi} \Sigma_1^p N.$$

On a donc deux maxima pour $N_p$. Celui fixé par la deuxième formule deviendra inférieur à celui de la première lorsqu'on aura :

$$\frac{L}{\alpha' D} - \frac{\alpha \lambda}{\alpha' \varphi} \Sigma_1^p N < \frac{L}{\alpha D} - \lambda \Sigma_p^n N$$

ou :

$$\frac{L}{\alpha' D} - \frac{\alpha \lambda}{\alpha' \varphi} \Sigma_1^p N < \frac{L}{\alpha D} - \lambda \Sigma_1^n N + \lambda \Sigma_1^{p-1} N.$$

ou enfin :

$$\Sigma_1^p N > \frac{\alpha' \varphi}{\alpha} (\Sigma_1^n N - \Sigma_1^{p-1} N) - \frac{\alpha' \varphi}{\alpha \lambda} \left( \frac{L}{\alpha D} - \frac{L}{\alpha' D} \right).$$

Dans la plupart des cas usuels, la valeur de $\alpha'$ est très peu différente de celle de $\alpha$. En admettant $\alpha' = \alpha$, l'inégalité précédente prend la forme très simple :

$$\Sigma_1^p N > \varphi (\Sigma_1^n N - \Sigma_1^{p-1} N).$$

On commencera donc par régler le rivetage au moyen de la première des conditions générales, jusqu'à ce qu'on soit arrivé à un file $q$ telle que l'on ait

$$\Sigma_1^q N > \rho \,(\Sigma_1^n N - \Sigma_1^{q-1} N).$$

Pour cette file et les suivantes, on règlera le rivetage au moyen de la deuxième des conditions générales, la première étant satisfaite à fortiori. On s'arrêtera lorsqu'on aura atteint le nombre total de rivets que l'on doit placer.

Il est facile de voir que dans ce cas les valeurs théoriques de $N_p$ correspondant au joint d'égale résistance, qui suivent comme nous le savons une progression géométrique croissante de la file 1 à la file $q$, décroissent ensuite en progression géométrique de la file $q$ à la file $n$. On a en effet, pour deux files consécutives de cette région du joint :

$$N_{p'-1} = \frac{L}{\alpha' D} - \frac{\alpha \lambda}{\alpha' \rho} \Sigma_1^{p'-1} N$$

$$N_{p'} = \frac{L}{\alpha' D} - \frac{\alpha \lambda}{\alpha' \rho} \Sigma_1^{p'} N = \frac{L}{\alpha' D} - \frac{\alpha \lambda}{\alpha' \rho} \Sigma_1^{p'-1} N - \frac{\alpha \lambda}{\alpha' \rho} N_{p'}$$

d'où :

$$N_p = N_{p'-1} \frac{1}{1 + \dfrac{\alpha \lambda}{\alpha' \rho}}.$$

On remarquera d'autre part que la valeur de $\rho$ n'est pas complètement arbitraire, et a un maximum. On ne peut en effet placer moins d'un rivet à la première file, ce qui impose :

$$\frac{L}{\alpha D}(1 - \rho) \geqslant 1$$

$$\rho \leqslant 1 - \frac{\alpha D}{L}.$$

Admettons maintenant que l'on se donne à l'avance le nombre des files. Si ce nombre est tel que l'on ait :

$$\rho \geqslant \frac{(1+\lambda)^n - 1}{(1+\lambda)^{n-1}\left(1 + \lambda - \dfrac{\alpha'}{\alpha}\right)}$$

la seconde des conditions générales est toujours vérifiée, et nous

CALCUL DES ASSEMBLAGES RIVÉS.     117

retombons sur le premier cas discuté, c'est-à-dire que la résistance maxima réalisable est $1 - \dfrac{1}{(1+\lambda)^n}$. Si au contraire les valeurs de $n$ et de $\varphi$ sont telles que l'on ait :

$$\varphi < \dfrac{(1+\lambda)^n - 1}{(1+\lambda)^{n-1}\left(1 + \lambda - \dfrac{\alpha'}{\alpha}\right)}$$

on rentre dans le cas où le nombre de files est arbitraire, c'est-à-dire qu'on est obligé d'employer successivement les deux conditions générales. Ici encore, la résistance réalisable a un maximum. On a en effet :

$$\Sigma_1^n N = \Sigma_1^{q-1} N + \Sigma_q^n N$$

et nous savons que l'application de la première des conditions générales entraîne :

$$\Sigma_1^{q-1} N \leqslant \dfrac{L}{\alpha D}(1-\varphi)\dfrac{(1+\lambda)^{q-1}-1}{\lambda}.$$

D'autre part, la seconde des conditions générales peut s'écrire :

$$N_p \leqslant \dfrac{L}{\alpha' D} - \dfrac{\alpha \lambda}{\alpha' \varphi} \Sigma_1^n N + \dfrac{\alpha \lambda}{\alpha' \varphi} \Sigma_{p+1}^n N$$

ou :

$$N_p \leqslant \dfrac{L}{\alpha' D}\left(1 - \dfrac{\rho}{\varphi}\right) + \dfrac{\alpha \lambda}{\alpha' \varphi} \Sigma_{p+1}^n N$$

ce qui donne, en raisonnant comme précédemment :

$$N_n \leqslant \dfrac{L}{\alpha' D}\left(1 - \dfrac{\rho}{\varphi}\right)$$

$$N_{n-1} \leqslant \dfrac{L}{\alpha' D}\left(1 - \dfrac{\rho}{\varphi}\right)\left(1 + \dfrac{\alpha \lambda}{\alpha' \varphi}\right)$$

$$\cdots\cdots\cdots\cdots\cdots\cdots$$

$$N_q \leqslant \dfrac{L}{\alpha' D}\left(1 - \dfrac{\rho}{\varphi}\right)\left(1 + \dfrac{\alpha \lambda}{\alpha' \varphi}\right)^{n-q}$$

et par conséquent :

$$\Sigma_q^n N \leqslant \dfrac{L}{\alpha' D}\left(1 - \dfrac{\rho}{\varphi}\right)\dfrac{\left(1 + \dfrac{\alpha \lambda}{\alpha' \varphi}\right)^{n-q+1} - 1}{\dfrac{\alpha \lambda}{\alpha' \varphi}}$$

ou :

$$\Sigma_q^n N \leqslant \frac{L}{\alpha D} \cdot \frac{\varphi}{\lambda} \left(1 - \frac{\rho}{\varphi}\right) \left[\left(1 + \frac{\alpha \lambda}{\alpha' \varphi}\right)^{n-q+1} - 1\right].$$

On a donc :

$$\Sigma_1^n N \leqslant \frac{L}{\alpha D}(1-\rho)\frac{(1+\lambda)^{q-1}-1}{\lambda} + \frac{L}{\alpha D} \cdot \frac{\varphi}{\lambda}\left(1-\frac{\rho}{\varphi}\right)\left[\left(1+\frac{\alpha\lambda}{\alpha'\varphi}\right)^{n-q+1}-1\right]$$

c'est-à-dire :

$$\rho \leqslant (1-\rho)\left[(1+\lambda)^{q-1}-1\right] + (\varphi-\rho)\left[\left(1+\frac{\alpha\lambda}{\alpha'\varphi}\right)^{n-q+1}-1\right].$$

La détermination de la valeur du maximum de $\rho$ serait très complexe, puisque $q$ est fonction de $\rho$. Le calcul n'offre d'ailleurs aucun intérêt pratique, et nous nous contenterons de l'effectuer dans le cas de $n = 2$. On a alors $q = 2$, et la formule ci-dessus devient :

$$\rho \leqslant (1-\rho)\lambda + (\varphi-\rho)\frac{\alpha\lambda}{\alpha'\varphi}$$

ou :

$$\rho \leqslant \frac{\lambda\left(1+\frac{\alpha}{\alpha'}\right)}{1+\lambda+\frac{\alpha\lambda}{\alpha'\varphi}}.$$

Donc, en résumé, pour la jonction de deux tôles données avec un nombre de files déterminé, si on a $\varphi \geqslant \dfrac{(1+\lambda)^n - 1}{(1+\lambda)^{n-1}\left(1+\lambda-\dfrac{\alpha'}{\alpha}\right)}$, on peut réaliser la résistance maxima $1 - \dfrac{1}{(1+\lambda)^n}$. Si $\varphi$ est plus petit que cette valeur, la résistance réalisable a un maximum inférieur à $1 - \dfrac{1}{(1+\lambda)^n}$. Si on ne se donne pas le nombre de files, on peut réaliser une résistance donnée au plus égale à $1 - \dfrac{\alpha D}{L}$.

Ainsi que nous l'avons déjà fait remarquer, l'étude du cas du couvre-joint double se déduit des formules précédentes. Il suffit de remplacer E par la somme des épaisseurs des deux couvre-joints (c'est-à-dire $\varphi$ par 2 dans le cas du couvre-joint double de même épaisseur que les tôles), $\lambda$ par $2\lambda$, $\alpha$ par 1, et $\beta$ par $2\beta$ dans la valeur de $\alpha'$.

M. Colinet, ingénieur de la Société des Ateliers et chantiers de la Gironde, a indiqué en 1899 une méthode simple permettant de déterminer graphiquement les éléments numériques d'un joint rivé, au lieu de les obtenir par le calcul (1). Traçons une ligne de base XY (fig. 93), et marquons sur cette ligne deux séries de points équidistants, l'une arbitraire $A_1 A_2 A_3$..., l'autre $M_1 M_2 M_3$... telle que chacune des longueurs $A_1 M_1, A_2 M_2,$... soit égale à $\dfrac{a}{\lambda}$, $a$ étant l'équidistance des points de la première série ; par les points $A_1 A_2 A_3$... menons des perpendiculaires à XY, et convenons d'affecter chacune de ces droites à la représentation des éléments numériques de la file des rivets de même numéro. Si sur l'une de ces droites, $A_2$ par exemple, nous portons une longueur $A_2 B_2$ représentant le nombre de rivets $N_2$ de la file correspondante, nous voyons que la droite $M_2 B_2$

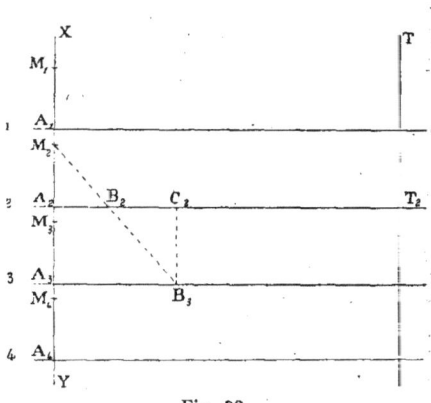

Fig. 93.

coupe la droite suivante $A_3$ en un point $B_3$ tel que l'on a :

$$\frac{A_3 B_3}{A_2 B_2} = \frac{A_2 M_2 + A_2 A_3}{A_2 M_2} = 1 + \lambda$$

c'est-à-dire que $A_3 B_3$ représente à la même échelle le nombre théorique de rivets $N_3 = N_2 (1 + \lambda)$ correspondant à la file 3 dans le joint d'égale résistance. D'autre part, si l'on projette $B_3$ en $C_2$ sur la droite $A_2$, on a :

$$\frac{B_2 C_2}{A_2 B_2} = \frac{B_3 C_2}{A_2 M_2} = \lambda$$

d'où

$$B_2 C_2 = \lambda N_2 = \frac{\pi}{4} \cdot \frac{R'_1}{R} \cdot \frac{D}{\alpha e} N_2 = \frac{\frac{\pi D^2}{4} R'_1 N_2}{\alpha D e R}$$

c'est-à-dire que $B_2 C_2$ représente, à une constante près, la résis-

(1) *Bulletin de l'Association technique maritime*, 1899.

tance au cisaillement des $N_2$ rivets de la file 2. Enfin, portons sur la droite $A_2$, à la même échelle que $A_2 B_2$, une longueur $A_2 T_2$ représentant le nombre $\frac{L}{\alpha D}$ ; nous aurons :

$$A_2 T_2 = \frac{L}{\alpha D} = \frac{L\,e\,R}{\alpha D\,e\,R}$$

$$B_2 T_2 = \frac{L}{\alpha D} - N_2 = \frac{(L - N_2\,\alpha D)\,e\,R}{\alpha D\,e\,R}$$

c'est-à-dire que $A_2 T_2$ et $B_2 T_2$ représentent respectivement, à la même échelle que $B_2 C_2$, la résistance de la tôle intacte et la résistance de la tôle découpée par les $N_2$ rivets. Si donc nous adoptons une échelle simple, $\alpha D\,e\,R = 1$ c/m par exemple, et que nous fassions usage de papier quadrillé, nous voyons qu'en traçant une parallèle $T T_2$ à $X Y$ à la distance de $\frac{L}{\alpha D}$ centimètres, et en portant sur chaque droite un nombre de centimètres égal au nombre des rivets de la file correspondante, nous aurons pour chaque file la représentation graphique de ce que nous avons appelé $t_p$ et $r_p$.

Nous nous bornerons à examiner l'application de cette méthode dans le cas où la valeur de $\varphi$ est arbitraire. La condition unique servant à régler le rivetage est alors :

$$t_p \geqslant \Sigma_p^n\,r.$$

Traçons la droite $T$ (fig. 94), et considérons d'abord le joint théorique d'égale résistance. Il est donné par :

$$t_n = r_n$$

$$t_{n-1} = r_n + r_{n-}$$

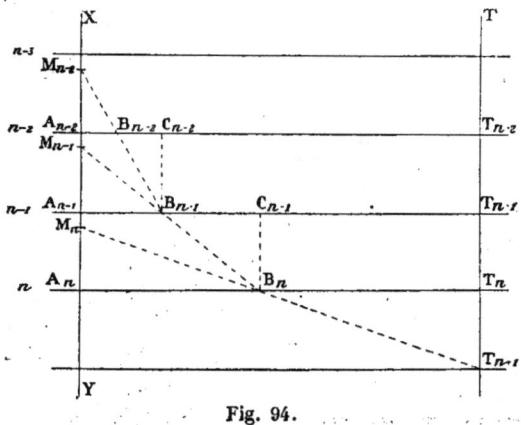

Fig. 94.

c'est-à-dire que les nombres de rivets de chaque file s'obtiendront en joignant $T_{n+1}$ à $M_n$, ce qui donne $B_n$, puis $B_n$ à $M_{n-1}$, ce qui donne $B_{n-1}$, et ainsi de suite. Les nombres de rivets seront représentés par $A_n$, $B_n$, $A_{n-1}$, $B_{n-1}\ldots$, car on a pour une file quelconque, $A_{n-2}$ par exemple :

$$B_{n-2}\,T_{n-2} = t_{n-2} = B_{n-2}\,C_{n-2} + B_{n-1}\,C_{n-1} + B_n\,T_n = r_{n-2} + r_{n-1} + r_n$$

On voit immédiatement que ces nombres tendent vers une limite, et il est aisé de vérifier que la limite de $N_1$ est égale à $\dfrac{L}{\alpha D} \cdot \dfrac{1}{(1+\lambda)^n}$.

Considérons maintenant le joint réel, correspondant à un nombre de files donné. Le nombre de rivets $N_n$ de la file $n$, dont le maximum est $A_n\,B_n$, puisque sans cela $t_n$ serait plus petit que $r_n$, aura une valeur entière représentée par $A_n\,B'_n$ par exemple (fig. 95). Menons par $T_{n+1}$ une parallèle à $M_n\,B'_n$ coupant $A_n\,T_n$ en

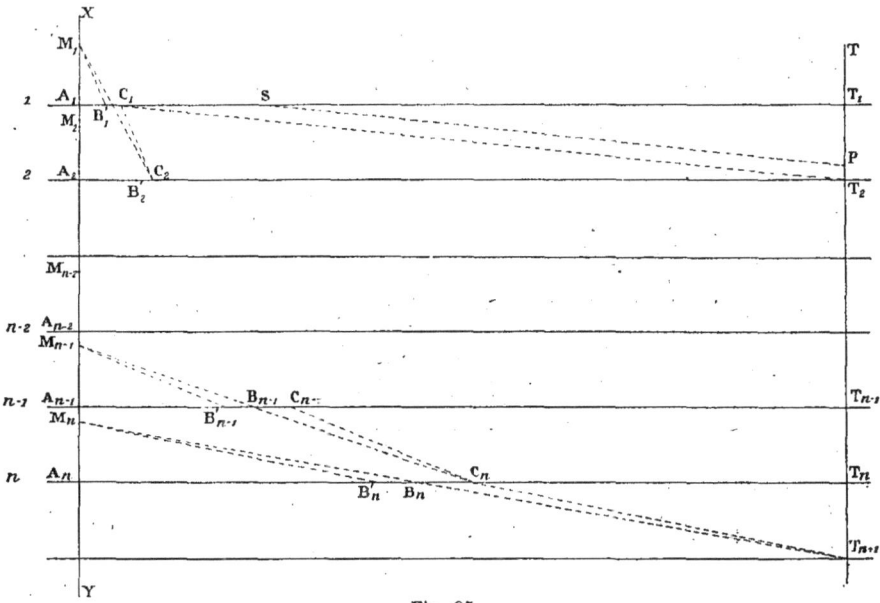

Fig. 95.

$C_n$; on a évidemment $C_n\,T_n = r_n$. Joignons $C_n\,M_{n-1}$, qui nous donne le point $B_{n-1}$; la condition

$$t_{n-1} \geqslant r_{n-1} + r_n$$

impose un nombre de rivets $N_{n-1}$ inférieur à $A_{n-1}\,B_{n-1}$, et représenté par exemple par $A_{n-1}\,B'_{n-1}$. Nous mènerons de même par $C_n$

une parallèle à $M_{n-1} B'_{n-1}$, ce qui nous donnera $C_{n-1}$, que nous joindrons à $M_{n-2}$, et ainsi de suite ; nous arriverons ainsi pour la file 1 à un point $C_1$ qui donnera en $C_1 T_1$ la résistance absolue réelle du joint. Portons sur la droite T une longueur $T_1 P$ égale à $\dfrac{a}{\lambda}$, et menons par le point P une parallèle à $T_2 C_1$, coupant $A_1 T_1$ en S. Nous aurons :

$$\frac{T_1 S}{C_1 T_1} = \frac{T_1 P}{T_1 T_2} = \frac{1}{\lambda}$$

ou :

$$T_1 S = \frac{\Sigma_1^n r}{\lambda} = \Sigma_1^n N$$

c'est-à-dire que $T_1 S$ représente le nombre total de rivets. Si donc on veut partir de la résistance $\rho$ à réaliser, il suffira de porter $T_1 C_1$ égal à $\rho \dfrac{L}{\alpha D}$, ce qui donnera le point $C_1$, et d'en déduire le point S. On choisira ensuite la vraie position du point S de manière que $T_1 S$ corresponde à un nombre entier de rivets, et on en déduira la vraie position du point $C_1$. On prendra alors $N_1 = A_1 B'_1$, $B'_1$ étant au-dessous de $C_1$, puis $N_2 = A_2 B'_2$, $B'_2$ étant au-dessous du point $C_2$ déterminé par la parallèle à $M_1 B'_1$ menée par $C_1$, et ainsi de suite.

Quant à l'épaisseur de la seconde tôle, on doit avoir :

$$\rho \geqslant \frac{\lambda \Sigma_1^n N}{\dfrac{L}{\alpha D} - \dfrac{\alpha'}{\alpha} N_n}.$$

Plaçons-nous dans le cas simple où l'on peut admettre $\alpha' = \alpha$. Il vient :

$$\rho \geqslant \frac{\lambda \Sigma_1^n N}{\dfrac{L}{\alpha D} - N_n}.$$

Or $C_1 T_1 = \lambda \Sigma_1^n N$ et $T_n B'_n = \dfrac{L}{\alpha D} - N_n$. Si donc on joint $C_1 B'_n$, il suffira de porter sur $T_n A_n$ une longueur représentant $e$ ; en menant par le point obtenu une parallèle à $C_1 B'_n$, on aura sur $T_1 A_1$, à partir de $T_1$, la valeur minima de E cherchée.

**34. Réductions de largeur.** — Nous avons supposé dans ce qui précède que les tôles conservaient une largeur constante dans toute l'étendue du joint. Dans ce cas, un certain nombre des modes de rupture donnent en pratique des résistances surabondantes. Il est possible de se rapprocher des conditions d'égale résistance en agissant sur la largeur des tôles, ainsi que nous l'avons déjà vu au § 32.

Désignons par $L_p$ et $L'_p$ les largeurs des tôles T et T' (fig. 92) au droit de la file $p$. Les deux conditions générales s'écrivent alors :

$$\frac{L_p}{\alpha D} - N_p \geqslant \lambda \, \Sigma_p^n \, N$$

$$\varphi \left( \frac{L'_p}{\alpha D} - \frac{\alpha'}{\alpha} N_p \right) \geqslant \lambda \, \Sigma_1^n \, N$$

ou :

$$L_p \geqslant \alpha D \left( \lambda \, \Sigma_p^n \, N + N_p \right)$$

$$L'_p \geqslant \alpha D \left( \frac{\lambda}{\varphi} \, \Sigma_1^p \, N + \frac{\alpha'}{\alpha} N_p \right).$$

Supposons d'abord les largeurs constantes. En général, pour l'une quelconque des files, on est amené à fixer à $N_p$ un maximum qui est donné soit par la première formule, soit par la seconde. Soit une file $p$ pour laquelle on a employé la première formule; la seconde, satisfaite dans ce cas à fortiori, peut être encore satisfaite avec une valeur $L'_p$ de la largeur inférieure à L. Inversement, si c'est la seconde formule qui détermine $N_p$, il y a excès de résistance de la tôle T et on peut réduire sa largeur en donnant à $L_p$ une valeur telle que la première formule soit encore satisfaite. On commencera donc par déterminer les nombres de rivets en supposant la largeur constante, et on obtiendra ensuite les réductions de largeur possibles par la méthode que nous venons d'indiquer. Dans la pratique, les valeurs de L et L' pourront être astreintes à des limites plus élevées par la considération de l'écartement minimum admissible pour les rivets, ou par la considération des ruptures obliques, dont nous parlerons plus loin, ou encore par l'obligation que l'on s'impose ordinairement de donner à la tôle un contour trapézoïdal, afin de faciliter son découpage à la cisaille.

Prenons comme exemple l'assemblage de deux tôles d'acier de 600 $^m/_m$ de largeur, ayant l'une 12 $^m/_m$ l'autre 14 $^m/_m$ d'épaisseur ; nous supposons qu'on veut réaliser la résistance maxima.

Le nombre des files étant arbitraire, cette résistance maxima est $1 - \dfrac{\alpha D}{L}$. Nous prendrons $D = 22$ $^m/_m$, ce qui donne :

$$\alpha = 1,114 \qquad \lambda = 1,232 \qquad \alpha' = 1,098 \qquad \varphi = 1,167$$

$$\dfrac{L}{\alpha D} = 24,481 \quad 1 - \dfrac{\alpha D}{L} = 0,959 \quad \dfrac{L}{\alpha' D} = 24,838 \quad \dfrac{\alpha \lambda}{\alpha' \varphi} = 1,071.$$

Le nombre total de rivets est donné par :

$$\Sigma_1^n N = \dfrac{L}{\alpha D} \cdot \dfrac{\rho}{\lambda} = 24,481 \times \dfrac{0,959}{1,232} = 19,05.$$

Nous prendrons donc 19 rivets, ce qui donnera :

$$\rho = \lambda \dfrac{\alpha D}{L} \Sigma_1^n N = 0,0503 \times 19 = 0,955.$$

Pour le rivetage des diverses files, nous devons employer d'abord la première formule, puis la seconde à partir du moment où nous aurons :

$$\Sigma_1^q N > \varphi (\Sigma_1^n N - \Sigma_1^{q-1} N)$$

ou :

$$\Sigma_1^q N > 1,167 (19 - \Sigma_1^{q-1} N).$$

Nous aurons donc :

$N_1 \leqslant \dfrac{L}{\alpha D}(1 - \rho)$ $\qquad\qquad N_1 \leqslant 1,102 \qquad N_1 = 1$

$N_2 \leqslant \dfrac{L}{\alpha D}(1 - \rho) + \lambda N_1$ $\qquad\qquad N_2 \leqslant 2,334 \qquad N_2 = 2$

$N_3 \leqslant \dfrac{L}{\alpha D}(1 - \rho) + \lambda (N_1 + N_2)$ $\qquad N_3 \leqslant 4,798 \qquad N_3 = 4$

$N_4 \leqslant \dfrac{L}{\alpha D}(1 - \rho) + \lambda (N_1 + N_2 + N_3)$ $\quad N_4 \leqslant 9,726 \qquad\quad$ »

En prenant $N_4 = 9$, nous aurions $\Sigma_1^4 N = 16$, c'est-à-dire une valeur supérieure à $1,167 (19 - 7)$. Nous devons donc prendre :

$$N_4\left(1+\frac{\alpha\lambda}{\alpha'\varphi}\right) \leqslant \frac{L}{\alpha'D} - \frac{\alpha\lambda}{\alpha'\varphi}(N_1+N_2+N_3) \qquad N_4 \leqslant 8,373 \quad N_4 = 8$$

$$N_5\left(1+\frac{\alpha\lambda}{\alpha'\varphi}\right) \leqslant \frac{L}{\alpha'D} - \frac{\alpha\lambda}{\alpha'\varphi}(N_1+N_2+N_3+N_4) \qquad N_5 \leqslant 4,236 \quad N_5 = 4$$

et les cinq files ainsi déterminées donnent bien le nombre de rivets nécessaire.

Les largeurs minima admissibles seront données par :

$$L'_1 \geqslant \alpha D \left(\frac{\lambda}{\varphi} N_1 + \frac{\alpha'}{\alpha} N_1\right) \qquad\qquad L'_1 \geqslant 50\,^m/_m$$

$$L'_2 \geqslant \alpha D \left[\frac{\lambda}{\varphi}(N_1+N_2) + \frac{\alpha'}{\alpha} N_2\right] \qquad L'_2 \geqslant 126$$

$$L'_3 \geqslant \alpha D \left[\frac{\lambda}{\varphi}(N_1-N_2+N_3) + \frac{\alpha'}{\alpha} N_3\right] \qquad L'_3 \geqslant 278$$

$$L_4 \geqslant \alpha D \left[\lambda(N_4+N_5) + N_4\right] \qquad\qquad L_4 \geqslant 558$$

$$L_5 \geqslant \alpha D (\lambda N_5 + N_5) \qquad\qquad L_5 \geqslant 219.$$

Il s'agit maintenant de dessiner le joint. Ayant à placer 8 rivets à la file 4, nous conserverons au droit de cette file la largeur totale des deux tôles, ce qui nous donne un écartement de $\frac{600}{8 \times 22} = 3,4$. Pour les autres files, nous distribuerons les rivets de manière à ne pas avoir de ruptures obliques (voir ci-après § 35) et à conserver au droit de chaque file une largeur au moins égale au minimum que nous venons de trouver. Nous obtiendrons ainsi le joint représenté par la figure 96.

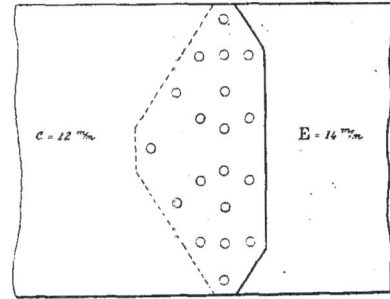

Fig. 96.

Dans le cas où les deux tôles sont égales et de même largeur, la seconde des conditions générales est comme nous l'avons vu toujours vérifiée si la première l'est. La réduction de largeur se réglera donc de la file 1 à la file $q$ par la condition :

$$L_p \geqslant \alpha\, D\, (\lambda\, \Sigma_1^n\, N + N_p)$$

puisqu'on a $\varphi = 1$ et $\alpha' = \alpha$.

Les largeurs limites correspondant à l'égalité de résistance peuvent aussi être déterminées graphiquement par la méthode indiquée au paragraphe précédent. Traçons parallèlement à la droite T (fig. 97) une seconde droite T' dont la distance à X Y soit

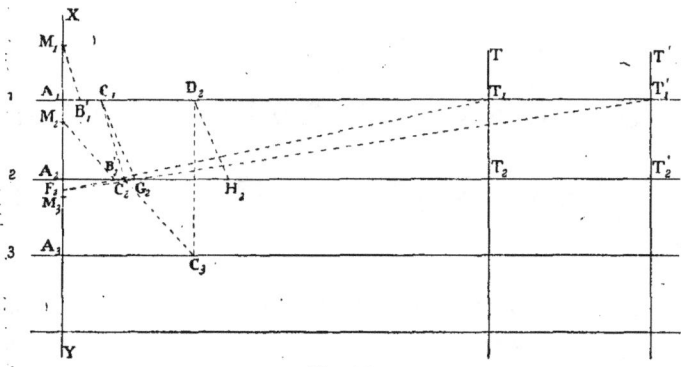

Fig. 97.

égale à $\varphi \dfrac{L}{\alpha D}$. Pour une file quelconque, $A_2$ par exemple, dont le nombre réel de rivets est $A_2\, B'_2$, la longueur $B'_2\, T_2$ représente ce que nous avons appelé $t'_2$, et la condition :

$$\varphi \left( \dfrac{L'_2}{\alpha D} - \dfrac{\alpha'}{\alpha} N_2 \right) \geqslant \lambda\, \Sigma_1^2\, N$$

correspond à :

$$\overline{A_2\, T'_2} - \dfrac{\alpha'}{\alpha}\, \varphi \cdot \overline{A_2\, B'_2} \geqslant \overline{C_1\, D_2}.$$

Admettons $\alpha' = \alpha$; joignons $T_1\, B'_2$, qui coupe X Y en $F_2$, et menons $F_2\, T'_1$; on a évidemment $\overline{A_2\, G_2} = \varphi\, \overline{A_2\, B'_2}$. Si donc par $D_2$ on mène $D_2\, H_2$ parallèle à $C_1\, G_2$, on voit que $A_2\, H_2$ représente, à une constante près, la largeur minima de la tôle d'épaisseur E. Le rapport de $A_2\, H_2$ à $A_2\, T'_2$ donnera le rapport de cette largeur à la largeur de celle de la tôle.

**35. Ruptures obliques.** — Le tracé complet d'un joint exige, outre le calcul des nombres de rivets $N_n$, $N_{n-1}$, ..... des diverses files, l'étude de la répartition de ces rivets de telle sorte qu'aucune ligne de rupture en zigzag ne puisse donner une résistance inférieure à la résistance réelle du joint. Il suffit pour cela que toute ligne brisée tracée entre deux files consécutives corresponde à un effort de rupture supérieur au déchirement de la tôle suivant la moins affaiblie des deux files. Considérons deux files de rivets consécutives, dans lesquelles les écartements relatifs des rivets sont respectivement $m_p$ et $m_{p-1}$, $m_p$ étant plus petit que $m_{p-1}$. D'après la théorie générale, on aura toujours $m_{p-1} \leqslant m_p (1 + \lambda)$, et la valeur de $\lambda$ variant pour les épaisseurs de tôle courantes entre 0,9 et 2, on voit que $m_{p-1}$ ne sera jamais, en pratique, supérieur à $3\,m_p$; à un intervalle de rivets de la file $p-1$ pourront par suite correspondre un, deux, ou au maximum trois rivets de la file $p$, suivant la valeur du rapport $\dfrac{m_{p-1}}{m_p}$. D'autre part, il est aisé de voir que pour une valeur donnée de l'espacement des deux files les conditions les plus défavorables correspondent au cas où les rivets de la file $p$ occupent une position symétrique par rapport au milieu de l'intervalle de la file $p-1$.

Examinons donc successivement les trois cas qui peuvent se présenter. Le premier d'entre eux, comportant un seul rivet de la file $p-1$ au milieu d'un intervalle de la file $p$, a déjà été traité au § 29; en se reportant à ce qui a été dit pour le rivetage en quinconce, on voit que la condition pour qu'il n'y ait pas de rupture oblique est :

$$f \geqslant \frac{1}{2} \sqrt{\alpha^2 + 2\alpha\, m_{p-1}}$$

en désignant par $f$ D l'espacement des deux files. Raisonnant ensuite de la même manière pour le cas de deux rivets (fig. 98), on trouve que la condition à remplir (1) est :

$$AB + CD \geqslant EF$$

c'est-à-dire :

$$\sqrt{f^2 + \left(\frac{m_{p-1} - m_p}{2}\right)^2} - \alpha + \frac{m_p - \alpha}{2} \geqslant \frac{m_{p-1} - \alpha}{2}$$

(1) On peut vérifier ici qu'il serait impossible de régler l'espacement des files de manière que la somme de C D et de la projection de A B fût supérieure à E F (§ 29). C'est là encore un motif pour conserver le mode de raisonnement adopté, puisqu'il a conduit à des résultats pratiques satisfaisants.

ou :
$$f \geqslant \sqrt{\alpha^2 + \alpha\,(m_{p-1} - m_p)}$$

Si enfin l'intervalle de la file $p-1$ comprend trois rivets de

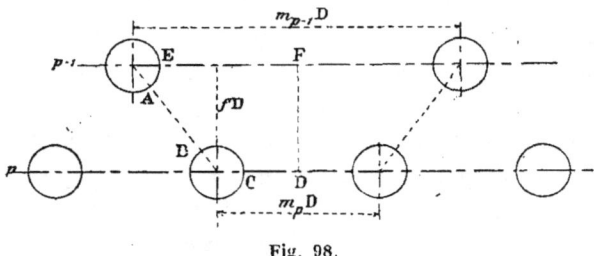

Fig. 98.

la file $p$ (fig. 99), on devra avoir :
$$\sqrt{f^2 + \left(\frac{m_{p-1}}{2} - m_p\right)^2} - \alpha + m_p - \alpha \geqslant \frac{m_{p-1} - \alpha}{2}$$

ou :
$$f \geqslant \sqrt{\frac{9\,\alpha^2}{4} + 3\,\alpha\left(\frac{m_{p-1}}{2} - m_p\right)}.$$

En pratique, le rapport $\dfrac{m_{p-1}}{m_p}$ pourra ne pas être égal à un nombre entier. S'il est compris entre 1 et 2, par exemple, à un inter-

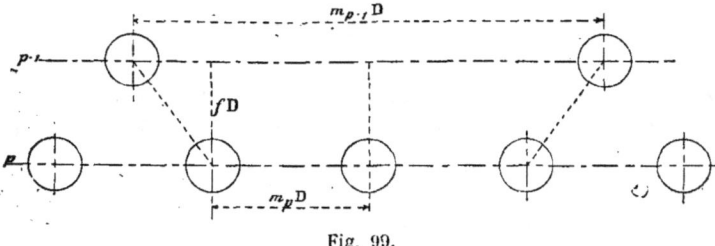

Fig. 99.

valle de la file $p-1$ correspondront tantôt un, tantôt deux rivets de la file $p$. On devra donc comparer les formules relatives aux deux premiers cas, et adopter la seconde à partir du moment où l'on aura :
$$\alpha^2 + \alpha\,(m_{p-1} - m_p) \geqslant \frac{\alpha^2 + 2\,\alpha\,m_{p-1}}{4}$$

ou :
$$\frac{m_{p-1}}{m_p} \geqslant 2 - \frac{3\alpha}{2 m_p}.$$

De même, si $\frac{m_{p-1}}{m_p}$ est compris entre 2 et 3, la troisième formule deviendra applicable lorsqu'on aura :
$$\frac{9\alpha^2}{4} + 3\alpha\left(\frac{m_{p-1}}{2} - m_p\right) \geqslant \alpha^2 + \alpha(m_{p-1} - m_p)$$
ou :
$$\frac{m_{p-1}}{m_p} \geqslant 4 - \frac{5\alpha}{2 m_p}.$$

En résumé, l'espacement des deux files devra, pour qu'il n'y ait pas de lignes de rupture en zigzag, satisfaire aux conditions suivantes :

$$1 \leqslant \frac{m_{p-1}}{m_p} \leqslant 2 - \frac{3\alpha}{2 m_p} \qquad f \geqslant \sqrt{\frac{\alpha^2 + 2\alpha m_{p-1}}{4}}.$$
$$2 - \frac{3\alpha}{2 m_p} \leqslant \frac{m_{p-1}}{m_p} \leqslant 4 - \frac{5\alpha}{2 m_p} \qquad f \geqslant \sqrt{\alpha^2 + \alpha(m_{p-1} - m_p)}.$$
$$4 - \frac{5\alpha}{2 m_p} \leqslant \frac{m_{p-1}}{m_p} \leqslant 3 \qquad f \geqslant \sqrt{\frac{9\alpha^2}{4} + 3\alpha\left(\frac{m_{p-1}}{2} - m_p\right)}.$$

On peut remarquer d'ailleurs que le troisième cas se présentera très rarement, puisqu'il exige :
$$4 - \frac{5\alpha}{2 m_p} < 3$$
ou :
$$m_p < \frac{5\alpha}{2}$$

condition qui, $\alpha$ étant voisin de 1, ne sera presque jamais réalisée en pratique.

Si la distribution des rivets conduisait à placer un des rivets de la file $p-1$ juste à l'aplomb d'un rivet de la file $p$, il faudrait en outre vérifier que la valeur de $f$ est au moins égale à celle qui convient au cas de rivets placés en chaîne (§ 29).

M. l'ingénieur en chef de la marine Opin a donné des formules que nous venons d'établir une interprétation géométrique très simple. Soient A et B (fig. 100) les centres de deux rivets consécutifs de la file $p$, M le milieu de l'intervalle de ces rivets. Marquons sur l'axe de la file $p$ le point O tel que $AO = \dfrac{m_{p-1} D}{2}$, et portons en sens inverse sur la même ligne, à partir des points A, M et B, des longueurs respectivement égales à $\dfrac{\alpha D}{2}$, $\alpha D$ et $\dfrac{3\alpha D}{2}$. Les cercles ayant pour centre le point O et pour rayons les longueurs

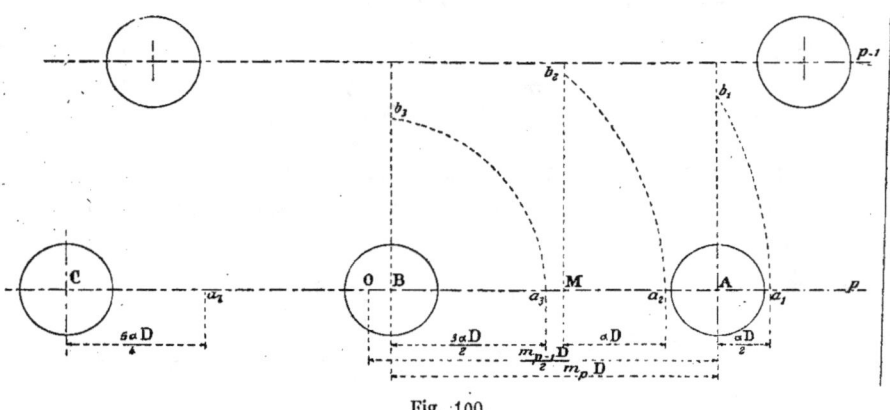

Fig. 100.

$O a_1$, $O a_2$, $O a_3$ ainsi obtenues coupent les perpendiculaires à l'axe de la file $p$ menées par les points A, M et B en des points $b_1$, $b_2$, $b_3$ qui satisfont évidemment aux relations :

$$\overline{A b_1}^2 = \frac{\alpha D}{2}\left(m_{p-1} D + \frac{\alpha D}{2}\right) \quad \overline{M b_2}^2 = \alpha D \left[(m_{p-1} - m_p) D + \alpha D\right]$$

$$\overline{B b_3}^2 = \frac{3\alpha D}{2}\left[2\left(\frac{m_{p-1}}{2} - m_p\right) D + \frac{3\alpha D}{2}\right]$$

ou :

$$\overline{A b_1}^2 = \frac{\alpha^2 + 2\alpha m_{p-1}}{4} \cdot D^2 \quad \overline{M b_2}^2 = \left[\alpha^2 + \alpha(m_{p-1} - m_p)\right] D^2$$

$$\overline{B b_3}^2 = \left[\frac{9\alpha^2}{4} + 3\alpha\left(\frac{m_{p-1}}{2} - m_p\right)\right] D^2.$$

La distance d'axe en axe des files $p-1$ et $p$ doit donc être supérieure à la plus grande des trois longueurs $A b_1$, $M b_2$, $B b_3$. Si le point O tombe à droite du point $a_3$, ce qui correspond à $\dfrac{m_{p-1}}{2} < m_p - \dfrac{3\alpha}{2}$ ou $\dfrac{m_{p-1}}{m_p} < 2 - \dfrac{3\alpha}{2 m_p}$, la construction des

CALCUL DES ASSEMBLAGES RIVÉS.   131

points $b_2$ et $b_3$ est inutile; si le point O est à gauche de $a_3$ mais à droite du point $a_4$ obtenu en portant $Ca_4 = \dfrac{5\alpha D}{4}$, la construction du point $b_2$ sera seule utile, puisqu'on aura $\dfrac{m_{p-1}}{m_p} < 4 - \dfrac{5\alpha}{2m_p}$.

Quelle que soit la valeur du rapport $\dfrac{m_{p-1}}{m_p}$, il est facile de voir qu'une condition spéciale doit toujours être remplie aux extrémités des deux files $p$ et $p-1$. Considérons en effet les deux rivets extrêmes de ces files (fig. 101). Il faut que la rupture suivant la ligne

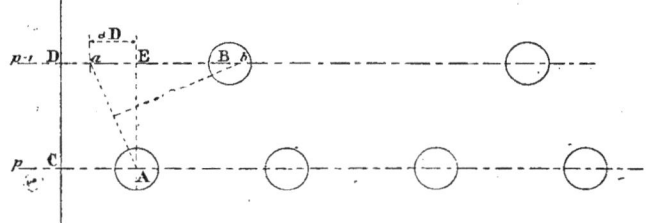

Fig. 101.

brisée B A C exige un effort plus considérable que la rupture suivant la ligne directe B D. Si l'on désigne par $\delta_p$ D et $\delta_{p-1}$ D les distances A C et B D des rivets extrêmes au bord de la tôle, on voit que la condition à remplir n'est autre que celle de la figure 98, où l'on remplace respectivement $\dfrac{m_{p-1}}{2}$ et $\dfrac{m_p}{2}$ par $\delta_{p-1}$ et $\delta_p$. On doit donc avoir :

$$f \geqslant \sqrt{\alpha^2 + 2\alpha(\delta_{p-1} - \delta_p)}.$$

Cette inégalité peut aussi s'écrire :

$$\delta_{p-1} \leqslant \delta_p + \frac{f^2 - \alpha^2}{2\alpha}$$

et sous cette forme nous voyons que, la file $p$ étant supposée donnée, à chaque valeur de $f$ correspond une valeur maxima de $\delta_{p-1}$, ce qui limite le rapprochement des rivets de la file $p-1$ et par suite la réduction de largeur qu'il est possible d'opérer (§ 34). Géométriquement, si à partir du point E, projection de A sur B D, nous portons vers le bord de la tôle une longueur $Ea = \alpha D$, le point B doit se trouver en deçà du point de rencontre $b$ de l'axe de la file $p - 1$ avec la perpendiculaire élevée au milieu de A $a$. On a en effet :

$$\alpha D [2 (\overline{Eb} + \alpha D) - \alpha D] = \overline{EA}^2$$

ou :

$$\overline{Eb} = \frac{\overline{EA}^2 - \overline{\alpha D}^2}{2 \alpha D}.$$

Si l'on fait varier $f$, on remarque que le lieu du point $b$ est une parabole ayant pour axe A C, pour foyer le point A, et pour directrice la perpendiculaire à A C passant par le point $a$. Le point B doit être à l'extérieur de cette parabole pour qu'il n'y ait pas de ligne de rupture suivant B A C.

Il résulte de ce qui précède que si l'on part d'une file de $N_p$ rivets, supposée donnée, la position des $N_{p-1}$ rivets de la file suivante n'est pas entièrement arbitraire. En général, on s'imposera comme condition de tracer cette file de telle sorte que la valeur de $f$ soit aussi faible que possible, afin de réduire la largeur des recouvrements. Or, on doit avoir en premier lieu, suivant la valeur du rapport $\dfrac{m_{p-1}}{m_p}$ :

$$f^2 \geqslant \begin{cases} \dfrac{\alpha^2 + 2\alpha m_{p-1}}{4} \\ \alpha^2 + \alpha (m_{p-1} - m_p) \\ \dfrac{9\alpha^2}{4} + 3\alpha \left(\dfrac{m_{p-1}}{2} - m_p\right) \end{cases}$$

ce qui peut s'écrire :

$$\frac{f^2 - \alpha^2}{\alpha} \geqslant \begin{cases} \dfrac{m_{p-1}}{2} - \dfrac{3\alpha}{4} \\ m_{p-1} - m_p \\ 3 \left(\dfrac{m_{p-1}}{2} - m_p\right) + \dfrac{5\alpha}{4}. \end{cases}$$

D'autre part, quelle que soit la valeur du rapport $\dfrac{m_{p-1}}{m_p}$, il faut toujours que l'on ait :

$$\frac{f^2 - \alpha^2}{\alpha} \geqslant 2 (\partial_{p-1} - \partial_p).$$

Mais on a identiquement :
$$(N_{p-1} - 1) m_{p-1} D + 2 \partial_{p-1} D = L$$
$$(N_p - 1) m_p D + 2 \partial_p D = L$$

L étant la largeur de la tôle. On tire de là :
$$2(\partial_{p-1} - \partial_p) = (N_p - 1) m_p - (N_{p-1} - 1) m_{p-1}$$

et la condition précédente s'écrit :
$$\frac{f^2 - \alpha^2}{\alpha} \geqslant (N_p - 1) m_p - (N_{p-1} - 1) m_{p-1}.$$

On aura donc la valeur minima de $f$ en choisissant $m_{p-1}$ de telle sorte que l'on ait :

$$(N_p - 1) m_p - (N_{p-1} - 1) m_{p-1} = \begin{cases} \dfrac{m_{p-1}}{2} - \dfrac{3\alpha}{4} \\ m_{p-1} - m_p \\ 3\left(\dfrac{m_{p-1}}{2} - m_p\right) + \dfrac{5\alpha}{4} \end{cases}$$

ou :

$$N_p m_p - N_{p-1} m_{p-1} = \begin{cases} m_p - \dfrac{m_{p-1}}{2} - \dfrac{3\alpha}{4} \\ 0 \\ \dfrac{m_{p-1}}{2} - 2 m_p + \dfrac{5\alpha}{4}. \end{cases}$$

D'après ce qui a été dit plus haut, la relation simple
$$N_p m_p - N_{p-1} m_{p-1} = 0$$

devra être employée lorsqu'elle conduira à :
$$2 - \frac{3\alpha}{2 m_p} \leqslant \frac{m_{p-1}}{m_p} \leqslant 4 - \frac{5\alpha}{2 m_p}$$

c'est-à-dire lorsqu'on aura :
$$2 - \frac{3\alpha}{2 m_p} \leqslant \frac{N_p}{N_{p-1}} \leqslant 4 - \frac{5\alpha}{2 m_p}$$

ou :
$$\frac{2 m_p}{4 m_p - 3\alpha} \geqslant \frac{N_{p-1}}{N_p} \geqslant \frac{2 m_p}{8 m_p - 5\alpha}.$$

Si $N_{p-1}$ est tel que $\dfrac{N_{p-1}}{N_p}$ soit compris entre ces limites, on devra prendre $m_{p-1} = \dfrac{N_p \, m_p}{N_{p-1}}$. Si $\dfrac{N_{p-1}}{N_p}$ est supérieur à $\dfrac{2\, m_p}{4\, m_p - 3\,\alpha}$, la valeur de $m_{p-1}$ sera donnée par :

$$N_p \, m_p - N_{p-1}\, m_{p-1} = m_p - \dfrac{m_{p-1}}{2} - \dfrac{3\,\alpha}{4}$$

d'où :

$$m_{p-1} = \dfrac{(N_p - 1)\, m_p + \dfrac{3\,\alpha}{4}}{N_{p-1} - \dfrac{1}{2}}.$$

Si enfin $\dfrac{N_{p-1}}{N_p}$ est inférieur à $\dfrac{2\, m_p}{8\, m_p - 5\,\alpha}$, on devra prendre :

$$N_p \, m_p - N_{p-1}\, m_{p-1} = \dfrac{m_{p-1}}{2} - 2\, m_p + \dfrac{5\,\alpha}{4}$$

c'est-à-dire :

$$m_{p-1} = \dfrac{(N_p + 2)\, m_p - \dfrac{5\,\alpha}{4}}{N_{p-1} + \dfrac{1}{2}}.$$

La réalisation de la valeur minima de $f$ pour deux files consécutives est donc fournie par les formules :

$$\dfrac{N_{p-1}}{N_p} > \dfrac{2\, m_p}{4\, m_p - 3\,\alpha} \quad \begin{cases} m_{p-1} = \dfrac{(N_p - 1)\, m_p + \dfrac{3\,\alpha}{4}}{N_{p-1} - \dfrac{1}{2}} \\[2ex] f = \sqrt{\dfrac{\alpha^2 + 2\,\alpha\, m_{p-1}}{4}} \end{cases}$$

$$\dfrac{2\, m_p}{4\, m_p - 3\,\alpha} \geq \dfrac{N_{p-1}}{N_p} \geq \dfrac{2\, m_p}{8\, m_p - 5\,\alpha} \quad \begin{cases} m_{p-1} = \dfrac{N_p \, m_p}{N_{p-1}} \\[2ex] f = \sqrt{\alpha^2 + \alpha\,(m_{p-1} - m_p)} \end{cases}$$

$$\dfrac{N_{p-1}}{N_p} < \dfrac{2\, m_p}{8\, m_p - 5\,\alpha} \quad \begin{cases} m_{p-1} = \dfrac{(N_p + 2)\, m_p - \dfrac{5\,\alpha}{4}}{N_{p-1} + \dfrac{1}{2}} \\[2ex] f = \sqrt{\dfrac{9\,\alpha^2}{4} + 3\,\alpha \left( \dfrac{m_{p-1}}{2} - m_p \right)}. \end{cases}$$

La valeur de $m_{p-1}$ en fonction de $m_p$, $N_p$ et $N_{p-1}$ peut être déterminée graphiquement par des tracés simples. En pratique, il est ordinairement plus rapide et plus exact de la calculer, en se rappelant que la valeur réelle que l'on adopte définitivement doit être approchée *par excès*. On détermine ensuite $f$ par la construction de la figure 100, et on vérifie au moyen de la construction de la figure 101 qu'il n'y a pas de ligne de rupture oblique à l'extrémité.

Lorsque le joint comporte plus de deux files, on s'impose dans la plupart des cas la condition supplémentaire de distribuer les rivets extrêmes de toutes les files suivant une ligne droite, afin de faciliter le découpage de la tôle d'un seul coup de cisaille parallèlement à cette droite. Considérons, pour fixer les idées, un couvrejoint renforcé à 3 rangs de rivets (fig. 102). On dessinera d'abord

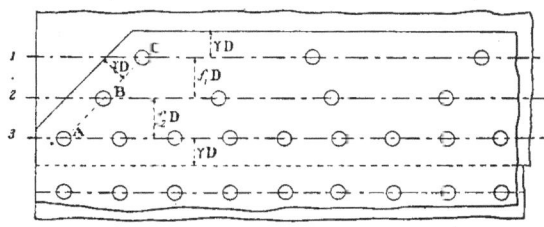

Fig. 102.

la file 3 en la plaçant à la distance $\gamma D$ de l'about et en répartissant uniformément les rivets sur toute la longueur du joint, ce qui conduit à prendre $z_3 = \dfrac{m_3}{2}$. On pourra ensuite déterminer comme nous venons de le dire la valeur minima de l'espacement $f_2 D$ des files 2 et 3, et la position limite du rivet extrême B de la file 2. Mais si l'on adopte les données ainsi calculées et si on en déduit par le même procédé le tracé de la file 1, le rivet extrême C de cette file ne sera pas en général sur la ligne A B. Pour l'y ramener, on aura à résoudre un nouveau problème, consistant à régler les valeurs de $f_2$ et de $f_1$ de manière qu'il n'y ait pas de lignes de rupture oblique, que les rivets A, B, C soient en ligne droite, et que la somme $f_1 + f_2$ soit aussi faible que possible, $f_1$ et $f_2$ ayant par ailleurs une valeur suffisante dans le cas où des rivets de deux files voisines se trouveraient placés en chaîne. Dans le cas de trois files de rivets, le problème se ramène à la résolution numérique ou graphique d'équations du second degré, mais en raison de la simplicité des constructions précédemment indiquées (fig. 100 et 101), il est ordinairement plus rapide de procéder par tâtonnement. On détermine d'abord les positions limites $B_0$ et $C_0$ des points B et C (fig. 103); essayant ensuite une valeur $f''_2$ de $f_2$, supérieure à $f'_2$, on

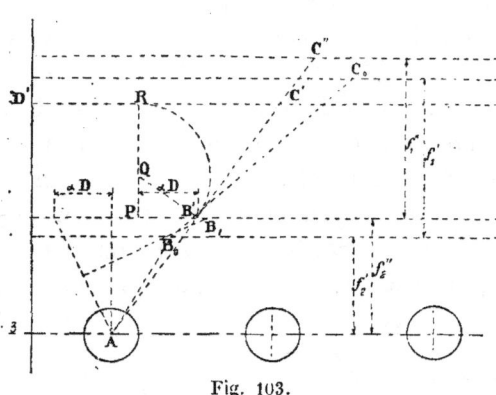

Fig. 103.

détermine par la construction connue la position limite $B_1$ correspondante et on choisit un point B' en deçà de cette limite; le point C doit alors se trouver sur la droite A B'. Si l'on se préoccupe d'abord des ruptures à l'extrémité des files, la limite du point C est sur une parabole ayant pour paramètre $\alpha$ D et pour foyer le point B', et on obtient cette limite C' en menant à A B' une perpendiculaire B' Q qui coupe en Q la directrice P R et en décrivant le cercle de centre Q et de rayon Q B', ce qui détermine le point R. On relève D' C', d'où on déduit l'écartement $m_1$, et on effectue la construction de la figure 100; en général la valeur de $f_1$ obtenue ainsi sera trop faible; on essaiera alors une autre position du point C au-delà de C', jusqu'à ce qu'on arrive à une position C" telle qu'il n'y ait pas de rupture entre les files 1 et 2. Il n'y aura plus qu'à tracer le contour du couvre-joint en menant à la ligne des centres des rivets extrêmes une parallèle à la distance $\gamma$ D (fig. 102), et à vérifier que les largeurs ainsi obtenues pour le couvre-joint au droit des files 1 et 2 sont supérieures aux minima correspondant à l'égale résistance (§ 34).

Pour accélérer la détermination des valeurs convenables de l'espacement des files, il est commode de faire usage du tracé graphique suivant. Les valeurs de $m_\mu$ et de $z_\mu$ sont liées pour une file quelconque par la relation linéaire :

$$(N_\mu - 1) m_\mu + 2 z_\mu = \frac{L}{D}.$$

Si donc on prend deux axes rectangulaires (fig. 104), et qu'on porte sur l'axe des ordonnées, à une échelle simple quelconque

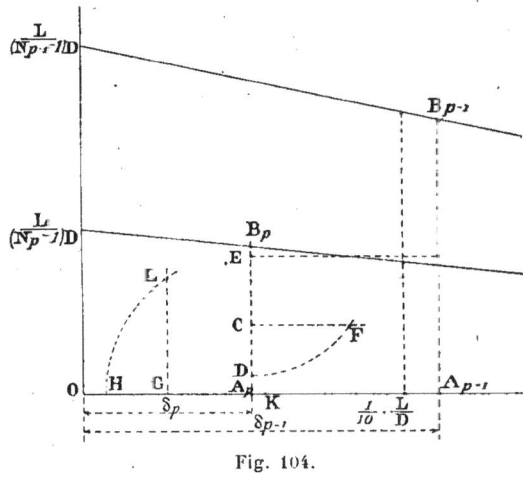

Fig. 104.

($1^c/_m$ par unité par exemple), les valeurs de $\dfrac{L}{(N_p - 1)D}$, les droites joignant les points obtenus au point d'abscisse $\dfrac{L}{2D}$ seront celles représentées par l'équation générale ci-dessus. Pour construire ces droites, le point d'abscisse $\dfrac{L}{2D}$ étant en général trop éloigné, on marquera par exemple sur l'axe des abscisses une longueur égale à $\dfrac{1}{10} \cdot \dfrac{L}{D}$, et on portera sur l'ordonnée correspondante des longueurs égales à $\dfrac{8}{10} \cdot \dfrac{L}{(N_p - 1)D}$, qui détermineront des points appartenant aux droites cherchées. Cela fait, si l'on porte en $O A_p$ et $O A_{p-1}$ deux valeurs quelconques $\xi_p$ et $\xi_{p-1}$, on a en $A_p B$ et $A_{p-1} B_{p-1}$ les valeurs de $m_p$ et de $m_{p-1}$ correspondantes. On marquera ensuite le milieu C de $A_p B_p$ et le milieu G de $O A_p$, et on portera $CD = GH = z$; les arcs de cercle ayant pour centres la projection E du milieu de $A_{p-1} B_{p-1}$ sur $A_p B_p$ et le milieu K de $O A_{p-1}$ donneront alors en C F et G L, toujours à la même échelle, les valeurs limites de $f$ correspondant aux ruptures obliques entre les files $p$ et $p - 1$ et à l'extrémité de ces files (1).

---

(1) Dans le cas où le point E tomberait en dehors des limites indiquées sur la figure 100, on modifierait la construction du point F comme l'indique cette figure.

### 36. Distribution des rivets dans les joints étanches.

— Dans les assemblages à couvre-joint, la condition d'étanchéité peut imposer certaines obligations pour la répartition des rivets, et entrer par suite en ligne de compte dans la détermination du tracé du couvre-joint.

Considérons un joint à franc-bord avec couvre-joint simple (fig. 61). Pour les deux files voisines des abouts des tôles, on trouvera en général, comme nous l'avons vu, des écartements assez faibles, ce qui permettra de mater cette ligne d'about. Mais si l'on veut pouvoir mater également sur le pourtour du couvre-joint, les rivets ne devront pas être trop espacés le long de ce pourtour, ce qui ne sera pas toujours facile à réaliser avec les grands écartements auxquels on est conduit pour les files extrêmes du joint.

La méthode la plus simple consiste à substituer au couvre-joint unique, ayant toute la largeur de l'about, deux ou plusieurs couvre-joints égaux juxtaposés (fig. 105), ce qui permet, tout en

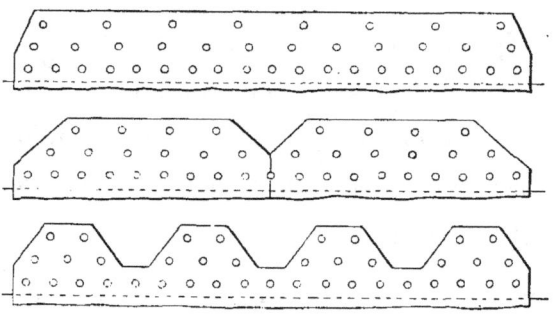

Fig. 105.

respectant le nombre total de rivets à placer, de les répartir le long d'un contour en ligne brisée de telle sorte que leur écartement reste compatible avec un bon matage. On peut aussi adopter un couvre-joint unique avec découpures rentrantes, pourvu que la largeur restante au droit de chaque file soit supérieure au minimum correspondant à l'égalité de résistance; ce profil denté est d'exécution assez compliquée, et par suite coûteuse, mais, lorsque le couvre-joint a une grande longueur, il peut être avantageux de ne pas trop diminuer la résistance de l'assemblage dans le sens transversal.

Une autre solution consiste, pour un couvre-joint à 3 rangs par exemple, à répartir les rivets des deux dernières files suivant une ligne brisée telle que, tout en donnant aux rivets du pourtour l'écartement maximum jugé compatible avec l'étanchéité, la résistance de la tôle suivant cette ligne brisée reste égale à la résistance relative $\rho$ que l'on veut réaliser (fig. 106). Si $l$ est la longueur développée de la ligne brisée, $\mu$ l'écartement des rivets le long de cette ligne, on devra avoir

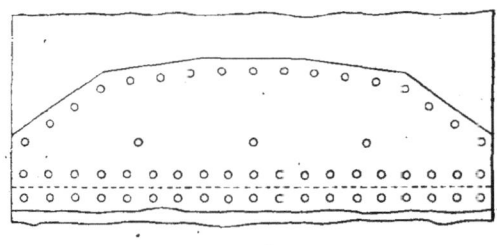

Fig. 106.

$$l\left(1 - \frac{x}{\mu}\right) e R = \rho L e R$$

ou :

$$l = \frac{\rho}{1 - \dfrac{x}{\mu}} L.$$

Si la valeur de $\mu$ adoptée ne permet pas de placer ainsi tous les rivets, on répartira ceux qui restent sur la surface du couvre-joint, en vérifiant directement qu'aucun mode de rupture en zigzag ne peut donner de résistance trop faible.

On remarquera que dans un des cas représentés par la fig. 105, le nombre de rivets de la file voisine de l'about étant impair, il y a un rivet placé à cheval sur la ligne de séparation des deux couvre-joints. Un rivet ainsi placé intervient évidemment d'une manière moins efficace dans la résistance de l'assemblage, mais peut n'être pas inutile pour s'opposer à une infiltration d'eau le long de la ligne de séparation des deux couvre-joints. Cette disposition est même quelquefois avantageuse pour faciliter la distribution des rivets, par exemple dans le cas d'une série de tôles placées bout à bout de façon à constituer une virure formant recouvrement avec une autre virure dont les abouts sont décroisés avec ceux de la première (fig. 107).

L'obligation de mater les deux côtés d'un joint à couvre-joint simple n'est pas absolue, et, si l'accostage des abouts des tôles

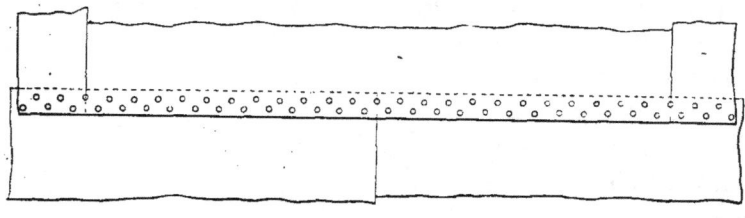

Fig. 107.

est fait avec soin, on peut se contenter de mater le long de la ligne d'about. C'est, par exemple, la pratique suivie à Brest pour les couvre-joints du bordé extérieur ; on peut alors dessiner le couvre-joint sans se préoccuper de l'écartement des rivets de la dernière file. A Lorient et à Cherbourg, au contraire, l'usage est de mater le pourtour des couvre-joints de bordé.

**37. Emploi de rivets de diamètre variable.** — Nous avons supposé dans tout ce qui précède que le diamètre des rivets était le même pour toutes les files du joint. Cette condition n'est pas obligatoire, et on peut admettre que l'on fasse varier d'une file à l'autre le diamètre des rivets, en restant, bien entendu, dans les limites compatibles avec l'épaisseur des tôles. Les deux conditions générales deviennent dans ce cas :

$$\frac{L}{z} - N_p D_p \geqslant \frac{K}{ze} \Sigma_1^n N D^2$$

$$\varphi \left( \frac{L}{z} - \frac{z'}{z} N_p D_p \right) \geqslant \frac{K}{ze'} \Sigma_1^n N D^2.$$

Il y a alors deux séries d'inconnues, et on est obligé de déterminer par tâtonnement les valeurs de N correspondant pour chaque file à la valeur choisie de D. Dans la pratique, on n'use de ce procédé que dans le cas où l'obligation de prendre des valeurs entières pour les nombres de rivets des diverses files impose une réduction jugée trop grande de la résistance relative.

**38. Choix du métal des rivets.** — Les valeurs numériques auxquelles on est conduit dans tous les calculs d'assemblages rivés sont des fonctions du coefficient $\lambda$, égal à $\frac{KD}{ze}$. Par conséquent, une fois le diamètre des rivets choisi, toutes ces valeurs dépendent uniquement du coefficient $K = \frac{\pi}{4} \frac{R'_1}{R}$. On voit donc l'importance de la détermination et du choix préalable de la valeur de ce coefficient, qui dépend exclusivement de la nature des matériaux à assembler.

Pour le métal des tôles, la valeur de R est assez exactement connue grâce aux essais effectués en vue de l'admission en recette de ces tôles. Il faut seulement tenir compte des altérations ultérieures que peut subir le métal pendant sa mise en œuvre; pour les tôles de fer, par exemple, le débouchage des trous par poinçonnage donne une légère altération qui se traduit par une diminution de résistance; c'est ainsi que l'on a trouvé expérimentalement que pour une tôle de fer poinçonnée il convenait de prendre $R = 24^k$, alors que les barrettes d'essai donnent facilement de 28 à $31^k$. Pour les tôles d'acier, percées au foret, on peut admettre le chiffre minimum inscrit dans les marchés pour l'admission en recette, c'est-à-dire $40^k$ pour l'acier doux, $48^k$ pour l'acier mi-dur.

Le métal des tôles étant déterminé, il résulte des formules que nous avons données que la résistance relative va en croissant avec K. Il y a donc intérêt à ce point de vue à augmenter le plus possible la résistance du métal des rivets par rapport à la résistance du métal des tôles. On est limité par l'obligation d'employer pour les rivets un métal susceptible de se refouler sans trop de difficulté, c'est-à-dire de subir sans se fissurer des déformations permanentes assez étendues, ce qui impose une valeur suffisante de l'allongement à la rupture. Il convient aussi que le métal du rivet ne puisse subir une altération trop marquée du fait du martelage auquel il est soumis pendant l'exécution de la rivure, ce qui impose également un métal assez doux. Pendant longtemps, le seul métal employé pour les rivets a été le fer. Depuis 1885, on a employé pour les tôles d'acier doux un métal dit *acier extra-doux*, donnant une résistance supérieure à celle du fer avec une malléabilité à peu près égale, et par conséquent plus avantageux. Depuis 1896, c'est-à-dire depuis l'introduction de l'acier mi-dur dans les constructions, on a cherché à élever, parallèlement à celle du métal des tôles, la résistance du métal des rivets, et on a fait usage de divers aciers mi-durs et même dans certains cas d'aciers durs au nickel. Ces métaux durs sont d'un emploi avantageux au point de vue de la résistance, mais leurs propriétés mécaniques peuvent être assez profondément modifiées par le martelage et le refroidissement rapide auxquels ils se trouvent soumis dans l'opération du rivetage; c'est ce qui a lieu en particulier pour les aciers au nickel, qui subissent une trempe énergique et acquièrent une dureté telle qu'il n'est plus possible de les attaquer au burin; on est alors obligé de recourir à des procédés spéciaux pour faire sortir un rivet que l'on veut changer, par exemple au chauffage du rivet au moyen d'un courant électrique de forte intensité (1).

La valeur de $R'_1$, c'est-à-dire de la résistance au cisaillement du métal des rivets, peut se déduire approximativement de la résistance à la traction, fournie par les essais de recette du métal. Mais il est plus exact de déterminer cette valeur par des expériences directes de rupture d'assemblages rivés. On a trouvé ainsi $30^k$ pour les rivets en fer, $38^k$ pour les rivets en acier extra-doux. Pour l'acier mi-dur, on peut admettre approximativement $R'_1 = 50^k$. Pour les aciers au nickel, les résultats sont très variables avec la rapidité du refroidissement, et il en résulte notamment que la résistance unitaire est d'autant plus grande que le diamètre est plus petit.

En partant de ces chiffres, on obtient pour K les valeurs suivantes :

|   | K |
|---|---|
| Tôles en fer avec rivets en fer. . . . . . . . . . | 0,982 |
| Tôles d'acier doux avec rivets en fer. . . . . . | 0,589 |
| Tôles d'acier doux avec rivets en acier extra-doux.. | 0,746 |
| Tôles d'acier mi-dur avec rivets en acier mi-dur. | 0,818 |

Avec l'acier à 6 % de nickel employé pour le rivetage de certaines parties de l'*Iéna*, on a obtenu $R'_1 = 80^k$, ce qui, avec des

---

(1) La considération de l'étanchéité doit aussi entrer en ligne de compte pour la détermination du métal des rivets. Si la valeur de $R'_1$ est trop élevée, on est conduit à réduire le rapport du diamètre des rivets à l'épaisseur des tôles, ce qui entraîne soit un accroissement du nombre total des rivets pour l'ensemble de la construction, soit des écartements trop forts peu compatibles avec un bon matage.

tôles en acier mi-dur, donne $K = 1,257$. Pour le rivetage du *Suffren*, on a employé de l'acier à 3 % de nickel donnant $R'_1 = 62^k$, ce qui avec $R = 50^k$ donne $K = 0,974$.

D'une manière générale, lorsqu'il s'agit de matériaux en fer ou en acier, il est bon de majorer légèrement la valeur trouvée pour K, ou plus exactement il y a intérêt à avoir pour K une valeur un peu trop forte plutôt qu'une valeur un peu trop faible. En effet, par suite de l'oxydation, les tôles diminuent peu à peu d'épaisseur, et par suite de résistance, tandis que les rivets restent sensiblement intacts dans la région exposée au cisaillement. Supposons par exemple qu'on admette que la tôle devra être changée lorsqu'elle aura perdu $\frac{2}{10}$ de son épaisseur; la résistance de la tôle n'est plus à ce moment que les $\frac{8}{10}$ de la résistance primitive, tandis que celle des rivets n'a pas changé. Si donc on veut que le joint soit d'égale résistance précisément au moment où on aura le plus besoin de compter sur lui, c'est-à-dire à la limite d'usure acceptée, il faudra remplacer R par 0,8 R dans les calculs, c'est-à-dire K par 1,25 K. Dans la pratique, il est rare que l'on opère ainsi, mais on voit qu'il est néanmoins toujours préférable de forcer plutôt que de diminuer la valeur trouvée pour K. C'est pour cela que nous avons adopté la valeur 0,75 dans les calculs faits précédemment. En outre, il convient toujours de régler les joints, ainsi que nous l'avons fait, de telle sorte que la résistance absolue la plus faible soit la résistance au cisaillement de l'ensemble des rivets.

Il résulte de ce qui précède que pour chaque construction, d'après la nature des matériaux employés, il est nécessaire de fixer au préalable la valeur que l'on juge devoir adopter pour K. En partant de là, on peut établir à l'avance, pour toutes les épaisseurs de tôle et les diamètres de rivets correspondants, les valeurs de $\alpha$ et de $\lambda$. On aura ainsi les éléments nécessaires pour le calcul de tous les assemblages. Nous donnons à titre d'exemple le tableau des valeurs obtenues en admettant $K = 0,75$, pour les épaisseurs de 1 à 20 $^m/_m$.

TOLES EN ACIER DOUX. — RIVETS EN ACIER EXTRA-DOUX.

| $e$ | $D$ | $\dfrac{D}{e}$ | Fraisure tronconique pente $\dfrac{1}{4}$ | | $e$ | $D$ | $\dfrac{D}{e}$ | Fraisure tronconique pente $\dfrac{1}{4}$ | |
|---|---|---|---|---|---|---|---|---|---|
| | | | $\alpha$ | $\lambda$ | | | | $\alpha$ | $\lambda$ |
| millim. | millim. | | | | millim. | millim. | | | |
|   | 3  | 3,000 | 1,000 | 2,250 |    | 20 | 1,667 | 1,083 | 1,152 |
| 1 | 4  | 4,000 | 1,000 | 3,000 | 12 | 22 | 1,833 | 1,114 | 1,232 |
|   | 5  | 5,000 | 1,000 | 3,750 |    | 24 | 2,000 | 1,125 | 1,333 |
|   | 5  | 2,500 | 1,000 | 1,875 |    | 20 | 1,538 | 1,078 | 1,070 |
| 2 | 6  | 3,000 | 1,000 | 2,250 | 13 | 22 | 1,692 | 1,106 | 1,020 |
|   | 7  | 3,500 | 1,000 | 2,625 |    | 24 | 1,846 | 1,115 | 1,241 |
|   | 6  | 2,000 | 1,000 | 1,500 |    | 22 | 1,571 | 1,098 | 1,073 |
| 3 | 8  | 2,667 | 1,000 | 2,000 | 14 | 24 | 1,714 | 1,107 | 1,160 |
|   | 10 | 3,333 | 1,000 | 2,500 |    | 26 | 1,857 | 1,116 | 1,248 |
| 4 | 8  | 2,000 | 1,070 | 1,402 |    | 22 | 1,467 | 1,092 | 1,008 |
|   | 10 | 2,500 | 1,100 | 1,704 | 15 | 24 | 1,600 | 1,100 | 1,091 |
| 5 | 10 | 2,000 | 1,080 | 1,389 |    | 26 | 1,733 | 1,108 | 1,173 |
|   | 12 | 2,400 | 1,103 | 1,632 |    | 24 | 1,500 | 1,094 | 1,028 |
| 6 | 12 | 2,000 | 1,086 | 1,381 | 16 | 26 | 1,625 | 1,102 | 1,106 |
|   | 14 | 2,333 | 1,107 | 1,584 |    | 28 | 1,750 | 1,109 | 1,183 |
| 7 | 14 | 2,000 | 1,092 | 1,373 |    | 24 | 1,412 | 1,088 | 0,973 |
|   | 16 | 2,286 | 1,110 | 1,545 | 17 | 26 | 1,529 | 1,096 | 1,046 |
| 8 | 16 | 2,000 | 1,096 | 1,369 |    | 28 | 1,647 | 1,103 | 1,120 |
|   | 18 | 2,250 | 1,110 | 1,520 |    | 26 | 1,444 | 1,090 | 0,993 |
|   | 16 | 1,778 | 1,085 | 1,230 | 18 | 28 | 1,555 | 1,097 | 1,063 |
| 9 | 18 | 2,000 | 1,098 | 1,366 |    | 30 | 1,667 | 1,104 | 1,131 |
|   | 20 | 2,222 | 1,113 | 1,498 |    | 26 | 1,368 | 1,086 | 0,943 |
| 10| 18 | 1,800 | 1,088 | 1,244 | 19 | 28 | 1,474 | 1,092 | 1,012 |
|   | 20 | 2,000 | 1,102 | 1,361 |    | 30 | 1,579 | 1,099 | 1,077 |
|   | 18 | 1,636 | 1,080 | 1,136 |    | 26 | 1,300 | 1,081 | 0,902 |
| 11| 20 | 1,818 | 1,093 | 1,247 | 20 | 28 | 1,400 | 1,087 | 0,966 |
|   | 22 | 2,000 | 1,125 | 1,333 |    | 30 | 1,500 | 1,094 | 1,028 |

Les tableaux de rivetage formant le complément du Manuel de M. l'inspecteur général du génie maritime Godron, dont on fait souvent usage pour les tôles d'acier doux, sont calculés en admettant $R = 40^k$ et $R'_1 = 35^k$, soit $K = 0,687$, et en donnant uniformément à $z$ sa plus forte valeur 1,125.

**39. Exemples de calcul d'assemblages rivés.** — Nous allons appliquer les méthodes précédemment exposées au calcul de quelques assemblages usuels.

*Exemple I.* — Considérons une série de tôles de 1200 $^m/_m$ de largeur et 10 $^m/_m$ d'épaisseur, placées bout à bout de manière à constituer une virure de bordé (bordé extérieur ou bordé de pont), et conjuguées à des cornières les croisant transversalement (couples ou barrots), au moyen de 7 rivets de 18 $^m/_m$. Proposons-nous de calculer l'assemblage de deux tôles consécutives de telle sorte que la résistance longitudinale de la virure soit aussi grande que possible (fig. 108).

Tout d'abord, la virure étant découpée par les rivets de conjugaison avec les cornières, il est inutile de donner au joint une résistance supérieure à celle que présente la virure dans sa section affaiblie. Puisqu'il y a 7 rivets, leur espacement est :

$$\frac{1200}{7 \times 18} = 9{,}52.$$

La résistance relative au droit d'une cornière est donc ($\alpha = 1{,}088$) :

$$1 - \frac{1{,}088}{9{,}52} = 0{,}886.$$

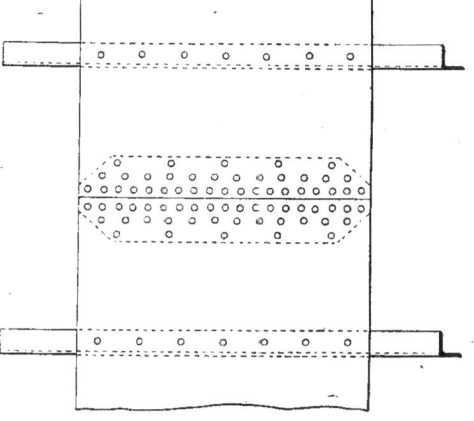

Fig. 108.

Puisqu'il s'agit d'une virure de bordé, une des surfaces doit rester lisse; nous emploierons donc un couvre-joint simple, avec rivets de 20 $^m/_m$, le plus grand diamètre compatible avec l'épaisseur des tôles. Avec un couvre-joint de même épaisseur et deux rangs de rivets, la résistance maxima réalisable est ($\lambda = 1{,}361$) :

$$1 - \frac{1}{1 + 2\lambda} = 0{,}731.$$

Avec un couvre-joint renforcé et 2 rangs, la résistance maxima devient :

$$1 - \frac{1}{(1+\lambda)^2} = 0{,}821.$$

Il faut donc 3 rangs de rivets; avec un couvre-joint de même épaisseur, la résistance maxima sera :

146   MATÉRIAUX DE CONSTRUCTION ET ASSEMBLAGES.

$$1 - \frac{1}{(2+\lambda)(1+\lambda)-1} = 0{,}856.$$

Avec un couvre-joint renforcé, nous aurons :

$$1 - \frac{1}{(1+\lambda)^3} = 0{,}924.$$

Il faut donc un couvre-joint renforcé à 3 rangs. La valeur de $\alpha$ étant ici égale à 1,102 et celle de $\frac{L}{\alpha D}$ à $\frac{1200}{1{,}102 \times 20} = 54{,}45$, le nombre total de rivets nécessaire sera donné par :

$$\Sigma_1^3 N = 54{,}45 \times \frac{0{,}886}{1{,}361} = 35{,}4$$

et nous devrons prendre 36 rivets, donnant une résistance réelle :

$$\rho = \frac{1{,}361}{54{,}45} \times 36 = 0{,}900.$$

Nous aurons ensuite :

| | | |
|---|---|---|
| $N_1 \leqslant 54{,}45\,(1-0{,}9)$ | $N_1 \leqslant 5{,}4$ | $N_1 = 5$ |
| $N_2 \leqslant 5{,}445 + 1{,}361 \times 5$ | $N_2 \leqslant 12{,}2$ | $N_2 = 12$ |
| $N_3 \leqslant 5{,}445 + 1{,}361\,(5+12)$ | $N_3 \leqslant 28{,}5$ | $N_3 = 19$ |
| | | $\overline{36}$ |

Le maximum de résistance n'étant pas atteint, d'autres solutions sont évidemment possibles, depuis $N_2 = 11$ avec $N_3 = 20$ jusqu'à $N_2 = 8$ avec $N_3 = 23$. Si nous adoptons la première solution, l'épaisseur du couvre-joint sera donnée par :

$$\varphi \geqslant \frac{\lambda\,(N_1 + N_2 + N_3)}{\dfrac{L}{\alpha D} - \dfrac{\alpha'}{\alpha} N_3}$$

ou, en admettant $\alpha' = \alpha$ :

$$\varphi \geqslant \frac{1{,}361 \times 36}{54{,}45 - 19} \qquad \varphi \geqslant 1{,}38.$$

Nous prendrons donc un couvre-joint de 14 $^m/_m$, et les largeurs limites seront données par :

$$L'_1 \geqslant \alpha D \left(\frac{\lambda}{\varphi} N_1 + \frac{\alpha'}{\alpha} N_1\right) \qquad L'_1 \geqslant 217 \,{}^\text{m}/_\text{m},3$$

$$L'_2 \geqslant \alpha D \left[\frac{\lambda}{\varphi} (N_1 - N_2) + \frac{\alpha'}{\alpha} N_2\right] \qquad L'_2 \geqslant 628 \,{}^\text{m}/_\text{m},6.$$

Pour dessiner le joint, nous placerons d'abord l'axe de la file 3 à $1,5 D + 2 \,{}^\text{m}/_\text{m}$, soit $32 \,{}^\text{m}/_\text{m}$, de la ligne d'about ; l'écartement relatif des rivets de cette file sera égal à $\frac{1200}{20 \times 19} = 3,16$, chiffre parfaitement admissible. On aura ensuite :

$$\frac{N_2}{N_3} = \frac{12}{19} = 0,631 \quad \begin{cases} \dfrac{2 \times 3,16}{4 \times 3,16 - 3,306} = 0,677 \\ \dfrac{2 \times 3,16}{8 \times 3,16 - 5,51} = 0,32 \end{cases}$$

ce qui donne pour valeurs limites :

$$m_2 = \frac{N_3}{N_2} m_3 = 5 \qquad f_2 = \sqrt{1,102^2 - 1,102 (5 - 3,16)} = 1,801$$

et de même :

$$\frac{N_1}{N_2} = \frac{5}{12} = 0,416 \quad \begin{cases} \dfrac{2 \times 5}{4 \times 5 - 3,306} = 0,59 \\ \dfrac{2 \times 5}{8 \times 5 - 5,51} = 0,29 \end{cases}$$

d'où :

$$m_1 = \frac{N_2}{N_1} m_2 = 12 \qquad f_1 = \sqrt{1,102^2 + 1,102 (12 - 5)} = 2,988.$$

On aurait ainsi le couvre-joint minimum, mais la valeur de $f_2$ serait trop faible, car on aurait des rivets de la file 2 tombant presque exactement en chaîne par rapport à des rivets de la file 3. En appliquant les méthodes graphiques indiquées au § 35, on trouve que l'on a une solution satisfaisante en prenant :

$$f_2 = 2,2 \qquad m_1 = 4,9$$
$$f_1 = 3,05 \qquad m_1 = 13,7$$

les rivets extrêmes étant ainsi en ligne droite. Les espacements des files seront respectivement $2,2 \times 20 = 44 \,{}^\text{m}/_\text{m}$ et $3,05 \times 20 =$

61 $^m/_m$, et, le bord du couvre-joint étant tracé à 1,5 D + 1 $^m/_m$ = 31 $^m/_m$ de la ligne des centres des rivets extrêmes, les largeurs au droit des files 1 et 2 seront égales à 1058 $^m/_m$ et 1148 $^m/_m$, c'est-à-dire supérieures aux minima obtenus plus haut. Nous tracerons enfin le bord du couvre-joint parallèle à la ligne d'about à 32 $^m/_m$ de l'axe de la file 1, et la largeur totale du couvre-joint sera égale à :

$$2 (32 + 44 + 61 + 32) = 338\ ^m/_m.$$

Nous aurons ainsi le joint représenté par la figure 108.

*Exemple II.* — Soit une lisse continue de 950 $^m/_m$ de hauteur, formée d'une âme en tôle de 8 $^m/_m$, croisée par des couples formés d'une âme en tôle reliée à la lisse par deux cornières recevant chacune un rang de rivets. Nous supposerons qu'un certain nombre de ces couples doivent être étanches, et nous nous proposons de calculer un écart de la lisse (fig. 109).

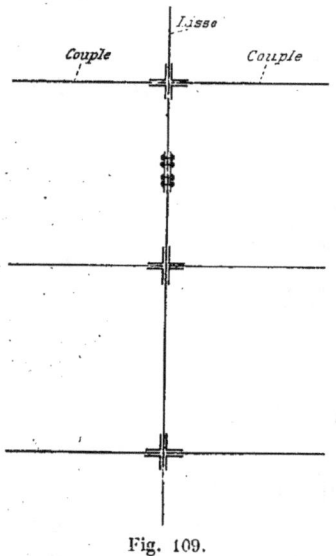
Fig. 109.

Puisqu'un certain nombre des couples sont étanches, les rivets d'attache de ces couples étanches doivent avoir un écartement compris entre 4,5 et 5 diamètres (§ 28). La valeur exacte de cet écartement dépend de la hauteur de la membrure longitudinale : si nous supposons l'attache des couples faite par des rivets de 16 $^m/_m$, on pourra, la hauteur étant égale à 950 $^m/_m$, placer 13 rivets, ce qui donnera un écartement de $\dfrac{950}{13 \times 16} = 4{,}567.$

La résistance relative de la lisse, au droit d'un couple étanche, sera ainsi :

$$\rho = 1 - \frac{1}{4,567} = 0,781$$

car on a ici $\alpha = 1$, puisqu'il y a une cornière de chaque côté. L'écart de la lisse doit donc avoir une résistance au moins égale à

0,781 et aussi voisine que possible de cette valeur. Nous prendrons des rivets de 18 $^m/_m$, ce qui donne $\alpha = 1,110$ et $\lambda = 1,520$.

Avec un couvre-joint simple à 2 rangs, nous aurions comme résistance maxima :

$$\rho = 1 - \frac{1}{1 + 2\lambda} = 0,752.$$

Ici, nous pouvons essayer un couvre-joint double à 2 rangs égaux; nous aurons alors :

$$\rho = 1 - \frac{1}{1 + 4\lambda\alpha} = 0,871$$

ce qui est plus que suffisant. On pourra donc employer cette solution, avec

$$m = 1 + 4\lambda\alpha = 7,75 \qquad \frac{950}{7,75 \times 18} = 6,81$$

soit en pratique 7 rivets à chaque file. La valeur de $m$ sera alors $\frac{950}{18 \times 7} = 7,54$, et, comme nous avons réduit la valeur théorique, la résistance réelle sera :

$$\rho = 1 - \frac{1}{7,54} = 0,867.$$

Si la lisse doit être étanche, l'écartement des rivets sera trop considérable. Nous pourrons alors prendre un couvre-joint renforcé à 2 rangs, permettant d'atteindre :

$$\rho = 1 - \frac{1}{(1 + \lambda)^2} = 0,842.$$

On a ici $\frac{L}{\alpha D} = \frac{950}{1,11 \times 18} = 47,547$, d'où :

$$N_1 + N_2 = 47,547 \times \frac{0,781}{1,52} = 24,4.$$

Il faut donc :

$$N_1 + N_2 = 25 \qquad \text{soit} \qquad \rho = \frac{1,52}{47,547} \times 25 = 0,799.$$

On devra avoir d'autre part :

$$N_1 \leqslant 45,547 (1 - 0,799) \qquad N_1 \leqslant 9,5$$
$$25 - N_1 \leqslant 9,5 + 1,52 N_1 \qquad N_1 \geqslant 6,15.$$

On dispose par suite de trois solutions :

$$N_1 = 9 \qquad N_1 = 8 \qquad N_1 = 7$$
$$N_2 = 16 \qquad N_2 = 17 \qquad N_2 = 18.$$

La troisième donnerait un écartement de rivets un peu faible à la deuxième file. On prendra donc par exemple $N_1 = 8$ avec $N_2 = 17$, et on aura :

$$\varphi \geqslant \frac{1,52 \times 25}{47,547 - 17} \qquad \varphi \geqslant 1,24$$

c'est-à-dire $E \geqslant 9,92$. On donnera donc au couvre-joint une épaisseur de 10 $^m/_m$, et on règlera le tracé de la première file comme il a été dit aux §§ 35 et 36.

*Exemple III.* — Considérons la jonction d'une tôle A, au moyen d'une cornière, avec une tôle B la croisant à angle droit (fig. 110).

Supposons d'abord que la tôle A exerce un effort de traction sur la tôle B. On calculera en premier lieu l'attache de la tôle A avec la cornière par les procédés déjà indiqués. On a comme point de départ la résistance relative de la tôle A dans sa section la plus affaiblie, et on doit régler le rivetage de A avec la cornière de manière à obtenir une résistance au moins équivalente. Cette considération pourra exiger l'emploi de deux rangs de rivets, et entrer en ligne de compte, comme nous l'avons vu, pour la détermination de l'échantillon de la cornière. Si une seule cornière est insuffisante, on en mettra deux, et on se trouvera ainsi dans le cas du couvre-joint double.

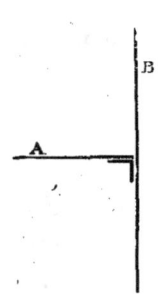

Fig. 110.

Le rivetage de la tôle A et de la cornière étant réglé, il est évident que les rivets d'attache de la tôle B avec la cornière doivent présenter une résistance à la traction équivalente à la résistance absolue de l'assemblage de la cornière avec la tôle A. Cette résistance absolue est au plus égale à la résistance au cisaillement des rivets du joint, puisque, si cette dernière résistance n'est pas surabondante, c'est elle qui règle la résistance réelle.

Supposons que les rivetages comportent deux rangs, et soient $N_1$ $N_2$, $N'_1$ $N'_2$ les nombres de rivets par mètre courant reliant la cornière avec A et B. Nous serons sûrs de ne pas avoir une attache trop faible en écrivant :

$$\frac{\pi D^2}{4}(N_1 + N_2) R'_1 = \frac{\pi D'^2}{4}(N'_1 + N'_2) R_1$$

$R_1$ étant la résistance à la traction du métal des rivets. On a ainsi :

$$\frac{R'_1}{R_1} \cdot \frac{D}{D'} \left(\frac{1}{m_1} + \frac{1}{m_2}\right) = \frac{1}{m'_1} + \frac{1}{m'_2}.$$

En général, on fera $m'_2 = m'_1$ et on aura ainsi la valeur de $m'_1$ une fois que le diamètre $D'$ sera choisi. La fraisure des rivets de B devra être bien entendu une fraisure renforcée.

On aurait exactement la même relation dans le cas de deux cornières d'attache ; les rivets de A travaillant par double section, les deux membres de l'égalité seraient multipliés par 2.

Supposons maintenant que l'attache de A et de B soit une simple conjugaison. Dans ce cas, le point de départ sera le rivetage de la cornière avec la tôle B, qui sera, soit un simple rivetage de conjugaison, soit un rivetage étanche. On déterminera ensuite le rivetage de A avec la cornière, de manière que la résistance au cisaillement des rivets de cet assemblage soit au plus égale à la résistance à la traction des rivets de B ; il est en effet inutile de donner à ce joint un surcroît de résistance.

Admettons par exemple que B représente une virure de bordé de carène, de 14 $^m/_m$ d'épaisseur, et A un couple étanche de 8 $^m/_m$ d'épaisseur. Pour l'attache du couple avec le bordé, nous prendrons des rivets de 24 $^m/_m$, que nous supposerons espacés de 100 $^m/_m$ ($m' = 4,25$). Il suffit ici d'une rangée de rivets. La dimension minima de l'aile de la cornière sera $2D + \dfrac{5e}{2}$, soit 78 $^m/_m$ en prenant $e = 12\,^m/_m$, c'est-à-dire la plus faible épaisseur compatible avec le rivet de 24 $^m/_m$. Admettons d'abord un seul rang de rivets pour l'attache de la cornière et du couple. Nous devrons avoir :

$$\frac{R'_1}{R_1} \cdot \frac{D}{24} \times \frac{1}{m} = \frac{1}{4,25}$$

ou en admettant $R'_1 = 38^k$, $R_1 = 40^k$ :

$$\frac{D}{m} = 5,94.$$

Le plus gros rivet compatible avec la tôle de 8 $^m/_m$ est celui de 18 $^m/_m$, ce qui donne :

$$m = 3,03.$$

On pourra donc se servir d'une cornière de $80 \times 80 \times 12$, avec les écartements ci-dessus.

Si, pour augmenter la résistance du couple à la flexion, on veut accroître la dimension de l'aile de la cornière normale au bordé, on pourra employer deux rangs; on aura alors (fig. 111) :

$$\frac{R'_1}{R_1} \cdot \frac{18}{24} \left( \frac{1}{m_1} + \frac{1}{m_2} \right) = \frac{1}{4,25}$$

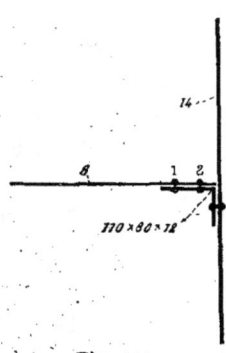

Fig. 111.

ou :

$$\frac{1}{m_1} + \frac{1}{m_2} = 0,33.$$

Le couple étant étanche, il faut que $m_1$ soit compris entre 4,5 et 5. Avec $m_1 = 4,75$ on a :

$$m_2 = 8,35.$$

Pour faciliter le traçage, nous prendrons donc $m_2 = 2\ m_1$, soit :

$$\frac{3}{2} \cdot \frac{1}{m_1} = 0,33 \qquad m_1 = 4,54.$$

Nous prendrons ainsi deux files de rivets, espacés de 82 $^m/_m$ ($m_1 = 4,55$) sur la première file et de 164 $^m/_m$ sur la seconde. La dimension minima de l'aile sera $4\,D + \frac{5\,e}{2}$, soit 102 $^m/_m$. On pourra donc employer le profil $110 \times 80 \times 12$.

*Exemple IV.* — Considérons la jonction bout à bout de deux barres profilées ou des éléments d'une poutre d'assemblage.

Soit par exemple une poutre formée de deux barres en $\mathbf{I}$ de $\frac{300}{12} \times \frac{140}{16}$ ; on veut relier ces pièces bout à bout en obtenant une résistance aussi grande que possible.

L'âme de la barre profilée a comme hauteur $300 - 32 = 268\ ^m/_m$. Pour avoir la résistance la plus grande possible, nous prendrons un couvre-joint double de $12\,^{m}/_{m}$ ($q = 2$) avec rivets de $24\,^{m}/_{m}$ ($\lambda \alpha = 1,5$), et nous placerons un seul rivet à la première file, ce qui donne :

$$\rho = 1 - \frac{D}{L} = 1 - \frac{24}{268} = 0,910 \qquad \Sigma_1^n N = \frac{0,91}{2 \times 1,5} \cdot \frac{268}{24} = 3,38.$$

Nous mettrons donc en tout 4 rivets, pour ne pas avoir une résistance inférieure à 0,91, et la condition $N_2 \leqslant N_1 (1 + 2 \lambda \alpha)$, c'est-à-dire $N_2 \leqslant 4$, nous conduira à prendre 2 files avec $N_1 = 1$ et $N_2 = 3$. On aura ensuite :

$$c_1 = \frac{268}{2 \times 24} = 5,58 \qquad m_2 = \frac{268}{3 \times 24} = 3,722$$

et pour qu'il n'y ait pas de rupture oblique il faudra que l'on ait :

$$5,58 \leqslant \frac{3,722}{2} + \frac{f^2 - 1}{2}$$

ou :

$$f \geqslant 2,905.$$

On aura ainsi le couvre-joint représenté par la figure 112.

Pour les pannes, nous pouvons placer sur chacune d'elles un

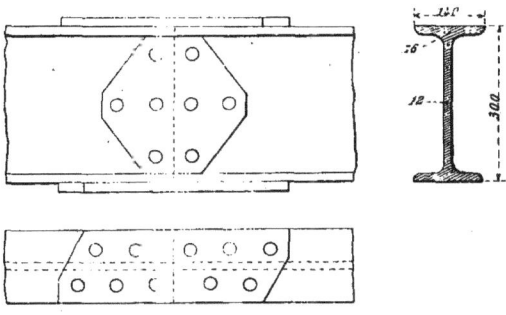

Fig. 112.

couvre-joint de $16\,^{m}/_{m}$, mais nous sommes limités à la largeur de $140\,^{m}/_{m}$. Nous raisonnerons par suite de la façon suivante. Pour affaiblir la panne le moins possible, nous prendrons des rivets de $24\,^{m}/_{m}$ et nous en placerons un seul dans une même section transversale. La résistance de la panne est alors :

$$(L - \alpha D)\, e\, R.$$

Nous mettrons donc de chaque côté de l'about un nombre de rivets N tel que

$$N \frac{\pi D^2}{4} R'_1 = (L - \alpha D) e R$$

ou :

$$\lambda N = \frac{L}{\alpha D} - 1$$

ce qui donne ($\alpha = 1,094$, $\lambda = 1,028$) :

$$N = 5,2$$

soit 5 rivets de chaque côté, que l'on disposera en quinconce en les espaçant de 3 diamètres comme l'indique la figure.

Lorsqu'il s'agit d'une poutre d'assemblage, on ne peut plus raisonner successivement sur chaque élément considéré comme isolé, car ces éléments ne sont pas continus. Considérons par exemple une lisse continue formée d'une âme en tôle de 900 $^m/_m$ de hauteur et de 10 $^m/_m$ d'épaisseur, bordée de 4 cornières de 75 × 75 × 10, croisée par des couples étanches qui lui sont reliés par des cornières de même échantillon (fig. 113).

Nous emploierons des rivets de 20 $^m/_m$. L'attache des cornières avec l'âme en tôle est un simple rivetage de conjugaison ; nous

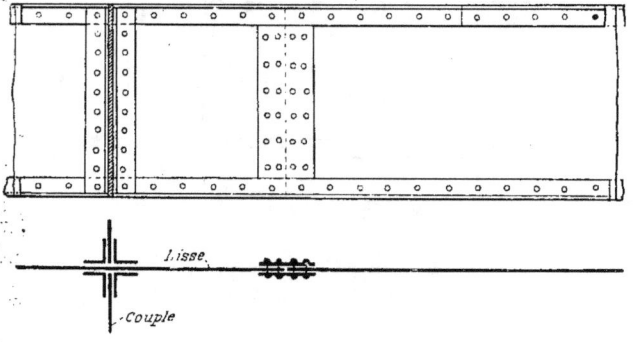

Fig. 113.

espacerons donc ces rivets de $6^{\text{diam}},5$ environ, en les décroisant avec les rivets qui percent la seconde aile de chaque cornière (pour l'attache avec le bordé par exemple), de telle sorte que dans une même section transversale d'une cornière il n'y ait qu'un trou de rivet. L'écartement réel pourra d'ailleurs ne pas être absolument constant, car il faut tenir compte de la position des rivets d'attache du couple, qui est imposée, et de l'emplacement des écarts de la tôle et des cornières de la lisse. Pour l'attache du couple, l'espace libre entre les cornières de la lisse est égal à $900 - 2 \times 75$, soit 750 $^m/_m$, et nous pourrons y répartir 8 rivets, ce qui donnera un écartement de $\dfrac{750}{8 \times 20} = 4,68$, permettant le matage. La section affaiblie de la lisse aura donc pour valeur :

$$(900 - 10 \times 20) 10 + 4 (140 - 20) 10 = 11800 \ ^m/_m{}^2$$

en négligeant les arrondis des cornières $(75 + 75 - 10 = 140)$.

Par le travers d'un écart de la tôle de la lisse, en supposant bien entendu ces écarts décroisés avec ceux des cornières, la section restante sera :

$$4 (140 - 20) 10.$$

La résistance absolue du joint de la tôle devra donc être égale à :

$$(900 - 10 \times 20) 10$$

et la résistance relative devra être :

$$\dfrac{900 - 10 \times 20}{900} = 0,778.$$

Un couvre-joint renforcé à 2 rangs permettra de réaliser $(\lambda = 1,361)$ :

$$\dfrac{1}{(1 + \lambda)^2} = 0,821$$

mais on arriverait ainsi à un écartement trop faible pour les rivets de la dernière file qui doivent être répartis sur une longueur de 750 $^m/_m$. Nous prendrons un couvre-joint double à 2 rangs égaux, permettant de réaliser :

$$1 - \dfrac{1}{1 + 4 \lambda \alpha} = 0,857.$$

On a ainsi :

$$m = 1 + 4 \lambda \alpha = 7.$$

On prendra 6 rivets, ce qui donnera $m = 6,25$ et $\rho = 1 - \dfrac{1}{6,25} = 0,840$.

Par le travers d'un écart de cornière, la section restante sera

$$900 \times 10 + 3(140 - 20)10 = 12600 \ {}^m/_m{}^2.$$

Elle est donc suffisante, et il est inutile de placer un couvre-joint sur cet écart.

**40. Cales de renfort.** — Les exemples que nous venons d'étudier mettent en évidence l'affaiblissement notable que l'attache d'une pièce étanche impose pour la pièce à laquelle elle est fixée. C'est ainsi que dans l'exemple II la résistance relative de la lisse est seulement 0,781, tandis que s'il n'y avait pas eu de couples étanches les rivets eussent pu être espacés de $6^{diam},5$ environ, ce qui correspond à une résistance de $1 - \dfrac{1}{6,5} = 0,846$. Cette réduction de résistance peut être compensée par l'emploi de *cales de renfort*.

Considérons une tôle croisée par une ou deux cornières auxquelles elle est reliée par un rivetage étanche (fig. 114). Supposons que l'on rapporte par dessus la tôle une contre-plaque s'étendant au delà du joint et reliée par des rivets à la tôle affaiblie.

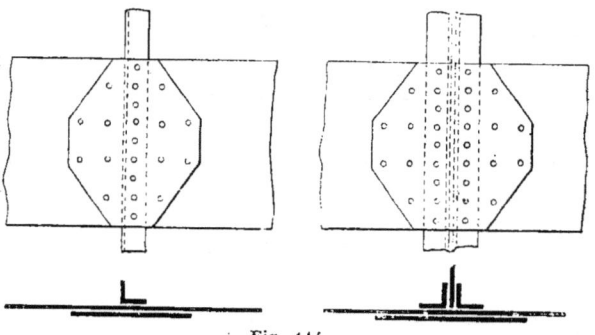

Fig. 114.

Il est évident que la résistance au cisaillement des rivets de cette contre-plaque interviendra dans la rupture du joint; elle agit comme un véritable couvre-joint placé sur la partie trop affaiblie, et a reçu pour cette raison le nom de *cale de renfort*.

Le problème à résoudre consiste dans la détermination du nombre et de la distribution des rivets additionnels, ainsi que de l'épaisseur de la cale, de manière que l'ensemble présente une résistance donnée supérieure à celle de la tôle découpée par le rivetage étanche. Tout d'abord, il est évident que l'assemblage doit être symétrique par rapport à sa ligne médiane; par conséquent, que le nombre total des files soit égal à $2q-1$ ou à $2q$, on a un joint dans lequel la valeur de $N_q$ est imposée à priori.

Reprenons les procédés de raisonnement déjà employés au § 33. Le cisaillement total des rivets et les diverses combinaisons comportant déchirure de la cale de renfort seule ne constituent plus ici des modes de rupture de l'assemblage, en raison de la continuité de la tôle, et il ne reste en présence que les modes de ruptures formant ce que nous avons appelé le deuxième et le quatrième groupe. Nous prendrons comme terme de comparaison la rupture de la tôle suivant la file $q$ accompagnée du cisaillement des rivets additionnels, c'est-à-dire, suivant les notations adoptées :

$$t_q + \Sigma_1^{q-1} r$$

et la résistance relative de l'assemblage, qui était primitivement $\dfrac{t_q}{LeR}$, sera accrue de $\dfrac{\Sigma_1^{q-1} r}{LeR}$, soit $\lambda \dfrac{\pi D}{L} \Sigma_1^{q-1} N$, le symbole $\Sigma_1^{q-1} N$ désignant le nombre de rivets additionnels de chaque côté de la membrure étanche. La condition à remplir pour les modes de rupture du deuxième groupe est donc :

$$t_p + \Sigma_1^{p-1} r \geqslant t_q + \Sigma_1^{q-1} r$$

et en se reportant à ce qui a été dit au § 33 on voit qu'il suffit d'ajouter la condition :

$$t'_p - \Sigma_1^p r \geqslant 0$$

pour que tous les modes de rupture du quatrième groupe donnent une résistance au moins égale à $t_q + \Sigma_1^{q-1} r$. Le rivetage additionnel doit donc satisfaire aux deux conditions :

$$\begin{cases} t_p \geqslant t_q + \Sigma_p^{q-1} r \\ t' \geqslant \Sigma_1^p r \end{cases}$$

ou, en conservant les notations employées précédemment et en désignant ici par E l'épaisseur de la cale :

$$\begin{cases} (L - N_p \alpha D) e R \geqslant (L - N_q \alpha D) e R + \dfrac{\pi D^2}{4} R'_1 \Sigma_p^{q-1} N \\ (L - N_p \alpha' D) E R \geqslant \dfrac{\pi D^2}{4} R'_1 \Sigma_1^p N \end{cases}$$

c'est-à-dire :

$$\begin{cases} N_p \leqslant N_q - \lambda \, \Sigma_p^{q-1} N \\ \varrho \left( \dfrac{L}{\alpha D} - \dfrac{\alpha'}{\alpha} N_p \right) \geqslant \lambda \, \Sigma_1^p N. \end{cases}$$

Si la valeur de $\varrho$ est arbitraire, on pourra toujours choisir l'épaisseur de la cale de manière que la seconde condition soit vérifiée pour toutes les valeurs de $p$, et le rivetage sera réglé par la première condition. Appelons $\varrho'$ la résistance relative avant l'addition de la cale; on a :

$$\varrho' = \frac{t_q}{L e R} = \frac{(L - N_q \alpha D) e R}{L e R} = 1 - \frac{\alpha}{m_q}$$

en désignant par $m_q$ l'écartement relatif des rivets dans la file étanche. Pour obtenir un accroissement de résistance $\varrho''$, on devra avoir :

$$\varrho'' = \frac{\Sigma_1^{q-1} r}{L e R} = \lambda \, \frac{\alpha D}{L} \Sigma_1^{q-1} N$$

ce qui détermine le nombre des rivets additionnels. On devra d'ailleurs avoir, pour la première file :

$$N_1 \leqslant N_q - \lambda \, \Sigma_1^{q-1} N$$

et, la valeur de $N_1$ ne pouvant être inférieure à l'unité, on a la condition :

$$N_q - \lambda \, \Sigma_1^{q-1} N \geqslant 1$$

$$\Sigma_1^{q-1} N \leqslant \frac{N_q - 1}{\lambda}$$

ce qui fixe le nombre maximum de rivets additionnels, c'est-à-dire l'accroissement de résistance maximum qu'il est possible de réaliser. La valeur de cet accroissement maximum est donnée par :

$$\varrho''_{\max.} = \frac{\alpha D}{L} (N_q - 1) = \alpha \left( \frac{1}{m_q} - \frac{D}{L} \right)$$

c'est-à-dire que la résistance maxima globale qu'il est possible de réaliser est :

$$\rho = 1 - \frac{\alpha}{m_q} + \frac{\alpha}{m_q} - \frac{\alpha D}{L} = 1 - \frac{\alpha D}{L}.$$

La valeur de $N_1$ étant choisie, on prendra ensuite :

$$N_2 \leqslant N_q - \lambda \Sigma_2^{q-1} N$$

c'est-à-dire :

$$N_2 \leqslant N_q - \lambda \Sigma_1^{q-1} N + \lambda N_1$$

et de même :

$$N_3 \leqslant N_q - \lambda \Sigma_1^{q-1} N + \lambda (N_1 + N_2)$$

$$\ldots \ldots \ldots \ldots \ldots \ldots \ldots \ldots \ldots$$

jusqu'à ce qu'on soit arrivé à placer le nombre de rivets additionnels nécessaire. L'épaisseur de la cale sera fixée par :

$$\varphi \left( \frac{L}{\alpha D} - \frac{\alpha'}{\alpha} N_q \right) \geqslant \lambda \Sigma_1^q N$$

ou :

$$\varphi \geqslant \frac{\lambda \Sigma_1^q N}{\dfrac{L}{\alpha D} - \dfrac{\alpha'}{\alpha} N_q}$$

et les réductions de largeur de cette cale correspondant à l'égalité de résistance seront données aux diverses files par :

$$\varphi \left( \frac{L'_p}{\alpha D} - \frac{\alpha'}{\alpha} N_p \right) \geqslant \lambda \Sigma_1^p N.$$

Supposons en second lieu que la valeur de $\varphi$ ne soit pas arbitraire, cas qui se présente souvent dans la pratique. Les deux conditions à réaliser pour une file quelconque s'écrivent :

$$N_p \leqslant N_q - \lambda \Sigma_p^{q-1} N$$

$$\left( \frac{\alpha'}{\alpha} \varphi + \lambda \right) N_p \leqslant \varphi \frac{L}{\alpha D} - \lambda \Sigma_1^{p-1} N.$$

D'une façon générale, on devra pouvoir comme dans le cas précédent régler le rivetage de la file 1 à la file $q$ au moyen de la première formule et les réductions de largeur de la cale au moyen de la seconde, car le nombre de rivets des files additionnelles ne peut commencer à décroître avant la file $q$, dont le rivetage est imposé. Ceci exige donc que l'on ait :

$$\left(\frac{\alpha'}{\alpha}\varphi+\lambda\right)N_q \leqslant \varphi\frac{L}{\alpha D} - \lambda\,\Sigma_1^{q-1}N$$

ou :

$$\Sigma_1^{q-1} N \leqslant \frac{1}{\lambda}\left[\varphi\frac{L}{\alpha D} - \left(\frac{\alpha'}{\alpha}\varphi+\lambda\right)N_q\right].$$

Or, si les deux conditions générales sont satisfaites, on doit avoir, comme précédemment :

$$\Sigma_1^{q-1} N \leqslant \frac{N_q - 1}{\lambda}.$$

Il suffit donc, pour que le rivetage soit réglé uniquement par la première formule, que l'on ait :

$$N_q - 1 \leqslant \varphi\frac{L}{\alpha D} - \left(\frac{\alpha'}{\alpha}\varphi+\lambda\right)N_q$$

ou :

$$N_q\left(1+\frac{\alpha'}{\alpha}\varphi+\lambda\right) \leqslant 1+\varphi\frac{L}{\alpha D}$$

ou enfin :

$$m_q \geqslant \frac{\alpha\left(1+\frac{\alpha'}{\alpha}\varphi+\lambda\right)}{\varphi+\frac{\alpha D}{L}}.$$

Cette condition sera toujours réalisée en pratique, la valeur du second membre étant dans tous les cas usuels sensiblement inférieure à la limite d'écartement compatible avec l'étanchéité. On procédera donc comme dans le cas où $\varphi$ est arbitraire, et les conclusions relatives au minimum de renforcement réalisable subsistent encore. S'il arrivait que la valeur de $m_q$ fût assez faible pour être inférieure au minimum indiqué ci-dessus, la résistance maxima réalisable pour l'assemblage aurait une valeur inférieure à $1-\frac{\alpha D}{L}$, dont l'expression serait facile à calculer mais n'offre aucun intérêt pratique.

CALCUL DES ASSEMBLAGES RIVÉS.                 161

Considérons par exemple une charpente de navire dans laquelle les couples sont formés de tôles armées de deux cornières (fig. 115). Le bordé extérieur est constitué par des virures de tôle placées alternativement en placage et en recouvrement, l'intervalle compris entre deux tôles de placage étant rempli par une cale,

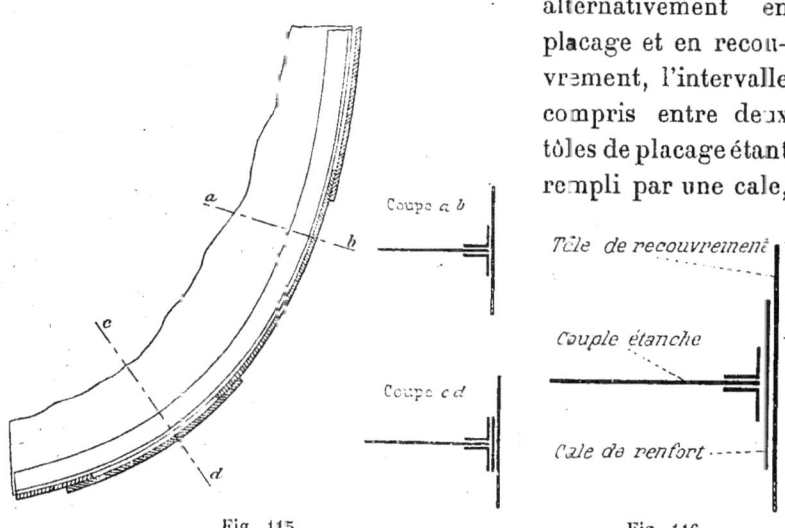

Fig. 115.                            Fig. 116.

de manière que la membrure ait un profil continu. Un certain nombre des couples étant supposés étanches, leurs rivets d'attache sont espacés d'environ $4^{\text{diam.}},25$, c'est-à-dire que la résistance du bordé dans la section transversale au droit d'un couple étanche est approximativement (en négligeant la fraisure) $1 - \dfrac{1}{4,25} = 0{,}765$. Pour un couple non étanche, les rivets d'attache pourront être espacés au contraire de 8 à 9 diamètres, c'est-à-dire que la résistance au droit de ce couple sera environ $1 - \dfrac{1}{8,5} = 0{,}882$. Pour conserver au bordé cette résistance par le travers d'un couple étanche, il suffira de disposer des cales de renfort, ce qui dans le cas considéré se fera très simplement en élargissant les cales placées au droit des couples étanches entre les virures de placage (fig. 116).

Prenons un exemple numérique et calculons le rivetage d'une de ces cales. Représentons le développement du bordé vu par l'intérieur et son croisement par un couple étanche (fig. 117). Nous supposerons que l'épaisseur des tôles du bordé est égale à $15^{\text{m}}/_{\text{m}}$ et que l'on emploie des rivets de 24 $^m/_m$. Le rivetage des recouvrements longitudinaux se fera, comme nous le verrons plus tard, au moyen de 2 rangs de rivets, espacés de 4 à 4,5 diamètres. La valeur exacte de l'écartement dépendra de la distance entre deux couples consécutifs; les rivets seront disposés en quinconce, deux d'entre eux étant déplacés au droit de chaque couple, pour tomber au milieu de l'aile de la cornière. Pour le rivetage du couple, les tôles ayant les dimensions indiquées sur la figure, nous placerons 9 rivets sur la tôle de recouvrement et 11 sur celle de placage, ce qui donne comme écartements 4,44 et 4,55.

Les cales ont forcément 15 $^m/_m$ d'épaisseur, et, si l'on veut maintenir la continuité de la membrure, ne peuvent être placées qu'au droit des tôles de recouvrement. Considérons l'ensemble de deux tôles contiguës; la tôle de placage a approximativement comme résistance

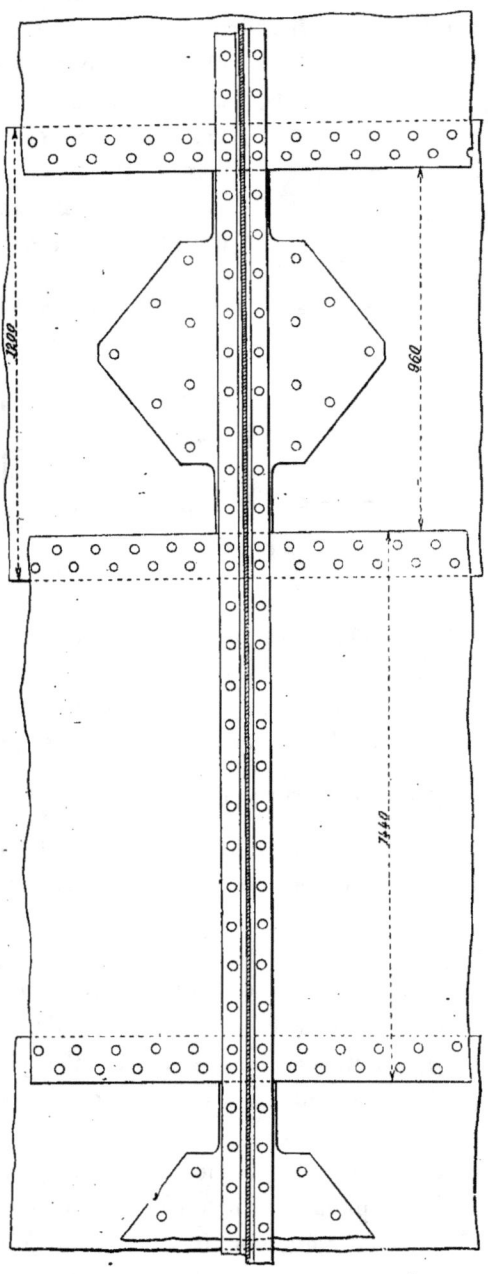

Fig. 117.

relative ($\alpha = 1,100$) :
$$1 - \frac{1,1}{4,55} = 0,758.$$

Au droit d'un couple non étanche, si nous supposons les rivets espacés de 8$^{\text{diam}}$,5 environ, la résistance relative de chaque tôle sera 0,88. En appelant $\rho$ la résistance relative de la tôle de recouvrement munie de la cale de renfort, nous devons donc avoir approximativement :
$$\rho + 0,758 = 2 \times 0,88.$$

Ceci donnerait $\rho > 1$, et n'est par conséquent pas réalisable. La résistance maxima théorique sera, comme nous l'avons vu, $1 - \frac{\alpha D}{L} = 1 - \frac{1,1 \times 24}{960} = 0,973$, pourvu que l'on ait :
$$m_e \geq \frac{\alpha \left(1 + \frac{\alpha'}{\alpha} o + \lambda\right)}{\rho + \frac{\alpha D}{L}}$$

c'est-à-dire ici ($\rho = 1$, $\lambda = 1,091$) :
$$m_q \geq \frac{\alpha (2 + \lambda)}{1 + \frac{\alpha D}{L}} \qquad m_q \geq 3,3$$

condition qui est réalisée puisque $m_q = 4,44$.

La valeur de $N_q$ étant égale à 9, le nombre maximum de rivets additionnels est donné par :
$$\Sigma_1^{q-1} N \leq \frac{9-1}{1,091} \qquad \Sigma_1^{q-1} N \leq 7,33$$

Il faudra donc 7 rivets additionnels de chaque côté du couple étanche, et la résistance obtenue sera :
$$1 - \frac{\alpha}{m_q} + \lambda \frac{\alpha D}{L} \Sigma_1^{q-1} N = 0,752 + 0,206 = 0,958$$

la résistance relative réelle du bordé au droit d'un couple étanche devenant dès lors :
$$\frac{0,758 + 0,958}{2} = 0,858.$$

Le rivetage des files additionnelles sera donné par :

$$N_1 \leqslant 9 - 1{,}091 \times 7 \qquad N_1 \leqslant 1{,}363 \qquad N_1 = 1$$
$$N_2 \leqslant 1{,}363 + 1{,}091 \times 1 \qquad N_2 \leqslant 2{,}454 \qquad N_2 = 2$$
$$N_3 \leqslant 1{,}363 + 1{,}091 \times 3 \qquad N_3 \leqslant 4{,}636 \qquad N_3 = 4$$
$$\overline{\phantom{xxxxx}7}$$

et les largeurs minima de la cale par :

$$L'_p \geqslant \lambda \, \alpha D \, \Sigma_1^p \, N + \alpha D \, N_p$$

c'est-à-dire :

$$L'_1 \geqslant 28{,}8 + 26{,}4 \qquad\qquad L'_1 \geqslant 55{,}2$$
$$L'_2 \geqslant 28{,}8 \times 3 + 26{,}4 \times 2 \qquad\qquad L'_2 \geqslant 139{,}2$$
$$L'_3 \geqslant 28{,}8 \times 7 + 26{,}4 \times 4 \qquad\qquad L'_3 \geqslant 307{,}2.$$

La condition relative aux ruptures obliques exige (1) :

$$\delta_3 \leqslant \frac{4{,}44}{2} + \frac{\overline{f_3}^2 - \overline{1{,}1}^2}{2{,}2}$$

ce qui avec $f_3 = 2$ donne :

$$\delta_3 \leqslant 3{,}49.$$

On déduit de là :

$$3 \times m_3 \times 24 + 2 \times 3{,}49 \times 24 = 960$$
$$m_3 = 11{,}01$$

et il faut :

$$f_3 \geqslant \sqrt{\overline{1{,}1}^2 + (11{,}01 - 4{,}44)\, 1{,}1} \qquad f_3 \geqslant 2{,}9.$$

Nous pourrions donc prendre $f_3 \, D = 70 \, ^{\text{m}}/_{\text{m}}$, soit $f_3 = 2{,}92$, et $m_3 = 11$. Mais le couple étant étanche, il faut pouvoir mater le pourtour de la cale, et nous aurions avec les chiffres précédents des rivets trop espacés sur ce pourtour ; nous allons donc augmenter la valeur de $f_3$.

Prenons $f_3 = 4{,}25$. Il faut alors :

$$\delta_3 \leqslant \frac{4{,}44}{2} + \frac{\overline{4{,}25}^2 - \overline{1{,}1}^2}{2{,}2} \qquad\qquad \delta_3 \leqslant 9{,}88$$

---

(1) Le dessin de la cale s'obtiendrait en pratique plus rapidement au moyen des tracés graphiques que nous avons indiqués au § 35 ; nous donnons ici le calcul numérique à titre d'exemple.

d'où :

$$3 \times m_3 + 2 \times 9{,}88 = \frac{960}{24} \qquad m_3 = 6{,}75$$

et il est nécessaire que l'on ait :

$$f_3 \geqslant \sqrt{\frac{\overline{1{,}1}^2 + 2{,}2 \times 6{,}75}{4}} \qquad f_3 \geqslant 2{,}01$$

ce qui est vérifié.

Plaçons donc le rivet extrême de la file 3 à 236$^m/_m$ du recouvrement, ce qui donne $\partial_3 = 9{,}833$ et $m_3 = 6{,}78$. Nous avons ensuite :

$$\partial_2 \leqslant 9{,}833 + \frac{f_2^2 - \overline{1{,}1}^2}{2{,}2}.$$

Essayons $f_2 = 3$. Il vient :

$$\partial_2 \leqslant 13{,}37$$

$$m_2 + 2 \times 13{,}37 = \frac{960}{24} \qquad m_2 = 13{,}26$$

et il faut alors :

$$f_2 \geqslant \sqrt{\overline{1{,}1}^2 + (13{,}26 - 6{,}78)\,1{,}1} \qquad f_2 \geqslant 2{,}89.$$

Nous serions ainsi conduits à placer le rivet extrême de la file 2 à 320 $^m/_m$ du recouvrement, ce qui donne $\partial_2 = 13{,}33$ et $m_2 = 13{,}33$. Pour le dernier rivet, il faudrait avoir :

$$f_1 \geqslant \sqrt{\frac{\overline{1{,}1}^2 + 2{,}2 \times 13{,}33}{4}} \qquad f_1 \geqslant 2{,}76.$$

En plaçant ce rivet au sommet du triangle formé par les rivets extrêmes des deux files précédentes, ce qui exige :

$$\frac{f_1}{3} = \frac{m_2}{3\,m_3 - m_2} = \frac{13{,}33}{3 \times 6{,}78 - 13{,}33} = 1{,}9$$

on aurait

$$f_1 = 5{,}7$$

c'est-à-dire une valeur trop considérable. Nous augmenterons donc $f_2$ en le portant à 3,5, ce qui donne :

$$\partial_2 \leqslant 14{,}33.$$

Nous prendrons $\partial_2 D = 355 \ {}^m/_m$, soit $\partial_2 = 14,8$ et $m_2 = 11,4$. Nous aurons ainsi

$$\frac{f_1}{3,5} = \frac{11,4}{3 \times 6,78 - 11,4} = 1,275 \qquad f_1 = 4,45.$$

Nous devons avoir en outre :

$$\partial_1 \leqslant 14,8 + \frac{\overline{4,45}^2 - \overline{1,1}^2}{2,2} \qquad \partial_1 \leqslant 22,45.$$

Or, puisqu'il n'y a qu'un rivet, $\partial_1$ est égal à $\dfrac{960}{2 \times 24}$, c'est-à-dire à 20.

Nous vérifierons enfin que les valeurs de $L'$ sont supérieures aux minima primitivement trouvés, et nous aurons la cale de renfort étanche représentée par la figure 117. On peut, bien entendu, tout en conservant la même résistance, modifier le tracé d'une cale soit en disposant les rivets en ligne brisée, soit en adentant le bord de cette cale, ainsi qu'on l'a vu au § 36 (fig. 105 et 106).

# TROISIÈME PARTIE

ÉTUDE DESCRIPTIVE DE LA CHARPENTE DU NAVIRE

## CHAPITRE PREMIER

### Étude générale des efforts supportés par la charpente du navire.

**41. Efforts longitudinaux.** — Avant d'entrer dans la description détaillée de la charpente d'un navire, il est indispensable de bien se rendre compte de la nature des efforts auxquels est soumise cette charpente. Considérons d'abord un navire flottant en eau calme. Il est soumis d'une part à l'action de la pesanteur, représentée par une résultante unique appliquée au centre de gravité, de l'autre à l'action des poussées hydrostatiques, représentée par une résultante unique appliquée au centre de carène. Imaginons le navire découpé en un certain nombre de tranches par des plans transversaux (fig. 118). Une tranche quelconque, considérée

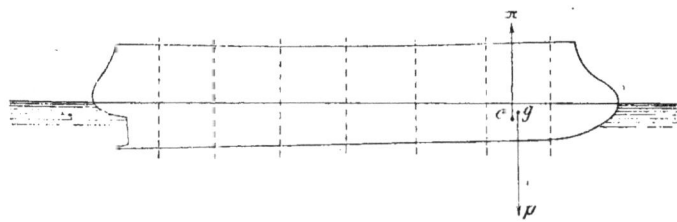

Fig. 118.

isolément, a un certain poids $p$, appliqué en un point $g$, et subit une poussée $\pi$, qui est la résultante des poussées élémentaires sur la tranche et est appliquée au centre de carène $c$ de cette tranche. La somme des forces telles que $p$ est exactement égale à la somme des forces telles que $\pi$, mais pour une tranche quelconque ces deux forces sont en général différentes et ne sont pas directement opposées.

Le plus souvent, les poids l'emportent sur les déplacements pour les tranches voisines des extrémités, tandis que l'inverse a lieu pour les tranches de la région centrale. Les diverses tranches auront ainsi une tendance à glisser les unes par rapport aux autres, celles des extrémités tendant à s'abaisser, celles du centre à se soulever; le bâtiment se déformera donc en prenant de l'arc. Si au contraire les poids l'emportaient sur les déplacements dans la région centrale, le navire se déformerait en prenant du contre-arc. La déformation de la quille peut d'ailleurs aussi s'effectuer suivant une ligne à plusieurs inflexions, d'après la répartition relative des poids et des poussées.

Cette considération ne doit pas être perdue de vue dans l'étude d'un projet. Il ne suffit pas que le centre de gravité général occupe une position déterminée par rapport au centre de carène; il faut encore que les poids soient répartis de telle sorte qu'il n'y ait en aucun point d'écart trop considérable entre le poids et le déplacement d'une tranche considérée comme isolée. C'est ainsi, par exemple, que pour un navire destiné à recevoir deux lourdes tourelles blindées, l'une à l'avant, l'autre à l'arrière, il conviendra de placer ces tourelles à une distance suffisante des extrémités pour que le déplacement de la tranche correspondante n'ait pas une valeur manifestement trop faible, ce qui entraînerait une fatigue exagérée des extrémités de la charpente.

Lorsqu'au lieu d'être sur mer calme le navire se trouve sur mer agitée, les efforts auxquels il est soumis augmentent dans des proportions considérables. En prenant les cas extrêmes, on peut imaginer le navire soit supporté par une lame en son centre (fig. 119),

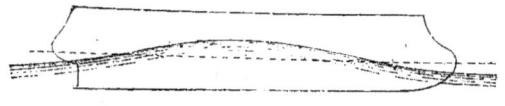

Fig. 119.

les extrémités étant alors déjaugées, soit supporté à ses extrémités par deux lames consécutives (fig. 120), le centre se trouvant dans le creux de la lame. Dans le premier cas, le navire a certainement tendance à prendre de l'arc, et dans le second à prendre du contre-arc. Les deux états pouvant d'ailleurs se succéder par le déplacement relatif du navire et des lames, on voit que sur mer agitée le

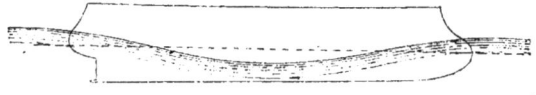

Fig. 120.

navire sera en général soumis à des efforts alternatifs de flexion dans un plan vertical.

Il résulte de ce qui précède qu'on peut envisager le navire comme une poutre tubulaire soumise à des efforts alternatifs de flexion que l'on peut essayer de déterminer par le procédé suivant. On prendra comme axe des abscisses une ligne AB (fig. 121) représentant la longueur entre perpendiculaires; on divisera cette droite en un certain nombre de tranches, et au milieu de chaque tranche on portera en ordonnée une

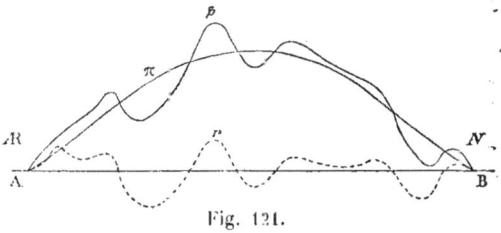

Fig. 121.

longueur proportionnelle à la somme des poids compris dans cette tranche. On obtiendra ainsi la courbe $p$ représentant la distribution des poids d'un bout à l'autre du navire. On examinera ensuite différents cas de répartition des poussées. Supposons d'abord le navire en eau calme; on portera en ordonnées des longueurs proportionnelles aux déplacements des diverses tranches et on aura ainsi la courbe $\pi$ représentant la distribution du déplacement en eau calme; cette courbe s'obtient d'ailleurs immédiatement en remarquant qu'elle est identique, à l'échelle près, à la courbe des aires des couples du navire, qui est connue. L'aire de cette courbe $\pi$ doit être égale à l'aire de la courbe $p$, puisque l'une représente le déplacement total, l'autre le poids total du navire. Si l'on trace maintenant la courbe $r$ ayant pour ordonnées la différence entre les ordonnées des courbes $p$ et $\pi$, on aura la courbe représentative des charges en eau calme, d'où l'on pourra déduire l'effort de flexion dans les différentes sections transversales. On remarque que ces charges sont tantôt positives, tantôt négatives, et que l'aire totale de la courbe $r$, en tenant compte du signe des ordonnées, doit être nulle en vertu de l'égalité du poids et du déplacement du navire.

Le navire étant supposé sur mer agitée, la courbe $p$ ne changera pas, et on pourra faire une série d'hypothèses correspondant à des formes variées de la courbe $\pi$, dont l'aire ne sera plus alors forcément égale à celle de la courbe $p$. On peut même à la limite envisager le cas extrême du navire complètement déjaugé et supporté soit par deux appuis voisins de ses extrémités, soit par un appui voisin de son centre, cas qui peuvent se présenter approximativement dans la pratique pour un navire, soit dans un échouage sur des roches à marée descendante, soit dans un lancement exécuté d'une manière défectueuse. La courbe des charges se confondra alors avec la courbe $p$, et la répartition des efforts de flexion se déduira du nombre et de la position des appuis supposés.

Enfin il peut être nécessaire de ne pas considérer la courbe $p$ comme invariable. Pour un navire de guerre, par exemple, la suppression de tous les poids d'approvisionnement, charbon, munitions, vivres, etc. peut modifier assez profondément la forme générale de la courbe. C'est ainsi que sur les anciens bâtiments en bois on était quelquefois conduit à remplacer par du lest les poids débarqués en vue de leur mise en réserve, pour prévenir la déliaison de la charpente. De même, pour les bâtiments de commerce, la forme de la courbe $p$ pourra être très variable suivant la nature et la répartition du chargement.

En résumé, à chaque hypothèse faite relativement aux courbes $p$ et $\pi$ correspondra une courbe de répartition des efforts de flexion, ou courbe des moments fléchissants, et pour chaque section transversale de la poutre creuse qui constitue le navire, la fatigue R de la fibre la plus chargée sera donnée, ainsi que nous l'avons déjà indiqué au § 16, par l'équation :

$$R = \frac{M}{\left(\dfrac{I}{v}\right)}$$

M étant le moment fléchissant relatif à la section considérée et $\dfrac{I}{v}$ le module de flexion de cette section.

Il importe de remarquer que, lorsque le navire flotte sur mer agitée, son plan diamétral peut ne pas rester vertical, et s'incliner alternativement d'un bord et de l'autre, ce qui constitue le mouvement dit de *roulis*. Dans ce cas, le plan de flexion restant toujours vertical, le moment d'inertie de chaque section transversale doit être calculé par rapport à un axe passant toujours par le centre de gravité de cette section, mais parallèle à la flottaison réelle F'L' et non plus à la flottaison FL du navire droit (fig. 122).

Pour une inclinaison isocarène donnée, on aura un moment d'inertie I' qui pourra être assez différent de I. De plus, la valeur de $v$, qui était égale pour le navire droit à la plus grande des deux longueurs A$g$ et B$g$, sera maintenant égale à la plus grande des deux longueurs A'$m$ et B'$n$. On aura donc en général une modification de la valeur du module de flexion, et en outre la fibre la plus chargée, au lieu de se trouver dans le plan diamétral en A ou B, sera, soit en A' à l'intersection du pont supérieur et de la muraille, soit dans la région B' appelée *tournant de la cale* ou *bouchain*.

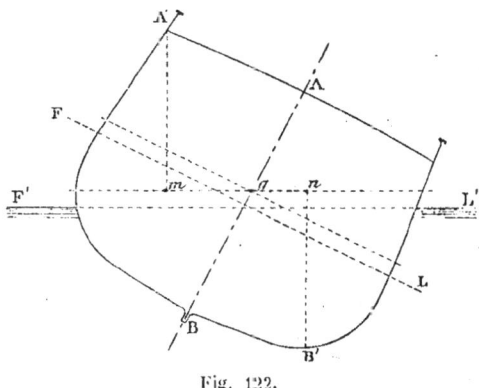

Fig. 122.

Il résulte de ce qui précède que la région des fonds et la région supérieure du navire sont soumises à des efforts alternatifs de traction et de compression, efforts dont la grandeur peut être évaluée pour toute répartition hypothétique déterminée du déplacement. On voit immédiatement toute l'importance des liaisons longitudinales dans la charpente d'un navire. On voit également que l'efficacité de ces liaisons sera d'autant plus grande qu'elles seront plus éloignées du lieu du centre de gravité des sections transversales; de là le rôle capital de la quille, de la carlingue et des galbords, par exemple. La fatigue résultant des efforts de flexion étant fonction du moment d'inertie des sections transversales, il y aura lieu d'agencer la charpente de telle sorte que ces moments d'inertie, et en particulier celui de la section transversale milieu, aient une valeur convenable et aussi grande que possible, en accumulant la matière dans les régions les plus éloignées du centre de gravité de la section. Dans le cas d'un navire à charpente métallique, l'ensemble du bordé extérieur et du bordé du pont supérieur, formant l'enveloppe extérieure de la poutre creuse, devront avoir leur maximum d'épaisseur dans les fonds et dans les hauts. Les murailles latérales, plus voisines de l'axe perpendiculaire au plan de flexion, pourront avoir des échantillons plus faibles, sous réserve que les joints longitudinaux soient convenablement calculés de manière à s'opposer au glissement des virures les unes par rapport aux autres. Les autres liaisons longitudinales devront être réparties d'après les mêmes considérations. Il sera nécessaire par exemple, pour maintenir une rigidité suffisante dans les mouvements de roulis, de placer un certain nombre de membrures longitudinales dans la région du bouchain, et de renforcer la muraille et le bordé du pont supérieur dans le voisinage de leur intersection.

On voit de suite l'infériorité considérable des navires à charpente en bois au point de vue de la résistance longitudinale. Le bordé en bois, en effet, constitué par des bordages jointifs appliqués sur les couples, ne joue qu'un rôle très secondaire dans la résistance longitudinale, qui ne peut être obtenue que par les pièces de liaison croisant l'ossature transversale intérieure. Dans la charpente métallique, au contraire, c'est le bordé extérieur qui, en raison de la rigidité que l'on peut donner aux assemblages de ses éléments, constitue la pièce principale de liaison, et qui pourrait même, à la rigueur, former à lui seul la totalité de la charpente si la nécessité de ne pas dépasser pour les tôles les épaisseurs de fabrication courante n'imposait l'obligation de conserver l'ossature intérieure.

La nécessité d'obtenir une valeur convenable pour le moment d'inertie des sections transversales conduit à donner au *creux*, c'est-à-dire à la distance de la ligne droite du pont supérieur au fond de carène, une valeur suffisante par rapport à la largeur du navire. C'est ainsi que sur certains bâtiments de rivière, pour lesquels l'obligation de réduire le tirant d'eau imposait une profondeur de carène très faible, on a dû construire au-dessus du pont supérieur une véritable poutre à treillis pour restituer au moment d'inertie des sections transversales la valeur voulue.

**42. Efforts transversaux.** — Les actions combinées de la pesanteur et des poussées hydrostatiques tendent à déformer le navire non seulement dans le sens longitudinal, mais aussi dans le sens transversal. Imaginons d'abord le navire à sec, reposant sur sa quille, cas qui se présente par exemple pendant l'échouage dans un bassin de radoub. Considérons une section transversale de la charpente, supposée réduite dans cette section à un couple et à un certain nombre de barrots de pont (fig. 123). Outre le poids de ces pièces, on a dans la tranche qui comprend la membrure considérée un certain nombre de poids répartis dans la cale et les divers entreponts. Nous avons ainsi une série de poids tels que $p_1 \, p_2 \ldots$ appliqués directement au couple, et de poids tels que $q_1 \, q_2 \ldots r_1 \, r_2 \ldots$ appliqués aux barrots. Supposons d'abord

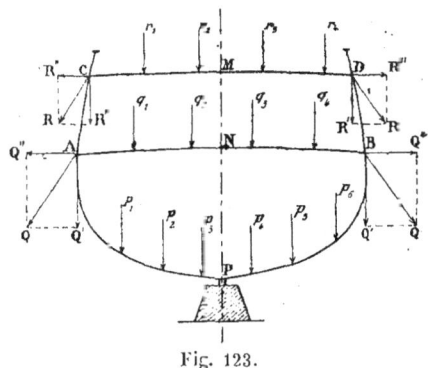

Fig. 123.

les barrots articulés avec le couple à leurs extrémités. Si ces barrots sont horizontaux, ils tendront à s'infléchir sous l'effort de leur poids propre et des forces $q_1 \, q_2 \ldots r_1 \, r_2 \ldots$ en exerçant un effort de traction sur leurs extrémités; si au contraire ils ont un certain bouge, les forces considérées tendront à diminuer la flèche en donnant naissance à un effort de poussée sur les extrémités. Dans tous les cas, l'action sur le couple du poids d'un barrot et des forces qui lui sont appliquées peut être représentée par deux forces non verticales appliquées à ses extrémités; chacune de ces forces peut être décomposée en deux autres, l'une verticale, l'autre horizontale; les deux composantes horizontales tendront à écarter les extrémités du barrot si les efforts qui agissent sur ce barrot tendent à diminuer sa flèche, à les rapprocher dans le cas contraire.

Les efforts qui agissent sur le couple sont donc d'une part les forces verticales qui lui sont directement appliquées, de l'autre les forces obliques qui lui sont transmises par les différents ponts. Ces efforts tendent à déformer le couple par flexion dans un plan vertical, et il est évident que le point de fatigue maxima est l'intersection P du couple avec le plan diamétral (1). Chacune des deux moitiés symétriques du couple peut être considérée comme une pièce encastrée en P et soumise aux efforts que nous avons énumérés. Il sera par suite rationnel de donner à la poutre qui constitue le couple un moment d'inertie variable, maximum en P et allant en décroissant de ce point jusqu'au plat bord. Si donc, comme on le fait d'habitude, on laisse constante la largeur de la poutre, c'est-à-dire l'échantillon sur le droit, on sera conduit à diminuer progressivement sa hauteur, c'est-à-dire l'échantillon sur le tour, de manière à réaliser la forme générale indiquée par la fig. 124.

Il est d'ailleurs possible de réduire d'une façon notable les efforts de flexion qui agissent sur un couple en établissant une liaison verticale entre les différents ponts et la région des fonds et en assurant l'invariabilité de l'angle des barrots avec le couple. Imaginons d'abord que l'on dispose une pièce de liaison rigide entre les points M et N d'une part, N et P d'autre part (fig 125). Les pièces

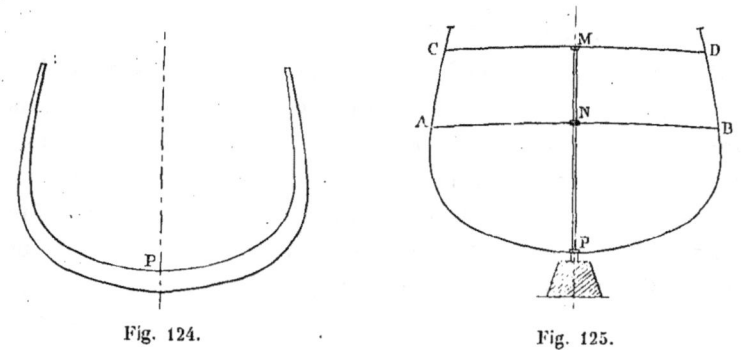

Fig. 124.   Fig. 125.

MN et NP, qui portent le nom d'*épontilles*, transmettront au point P une partie des efforts directement appliqués aux barrots, et réduiront par suite la valeur des composantes Q' et R' appliquées aux points de jonction du couple et des barrots. En outre, la

---

(1) Ceci peut cesser d'être vrai dans le cas d'un couple ayant dans les hauts une forte rentrée. Le point de fatigue maxima se rapproche alors du tournant de la cale, qu'il convient par suite de renforcer en conséquence.

distance des points N et P par exemple étant maintenue invariable, les variations de flèche que pourra subir le barrot AB dans sa déformation seront notablement réduites, et il en sera de même par suite des composantes horizontales telles que Q″. Enfin, chacune des deux moitiés du barrot pouvant être maintenant considérée comme une pièce encastrée en N, le point A par exemple ne pourra s'abaisser que si la pièce AN fléchit, et la résistance propre à la flexion de cette pièce interviendra pour diminuer la déformation du couple.

En second lieu, supposons que l'on établisse toutes les jonctions telles que A et B, C et D, d'une manière suffisamment rigide pour que l'angle du barrot et de la membrure reste invariable. Chaque pièce telle que AN pourra alors être considérée comme encastrée à ses deux extrémités, et sa résistance à la déformation sera plus grande que si elle était simplement articulée en A. La tendance à la déformation de la membrure subira donc de ce fait une nouvelle réduction.

Au lieu de placer au droit de chaque couple une épontille telle que PN, on pourra évidemment utiliser pour le même but des portions de la charpente ayant par ailleurs une autre destination. Si l'on est amené par exemple, pour le compartimentage de la cale, à disposer une cloison longitudinale médiane, il est clair que cette cloison pourra agir non seulement comme liaison longitudinale mais encore comme épontille, pourvu qu'elle soit construite de façon assez rigide pour ne pas fléchir et pour maintenir l'invariabilité de distance des points P et N.

Il ne sera pas non plus indispensable que les épontilles soient toutes placées dans le plan diamétral. Deux épontilles symétriques, de part et d'autre de ce plan, pourront remplir le même but, surtout pour l'entretoisement des divers ponts entre eux. Entre le pont le plus bas et les fonds du navire, il y aura intérêt à ramener autant que possible l'épontillage dans le voisinage du plan diamétral, pour ne pas augmenter l'effort de flexion du couple dans la région médiane. Si on ne peut opérer de cette manière, on sera conduit quelquefois, comme nous le verrons plus tard, à disposer des quilles d'échouage latérales, pour fournir au navire un appui extérieur exactement à l'aplomb des épontilles.

Indépendamment de l'épontillage proprement dit, toute pièce

établissant une liaison entre les couples et les barrots concourra utilement à la résistance transversale en s'opposant à la déformation du couple et permettant aux barrots de jouer le rôle de tirants vis-à-vis des deux moitiés de ce couple. Telle sera par exemple une cloison étanche transversale reliée par sa tête à un pont et par son pourtour à la membrure.

Pour les couples auxquels ne correspond pas une cloison de ce genre, l'entretoisement pourra être réalisé par une cloison longitudinale de compartimentage telle que EF, GH (fig. 126). A défaut de compartimentage, EF et GH pourront être des écharpes reliant le barrot avec le couple. Les dispositions seront, bien entendu, très variables, de manière à se plier aux exigences de l'aménagement intérieur du navire.

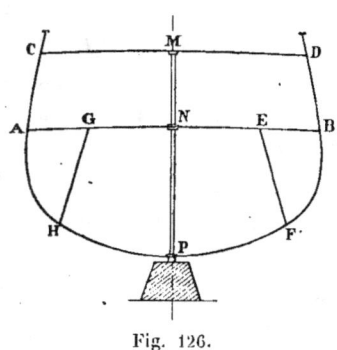

Fig. 126.

Considérons maintenant le navire flottant en eau calme, dans la position droite. Aux forces précédemment énumérées viennent s'ajouter les pressions hydrostatiques. En chaque point de la carène, on a une pression normale à la surface, et pouvant se décomposer suivant trois directions parallèles aux plans de repère; nous examinerons successivement ces trois groupes de composantes.

Les composantes verticales, dont la résultante est la poussée, agissent d'une manière analogue aux forces $p_1$, $p_2$... Q', R' de la figure 123, mais en sens inverse. Elles tendent à faire remonter les fonds, et remplacent la réaction de l'appui fixe sur lequel reposait la quille dans le cas précédemment étudié. Suivant la valeur respective et la répartition des poids et de ces poussées, il pourra arriver soit que les murailles latérales s'affaissent, les fonds tendant à s'aplatir et à remonter, soit au contraire que les fonds s'affaissent, les murailles latérales tendant à se rapprocher. Le premier cas sera celui d'un navire très plat, peu chargé dans la partie centrale et portant latéralement des poids considérables, une ceinture cuirassée par exemple; le second cas sera celui d'un navire à section transversale affinée, chargé principalement dans les fonds.

Quel que soit celui de ces deux efforts qui se produise, il y aura toujours tendance à modification de la courbure du couple, qu'on peut encore considérer comme formé de deux pièces symétriques encastrées dans le plan diamétral, ce qui conduit à lui donner la forme précédemment indiquée. Ici encore l'épontillage interviendra pour réduire la déformation transversale ; on remarquera seulement que si dans le premier cas les épontilles travaillent par compression, ainsi que cela avait lieu pour le navire supporté par sa quille, dans le second elles travaillent au contraire par traction. Comme il est à peu près impossible de savoir à l'avance quel sera le sens de la déformation, et comme d'ailleurs ce sens peut varier suivant l'état du chargement, on voit que l'épontillage doit être établi de façon à pouvoir travailler soit par traction soit par compression. Une épontille ne pourra donc être constituée par une simple colonne intercalée entre un barrot et les fonds par exemple ; cette colonne devra être solidement fixée à sa tête et à son pied, de manière à pouvoir agir non seulement comme support, mais encore comme tirant.

Les composantes transversales des pressions hydrostatiques sont des forces horizontales, perpendiculaires au plan diamétral. Elles tendent à aplatir le navire dans le sens transversal ; leur action sera contrebalancée par toutes les pièces s'opposant à la déformation dans ce sens. On remarquera que cette catégorie de forces tend à faire travailler les épontilles par traction, ce qui confirme la conclusion à laquelle nous sommes arrivés tout à l'heure.

Enfin, les composantes longitudinales des pressions hydrostatiques sont des forces dirigées vers le maître couple et tendant à aplatir le navire dans le sens longitudinal. Leur action, peu importante par rapport à celle des autres forces, est combattue d'un côté par les pièces s'opposant à la déformation transversale dans la région du centre, de l'autre par les pièces de liaison longitudinale travaillant dans ce cas à la compression.

Si, au lieu de flotter dans la position droite, le navire flotte dans une position inclinée d'un certain angle, les forces agissant sur le couple ne changeront pas de direction ; l'ensemble de la section transversale tendra à se déformer par déversement, les angles de la face supérieure des barrots avec la muraille tendant à s'ouvrir en **B** et **D** (fig. 127), à se fermer en A et C. Si le navire roule sur mer agitée, c'est-à-dire s'incline successivement d'un bord et de l'autre, chacun de ces angles tendra alternativement à s'ouvrir et

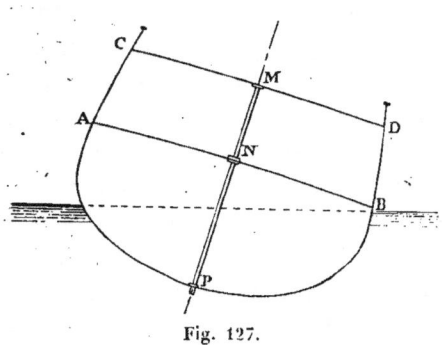

Fig. 127.

à se fermer. L'ensemble de la charpente sera soumis à un effort de dislocation par suite du renversement alternatif du sens des déformations, effort qui sera accru par les forces d'inertie dues à la vitesse périodiquement variable que prennent dans le mouvement de roulis les divers points de la charpente. On voit ainsi combien il est important d'assurer l'invariabilité des angles aux jonctions des pièces qui concourent à la résistance transversale, et en particulier aux jonctions des barrots avec la muraille.

**43. Efforts dus à la propulsion.** — Les efforts directs dus à l'organe propulseur n'ont guère d'importance que sur les navires à voiles. Les voiles étant supportées par des mâts placés dans le plan diamétral et maintenus latéralement par des haubans fixés à la muraille, on a encore, dans la plupart des cas, une tendance à la déformation transversale. Pour les navires à vapeur, la poussée de l'hélice ou des roues s'exerce sur des paliers qu'il est facile de relier suffisamment à la charpente pour que l'effort se répartisse sur une grande étendue. La valeur absolue de cette poussée est d'ailleurs peu considérable par rapport aux autres efforts qui agissent sur la charpente.

Par contre, les navires à vapeur peuvent être soumis à une cause de fatigue importante par les vibrations qui leur sont imprimées par le mouvement de l'appareil moteur. Cet appareil étant dans la plupart des cas une machine à mouvement alternatif, il s'y développe des forces d'inertie agissant successivement dans des sens opposés. Le navire peut donc être considéré comme une verge soumise en un certain point de sa longueur à des efforts alternatifs se succédant rapidement, et qui sera mise par suite en état de vibration. On conçoit par conséquent que, suivant le nombre de tours de la machine, la période de succession de ces impulsions alternatives pourra être plus ou moins voisine de la période propre de vibration de la poutre élastique qui constitue le navire ; si le synchronisme est réalisé entre les deux périodes, l'amplitude des vibrations de la coque passera par un maximum. Ce maximum d'amplitude est facile à observer sur un grand nombre de navires, et on vérifie qu'il correspond à un nombre de tours bien déterminé de la machine motrice. Dans certains cas même, si le nombre $n$ de tours correspondant au synchronisme est peu élevé et si la machine est susceptible de donner un nombre de tours assez considérable, on pourra observer deux ou plusieurs maxima d'amplitude des vibrations, lorsque le nombre de tours sera égal à $2\,n$, $3\,n$, etc.

Lorsque le synchronisme se trouve réalisé pour une allure voisine de l'allure normale de la machine, on peut ainsi se trouver dans des conditions très défavorables, incompatibles avec la rigidité de la charpente et la bonne utilisation du navire. Comme il est impossible de calculer la période propre du navire et par suite de déterminer à l'avance à quelle allure le synchronisme pourra être réalisé, on doit s'attacher autant que possible à réduire l'amplitude des vibrations. On y arrive principalement par un équilibrage convenable des pièces mobiles de la machine ; l'emplacement de la machine dans le navire a également une influence marquée, et cette considération ne doit pas être perdue de vue dans l'établissement d'un projet.

Il convient de remarquer que, même avec des machines verticales, les vibrations de la coque ne sont pas forcément verticales. Il peut également se produire dans certains cas des vibrations transversales déterminant ce qu'on appelle un mouvement de *lacet*. Les liaisons longitudinales à peu près horizontales, telles que le bordé et le vaigrage des fonds et le bordé des ponts, s'opposeront efficacement à ce genre de déformation.

**44. Efforts dus au rôle spécial des pièces** — Outre les efforts généraux dont nous venons de parler, un certain nombre des pièces de la charpente peuvent être soumises à des efforts spéciaux résultant de leur emplacement ou de leur rôle dans la construction, et en vue desquels il convient de les proportionner.

L'étambot, par exemple, est destiné en général à supporter le gouvernail, et doit par suite pouvoir résister aux efforts qui lui sont transmis par cet organe, efforts que nous étudierons plus tard.

L'étrave et la région de l'avant, si le bâtiment est destiné à combattre par l'éperon, doivent être spécialement renforcés pour pouvoir résister au choc résultant de la collision. Toute la charpente de l'avant doit être d'ailleurs spécialement consolidée en général, pour atténuer les effets d'une collision accidentelle.

La charpente soutenant une cuirasse doit être établie non seulement en vue de soutenir le poids de cette cuirasse, mais aussi de manière à appuyer cette cuirasse, c'est-à-dire à s'opposer à son déplacement par l'effet du choc des projectiles.

Les cloisons étanches qui servent au compartimentage du navire doivent être construites de manière à pouvoir supporter sans déformation trop sensible la charge d'eau résultant de l'envahissement d'un des compartiments qu'elles limitent.

Les parties de la charpente concourant à la tenue des supports d'une pièce d'artillerie doivent pouvoir résister aux ébranlements causés par le tir de cette pièce.

Un grand nombre de pièces de la charpente doivent ainsi être consolidées en raison de leur rôle spécial. Nous ne pouvons passer ici en revue ces consolidations, qui seront étudiées séparément dans la suite de ce cours.

**45. Solidarité des liaisons longitudinales et transversales**. — Dans l'étude générale des efforts auxquels est soumise la charpente d'un navire, nous avons examiné séparément le rôle des liaisons longitudinales et celui des liaisons transversales. En réalité, ces diverses liaisons ne sont pas indépendantes les unes des autres, et toute déformation transversale, par exemple, entraîne une déformation corrélative des pièces de liaison longitudinale. Supposons par exemple qu'un couple se déforme; il en résultera une déformation de toutes les liaisons longitudinales qui lui sont fixées, et la résistance propre de ces pièces à la déformation concourra par suite dans une certaine mesure à la résistance du couple. D'autre part, ces pièces de liaison longitudinale étant également conjuguées aux autres couples, elles ne pourront se déformer qu'en entraînant la déformation de ces couples, et la résistance propre du couple considéré se trouvera ainsi accrue d'une certaine fraction de la résistance propre des couples voisins.

On voit donc la nécessité et l'importance de la conjugaison des pièces de liaison transversale et longitudinale. La solidarité ainsi

EFFORTS SUPPORTÉS PAR LA CHARPENTE DU NAVIRE.    181

établie entre les deux genres de liaison pourra souvent être d'un utile secours, lorsque les nécessités de l'aménagement intérieur s'opposeront à l'agencement normal de certaines pièces de liaison.

Considérons par exemple le cas d'un pont, dont la charpente est formée d'une série de barrots parallèles A B C D..... (fig. 128). Il

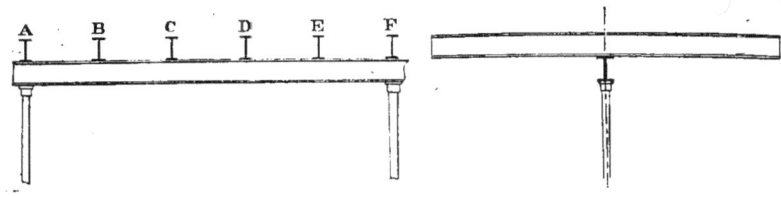

Fig. 128.

pourra arriver que l'on soit obligé de ne pas placer d'épontilles au-dessous d'un certain nombre de ces barrots, et qu'on ne puisse en mettre par exemple qu'au droit des barrots A et F. On établira alors au-dessous des barrots, de A en F, une poutre longitudinale s'appuyant à ses extrémités sur les épontilles, et reliée à chacun des barrots intermédiaires qu'elle croise. Une pièce de ce genre porte le nom d'*hiloire*. Il est évident que cette hiloire jouera le rôle d'épontille vis-à-vis des barrots B, C, D, E, sous réserve que son attache avec ces barrots soit suffisamment résistante pour qu'elle ne puisse se déformer sans les entraîner avec elle, puisque, ainsi que nous l'avons vu, l'épontillage doit être établi de manière à travailler soit par traction, soit par compression.

**46. Continuité de résistance.** — Nous venons de démontrer la nécessité de conjuguer les pièces de liaison longitudinale et transversale à leur point de croisement. Cette nécessité entraîne l'affaiblissement de ces pièces par les trous de rivets qu'on est obligé de percer pour réaliser l'assemblage. Or on sait que pour obtenir le maximum de résistance aux effets dynamiques on est conduit à donner à une pièce la forme d'un solide d'égale résistance, c'est-à-dire tel que la charge à laquelle il est soumis soit la même dans les différentes sections. En particulier, pour une pièce soumise à un effort de traction, il conviendra que la section soit constante d'un bout à l'autre de la pièce. Par conséquent, si l'on considère une tôle faisant partie de la charpente (fig. 129), percée par un certain nombre de trous de rivets, il y aura intérêt à pratiquer dans cette tôle des évidements de manière à se rapprocher autant que possible de la continuité de résistance. Ces évidements seront avantageux au point de vue du poids, et, à poids égal, donneront une augmentation de la résistance vive de la pièce. S'il s'agit par exemple d'une tôle soumise à un effort de traction, comme celle de la figure 113, nous voyons que la largeur à donner aux évidements sera déterminée

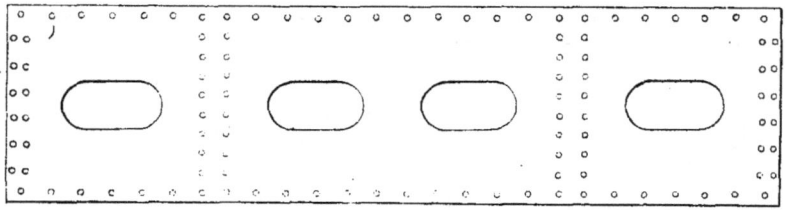

Fig. 129.

par la résistance relative à obtenir, c'est-à-dire, dans l'exemple cité, égale aux $\frac{222}{1000}$ de la largeur de la tôle. La longueur des évidements dépendra de la raideur qu'il est nécessaire de conserver à la tôle pour résister aux autres genres d'efforts.

Il est bien entendu que ceci suppose qu'aucune autre considération, l'étanchéité par exemple, n'empêche de pratiquer ces évidements. Mais, toutes les fois qu'on le pourra, il conviendra de se rapprocher autant que possible de la continuité de résistance par l'emploi judicieux des évidements. Outre les économies de poids ainsi réalisées, on améliorera la résistance vive de l'ensemble de la charpente.

# CHAPITRE II

**Détermination des échantillons de la charpente.**

**47. Comparaison des résistances longitudinales.** — L'étude que nous venons de faire montre la complexité du problème de la résistance des charpentes de navire. Il est impossible de déterminer à priori, par le calcul, les échantillons des diverses pièces de la charpente, car on manque dans la plupart des cas du premier élément indispensable pour tout calcul de ce genre, c'est-à-dire de la grandeur des forces en jeu. Sauf pour certaines pièces soumises à des efforts assez bien déterminés, et pour lesquelles on peut faire intervenir le calcul, on est obligé le plus souvent de procéder par comparaison, c'est-à-dire d'apprécier si les conditions de résistance peuvent être considérées comme équivalentes à celles d'un navire déjà construit. Les efforts longitudinaux étant de beaucoup les plus importants, c'est la résistance à ces efforts qu'il convient d'apprécier en premier lieu, ce qui s'exécute de la manière suivante.

Le navire étant assimilé à une poutre, nous avons vu que la résistance à la flexion de cette poutre, dans une section transversale, dépendait du moment des forces agissantes et du module de flexion de la section considérée. Ce module de flexion peut être assez aisément calculé, mais, comme il s'agit uniquement d'un procédé de comparaison de divers navires entre eux, on se contente de le déterminer pour une seule section, faite à mi-distance entre les perpendiculaires extrêmes, et coïncidant par suite à peu de chose près avec la maîtresse section.

Pour calculer le module de flexion de la section milieu, il faut déterminer d'une part la position du centre de gravité de la section, de l'autre le moment d'inertie par rapport à un axe passant par ce centre de gravité. On commence par déterminer dans la section milieu, supposée tracée, tous les éléments qui présentent de part et d'autre de cette section une continuité suffisante pour qu'on puisse les considérer comme concourant à la résistance longitudinale (quille, carlingue, lisses, bordé extérieur, bordé des ponts, vaigrage, cloisons longitudinales, etc.). Ces divers éléments peuvent être décomposés en rectangles ou en parallélogrammes équivalents à des rectangles dont le moment d'inertie est facile à calculer. Proposons-nous par exemple de chercher le moment d'inertie d'un parallélogramme ABCD (fig. 130), par rapport à un

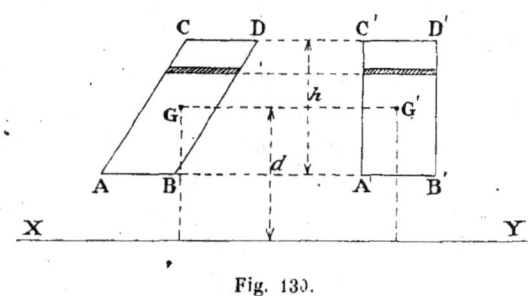

Fig. 130.

axe XY parallèle à un de ses côtés. Il est facile de voir que ce moment d'inertie ne diffère pas de celui d'un rectangle A'B'C'D' ayant même hauteur et même base que le parallélogramme, et ayant son centre de gravité à la même distance de l'axe XY. Il suffit, pour s'en rendre compte, de décomposer les deux figures en bandes de hauteur infiniment petite parallèles à XY; la valeur de l'intégrale $\int r^2 \, d\omega$ sera la même pour les deux figures. Désignons par $h$ la hauteur du rectangle, par $l$ sa largeur, par $\sigma$ sa surface, par $d$ la distance de son centre de gravité à l'axe XY. Le moment d'inertie du rectangle par rapport à un axe parallèle à XY et passant par G' est égal à $\frac{1}{12} lh^3$. Le moment par rapport à XY est donc, d'après un théorème connu :

# DÉTERMINATION DES ÉCHANTILLONS DE LA CHARPENTE.

$$i = \sigma d^2 + \frac{1}{12} l h^3$$

ou, puisque $\sigma = lh$ :

$$i = \sigma \left( d^2 + \frac{h^2}{12} \right).$$

On décomposera donc les éléments intéressant la résistance longitudinale en rectangles ou en parallélogrammes à bases perpendiculaires au plan diamétral. Pour chaque élément on relèvera les valeurs de $\sigma$, $d$ et $h$, $d$ étant la distance du centre de gravité de l'élément à un axe auxiliaire quelconque perpendiculaire au plan diamétral, et $h$ la hauteur de sa projection sur le plan diamétral. Appelons $\Sigma$ la somme des sections élémentaires. La somme des produits tels que $\sigma d$ donnera le moment total Q de la surface $\Sigma$ par rapport à l'axe auxiliaire choisi, et la distance du centre de gravité de la section à cet axe sera donnée par :

$$n = \frac{Q}{\Sigma}.$$

Connaissant la position du centre de gravité de la section, on mènera par ce point un axe perpendiculaire au plan diamétral, et la distance de cet axe au point de la charpente qui en est le plus éloigné donnera la valeur de $v$. En additionnant les moments d'inertie partiels $i$, on aura le moment d'inertie total I' de la section milieu par rapport à l'axe auxiliaire, et on en déduira le moment d'inertie par rapport à l'axe passant par le centre de gravité au moyen de la formule rappelée plus haut :

$$I = I' - n^2 \Sigma.$$

Pour procéder méthodiquement, il est commode de grouper les calculs ainsi que l'indique le tableau ci-après, en multipliant par 2 les résultats obtenus pour une des moitiés symétriques du navire.

| Désignation des pièces de liaison longitudinale. | Section des pièces $\sigma$ | Distance du centre de gravité des pièces à l'axe de repère $d$ | Moment par rapport à l'axe de repère $l = \sigma d$ | $d^2$ | Hauteur de la projection de la pièce sur l'axe vertical $h$ | $d^2 + \dfrac{h^2}{12}$ | Moment d'inertie par rapport à l'axe de repère $i = \sigma\left(d^2 + \dfrac{h^2}{12}\right)$ |
|---|---|---|---|---|---|---|---|
| Quille (moitié)........ | .... | .... | .... | | | | .... |
| Bordé extérieur { 1re virure..... | .... | .... | .... | | | | .... |
| 2e virure..... | | | | | | | |
| ⋮ | | | | | | | |
| Carlingue... | | | | | | | |
| ⋮ | | | | | | | |
| Totaux..... | $\dfrac{\Sigma}{2} = ..$ $\Sigma = .$ | » | $\dfrac{Q}{2} = ..$ $Q = ..$ | » | » | » | $\dfrac{I'}{2} = ......$ $I' = $ |
| Distance de la fibre neutre à l'axe de repère.... | | | | | | | $n = \dfrac{Q}{\Sigma} = ......$ |
| Distance de la fibre la plus chargée à l'axe passant par la fibre neutre................. | | | | | | | $v = ......$ |
| Moment d'inertie de la section milieu par rapport à cet axe.................... | | | | | | | $I = I' - n^2 \Sigma = ..$ |
| Module de flexion de la section milieu........ | | | | | | | $\dfrac{I}{v} = ......$ |

Pour éviter l'emploi de signes, il est bon de tracer l'axe de repère de manière qu'il laisse entièrement au-dessus de lui toute la section milieu.

Le terme $\dfrac{h^2}{12}$, qui tient compte du moment d'inertie propre de chaque élément par rapport à son centre de gravité, est souvent négligeable vis-à-vis du terme $d^2$, sauf pour les pièces dont la projection verticale présente une hauteur notable. On peut donc le laisser de côté pour un assez grand nombre de pièces telles que le bordé des fonds, les bordés de pont, etc. En revanche, il a une grande importance pour les pièces verticales, pour les cloisons longitudinales par exemple.

Comme il s'agit uniquement d'une base de comparaison entre des navires différents, il importe que le calcul du moment d'inertie de la section milieu soit effectué toujours de la même manière, en adoptant certaines conventions déterminées, qui sont les suivantes :

La section des pièces métalliques de la charpente est la section brute, déduite des échantillons, sans déduction relative aux trous des rivets dont elles sont percées. Pour les pièces en bois, on admet une résistance égale à $\frac{1}{15}$ de celle du métal; en d'autres termes, dans les calculs indiqués ci-dessus, on détermine les sections brutes des pièces de bois, on prend comme valeur de $\sigma$ $\frac{1}{15}$ de cette section, et on continue le calcul comme s'il s'agissait d'une pièce métallique.

Les plaques de blindage rapportées sur la charpente ne sont pas comptées comme pièces de liaison longitudinale. Exception est faite pour les plaques de cuirassement de pont qui, en raison de leur grande longueur, peuvent être considérées comme concourant dans une certaine mesure à la résistance longitudinale, et pour les plaques de cuirassement de la muraille extérieure, lorsque des précautions spéciales ont été prises, comme nous le verrons plus tard, en vue de les faire contribuer à la résistance longitudinale. La convention habituelle est de compter les plaques ainsi considérées comme pièces de liaison pour 1/3 de leur épaisseur (1).

Pour les bâtiments à pont cuirassé, il peut arriver, comme nous le verrons, que la charpente soit divisée par ce pont en deux parties bien distinctes, reliées seulement par les rivets d'attache de la partie supérieure sur le pont cuirassé. On considère souvent dans

(1) Toutes ces conventions ne sont pas universellement suivies dans tous les chantiers. C'est ainsi que les couvre-joints longitudinaux du bordé sont tantôt compris, tantôt non compris dans les matériaux concourant à la résistance longitudinale.

ce cas, pour le calcul du moment d'inertie, le bâtiment comme limité à son pont cuirassé.

Le module de flexion étant ainsi calculé, il faudrait faire certaines hypothèses sur la répartition des poids et des poussées et en déduire pour chaque cas la répartition des efforts de flexion. Puisqu'il s'agit uniquement d'une méthode de comparaison, on a admis conventionnellement que le moment de flexion maximum était représenté par une expression de la forme $\frac{1}{m}$PL, P étant le déplacement du navire, L sa longueur d'encombrement, et $m$ un coefficient constant pour tous les navires, que l'on a pris égal à 30. On aura alors pour déterminer ce qu'on peut appeler l'*indice de résistance longitudinale* l'équation :

$$R = \frac{\left(\dfrac{PL}{30}\right)}{\left(\dfrac{I}{v}\right)}.$$

Il ne faut pas perdre de vue que la charge R ainsi obtenue est une charge purement fictive, ne correspondant nullement à la charge réelle de la matière en raison des hypothèses conventionnelles faites en vue de sa détermination. C'est un chiffre de comparaison qui doit rester sensiblement constant lorsqu'on passe d'un navire à un autre à peu près similaire.

Les valeurs trouvées pour R par ce procédé varient en général entre 7 et 8$^k$ par millimètre carré pour les navires actuels construits en acier. On va cependant jusqu'à 9 et même 10$^k$ sur certains navires; pour les petits bâtiments, au contraire, les torpilleurs par exemple, pour lesquels le rapport de la longueur au creux est considérable, on ne dépasse guère 4 à 5$^k$, et on reste même souvent au-dessous de cette valeur.

Voici d'ailleurs les valeurs de R calculées pour un certain nombre de navires :

| NOMS DES NAVIRES. | DÉPLACEMENT | VALEUR DE R. |
|---|---|---|
| | Tonneaux. | Kil. |
| *Formidable* (coque limitée au pont blindé). | 11385 | 7,000 |
| *Marceau* ( . . . . . id. . . . . . ). | 10622 | 7,502 |
| *Brennus* ( . . . . . id. . . . . . ). | 10978 | 9,100 |
| *Charles-Martel* ( . . . . . id. . . . . . ). | 11881 | 8,230 |
| *Jauréguiberry* ( . . . . . id. . . . . . ). | 11817 | 8,321 |
| *Carnot* { (coque limitée au pont blindé) . . / (coque limitée au pont supérieur). . \ | 11986 | { 8,236 7,834 |
| *Masséna* { (coque limitée au pont blindé). . . / (coque limitée au pont supérieur). . \ | 11923 | { 7,870 6,619 |
| *Bouvines* . . . . . . . . . . . . . . . . . . | 6610 | 8,870 |
| *Jemmapes* . . . . . . . . . . . . . . . . . | 6592 | 8,210 |
| *Tage* . . . . . . . . . . . . . . . . . . . . | 7074 | 7,642 |
| *Cécille* . . . . . . . . . . . . . . . . . . | 5790 | 7,096 |
| *Foudre* . . . . . . . . . . . . . . . . . . | 6090 | 7,151 |
| *Dupuy-de-Lôme* . . . . . . . . . . . . . . | 6406 | 6,807 |
| *Chanzy* . . . . . . . . . . . . . . . . . . | 4744 | 7,086 |
| *Descartes* . . . . . . . . . . . . . . . . . | 4006 | 5,959 |
| *D'Assas* . . . . . . . . . . . . . . . . . | 3945 | 5,043 |
| *Linois* . . . . . . . . . . . . . . . . . . | 2274 | 7,098 |
| *Galilée* . . . . . . . . . . . . . . . . . . | 2322 | 7,006 |
| *Cosmao* . . . . . . . . . . . . . . . . . . | 1877 | 6,176 |
| *Coëtlogon* . . . . . . . . . . . . . . . . . | 1853 | 10,540 |
| *Casabianca* . . . . . . . . . . . . . . . . | 960 | 6,639 |
| *D'Iberville* . . . . . . . . . . . . . . . . | 925 | 5,223 |
| *Bombe* . . . . . . . . . . . . . . . . . . | 312 | 4,350 |
| *Torpilleur n° 199* . . . . . . . . . . . . . | 82 | 2,960 |
| *Surprise* (construction composite) . . . . . . | 636 | 5,564 |
| *Touraine* (paquebot) . . . . . . . . . . . | 11700 | 9,550 |

Les chiffres inscrits sur ce tableau ne sont pas tous calculés avec les mêmes conventions relativement au choix des matériaux comptés comme faisant partie des liaisons longitudinales. Il est donc très important, lorsqu'on veut faire une comparaison précise, de vérifier le procédé de calcul adopté pour le bâtiment que l'on choisit comme point de départ.

Pour les navires de guerre, on se contente d'habitude de calculer le module de flexion de la section milieu par rapport à un axe perpendiculaire au plan diamétral. Pour des navires à murailles latérales droites et à grande hauteur d'œuvres-mortes, comme les grands paquebots, il peut être nécessaire de calculer également le module de flexion pour une position inclinée, de manière à vérifier que l'on n'a pas de charge exagérée à l'angle de jonction du pont supérieur et de l'œuvre-morte (voir fig. 122).

La méthode employée en Angleterre pour la comparaison des résistances longitudinales des divers navires est assez différente de la méthode usitée en France. Elle consiste principalement à calculer séparément le moment d'inertie dans l'hypothèse où le navire tend à prendre de l'arc et dans celle où il tend à prendre du contre-arc, en distinguant les pièces qui travaillent par compression de celles qui travaillent par traction. Pour les premières on compte les sections brutes, pour les autres les sections diminuées de l'affaiblissement produit par le rivetage. En outre, les plaques de cuirasse, lorsqu'elles travaillent par compression, peuvent être logiquement comptées avec leur section totale. On est évidemment conduit de cette façon à des valeurs différentes de R, ce qu'il importe de ne pas oublier si l'on veut faire des comparaisons entre des navires français et anglais.

**48. Détermination des échantillons.** — Sous réserve de cette vérification comparative de la résistance longitudinale, on se contente dans la pratique de déterminer les échantillons des diverses parties de la charpente par comparaison avec ceux des navires précédemment construits.

Pour les navires de commerce, qui, ainsi que nous l'avons déjà dit, s'écartent peu d'un petit nombre de types bien définis, cette détermination se fait rapidement au moyen des tableaux édictés par les sociétés telles que le Veritas et le Lloyd. Les règles du Veritas, par exemple, sont fonction d'un *nombre indicateur* résultant de la combinaison des dimensions principales du navire.

Ces dimensions sont :

La *longueur* L, mesurée dans les conditions définies par le règlement (auquel nous renvoyons pour plus amples détails);

La *largeur* B, largeur maxima mesurée hors membres au maître couple;

Le *creux* C, compté du dessous-quille à la ligne droite des baux du pont supérieur, au milieu de la longueur.

Pour les couples et les cloisons étanches, le nombre indicateur est B + C. Pour les autres pièces de la charpente, il est L × B × C. Les tableaux indiquent, pour les diverses pièces de la charpente, les échantillons *minima* admis pour les diverses valeurs du nombre indicateur.

Pour les navires de guerre, la variation continuelle des types ne permet pas de faire usage de tableaux analogues. On peut essayer de prendre comme point de départ les échantillons fournis par les règles relatives aux navires de commerce, mais il ne faut pas oublier que les échantillons déduits de ces règles sont en général un peu forts. Cela tient à ce que le but des sociétés qui ont édicté ces règles est avant tout d'assurer la sécurité de la navigation ; elles ont donc dû se préoccuper surtout de la solidité, sans avoir à s'inquiéter, du moins dans la même mesure que la marine militaire, de la réduction du poids de coque au bénéfice de la propulsion et de la puissance offensive ou défensive.

Pour un navire de guerre, on commencera donc par prendre comme point de départ les échantillons d'un navire déjà construit et autant que possible analogue au type que l'on veut réaliser. Cette première détermination approximative une fois faite, on vérifiera par le calcul indiqué plus haut que la résistance longitudinale peut être considérée comme satisfaisante. On réglera ensuite par comparaison les réductions d'échantillons qu'il est rationnel de faire subir aux diverses pièces à mesure que l'on s'éloigne du centre vers les extrémités, de manière à rapprocher autant que possible le navire des conditions d'une poutre d'égale résistance. On vérifiera ensuite que le poids total de la charpente ainsi réglée est en rapport convenable avec le déplacement du navire projeté.

Dans l'étude d'un avant-projet, on peut employer un procédé approximatif, mais plus rapide, pour la vérification de la résistance longitudinale. Désignons par $p_l$ le poids des pièces de liaison longitudinale. Ce poids est une certaine fraction du poids total P, et il est rationnel d'admettre que cette fraction doit être d'autant plus grande que le rapport de la longueur à la largeur est plus considérable. Nous pouvons donc écrire :

$$p_l = K_1 \, P \, \frac{L}{l}$$

$K_1$ étant un coefficient sensiblement constant. D'autre part, $\Sigma$ étant la section totale au couple milieu des pièces de liaison longitudinale, le poids de la tranche de 1ᵐ de longueur de ces pièces est :

$$\pi_l = \Sigma \times 7,8.$$

Si le navire était un cylindre ayant pour base le maître couple $B^2$ et conservant des échantillons constants d'un bout à l'autre, le poids total $p_l$ des pièces de liaison longitudinale serait égal à $\pi_l \times L$. En réalité, $p_l$ n'est qu'une fraction de ce produit, mais il est rationnel d'admettre que cette fraction est d'autant plus grande que le rapport $\frac{V}{B^2 L}$ du volume de la carène au cylindre circonscrit au maître couple est plus considérable. Nous pouvons donc écrire :

$$p_l = K_2 \times \Sigma \times 7,8 \times L \times \frac{V}{B^2 L} = K_2 \times \Sigma \times 7,8 \times \frac{V}{B^2}.$$

En comparant les deux valeurs de $p_l$ et remarquant que $P = V \times 1,026$, nous avons finalement :

$$\Sigma = K \, \frac{B^2 L}{l}$$

K étant un coefficient qui doit être peu variable d'un navire à l'autre.

En fait, si l'on calcule la valeur du rapport $\frac{\Sigma \, l}{B^2 L}$ pour un certain nombre de navires, on trouve les résultats suivants :

## DÉTERMINATION DES ÉCHANTILLONS DE LA CHARPENTE.

| NOMS DES NAVIRES. | DÉPLACEMENT. | VALEUR DE $K = \dfrac{\Sigma l}{B^2 L}$. |
|---|---|---|
| | Tonneaux. | |
| *Marceau* . . . . . . . . . . . . . . . . . | 10622 | 0,00300 |
| *Carnot* . . . . . . . . . . . . . . . . . . | 11986 | 0,00334 |
| *Jauréguiberry* . . . . . . . . . . . . . | 11817 | 0,00274 |
| *Masséna* . . . . . . . . . . . . . . . . . | 11923 | 0,00386 |
| *Bouvines* . . . . . . . . . . . . . . . . . | 6610 | 0,00248 |
| *Jemmapes* . . . . . . . . . . . . . . . . | 6592 | 0,00245 |
| *Tage* . . . . . . . . . . . . . . . . . . . . | 7074 | 0,00226 |
| *Foudre* . . . . . . . . . . . . . . . . . . | 6090 | 0,00263 |
| *Dupuy-de-Lôme* . . . . . . . . . . . . | 6406 | 0,00262 |
| *Chanzy* . . . . . . . . . . . . . . . . . . | 4741 | 0,00254 |
| *Descartes* . . . . . . . . . . . . . . . . | 4006 | 0,00301 |
| *D'Assas* . . . . . . . . . . . . . . . . . | 3945 | 0,00315 |
| *Linois* . . . . . . . . . . . . . . . . . . . | 2274 | 0,00286 |
| *Galilée* . . . . . . . . . . . . . . . . . . | 2322 | 0,00300 |
| *Cosmao* . . . . . . . . . . . . . . . . . . | 1877 | 0,00308 |
| *Coëtlogon* . . . . . . . . . . . . . . . . | 1853 | 0,00276 |
| *Casabianca* . . . . . . . . . . . . . . . | 960 | 0,00248 |
| *D'Iberville* . . . . . . . . . . . . . . . | 925 | 0,00259 |
| *Bombe* . . . . . . . . . . . . . . . . . . . | 312 | 0,00227 |
| *Torpilleur n° 199* . . . . . . . . . . . | 81 | 0,00162 |
| *Surprise* (construction composite). . . | 636 | 0,00169 |
| *Touraine* (paquebot) . . . . . . . . . | 11700 | 0,00191 |

On voit que même pour des navires de types très différents, la valeur de K oscille entre des limites assez restreintes (1). On pourra donc, dans un avant-projet, se donner à l'avance la valeur de $\Sigma$, dont la valeur moyenne pour les grands navires est :

$$\Sigma = 0,0027 \frac{B^2 L}{l}.$$

Bien entendu, cette valeur de $\Sigma$ ne préjuge en rien de la répartition de la matière, et par suite de la valeur du module de flexion. C'est seulement une première indication approximative, qui devra être complétée dans l'étude définitive par la détermination de R.

---

(1) Pour les quatre premiers navires, la valeur de $\Sigma$ est relative à la coque limitée au pont blindé.

On voit que la détermination des échantillons est, pour la majeure partie des pièces, forcément empirique. C'est dans cette détermination qu'intervient au plus haut degré l'expérience de l'ingénieur, appuyée sur les nombreux exemples déjà connus. Mais cette expérience doit toujours être guidée par une notion bien nette, à défaut de la connaissance exacte, des forces mises en jeu ; cette notion conduira en effet à une répartition judicieuse de la matière et permettra souvent de déterminer la forme rationnelle d'une pièce, avec l'aide de quelques calculs même très approximatifs.

**49. Devis d'échantillons. Coupe au milieu.** — Les résultats de la détermination précédente sont formulés en détail par l'auteur d'un projet dans un document appelé *devis d'échantillons*, qui, une fois revêtu de l'approbation ministérielle, doit être considéré comme ayant un caractère obligatoire, c'est-à-dire qu'on ne doit y apporter que les modifications reconnues nécessaires, et sur autorisation spéciale.

Ce devis doit, bien entendu, être aussi complet et aussi clair que possible. Il doit fixer, non seulement la nature et les échantillons des matériaux (échantillons que l'on inscrit en marge pour rendre plus faciles les relevés relatifs à la commande des matières), mais aussi leur agencement dans les diverses parties de la construction, l'indication des parties étanches et non étanches, la disposition du rivetage, etc., de manière à ne laisser place, autant que possible, à aucune incertitude.

Les indications du devis d'échantillons sont complétées par la représentation méthodique de la *coupe au milieu* (appelée souvent *coupe au maître*, car elle coïncide à peu près avec la maîtresse section), que l'on utilise de manière à représenter aussi complètement que possible l'agencement général de la charpente.

Cette coupe est tracée à l'échelle de 50 $^m/_m$ par mètre pour les bâtiments dont la longueur est supérieure à 100 mètres, de 100 $^m/_m$ par mètre pour les autres bâtiments. On la compose de deux moitiés, dont l'une représente un couple ordinaire, l'autre une cloison transversale étanche. On y trace la flottaison en charge et la ligne d'eau zéro, et on y inscrit en cotes la profondeur de carène, le creux sur fond de carène du pont le plus bas et la distance de ligne droite en ligne droite des autres ponts, le bouge des différents ponts, la largeur au pont supérieur, la largeur au fort, la distance du fort à la flottaison en charge.

On inscrit sur la coupe au milieu les échantillons de toutes les pièces figurées, avec l'indication de leur réduction aux extrémités et les principaux éléments du rivetage (du chevillage pour les bâtiments en bois). On la complète par des coupes indiquant les principaux détails d'assemblage et une portion de coupe verticale longitudinale donnant l'écartement des couples et des barrots. Enfin, on inscrit sur la même feuille un tableau résumant les calculs comparatifs de la résistance longitudinale (voir l'Instruction du 5 novembre 1885).

# CHAPITRE III

## Construction en bois.

**50. Agencement général de la charpente.** — En raison des améliorations graduelles suggérées par l'expérience, on était arrivé pour la construction des charpentes de navire en bois, au moment de l'apparition de la construction métallique, à un mode d'agencement à peu près uniforme, ne présentant d'un navire à l'autre que des différences peu importantes. Nous nous bornerons donc à la description des procédés les plus usuels.

Si nous examinons par exemple la coupe au milieu d'un ancien vaisseau (fig. 131), nous voyons qu'une section transversale de la charpente se compose d'un *couple* dont l'échantillon sur le tour va en diminuant du pied ou *talon* jusqu'au plat-bord, et de *barrots* soutenus par des *épontilles* placées dans le plan diamétral. De distance en distance, pour augmenter la raideur transversale, les couples sont renforcés par des membrures appliquées à l'intérieur du vaigrage dans toute l'étendue de la cale, et portant le nom de *porques*. Aux jonctions des barrots avec la muraille sont rapportées des pièces dites *courbes de pont*, destinées à assurer l'invariabilité de l'angle du barrot avec la muraille. Les liaisons longitudinales principales sont la *quille* et la *carlingue*, croisant les couples à leur pied, et des *ceintures* établies à hauteur de chaque pont. Ces ceintures comprennent d'abord une pièce appelée *bauquière* sur laquelle reposent les extrémités des barrots, et au-dessous d'elle une ou plusieurs pièces appelées *sous-bauquières*, formant par leur réunion une ceinture longitudinale au-dessous des barrots de chaque pont. De même, au-dessus des barrots règne une pièce continue dite *fourrure de gouttière*, jouant le même rôle que les bauquières et sous-bauquières. Enfin, les couples sont croisés extérieurement par un système de lattes obliques non représenté par la figure et concourant utilement, comme nous le verrons tout à l'heure, à la résistance longitudinale.

Le revêtement extérieur, ou *bordé extérieur*, est formé de

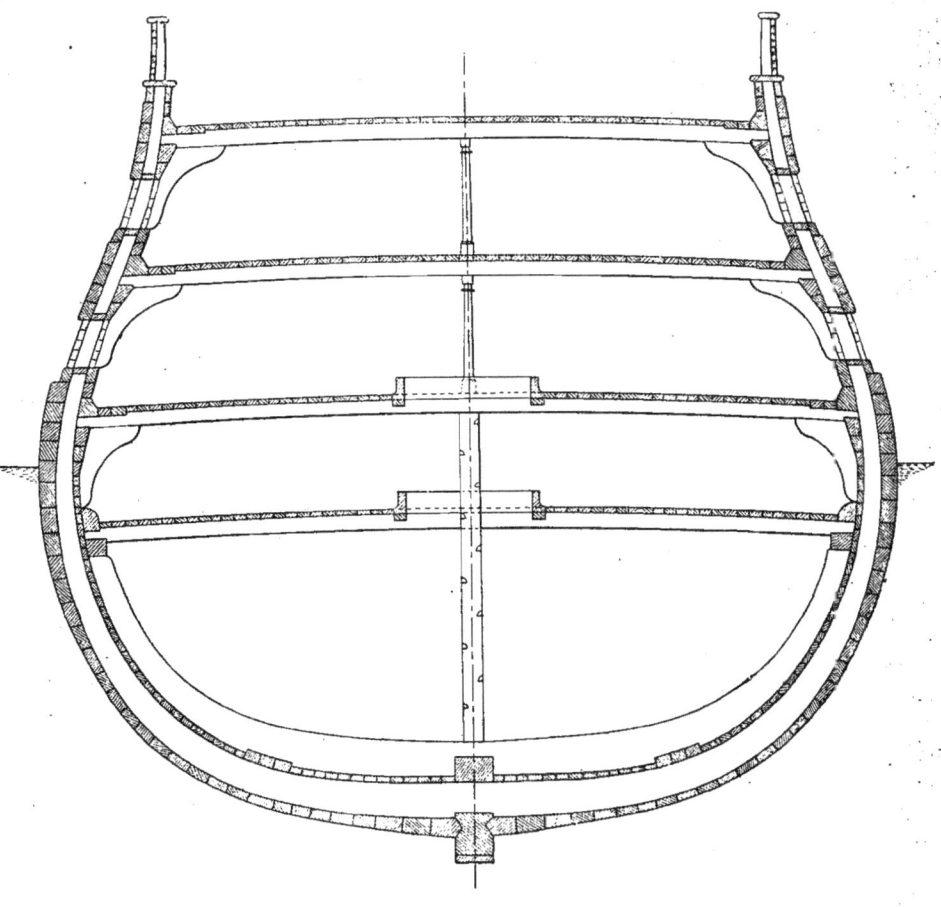

Fig. 131.

virures jointives, que l'on peut faire contribuer dans une certaine mesure à la liaison longitudinale ainsi que nous le verrons plus loin. Il en est de même du revêtement intérieur, ou *vaigrage*, et du bordé des différents ponts.

Nous allons maintenant examiner avec plus de détails le mode de construction de ces différentes parties.

**51. Couples.** — Les couples sont formés de deux plans de pièces de bois (d'où le nom de couples), assemblées par simple juxtaposition, les abouts étant convenablement décroisés. On appelle *premier plan* d'un couple celui qui est tourné vers la maîtresse section, *deuxième plan* celui qui est sur la face opposée. Quelquefois les deux plans, au lieu d'être jointifs, sont séparés par un intervalle de faible largeur dit *petite maille*. Dans le premier cas, la jonction des pièces est faite suivant le procédé représenté par la figure 42; dans le second, les tampons sont munis d'un épaulement (fig. 132), assurant l'invariabilité de distance des deux plans. Le plan de gabariage, définissant la position du couple, passe dans le premier cas par la face de jonction des deux plans, dans le second par le milieu de la petite maille.

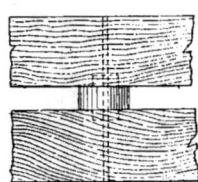

Fig. 132.

Les couples sont entaillés à leur talon avec la quille, de manière à assurer l'invariabilité de leur position aussi bien dans le sens transversal que dans le sens longitudinal (fig. 133). Les

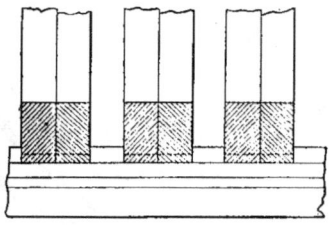 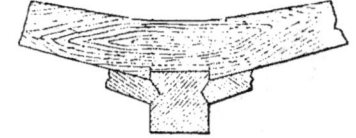

Fig. 133.

entailles ainsi pratiquées dans la quille portent le nom de *margouillets*.

La décomposition des deux plans du couple peut être effectuée de différentes manières. Dans le système à peu près exclusivement adopté autrefois, le premier plan comporte une pièce centrale appelée *varangue* (fig. 134), à laquelle succèdent de chaque bord une série d'*allonges* numérotées suivant la succession des nombres impairs. Le second plan comprend une pièce centrale plus courte que la varangue, appelée *fausse varangue*, à laquelle succèdent de part et d'autre des *genoux*, puis des al-

CONSTRUCTION EN BOIS. 199

longes portant la série des numéros pairs, sauf la dernière, plus courte, qui est dite *bout d'allonge*. Les abouts de ces diverses pièces sont décroisés comme l'indique la figure

Primitivement, la fausse varangue n'existait pas et les genoux venaient buter l'un contre l'autre dans le plan diamétral. On

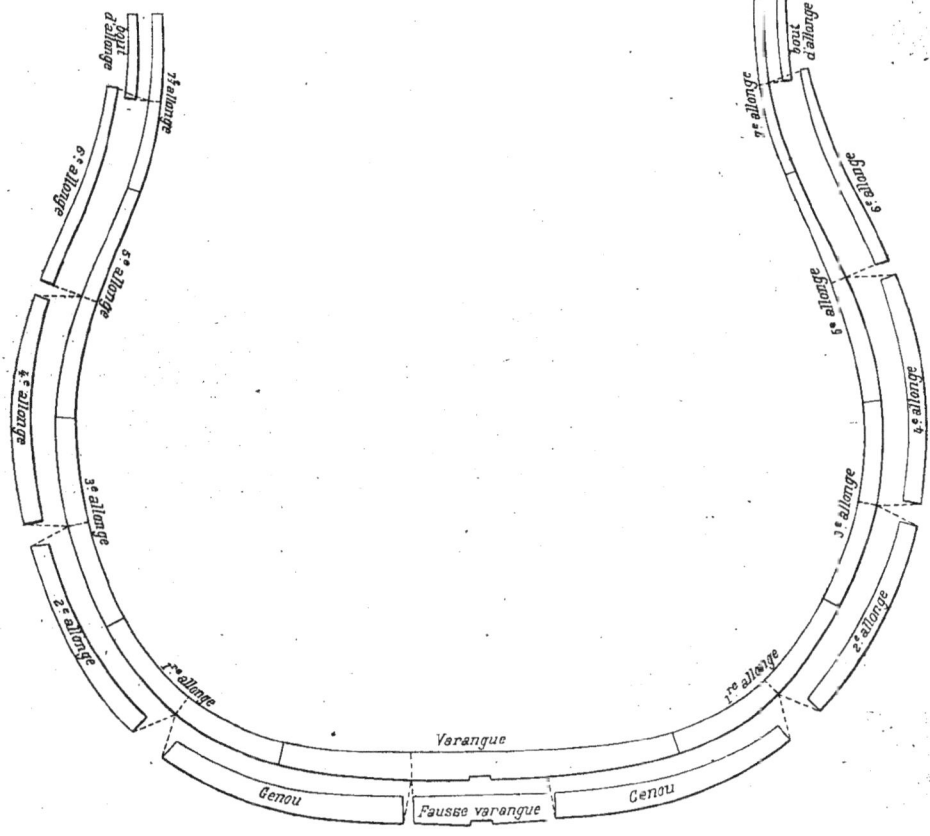

Fig. 134.

était conduit ainsi à des pièces très longues et à courbure assez accentuée, qu'il est devenu de plus en plus difficile de se procurer, ce qui a amené au mode de boisage que nous venons d'indiquer.

Peu à peu, d'ailleurs, les pièces pouvant être utilisées comme varangue sont devenues elles aussi assez rares, et on a modifié le système de boisage des couples en adoptant la décomposition représentée par la fig. 135. Les deux plans sont identiques, chacun d'eux

**200**  ÉTUDE DESCRIPTIVE DE LA CHARPENTE DU NAVIRE.

étant constitué par une varangue dissymétrique, dont la grande branche est continuée par les allonges impaires et la petite branche par un genou suivi des allonges de rang pair.

Le nombre des allonges et la longueur des pièces dépendent, bien entendu, de la longueur développée du couple et par suite

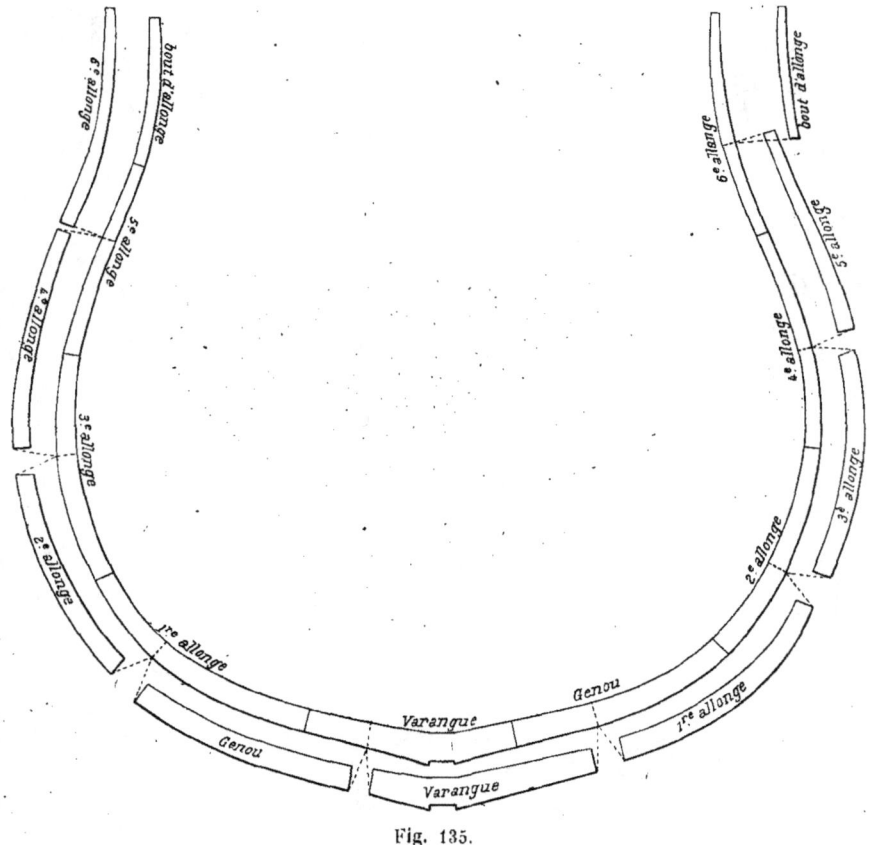

Fig. 135.

des dimensions du navire. Les empatures doivent être aussi longues que possible; elles doivent avoir une longueur de 2 mètres environ, et ne jamais descendre au-dessous de $1^m,50$ sur les gros bâtiments. On doit enfin les régler de façon que les abouts des pièces ne soient pas distribués de l'AV à l'AR suivant une ligne trop régulière, ce qui créerait une ligne faible dans la charpente.

Dans l'ancienne construction en bois, le plan de gabariage des couples était en général normal à la ligne de quille. Il est évidemment préférable de disposer ce plan perpendiculairement à la flottaison en charge, de façon qu'il soit vertical lorsque le navire est dans sa position de flottabilité normale. Le seul inconvénient est de rendre un peu plus compliquée l'exécution des margouillets.

L'espacement des couples est réglé en général par les dimensions des sabords des œuvres mortes, de telle sorte que les façades avant et arrière de ces sabords puissent être constituées par des couples. Autrefois, on intercalait entre les couples ainsi déterminés des couples de plus faible échantillon, formés parfois d'un seul plan de bois, et qu'on appelait *couples de remplissage* (fig. 136). Mais, dans les constructions plus récentes, tous les couples sont en général constitués au moyen de deux plans, ainsi que nous l'avons indiqué.

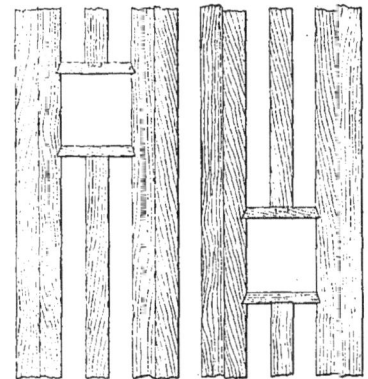

Fig. 136.

Les deux plans du couple sont fixés l'un à l'autre au moyen de chevilles en fer zingué, espacées de 50 à 60 c/m. Comme ces chevilles ne travaillent guère par traction, on peut les réduire à de simples *goujons*, c'est-à-dire supprimer la tête et la rivure. Les règles habituelles de proportion entre le diamètre des chevilles et la section droite du couple sont données par le tableau suivant :

| Section transversale de la membrure ou produit de l'épaisseur sur le tour par l'épaisseur sur le droit. | Diamètre des goujons en fer. | Section transversale de la membrure ou produit de l'épaisseur sur le tour par l'épaisseur sur le droit. | Diamètre des goujons en fer. |
|---|---|---|---|
| | millim. | | millim. |
| 120 c/m² et au-dessous. | 10 | de 650 à 820 c/m². . . | 22 |
| de 120 à 200 c/m². . . . | 12 | — 820 à 1000 — . . | 24 |
| — 200 à 300 — . . . . | 14 | — 1000 à 1280 — . . . | 26 |
| — 300 à 430 — . . . . | 16 | — 1280 à 1600 — . . . | 28 |
| — 430 à 540 — . . . . | 18 | — 1600 à 2000 — . . . | 30 |
| — 540 à 650 — . . . . | 20 | 2000 et au-dessus. . | 32 |

D'une façon approximative ces règles sont résumées par la formule :

$$d = 0,8 \sqrt{s}$$

$s$ étant la section transversale de la membrure en centimètres carrés et $d$ le diamètre du goujon en millimètres.

**52. Quille et carlingue.** — La quille, pièce maîtresse de liaison dans la charpente en bois, est formée d'une série de pièces assemblées bout à bout à écart long (fig. 41). Ces écarts sont pratiqués sur le tour, de telle sorte que les chevilles d'écart puissent au besoin être remplacées par les chevilles du talon des couples convenablement prolongées. L'extrémité supérieure des écarts doit être dirigée vers l'AV (fig. 137), de façon qu'une pièce de quille

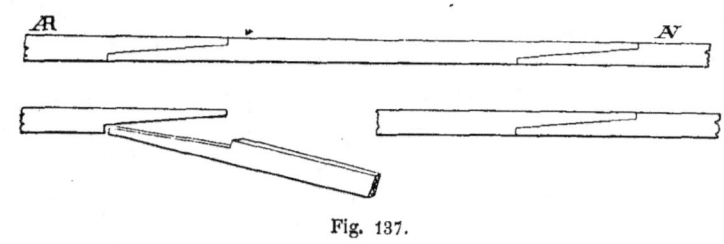

Fig. 137.

puisse en cas d'échouage par l'AV être arrachée sans qu'il en résulte d'avarie trop sensible pour la pièce qui la suit. En étudiant la décomposition des pièces, il faut avoir soin de ne pas placer d'écart à l'aplomb d'un mât, car sans cela l'effort d'enfoncement dû à la traction des haubans tendrait à faire ouvrir cet écart. La longueur habituelle des pièces de quille varie de 7 à 10 mètres.

La quille est entaillée comme nous l'avons vu par les margouillets et porte sur ses faces latérales des *râblures* destinées à recevoir les virures de galbord (fig. 138). La profondeur des margouillets est réglée de manière que le trait extérieur du couple coïncide avec le trait supérieur de râblure. La portion de la quille située au-dessus du trait supérieur de râblure est appelée *contre-quille*. Pour faciliter la mise en place du couple, on donne un peu d'entrée aux faces latérales de la contre-quille au droit des margouillets.

Toutes les fois qu'on le peut, chaque pièce de quille est formée d'un seul plan. Si on ne dispose pas de pièces d'échantillon suffisant, on peut décomposer la quille en deux plans, la face de jonction des deux plans étant placée à une distance suffisante au-dessous de la râblure (fig. 139).

Sous la face inférieure de la quille, on rapporte un bordage appelé *fausse-quille* formé de tronçons mis bout à bout et fixés au moyen de clous (fig. 140); cette fausse-quille sert à protéger la

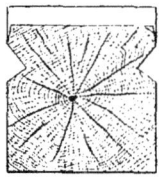  

Fig. 138.     Fig. 139.     Fig. 140.

quille en cas d'échouage, et le remplacement de ses pièces en cas d'avarie se fait sans difficulté.

La *carlingue* est une pièce de liaison parallèle à la quille et reposant à plat sur les talons des couples. Elle est constituée soit par une pièce unique, soit par deux ou même trois pièces juxtaposées (fig. 141). Toutes ces pièces sont assemblées à écart long, de la même manière que la quille.

La carlingue et la quille sont chevillées à travers les couples au moyen de chevilles en cuivre rivées sur la face inférieure de la quille. Il y a généralement une cheville par couple, placée dans le premier plan. Ces chevil-

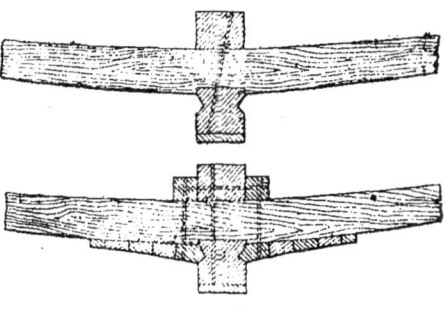

Fig. 141.

les sont dirigées soit parallèlement au diamétral, soit obliquement, et munies de tampons à la face de contact du couple et de la carlingue. Si la carlingue est formée de trois pièces, les deux pièces latérales sont chevillées avec les galbords et chevillées entre elles au travers de la pièce centrale (fig. 141). On a soin de faire coïncider autant que possible les chevilles des écarts de la quille et de la carlingue avec les chevilles de couple.

Pour le chevillage des écarts de quille, les règles usuelles sont les suivantes :

| DIMENSIONS DE LA QUILLE | | | DIAMÈTRE des chevilles en cuivre. | RÉFÉRENCE aux navires de l'ancienne flotte. |
|---|---|---|---|---|
| Épaisseur sur le droit. | Épaisseur sur le tour. | Longueur approximative des écarts. | | |
| cent. | cent. | m. | | |
| 43 | 46 | 2,25 | 30 | Vaisseaux de 90, 100 et 120 canons. |
| 40 | 44 | 2,00 | 26 | Frégate de 60 canons. |
| 38 | 42 | 2,00 | 24 | Frégate de 50 — |
| 34 | 37 | 1,75 | 22 | Corvette de 30 — |
| 32 | 36 | 1,75 | 20 | Corvette de 24 — |
| 30 | 35 | 1,60 | 20 | Brick de 20 — |
| 24 | 29 | 1,00 | 18 | Brick de 12 — |

Pour le chevillage de la carlingue, les dimensions usuelles sont les suivantes :

| SECTION TRANSVERSALE TOTALE de la carlingue de la quille et du plan du couple qui reçoit la cheville. | DIAMÈTRE des chevilles. |
|---|---|
| 1000 c/m² | 20 |
| 2000 — | 24 |
| 3000 — | 28 |
| 4000 — | 30 |
| 5000 — | 32 |
| 6000 — | 36 |
| 7000 — | 38 |
| 8000 et au-dessus. | 40 |

**53. Remplissage des fonds.** — La liaison longitudinale fournie par la quille et la carlingue est avantageusement complétée par le *remplissage des fonds,* qui consiste à intercaler entre les couples des pièces de bois occupant toute la largeur de la maille. Dans les navires en bois, en effet, à formes relativement peu affinées, les déplacements l'emportent toujours sur les poids dans la région centrale, c'est-à-dire que le navire tend à se déformer en prenant de l'arc, les fonds travaillant en conséquence par compression. Il est donc rationnel d'arc-bouter énergiquement les couples pour s'opposer à leur rapprochement. Cet arc-boutement était réalisé autrefois au moyen de clefs (fig. 142) interposées entre les

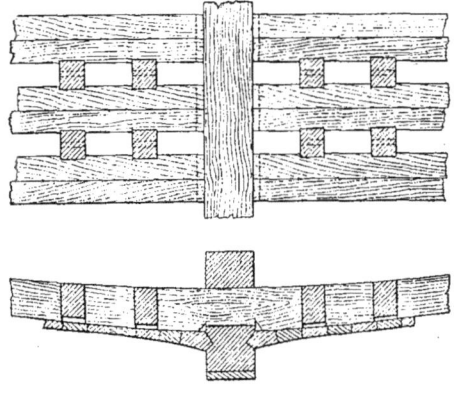

Fig. 142.

couples, percées à leur base d'un canal à section triangulaire appelé *anguiller* pour permettre l'écoulement des eaux de la cale dans la maille jusqu'à la contre-quille. Les couples étaient alors percés eux aussi d'anguillers de part et d'autre de la contre-quille, pour que l'eau de la cale pût arriver jusqu'au point d'aspiration des pompes.

Ce système, encore appliqué sur les bâtiments de commerce, a été remplacé dans la marine de guerre par le remplissage complet des fonds. On a dans chaque maille une *varangue de remplissage*, s'étendant de part et d'autre du plan diamétral jusqu'au tournant de la cale (fig. 143). L'extrémité de cette varangue se termine en biseau

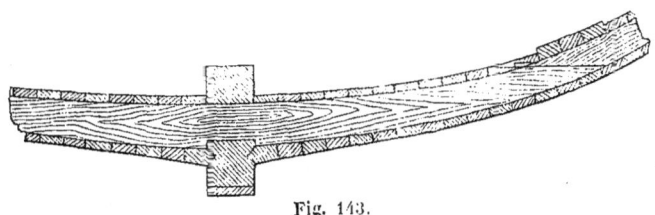

Fig. 143.

au niveau d'une ouverture appelée *accolar*, percée dans le vaigrage ; l'eau qui peut s'introduire dans la maille vient de cette façon se rassembler au-dessus du vaigrage le long de la carlingue, et il n'est plus nécessaire de pratiquer des anguillers dans les couples. Avec ce procédé, les fonds du navire forment un bloc compact résistant bien aux efforts de compression. On a soin en outre de calfater toutes les faces de joint, et l'arrachement d'une pièce du bordé des fonds dans un échouage peut ainsi ne donner lieu qu'à une voie d'eau peu importante.

Les varangues de remplissage sont simplement tenues par les chevilles de carlingue qui les traversent.

**54. Lattage de la membrure.** — Pour améliorer la résistance longitudinale, on applique sur la surface extérieure de la membrure, avant la mise en place des pièces de bordé, des lattes

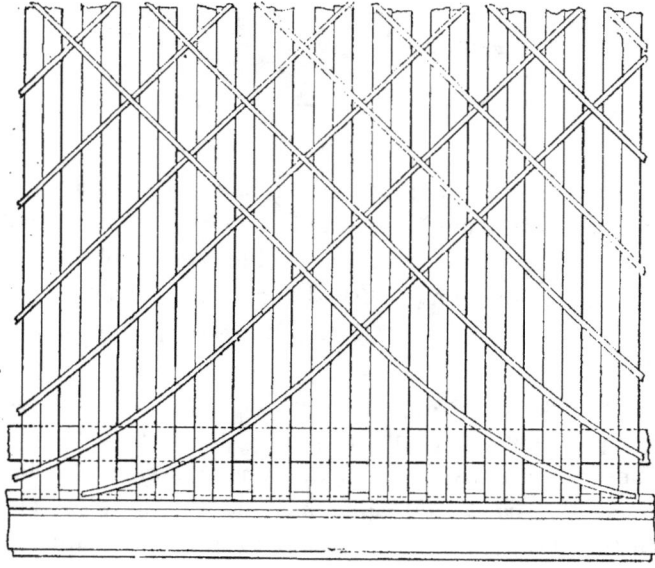

Fig. 144.

en fer zingué dirigées obliquement, avec une inclinaison de 45° environ (fig. 144). Ces lattes sont incrustées dans les faces extérieures des couples et épaulées l'une par dessus l'autre à leurs points de croisement, de manière à respecter la continuité de la surface hors membres. Elles ne sont croisées que dans la région centrale, de manière à aller en s'abaissant du centre vers les extrémités. Le lattage oblique agit ainsi par traction en s'opposant à la déformation par arc.

Les lattes s'étendent depuis le plat-bord jusqu'au tournant de la cale; elles n'ont en effet d'utilité que pour la partie latérale des murailles. Elles sont espacées de 1ᵐ,00 à 1ᵐ,50; leur épaisseur varie de 8 à 20ᵐ/ₘ et leur largeur de 8 à 20ᶜ/ₘ. Elles sont fixées soit au moyen de chevilles, soit mieux au moyen de vis à bois à raison de une vis à chaque plan de couple. Aux points de croisement, on assure la tenue à l'aide d'un rivet (fig. 145).

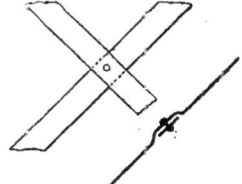

Fig. 145.

**55. Ceintures des ponts.** — A la hauteur de chaque pont est placée une pièce de liaison appelée *bauquière* (fig. 146), au-dessous de laquelle existent une ou deux *sous-bauquières* d'échantillon progressivement décroissant, de manière à se raccorder avec le vaigrage. Les bauquières et sous-bauquières sont formées de pièces assemblées à écart long et sont reliées par des chevilles verticales s'opposant à leur glissement relatif. La bauquière reçoit les aboutissements des barrots, qui, s'appuyant ainsi à leur extrémité sur une ceinture parallèle au livet, ne sont pas forcément placés dans le même plan que les couples; la distribution des barrots peut ainsi être réglée d'après d'autres considérations que nous examinerons plus loin. Les barrots devant servir de tirants maintenant l'écartement des deux moitiés de la muraille, leurs extrémités sont entaillées à queue d'aronde avec la bauquière (fig. 147).

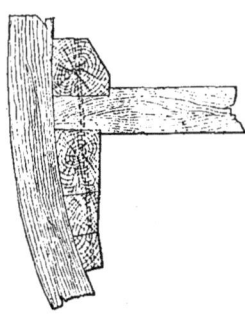

Fig. 146.

Au-dessus des barrots est placée une autre pièce de liaison appelée *fourrure de gouttière* (fig. 146), dirigée parallèlement à la bauquière et entaillée comme elle à queue d'aronde avec les barrots. La fourrure de gouttière est reliée à la bauquière et aux sous-bauquières par des chevilles traversant verticalement les barrots. La fourrure de gouttière et les bauquières sont fixées sur les couples par des chevilles horizontales servant en même temps à la tenue du bordé et dont nous parlerons plus loin.

Pour le pont le plus bas, dont les barrots se trouvent en raison de la forme des couples appuyés naturellement à leurs extrémités, on se contente en général d'une ceinture formée d'un seul cours de pièces, rapportées par-dessus le vaigrage (fig. 148). Les barrots reposent simplement sur cette ceinture, avec laquelle ils ne sont pas entaillés, et lui sont reliés par une cheville verticale.

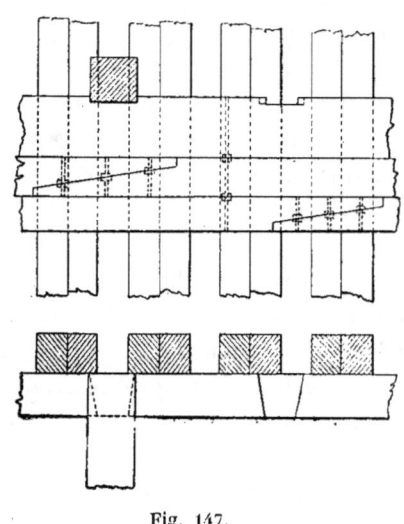
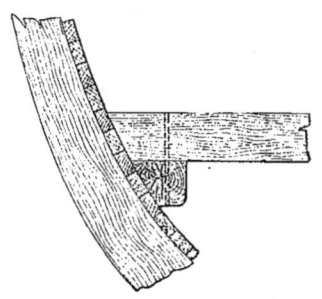

Fig. 147.                     Fig. 148.

**56. Vaigrage.** — Le vaigrage est constitué par des bordages appliqués sur la face interne des couples. Les virures qui croisent l'empature du genou et de la première allonge reçoivent une épaisseur plus forte que les autres et sont faites de pièces aussi longues que possible, de manière à servir de renfort dans la région du bouchain. Ces virures renforcées sont appelées *vaigres d'empature* (fig. 149).

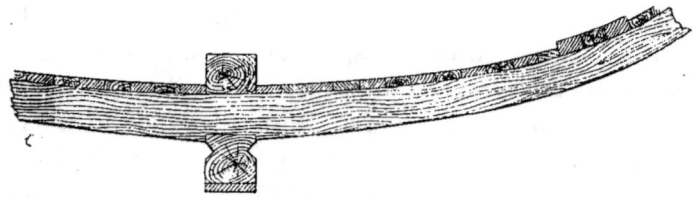

Fig. 149.

Entre les vaigres d'empature et la carlingue, le vaigrage est formé de virures longitudinales. Entre les vaigres d'empature et la sous-bauquière du premier pont à ceinture complète, on constitue au contraire le vaigrage par des virures inclinées, de manière à les faire contribuer à la résistance longitudinale (fig. 150).

Ces virures agissent de façon analogue aux lattes, mais comme il est préférable de les faire travailler par compression, elles sont

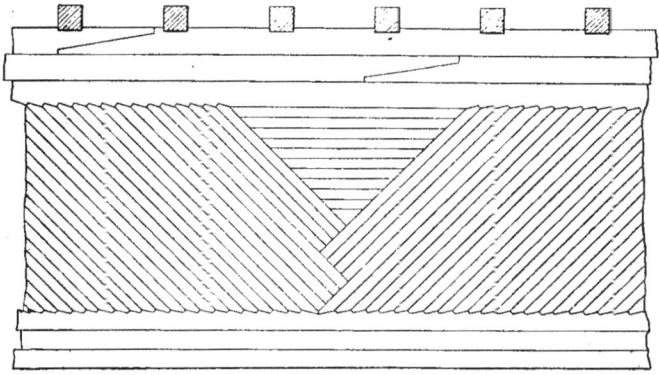

Fig. 150.

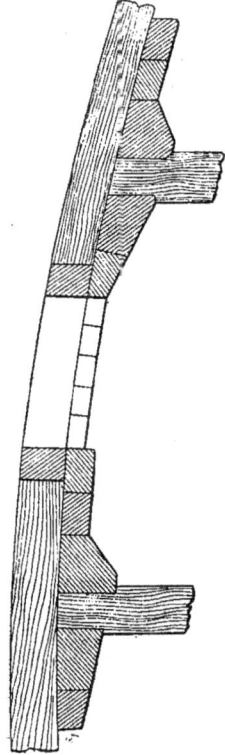

inclinées en sens inverse des lattes, c'est-à-dire qu'elles vont en se relevant du centre vers les extrémités. L'espace triangulaire laissé libre dans la région centrale est rempli par des virures horizontales. Les extrémités des virures inclinées pénètrent dans des entailles de la sous-bauquière et de la première virure de vaigre d'empature, de manière à améliorer l'arc-boutement et éviter que les pièces se terminent par un biseau trop aigu qui manquerait de solidité.

Sur la hauteur de chaque entrepont, le vaigrage est formé d'abord d'une série de virures longitudinales appelées *vaigres bretonnes* (fig. 151), montant jusqu'au niveau des *seuillets de sabord*, c'est-à-dire des pièces limitant à leur partie inférieure les ouvertures percées dans la muraille, dont nous verrons plus loin la disposition. Les *sommiers* de sabord, c'est-à-dire les pièces limitant ces ouvertures à la partie supérieure, sont placés au niveau de la sous-bauquière inférieure du pont formant le plafond de

Fig. 151.

l'entrepont considéré. Entre deux sabords consécutifs, l'espace compris entre cette sous-bauquière et les vaigres bretonnes est rempli par des virures longitudinales dites *virures d'entre-sabords*.

Les vaigres bretonnes, qui peuvent être considérées comme pièces de liaison puisqu'elles croisent un assez grand nombre de couples, sont faites en chêne tandis que les virures d'entre-sabords sont faites en pin.

**57. Bordé extérieur.** — Le bordé extérieur est constitué par des virures recevant des épaisseurs variables suivant leur importance comme liaison.

Les premières virures à partir de la quille portent le nom de *galbords*. Elles sont généralement au nombre de trois (fig. 152). La première virure $a$ s'encastre dans la râblure de quille, et les deux autres présentent des épaisseurs décroissantes de manière à se raccorder avec les virures qui recouvrent la majeure partie de la carène et dont l'épaisseur, constante de $b$ en $c$, a la valeur déterminée par l'expérience. Ces virures d'épaisseur constante forment ce qu'on apppelle le *bordé de point*.

A hauteur de chaque pont sont disposées des virures d'épaisseur assez forte, constituant en quelque sorte une ceinture extérieure, et portant le nom de *préceintes*. Les plus importantes sont les *grandes préceintes*, qui correspondent, de $d$ en $e$, au premier pont au-dessus de la flottaison; la grande préceinte supérieure est placée soit au niveau soit un peu au-dessous de l'arête extérieure du seuillet des sabords; au-dessous de cette virure on en place 4 ou 5 de manière à atteindre à peu près le niveau de la flottaison normale prévue. Bien que les grandes préceintes soient voisines de la fibre neutre de la section milieu, on leur donne une assez forte épaisseur, car il convient de renforcer la région de la flottaison de manière à atténuer les avaries en cas d'abordage. En outre, comme elles sont placées dans une partie à peu près verticale de la muraille, on peut, comme on le fait quelquefois, les faire contribuer à la résistance longitudinale en les réunissant les unes aux autres au moyen de chevilles verticales qui s'opposent à leur glissement relatif. Dans tous les cas, on a soin de leur donner la plus grande longueur possible.

On dispose de la même manière, à hauteur de chaque pont, des virures de *petites préceintes* s'étendant depuis le seuillet d'un sabord jusqu'au sommier du sabord de l'entrepont placé en dessous. La virure supérieure et la virure inférieure ont souvent une épaisseur plus faible que les autres. Les petites préceintes

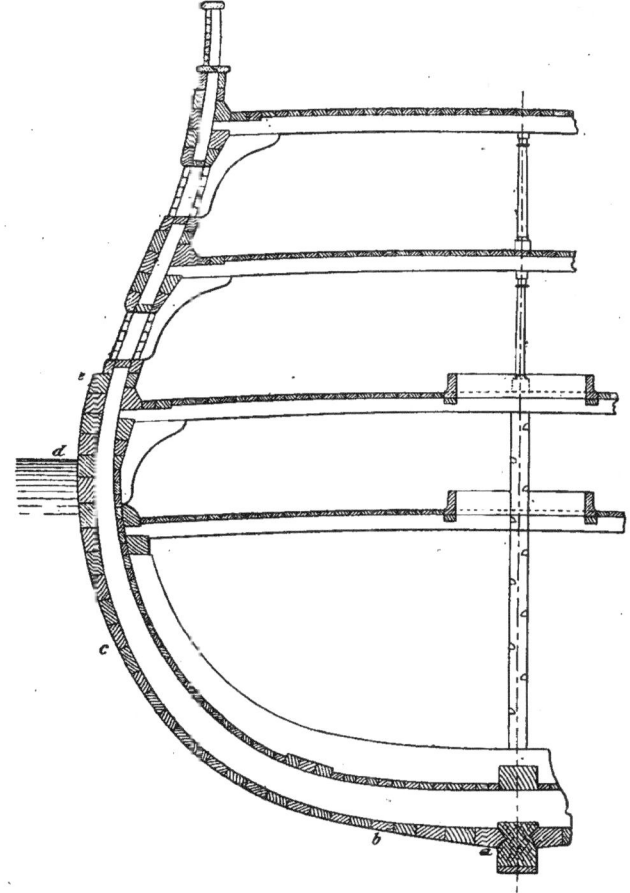

Fig. 152.

placées à hauteur du pont des gaillards sont appelées préceintes de *vibord*.

Entre le bordé de pont et les grandes préceintes, le bordé est formé de virures à épaisseur décroissante de manière à assurer la continuité des formes de la carène. On a ainsi ce qu'on appelle le *bordé de diminution*. Entre les préceintes, on a des virures de remplissage interrompues à chaque sabord : ce sont les *virures d'entre-sabords*.

La direction des virures du bordé des œuvres mortes est parallèle aux livets des ponts. Pour les galbords, on détermine leur direction en appliquant sur la membrure des lattes minces qu'on ne fait travailler que par flexion plane, de manière à éviter la torsion des bordages lorsqu'on les met en place. Pour le bordé de diminution et le bordé de point, on partage le contour du maître couple en un certain nombre de divisions égales à la plus grande largeur qu'on veut donner aux bordages ; on divise en un même nombre de parties égales le contour d'un couple de l'AV, placé à 7 ou 8 mètres de l'étrave, et d'un couple de l'AR à la même distance de l'étambot; on opère de même pour quelques couples intermédiaires et on réunit au cordeau les points ainsi obtenus. On régularise ensuite les lignes de joint au moyen de lattes flexibles appliquées sur la membrure.

Il arrive en général qu'on est conduit par ce procédé à des lignes trop convergentes ou trop divergentes vers les extrémités du navire. On modifie alors dans ces régions le nombre des virures

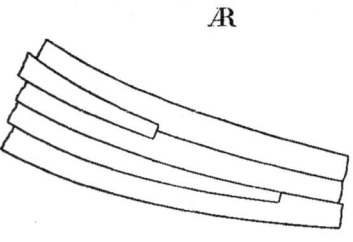
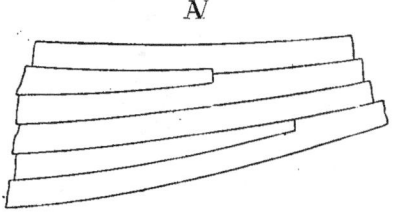

Fig. 153.

en ajoutant ou supprimant des bordages (fig. 153) de manière à former ce qu'on appelle des *pointes*.

Les préceintes sont fixées à la muraille au moyen de chevilles en fer zingué traversant la membrure et les ceintures de pont, dont la tenue est ainsi réalisée. On met une cheville à chaque plan de bois des couples, et deux chevilles à

Fig. 154.

# CONSTRUCTION EN BOIS.

chaque écart (fig. 154). Le diamètre de ces chevilles est réglé de la manière suivante :

| ÉPAISSEUR TOTALE DE BOIS A TRAVERSER. | DIAMÈTRE DES CHEVILLES. |
|---|---|
| centim. | millim. |
| 40 | 20 |
| 50 | 22 |
| 60 | 24 |
| 70 | 28 |
| 80 | 32 |
| 90 | 34 |
| 100 et au-dessus. | 36 |

Les galbords sont fixés au moyen de chevilles en cuivre (voir § 20) traversant le vaigrage et, s'il y a lieu, les pièces latérales de carlingue. Les deux premiers galbords sont en outre chevillés entre eux au travers de la quille. Le bordé de diminution et le bordé de point sont fixés au moyen de chevilles en cuivre et de gournables, celles-ci étant employées seulement dans les parties constamment immergées, c'est-à-dire au-dessous du niveau de la flottaison lège. On met deux gournables par plan de bois ayant au moins 25 c/m de largeur, une seule si la largeur est inférieure à 25 c/m. De distance en distance (1ᵐ à 2ᵐ environ) on remplace une gournable par une cheville en cuivre, et on exécute en cuivre tout le chevillage des écarts (fig. 155). Au droit des vaigres d'empature, qui forment une liaison assez importante, le chevillage est fait entièrement en cuivre. Le diamètre du chevillage en cuivre du bordé est réglé de la manière suivante :

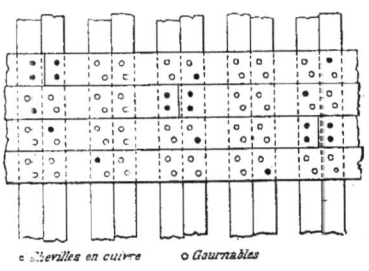

● Chevilles en cuivre     o Gournables

Fig. 155.

| ÉPAISSEUR DU BORDÉ. | ÉPAISSEUR TOTALE DE BOIS A TRAVERSER. | DIAMÈTRE DES CHEVILLES. |
|---|---|---|
| Centim. | Centim. | Millim. |
| 6 à 8 | 20 à 35 | 18 |
| 8 | 35 à 40 | 20 |
| 9 | 40 à 45 | 22 |
| 10 à 12 | 45 à 55 | 24 |
| 12 à 14 | 55 à 60 | 26 |
| 14 et au-dessus. | 60 et au-dessus. | 28 |

Les bordages d'entre-sabords, exécutés en pin, sont tenus en place au moyen de clous en fer zingué, à raison d'un clou par plan de bois et deux clous à chaque écart.

**58. Plat-bord.** — Les revêtements intérieur et extérieur de la muraille sont prolongés jusqu'à une pièce longitudinale appelée *plat-bord*, croisant les couples à leur partie supérieure, et formée de deux bordages assemblés à joint brisé.

Quelquefois le plat-bord est disposé au niveau supérieur des préceintes de vibord (fig. 156). Pour constituer dans ce cas un garde-corps de hauteur suffisante, on conserve de distance en distance des allonges simples appelées *batayolles*, s'élevant à la hauteur voulue et réunies à leur partie supérieure par un bordage posé à plat appelé *lisse d'appui* ou *faux plat-bord*. Cette lisse d'appui est tenue sur les batayolles au moyen d'équerres en fer. A l'extérieur des batayolles est appliqué un bordé mince formé de planches de sapin bouvetées.

Fig. 156.    Fig. 157.

Sur d'autres bâtiments, c'est le plat-bord lui même qui forme lisse d'appui, la muraille complète se prolongeant jusqu'à son can inférieur (fig. 157). On renforce alors les virures supérieures du revêtement intérieur et du revêtement extérieur, de manière à cheviller le plat-bord au travers de ces virures. Des tronçons de bordage placés au niveau des vaigres bretonnes ferment la partie supérieure de chaque maille.

**59. Charpente des ponts.** L'ossature principale des ponts est formée de barrots appuyés sur les ceintures établies latéralement. Lorsque ces barrots sont trop longs pour pouvoir être exécutés d'une seule pièce, on les forme de deux ou trois tronçons assemblés à écart long. L'écart est pratiqué sur le droit (fig. 158),

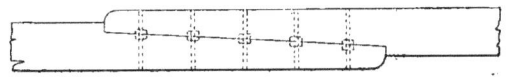

Fig. 158.

ce qui permet de réduire l'affaiblissement des pièces en laissant les extrémités faire une certaine saillie sur les faces latérales du barrot.

Un certain nombre de barrots ont leur position commandée, comme nous le verrons plus loin, par l'emplacement des mâts et des grands panneaux de la cale. Entre ces barrots, on dispose des barrots intermédiaires à peu près équidistants, leur nombre étant proportionné à la charge que doit supporter le pont dont ils font partie. A chacun des ponts placés au-dessus de la flottaison, pour assurer l'invariabilité de l'angle du barrot avec la muraille, on dispose au droit de chaque barrot une *courbe* en bois chevillée avec lui. Cette courbe est placée soit au-dessous, soit sur le côté du barrot (fig. 159). Sa branche inférieure descend jusqu'au niveau des vaigres bretonnes. Elle est découpée de manière à respecter la continuité des bauquières et sous-bauquières.

En raison de la rareté croissante des bois courbants, ces courbes, d'ailleurs très encombrantes dans les entreponts, ont été successivement remplacées d'abord par des *taquets* placés sous le barrot et reliés avec lui par une armature en fer (fig. 160) munie d'une oreille permettant sa liaison avec la bauquière, puis par une paire de courbes en fer (fig. 161) placées de part et d'autre du barrot.

La répartition à laquelle on est conduit pour les barrots entraîne en général un écartement de barrot en barrot trop considérable pour fournir un appui suffisant pour le bordé. On établit alors un deuxième réseau de pièces transversales à mailles

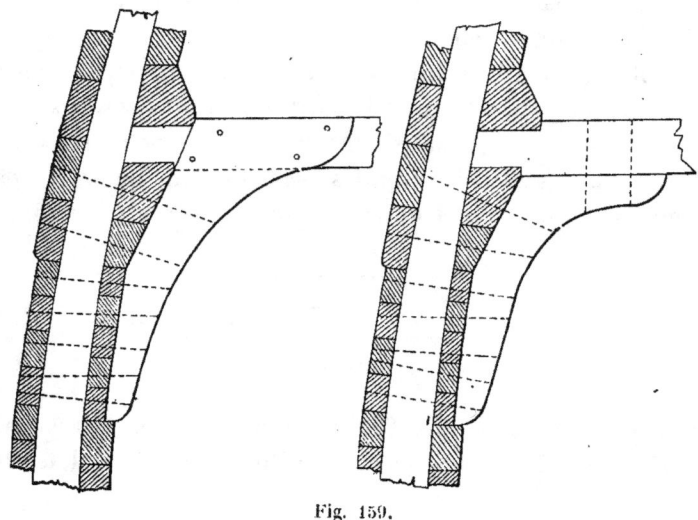

Fig. 159.

plus serrées, ayant pour objet de soutenir le bordé et de reporter sur les barrots les efforts qu'il supporte.

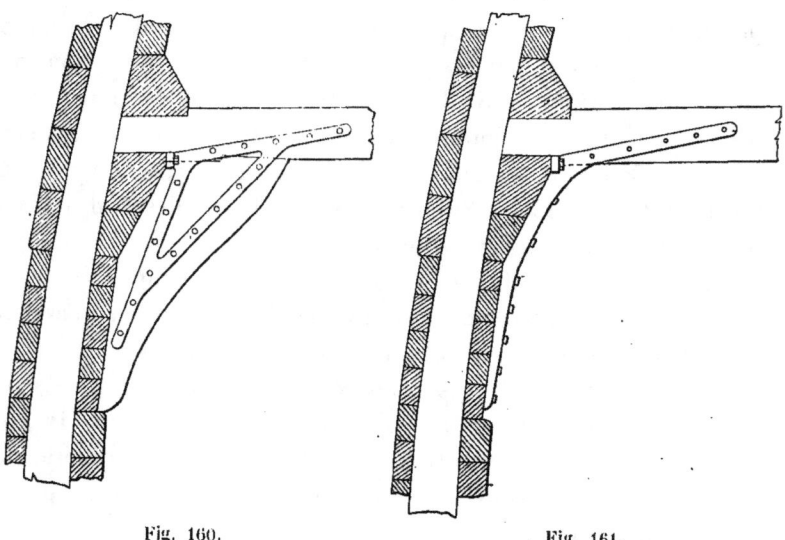

Fig. 160.   Fig. 161.

Un premier procédé consiste à disposer dans les intervalles de barrots des pièces d'échantillon plus faible dites *barrotins à talon* (fig. 162). Les extrémités de ces barrotins sont élargies

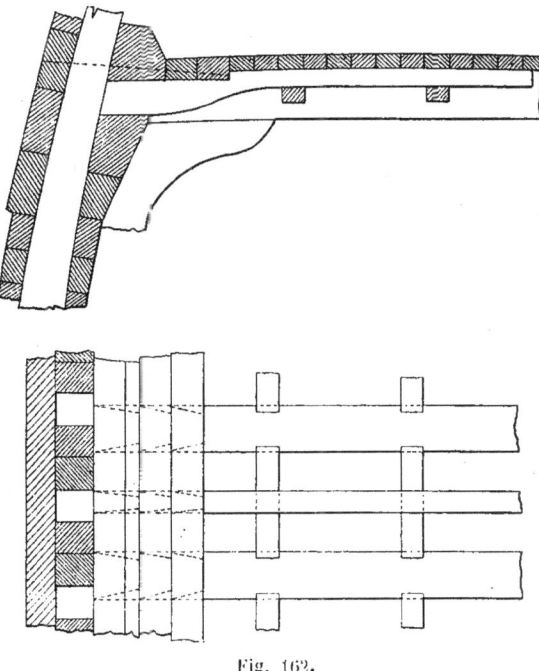

Fig. 162.

dans le sens de la hauteur de manière à reposer sur la bauquière, avec laquelle ils peuvent s'assembler à entaille comme le barrot; en dehors de ces talons, la hauteur du barrotin est environ le tiers ou le quart de celle des barrots. De distance en distance, le barrotin est supporté par des pièces appelées *traversins*, établies par files longitudinales entre les barrots, avec lesquels elles s'ajustent dans des entailles de faible profondeur. Les traversins agissent ainsi non seulement comme soutiens des barrotins, mais encore comme arc-boutants assurant l'invariabilité de l'écartement des barrots.

Le bordé du pont est formé de bordages jointifs disposés par virures longitudinales. Pour compléter la liaison longitudinale fournie par les ceintures latérales, on donne une épaisseur plus grande aux premières virures en abord, qui reçoivent le nom de *virures de gouttière*, et on les entaille à queue d'aronde avec les barrots de la même façon que la fourrure de gouttière. Ces virures de gouttière, au nombre de 2 ou 3, sont tenues au moyen de boulons chassés par l'extérieur, et dirigés autant que possible de façon à aboutir sur la saillie qu'elles présentent au-dessous du bordé ordinaire, sur laquelle se fait le serrage des écrous. Ces boulons sont espacés de 50 à 60 °/ₘ environ.

Les virures de gouttière suivent le contour intérieur de la fourrure de gouttière et par conséquent de la muraille. Le reste du bordé de pont est formé de virures rectilignes d'égale largeur, parallèles au plan diamétral. On a soin de faire tomber les abouts sur un barrot ou un barrotin, et de les décroiser convenablement. La largeur des bordages est de 18 à 20 °/ₘ environ. Ils sont fixés au moyen de deux clous en fer zingué sur chaque barrot, d'un clou sur chaque barrotin. Ces clous sont recouverts de tampons en bois de 2 à 3 °/ₘ d'épaisseur, pour permettre l'u-

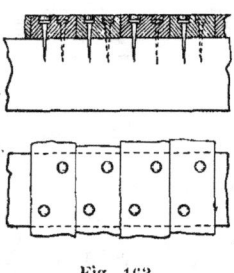

Fig. 163.

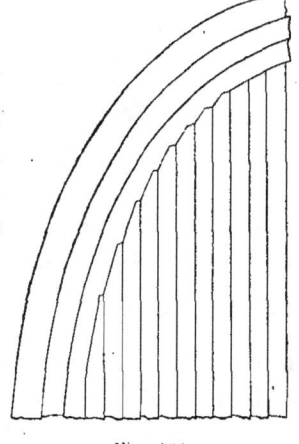

Fig. 164.

sure du bordé sans que les têtes de clous viennent faire saillie (fig. 163).

Aux extrémités du navire, en raison de la courbure de plus en plus accentuée des fourrures et virures de gouttière, les bordages seraient terminés par des biseaux très aigus qui seraient exposés à se briser lors de l'opération du calfatage. Pour éviter cet inconvénient, on abat ces angles en faisant aboutir les bordages dans des adents pratiqués dans la dernière virure de gouttière (fig. 164).

L'assemblage des virures de gouttière avec les barrots est d'une exécution assez compliquée nécessitant une précision de coupe qu'il n'est pas toujours facile d'obtenir et que la dessiccation

CONSTRUCTION EN BOIS.  219

ultérieure du bois peut rendre assez rapidement illusoire. En outre, la mise en place des longs boulons horizontaux servant à la fixation de ces virures est assez difficile. Pour ces motifs, on a abandonné souvent le système classique que nous venons de décrire pour lui en substituer un autre un peu plus simple.

Dans ce système, les barrotins sont supprimés. Le quadrillage nécessaire pour soutenir le bordé du pont comprend comme pièces principales des *entremises* disposées par files longitudinales (fig. 165). Il y a en général trois files d'entremises de chaque

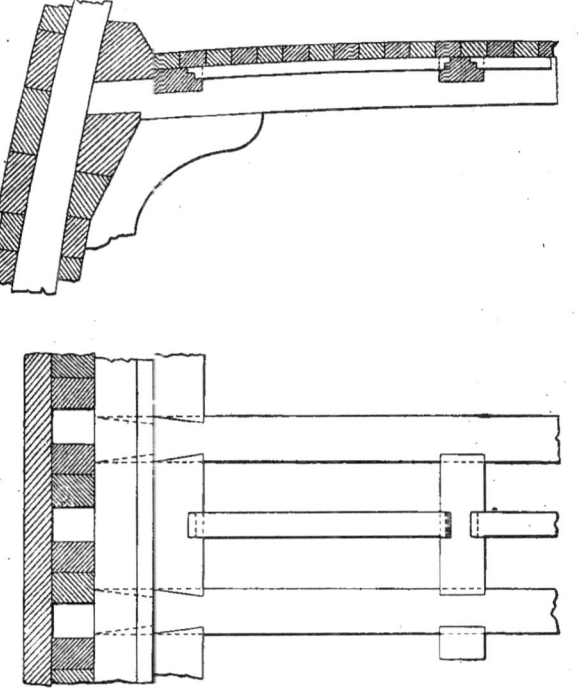

Fig. 165.

côté du plan diamétral. La première file, parallèle au diamétral, est placée de manière à tangenter le bord des grands panneaux percés dans la partie centrale; la troisième, remplaçant la virure de gouttière extérieure du système précédent, suit le contour de la fourrure de gouttière; la seconde suit une direction intermédiaire entre les deux précédentes. Ces entremises vont d'un barrot à l'autre; les entremises de la file extérieure, dites *entremises-*

*gouttières,* sont fixées par des chevilles de préceintes passant dans un remplissage établi en maille. Parallèlement aux barrots, et remplaçant les barrotins, sont disposées des *lattes* qui s'étendent d'une entremise à l'autre et reposent sur celles-ci par des entailles à échelon. Le bordé de pont est disposé comme précédemment, aboutissant aux extrémités du navire dans des adents pratiqués dans la fourrure de gouttière. En raison de la faible épaisseur des lattes, leur fixation avec les bordages s'opère au moyen de vis à bois mises par dessous.

Ce système est évidemment plus simple que le premier, mais lui est inférieur au point de vue de la liaison transversale des murailles. On lui a d'ailleurs fréquemment apporté diverses modifications. On peut adopter par exemple un système mixte, en conservant les virures de gouttière en abord, avec deux files d'entremises de chaque côté du diamétral; les lattes comprises entre la file intermédiaire d'entremises et la muraille sont alors munies de talons comme les barrotins.

Lorsque les barrots sont suffisamment rapprochés, on ne met ni lattes ni barrotins, mais on conserve un certain nombre de files d'entremises pour l'arc-boutement des barrots.

**60. Porques.** — Pour augmenter la résistance transversale, on ajoute de distance en distance, par dessus les revêtements inté-

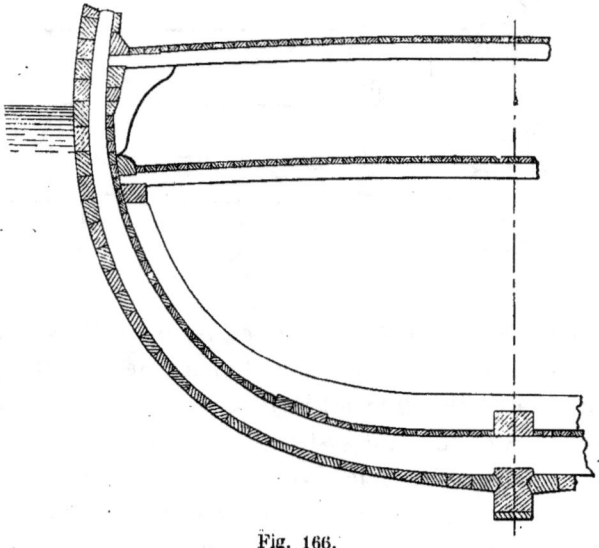

Fig. 166.

rieurs de la cale, des sortes de couples supplémentaires de façon à augmenter le moment d'inertie des membrures proprement dites. Ces couples additionnels portent le nom de *porques*. Les porques (fig. 166) sont constituées par deux plans de bois décomposés de façon analogue au couples, et s'étendent d'un bord à l'autre jusqu'à la bauquière du pont inférieur. Elles sont chevillées avec le bordé au travers du vaigrage et des couples. Leur nombre varie de 6 à 8 suivant l'importance du bâtiment. Elles peuvent être prolongées par des tronçons de porques établis sur la hauteur de chaque entrepont jusqu'au premier pont au-dessus de la flottaison.

### 61. Charpente de l'avant. — Étrave.

Le mode de construction que nous venons de décrire s'applique à toute la région centrale du navire, et doit subir quelques modifications aux extrémités de manière à fermer la carène.

A mesure que l'on s'approche de l'avant, les couples vont en s'affinant de plus en plus, ou comme on dit en *s'acculant*. Le mode de boisage reste le même en principe, mais la forme des pièces est un peu modifiée; le plus souvent, on fait la décomposition symétrique pour les deux plans (fig. 167). Pour qu'il ne soit pas nécessaire de pratiquer un angle rentrant dans les galbords, l'angle de la râblure devient de plus en plus obtus (fig. 168). Ceci oblige à supprimer les margouillets lorsque l'angle du contour du couple avec la verticale atteint 45° environ; on les remplace alors en munissant la varangue d'un tenon qui pénètre dans une mortaise pratiquée dans la quille. De plus, pour conserver à la carlingue son échantillon sur le droit, on est forcé de remonter le lit de cette carlingue, c'est-à-dire d'augmenter la hauteur de la varangue. Cette hauteur $h$, comptée à partir du fond de carène, c'est-à-dire du trait supérieur de râblure, est appelée *encolure de la varangue*. La carlingue, rectiligne dans la région centrale, va donc en se relevant à l'extrémité de manière à suivre la *courbe d'encolure des varangues*. Cette extrémité relevée de la carlingue s'appelle le *marsouin*.

Lorsque la courbure des lignes d'eau est très prononcée à l'avant, c'est-à-dire que le navire a des formes peu affinées, l'angle du plan de gabariage avec le plan tangent à la carène devient très faible aux extrémités (fig. 169), et on serait conduit

222  ÉTUDE DESCRIPTIVE DE LA CHARPENTE DU NAVIRE.

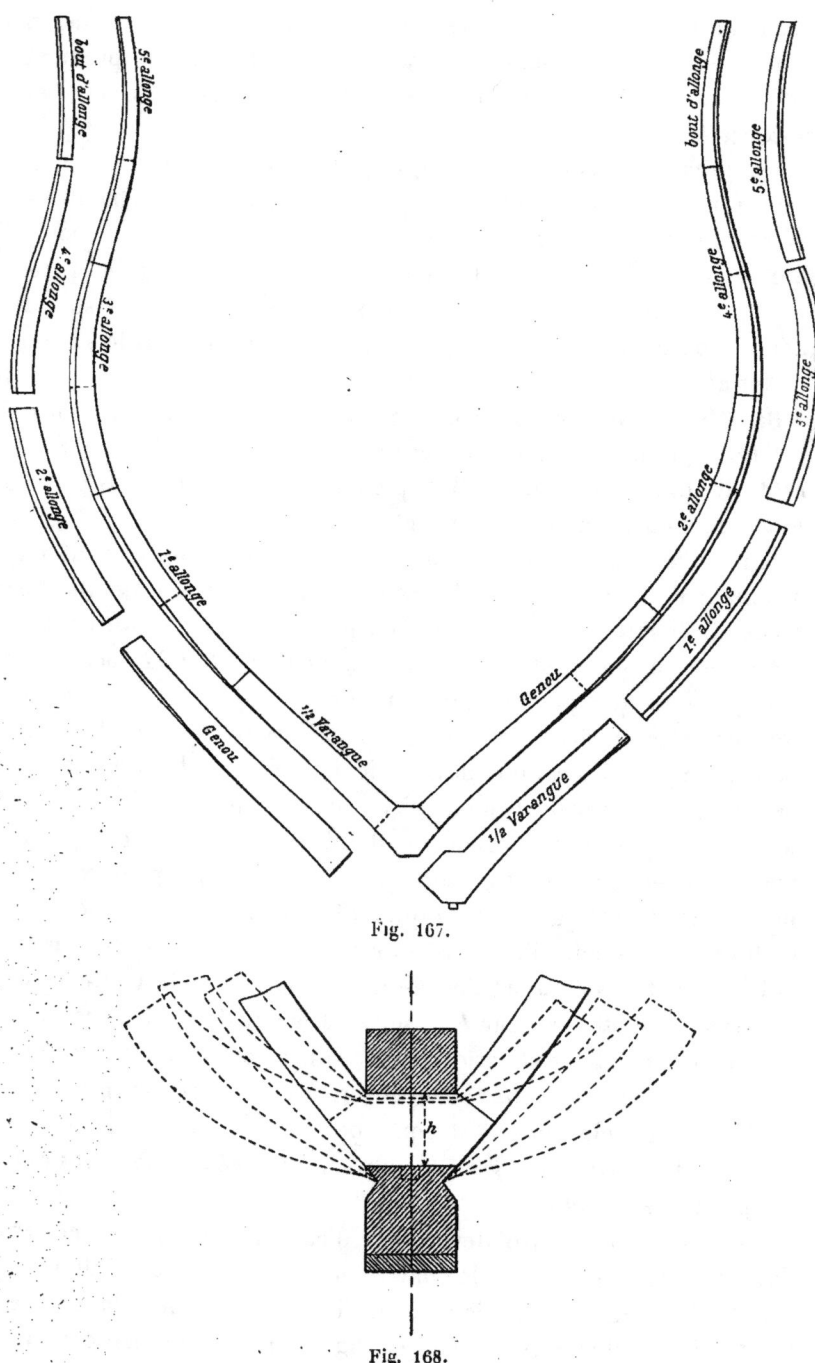

Fig. 167.

Fig. 168.

ainsi à des couples dont l'exécution serait très compliquée et dont le chevillage ne présenterait que peu de solidité. Lorsqu'il en est ainsi, on fait usage de couples progressivement *dévoyés*, c'est-à-dire composés de deux plans inclinés sur le diamétral (fig. 170).

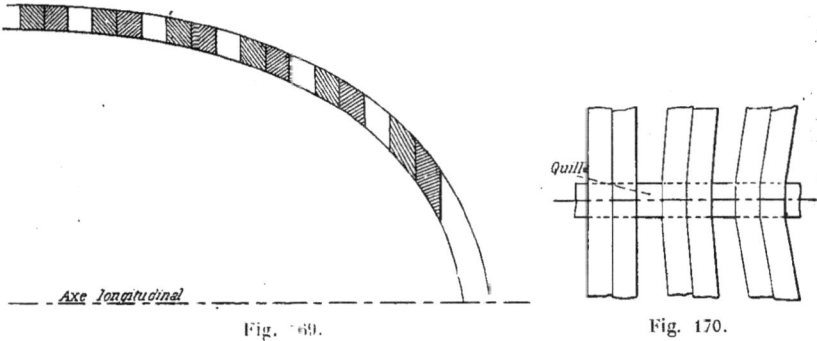

Fig. 169.   Fig. 170.

La face de jonction des deux plans de bois du couple peut ainsi rester peu différente du plan normal au contour de la carène.

A l'extrémité avant, la quille se recourbe de manière à se continuer par une pièce de forme variable qui ferme la charpente à l'avant et qui est appelée *étrave*. L'étrave (fig. 171) est formée par des pièces assemblées à écart long comme les pièces de quille. Le raccordement de l'étrave et de la quille est fait autant que possible au moyen d'une pièce courbe appelée *brion* dont la partie R, ou *traînant*, est rectiligne. L'étrave est ren-

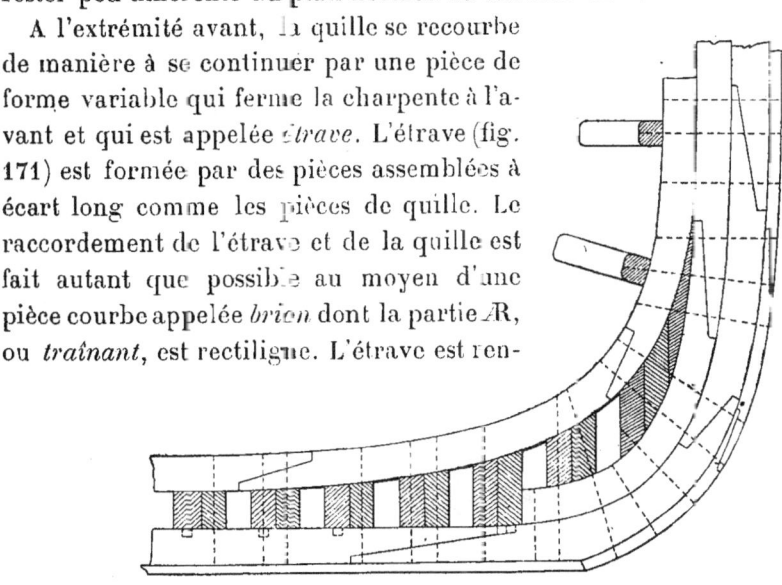

Fig. 171.

forcée intérieurement par une pièce dite *contre-étrave*, qui la double dans toute son étendue jusqu'au traînant du brion, et contre la face intérieure de laquelle vient s'appliquer l'extrémité du marsouin. Le marsouin, l'étrave et la contre-étrave sont traversés par des chevilles qui assurent leur liaison.

Extérieurement à l'étrave est rapportée une pièce appelée *taille-mer*, à laquelle on donne une section transversale de forme ogivale ou arrondie pour éviter le refoulement direct des filets liquides. Le taille-mer est formé de pièces maintenues par les chevilles du massif de l'avant ou simplement clouées sur l'étrave.

**Dans les bâtiments à éperon ou à étrave renversée (fig. 172), le boisage est forcément plus compliqué. La disposition d'ensemble est la même, mais en raison de la courbure prononcée de l'étrave les écarts sont beaucoup plus rapprochés. Aussi ajoute-t-on en général une pièce de renfort intérieure formant une seconde contre-étrave.

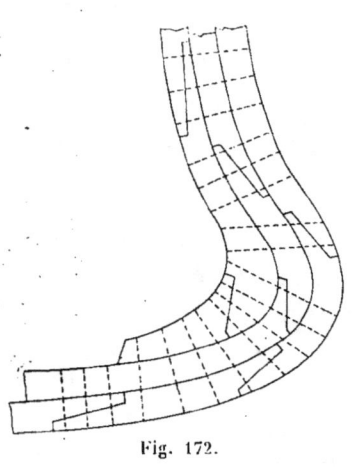

Fig. 172.

Le brion est une pièce courbe de fort échantillon qu'il est parfois assez difficile de se procurer. Si on n'a pas de pièce présentant une courbure suffisante, on se contente de faire buter l'étrave contre la dernière pièce de quille (fig. 173), en les réunissant par un assemblage à tenon consolidé par deux armatures latérales en bronze chevillées l'une avec l'autre.**

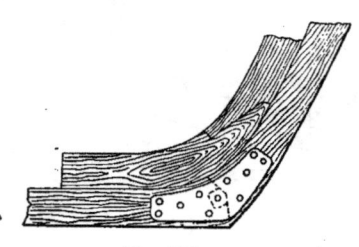

Fig. 173.

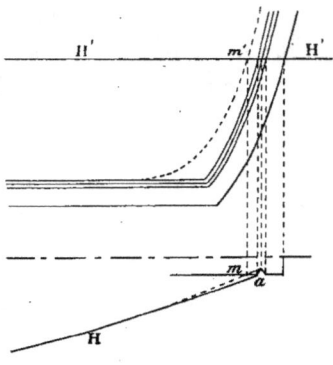

Fig. 174.

La râblure de quille se prolonge sur les faces latérales de l'étrave de manière à recevoir l'aboutissement des virures du bordé. On est conduit ainsi à l'élargir progressivement pour éviter d'avoir à tailler des angles rentrants dans les bordages. Considérons en effet le massif de l'avant, et supposons la râblure prolongée avec la même section que dans la quille (fig. 174). Soit HH' une ligne d'eau de la surface hors membres. Si l'on faisait aboutir cette ligne d'eau en $a$, au trait intérieur de râblure, on aurait un bordage à angle rentrant On la corrigera donc légèrement de manière à la faire aboutir au fond de râblure, et le trait intérieur sera ainsi

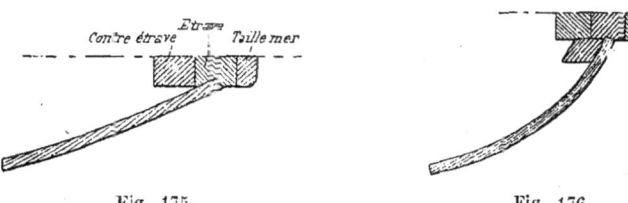

Fig. 175.        Fig. 176.

reporté de $a$ en $m$. Le lieu des points $m$, $m'$ est ce qu'on appelle la *courbe de dégraissement* de l'étrave.

Lorsque les lignes d'eau sont un peu affinées, l'étrave et la contre-étrave donnent un appui suffisant à l'extrémité des virures du bordé (fig. 175). Mais si les formes sont assez pleines, ainsi que cela avait lieu pour la région avant des œuvres-mortes des navires à voiles, les virures de bordé arrivent presque normalement sur l'étrave. On ajoute alors de part et d'au-

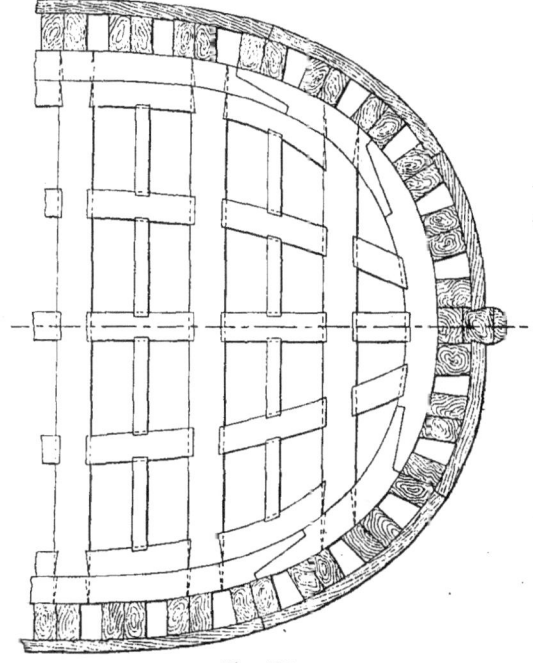

Fig. 177.

tre de l'étrave et de la contre-étrave deux pièces appelées *apôtres* (fig. 176 et 177), chevillées l'une avec l'autre au travers de ces pièces, et recevant les aboutissements du bordé.

La liaison entre les deux murailles latérales à l'avant ne serait pas suffisamment assurée par le clouage du bordé sur l'étrave, la contre-étrave et les apôtres. Pour la compléter, on place à cheval sur le plan diamétral des courbes en bois appelées *guirlandes* (fig. 178 et 171) chevillées avec le massif de l'avant et les murailles latérales. On place généralement deux guirlandes dans la cale, réparties à intervalles à peu près égaux entre le brion et le fauxpont. En outre, au niveau de chaque pont, on relie l'une à l'autre les deux ceintures latérales de manière à former une guirlande qui prend le nom spécial de *tablette*. Ces tablettes sont placées au niveau des fourrures de gouttière dont elles ne sont en somme que le prolongement (fig. 177).

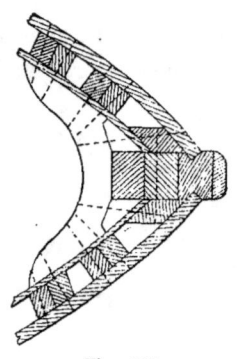

Fig. 178.

**62. Charpente de l'arrière. — Étambot**. — Les couples de l'arrière sont décomposés d'abord de la même façon que ceux de l'avant. Puis, à mesure que l'on s'approche de l'extrémité, l'acculement des varangues augmente beaucoup et on est obligé d'adopter un système un peu différent. Le premier plan (fig. 179) comprend alors deux demi-varangues butant l'une contre l'autre dans le plan diamétral. A ces demi-varangues sont adossées dans le second plan des pièces superposées appelées *billots* ou *oreillers*, le billot inférieur étant muni d'un tenon pour l'assemblage avec la quille. Au billot supérieur succèdent de part et d'autre les genoux, puis les allonges paires, comme dans le mode de décomposition habituel. L'encolure des varangues est relevée de manière suffisante pour recevoir le prolongement de la carlingue, ou *marsouin arrière*. Les couples sont dévoyés progressivement, de la même façon que pour l'avant.

L'extrémité arrière de la charpente présente des dispositions assez variables suivant la forme générale des œuvres mortes dans cette région et le mode de propulsion du navire. Les anciens navires à voiles étaient tous à *arrière carré*, disposition encore en usage

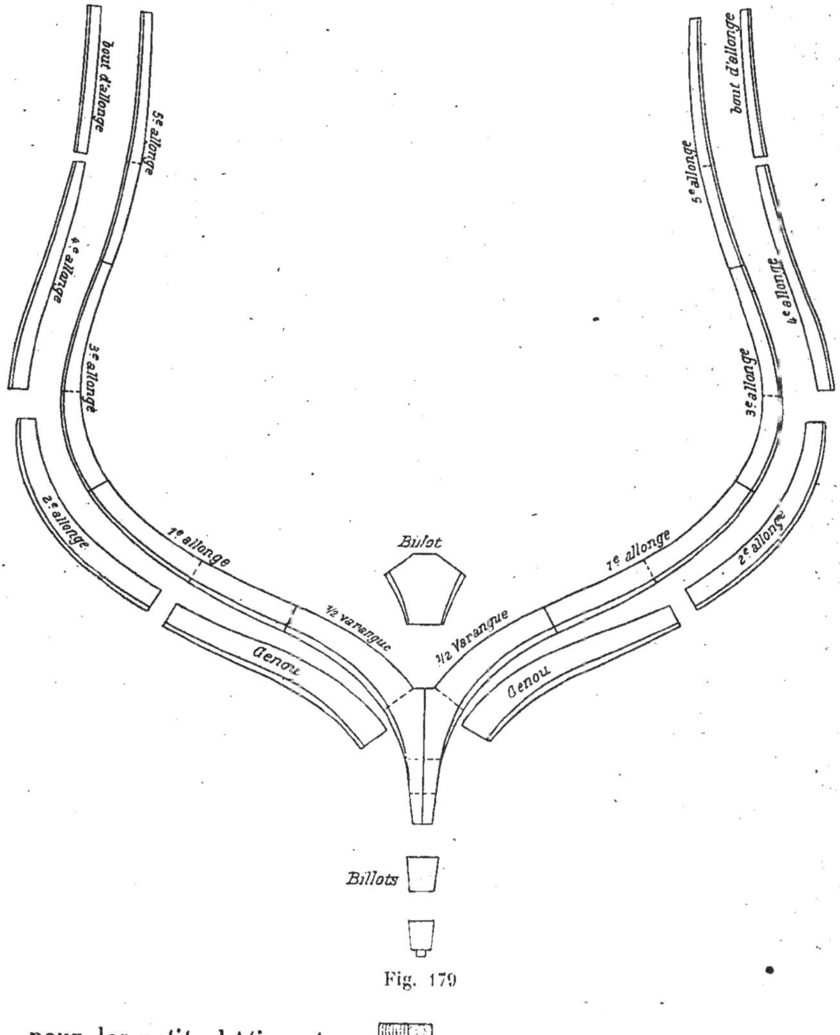

CONSTRUCTION EN BOIS.

Fig. 179.

pour les petits bâtiments de commerce. Dans ce système d'arrière, l'étambot est une pièce rectiligne (fig. 180) assemblée à tenon avec l'extrémité de la quille et recevant, de la même manière que l'étrave, les râblures d'a-

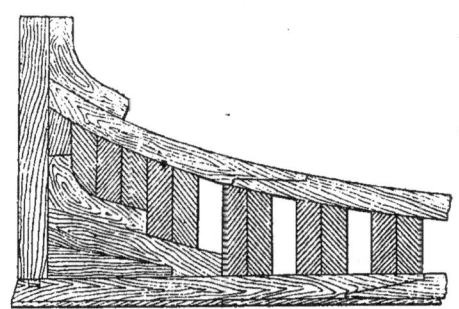

Fig. 180.

boutissement du bordé. Le marsouin vient buter contre cet étambot, auquel il est relié par une courbe. Pour ne pas être conduit à des varangues d'une hauteur exagérée, on établit à l'angle de jonction de la quille et de l'étambot un massif formé de pièces de bois superposées, relié à l'étambot par une courbe à branches aussi longues que possible dite *courbe d'étambot.* Des remplissages intercalés dans les mailles complètent ce massif, dont les pièces sont chevillées ensemble et avec l'étambot. Pour fermer la charpente, on opère de la manière suivante. On pousse les couples dévoyés aussi loin que possible vers l'ÆR, jusqu'à un dernier couple qui prend le nom d'*estain* (fig. 181). L'estain et l'étam-

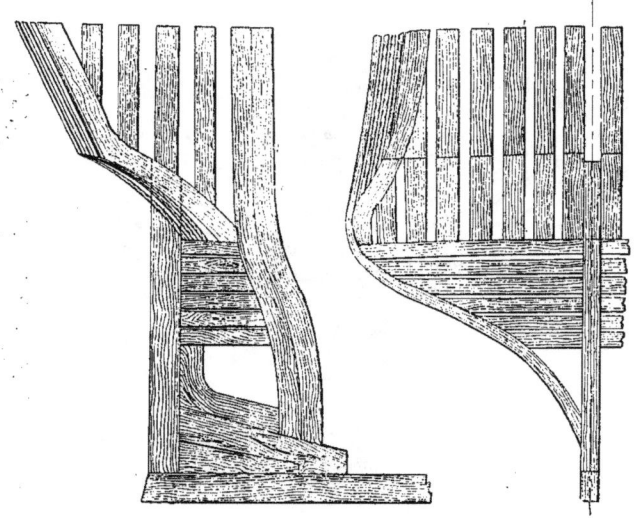

Fig. 181.

bot forment les pièces principales de la charpente ÆR, appelée *arcasse,* constituée par des sortes de couples horizontaux dits *barres d'arcasse* s'appuyant sur l'étambot de la même façon que les couples ordinaires sur la quille, et aboutissant à l'estain. La plus élevée des barres d'arcasse porte le nom de *barre d'hourdy*, la barre inférieure celui de *fourcat.* Sur la barre d'hourdy repose une charpente formée de membrures parallèles au diamétral, dites *allonges de poupe.* Ces allonges, qui s'étendent depuis la barre d'hourdy jusqu'au livet du pont supérieur, comprennent d'abord une partie jourbe, formant la *voûte*, suivie d'une partie rectiligne constituant le *tableau*. Les deux allonges médianes sont appliquées sur les faces latérales de l'étambot, laissant entre elles l'espace nécessaire pour la rentrée à bord de l'axe ou *mèche* du gouvernail, porté par des gonds fixés à l'étambot. L'allonge extrême de chaque bord, dite *allonge de cornière*, est à double courbure et s'appuie par sa branche inférieure sur l'estain. Cette allonge de cornière porte des râblures et reçoit d'une part l'aboutissement du bordé de la muraille, de l'autre l'aboutissement du bordé de la voûte et du tableau; l'espace vide entre l'allonge de cornière et la partie supérieure de l'estain est comblé au moyen de quelques allonges s'appuyant sur la branche inférieure de l'allonge de cornière.

La charpente des arrières carrés est assez mal reliée au reste du navire et ne présente pas une très grande solidité. Les arrières *ronds* ou *pointus* leur ont été souvent substitués pour permettre une liaison plus efficace de l'extrémité de la charpente. Un premier système consiste à arrêter la membrure à un dernier couple dévoyé sous un angle de 45° environ (fig. 182) et a terminer la charpente par deux allonges de poupe s'appuyant sur l'étambot et par un certain nombre d'allonges s'appuyant sur le dernier couple dévoyé.

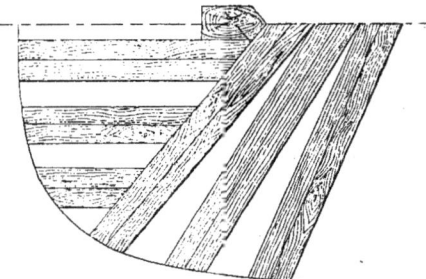

Fig. 132.

Avec ce système, toute la liaison de l'arrière repose exclusivement sur celle du dernier couple dévoyé. Pour éviter cet inconvénient, on a fait usage de couples *plusieurs fois dévoyés* (fig. 183) avec deux allonges de poupe liées à l'étambot. La difficulté réside dans la courbure prononcée des bois composant ces couples, qu'il est rare de pouvoir se procurer. On a également essayé des couples dits *cylindriques*

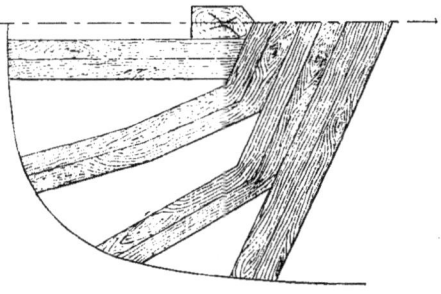

Fig. 183.

(fig. 184); on obtient une courbure un peu moindre, mais ce procédé de coupe a le grave inconvénient de trancher le fil du bois, ce qui diminue la résistance.

Pour ces motifs, on a adopté plus ordinairement un système légèrement différent, qui consiste à pousser le plus loin possible les couples dévoyés ordinaires, et à combler le vide qu'ils laissent subsister derrière eux en bifurquant le premier plan de l'allonge de poupe (fig. 185). Puis, si les mailles ainsi obtenues paraissent exagérées, on les réduit au moyen d'allonges simples. Avec ce procédé, toute la charpente de l'arrière repose sur l'étambot, mais l'accès de cette pièce est plus facile que celui du dernier couple dévoyé, et son dépérissement peut toujours être surveillé.

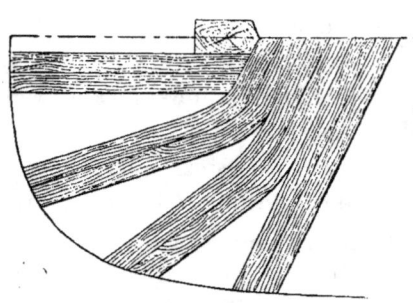

Fig. 184.

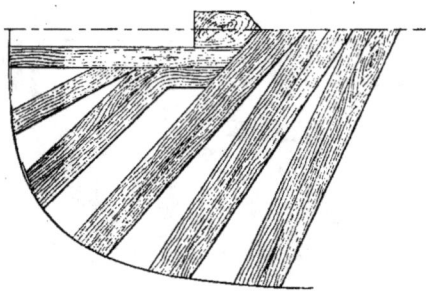

Fig. 185.

Quel que soit le système de boisage adopté, la charpente de l'arrière est consolidée par des lattes en fer zingué formant bretelles et assurant la liaison avec les derniers couples dévoyés.

Dans les arrières carrés, la jonction des murailles latérales est assurée au moyen des *tablettes* des ponts. Ces tablettes (fig. 186) croisent les allonges de poupe et se terminent de chaque bord par une courbe s'assemblant avec la fourrure de gouttière. Pour assurer la liaison, on ajoute de longues chevilles réunissant l'allonge de cornière avec l'estain ou même avec le couple dévoyé qui le précède, et des boulons en fer agissant comme tirants pour relier les derniers barrots entre eux et les allonges de poupe au dernier barrot. Avec les arrières ronds, on a des dispositions tout à fait analogues.

Lorsque le navire est mû par une hélice dont l'arbre est placé

CONSTRUCTION EN BOIS.

dans le plan diamétral, la charpente de l'arrière devient plus compliquée. Tout d'abord, sur une certaine longueur à partir de l'étambot, les varangues, surélevées en conséquence, doivent être percées d'un canal cylindrique pour le passage de l'arbre de l'hélice (fig. 187). Ce canal

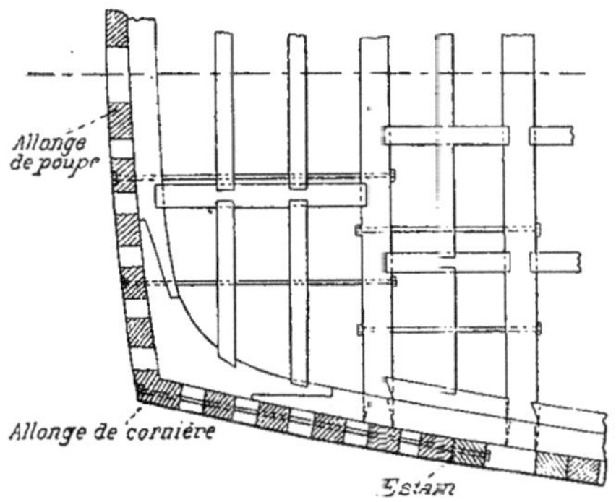

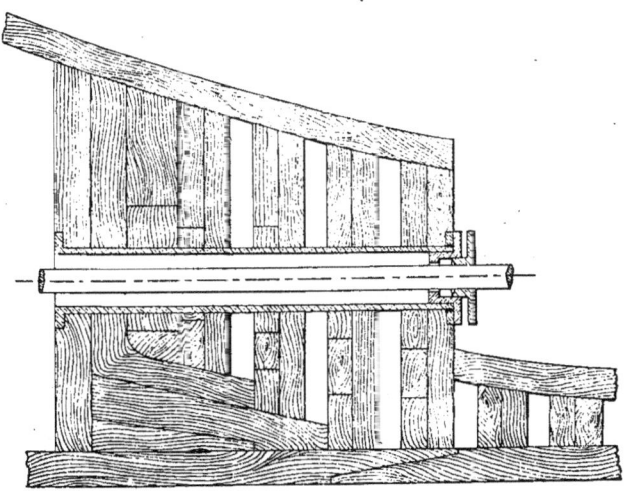

Fig. 186. 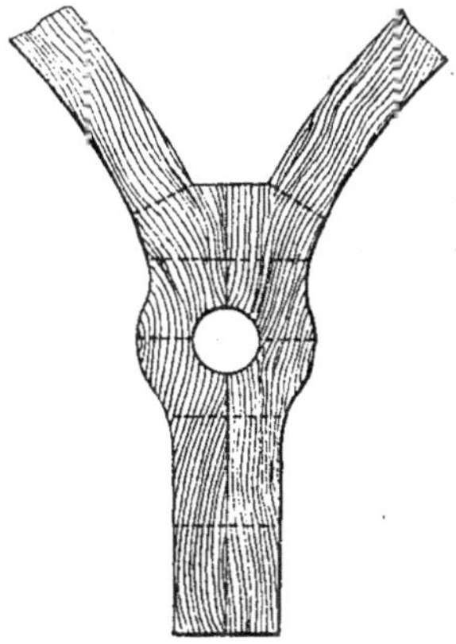    Fig. 187.

est garni intérieurement par un tube en bronze, se terminant d'une part sur la face AR de l'étambot, de l'autre sur la première des va-

Fig. 188.

rangues surélevées (fig. 188). La carlingue vient buter contre cette varangue, à laquelle elle s'arrête, et le marsouin, qui est alors indépendant, assure la liaison des varangues surélevées. Le marsouin et la quille se prolongent d'ailleurs au-delà de l'étambot, comme nous allons le voir plus loin. Un presse-étoupes empêche la rentrée de l'eau par le tube à l'intérieur de la coque. Des remplissages intercalés dans les mailles complètent le massif traversé par le tube.

La présence de l'hélice empêche de fixer à l'étambot les points de suspension du gouvernail. On établit dans ce but un deuxième étambot, dit *étambot AR* ; le premier étambot est donc appelé *étambot AV*, et l'espace compris entre ces deux pièces forme la *cage* de l'hélice (fig. 189). Cette cage est limitée à la partie inférieure par le prolongement de la quille, à la partie supérieure par un *sommier* reliant les deux étambots. Le marsouin vient buter contre l'étambot AR auquel il est relié par une courbe. Les couples de l'extrémité AR s'appuient sur le sommier, leurs intervalles étant comblés par des remplissages. L'attache du prolongement de la quille, ou *talon*, avec les deux étambots est consolidée par des armatures en bronze chevillées au travers de ces pièces et renforcées par des nervures horizontales pour améliorer la résistance aux efforts de flexion transmis par le gouvernail.

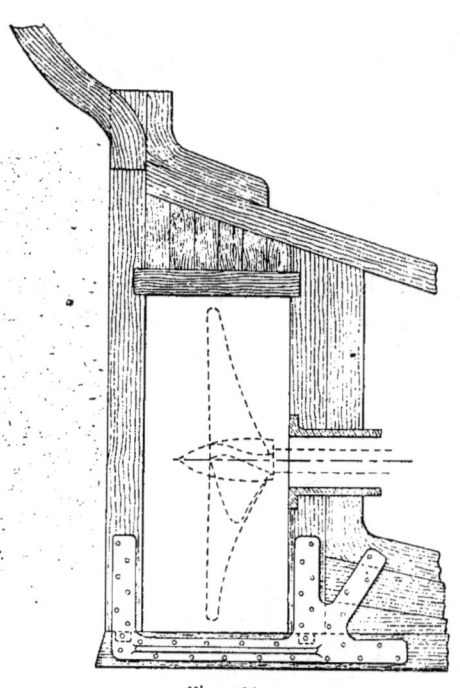

Fig. 189.

Pendant longtemps, pour les navires mixtes à voiles et à vapeur, on a considéré comme utile de pouvoir relever l'hélice hors de l'eau pendant la marche à la voile. On y arrivait en disposant à l'AR, au-dessus de la cage, une sorte de canal vertical appelé *puits*, montant jusqu'au pont des gaillards, dans lequel on remontait l'hélice détachée de l'extrémité de l'arbre. On avait ainsi une charpente très compliquée et peu solide. Une solution préférable consiste à débrayer l'hélice de manière à la laisser tourner librement en cas de marche à la voile, ce qui, dans la pratique, diminue très suffisamment la résistance qu'elle oppose à la translation du navire.

L'étambot AR peut être supprimé, le gouvernail étant simplement guidé dans la partie supérieure à son passage entre les allonges de poupe et dans la partie inférieure par un tourillon fixé au talon. Toute la charpente de l'AR se trouve alors en porte à faux, et il est difficile de lui donner une solidité suffisante. En outre, pour résister aux efforts de flexion transmis par le gouvernail, il devient nécessaire de faire le talon entièrement en bronze. Nous ne faisons qu'indiquer ici ces dispositions, que nous retrouverons dans la construction métallique.

**63. Sabords et panneaux.** — Les sabords, ouvertures rectangulaires pratiquées dans les murailles latérales pour le tir des pièces d'artillerie ou pour l'aération des entreponts, sont compris dans le sens de la longueur entre deux couples et dans le sens de la hauteur entre un *seuillet* et un *sommier* (fig. 190). Ces deux pièces, fixées à plat sur le couple interrompu par l'ouverture, s'ajustent par leurs extrémités dans des entailles pratiquées sur les couples formant les façades. Les allonges supérieures du couple tronçonné sont assemblées avec le sommier au moyen de tenons.

Les ouvertures pratiquées dans les ponts pour la circulation et l'aération, appelées *panneaux* ou *écoutilles*, sont disposées d'une manière analogue. Dans le sens de la longueur, le panneau est limité par deux

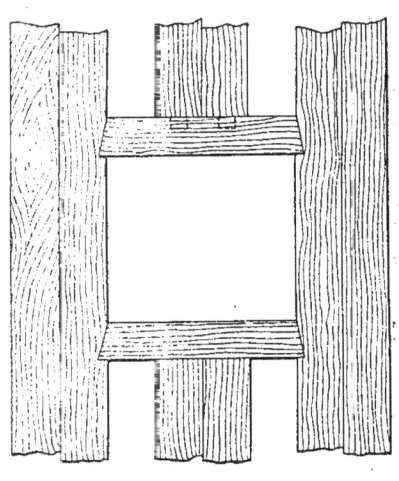

Fig. 190.

barrots (fig. 191) dont l'emplacement est précisément réglé par la dimension qu'il est nécessaire de donner à l'ouverture. Latéralement, le panneau est limité par deux *entremises* ou *hiloires* longitudinales, qui s'ajustent dans des entailles pratiquées dans les barrots. Pour les panneaux de grande dimension, ces entremises ont même échantillon que les barrots, et prennent alors le nom d'*élongis*. Sur ces élongis viennent prendre appui les extrémités d'un ou plusieurs *faux barrots*, de même échantillon que les barrots ou d'échantillon un peu plus faible, entaillés comme eux avec les ceintures latérales. L'intervalle entre les barrots et les faux barrots est comblé s'il y a lieu à l'aide de barrotins ou de lattes. Pour les panneaux plus petits, l'entremise a un échantillon plus faible que les barrots et sert d'appui aux barrotins ou aux lattes intermédiaires entre les barrots formant les façades du panneau. La liaison des entremises ou élongis avec les

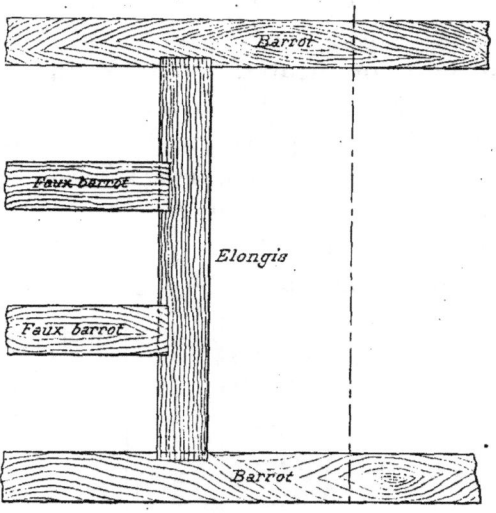

Fig. 191.

barrots ou faux barrots est complétée par des équerres en fer placées dans les angles.

Pour empêcher l'accès dans les entreponts inférieurs de l'eau répandue sur le pont, soit accidentellement soit pour le lavage, chaque panneau est entouré d'un cadre en saillie appelé *surbau*. Le surbau (fig. 192) est composé de quatre pièces chevillées verticalement sur les barrots et sur les entremises limitant le panneau ; ces pièces sont assemblées deux à deux, à mi-bois, et reliées par des équerres en fer. On les raccorde par un congé avec la surface du pont de manière à dégager les lignes de joint de la face latérale du surbau et faciliter ainsi le calfatage des abouts du bordé du pont.

La saillie des surbaux au-dessus du bordé de pont est de 20 à 25 °/m. Leur can supérieur est muni d'une feuillure dans laquelle

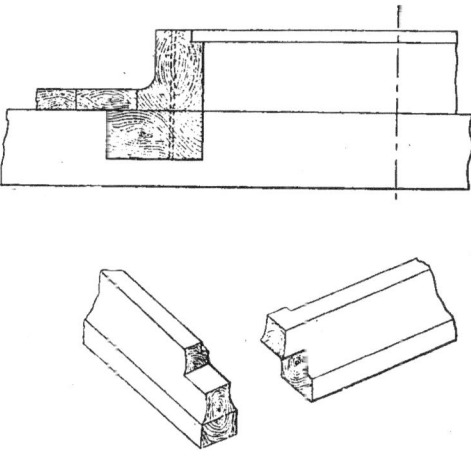

Fig. 192.

on peut ajuster des panneaux pleins s'il est nécessaire de fermer les écoutilles, en cas de mauvais temps par exemple.

**64. Épontillage**. — Les barrots du pont principal (premier pont au-dessus de la flottaison) sont épontillés directement sur la carlingue. Autrefois, on disposait au-dessous de ces barrots une hiloire longitudinale (fig. 193), ce qui permettait de ne pas tenir

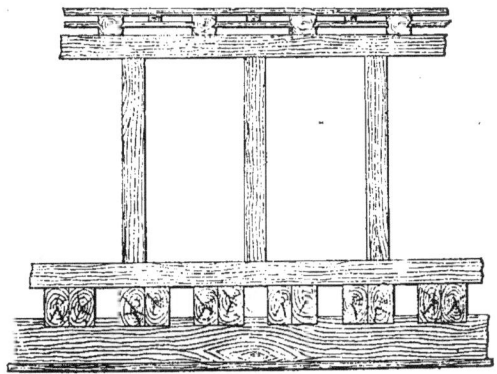

Fig. 193.

compte de la répartition des barrots pour l'emplacement des épontilles. Mais ces hiloires, bien que donnant une liaison longitudinale efficace, ont l'inconvénient d'être très encombrantes et de partager en deux les panneaux si on veut maintenir leur continuité. Aussi les supprime-t-on en général, en plaçant alors une épontille au droit de chaque barrot (fig. 194). Les barrots du faux-pont (et de la plate-forme de cale si elle existe) sont alors distribués de manière à correspondre à la face latérale de ces grandes épon-

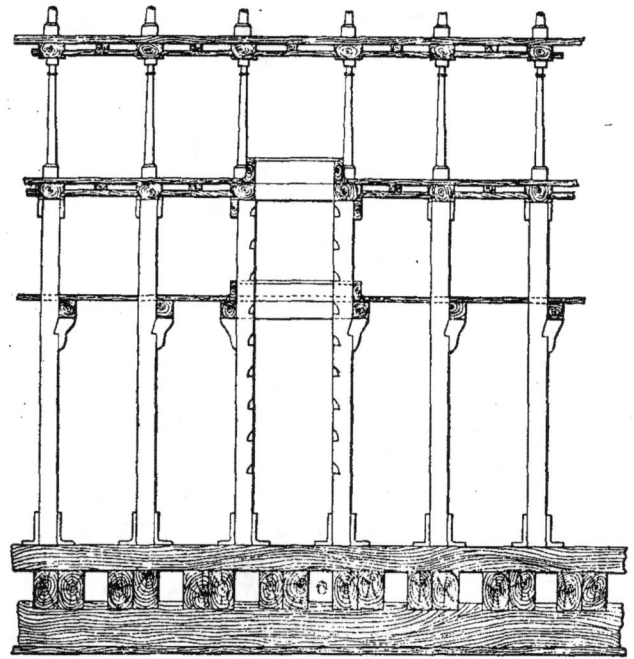

Fig. 194.

tilles, sur lesquelles ils prennent appui par l'intermédiaire d'un taquet entaillé et chevillé avec l'épontille.

Les ponts placés au-dessus du pont principal ont leurs barrots à l'aplomb de ceux de ce pont et sont soutenus par des épontilles ayant généralement la forme de colonnes galbées, dont le pied est fixé par dessus le bordé du pont placé en dessous.

Les grandes épontilles sont fixées aux barrots au moyen d'armatures en fer, la différence d'échantillon entre les deux pièces étant comblée à l'aide d'une cale (fig. 195). La liaison avec la carlingue s'effectue de même par l'intermédiaire d'équerres vissées sur la carlingue. Les petites épontilles des ponts supérieurs sont tenues de la même manière à la tête et au pied au moyen d'équerres.

Les grandes épontilles correspondant aux panneaux du pont principal sont disposées de manière qu'une de leurs faces soit dans le prolongement des façades de ces panneaux (fig. 194). Les barrots du faux-pont sont disposés de manière à ne pas encombrer le panneau ; des entailles pratiquées dans les épontilles, et espacées de 30°/$_m$ environ, forment des espèces de degrés destinés à permettre la circulation lorsque les échelles sont momentanément enlevées.

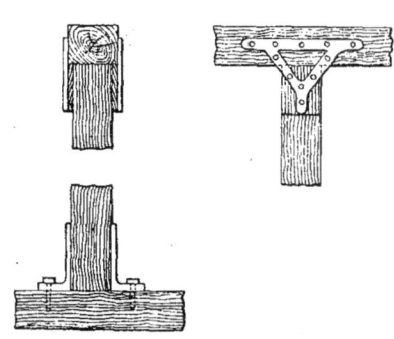

Fig. 195.

**65. Tenue des mâts.** — Les voiles destinées à la propulsion du navire sont soutenues par des *mâts* cylindriques placés dans le plan diamétral, comprenant un ou plusieurs mâts dits *verticaux*, dirigés à peu près perpendiculairement à la quille, et un mât incliné appelé *beaupré* placé à l'extrémité $A$.

Les mâts verticaux franchissent les différents ponts dans des panneaux appelés *étambrais*. La position de ces mâts étant déterminée par le plan de voilure (voir 5$^{me}$ partie), on dispose deux barrots de part et d'autre de l'axe du mât, et on constitue l'étambrai (fig. 196) au moyen de deux entremises et de deux *coussins*, taillés de manière à laisser entre eux un vide cylindrique de diamètre supérieur à celui du mât. Sur chacune des entremises s'appuie l'extrémité d'un faux-barrot. Le mât est maintenu dans l'étambrai au moyen de coins serrés sur son pourtour, ce qui permet de ré-

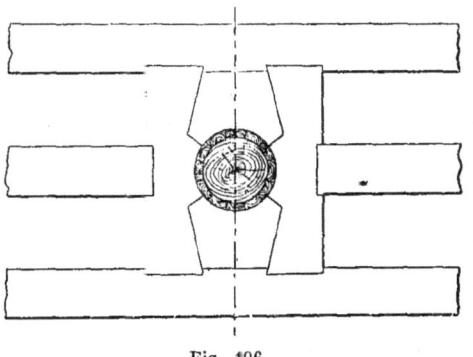

Fig. 196.

gler bien exactement sa position et de le retirer sans difficulté.

Les mâts verticaux principaux (mât de misaine et grand mât sur les navires à trois mâts verticaux) reposent à leur partie inférieure sur la carlingue. Leur pied est encastré dans une sorte de logement appelé *emplanture*, limité à l'AV et à l'AR par deux *varangues d'emplanture* (fig. 197) et latéralement par deux entremises

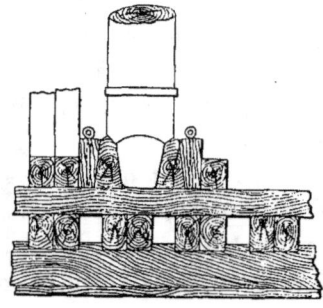 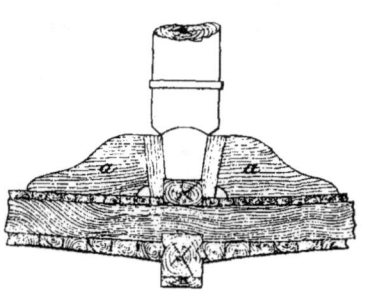

Fig. 197.

reliant ces varangues, arc-boutées par de forts taquets *a, a*. On dispose en général une porque dans le voisinage de l'emplanture, de sorte qu'une des deux varangues d'emplanture est remplacée par cette porque. Le pied du mât est terminé par un tenon de forme pyramidale qui s'emboîte entre les deux entremises et est maintenu dans le sens de la longueur à l'aide de coussins et de coins.

Le mât vertical de l'arrière (mât d'artimon) peut être installé de la même manière. Souvent aussi on reporte son emplanture sur le faux-pont; cette emplanture est alors constituée par une semelle s'appuyant sur deux barrots, au-dessous desquels on place une hiloire reliée à la carlingue par une forte épontille.

L'emplanture du mât de beaupré est formée par un massif de bois appliqué verticalement contre deux barrots placés l'un au-dessus de l'autre, et appartenant soit au pont de batterie et au pont des gaillards soit au pont des gaillards et au pont de la teugue (fig. 198). Entre les pièces de ce massif est ménagée une mortaise dans laquelle s'engage le tenon du mât.

Le mât de beaupré fait en général un angle de 20° avec l'horizontale. Il franchit la muraille dans une ouverture appelée *lit de beaupré*. Cette ouverture comprend une partie demi-cylindrique (fig. 199) de même diamètre que le mât, taillée dans l'étrave, la contre-étrave et les apôtres, et d'une partie légèrement évasée, limitée latéralement par le prolongement des apôtres. Le vide entre le mât et la partie supérieure de cet étambrai est comblé par une pièce de remplissage appelée *chapeau* et par des coins de serrage. Lorsque le lit du beaupré est placé à la partie supérieure de la muraille, l'étrave s'arrête au beaupré, et le chapeau sert de pièce de jonction entre les deux moitiés du plat-bord interrompu par le passage du mât.

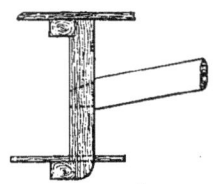
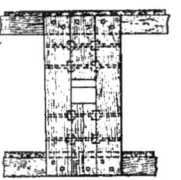

Fig. 198.

Le beaupré, ainsi que nous le verrons plus tard, est soumis à des efforts qui tendent à le soulever, et qui lui sont transmis par les étais du mât de misaine. La tenue réalisée à l'aide du chapeau serait insuffisante pour résister à ces efforts, et il est nécessaire de disposer d'autres points d'appui extérieurs à la muraille. Ces points d'appui sont fournis par une charpente saillante appliquée sur l'avant de l'étrave et portant le nom de *guibre*.

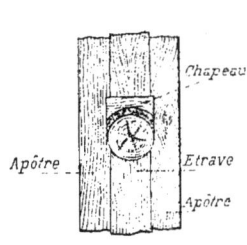

Fig. 199.

La guibre comprend d'abord une sorte de cadre triangulaire placé dans le plan diamétral, et constitué par le *dossier* (fig. 200), pièce appliquée le long de l'étrave, par le prolongement du taille-mer, et par la *flèche*, pièce à peu près parallèle au beaupré reliée au dossier par une courbe appelée *courbe de capucine*. Le vide laissé entre ces pièces est comblé par des remplissages, et tout ce massif est chevillé avec l'étrave et la contre-étrave.

Dans le sens transversal, la guibre est maintenue par deux charpentes triangulaires appelées *poulaines*. La poulaine (fig. 201) comprend d'abord un arc-boutant oblique appelé *herpe*, placé à peu près au niveau de la flèche, et deux ou trois courbes appelées *jottereaux*, réparties les unes au-dessus des autres sur la hauteur de la guibre. Les herpes sont soutenues par des arcs-boutants obliques s'appuyant sur l'un des jottereaux, et appelés *jambettes de*

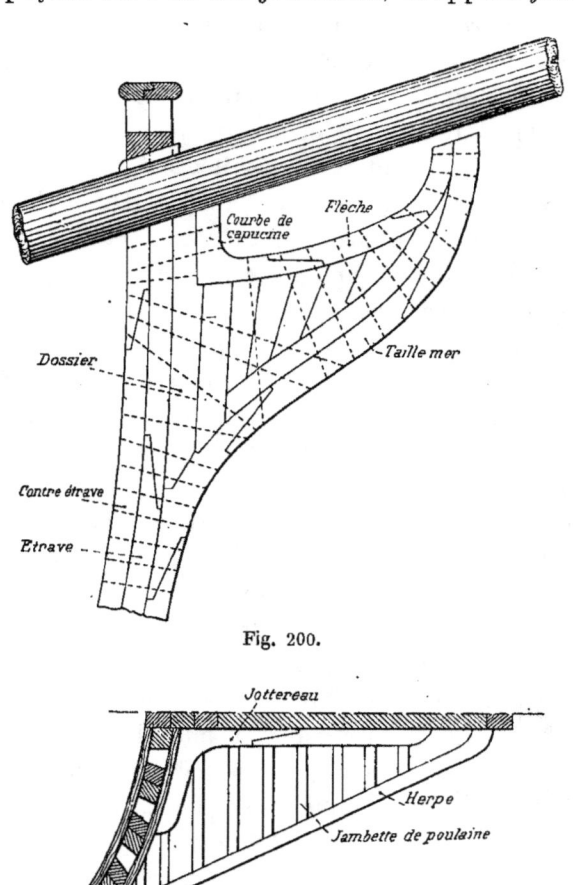

Fig. 200.

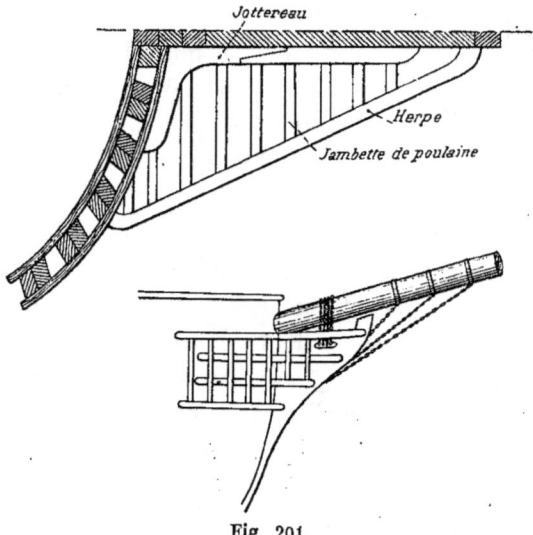

Fig. 201.

*poulaine,* sur lesquels est appliqué un bordé léger se raccordant avec le bordé des œuvres-mortes. Enfin, les deux herpes sont réunies l'une à l'autre par des *barrots de poulaine* transversaux, recevant un bordé sur lequel on établissait autrefois les urinoirs et *bancs creux* de l'équipage.

La liaison du beaupré à la guibre est obtenue au moyen des *liures*, tours de chaîne ou de filin embrassant le beaupré et passant dans une mortaise pratiquée au-dessous de la flèche, et des *sous-barbes*, amarrages en chaîne ou en filin au nombre de trois, reliant l'extrémité du beaupré à l'avant du taille-mer.

La guibre n'est bien entendu nécessaire que si l'étrave est droite ou peu élancée. Une étrave renversée, par exemple, fournit évidemment d'elle-même les points d'attache nécessaires pour les sous-barbes.

**66. Doublage.** — Les bordés de carène en bois ont besoin d'être protégés contre le *taret*, animal dont la larve vit dans l'eau de mer, et qui, en se développant dans le bois dans lequel il a pénétré, y creuse rapidement en tous sens des trous très profonds. Le procédé employé jadis, appelé *mailletage*, consistait à garnir tout le bordé de carène de clous en fer à large tête, serrés les uns contre les autres de manière que les têtes se touchent ; la rouille obstruait très vite les petits intervalles restant entre les têtes, et on avait une protection efficace. On avait par contre des carènes très rugueuses, se recouvrant rapidement d'herbes et de coquillages, et donnant une résistance de frottement considérable, très nuisible à la marche du navire.

On obtient une carène plus lisse, mais moins efficacement protégée, en recouvrant le bordé d'une couche de *coaltar* (goudron provenant de la distillation de la houille). C'est le procédé dont on fait encore usage pour les petits navires de commerce et pour les bâtiments de servitude dans la marine de guerre. Le coaltarage a été employé autrefois pour les navires de guerre. On les abattait en carène (voir 6ᵐᵉ partie), on grattait la surface du bordé, on la chauffait à l'aide de feux de copeaux et de déchets de bois, et on la recouvrait à l'aide de *guipons* (paquet d'étoupe emmanché au bout d'un bâton) d'un enduit composé de coaltar, de soufre et d'huile de poisson. Ce procédé était assez dangereux, et amenait parfois des incendies. En outre, une carène coaltarée se recouvre rapidement d'herbes et de coquillages.

Depuis plus d'un siècle, on emploie le procédé du *doublage,* qui consiste à recouvrir la carène de feuilles de cuivre très minces clouées sur le bois. On a ainsi une protection complète contre le taret, et la carène conserve une surface bien lisse, se salissant peu et en tout cas d'un entretien très facile.

Les feuilles de cuivre du doublage sont taillées en forme de rectangles de $1^m,50$ sur $0^m,40$ environ. Leur épaisseur varie de $0^{m/m},8$ à $1^{m/m}$. Elles sont disposées par virures longitudinales, la virure supérieure s'élevant à 30 ou 40 centimètres environ au-dessus de la flottaison au milieu, à 1 mètre à l'AV, à $0^m,60$ à l'AR.

On a fait également usage de doublages en feuilles de laiton ou de zinc; nous reviendrons sur ce sujet dans la $6^{me}$ partie.

**67. Charpentes à bordages croisés.** — Un grand nombre de systèmes ont été préconisés à diverses époques pour l'agencement de la charpente, en vue d'obtenir une augmentation de la résistance longitudinale. Tous ces systèmes ont disparu en raison du développement de la construction métallique, à l'exception d'un seul, qui est encore employé quelquefois dans les constructions composites en bois et métal et qui est connu sous le nom de système à *bordages croisés.*

Ce procédé de construction consiste à augmenter l'importance du bordé extérieur en diminuant celle de la membrure, et à combiner l'agencement de ce bordé de manière à le faire concourir efficacement à la liaison longitudinale. Le revêtement extérieur en un seul plan est remplacé par trois couches de bordages superposées (fig. 202); les deux premières, croisées à angle droit, sont inclinées à 45° par rapport à la membrure; la troisième, qui forme l'enveloppe extérieure, est composée de virures longitudinales comme dans le système ordinaire. On obtient

Fig. 202.

ainsi un bordé très rigide, dont une partie constitue un lattage oblique très efficace au point de vue de la liaison longitudinale. L'excédent de poids de ce bordé est compensé par une réduction de l'échantillon des couples et une augmentation de leur écartement, et quelquefois par la suppression du vaigrage.

Les bordages des deux plans intérieurs ont une épaisseur de

4 à 6 centimètres environ, de manière à conserver une flexibilité suffisante. Ils viennent s'ajuster à la partie inférieure, soit dans des râblures pratiquées dans la quille, soit dans des râblures pratiquées dans un galbord longitudinal de fort échantillon, qui s'assemble avec la quille comme dans le système habituel ou même en est séparé par deux ou trois

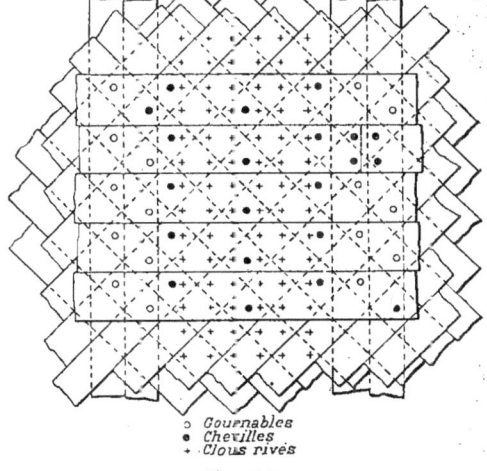

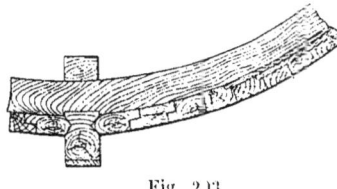

Fig. 203.  Fig. 204.

galbords ordinaires (fig. 203). Le premier plan de bordages croisés est fixé à la membrure par des clous de faufilage. Le second est assujetti sur le premier par des clous en cuivre placés en maille, rivés à l'intérieur sur une virole. Enfin, les bordages extérieurs sont fixés sur les couples par des gournables et des chevilles, et dans la maille par des chevilles traversant les trois plans (fig. 204).

**68. Introduction graduelle du fer dans la construction en bois.** — Nous avons vu dans ce qui précède un certain nombre de liaisons réalisées par l'emploi de matériaux métalliques. À mesure que les préoccupations d'accroissement de vitesse et d'augmentation de puissance ont conduit à des navires plus grands et plus longs, ces liaisons métalliques se sont développées de plus en plus. C'est ainsi que l'on a été amené successivement à exécuter en fer les courbes de pont, l'épontillage, les gouttières, les barrots eux-mêmes. On a également fait des tentatives de compartimentage au moyen de cloisons transversales en tôle. Puis, on a fait usage de matériaux métalliques pour la membrure elle-même, en conservant seulement le bois pour les revêtements intérieur et extérieur de la coque. On a exécuté dans cet ordre d'idées un grand nombre de constructions mixtes, en mélangeant dans une proportion variable les matériaux en bois et en fer. C'est ainsi que certains navires cuirassés (*Colbert*, *Trident*, *Bayard*, etc.), ont été construits avec les œuvres vives (jusqu'au pont blindé) en bois et les œuvres mortes en fer. A l'époque actuelle, on n'a conservé l'emploi du bois que pour les revêtements extérieurs, lorsque les considérations d'habitabilité peuvent être satisfaites aux dépens de la puissance militaire, pour des navires destinés par exemple au service des stations lointaines, n'ayant à combattre que dans les rivières ou le long des côtes contre un ennemi médiocrement armé. On a ainsi les navires dits à construction composite, dont nous parlerons dans un chapitre spécial.

# CHAPITRE IV

## Construction métallique. — Charpente.

**69. Agencement général de la charpente**. — Au début de la construction métallique, on s'est contenté de reproduire à peu près exactement les dispositions générales de la charpente des navires en bois. Mais la possibilité de réaliser des matériaux de forme quelconque et de les réunir par des assemblages bien rigides a permis de combiner des charpentes plus résistantes tout en étant plus légères, et d'adapter en quelque sorte le mode d'agencement de la charpente au système de protection du navire. Avant d'étudier en détail les procédés de la construction métallique, nous examinerons donc l'agencement général de la charpente de quelques types de navires modernes, ainsi que le système de protection de ces navires.

La figure 205 représente, limitée à ses parties principales, la coupe au milieu d'un torpilleur de première classe de $87^{tx}$ de déplacement et de $37^m,50$ de longueur (*torpilleur* n° 221). La membrure est formée par des couples composés de deux cornières adossées, l'une de $40 \times 25 \times 1^k,9$ rivée au bordé, l'autre de $35 \times 35 \times 2^k,2$. L'aile la plus large de la première cornière est placée dans le plan de gabariage, de manière à accroître la résistance transversale. Les couples sont formés de deux moitiés symétriques distinctes, s'étendant chacune du plan diamétral à l'angle du pont avec la muraille. La section droite de la membrure étant ainsi constante, puisqu'elle est formée de barres profilées, l'augmentation du moment d'inertie du couple dans les fonds est obtenue en séparant les deux cornières dans cette région, et les reliant par une tôle de $3^m/_m$, de hauteur décroissante du plan diamétral au bouchain. Cette tôle prend le nom de *varangue*, par analogie avec la construction en bois. La cornière reliée au bordé, qui prend le nom de *cornière extérieure* ou *cornière droite*, longe le can inférieur de cette varangue, tandis que la seconde cornière, dite *cornière intérieure* ou *renversée*, suit le can supérieur. La liaison longitudinale des fonds est obtenue au moyen de trois *lisses* formées d'une âme en tôle bordée de cornières. On remarque ici

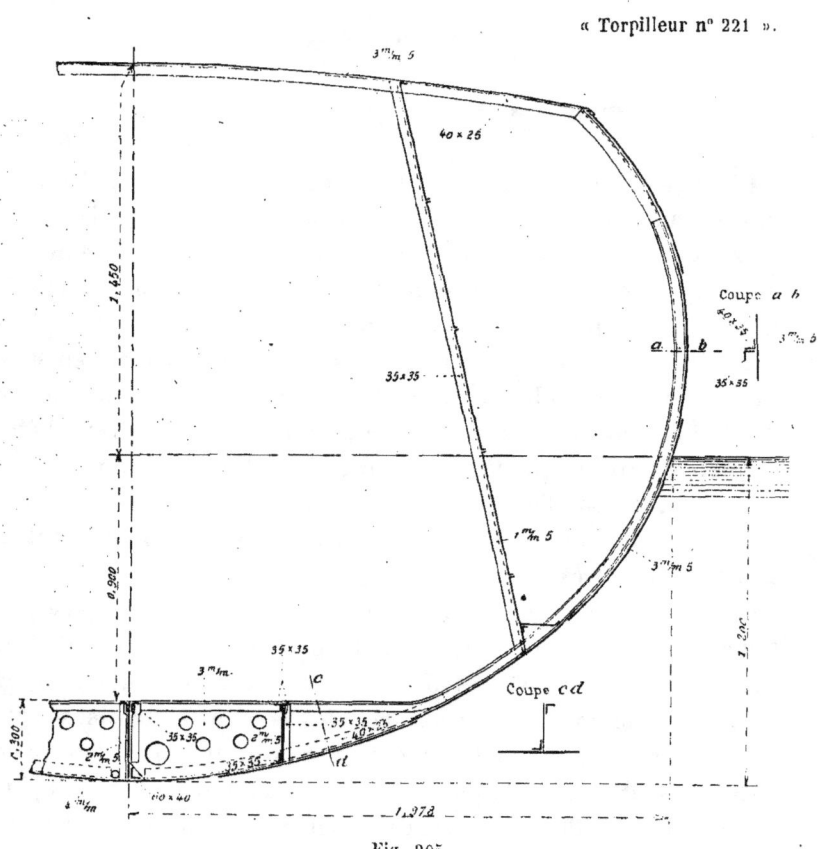

« Torpilleur n° 221 ».

Fig. 205.

que l'emploi de matériaux métalliques permet de disposer ces lisses de façon à entrecroiser les membres sur toute leur hauteur et non en passant par dessus leur surface intérieure, comme dans la construction en bois. On s'oppose ainsi d'une manière efficace au déversement des couples dans le sens longitudinal et on réduit l'encombrement de la cale. En outre, la facilité d'assemblage permet d'améliorer la liaison longitudinale en maintenant continue la lisse centrale, à laquelle on donne alors par analogie le nom de *carlingue*. Cette carlingue, dans l'exemple choisi, est formée d'une tôle de $2^m/_m,5$ bordée à sa base d'une cornière de $60 \times 40 \times 3^k,6$ (l'aile de $60\ ^m/_m$ étant bien entendu verticale) et à sa partie supérieure de deux cornières de $35 \times 35$. Les deux moitiés du couple viennent buter contre cette carlingue, à laquelle la varangue est reliée par deux cornières de $35 \times 35$. La varangue est évidée et percée à sa base d'anguillers pour la circulation de l'eau. La seconde lisse est formée de tronçons intercostaux, interrompus au passage de chaque couple, et constitués par une tôle de $2^m/_m,5$ avec cornières de $35 \times 35$.

Le pont est soutenu par des barrots formés d'une cornière de $40 \times 25$. Dans la construction métallique, à l'inverse de la construction en bois, on a tout avantage à placer un barrot au droit de chaque couple, ce qui permet d'améliorer la liaison transversale. Dans l'exemple choisi, les barrots ne sont en somme que le prolongement des couples, chaque membrure transversale formant en quelque sorte un anneau complet. La jonction est effectuée en faisant croiser sur une certaine longueur le barrot et la cornière extérieure du couple, la cornière intérieure s'arrêtant à l'endroit où commence la cornière du barrot. L'épontillage est réalisé de chaque bord par une cloison étanche longitudinale en tôle de $1^m/_m,5$ raidie par des montants en cornière de $35 \times 35$.

Enfin, le bordé est formé de tôles ayant $4\ ^m/_m$ d'épaisseur dans les fonds, $3^m/_m,5$ partout ailleurs. Le bordé du pont, qui n'est que la continuation du bordé extérieur, s'assemble avec lui par un bord tombé et a également une épaisseur de $3^m/_m,5$.

La figure 206 représente la coupe au milieu d'un contre-torpilleur d'escadre (*Dunois*) de $900^{tx}$ de déplacement et de 78 mètres de longueur. La protection, nulle sur le torpilleur étudié plus haut, est ici obtenue par l'emploi d'un *pont blindé*, formé de deux tôles de $7\ ^m/_m$ en acier durci, et par un renforcement du bordé latéral depuis le livet en abord de ce pont jusqu'à $0^m,60$ au-dessous de la flottaison. Ce renforcement est obtenu en rapportant par dessus le bordé deux virures de tôle en acier durci, de manière à obtenir une épaisseur totale de $25^m/_m$. On a ainsi une sorte de caisson dont le couvercle a $14^m/_m$ d'épaisseur et dont les parois forment une sorte de préceinte ou de ceinture latérale épaisse de $25^m/_m$, dont le can inférieur est placé à distance suffisante au-dessous de la flottaison pour que les amplitudes de roulis normales ne le fassent pas émerger.

La protection étant ainsi réglée, la charpente est divisée par le pont blindé en deux parties distinctes. La charpente des fonds est

« Dunois ».

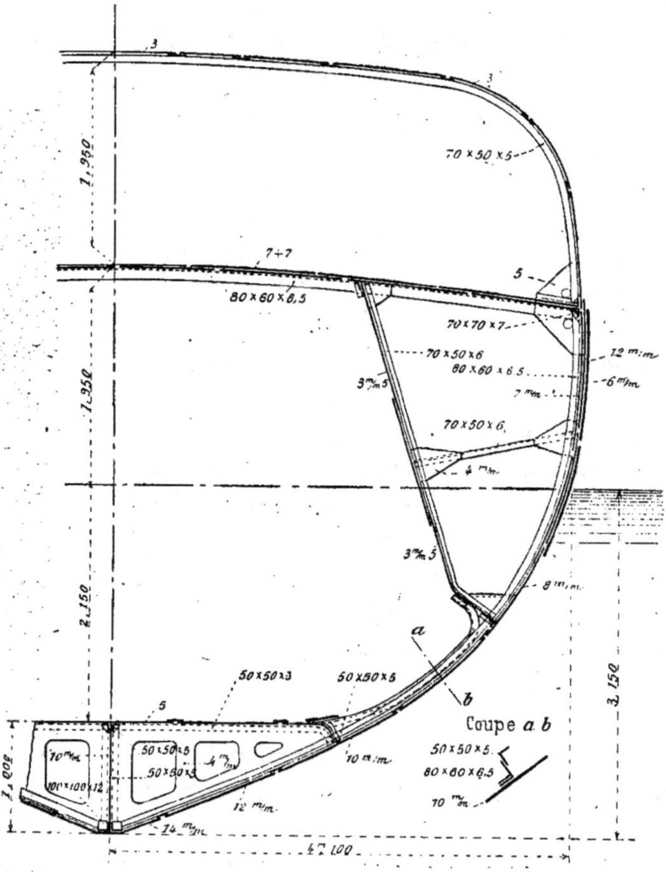

Fig. 206.

formée de couples constitués par une cornière de 80 × 60 × 6,5, s'étendant de la carlingue centrale continue au pont blindé. Cette cornière porte à sa base une tôle varangue évidée de $4^{m/m}$ bordée à son can supérieur par une cornière de 50 × 50 × 5. Les deux varangues de chaque couple butent contre la carlingue centrale, formée d'une tôle de $10^{m/m}$ bordée à son pied de cornières de

$100 \times 100 \times 12$ et à sa tête de cornières de $50 \times 50 \times 5$, et lui sont reliées par des cornières de $50 \times 50 \times 5$. Sur le can supérieur des varangues est rivée une tôle de $5^m/_m$ formant vaigrage. Ce vaigrage s'infléchit à l'extrémité de la varangue de manière à venir buter normalement contre le bordé, auquel il est relié par une cornière de $50 \times 50 \times 5$. On a ainsi à la partie basse de la charpente un caisson étanche formant *double-fond*.

Le pont blindé est lié en abord avec le bordé par une cornière continue de $70 \times 70 \times 7$. Ses barrots sont formés de cornières de même échantillon que les cornières de membrure, et reliées avec elles par un *taquet* ou *mouchoir* en tôle évidée assurant l'encastrement des deux pièces. L'épontillage est réalisé de chaque bord comme dans l'exemple précédent par une cloison étanche longitudinale de $3^m/_m,5$ avec montants en cornière de $70 \times 50 \times 6$, entretoisés avec les couples par des tirants de même échantillon. Tous les angles sont munis de taquets en tôle assurant leur invariabilité. Entre l'extrémité de la varangue et le pied de la cloison étanche, la membrure est renforcée par une cornière renversée de $50 \times 50 \times 5$. Le bordé est formé de virures d'épaisseur décroissante depuis les fonds jusqu'au livet du pont blindé. La virure centrale, jouant le rôle de quille, a $14^m/_m$ d'épaisseur; les suivantes sont réduites successivement à 10, 8 et 6 millimètres.

La charpente des œuvres-mortes est formée de couples d'une seule pièce en cornière de $70 \times 50 \times 5$, se recourbant de façon à former les barrots du pont supérieur. Ces couples sont recouverts d'un bordé de $3^m/_m$, lié au pont blindé par une tôle ployée de $5^m/_m$ d'épaisseur; à la base des couples est un taquet évidé bordé à sa base d'une cornière. La liaison des œuvres-mortes et de la charpente des fonds est obtenue par les rivets d'attache des cornières des taquets et de la tôle ployée sur le pont blindé, et par le décroisement du bordé des hauts avec une des virures de la préceinte blindée.

La figure 207 représente la coupe au milieu d'un croiseur de $2^{me}$ classe (*Bugeaud*), de $3870^{tx}$ de déplacement et de $97^m$ de longueur. Ici encore, la protection est obtenue au moyen d'un pont blindé, constitué par des plaques de $30^m/_m$ s'appuyant sur un platelage formé d'une tôle de $10^m/_m$ et d'une tôle de $12^m/_m$, soit $52^m/_m$ d'épaisseur totale. Il n'y a pas de ceinture, et la protection en

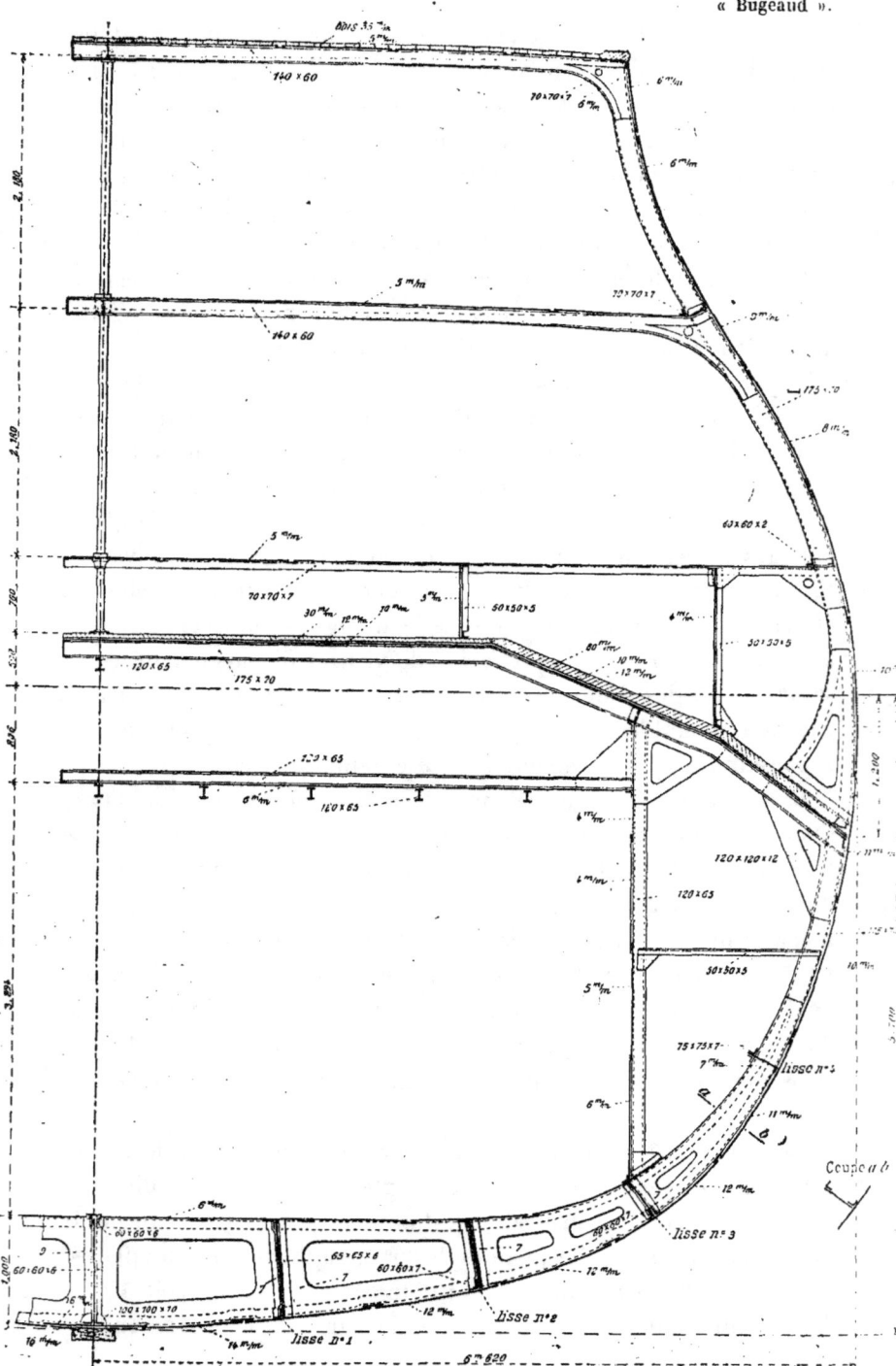

Fig. 207.

abord est réalisée par un abaissement du livet du pont blindé à 1$^m$,20 au-dessous de la flottaison. Le pont a en conséquence une forme polygonale, et les deux talus inclinés, exposés à être frappés par les projectiles ennemis sous une incidence plus voisine de la normale, ont une épaisseur plus forte que celle de la région centrale; ils sont formés de plaques de 80$^m/_m$, appuyées sur deux tôles de 10$^m/_m$, soit 100$^m/_m$ d'épaisseur totale. En outre, pour compenser la réduction de stabilité qui serait la conséquence de la libre circulation au-dessus du pont blindé de l'eau s'introduisant par des brèches faites dans le voisinage de la flottaison, la charpente des œuvres-mortes constitue jusqu'à une hauteur de 1$^m$,20 au-dessus de la flottaison une *tranche cellulaire*, c'est-à-dire une tranche divisée en nombreuses cellules étanches par des cloisons transversales et longitudinales. La file de cellules étanches suivant en abord le contour intérieur de la muraille est désignée sous le nom particulier de *cofferdam*, et peut être remplie comme nous le verrons plus tard de matières obturantes ayant pour but de réduire l'importance des voies d'eau (1).

De même que dans l'exemple précédent, la charpente est divisée par le pont blindé en deux parties distinctes. Si nous examinons d'abord la charpente des fonds, nous trouvons une carlingue centrale continue de 9$^m/_m$, bordée de quatre cornières, au travers de laquelle s'assemblent les deux moitiés de chaque couple, formé d'une barre en ⊏ de 175 × 70. Cette barre est fendue sur une grande partie de sa longueur et ses deux branches forment l'une la cornière extérieure, l'autre la cornière intérieure d'une tôle varangue de 7$^m/_m$. Les couples sont croisés de chaque bord par 4 lisses intercostales de 7$^m/_m$ d'épaisseur. La lisse n° 4, en raison de sa faible hauteur, a ses cornières de tête retournées, ce qui permet de les faire passer par-dessus les couples et de les laisser continues. La lisse n° 3 est étanche, et limite le double-fond, dont la paroi supérieure est formée par un vaigrage de 6$^m/_m$.

Les barrots du pont blindé, formés de barres en ⊏ de même échantillon que les couples, s'assemblent avec eux en abord par

---

(1) Les dispositions de protection de l'exemple choisi n'ont bien entendu aucun caractère absolu. Nous laissons entièrement de côté l'étude de l'agencement rationnel du système de protection, qui peut présenter diverses variantes dont on trouvera des exemples dans la suite de ce cours.

un taquet et sont épontillés dans le plan diamétral par une hiloire en I de 120 × 65 s'appuyant à ses extrémités sur deux cloisons étanches transversales, en abord par deux cloisons étanches longitudinales en tôle de 5$^m$/$_m$ avec montants en [ de 120 × 65 reliés aux couples par des tirants en cornière de 50 × 50 × 5. Le pied de ces cloisons latérales correspond à la lisse n° 3. Dans l'espace compris entre elles règne un faux pont destiné à former *pare-éclats*, c'est-à-dire à arrêter les têtes de rivets ou fragments divers détachés du pont blindé par le choc d'un projectile. Ce pont pare-éclats est formé d'une tôle de 6$^m$/$_m$ avec barrots en [ de 120 × 65 placés par-dessus, et soutenu par des hiloires longitudinales en I de 120 × 65.

La charpente des œuvres-mortes est formée de couples en [ de 175 × 70 fendus à la base de manière à border le taquet en tôle qui sert à leur assemblage avec le pont blindé. Les barrots du pont de la tranche cellulaire sont formés de cornières de 70 × 70 × 7 assemblées avec les couples par des taquets; ils sont soutenus au centre par une colonne métallique formant épontille et en abord par les cloisons intérieures du cofferdam et les autres cloisons de compartimentage de la tranche cellulaire. Le pont de batterie et le pont des gaillards ont pour barrots des barres en [ de 140 × 60, fendues à leurs extrémités de manière à former taquet d'assemblage avec les couples, et soutenues dans le plan diamétral par des épontilles. Ces deux ponts sont recouverts d'un bordé en tôle de 5$^m$/$_m$, avec revêtement en bois de 35$^m$/$_m$ pour le pont des gaillards, en vue d'améliorer les conditions d'habitabilité.

Le bordé extérieur est formé de tôles d'épaisseur décroissante depuis les fonds jusqu'au livet du pont des gaillards. La virure centrale est constituée par deux tôles de 16$^m$/$_m$ formant quille ; les virures suivantes ont 14$^m$/$_m$, puis décroissent d'épaisseur de manière à atteindre 6$^m$/$_m$ à la partie supérieure des œuvres mortes. Une fausse quille en bois est rapportée au-dessous de la carène.

La figure 208 représente la coupe au milieu d'un cuirassé d'escadre (*Charlemagne*) de 11300$^{tx}$ de déplacement et de 117$^m$,50 de longueur. La protection est réalisée au moyen d'un caisson blindé comprenant un pont cuirassé supérieur formé de plaques de 70$^m$/$_m$ appuyées sur deux tôles de 10$^m$/$_m$, une ceinture latérale formée de plaques ayant 400$^m$/$_m$ d'épaisseur à la partie supérieure et 150$^m$/$_m$ à

# CONSTRUCTION MÉTALLIQUE. — CHARPENTE.

« Charlemagne ».

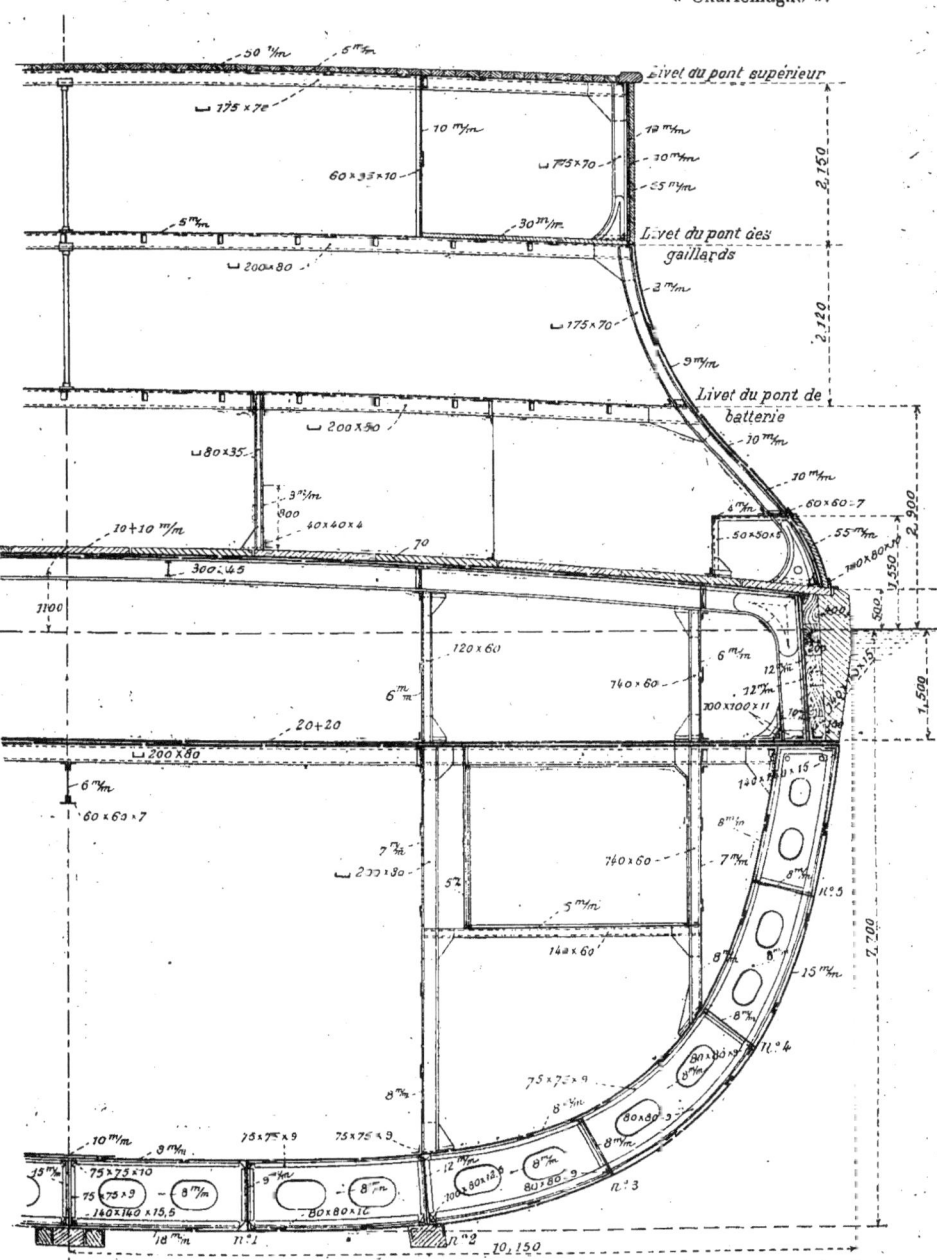

Fig. 208.

la **partie** inférieure, et un pont cuirassé inférieur formé de deux tôles de $20^m/_m$. Les plaques de la ceinture ont leur can supérieur à $0^m,50$ au-dessus de la flottaison, leur can inférieur à $1^m,500$ au-dessous de la flottaison; elles sont appuyées par un matelas en bois de $200^m/_m$ d'épaisseur appliqué sur deux tôles de $12^m/_m$. Il n'y a pas de tranche cellulaire complète. Au-dessus du pont blindé supérieur existe seulement un cofferdam protégé extérieurement contre les projectiles de faible calibre par une virure de plaques de $55^m/_m$ dont le can supérieur s'élève à $1^m,550$ au-dessus de la flottaison : ces plaques sont appuyées sur deux tôles de $10^m/_m$ montant jusqu'au livet du pont de batterie. En outre, parallèlement au diamétral, sont disposées deux cloisons longitudinales incomplètes en tôle de $3^m/_m$, s'élevant à $800^m/_m$ de hauteur au-dessus du pont principal, et destinées à former *barrage* pour limiter la circulation de l'eau sur ce pont. Des barrages transversaux complètent ce compartimentage. Enfin, une partie de l'artillerie moyenne est établie sur le pont des gaillards, au-dessous du pont supérieur qui n'existe que dans la région centrale, dans des casemates ou *réduits* blindés, protégés en abord, en avant et en arrière par des plaques de $55^m/_m$ appuyées sur deux tôles de $10^m/_m$, du côté de l'intérieur du navire contre les coups de revers par une tôle de $10^m/_m$ en acier durci, et contre les éclats d'un projectile faisant explosion au-dessous d'eux par un plancher de $30^m/_m$ appuyé sur le bordé du pont des gaillards.

La charpente se trouve par conséquent divisée en trois parties distinctes, les fonds, le caisson cuirassé, et les œuvres mortes, que nous examinerons successivement.

Les couples de la charpente des fonds sont formés d'une âme en tôle évidée de $8^m/_m$, avec cornière extérieure de $80 \times 80 \times 10$ et cornière intérieure de $75 \times 75 \times 9$, de $900^m/_m$ de hauteur dans la région inférieure; à l'extrémité du couple, cette hauteur est réduite progressivement à $800^m/_m$. Les membrures longitudinales se composent d'une carlingue centrale et de cinq lisses de chaque bord. Le navire ayant une grande longueur, l'importance de ces liaisons est considérable; aussi laisse-t-on continues, outre la carlingue, les lisses $n^{os}$ 1 et 2; chaque demi-couple est ainsi formé de trois tronçons. Les lisses $n^{os}$ 2 et 4 sont étanches, de sorte que toute la région située au-dessous du pont blindé possède une double coque complète, divisée en cellules étanches par des couples étanches placés de distance en distance et par les quatre lisses que nous venons d'indiquer. Cette double coque est limitée extérieurement par le bordé, dont l'épaisseur est de 16 et 15 millimètres, et par un vaigrage complet de 8$^m/_m$.

Le pont blindé inférieur est soutenu par des barrots en [ de 200 × 80, épontillés au centre par une hiloire en tôle de 6$^m/_m$ armée de cornières de 60 × 60 × 7, latéralement par deux cloisons longitudinales correspondant aux lisses n°° 2 et 4. Ces cloisons sont en tôle de 7 et 8$^m/_m$, raidies la première par des [ de 200 × 80, la seconde par des [ de 140 × 60. Elles sont reliées par des tirants horizontaux en [ de 140 × 60, supportant sur une partie de leur longueur un plancher de 5$^m/_m$ formant une sorte de plate-forme de cale incomplète. Au droit de la carlingue et des lisses n° 2 sont disposées des quilles d'échouage.

La charpente du caisson blindé est formée de couples en I de 300 × 145, fendus à leur partie supérieure de manière à s'assembler avec des barrots de même échantillon supportant le pont blindé supérieur. Ces couples reçoivent le double bordé placé sous la cuirasse de ceinture, qui est relié au pont blindé inférieur par deux cornières de 140 × 140 × 15 et au platelage du pont blindé supérieur par deux cornières de 100 × 100 × 15. Ils portent à leur base un taquet et sont croisés par une virure de tôle de 10 $^m/_m$ rivée contre leur face interne, formant ce qu'on appelle par analogie avec la construction en bois une *vaigre bretonne*. Les barrots du pont blindé supérieur sont épontillés par des cloisons longitudinales de 6 $^m/_m$, raidies par des montants en [, placées dans le prolongement des cloisons longitudinales de la cale.

Les couples des œuvres mortes sont des barres en [ de 175 × 70 montant du pont blindé jusqu'au livet du pont des gaillards au droit des réduits, et partout ailleurs jusqu'au livet du pont supérieur. Les barrots du pont de batterie et du pont des gaillards sont des [ de 200 × 80 ; les barrots du pont de batterie sont épontillés par des barres en [ de 80 × 35 disposées de manière à former en même temps montants des cloisons de barrage ; ceux du pont des gaillards sont soutenus par des épontilles placées dans l'axe. Le bordé de ces deux ponts a 5 $^m/_m$ d'épaisseur. Le pont supérieur est formé de barrots en [ de 175 × 70, assemblés soit avec les couples, soit au droit des réduits avec les tronçons de couples soutenant la cuirasse de ces réduits. Ces barrots sont soutenus par des épontilles placées au centre et par les cloisons internes des réduits ; ils sont recouverts par un bordé en tôle de 5 $^m/_m$ et un revêtement en bois de 50 $^m/_m$.

Les exemples qui précèdent donnent une idée de l'économie générale de la charpente des navires de guerre actuels. Celle des navires de commerce est beaucoup plus simple, mais dérive des mêmes règles générales. La figure 209 représente la coupe au milieu d'un paquebot de 11700 $^{tx}$ de déplacement et 163 mètres de longueur. La partie inférieure de la coque, destinée à former double fond étanche, est une sorte de caisson constitué par une carlingue centrale et cinq lisses de chaque bord, croisées par des membrures transversales formées d'une cornière extérieure de 160 × 100 × 13 rivée au bordé, d'une cornière intérieure de 100 × 100 × 10 rivée au vaigrage, et de goussets en tôle de 11 $^m/_m$. Tous les éléments des membrures longitudinales du caisson sont continus, à l'exception des cornières extérieures des lisses ; les cornières extérieures des membrures transversales sont continues entre la carlingue centrale et la 5$^{me}$ lisse. En dehors du caisson, la membrure transversale est formée par des barres en ⌶ de 200 × 95, fendues à leur pied et munies d'une tôle varangue de 16 $^m/_m$ butant contre la 5$^{me}$ lisse. Au tournant de la cale, les couples sont croisés par une lisse formée d'une poutre d'assemblage dont les éléments placés en dedans de la pince intérieure des couples sont continus.

Les barrots des ponts sont constitués par des barres en T à boudin, soutenues par des épontilles. La disposition des ponts n'offre d'autre particularité que l'épaisseur assez considérable de leur bordé, destinée à donner une résistance suffisante à la flexion longitudinale.

L'agencement général de la charpente des bâtiments étant ainsi défini, nous allons examiner en détail le rôle et le mode de construction des diverses parties de cette charpente.

**70. Quille.** — La quille massive formant pièce de liaison dans la charpente est devenue d'un usage assez rare dans les constructions de la marine militaire, où on ne la rencontre guère que sur de petits bâtiments de servitude et sur les embarcations à vapeur. Cette disposition est par contre assez fréquente sur les navires de

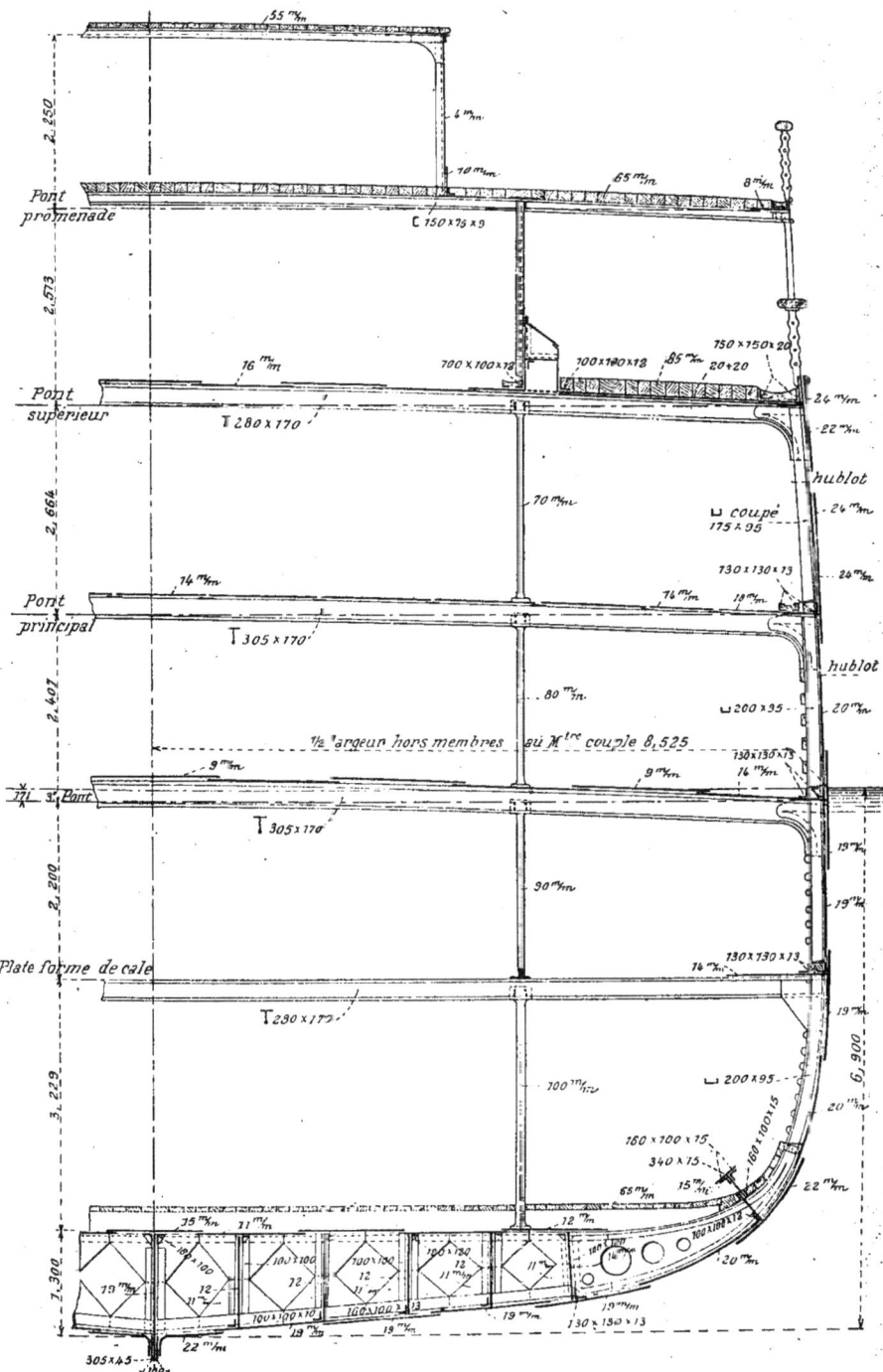

Fig. 209.

commerce. La quille est constituée dans ce cas par une barre d'acier à section rectangulaire, formée de pièces assemblées bout à bout à écart long (fig. 54). Les règles du Lloyd imposent pour ces écarts une longueur minima égale à 9 fois l'épaisseur de la quille ; les règles du Veritas exigent la moyenne entre 9 fois l'épaisseur et 3 fois la hauteur. Ces écarts reçoivent généralement trois rangs de rivets sur la hauteur de la quille, les deux rangées supérieures traversant en même temps les galbords, qui le plus souvent se recourbent de manière à s'appliquer sur les faces latérales de la barre (fig. 210). Quelquefois, pour diminuer la fatigue des rivets d'attache des galbords lorsque le navire est échoué dans un bassin sur sa quille, on pratique dans la barre une râblure qui reçoit les aboutissements des galbords (fig. 211).

Avec ces dispositions, la quille n'est reliée au reste de la charpente

Fig. 210.    Fig. 211.

que par les rivets des galbords. Un procédé plus satisfaisant, fréquemment usité dans les constructions du commerce, consiste à partager la quille massive en deux moitiés entre lesquelles on fait descendre la tôle de la carlingue centrale (fig. 209 et 212). Les deux moitiés de la quille sont alors rivées au travers de la carlingue, et

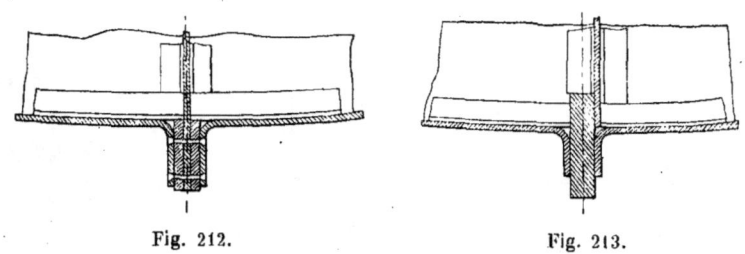

Fig. 212.    Fig. 213.

sont formées soit de barres massives, soit simplement de deux ou plusieurs épaisseurs de tôle, dont on décroise bien entendu les abouts de manière à conserver à la quille la plus grande résistance longitudinale possible. On peut aussi augmenter la hauteur de la barre, de manière à la faire rentrer à l'intérieur de la coque, et attacher la carlingue, placée dans ce cas en dehors du plan diamétral, sur le côté de la barre (fig. 213); cette disposition dissymétrique rend l'attache des varangues des membrures étanches assez difficile à réaliser convenablement du côté de la barre massive. Enfin on peut, comme on l'a fait quelquefois, se contenter d'une barre rectangulaire rivée à plat sous le bordé avec les cornières de pied de la carlingue (fig. 214).

Dans les navires de guerre, la quille est le plus ordinairement constituée par la virure centrale du bordé. Très souvent, pour augmenter la résistance longitudinale, on double cette virure de manière à avoir deux tôles superposées, qui sont alors appelées *galbord intérieur* et *galbord extérieur*. La virure doublante est placée soit à l'intérieur soit à l'extérieur (fig. 215). Les abouts ces

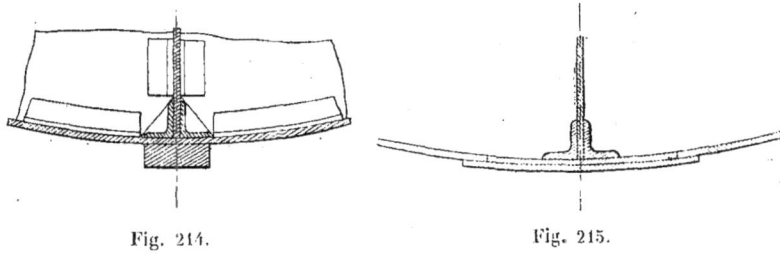

Fig. 214.  Fig. 215.

deux tôles sont décroisés et munis de couvre-joints placés à l'intérieur, de manière à obtenir la résistance maxima. Au point de vue de la réduction du travail de rivetage, il est avantageux que les rivets des couvre-joints des abouts du galbord intérieur ne traversent que ce galbord seul. Si en effet on désigne par $\rho$ la résistance relative à réaliser, on voit qu'il suffit dans ce cas de donner à cet assemblage une résistance $\rho'$ telle que $\dfrac{\rho' + 1}{2} = \rho$, tandis que pour les couvre-joints d'about du galbord extérieur, dont les rivets traversent forcément les deux plans de tôle, il est nécessaire de réaliser une résistance égale à $\rho$. La fig. 216 représente comme exemple la disposition et le rivetage des galbords du cuirassé le *Jauréguiberry*. Il est en général nécessaire, pour obtenir la résistance

260   ÉTUDE DESCRIPTIVE DE LA CHARPENTE DU NAVIRE.

maxima, de placer des couvre-joints aux écarts des cornières de pied de la carlingue. Ces couvre-joints sont faits soit en tôle ployée

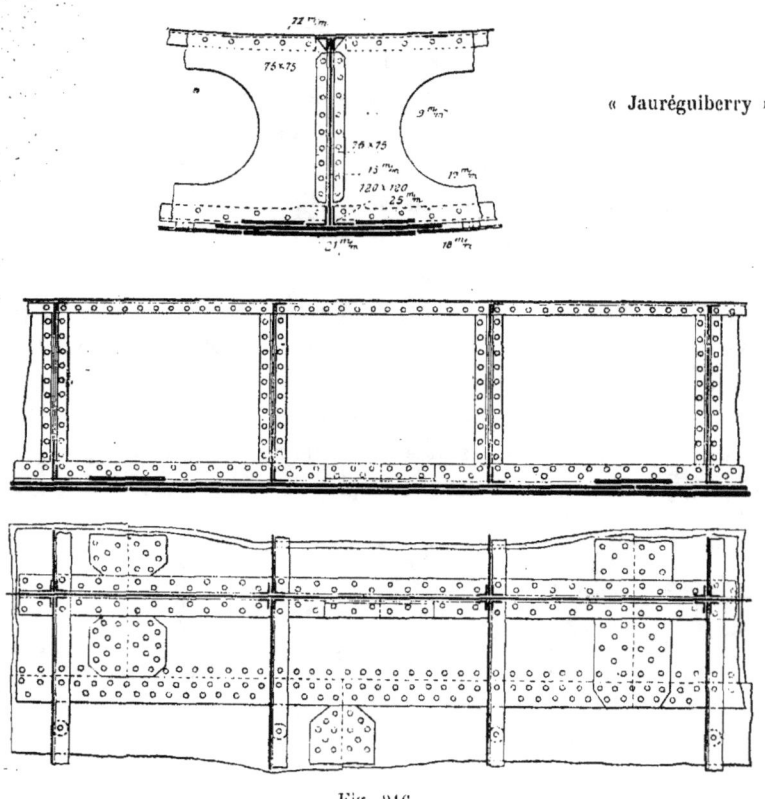

« Jauréguiberry ».

Fig. 216.

soit au moyen de bouts laminés préparés spécialement (fig. 217).

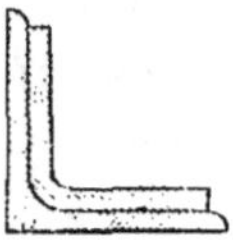

Les quilles d'échouage que l'on dispose souvent sous les bâtiments ne sont pas à proprement parler des pièces de liaison. Ce sont de simples pièces rapportées dont les dispositions de détail seront décrites au chapitre IX.

Fig. 217.

**71. Membrures transversales**. — La membrure transversale peut être constituée de diverses manières, suivant le degré de résistance à la flexion qu'il est nécessaire de lui donner. Pour de petits bâtiments, on peut se contenter d'une simple cornière. Pour des embarcations à vapeur, par exemple, il suffira de prendre des cornières à ailes égales formées soit de deux pièces réunies dans le plan diamétral par un bout de cornière adossée (fig. 218) soit d'une seule pièce avec tôle varangue bordée ou non d'une cornière à son can supérieur (fig. 219). Pour permettre la libre circulation de l'eau d'une maille à l'autre, la varangue doit être percée d'anguillers; on peut par exemple percer un trou dans la tôle au-dessus de l'aile verticale de la cornière, pour ne pas interrompre la conti-

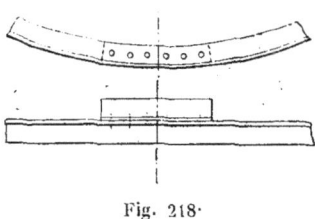

Fig. 218.

nuité de la membrure, et placer dans les fonds un remplissage en ciment; s'il n'y a pas de quille saillante, on peut épauler la cornière

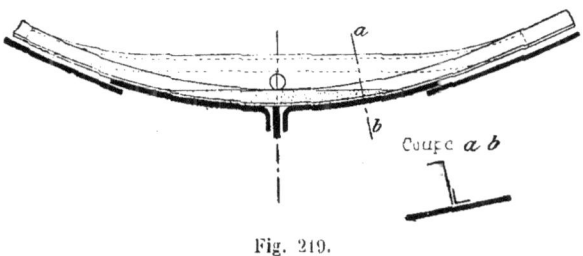

Fig. 219.

en plaçant l'anguiller au point le plus bas de la varangue (fig. 220); cette dernière solution ne pourrait être appliquée dans le cas de la fig. 219, parce que, dans un échouage sur quille, celle-ci ne soutiendrait pas la charpente et enfoncerait le galbord.

Lorsqu'on a besoin d'une résistance transversale plus grande, on peut constituer la membrure soit d'une cornière à ailes inégales, l'aile la plus grande étant placée dans le plan de gaba-

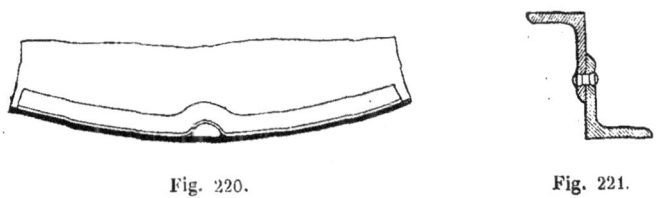

Fig. 220.  Fig. 221.

riage, soit de deux cornières, l'une droite l'autre renversée (fig. 221). Dans ce dernier cas, la tôle varangue est intercalée entre les deux cornières, qui se séparent de manière à border l'une son can inférieur l'autre son can supérieur. La figure 222 représente une disposition de ce genre, dans laquelle on a supposé une carlingue centrale continue ; la varangue et la cornière extérieure butent contre cette carlingue, la cornière se relevant de manière à former anguiller ; la cornière intérieure est continue d'un bord à l'autre, franchissant la carlingue dans des entailles triangulaires.

Les couples *doubles*, formés d'une cornière droite et d'une cornière renversée, sont très employés dans la marine de commerce,

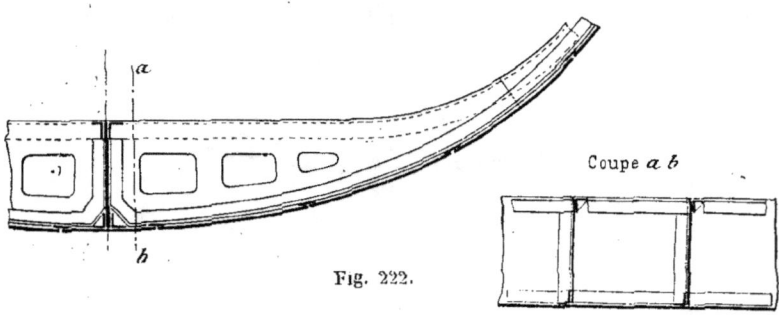

Fig. 222.

même pour de grands navires. Dans la marine militaire, on préfère employer des barres profilées ; en France, on fait usage de barres en ⌐, en Angleterre de barres en ⌙. Le travail de cintrage de la barre profilée est un peu plus compliqué, mais on économise le travail de perçage et de rivetage nécessaire pour l'assemblage des deux cornières.

L'emploi de la barre en ⌐, par exemple, se combine bien avec celui des varangues. Les dispositions sont très variées ; tantôt la barre reste continue en suivant le pied de la varangue, bordée à son can supérieur d'une cornière renversée qui croise la barre en ⌐ sur une certaine longueur ; tantôt la barre est fendue de manière à se séparer en deux branches qui forment les cornières de tête et de pied de la varangue (fig. 223). Autrement encore, la barre suit le contour supérieur de la varangue, reliée au bordé par une cornière qui décroise la barre sur une certaine longueur ;

la figure 224 représente une disposition de ce genre, dans laquelle la barre reste continue d'un bord à l'autre, en passant par dessus la carlingue centrale.

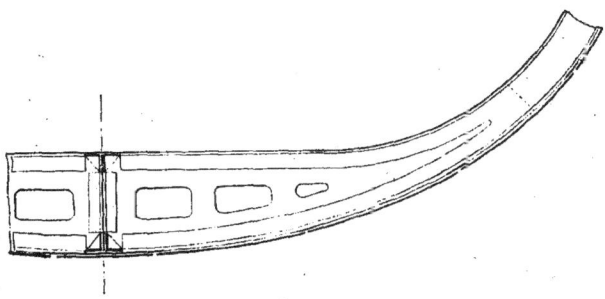

Fig. 223.

Enfin, lorsqu'il s'agit de navires de grande dimension, les couples sont constitués par des poutres d'assemblage formées

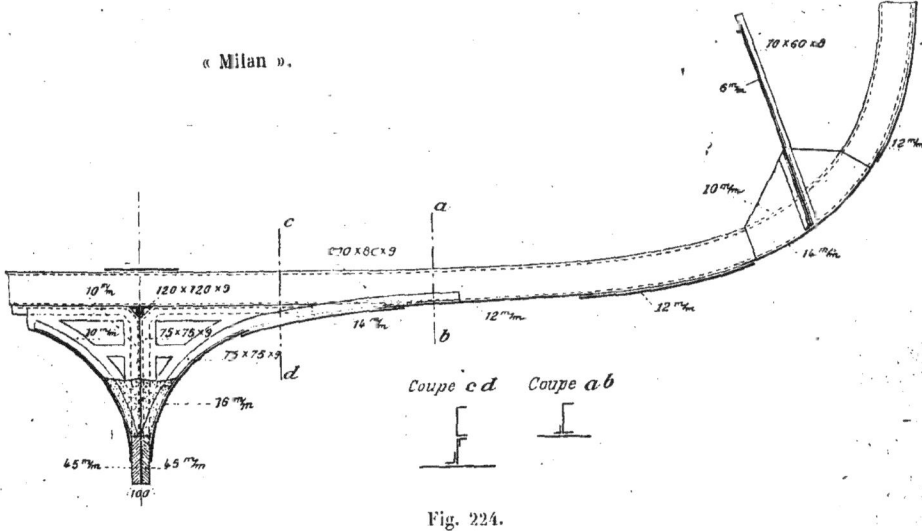

Fig. 224.

d'une âme en tôle, bordée de deux ou de quatre cornières (fig. 208). Il n'y a plus de varangue distincte, et on se contente d'augmenter la hauteur de l'âme de la poutre dans la région des fonds. Ce genre de membrure n'est employé que pour les grands navires de guerre dans la région située au-dessous du pont blindé. C'est en effet sur ce pont, comme nous le verrons plus tard, que l'on fait reposer les poids importants dûs à l'installation de la grosse artillerie, et les œuvres mortes peuvent alors être construites d'une manière beaucoup plus légère, avec des couples formés de barres profilées ou même de simples cornières.

Lorsque les couples sont formés de poutres d'assemblage, et tronçonnés par des membrures longitudinales continues, on peut substituer à l'âme en tôle évidée de simples goussets en tôle qui peuvent être découpés dans des déchets et ont besoin d'un ajustage moins précis. On a ainsi la disposition représentée par la figure 225 (voir aussi fig. 209), dans laquelle la cornière inté-

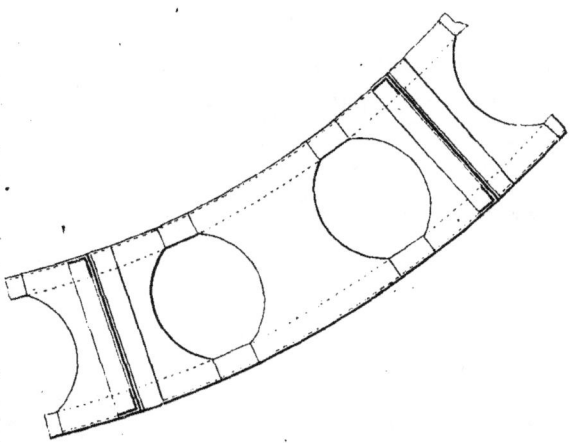

Fig. 225.

rieure du couple est supposée continue, franchissant dans des entailles triangulaires les tôles des membrures longitudinales. La cornière extérieure est formée de tronçons s'étendant d'une membrure longitudinale à l'autre. Ce mode de construction est désigné en Angleterre sous le nom de *bracket-system*.

Dans le cas où les membrures transversales sont recouvertes intérieurement par un vaigrage étanche, il importe de leur donner une hauteur suffisante pour que l'accès du double fond soit possible et qu'on puisse le visiter et l'assécher, de manière à prévenir une oxydation trop rapide du bordé. Cette considération entraîne pour le double fond une hauteur au moins égale à

0$^m$,800. Cette hauteur atteint 1$^m$,20 sur certains grands navires, et dans la plupart des cas varie de 0$^m$,90 à 1$^m$,00. Lorsque le double fond s'arrête au tournant de la varangue, sa hauteur en abord est forcément réduite; il convient en tout cas de régler la forme des varangues ainsi que les dimensions et la position des évidements percés dans les tôles des varangues et des lisses, de manière que la circulation à l'intérieur du double fond soit possible et qu'il n'y ait aucune région complètement inaccessible.

Lorsque les membrures transversales ne sont pas recouvertes par un vaigrage, on dispose quelquefois de distance en distance des membrures renforcées ayant un échantillon sur le tour plus fort que celui des membrures ordinaires. Ces membrures renforcées, assez usitées sur les bâtiments de commerce et sur les torpilleurs, prennent par analogie avec la construction en bois le nom de *porques*. Elles sont en général constituées par une âme en tôle armée de quatre cornières; elles fournissent un moyen d'améliorer la résistance transversale sur les bâtiments peu cloisonnés.

L'espacement des membrures transversales ne peut être déterminé d'une manière absolue. Sa valeur dépend de l'importance des liaisons longitudinales et de l'épaisseur du bordé, qui doit être suffisamment soutenu contre les chocs extérieurs et les gondolements qui peuvent se produire quand les tôles sont soumises à des efforts de compression longitudinale. Au début de la construction métallique, la distance de gabariage en gabariage était à peu près uniformément de 0$^m$,45. Les règles actuelles du Veritas fixent des espacements variant de 0$^m$,50 à 0$^m$,78 suivant la valeur du nombre indicateur. Dans la marine militaire, où on recherche une grande légèreté, on atteint des valeurs plus considérables. L'espacement de 0$^m$,50 n'est conservé que pour les torpilleurs. Pour les contre-torpilleurs, il varie de 0$^m$,60 à 0$^m$,90. Pour tous les autres navires, l'espacement varie entre 0$^m$,90 et 1$^m$,20. Ce dernier chiffre est celui qui a été adopté sur presque tous les grands bâtiments récemment construits. Il n'a été dépassé que sur un seul bâtiment, l'*Amiral Duperré*, sur lequel les couples sont espacés de 1$^m$,25. Le tableau ci-après indique la valeur de l'espacement des couples sur un certain nombre de navires de types variés :

| NOMS DES NAVIRES. | DÉPLACEMENT. | ESPACEMENT DES COUPLES. |
|---|---|---|
| | Tonneaux. | |
| Amiral Duperré | 11241 | $1^m,25$ |
| Jauréguiberry | 11817 | $1^m,20$ |
| Charles-Martel | 11881 | $1^m,00$ |
| Bouvet | 12200 | $1^m,20$ |
| Masséna | 11923 | $1^m,20$ |
| Gaulois | 11268 | $1^m,20$ |
| Iéna | 12052 | $1^m,20$ |
| Henri IV | 8948 | $1^m,20$ |
| Jemmapes | 6592 | $1^m,20$ |
| Jeanne-d'Arc | 11329 | $1^m,20$ |
| Dupetit-Thouars | 9517 | $1^m,20$ |
| Dupleix | 7699 | $1^m,20$ |
| Dupuy-de-Lôme | 6406 | $1^m,20$ |
| Pothuau | 5319 | $0^m,90$ |
| Chanzy | 4812 | $0^m,90 - 0^m,95$ |
| D'Entrecasteaux | 8123 | $1^m,20$ |
| Guichen | 8282 | $1^m,20$ |
| Châteaurenault | 8025 | $0^m,90$ |
| Descartes | 4033 | $1^m,10 - 1^m,20$ |
| D'Assas | 4026 | $1^m,10$ |
| Cassard | 3952 | $1^m,10$ |
| Protet | 4115 | $1^m,00$ |
| D'Estrées | 2457 | $1^m,00$ |
| Galilée | 2355 | $0^m,95$ |
| Casabianca | 990 | $0^m,90$ |
| Dunois | 904 | $0^m,80 - 0^m,75 - 0^m,60$ |
| Durandal | 308 | $0^m,60$ |
| Torpilleur de 1re classe | 87 | $0^m,50$ |

Les couples de construction sont numérotés de l'avant à l'arrière. Le couple n° 1 étant à une distance quelconque de la perpendiculaire AV, l'espacement des autres couples doit être autant que possible maintenu constant d'un bout à l'autre du navire. Exception est faite pour les couples correspondant au compartiment des machines, dont il est souvent nécessaire de modifier la répartition pour s'adapter à la construction des supports ou *carlingages* de ces appareils (voir chap. IX).

Sur les bâtiments dont la charpente des œuvres légères est complètement distincte de celle des fonds, on peut sans inconvénient adopter pour cette charpente un écartement différent de celui des couples de la charpente des fonds. C'est ce qui a été fait pour le *Jauréguiberry*, par exemple, sur lequel les couples des œuvres mortes sont espacés de 0$^m$,75. Nous verrons dans la 5$^{me}$ partie que certaines considérations relatives aux emménagements intérieurs peuvent guider utilement dans le choix de l'écartement des couples des œuvres mortes.

Le sens dans lequel sont disposées les ailes des barres qui constituent les couples doit être autant que possible tel que la déformation que doivent subir ces ailes soit obtenue en transformant les angles droits en angles obtus et non en angles aigus. Si nous considérons par exemple des couples formés d'une cornière droite et d'une cornière renversée, ces cornières devront être progressivement *équerrées*, c'est-à-dire que leur angle devra être modifié de manière que, les ailes en contact restant dans un plan perpendiculaire au diamétral, l'aile rivée au bordé reste en contact avec lui (fig. 226). Or, pour que le rivetage soit facile, il con-

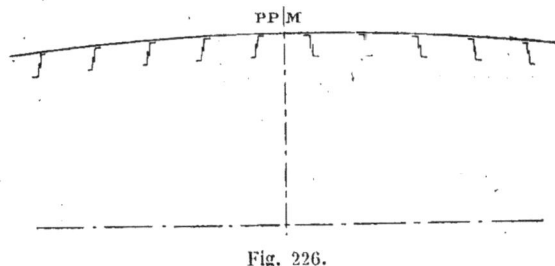

Fig. 226.

vient que l'angle de la cornière soit ouvert plutôt que fermé, ou comme on dit que la cornière soit équerrée *en gras* plutôt qu'*en maigre*. Les membrures devront donc être disposées symétriquement par rapport à la perpendiculaire milieu, comme l'indique la figure, l'aile rivée au bordé étant toujours tournée vers le maître couple.

**72. Membrures longitudinales.** — Outre le bordé et le vaigrage, la liaison longitudinale est obtenue dans les fonds au moyen de membrures désignées sous le nom général de *lisses*, croisant les membrures transversales. Ces membrures peuvent être soit continues, soit formées de tronçons intercostaux, interrompus à chaque couple, soit encore formées d'éléments continus associés à des éléments discontinus. Dans la plupart des cas, sauf pour de très petits bâtiments, on dispose une membrure de ce genre dans le plan diamétral. Cette membrure, appelée *carlingue centrale*, est formée d'une tôle armée de cornières ayant la hauteur de la varangue (fig. 222 et 223). Le plus ordinairement, la tôle et les cornières de pied sont continues, et les couples viennent buter contre la carlingue. Les cornières de tête sont souvent continues (fig. 223), mais peuvent aussi être formées de tronçons intercostaux laissant continues les cornières intérieures des couples (fig. 222). Lorsqu'il n'y a pas de vaigrage, on complète avantageusement la liaison longitudinale en rivant à plat sur les cornières de tête de la carlingue et les cornières intérieures des couples une virure de tôle continue qui joue en même temps le rôle de taquet d'encastrement à tous les croisements des couples avec la carlingue. Cette bande de tôle sera élargie au droit de chaque couple de la quantité voulue pour obtenir la continuité de résistance (fig. 227).

Si la hauteur de la varangue est faible, on peut donner à la

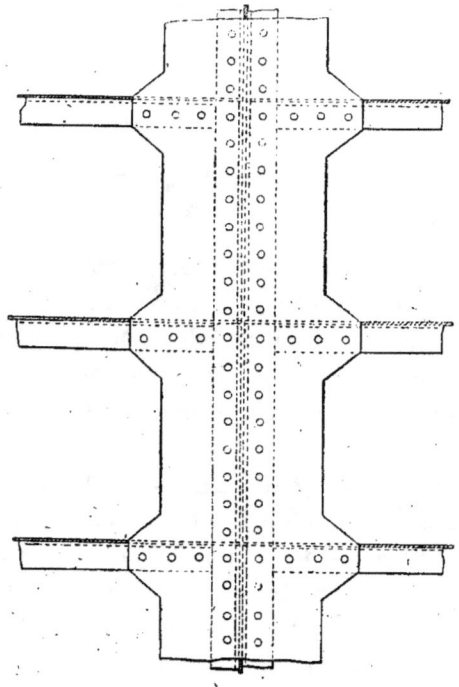

Fig. 227.

carlingue une hauteur un peu plus grande en retournant les cornières de tête, qui sont alors rivées à plat sur les cornières intérieures des couples (fig. 228).

Les lisses autres que la carlingue centrale sont constituées exactement de la même manière. Leur nombre varie avec les dimensions du navire. Il y en a au moins une de chaque bord, et sur les grands bâtiments leur nombre atteint 5 et même 6.

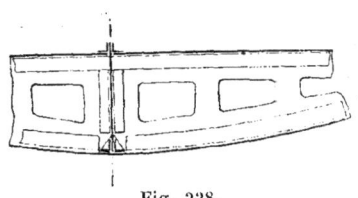

Fig. 228.

Au lieu de disposer des lisses intercostales, on peut se contenter de poutres longitudinales passant par dessus les couples et rivées avec eux à leur point de croisement. Les membrures de ce genre prennent plus particulièrement le nom de *serres*. Elles ne sont guère usitées que

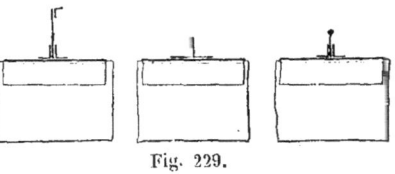

Fig. 229.

dans les constructions du commerce ; on les compose alors soit d'une tôle armée de cornières, soit de deux cornières adossées, soit fréquemment d'une tôle à boudin armée de cornières (fig. 229). Dans le même ordre d'idées on trouve sur certains navires de commerce des carlingues tubulaires (fig. 230) formées d'une poutre d'assemblage. Ce procédé réalise une économie notable de main-d'œuvre, mais donne des liaisons moins efficaces, en ce sens qu'el-

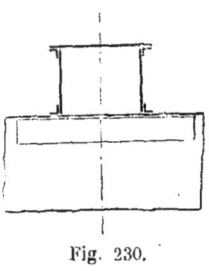

Fig. 230.

les ne s'opposent pas au déversement des couples dans le sens longitudinal.

**73. Mode de tronçonnement des membrures transversales et longitudinales.** — Nous avons vu, dans les exemples qui précèdent, que les éléments des membrures transversales et longitudinales peuvent être, suivant les cas, continus ou discontinus. Le mode de tronçonnement qu'il convient d'adopter dépend de l'importance relative des efforts de flexion transversale et longitudinale. A l'origine de la construction métallique, on a exclusivement employé le système dit *transversal,* dans lequel toutes les liaisons transversales sont continues. Ce procédé, dérivé directement de la construction en bois, est applicable lorsqu'il s'agit de navires de faible longueur. Mais lorsqu'on a voulu accroître progressivement les dimensions et la longueur des navires, on a dû se préoccuper de la résistance aux efforts d'arc et de contre-arc et augmenter l'importance des liaisons longitudinales.

On peut même concevoir que pour un navire très long et de grandes dimensions on soit amené à laisser continues toutes les liaisons longitudinales, en interrompant au droit de ces liaisons toutes les membrures transversales. On a ainsi le système dit *longitudinal*, qui a été appliqué pour la première fois sur le *Great Eastern*, bâtiment resté célèbre par ses dimensions qui dépassaient considérablement celles de tous les navires contemporains. Ce navire, destiné à effectuer la traversée de l'Atlantique en transportant simultanément des passagers et des marchandises, a été construit en Angleterre en 1858 par Scott Russell, d'après les plans de l'ingénieur français Brunel, avec les dimensions suivantes :

Longueur. . . . . . . . . . . . . . . . $207^m,40$
Largeur. . . . . . . . . . . . . . . . $25^m,30$
Tirant d'eau moyen . . . . . . . . . $7^m,80$
Déplacement. . . . . . . . . . . . . $27000^{tx}$

Si l'on examine la coupe au milieu du *Great Eastern* (fig. 231), on voit que la charpente des fonds est formée d'un grand nombre de lisses longitudinales, en tôle armée de cornières. Ces lisses, dont la hauteur est de $0^m,865$, sont espacées de $1^m,50$ à $1^m,70$ dans le voisinage de la flottaison, de $0^m,70$ à $0^m,80$ dans les fonds; elles sont recouvertes extérieurement par le bordé et intérieurement par un vaigrage complet. Le pont supérieur est construit d'une manière analogue, au moyen de lisses séparant deux bordés en tôle, de manière à constituer la semelle supérieure de la poutre tubulaire. Les entreponts intermédiaires sont charpentés dans le système transversal ordinaire. Les lisses sont continues, et ne sont interrompues que par les grandes cloisons étanches transversales. Enfin, entre ces cloisons, les lisses sont croisées par des membrures transversales formées de tronçons intercostaux.

Ce système de construction a permis d'atteindre une légèreté exceptionnelle. Le poids de coque du *Great Eastern*, construit en fer, est égal aux $\frac{32}{100}$ du déplacement, c'est-à-dire comparable aux constructions actuelles exécutées en acier, et la solidité de sa

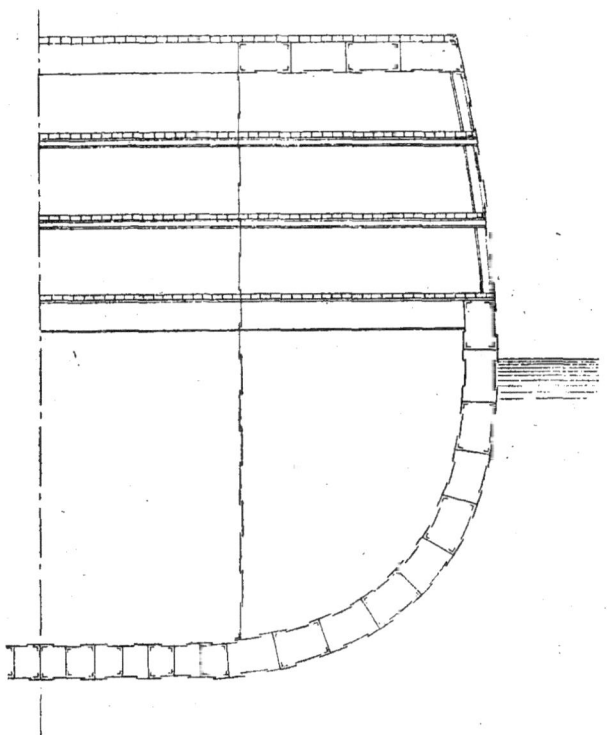

« Great-Eastern ».

Fig. 231.

construction fut néanmoins mise en évidence par un échouage sur les côtes d'Amérique, échouage après lequel, malgré plusieurs déchirures du bordé, dont une ayant une longueur de 25 mètres, le navire put être renfloué (1).

---

(1) L'expérience commerciale n'ayant pas justifié la tentative faite sur le *Great Eastern*, du moins à l'époque où elle a été conçue, on a renoncé pendant longtemps à la construction de navires d'aussi grandes dimensions. Ce n'est que depuis quelques années que les nécessités d'accroissement graduel de la vitesse des paquebots modernes ont conduit à des dimensions dépassant même celles du *Great Eastern*. Le *Great Eastern* a été démoli en 1888.

L'emploi du système longitudinal, tout séduisant qu'il paraisse au premier abord, soulève d'assez nombreuses objections. Le montage précis des lisses est très délicat, et il est difficile d'obtenir une exactitude complète des formes transversales, définies seulement par les grandes cloisons étanches dont l'écartement est considérable. D'autre part, la répartition du bordé en deux coques augmente l'échantillon sur le tour de la charpente, ce qui donne une diminution notable de l'espace disponible dans la cale, et, pour les navires de dimensions moyennes, peut conduire à des épaisseurs de bordé trop faibles, que l'usure naturelle par oxydation réduirait rapidement d'une manière dangereuse, et qui ne présenteraient pas assez de résistance contre un choc local.

Ces raisons expliquent pourquoi le système de construction longitudinal ne s'est pas généralisé dans les constructions du commerce. Le principe de la double coque étanche constitue évidemment une mesure de sécurité des plus avantageuses, mais pour ne pas exagérer l'encombrement de la cale et la réduction de l'épaisseur du bordé, cette double coque n'a été conservée sur les navires de commerce que dans la région des fonds, sur l'étendue occupée par les varangues (fig. 209). Il en est de même sur beaucoup de navires de guerre, et c'est seulement pour les bâtiments de grande dimension que l'on a étendu la double coque à toute la région située au-dessous du pont blindé (fig. 208). Il convient d'ailleurs de remarquer que la muraille latérale de ces bâtiments est en général fortement chargée, soit directement par une ceinture cuirassée, soit indirectement par l'intermédiaire des barrots du pont blindé, sur lequel reposent les poids de la grosse artillerie et de ses blindages protecteurs. Il est donc nécessaire de ne pas trop diminuer la résistance transversale aux dépens de la résistance longitudinale, et de laisser par suite une certaine continuité aux membrures transversales.

On comprend, par ce qui précède, comment on a été amené au système de construction des navires modernes, qui est en somme une combinaison du système transversal et du système longitudinal. Les deux séries de membrures s'entre-croisant, on laisse continus un certain nombre d'éléments appartenant tantôt à l'une tantôt à l'autre de ces séries, en les enchevêtrant au besoin d'après le degré de résistance que l'on juge nécessaire. Les modes de tronçonnement peuvent, bien entendu, varier à l'infini, et il nous suffira de passer en revue quelques exemples.

Considérons en premier lieu le torpilleur dont nous avons déjà étudié la charpente (fig. 205). La carlingue centrale est continue, et n'est interrompue que par les grandes cloisons étanches transversales qui compartimentent la cale. La lisse en abord est formée de tronçons intercostaux. Ceci peut être représenté par le diagramme de la figure 232, qui constitue ce qu'on peut appeler le *diagramme de membrure* du bâtiment étudié. Il est bien clair que par éléments continus il faut entendre des éléments de membrure formés de pièces assemblées bout à bout par des joints de résistance convenable.

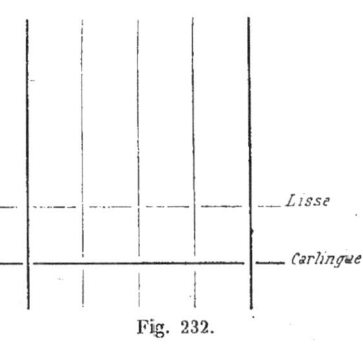

Fig. 232.

Prenons maintenant le croiseur dont la figure 207 représente la coupe au milieu. La carlingue centrale est étanche et continue d'un bout à l'autre. Il y a de chaque bord 4 lisses formées de tronçons intercostaux, à l'exception des cornières intérieures de la lisse n° 4, qui sont continues et interrompues seulement par les grandes cloisons étanches. On aura donc le diagramme de la figure 233, dans lequel on envisage d'une part les tôles et les

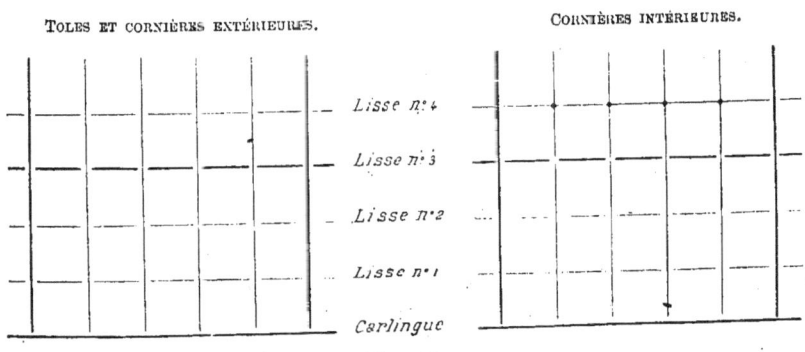

Fig. 233.

cornières extérieures, de l'autre les cornières intérieures, et dans lequel les membrures étanches sont représentées par un trait plus gros. Le croisement des cornières intérieures des varangues et de celles de la lisse n° 4, qui passent l'une par dessus l'autre, est indiqué par un point.

Le tronçonnement de la membrure du cuirassé dont la coupe au milieu est représentée par la figure 208 sera mis en évidence de la même manière par le diagramme de la figure 234.

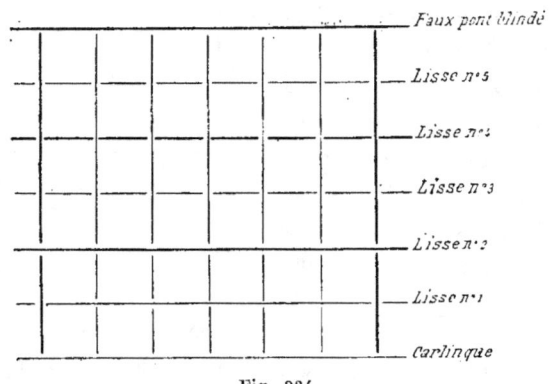

Fig. 234.

En résumé, le tronçonnement peut être réglé de façon très variée; les considérations qui doivent guider dans le choix du système adopté sont d'une part l'importance relative que l'on veut attribuer à la résistance longitudinale et à la résistance transversale, et d'autre part la facilité d'exécution de la charpente. A ce dernier point de vue, il convient de tenir compte de la réalisation de l'étanchéité du compartimentage et des moyens mécaniques dont on dispose sur le chantier de construction pour la mise en place des membrures.

Si nous envisageons d'abord la question d'étanchéité, nous verrons dans le paragraphe suivant que l'on rencontre d'assez grandes difficultés d'exécution lorsqu'un élément appartenant à une membrure non étanche doit franchir sans discontinuité une membrure étanche. Par conséquent, toutes les fois qu'on le peut, on doit s'attacher à éviter cette disposition, en réglant le tronçonnement de manière que les éléments des membrures étanches d'une série soient continus dans tout l'intervalle compris entre deux membrures étanches consécutives de l'autre série. On est amené quelquefois dans la pratique à abandonner ce principe.

Sur le diagramme de la figure 234, par exemple, nous voyons que la lisse étanche n° 4 est formée d'éléments discontinus, de manière à ne pas trop réduire la résistance transversale du bâtiment, qui dans l'exemple considéré est un cuirassé à lourde ceinture latérale. De même la carlingue centrale, bien que non étanche, est continue d'un bout à l'autre du navire de manière à accroître la résistance longitudinale des fonds. Partout ailleurs le principe que nous venons d'énoncer est respecté.

Si l'on se bornait à la considération d'étanchéité, on voit sur la fig. 234 qu'on pourrait indifféremment soit construire la lisse n° 2 de la façon indiquée par le diagramme, soit l'interrompre au droit des couples étanches, en laissant ceux-ci continus entre la carlingue centrale et le faux-pont blindé. Mais il faut tenir compte de la résistance longitudinale, à laquelle on pourra en général conserver une valeur plus grande en laissant les éléments de la lisse continus qu'en les reliant au travers de la membrure étanche transversale. D'autre part, si la lisse était discontinue de couple étanche en couple étanche, la construction s'effectuerait, comme nous le verrons dans la 4$^{me}$ partie, en assemblant d'abord sur le sol les éléments d'un même couple étanche et en procédant ensuite à la *levée* de ce couple, c'est-à-dire en l'amenant à sa position définitive. Cette manœuvre peut être très aisée si l'on dispose de grues ou de ponts roulants convenablement installés, mais il peut n'en être pas toujours ainsi, surtout lorsqu'il s'agit des couples d'un navire de grandes dimensions. Il sera plus avantageux dans ce cas d'adopter le mode de tronçonnement de la figure 234, qui permettra d'exécuter le montage de la façon suivante. On assemblera d'abord la carlingue centrale; ensuite, de part et d'autre de cette carlingue, on montera les premiers tronçons des couples, puis la lisse n° 1, puis les seconds tronçons des couples. On procédera alors au montage de la lisse n° 2, qui sera mise en place tôle par tôle, et on lèvera ensuite les tronçons des couples s'étendant de cette lisse au faux pont blindé. Le réglage de la continuité des formes exigera une précision d'ajustage un peu plus grande, mais les opérations de montage seront grandement simplifiées.

Le système de construction que nous venons d'exposer est celui qui est appliqué sur tous les navires modernes, et permet de réaliser, avec un poids de coque ne dépassant pas le tiers environ du déplacement, des dimensions dépassant même celles du *Great Eastern*.

En effet, depuis une quinzaine d'années, les exigences de rapidité et de confort des moyens de transport modernes ont conduit progressivement à augmenter dans une large mesure les dimensions des paquebots. Cet accroissement s'est fait surtout sentir pour les navires destinés à la traversée de l'Atlantique, auxquels la longueur du parcours à effectuer impose le transport d'un poids de charbon considérable, et pour lesquels la concurrence acharnée des diverses compagnies de navigation entraîne une vitesse de plus en plus élevée. Le plus rapide, à l'époque actuelle (janvier 1901), de ces paquebots transatlantiques est le *Deutschland*, appartenant à la compagnie Hambourg-Amérique. Ce bâtiment, construit en 1899 à Stettin, a comme dimensions principales :

| | |
|---|---|
| Longueur entre perpendiculaires | $202^m,00$ |
| Longueur d'encombrement | $209^m,10$ |
| Largeur | $20^m,42$ |
| Tirant d'eau approximatif en charge | $8^m,50$ |
| Déplacement correspondant | $24000^{TX}$ |

Dans la traversée la plus rapide qu'il ait effectuée (septembre 1900), sa vitesse moyenne a été de $23^n36$. Les dimensions du *Deutschland* sont encore dépassées par l'*Oceanic*, construit en 1898 à Belfast pour le compte de la « White star line », par le *Celtic*, actuellement en construction à Belfast pour la même compagnie, et par le *Kaiser Wilhem II*, actuellement en construction à Stettin pour le compte de la compagnie du Lloyd de l'Allemagne du Nord. Les données principales de ces trois navires sont les suivantes :

| | Oceanic. | Celtic. | Kaiser Wilhelm II. |
|---|---|---|---|
| Longueur | $209^m,00$ | $207^m,50$ | $214^m,70$ |
| Largeur | $20^m,70$ | $22^m,94$ | $21^m,33$ |
| Tirant d'eau approximatif en charge | $9^m,25$ | $10^m,90$ | $8^m,30$ |
| Déplacement correspondant | $28500^{TX}$ | $36700^{TX}$ | $24500^{TX}$ |

La marine de guerre n'a pas encore atteint ces proportions colossales, et les plus grands navires de combat sont actuellement les cuirassés anglais type *Formidable*, dont le déplacement est légèrement supérieur à 15000$^{\text{TX}}$ avec une longueur de 121$^{\text{m}}$,60 et une largeur de 22$^{\text{m}}$,86, et les cuirassés japonais type *Asahi*, construits en Angleterre, dont les dimensions sont à peu de chose près identiques. En France, les plus grands navires de combat sont, au point de vue du déplacement, les cuirassés type *Patrie* (14870$^{\text{TX}}$), et, au point de vue de la longueur, les croiseurs cuirassés type *Jules Ferry* (146$^{\text{m}}$50). Parmi les navires de commerce, les plus grands sont les paquebots type *Lorraine* construits depuis 1899 par la Compagnie Transatlantique pour le service postal entre New-York et le Havre, et qui atteignent un déplacement de 15400$^{\text{TX}}$ avec une longueur de 170$^{\text{m}}$.

**74. Croisement des membrures transversales et longitunales.** — Le croisement des membrures transversales et longitudinales exige certaines précautions de détail pour l'agencement des divers éléments. Nous allons examiner successivement les différents cas qui peuvent se présenter, en admettant d'abord qu'il s'agit de membrures d'assemblage formées de tôles armées de cornières.

Considérons en premier lieu le croisement d'une membrure continue étanche avec une membrure discontinue étanche. La première sera par exemple un couple, la seconde une lisse (fig. 235). Les cornières longitudinales de la lisse et les cornières de jonction dirigées perpendiculairement au bordé doivent être *épaulées* de manière à contourner exactement les cornières continues du couple et la cale de renfort interposée entre ce couple et le bordé, puisqu'il s'agit d'un couple étanche. La tôle de la lisse est également découpée suivant ce contour. Les cornières de la lisse et les cornières de jonction peuvent être assemblées à onglet (moitié gau-

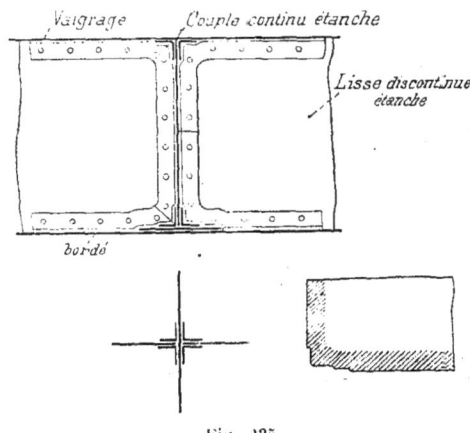

Fig. 235.

che de la figure); c'est la solution la plus économique au point de vue de la main-d'œuvre, mais le matage est difficile à exécuter dans le sommet de l'angle de cet onglet. On a une solution un peu plus coûteuse, mais plus avantageuse au point de vue de l'étanchéité, en épaulant à angle droit les extrémités des cornières de lisse de manière à les faire buter l'une contre l'autre pour former la cornière de jonction (moitié droite de la figure). Quelquefois même, si la lisse est formée de tronçons intercostaux, on façonne un cadre complet en cornière avec les épaulements convenables et on soude les extrémités de ce cadre qui suit ainsi sans interruption le contour de la tôle de lisse.

Dans le cas où la membrure discontinue est bordée d'une seule cornière, il est bon de réduire la hauteur de la tôle de manière à ne laisser entre son can et l'axe de la file de rivets que la distance strictement nécessaire (fig. 236). On réalise ainsi une petite éco-

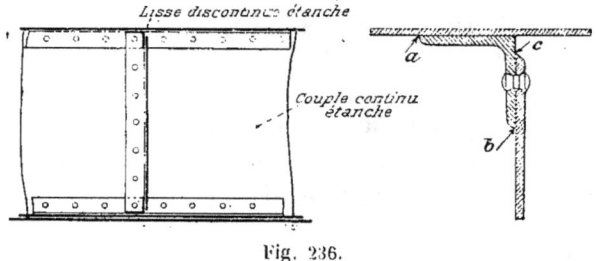

Fig. 236.

nomie de poids, le can de la tôle a besoin d'être ajusté avec moins de précision, et enfin on peut faire le matage non seulement en $a$ et $b$, mais encore en $c$ (avant la mise en place du vaigrage).

Considérons maintenant le croisement d'une membrure continue étanche et d'une membrure discontinue non étanche. Supposons que la membrure continue soit un couple. On pourra ici encore épauler les cornières de la lisse sur les cornières du couple et les faire buter contre la tôle de ce couple; la cornière de jonction sera un simple bout rectiligne placé entre les cornières de lisse (fig. 237). La lisse n'étant pas étanche, on devra percer un anguiller pour la circulation de l'eau. On pourra par exemple percer un trou au-dessus de la cornière, pour ne pas la découper entièrement et le compléter par un petit anguiller percé dans la cornière au ras de la panne rivée au bordé (moitié droite de la figure);

autrement, on épaulera la cornière extérieure, de manière à percer un anguiller au ras du bordé (moitié gauche de la figure).

La solution précédente est employée quelquefois dans le but de donner un meilleur appui au bordé en fixant par un rivet l'extrémité de la cornière de lisse sur la cornière continue du couple. Mais il faut remarquer que l'on a ainsi un travail d'épaulement assez coûteux. Il est donc préférable en général d'arrêter franchement les cornières de lisse en les faisant buter contre les cornières du couple (ou contre la cale de renfort pour la cornière extérieure) et d'abattre l'angle de la tôle de la membrure discontinue (fig. 238). Il y a économie de poids et de travail, et l'anguiller

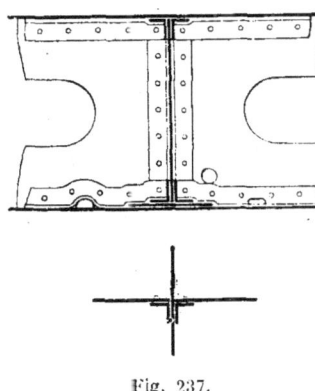

Fig. 237.

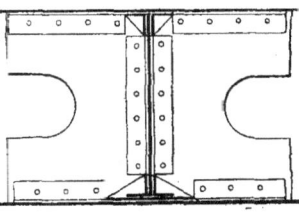

Fig. 238.

se trouve pratiqué du même coup à la place convenable.

Nous avons admis dans les deux exemples précédents la continuité de tous les éléments constituant la membrure étanche. Il peut n'en être pas toujours ainsi, et l'exécution du croisement devient alors plus compliquée. Considérons par exemple un couple non étanche dont la tôle est continue et dont les cornières sont interrompues pour laisser passer celle de la lisse, supposée étanche (fig. 239). La tôle du couple sera découpée comme l'indique la figure pour laisser passer les cornières de la lisse. Ces cornières seront matées sur toute leur longueur, mais, pour empêcher l'eau de passer d'un bord à l'autre de la lisse, il faudra que sur un des côtés de la lisse la cornière de jonction se raccorde exactement avec les cornières du couple. Si la lisse est munie de deux cornières seulement, il conviendra, pour simplifier le travail, de placer la cornière de jonction du côté opposé aux cornières de lisse, et de l'assembler à onglet par exemple avec les cornières du couple ; on voit de suite qu'il sera bon, dans ce cas, de placer la cornière extérieure de la lisse sur la face opposée à la carlingue centrale, de telle sorte que l'anguiller se trouve placé au point le plus bas de la maille. Pour que l'étanchéité complète pût être obtenue par le procédé que nous venons d'indiquer, il faudrait que l'on pût mater tout le long de la cornière de jonction et des cornières de couple qui en forment la continuation. Or, le couple n'étant pas étanche, les rivets qui relient ces cornières avec le bordé et le vaigrage sont

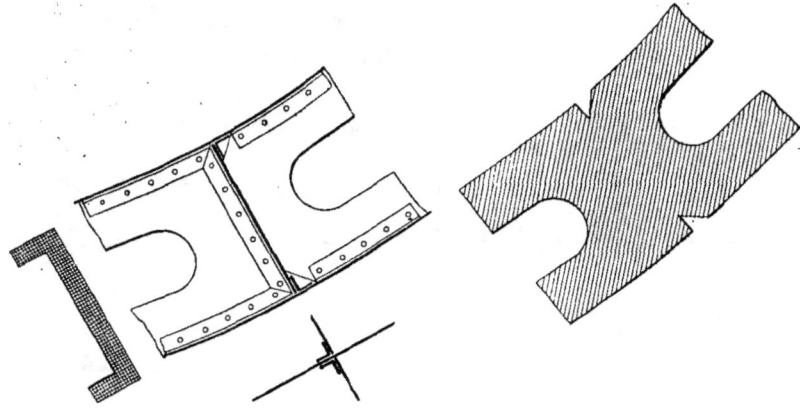

Fig. 239.

trop espacés pour que le matage puisse se faire d'une façon satisfaisante, et on ne peut songer à les rapprocher, ce qui créerait une ligne faible dans le bordé et le vaigrage. On tournera alors la difficulté par le procédé suivant; sur toute la longueur de la cornière de jonction et sur une certaine longueur (6 à 8 centimètres environ) de chacune des cornières de couple, on intercalera entre la tôle du couple et les cornières une bande de toile métallique fine enduite d'un mastic épais composé par exemple de minium et de céruse. Le rivetage des cornières a pour effet d'écraser ce mastic, qui en séchant assure l'étanchéité. Au lieu de toile métallique, on peut se servir de toile à voiles à demi-usée, enduite du même mastic. Dans certains cas, on se contente d'étendre avant le rivetage, le long des coutures à étancher, un peu de mastic de fer, composé de limaille de fer, de soufre et de chlorhydrate d'ammoniaque. Ce procédé est peu efficace, et il est préférable de faire usage d'une toile enduite de mastic.

Supposons maintenant que tous les éléments de la lisse étanche soient discontinus, et tous ceux du couple non étanche continus. Dans ce cas (fig. 240), chaque tronçon de lisse est entouré d'un cadre complet en cornière, formé par les cornières longitudinales

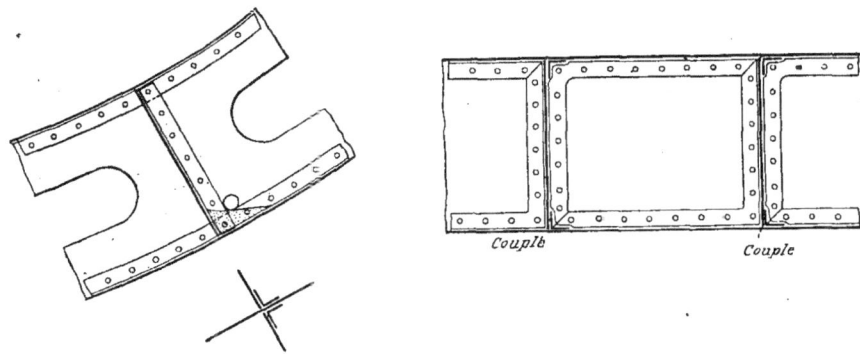

Fig. 240.

et les cornières de jonction. Ces cornières seront soit assemblées à onglet soit mieux soudées à leurs extrémités pour former un cadre continu. Le rivetage de ce cadre pourra être fait suffisamment serré pour qu'on puisse mater tout son pourtour, mais il reste toujours le rivetage des cornières du couple, trop peu serré pour empêcher l'eau de franchir la lisse en passant entre ces cornières et la tôle du couple ou du vaigrage. On devra donc placer sous les deux ailes de ces cornières, sur une longueur de 6 à 8 centimètres environ de chaque côté de la lisse, des bandes de toile préparées comme il a été dit plus haut. Pour faciliter le matage du pourtour du tronçon de lisse, il sera bon de laisser l'angle de la cornière en saillie sur le bord de la tôle de lisse (fig. 236). Le couple sera percé d'un anguiller, placé ici forcément au-dessus de la cornière extérieure continue, et la partie inférieure de la cellule sera comblée par un remplissage en ciment.

Dans certaines constructions, pour supprimer le travail d'épaulement des cornières, on a disposé des bandes de tôle formant cales, soudées aux cornières de la membrure continue (fig. 241). Chaque tronçon de la membrure discontinue étanche est ainsi entouré d'un cadre complet en cornière ne présentant aucun épaulement. Pour compléter l'étanchéité, il faut en outre interposer des bandes de toile enduite de mastic sous les deux ailes des cornières de la membrure continue non étanche, sur une certaine longueur de chaque côté de la membrure étanche.

Il résulte de ce qui précède que la réalisation de l'étanchéité du compartimentage limité par les membrures longitudinales et transversales exige d'assez nombreuses précautions. Cette question doit être étudiée avec grand soin dès le début d'une construction, car il ne faut pas perdre de vue qu'il est extrêmement difficile de rétablir après coup l'étanchéité d'un joint lorsque ce défaut ne provient pas d'une insuffisance du matage. Les procédés en usage sur certains chantiers (bourrage de mastic de fer, introduction dans le joint de cales minces en fer appelées *lardons*, oxydation du métal sur la surface de joint, etc.) ne sont que des palliatifs d'efficacité temporaire, et ne doivent pas être employés dans une construction soignée. Toutes les fois que le matage ne paraîtra pas devoir être suffisant pour assurer l'étanchéité ou ne pourra être repris que difficilement par la suite, il ne faudra pas hésiter à faire usage de toile enduite de mastic, interposée entre les surfaces de joint. L'augmentation de main-d'œuvre pendant le montage sera largement compensée par l'économie résultant de la diminution des retouches ultérieures. Dans le cas où les tôles et cornières sont de trop faible échantillon pour qu'on puisse mater les lignes de joint (c'est-à-dire lorsque l'épaisseur est inférieure à 4 $^m/_m$ environ), ce procédé est le seul que l'on puisse employer, et il donne d'ailleurs une étanchéité très satisfaisante ; en raison de la faible épaisseur des matériaux, on remplace alors la toile métallique ou la toile à voiles par du fort papier d'emballage bien enduit de céruse.

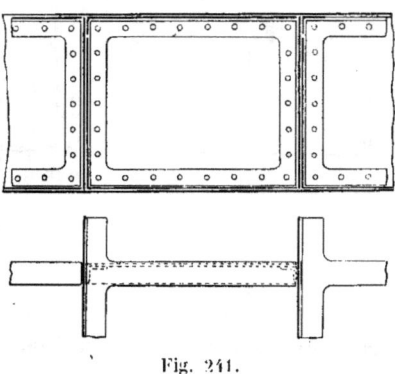

Fig. 241.

Considérons enfin le croisement de deux membrures non étanches. Soit par exemple un couple dont la cornière intérieure est seule continue, croisé par une lisse dont la tôle et la cornière extérieure sont continues. On pourra adopter la disposition indiquée par la figure 242, qui ne nécessite aucun épaulement de cornières. Dans le cas où la cornière extérieure de lisse serait placée sur la face tournée vers le diamétral, la cornière extérieure du couple et la cornière de jonction devraient être arrêtées de l'autre côté à distance suffisante pour permettre de pratiquer dans la tôle du couple un anguiller convenablement placé. Il est en effet indispensable que chaque cellule formée par les membrures longitudinales possède les anguillers nécessaires pour que l'eau puisse se rassembler au point le plus bas du compartiment étanche auquel appartient cette cellule. Si l'on suppose par exemple que les cornières extérieures des lisses sont continues de couple étanche en couple étanche, on devra avoir les anguillers placés comme l'indique la figure 243. Si au contraire les cornières extérieures des couples sont continues, on aura la disposition de la figure 244.

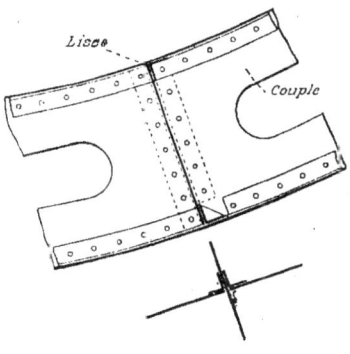

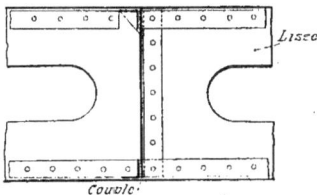

Fig. 242.

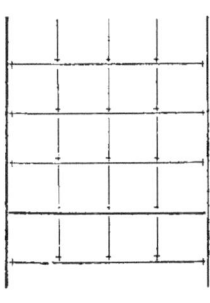

Fig. 243.

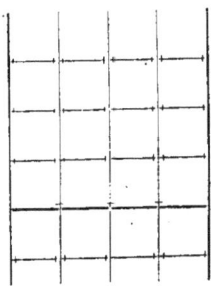

Fig. 244.

Lorsque les membrures longitudinales et transversales ne sont pas recouvertes intérieurement par un vaigrage, il est bon de renforcer leur croisement et d'assurer l'invariabilité de leur angle soit en disposant une bande de tôle longitudinale comme celle de la figure 227, soit, si l'on ne juge pas nécessaire d'accroître la liaison longitudinale, en plaçant à chaque croisement un taquet en tôle rivé avec les deux membrures (fig. 245).

Nous avons supposé jusqu'ici que les deux membrures qui se croisent avaient la même hauteur. Cette condition est obligatoire si elles doivent recevoir un vaigrage sur leur face intérieure; mais dans le cas contraire on n'est plus assujetti à leur donner la même hauteur, et on peut en profiter pour augmenter le nombre des éléments continus. Soit par exemple une lisse dont la tôle et la cornière exté-

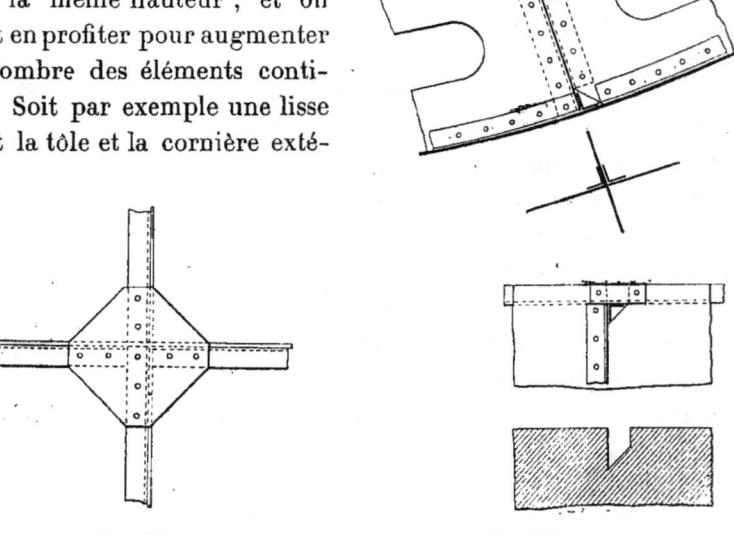

Fig. 245.        Fig. 246.

rieure sont continues (fig. 246). On pourra laisser continues les cornières intérieures du couple et de la lisse en exhaussant la tôle de lisse et retournant la cornière qui borde son can intérieur. La tôle de lisse sera alors échancrée comme l'indique la figure, les deux lèvres de l'échancrure pouvant être réunies par un couvre-joint sur la face opposée à la cornière.

On aura des dispositions analogues avec des membrures formées de barres profilées. La figure 247 représente par exemple le cas de couples en [ croisés par une lisse non étanche formée de tronçons intercostaux en [ et d'une cornière continue. Les trou-

CONSTRUCTION MÉTALLIQUE. — CHARPENTE.

çons de la lisse sont découpés comme l'indique la figure, et reliés aux couples par deux bouts de cornière. On peut aussi les confectionner au moyen de bouts de tôle ployée de manière à présenter deux bords tombés.

Un dernier cas de croisement à envisager est celui, très fréquent, d'une membrure ou d'éléments de membrure continus franchissant une tôle appartenant à un cloisonnement étanche (bordé de pont,

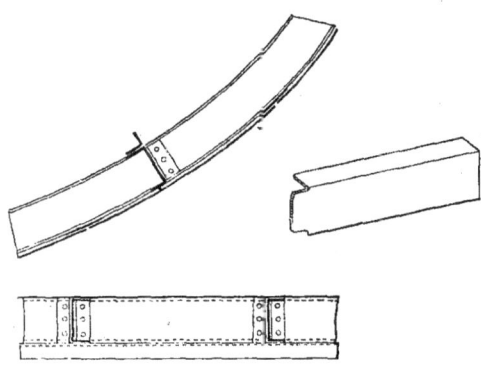

Fig. 247.

cloison étanche, etc.) Ce cas peut se ramener à celui d'une barre profilée traversant un cloisonnement de ce genre, sous réserve que s'il s'agit d'une membrure d'assemblage on devra avoir soin d'interposer des bandes de toile enduite de mastic entre les divers éléments de la membrure sur une certaine longueur de part et d'autre du cloisonnement étanche. Considérons comme exemple un barrot de pont formé d'une barre en ⌞, traversant une cloison étanche normale à ce pont (fig. 248). La tôle de la cloison, pour pouvoir

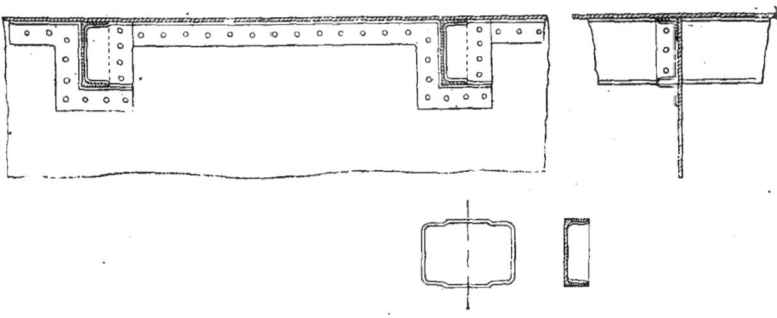

Fig. 248.

être mise en place, est creusée d'une entaille rectangulaire ayant pour largeur celle de la panne du barrot. Pour masquer cette entaille et permettre le matage sur tout le pourtour du barrot, on dispose un morceau de tôle emboutie (ou par abréviation un *em-*

*bouti*) ayant la forme représentée sur la figure. Sur une des faces, la cornière de tête vient buter contre l'embouti; de l'autre côté, elle est épaulée de manière à contourner exactement le barrot et à s'appliquer contre l'extrémité de l'embouti. On peut ainsi mater sur tout le pourtour de la barre, et l'étanchéité sera obtenue si l'on a eu soin d'interposer une toile enduite de mastic entre le bordé de pont et la panne supérieure du barrot, sur une certaine longueur de part et d'autre de la cloison. La forme de l'embouti étant identique pour les différents barrots de même échantillon, on confectionnera avantageusement ces pièces par emboutissage à la presse hydraulique au moyen d'une matrice, de manière à obtenir d'un seul coup une sorte de boîte qui, coupée en deux, fournira deux emboutis. Les frais de confection de la matrice seront largement compensés si le nombre des emboutis semblables est assez grand, comme cela a lieu en général.

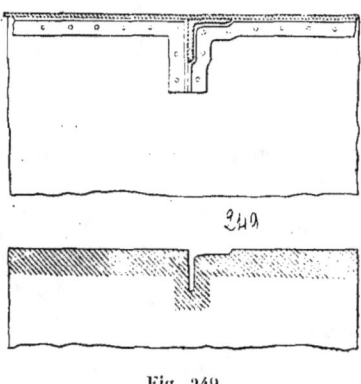

Fig. 249.

Si, dans l'exemple considéré, le barrot était formé d'une simple cornière (ou d'une barre en T), l'entaille pratiquée dans la tôle de la cloison aurait exactement la forme du barrot (fig. 249), et il n'y aurait plus besoin d'emboutis. Il suffirait d'épauler les cornières comme le montre la figure, en plaçant toujours une toile entre le

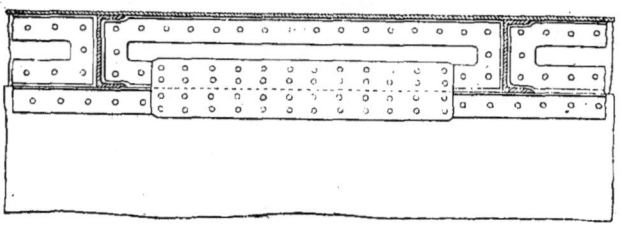

Fig. 250.

bordé du pont et la panne supérieure du barrot.

On peut d'ailleurs, dans le cas de barrots en [ ou en I, supprimer les emboutis en arrêtant la tôle de cloison au-dessous des barrots comme le montre la figure 250, et comblant l'espace vide par une lisse intercostale prolongeant la cloison et reliée à cette cloison par un couvre-joint dans l'intervalle des membrures. Les emboutis sont supprimés, mais le travail d'épaulement des cornières est plus grand et l'étanchéité est plus difficile à obtenir. Cette disposition est en somme moins satisfaisante que celle de la figure 248.

**75. Membrure sous cuirasse.** — Les *plaques de blindage* destinées à former carapace de protection pour certaines parties du navire doivent être soutenues par une charpente ayant pour objet de supporter le poids de ces plaques et de leur fournir un appui suffisant pour les empêcher de se déplacer sous l'action du choc d'un projectile. Cette charpente se compose d'un bordé en tôle de forte épaisseur appelé *platelage*, sur lequel sont fixées les plaques, contretenu par des montants en barres profilées ou en poutres d'assemblage. On considérait autrefois comme indispensable l'interposition entre la plaque et le platelage d'un *matelas* en bois, doué d'une certaine élasticité, formant une sorte de ressort destiné à amortir une partie de la force vive de choc. Depuis une douzaine d'années, on a reconnu que l'emploi de ces matelas était inutile, sinon nuisible, et on ne les a conservés que pour les plaques dont l'épaisseur dépasse 12 $^c/_m$ environ, pour un motif inhérent au mode de fabrication des plaques, et dont nous parlerons plus tard. Au-dessous de cette épaisseur, les plaques sont directement appliquées sur le platelage. Celui-ci est constitué par deux tôles d'égale épaisseur, l'épaisseur totale étant proportionnée à celle de la plaque comme on le verra plus tard. Cette disposition a l'avantage de permettre la suppression des couvre-joints, les abouts des deux plans étant convenablement décroisés. On ne pourrait en effet mettre de couvre-joints sur la face extérieure du platelage, qui doit rester parfaitement lisse pour que la plaque s'y ajuste exactement; d'autre part, des couvre-joints placés sur la face intérieure risqueraient d'être détachés par le choc d'un projectile et de former à l'intérieur des parties protégées des projectiles secondaires dangereux. Ce n'est que dans le cas où un matelas en bois est interposé entre la plaque et le platelage que l'on peut placer des couvre-joints sur la face extérieure, procédé qui a été quelquefois employé pour augmenter la résistance longitudinale, ainsi que nous le verrons plus tard.

Les platelages ne sont qu'un cas particulier des bordés en plusieurs épaisseurs, qui seront étudiés dans le chapitre suivant. Nous n'examinerons pour le moment que la charpente d'appui de ces platelages.

Les plaques de blindage des ponts cuirassés ont leur platelage soutenu par les barrots de ce pont, dont l'échantillon doit être proportionné en conséquence. Pour les cuirassements verticaux formant muraille latérale, on utilise les couples de la charpente proprement dite, en les renforçant au besoin si l'appui qu'ils fournissent est jugé insuffisant.

Examinons d'abord le cas des ceintures cuirassées de forte épaisseur formant protection latérale dans le voisinage de la flottaison. Lorsque l'épaisseur de cette ceinture ne dépasse pas 10 $^c/_m$ environ, on peut se contenter de l'appliquer extérieurement sur le bordé, doublé de manière à former platelage. Mais quand l'épaisseur est plus forte, il serait imprudent de placer ainsi les plaques en porte-à-faux, en faisant travailler au cisaillement leurs boulons d'attache, et on pratique dans la charpente du navire un ressaut destiné à former logement pour la cuirasse, qui se trouve ainsi placée dans le prolongement de la surface hors bordé ou tout au moins ne fait par rapport à elle qu'une faible saillie (voir fig. 208). La partie inférieure de ce ressaut porte le nom de *tablette* ou *chaise* de cuirasse.

La charpente d'appui du platelage de la cuirasse de ceinture peut être soit indépendante de la charpente des fonds, soit liée directement à cette charpente. L'une ou l'autre de ces dispositions peut être employée suivant le cas. Comme exemple de charpente indépendante, nous prendrons celle du cuirassé dont la figure 208 représente la coupe au milieu.

Sur ce bâtiment, la cuirasse de ceinture ayant une épaisseur de 400 $^m/_m$ au can supérieur, de 150 $^m/_m$ au can inférieur, un matelas en bois est interposé entre les plaques de ceinture et le platelage auquel elles sont fixées (fig. 251). La tablette est formée par le prolongement du pont blindé inférieur jusqu'à sa rencontre avec le bordé extérieur. Le platelage, formé de deux tôles de 12 $^m/_m$, est relié à son pied avec la tablette, à sa partie supérieure avec le platelage du pont blindé supérieur, au moyen de cornières. Le

CONSTRUCTION MÉTALLIQUE. — CHARPENTE.

platelage devant servir d'appui à la cuirasse, il y a intérêt à placer ces cornières du côté de l'intérieur, de manière à ne pas faire travailler par traction les rivets qui les relient au platelage.

« Charlemagne ».

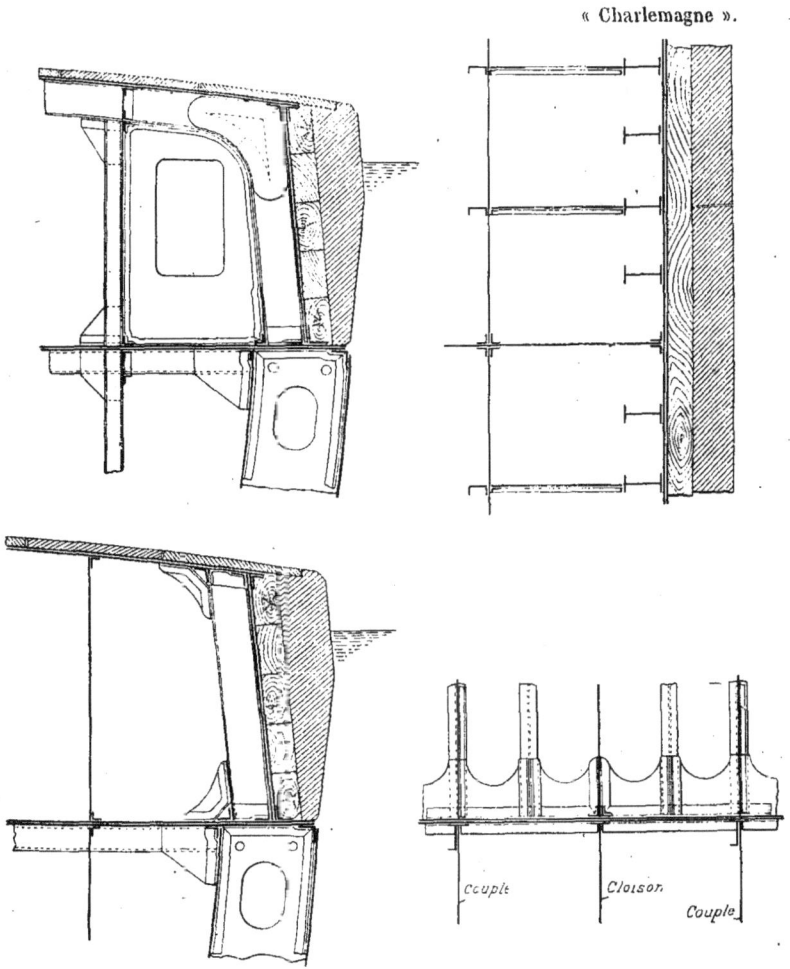

Fig. 251.

Dans la plupart des cas, d'ailleurs, on met également du côté de l'extérieur des cornières noyées dans le matelas en bois, pour contretenir le platelage dans le mouvement de rappel qui suit le choc d'un projectile. Au droit de chacun des barrots du pont blindé supérieur, qui sont espacés de $1^m,20$ et formés de barres

CONSTRUCTION DU NAVIRE.

en I de $\dfrac{300}{11} \times \dfrac{145}{11}$, est placé un montant en I de même échantillon fendu à sa partie supérieure de façon à se raccorder avec le barrot fendu de la même manière. La liaison du barrot et du montant est assurée par un double couvre-joint placé sur l'âme, et on obtient ainsi un solide taquet d'entretoisement. Dans le plan du montant et du barrot est établie une cloison en tôle de 3 $^m/_m$ s'étendant jusqu'à la première des grandes cloisons longitudinales de la cale. De distance en distance cette cloison est faite en tôle plus épaisse, et correspond alors à un des cloisonnements étanches transversaux de la cale. Les cloisons intermédiaires sont percées d'une ouverture, de manière à ménager derrière le platelage une *coursive* permettant d'aller au besoin réparer une brèche ou une avarie survenue dans ce platelage. Au milieu de chaque intervalle de montants est placé un montant intermédiaire en I de même échantillon, muni de taquets à ses deux extrémités. Enfin, le long du pied de tous les montants est rivée une virure de tôle formant vaigre bretonne, reliée au pont blindé inférieur par une cornière.

Si l'on veut établir une liaison plus intime entre la charpente sous cuirasse et la charpente des fonds, on peut prolonger les membrures sous cuirasse sur une certaine longueur au-dessous de la tablette, de manière à les fixer sur le côté des couples. On aura par exemple la disposition représentée par la figure 252, relative à un cuirassé de type déjà un peu ancien, dans lequel la cuirasse de pont était appuyée sur un matelas en bois comme la cuirasse de ceinture. La membrure sous cuirasse est formée de barres en I correspondant aux couples de la charpente

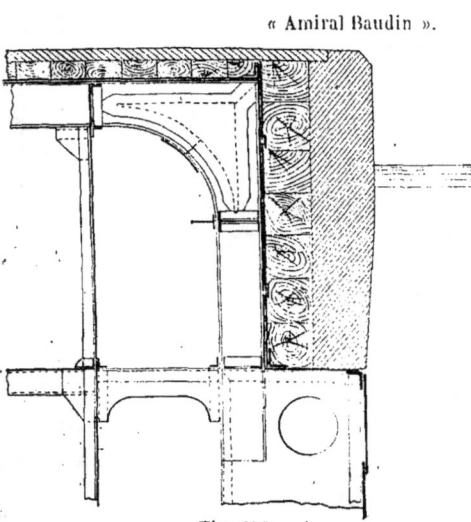

« Amiral Baudin ».

Fig. 252.

des fonds, espacés de 0",65. Ces barres s'assemblent avec les barrots du pont blindé de la même manière que dans l'exemple précédent. Elles se prolongent jusqu'à 700 ᵐ/ₘ au-dessous du faux-pont, et sur cette longueur les pannes sont rabotées sur un des côtés de manière à laisser subsister une section en ⊏ qui s'applique sur le côté de la tôle du couple, à laquelle elle est rivée. A mi-hauteur, les montants sont croisés par une lisse formée de tronçons intercostaux en I et d'une barre en T à boudin continue, rivée sur les pannes intérieures.

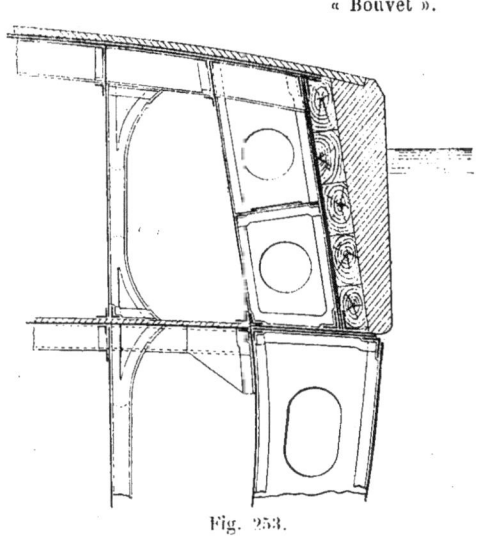

« Bouvet ».

Fig. 253.

Une disposition plus satisfaisante est obtenue en prolongeant le vaigrage des fonds jusqu'au platelage du pont blindé supérieur (fig. 253), et constituant la charpente sous cuirasse par des membrures en tôle armée de cornières, occupant l'espace compris entre le platelage de ceinture et le vaigrage; ces membrures sont établies au droit de chaque couple et sont croisées par une lisse longitudinale intercostale; elles sont reliées à la partie supérieure avec les barrots du pont blindé, formés de barres en I dont les ailes sont rabotées comme dans la fig. 252. Cette disposition est désignée en Angleterre sous le nom de *box-backing*.

Enfin, la charpente sous cuirasse peut n'être que le prolongement de la charpente des fonds. Telle est par exemple la disposition représentée par la figure 254, dans laquelle les barrots du pont blindé, les membrures sous cuirasse et les couples de la charpente des fonds sont formés de tôles armées de cornières constituant un anneau complet. Ces anneaux portent un ressaut formant tablette, et sont recouverts intérieurement par un vaigrage dont la partie horizontale forme pare-éclats. On a ainsi pour toute la région située au-dessous du pont blindé une charpente tubulaire dont l'ossature est formée par les anneaux en tôle, espacés de 1 mètre, croisés par de nombreuses lisses ; l'enveloppe intérieure est constituée par le vaigrage, l'enveloppe extérieure par le bordé de carène, le platelage sous cuirasse et le platelage du pont blindé. Dans l'exemple considéré, le platelage sous cuirasse est prolongé au-dessus du pont blindé de manière à former la liaison des fonds avec les œuvres-mortes, comme on le verra dans le paragraphe suivant.

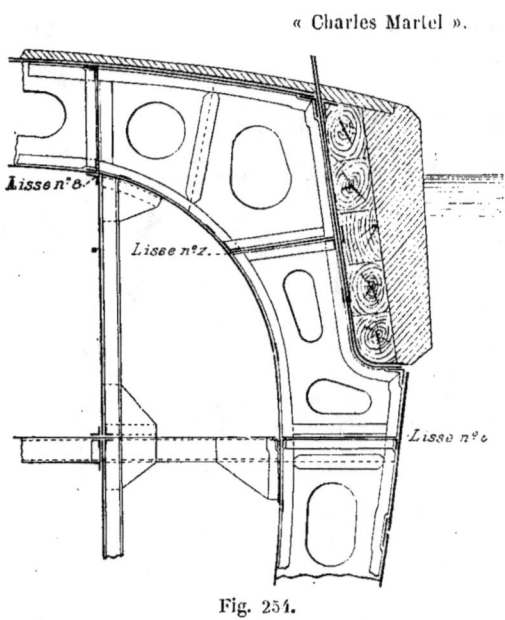

« Charles Martel ».

Fig. 254.

Une disposition assez analogue se retrouve sur le cuirassé *Henri IV* (fig. 255). Le vaigrage, doublé en abord à partir de la lisse n° 4, s'infléchit de manière à former le faux-pont blindé. Les barrots en ⊏ du faux-pont se recourbent également jusqu'au pied de la cloison longitudinale correspondant à la lisse n° 4, de manière à former montants d'appui de la partie recourbée du vaigrage. Ils sont croisés un peu au-dessus de la lisse n° 6 par une serre en tôle armée de cornières. Cette disposition a pour but de fournir une protection efficace contre l'explosion d'une torpille au contact du bordé extérieur, au-dessous du can inférieur de la ceinture. Les couples de la charpente des fonds s'arrêtent à la lisse n° 7, qui forme tablette et s'infléchit de manière à rencontrer normalement le vaigrage. Les membrures sous cuirasse sont formées de tôles armées de cornières, recouvertes intérieurement par une tôle (*box-backing*). En arrière de ces membrures, espacées de 1$^m$,20, sont placées des cloisons transversales occupant tout l'espace compris entre la tôle rivée intérieurement sur les membrures sous cuirasse, le platelage du pont cuirassé et une cloison longitudinale. Certaines de ces cloisons sont pleines, les autres

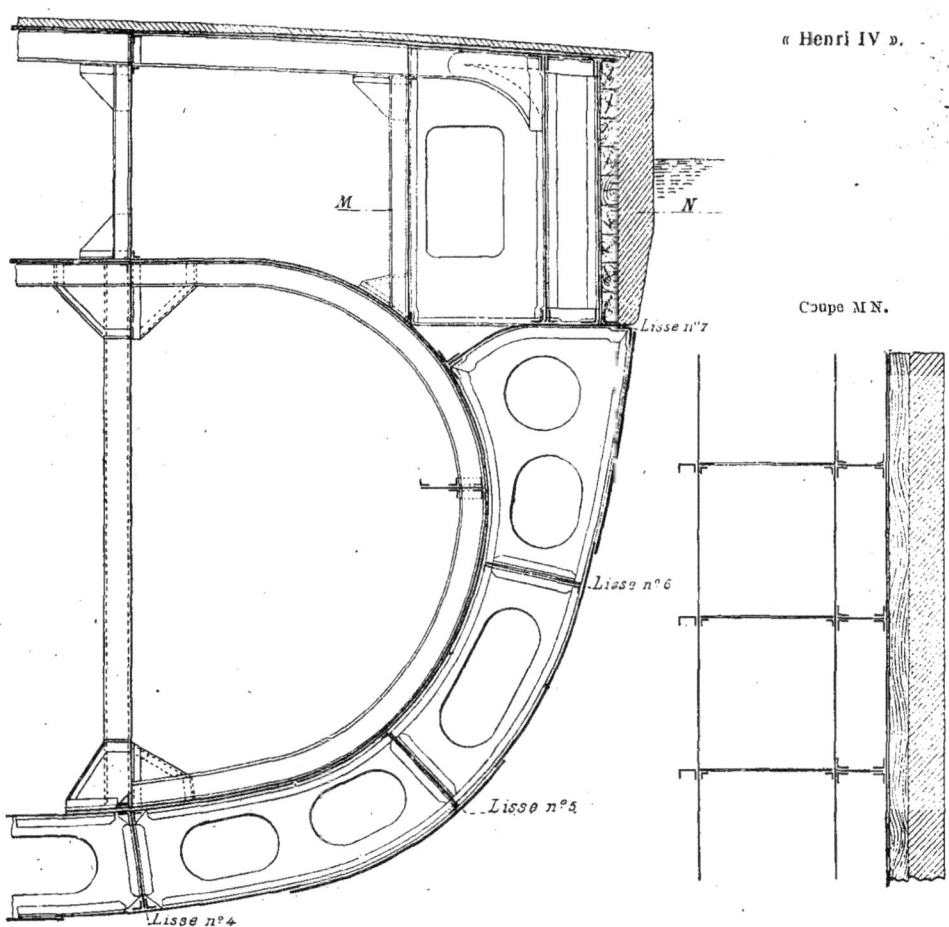

Fig. 255.

sont percées de portes, de manière à former coursive comme dans le cas de la figure 251.

Quel que soit le système adopté, le revêtement formé par le platelage et la tablette doit être parfaitement étanche, car on ne peut empêcher complètement l'eau de pénétrer par les joints de la cuirasse de ceinture et du matelas en bois. On doit exécuter en particulier avec le plus grand soin le matage des cornières d'attache du platelage et de la cornière de jonction de la tablette et du bordé extérieur, qui est appelée *cornière de tablette*. Le rivetage de cette cornière est fait assez serré (3,5 D à 4 D) et de plus on prend la précaution de chanfreiner les tôles de tablette et de bordé de manière à laisser bien apparent l'angle de la cornière de tablette (fig. 256), qui peut ainsi être matée non seulement à l'intérieur, mais encore à l'extérieur.

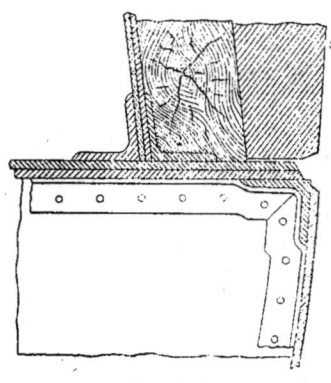

Fig. 256.

Lorsque la cuirasse de ceinture n'a qu'une épaisseur ne dépassant pas $10^c/_m$, il suffit, comme nous l'avons déjà dit, de l'appliquer directement sur le bordé extérieur, doublé de manière à former platelage. Tel est le cas des cuirasses de cofferdam (fig. 208), des murailles de croiseurs cuirassés, des cuirasses de réduit. La figure 257 représente par exemple la disposition de la muraille d'un croiseur cuirassé, dans lequel le blindage occupe toute la hauteur de la tranche cellulaire. Ce blindage est formé de deux virures ; la virure inférieure, d'une épaisseur de $150^m/_m$, est appuyée contre un matelas en bois et repose sur une tablette ; la virure supérieure, d'une épaisseur de $95^m/_m$, est appliquée directement sur le platelage. Ce platelage, formé de deux tôles de $10^m/_m$, est appuyé par des membrures pleines en tôle de $7^m/_m$ armée de cornières, espacées de $1^m,20$, placées dans le plan des couples et formant cloisons transversales du cofferdam ; sur la face intérieure de ces membrures est rivée une tôle de $6^m/_m$ formant cloison interne du cofferdam, et en arrière de cette cloison est placée une cloison longitudinale étanche de $8^m/_m$, limitant la coursive, laquelle est divisée dans le sens de sa longueur par des cloisons étanches transversales. Le plafond de la tranche cellulaire est formé d'un pont continu de $16^m/_m$, au-dessus duquel sont établies les œuvres légères, dont la charpente est indépendante de celle de la tranche cellulaire.

Les murailles cuirassées ne faisant pas partie de la muraille latérale, telles par exemple que les traverses limitant à l'avant et à l'arrière les réduits de protection de l'artillerie, sont établies de la même manière. On doit faire en sorte que leur platelage soit con-

« Dupetit-Thouars ».

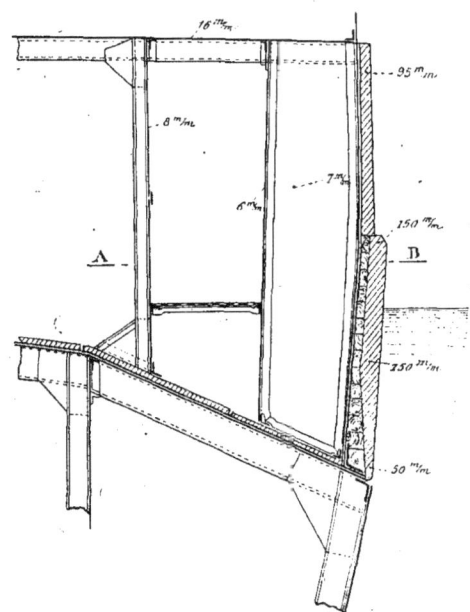
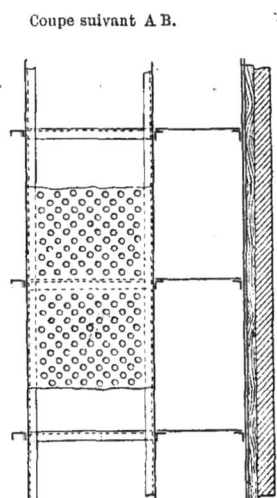

Coupe suivant A B.

Fig. 257.

tretenu par des montants suffisamment rapprochés, et solidement encastrés à la tête et au pied au moyen de taquets.

**76. Membrure des œuvres-légères.** — Nous avons vu que pour les navires munis de ponts blindés formant protection horizontale, on était amené à diviser la charpente d'après le système de division de la protection. Celle-ci doit en effet être conçue de telle sorte que, les parties protégées étant seules supposées intactes, le navire soit encore placé dans des conditions suffisamment satisfaisantes de flottabilité et de stabilité. Les œuvres-mortes non protégées n'ont alors d'autre raison d'être que de fournir les logements nécessaires au personnel et, dans les conditions normales de navigation, la hauteur de muraille ou *hauteur de franc-bord* nécessaire pour donner une sécurité suffisante en cas de mer agitée. Il est donc rationnel de les rendre indépendantes de la charpente des parties protégées, et de leur donner toute la légèreté compatible avec une solidité satisfaisante ; de là le nom d'*œuvres légères* sous lequel on les désigne habituellement.

La charpente des œuvres légères est exécutée dans le système « Bugeaud ».

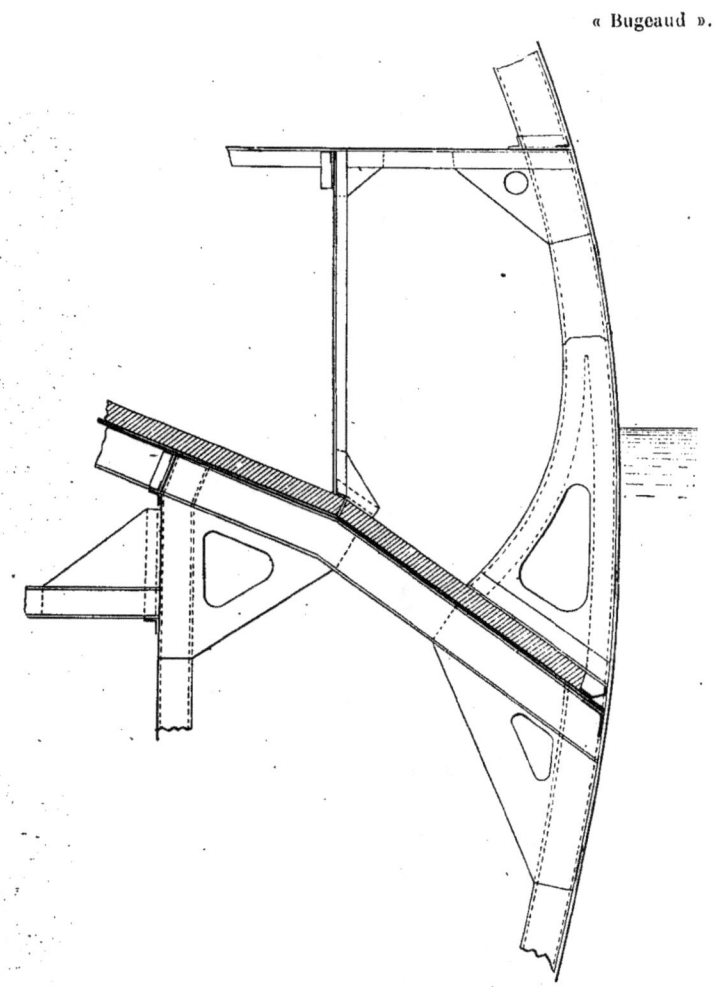

Fig 258.

transversal, c'est-à-dire formée de couples en ⌈ ou en cornières, continus depuis le pont blindé jusqu'au pont supérieur. La liaison longitudinale est assurée par le bordé extérieur et par les bordés des ponts. Pour accroître la résistance transversale, on a soin de munir le pied de chaque couple d'un fort taquet d'encastrement, à son attache avec le pont blindé.

Si l'on a par exemple une membrure en ⌈, ce taquet peut être obtenu en fendant la barre et plaçant un mouchoir en tôle entretoisant les deux branches convenablement écartées (fig. 258). On peut aussi rapporter le taquet sur le côté de la panne du couple normale à la muraille (fig. 259). Dans tous les cas, le pied des couples devra être chanfreiné de manière à laisser passer la cornière ou la tôle ployée joignant le pont blindé avec le bordé extérieur ; on obtient ainsi, sans affaiblir les couples, une bonne liaison longitudinale. Si l'on veut accroître encore la résistance longitudinale, on peut le faire très simplement en augmentant la hauteur des taquets et rivant sur leur can intérieur une virure de tôle continue formant vaigre bretonne (fig. 260).

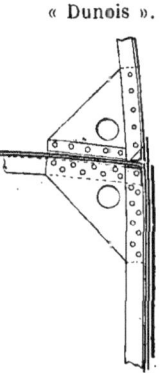

« Dunois ».

Fig. 259.

Dans ces dispositions, qui sont appliquées usuellement sur tous les navires actuels, la liaison des œuvres légères et de la charpente des fonds n'est effectuée que par l'intermédiaire du bordé et du rivetage des taquets de pied des couples. Cette liaison peut être jugée insuffisante s'il s'agit d'un bâtiment ayant par exemple des poids importants d'artillerie ou de blindage supportés par la charpente des œuvres-mortes. C'est ce qui a conduit sur certains navires à faire franchir le pont blindé par des éléments de charpente continus assurant la liaison des œuvres-mortes avec les fonds. La figure 261 représente une disposition de ce genre. Les couples des œuvres-mortes, placés en retrait, sont munis d'un taquet suivant le contour de la muraille et franchissent le pont blindé de manière à former en même temps membrure sous cuirasse. Le pont blindé, interrompu par le prolongement du platelage de ceinture, est complété par deux virures de tôle de forte épaisseur

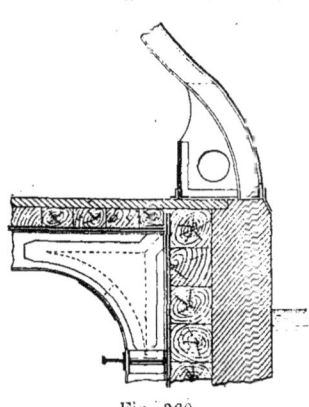

« Amiral Baudin ».

Fig. 260.

formant tablette cuirassée. Ce procédé est assez compliqué en raison de la difficulté d'assurer l'étanchéité au passage des couples dans le pont blindé. On a une solution plus simple en faisant traverser seulement le pont blindé par le platelage de ceinture. Un des plans de ce platelage peut être par exemple prolongé de manière à former vaigre bretonne le long des taquets de pied des couples des œuvres légères (fig. 262). Si la membrure des œuvres légères est placée en retrait, le platelage de ceinture peut être prolongé de manière à former bordé des œuvres légères, et s'il y a lieu platelage de la cuirasse de cofferdam (fig. 263).

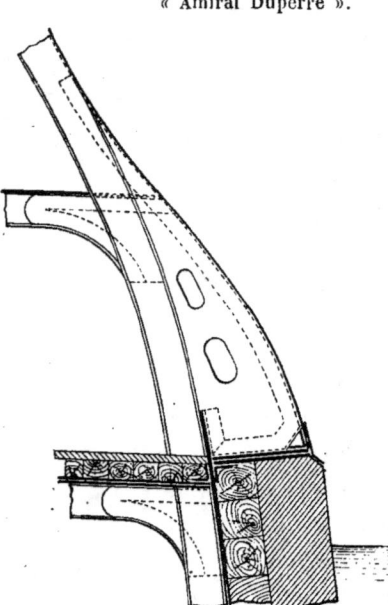

Fig. 261.

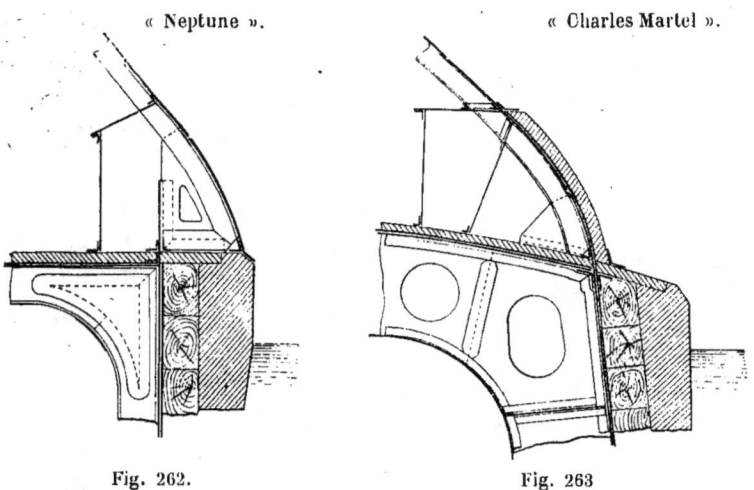

Fig. 262.  Fig. 263.

## 77. Charpente des ponts.

La charpente des ponts est constituée par des barrots formés de barres profilées ayant un moment d'inertie proportionné à la charge qu'ils doivent supporter. Pour les ponts peu chargés, on fait usage de cornières ou de barres en ⊤. Si l'on a besoin d'une résistance plus grande, on emploie usuellement des barres en ⊏ dans les constructions de la marine de guerre, des barres en ⊤ à boudin dans les constructions du commerce. Pour les ponts très lourdement chargés, tels que les ponts blindés des grands navires, on fait usage de barres en ⊥.

Les dimensions transversales des plus grands navires actuels permettent en général de faire les barrots d'une seule pièce ; ce n'est qu'exceptionnellement, pour le pont blindé de grands cuirassés, qu'on a été amené quelquefois à employer des barrots en deux pièces. La figure 264 représente la disposition que l'on peut adopter dans ce cas pour l'écart.

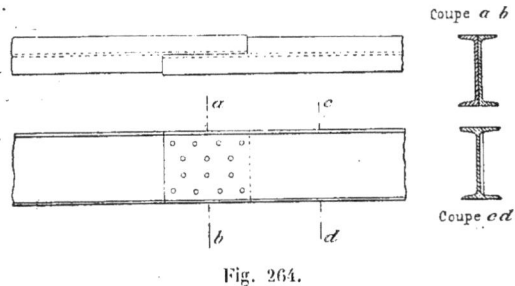

Fig. 264.

Les barrots doivent avoir en général une certaine courbure, définie par la corde (ou *ligne droite*) et la flèche (ou *bouge*) de l'arc formé par la barre. Nous verrons dans la quatrième partie les procédés que l'on employait dans la construction en bois et que l'on peut employer encore pour déterminer le tracé de la courbe d'après ces données. Dans la construction métallique, le bouge étant en général faible, il est beaucoup plus simple de cintrer les barrots suivant un arc de cercle, dont on calcule aisément le rayon en fonction des valeurs de la corde et de la flèche. On peut ainsi très bien commander aux usines les barrots tout cintrés, en fournissant seulement la valeur du rayon de l'arc de cercle.

Dans la plupart des cas, les barrots d'un même pont ont uniformément le même profil, de l'avant à l'arrière. Il peut arriver cependant que l'on juge devoir renforcer spécialement certaines régions particulièrement chargées. Il y a intérêt à ne pas modifier la hauteur du profil, tant au point de vue de l'aspect général que de la facilité d'attache des cloisons d'emménagements, tuyautages, etc., qui doivent se fixer sous les barrots. La solution la plus simple consistera alors à faire usage du même profil renforcé par augmentation d'épaisseur due à un écartement des cylindres du laminoir (§ 17).

Quel que soit le profil d'un barrot, son attache avec la muraille doit être particulièrement renforcée (§ 42), de manière à résister aux efforts de dislocation transversale de la charpente. Ce renforcement est obtenu soit en rapportant un taquet rivé sur le côté ou sous la panne inférieure du barrot, soit, pour les barrots en [ ou en I, en fendant la barre et écartant ses deux branches ainsi que nous l'avons déjà vu.

Lorsqu'il s'agit de barrots butant contre un vaigrage ou une cloison longitudinale (barrots de faux-pont ou de plate-forme de cale), on emploie un taquet en tôle ayant en général des dimensions telles que la hauteur du talon du barrot ainsi renforcé soit comprise entre 2 fois et 3 fois la hauteur du barrot (fig. 265). Lors-

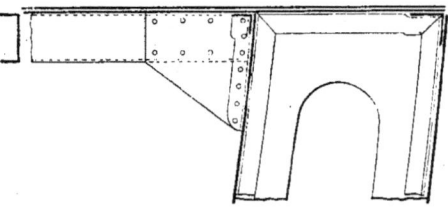

Fig. 265.

qu'il s'agit d'un barrot s'assemblant avec un couple (ou un montant de cloison) le mode d'assemblage dépendra du profil de ces pièces. Avec des barrots en [ ou en cornière, s'attachant sur des couples de même profil, on pourra adosser les profils de manière à interposer un taquet entre les deux barres (fig. 266). Avec des barrots en [, on pourra fendre le barrot et le doubler par un taquet (fig. 267). Avec des barrots en T à boudin et des couples doubles, on pourra employer la disposition de la figure 268, dans laquelle le taquet est rivé contre le barrot fendu de la même manière que dans l'exemple précédent, et s'intercale entre la cornière droite et la cornière renversée convenablement épaulée. D'une façon générale, la hauteur du talon du barrot doit toujours être comprise entre 2 fois et 3 fois la hauteur du barrot.

Dans le cas où le couple s'arrête au pont considéré (ponts blin-

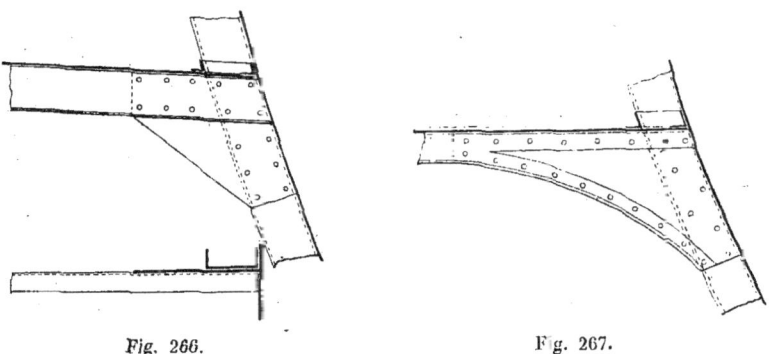

Fig. 266.                Fig. 267.

dés, pont supérieur), on peut, en plaçant les profils du couple et du barrot dans le même sens, les fendre tous les deux et les infléchir de manière à former une poutre continue (fig. 251 et 269),

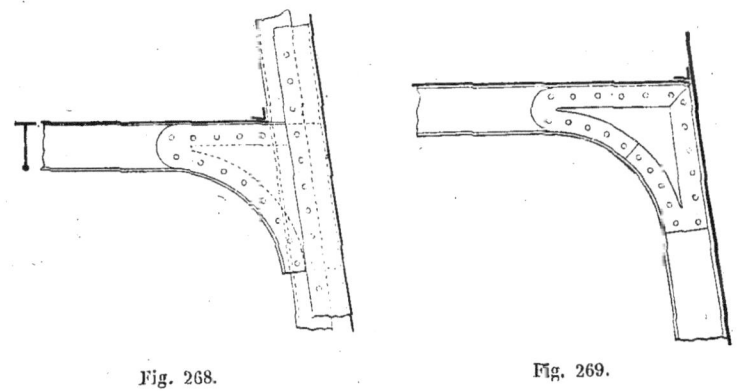

Fig. 268.                Fig. 269.

dont les deux moitiés sont reliées par un couvre-joint simple ou double placé sur l'âme et un couvre-joint simple sous la panne intérieure.

La solution la plus simple est celle qui est représentée par la figure 266. Elle n'exige en effet aucun travail de forge pour les barrots. Dans les entreponts occupés par les logements, on a soin en général de découper le bord du taquet suivant un contour courbe, plus élégant que le contour rectiligne (fig. 278). Au point de vue de l'aspect général, il est important que dans les entreponts dégagés la surface formée par tous ces taquets soit parfaitement régulière et se raccorde bien avec le profil de la muraille. Le plus souvent, le pied des taquets suit une ligne parallèle au livet, c'est-à-dire que leur hauteur est constante d'un bout à l'autre. On est cependant amené quelquefois à réduire cette hauteur aux extrémités, pour que les taquets ne deviennent pas trop encombrants.

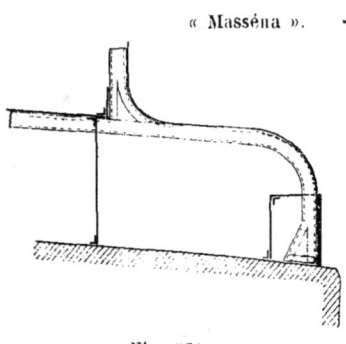

Fig. 270.

Lorsqu'on a des œuvres-mortes de forme arrondie, on peut dans certains cas infléchir les couples de manière qu'ils forment barrots, et il n'y a plus besoin de taquets. Nous en avons déjà vu un exemple sur la figure 206. La figure 270 représente une disposition du même genre, relative à la partie inférieure des œuvres légères d'un cuirassé.

En général, à chaque couple correspond un barrot. Sur les navires de commerce, dans lesquels les couples sont assez rapprochés, on ne place quelquefois les barrots que de deux en deux couples. Sur ces mêmes navires, pour diminuer l'encombrement de la cale, la charpente du pont inférieur est souvent réduite à un petit nombre de barrots très espacés, appelés *barres sèches*. Ces barres sèches sont des poutres en tôle armées de cornières, d'assez fort échantillon, attachées à leurs extrémités contre une ceinture en tôle rivée sur les cornières intérieures de membrures, et espacées de 5 à 6 mètres; c'est en somme la même disposition que dans la construction en bois.

Dans le cas où les barrots doivent être recouverts d'un bordé métallique de faible épaisseur, il peut arriver que l'appui qu'ils fournissent soit insuffisant pour empêcher la tôle de fléchir. C'est ce qui a lieu lorsque, pour un bordé en tôle d'épaisseur inférieure à $6^m/_m$, l'espacement des barrots est égal ou supérieur à 1 mètre. On établit dans ce cas entre les barrots des files d'entremises longitudinales formées de bouts de cornières rivées aux barrots (fig. 271).

Les panneaux sont constitués de la même manière que dans la construction en bois. Ils sont limités à l'AV et à l'AR par deux barrots, latéralement par deux entremises formées de barres de même profil que les barrots. Il est en général avantageux, avec les barrots en ⌈, de retourner le profil d'un des barrots formant façade de manière à faciliter l'attache des entremises. On aura ainsi, par exemple, la disposition de la figure 272.

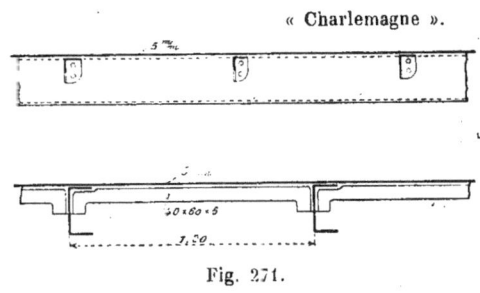

Fig. 271.

Il arrive quelquefois que l'on est amené à donner à un panneau, en vue de certaines éventualités, des dimensions supérieures à celles qui sont nécessaires pour le service courant. Ce cas peut se présenter par exemple au-dessus des compartiments renfermant des machines ou des chaudières, dont il faut pouvoir mettre à bord ou débarquer les diverses parties, ce qui exige des ouvertures de dimensions assez considérables. On établira alors dans les divers ponts un panneau de dimensions convenables, et l'on comblera ce panneau au moyen de faux barrots et au besoin d'entremises pour réserver l'espace nécessaire pour le panneau de service courant ; on aura ainsi la disposition de la figure 273, dans laquelle

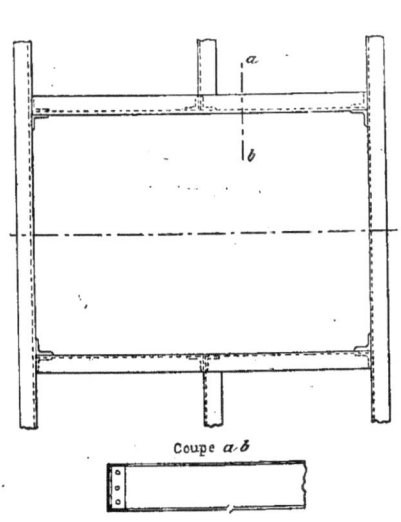

Fig. 272.

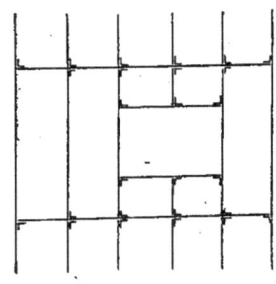

Fig. 273.

on a représenté seulement l'âme des barrots et entremises. Toutes ces pièces peuvent être fixées sur le cadre du grand panneau au moyen de boulons, de manière à être aisément démontables ; mais, comme on n'a que rarement besoin d'effectuer ce démontage, il est préférable de river tous les assemblages, ce qui donne une meilleure solidité. La portion de bordé en tôle recouvrant les barrots et entremises démontables est reliée par des couvre-joints avec le reste du bordé du pont.

Les panneaux sont entourés d'un surbau, formé soit d'une tôle armée d'une cornière et d'un demi-rond (fig. 274), pour éviter

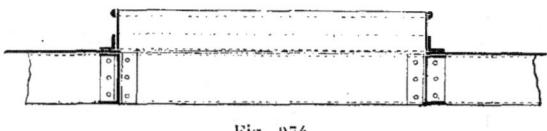

Fig. 274.

l'angle vif contre lequel on pourrait se blesser, soit plus simplement d'une cornière à boudin (fig. 275). Au lieu de donner aux panneaux la forme rectangulaire, on arrondit quelquefois les angles en découpant dans le bordé du pont une ouverture à coins arrondis (fig. 275) dont le surbau suit le contour.

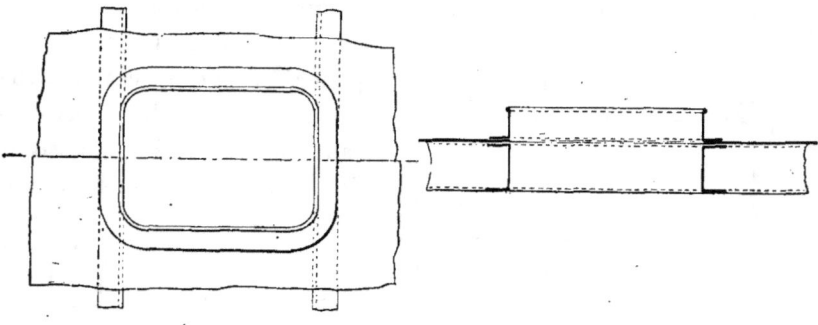

Fig. 275.

Si le navire doit recevoir des mâts amovibles, on établit les étambrais d'une manière analogue aux panneaux, par exemple au moyen d'un cylindre en tôle relié par des collerettes en cornière au bordé du pont et à une tôle de renfort rivée sous les barrots (fig. 276).

Les barrots établis comme nous venons de le voir ne constituent qu'une liaison transversale. La liaison longitudinale est fournie en général par le bordé en tôle recouvrant ces barrots. Dans le cas où le pont est recouvert d'un simple bordé en bois, la liaison est obtenue au moyen de virures de tôle longitudinales, et souvent de lattes obliques, rivées sur la panne supérieure des barrots. On ne fait jamais usage d'entremises, sauf celles qui sont nécessaires dans le cas signalé plus haut, et dont l'échantillon est réduit au strict nécessaire. L'attache de ces entremises créerait en effet sur les barrots des lignes de rupture, tandis qu'une virure de tôle rivée à plat ne donne dans une section transversale du barrot que l'affaiblissement d'un seul trou de rivet.

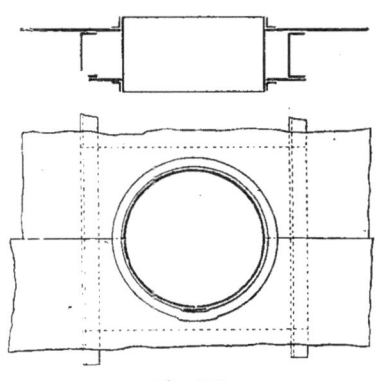

Fig. 276.

Les virures longitudinales sont disposées, les unes en abord, les autres de manière à tangenter latéralement les panneaux. Les premières sont appelées par suite *virures de gouttière*, les autres sont désignées sous le nom de *virures d'hiloire*. On ajoute quelquefois des lattes obliques rivées à tous les barrots qu'elles rencontrent et épaulées de manière à s'appliquer sur les hiloires et les gouttières, auxquelles elles sont également rivées (fig. 277). Toutes ces liaisons sont noyées dans l'épaisseur du bordé en bois.

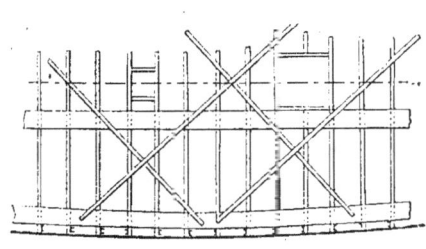

Fig. 277.

La liaison obtenue en abord au moyen des virures de gouttière peut être complétée si on le juge nécessaire par une *vaigre bretonne* rivée sur les pannes intérieures de la membrure (fig. 278). Sur certains navires de commerce, on a fait usage dans le même but de *fourrures de gouttière* tubulaires (fig. 279). Ces fourrures de gouttière sont très encombrantes mais peuvent être employées avantageusement à l'occasion comme procédé de consolidation d'un bâtiment dont les liaisons longitudinales seraient insuffisantes.

Dans la marine militaire, les ponts à bordé en bois ne sont plus

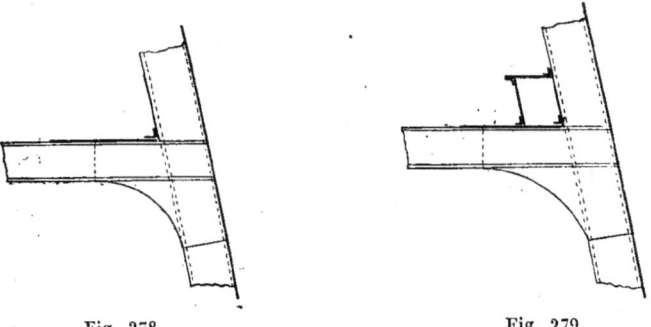

Fig. 278.   Fig. 279.

employés, et on dispose toujours un bordé complet en tôle qui fournit une liaison longitudinale simple et bien efficace. Ces ponts doivent être faits étanches, de telle sorte que les eaux de lavage ne puissent tomber dans l'entrepont placé en dessous. Si l'on établit en abord une vaigre bretonne, on peut arrêter le bordé en tôle à la panne intérieure de la membrure, et mater le long de la cornière de jonction de ce bordé et de la vaigre bretonne. La maille reste alors librement ouverte d'un entrepont à l'autre. Pour les étages supérieurs, qui comportent généralement des logements placés en abord, cette disposition est inadmissible, et d'ailleurs, au moins pour les étages voisins de la flottaison, il est préférable d'utiliser les ponts comme cloisonnements étanches horizontaux.

L'étanchéité en abord s'obtient au moyen d'emboutis, suivant le procédé indiqué au § 74 (fig. 248). Quand la membrure est très inclinée, les cornières et les emboutis doivent être fortement équerrés, ce qui rend leur rivetage difficile. On peut employer par exemple la disposition de la fig. 280, dans laquelle on voit un exemple de vaigre bretonne formée d'une barre en [ dont une panne est équerrée. Autrement, on peut infléchir en abord le barrot et la surface du pont de manière à couper à peu près normalement la muraille (fig. 281). Lorsqu'il s'agit d'un pont continu, que la membrure ne traverse pas, l'étanchéité s'obtient sans difficulté en chanfreinant les membrures de manière à laisser passer une cornière continue (fig. 260 à 263). Si le pont coupe très obliquement la muraille, ce qui arrive pour les ponts blindés courbes ou à talus inclinés, il est plus simple de remplacer la cornière par une tôle ployée (fig. 258 et 259).

Pour le pont supérieur, l'étanchéité s'obtient sans difficulté en

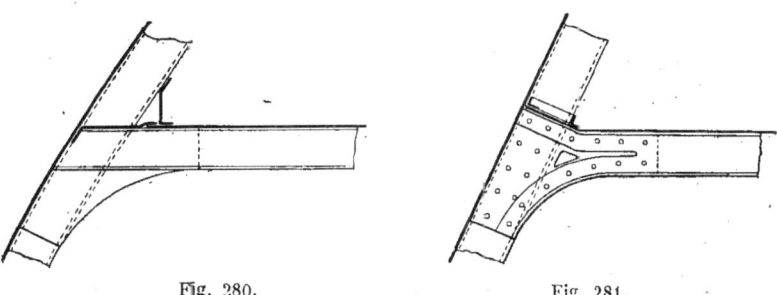

Fig. 280.    Fig 281.

prolongeant la dernière virure de bordé d'une quantité suffisante pour pouvoir placer une cornière longitudinale continue (fig. 282). On peut aussi ployer cette virure de manière à l'assembler à franc bord ou à clin épaulé avec la virure en abord du bordé de pont (fig. 283).

Les distances de ligne droite en ligne droite des différents ponts

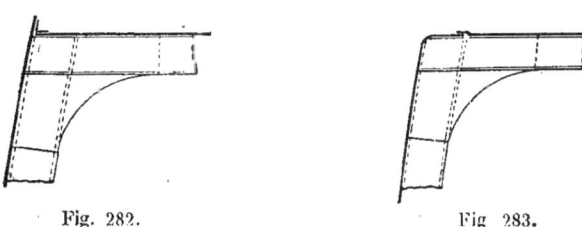

Fig. 282.    Fig 283.

doivent être réglées de telle sorte que le service puisse s'effectuer aux divers entreponts d'une manière satisfaisante. On appelle *hauteur d'entrepont* la distance comptée dans le plan diamétral entre le dessus du bordé d'un pont et le dessous des barrots du pont placé au-dessus. Pour les entreponts supérieurs, il convient de ne pas descendre au-dessous de $1^m,88$ et de se rapprocher autant que possible de $2^m,00$. Sur beaucoup de navires on trouve même des hauteurs variant entre $2^m$ et $2^m,12$, atteignant parfois exceptionnellement $2^m,25$. Pour le faux pont, où la circulation est moins active, on peut admettre des valeurs un peu plus faibles, comprises entre 1ᵐ,75 et 1ᵐ,90. On descend même quelquefois jusqu'à 1ᵐ,70. Sur les transports, pour les entreponts destinés au logement des chevaux, la hauteur disponible ne doit pas être inférieure à 2ᵐ,15.

**78. Épontillage.** — Partout où le cloisonnement ne donne pas un épontillage suffisant, on fait usage d'*épontilles*, formées soit de colonnes cylindriques, soit quelquefois de barres profilées. La forme cylindrique, donnant le même moment d'inertie dans toutes les directions, est évidemment la plus avantageuse; ce n'est que dans certains cas particuliers, lorsque l'épontille, par exemple, doit jouer en même temps le rôle de montant, qu'on est amené à faire usage de barres profilées.

Les épontilles cylindriques sont quelquefois formées de tiges pleines. Cette disposition n'est guère usitée que dans les constructions du commerce; elle n'a d'autre avantage que d'être aussi peu encombrante que possible. On obtient des épontilles plus légères et résistant mieux à la flexion en faisant usage de tubes creux. Dans la pratique ordinaire, on donne à ces tubes une épaisseur égale au dixième du diamètre. Les diamètres les plus fréquemment employés sont 80 ᵐ/ₘ, 90 ᵐ/ₘ, 100 ᵐ/ₘ, et 120 ᵐ/ₘ. On ne dépasse ce dernier chiffre que dans des cas de charge exceptionnelle.

Quel que soit le type d'épontilles adopté, il est indispensable, comme on l'a vu, de les fixer solidement à la tête et au pied. Pour des épontilles pleines, par exemple, associées à des barrots en T à boudin, on peut façonner les extrémités de manière à former taquet d'attache (fig. 284). Pour des épontilles creuses, on peut fixer à chaque extrémité des manchons en acier moulé munis d'une pince permettant la fixation (fig. 285). On emploie aussi fréquemment des collerettes rivées à l'extrémité de l'épontille, formées soit d'un bout de cornière enroulée et soudée, soit d'un morceau de tôle emboutie (fig. 286).

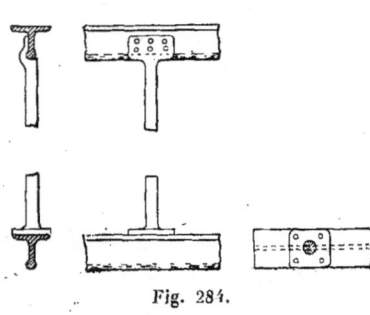

Fig. 284.

Pour s'opposer au déversement longitudinal des barrots, on renforce souvent l'attache de la tête des épontilles au moyen de taquets **placés dans le plan diamétral** (fig. 287).

Lorsqu'on fait usage d'épontilles en barres profilées, l'attache doit être faite de façon que l'âme de l'épontille soit placée exacte-

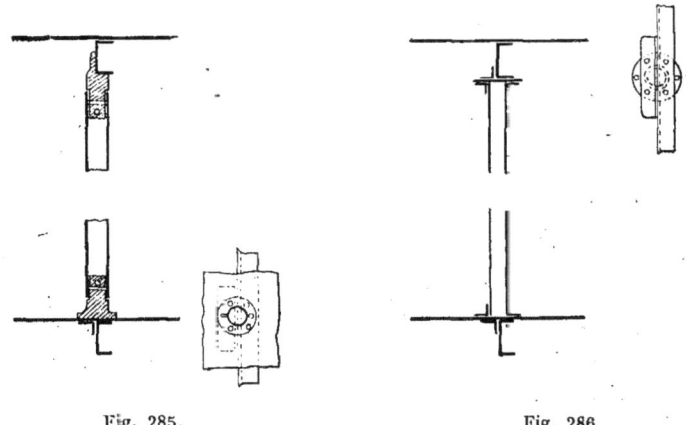

Fig. 285. Fig. 286.

ment à l'aplomb de l'âme du barrot qu'elle soutient. On aura par exemple la disposition représentée par la fig. 288.

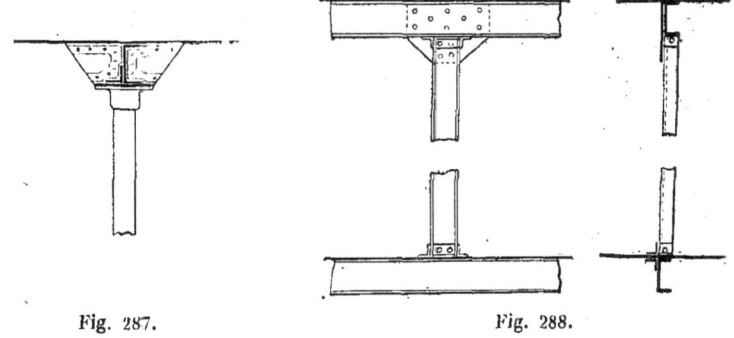

Fig. 287. Fig. 288.

Un certain nombre d'épontilles peuvent être, comme on l'a déjà vu, remplacées au besoin par une hiloire longitudinale rivée sous les barrots, et s'appuyant à ses extrémités soit sur des épontilles soit contre des cloisons transversales (fig. 289).

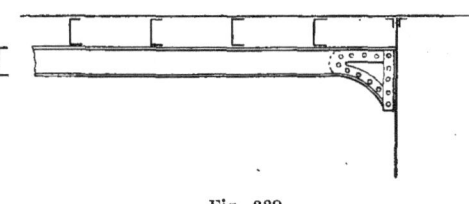

Fig. 289.

# CHAPITRE V

## Construction métallique. — Revêtements intérieurs et extérieurs.

**79. Agencement des bordés métalliques.** — D'une façon générale, les bordés métalliques sont constitués par un ou plusieurs plans de tôle appliqués sur des membrures parallèles et, le plus souvent, équidistantes, qui leur servent de point d'appui. Chacun de ces plans est formé de virures juxtaposées, qui peuvent être dirigées soit longitudinalement, soit transversalement, en envisageant ici le mot transversal comme indiquant la direction des membrures d'appui du revêtement.

L'assemblage des virures contiguës et des tôles d'une même virure peut être exécuté de diverses manières, que nous allons examiner successivement. Les membrures d'appui devant toujours, quel que soit leur profil, présenter une pince sur laquelle sont fixées les tôles du revêtement, nous représenterons uniformément ces membrures par des cornières.

Considérons d'abord un revêtement constitué par un seul plan de tôles, formé de virures longitudinales. Une première solution consiste à assembler à franc-bord les tôles d'une même virure et à juxtaposer ces virures de manière à les assembler également à franc-bord (fig. 290). Ce mode d'assemblage nécessite l'emploi de couvre-joints longitudinaux et transversaux, ces derniers occupant l'espace compris

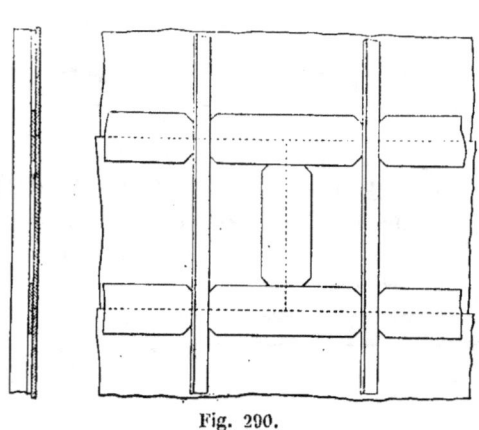

Fig. 290.

entre deux couvre-joints longitudinaux consécutifs. Tous ces couvre-joints sont ordinairement placés du même côté que les membrures, de manière à laisser entièrement lisse la surface extérieure du revêtement. Les couvre-joints longitudinaux peuvent être soit discontinus (fig. 290), soit continus; dans ce dernier cas, il est nécessaire, soit d'épauler les membrures au droit de chaque couvre-joint longitudinal (fig. 291), soit, si l'on ne veut pas faire d'épaulements, d'interposer des cales rectangulaires entre les membrures et les tôles dans l'intervalle des couvre-joints. Lorsque la membrure ne doit pas former joint étanche avec le revêtement, on se contente de placer une cale au droit de chaque rivet, ce qui permet de réaliser une économie de poids (fig. 292); le contour de ces cales est, soit un carré ayant pour côté la largeur de la panne de la membrure, soit, ce qui est moins lourd, un cercle ayant un diamètre égal à trois fois le calibre du rivet.

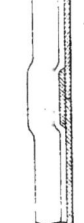

Fig. 291.

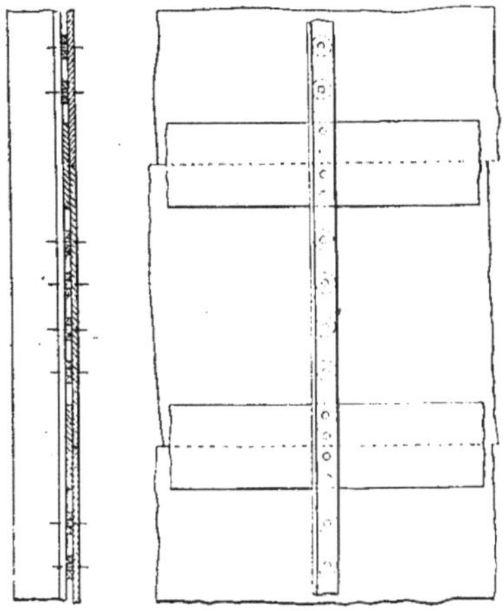

Les couvre-joints dont il est nécessaire de faire usage dans l'assemblage à francs-bords constituent un excédant de poids assez notable, et à ce point de vue il y a intérêt à les supprimer ou tout au moins à les réduire autant que possible. Lorsque la continuité de la surface du revêtement n'est pas indispensable, on peut aisément supprimer les couvre-joints longitudinaux en assemblant les virures à clin, c'est-à-dire de telle sorte que chaque virure recouvre la virure contiguë de la quantité nécessaire pour le rivetage.

Fig. 292.

Dans l'assemblage dit *à simple clin* (fig. 293), les virures sont imbriquées les unes sur les autres comme les tuiles d'un toit. Il est alors nécessaire d'interposer sous les membrures des cales à section triangulaire, étirées et amincies au pilon. L'exécution de ces cales est assez coûteuse lorsqu'elles ont une épaisseur un peu forte; aussi l'emploi du système à simple clin est-il actuellement limité aux revêtements formés de tôles très minces, d'épaisseur au plus égale à 3 $^m/_m$ environ. Les couvre-joints transversaux ont

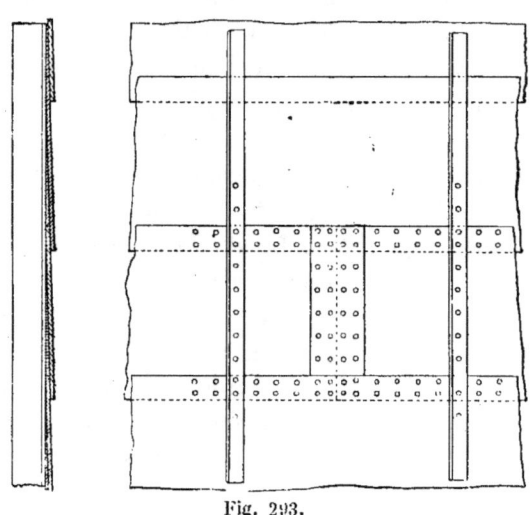

Fig. 293.

une longueur égale à la largeur des virures diminuée de la hauteur du recouvrement.

Lorsqu'il s'agit de tôles d'épaisseur supérieure à 3 $^m/_m$ environ, on a une solution plus avantageuse en assemblant les virures *à double clin* (fig. 294). Dans ce système, les virures sont appliquées

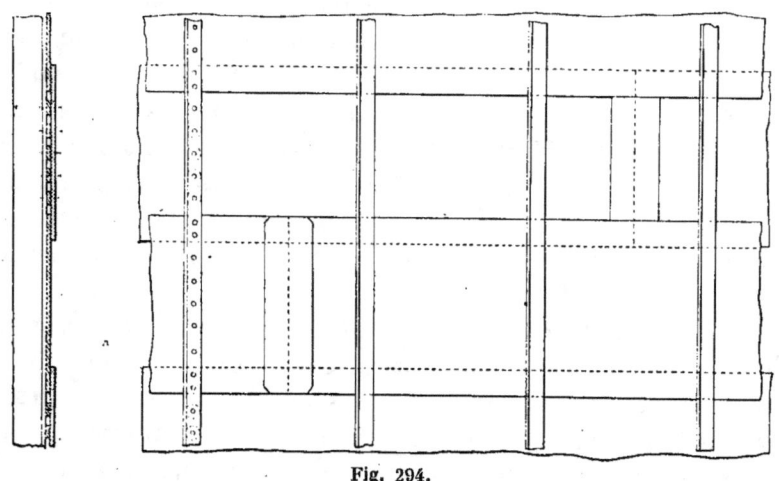

Fig. 294.

de deux en deux sur les membrures, et les virures intermédiaires les recouvrent de la quantité nécessaire pour l'assemblage; les premières sont alors appelées *virures de placage*, et les secondes *virures de recouvrement*. Entre les membrures et les virures de recouvrement, on dispose des cales identiques à celles représentées par la figure 292. Les couvre-joints transversaux des virures de placage ont une longueur égale à la largeur de ces virures; ceux des virures de recouvrement occupent seulement l'espace compris entre les deux virures de placage voisines.

Enfin, on peut éviter complètement l'emploi de cales rapportées en assemblant les virures *à clin épaulé* (fig. 295), ce qui permet de les appliquer toutes directement sur les membrures. Les couvre-joints transversaux ont une longueur égale à la largeur de la virure. Avec ce système, si le revêtement doit être étanche, ces couvre-joints transversaux

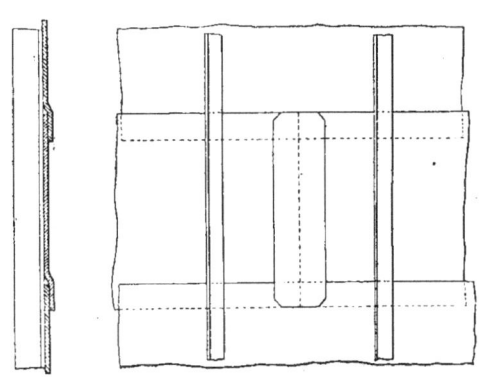

Fig. 295.

ne peuvent être matés, à cause du vide qui subsiste au droit de l'épaulement de la tôle.

Les couvre-joints transversaux peuvent être également supprimés. Si les membrures présentent une double pince (cornières adossées, barres en T et en I), on utilise ces membrures comme couvre-joints. Si elles n'ont qu'une seule pince, on fait tomber les abouts en maille comme dans les systèmes précédemment étudiés, mais on assemble ces abouts à clin au lieu de les assembler à franc-bord. Il n'y a de difficulté qu'à la rencontre de ces clins avec les clins longitudinaux, où on aurait ainsi trois épaisseurs de tôle superposées. Un premier procédé, dont la figure 296 représente l'application à un revêtement à clin épaulé, par exemple, consiste à interposer sous les recouvrements des virures des cales étirées au pilon en forme de coin triangulaire (représentées en hachures sur la figure). Le bord de ces cales dépasse de quelques millimètres le bord de la tôle, ce qui permet de faire le matage le long de la cale et le long de la tôle; on obtient de

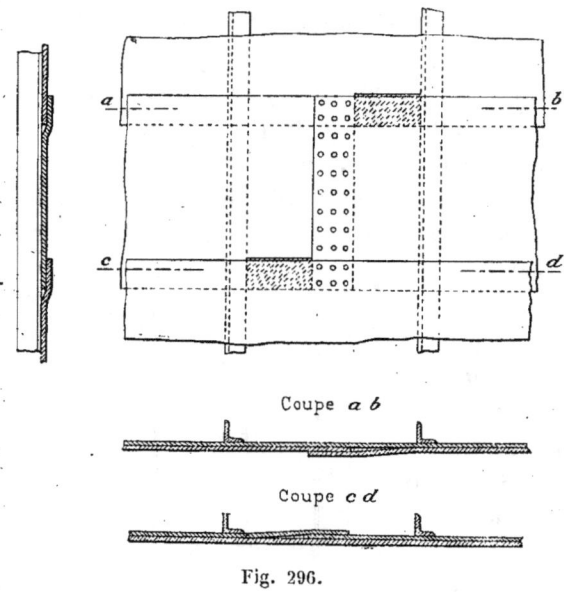

Fig. 296.

cette façon une étanchéité suffisante. Un procédé plus satisfaisant, mais plus coûteux, est celui dont la figure 297 représente l'application à un revêtement à double clin. Les abouts des tôles sont légèrement infléchis à l'endroit où ils forment clin, et l'une des tôles est rabotée en sifflet à chaque extrémité du clin sur toute la hauteur du recouvrement avec la virure voisine.

Toutes les dispositions que nous venons d'énumérer s'appliquent évidemment au cas d'un revêtement formé de virures transversales.

Les revêtements en deux épaisseurs ne sont guère employés que pour les platelages. On assemble alors toutes les tôles à francs-bords, ce qui permet, en les décroisant convenablement, de n'ajouter aucun couvre-joint; on n'est obligé d'en faire usage que pour les joints d'about, dans le cas où il est nécessaire d'obtenir dans le sens de la longueur des virures une résistance supérieure à celle que peut donner le simple décroisement des tôles entre elles, ainsi que nous le verrons plus loin. La même disposition s'applique lorsqu'on a plus de deux épaisseurs de tôle, ce qui se

CONSTRUCTION MÉTALLIQUE. — REVÊTEMENTS.

présente pour certains ponts blindés formés de tôles superposées.

La dimension longitudinale des tôles d'un revêtement doit évidemment être un multiple de l'espacement des membrures, de manière à obtenir une répartition régulière des joints transversaux. D'une façon générale, il y a intérêt à accroître le plus possible les dimensions des tôles, de façon à réduire le nombre des lignes de joints, et par suite le poids du revêtement et le nombre de rivets nécessaire. On est limité par la condition de ne pas dé-

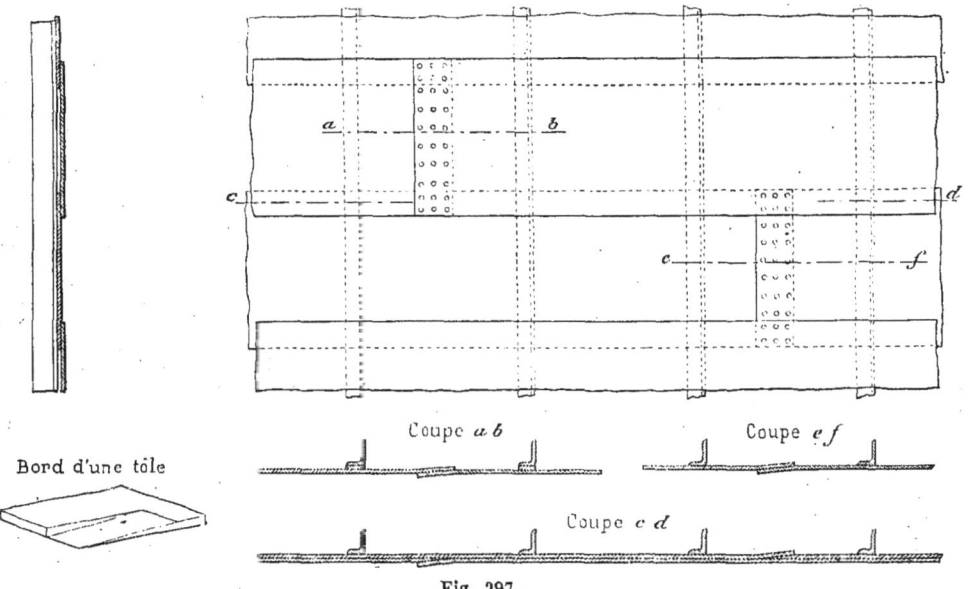

Fig. 297.

passer pour chaque tôle un poids rendant sa manutention trop difficile, l'augmentation de main-d'œuvre venant alors compenser le bénéfice résultant de l'accroissement des dimensions. Un poids de 2000 kil. doit être considéré dans cet ordre d'idées comme un maximum au-dessous duquel il est préférable de se tenir. Le poids maximum pratique dépend d'ailleurs du nombre et de la puissance des engins dont on dispose pour le transport et la manœuvre des tôles, et on a atteint dans certains cas le chiffre de 4000 kil.

Les dimensions absolues des tôles ont une limite imposée par les procédés de fabrication. La largeur maxima est déterminée par la longueur des cylindres des laminoirs des usines, et, avec l'outillage actuel, est égale à 2^m,20 environ. Quant à la longueur, elle est limitée, pour une largeur et une épaisseur données, par la considération du poids ; on n'a pas dépassé jusqu'ici une longueur de 10 mètres. Dans les conditions ordinaires, les largeurs de tôles varient entre 1 mètre et 1^m,80, et les longueurs entre 5 et 8 mètres.

D'après ce qui précède, lorsqu'un revêtement est formé de virures transversales, la largeur des tôles est au plus égale à 3 intervalles de membrures, ce qui exige même des membrures assez rapprochées. En général, on ne pourra prendre qu'une largeur égale à 2 intervalles de membrures et encore faut-il que celles-ci ne soient pas trop écartées. S'il s'agit d'un revêtement formé de virures longitudinales, la longueur des tôles pourra être toujours au moins égale à 4 intervalles, et pourra atteindre encore 7 à 8 intervalles lorsque l'espacement des membrures ne dépasse pas 1^m,20.

**80. Résistance relative des bordés métalliques.** — Dans la plupart des cas qui se présentent dans la construction des navires, on a besoin d'étudier la résistance offerte par le revêtement à un effort longitudinal, c'est-à-dire dirigé perpendiculairement à la direction des membrures. Ces membrures sont reliées au revêtement par un rivetage ; pour une valeur $m$ de l'espacement relatif de ces rivets (1), on a dans le plan d'une membrure une résistance relative $\rho_m$ égale à $1 - \dfrac{x}{m}$, ou approximativement, en donnant à $x$ sa valeur maxima, égale à $1 - \dfrac{1,125}{m}$. En général $m$ sera compris entre 5 et 10, c'est-à-dire que $\rho_m$ sera compris entre 0,775 et 0,887. Ce qu'on doit chercher à obtenir, c'est qu'aucune section transversale du bordé ne présente une résistance relative inférieure à la valeur $\rho_m$ fixée par le rivetage d'attache de ce bordé sur ses membrures d'appui. Nous examinerons successivement les différents cas qui peuvent se présenter.

*a. — Revêtement en un seul plan. — Virures transversales. —* Considérons d'abord le cas où les joints transversaux sont placés au droit des membrures, celles-ci formant couvre-joints (fig. 298). La résistance longitudinale du revêtement est évidemment égale

---

(1) S'il y a deux files de rivets, $m$ est l'espacement relatif des rivets dans la file où les rivets sont le plus écartés.

à celle du joint; la largeur des pinces ne permettant pas en général de placer plus de deux rangs de rivets, la résistance maxima sera $1 - \dfrac{1}{(1+\lambda)^2}$, soit environ 0,75 puisque $\lambda$ est ordinairement voisin de 1.

Supposons maintenant que les joints transversaux soient placés

Fig. 298.

en maille. On est conduit à donner à ces joints une résistance égale à $\rho_m$. Si les tôles sont assemblées à clin, le maximum de résistance réalisable est (§ 33) :

pour 3 rangs de rivets. . . . $1 - \dfrac{1}{(2+\lambda)(1+\lambda) - 1}$

pour 4 rangs de rivets. . . . $1 - \dfrac{1}{2(1+\lambda)^2 - 1}$.

Pour des tôles d'acier doux, cette dernière valeur peut être insuffisante si l'épaisseur dépasse 18 $^m/_m$ environ, et on est amené alors à employer cinq rangs de rivets. Si les tôles sont assemblées à franc-bord, on peut faire usage de couvre-joints renforcés, et le maximum de résistance sera, pour 3 rangs de rivets, égal à $1 - \dfrac{1}{(1+\lambda)^3}$, ce qui sera ordinairement suffisant pour les épaisseurs de tôles courantes.

Les joints longitudinaux n'ont pas ici à intervenir, les tôles des virures pouvant être faites en général assez longues pour occuper toute la hauteur du revêtement.

*b.* — *Revêtement en un seul plan. — Virures longitudinales.* — Lorsque les virures sont disposées longitudinalement, le décroissement des abouts doit être étudié de manière à rendre aussi grande que possible la résistance de l'ensemble du revêtement. Il y a donc intérêt, d'une manière générale, à ce que ces abouts soient convenablement éloignés les uns des autres et à ce qu'un même intervalle de membrures n'en comprenne que le plus petit nombre possible. On admet d'ordinaire que les écarts de deux virures contiguës doivent être séparés par deux intervalles de membrure au moins. En se bornant strictement à cette règle, on est conduit à prendre des tôles ayant une longueur égale à quatre intervalles de membrures, comme le montre la figure schématique 299. On

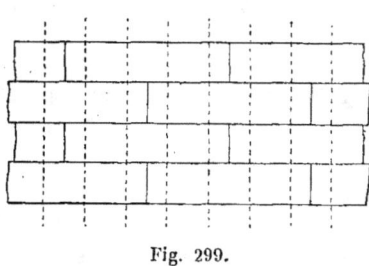

Fig. 299.

a ainsi ce qu'on appelle l'arrangement *en briques*. Si l'on désigne par $n$ le nombre de virures comprenant un seul écart dans une même maille, c'est-à-dire le nombre de virures dont la disposition se reproduit indéfiniment sur la hauteur du revêtement, on a ici $n = 2$. De plus une maille sur deux ne comporte aucun écart.

En prenant des tôles ayant pour longueur cinq intervalles de membrure, on peut, tout en conservant la même règle, obtenir une valeur de $n$ égale à 5, avec le même nombre d'écarts dans toutes les mailles (fig. 300). C'est ce qu'on appelle l'arrangement *diagonal*.

Avec une longueur de tôles égale à 6 intervalles, on peut avoir

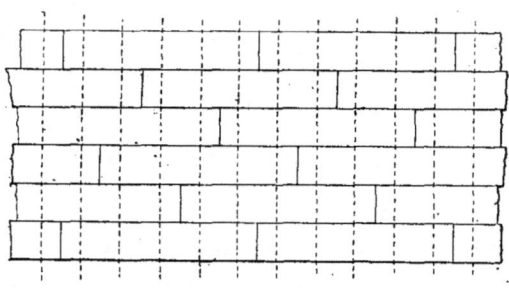

Fig. 300.

soit $n = 3$ (fig. 301), soit $n = 4$ (fig. 302), soit $n = 5$ (fig. 303).

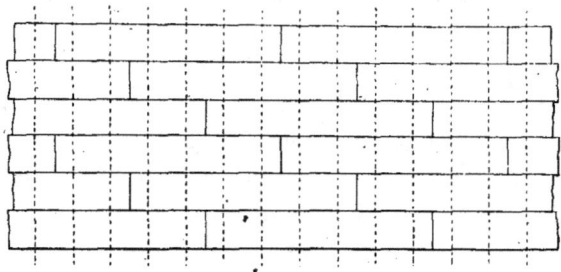

Fig. 301.

Dans le premier cas, on a une maille sur deux ne comportant aucun écart, dans le second une maille sur trois, dans le troisième

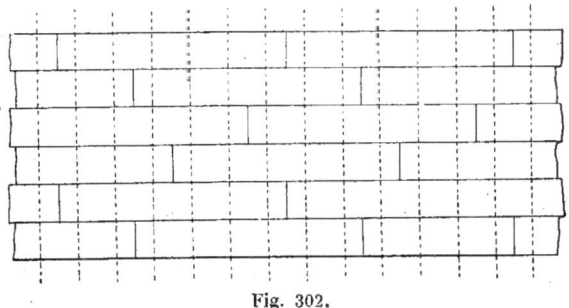

Fig. 302.

une maille sur six. On trouverait de même qu'avec une longueur de tôle égale à 7 intervalles on peut obtenir par exemple $n = 7$, avec toutes les mailles comprenant le même nombre d'écarts

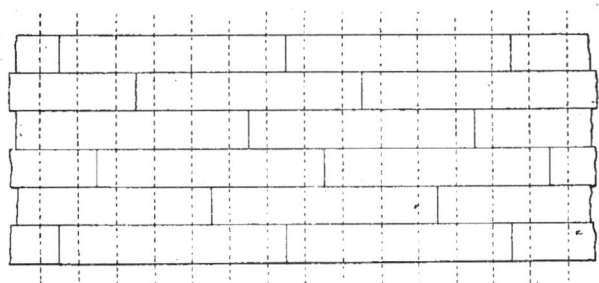

Fig. 303.

(arrangement diagonal), ou $n = 3$ avec quatre mailles intactes sur sept.

En général, on donne à toutes les virures une largeur uniforme. On fait quelquefois exception dans le cas où les virures sont assemblées à double clin ; on donne alors, s'il s'agit d'un revêtement apparent, une largeur plus faible aux virures de recouvrement, de façon que l'espacement des saillies formées par les clins longitudinaux soit constant (voir figure 117). On doit avoir soin dans ce cas de choisir un mode de décroisement donnant une valeur impaire de $n$, de telle sorte que les mailles soient toutes affaiblies de la même manière.

Pour régler la résistance à donner aux écarts, on peut en prémier lieu envisager chaque virure comme travaillant isolément, le rivetage des joints longitudinaux étant alors quelconque, du moins au point de vue de la résistance. On cherchera alors à donner à chaque écart la résistance $\rho_m$. Si on ne peut réaliser qu'une résistance $\rho$ inférieure à $\rho_m$ la résistance relative du revêtement sera déterminée par la résistance au milieu de la maille,

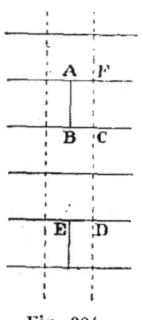

Fig. 304.

et égale à $\dfrac{n-1+\rho}{n}$, en prenant pour unité la résistance d'une tôle intacte.

Cette manière de procéder donne évidemment une résistance surabondante, car les virures sont dépendantes les unes des autres dans une certaine mesure en raison du rivetage des joints longitudinaux. Admettons comme hypothèse extrême la solidarité complète de toutes les virures. Nous pouvons alors isoler dans l'ensemble du revêtement le groupe de $n$ virures dont la disposition se répète indéfiniment (fig. 304). En appelant $\rho$ la résistance du joint AB et écrivant que la résistance au droit d'un écart est égale à la résistance au droit d'une membrure, nous aurons :

$$n - 1 + \rho = n\,\rho_m$$

d'où :

$$\rho = 1 - n(1 - \rho_m).$$

La valeur de $1 - \rho_m$ étant comprise ordinairement entre 0,225 et 0,113, on voit que même pour $n = 2$ les valeurs ainsi obtenues pour $\rho$ pourront être aisément réalisées; elles seront en tout cas toujours plus faibles que $\rho_m$.

Pour déterminer les joints longitudinaux, il suffit de remarquer que le cas le plus défavorable est celui comprenant la rupture du joint d'about suivant AB, la rupture par cisaillement des rivets des joints longitudinaux suivant BC et DE, et la rupture des tôles non écarvées suivant CD. Si donc nous désignons par $x$ la résistance des joints longitudinaux sur la longueur d'une maille, la condition d'égalité de résistance s'écrira (1) :

---

(1) On obtient exactement la même condition en écrivant que la résistance à la rupture suivant AB, augmentée de la résistance au cisaillement suivant AF et BC, est égale à la résistance suivant FC.

CONSTRUCTION MÉTALLIQUE. — REVÊTEMENTS.

d'où :
$$\rho + x + (n-1)\rho_m = \rho + n - 1$$
$$x = (n-1)(1-\rho_m)$$

l'écart AB étant supposé au milieu de la maille. D'autre part, si M est la valeur de l'espacement des membrures, L la largeur des virures, $n'$ le nombre de rangs des rivets des joints longitudinaux, N le nombre des rivets compris pour chaque rang dans la longueur M, $m'$ l'écartement relatif de ces rivets, on a, en conservant les notations adoptées dans la deuxième partie :

$$x = \frac{n' N \frac{\pi D^2}{4} R'_1}{L e R} \qquad N = \frac{M}{m' D}$$

d'où :
$$x = \lambda \alpha \frac{M}{L} \cdot \frac{n'}{m'}.$$

On aura donc :
$$\lambda \alpha \frac{M}{L} \cdot \frac{n'}{m'} = (n-1)(1-\rho_m)$$

d'où l'on tirera $m'$ si on se donne la valeur de $n'$. Si les joints doivent être étanches, $m'$ doit être, comme on sait, au plus égal à 5 environ, ce qui imposera une valeur minima de $n'$. Soit par exemple $e = 10^m/_m$, $M = 1^m,20$, $L = 1^m,50$, $\rho_m = 0,86$, $n = 3$. On trouve ($\lambda = 1,361$, $\alpha = 1,102$) :

$$\frac{n'}{m'} = 0,233$$

soit $m' = 4,28$ pour $n' = 1$. Il suffira donc d'un seul rang de rivets.

La solidarité rigoureuse entre toutes les virures n'est évidemment pas une hypothèse plus exacte que leur indépendance absolue. Nous avons exposé le mode de calcul dans les deux cas extrêmes : on pourra, suivant les circonstances, adopter pour les écarts une valeur de $\rho$ se rapprochant plus ou moins de l'une ou l'autre des valeurs limites. Nous indiquerons plus loin les usages suivis pour les différents genres de revêtement. On remarquera seulement qu'au point de vue de la résistance il n'est pas nécessaire de chercher à obtenir une valeur très élevée de $n$, et que l'accroissement de la longueur des tôles n'a d'intérêt qu'au point de vue de la réduction du nombre total de joints et par suite de la main-d'œuvre de perçage et de rivetage.

*c.* — *Revêtement en deux plans.* — *Virures longitudinales.* — On peut étudier pour les revêtements en deux plans des modes de décroisement des abouts analogues à ceux que nous avons indiqués plus haut pour les revêtements en un seul plan. On voit seulement que si l'on s'impose d'avoir toujours une maille intacte entre deux écarts de virures contiguës de l'un ou l'autre plan, on est amené à employer des tôles ayant une longueur au moins égale à 8 intervalles de membrure, ce qui peut être impossible si l'espacement de ces membrures est un peu considérable. D'ailleurs, si la maille est supérieure à 1 mètre, il n'y a pas grand inconvénient à placer deux écarts de virures contiguës dans deux mailles voisines, ce qui réduit les longueurs de tôle nécessaires. Quant aux joints longitudinaux, on peut les décroiser en plaçant les virures d'un plan à cheval sur celles de l'autre plan, mais il est préférable, si on le peut, de rapprocher ces joints de manière qu'une moitié du rivetage des joints d'un plan serve en même temps au rivetage de l'autre plan, comme le représente la figure 305 pour le cas de joints à 2 rangs de rivets. La résistance longi-

Fig. 305.

tudinale n'est pas modifiée, et on économise un quart du nombre des rivets des joints longitudinaux.

En ce qui concerne la résistance longitudinale d'un revêtement en deux plans, on peut admettre comme approximativement exacte l'hypothèse de la solidarité complète de toutes les virures. En effet, pour assurer l'accostage des deux plans de tôle, on les réunit au moyen d'un certain nombre de rivets dits *rivets de capitonnage*, disséminés entre les lignes de joint, qui donnent évidemment une liaison bien intime des deux plans. Cela posé, soit $n$ le nombre de virures de chaque plan ne comportant qu'un seul écart dans une même maille (fig. 306). Désignons par $r$ la résistance d'une virure du second plan affaiblie par le rivetage d'un about AB du premier plan. La résistance du premier plan, de A en C, est $n-1$; celle du second plan est $n-1+r$. Au droit d'une membrure, la résistance est $2n\,\rho_m$. On doit donc avoir :

$$2(n-1)+r \geqslant 2n\,\rho_m$$

d'où :

$$n \geqslant \frac{1}{2(1-\rho_m)}(2-r)$$

relation de condition entre $n$ et $r$. La valeur maxima de $r$ est égale à 1, et correspond au cas où on ne placerait aucun rivet

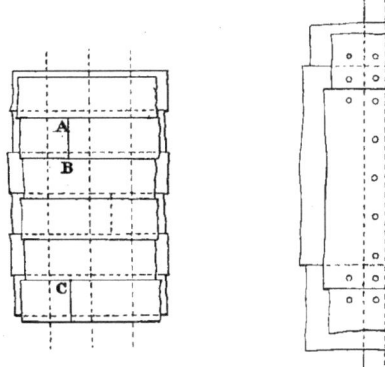
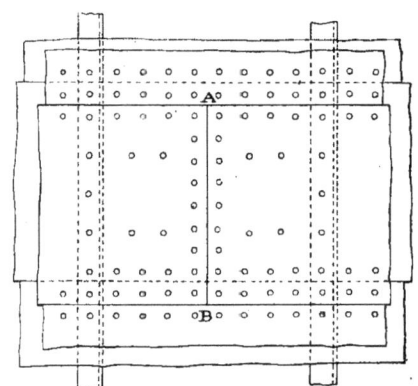

Fig. 306.

aux abouts des tôles. On voit donc que pour ne pas être conduit à des longueurs de tôle trop grandes il y aurait avantage à ne pas river les abouts. Mais, si l'on veut que le revêtement soit étanche, il est indispensable de placer aux abouts des rivets espacés de 5 diamètres environ au maximum. La valeur de $r$ est alors imposée, et voisine de $1-\dfrac{1}{5}=0{,}80$. La valeur minima de $n$ sera alors égale à $\dfrac{1{,}2}{2(1-\rho_m)}$; pour les valeurs extrêmes de $\rho_m$, on aura :

$$\rho_m = 0{,}775 \qquad n \geqslant 2{,}67$$
$$\rho_m = 0{,}887 \qquad n \geqslant 5{,}31$$

c'est-à-dire qu'en pratique $n$ devra être compris entre 3 et 6.

Si la valeur de $n$ ainsi déterminée ne peut être réalisée, la résistance relative sera réglée par la résistance au droit des écarts, et non au droit des membres. Elle sera égale à :

$$\frac{2(n-1)+r}{2n} = 1 - \frac{2-r}{2n}.$$

c'est-à-dire, pour un revêtement étanche ($r = 0{,}80$) :

   0,70   si $n = 2$
   0,80   si $n = 3$
   0,85   si $n = 4$

Les conditions seront évidemment différentes si l'on ne s'impose pas la suppression totale des couvre-joints. En plaçant aux abouts tels que AB des couvre-joints réalisant un assemblage de résistance $\rho$, on aura :

$$2(n-1) + r + \rho \geqslant 2n\rho_m$$

ou, en supposant $r = 0{,}80$ :

$$\rho \geqslant 1{,}2 - 2n(1 - \rho_m)$$

valeur qui s'obtiendra sans difficulté même pour $n = 2$.

Dans le cas où les pinces des membrures présentent une largeur suffisante (membrures en ⊤ ou en I), on peut essayer de les utiliser comme couvre-joints (fig. 307). La résistance au droit d'une membrure est alors, pour chaque plan, égale à $(n-1)\rho_m + r$, en désignant toujours par $r$ la résistance d'une tôle affaiblie par les trous de la file de rivets voisine de l'écart. La résistance relative est donc :

$$\frac{2(n-1)\rho_m + 2r}{2n} = \frac{(n-1)\rho_m + r}{n}$$

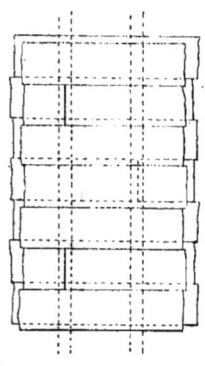

Fig. 307.

ce qui montre que si l'on veut obtenir la résistance $\rho_m$ il faut que $r$ soit égal à $\rho_m$, c'est-à-dire que l'espacement des rivets soit constant tout le long de la membrure, résultat évident à priori.

Si le revêtement doit être étanche, la résistance relative sera en général inférieure à $\rho_m$, et aura pour valeur ($r = 0{,}80$) :

$$\frac{0{,}80 + (n-1)\rho_m}{n}.$$

CONSTRUCTION MÉTALLIQUE. — REVÊTEMENTS.

En supposant par exemple $n = 3$ et $\rho_m = 0,86$, cette résistance sera égale à 0,84. En plaçant les écarts dans la maille, on aurait eu dans les mêmes conditions, comme on l'a vu plus haut, une résistance égale à 0,80. Il y a donc bénéfice de résistance, et bénéfice également sur le nombre total des rivets; par contre les membrures sont un peu plus affaiblies, à cause du rapprochement des rivets au droit des écarts.

Pour déterminer les joints longitudinaux, on écrira, en raisonnant comme précédemment et en appelant $x$ la résistance au cisaillement des rivets du joint longitudinal sur la longueur d'une maille, $y$ la résistance au cisaillement des rivets de capitonnage compris dans chaque virure entre deux membrures consécutives :

$r + x + \dfrac{y}{2} \geqslant \rho$, si l'écart est placé au milieu de la maille (fig. 306).

$r + 2x + y \geqslant \rho_m$ si l'écart est placé au droit d'une membrure (fig. 307).

Un seul rang de rivets sera par suite en général suffisant pour les joints longitudinaux.

*d. — Revêtement en deux plans. — Virures transversales.* — Admettons en premier lieu que l'on place des écarts en maille (fig. 308). La résistance absolue sera, en conservant les mêmes notations :

au droit d'une membrure . . . . . $2\rho_m$
au droit d'un écart . . . . . . . . . $r$

La valeur de $\rho_m$ étant toujours supérieure à 0,5, $r$ est plus petit

Fig. 308.

que $2\rho_m$. La résistance relative réelle sera donc $\dfrac{r}{2}$, c'est-à-dire très faible (0,4 environ) si le revêtement doit être étanche.

Supposons maintenant qu'on puisse placer les écarts au droit des membrures (fig. 309), et que la largeur des tôles soit égale à 2 fois l'espacement des membrures. Soient $m$ l'écartement des rivets d'attache des membrures, N le nombre de rivets de capitonnage compris dans une maille sur une longueur L. Les résistances des divers modes de rupture seront, en faisant usage des notations habituelles :

1° déchirement des 2 tôles suivant une même file :

$$2 L e R \left(1 - \frac{\alpha}{m}\right)$$

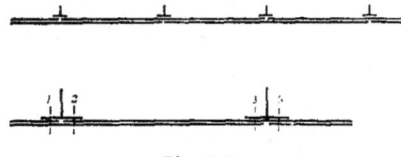

Fig. 309.

2° déchirement de la tôle extérieure suivant la file 2, par exemple, et cisaillement simple des rivets de la file 2 entre la tôle intérieure et la membrure :

$$L e R \left(1 - \frac{\alpha}{m}\right) + \frac{L}{mD} \frac{\pi D^2}{4} R'_1 = L e R \left(1 - \frac{\alpha}{m} + \frac{K \frac{D}{e}}{m}\right)$$

3° cisaillement double des rivets de la file 2, par exemple, et cisaillement simple des rivets de la file 3 entre les 2 tôles et des rivets de capitonnage :

$$\left(3 \frac{L}{mD} + N\right) \frac{\pi D^2}{4} R'_1.$$

Le premier mode de rupture donnera une résistance supérieure à celle du second si l'on a :

$$2(m - \alpha) \geqslant m - \alpha + K \frac{D}{e}$$

ou :

$$m \geqslant \alpha + K \frac{D}{e}.$$

Or le second terme a comme on le sait une valeur toujours faible et inférieure à 4. La valeur de $m$ étant au moins égale à 5, l'inégalité sera toujours satisfaite. D'autre part, le nombre N des rivets de capitonnage pourra toujours être pris tel que la résistance du troisième mode de rupture ne soit pas inférieure à à celle du second. La résistance relative réelle sera donc :

$$\frac{L e R \left(1 - \frac{\alpha}{m} + \frac{K \frac{D}{e}}{m}\right)}{2 L e R} = \frac{1}{2} \left(1 - \frac{\alpha - K \frac{D}{e}}{m}\right)$$

le nombre minimum de rivets de capitonnage étant donné par :

$$\left(3\frac{L}{mD} + N\right)\frac{\pi D^2}{4} R'_1 = L e R\left(1 - \frac{\alpha}{m}\right) + \frac{L}{mD}\frac{\pi D^2}{4} R'_1$$

ou :

$$N\frac{\pi D^2}{4} R'_1 = L e R\left(1 - \frac{\alpha + 2K\dfrac{D}{e}}{m}\right)$$

ou enfin :

$$N = \frac{L e}{K D^2}\left(1 - \frac{\alpha + 2K\dfrac{D}{e}}{m}\right).$$

La valeur de $\alpha - K\dfrac{D}{e}$ étant toujours très faible, la résistance relative sera toujours voisine de $\dfrac{1}{2}$.

Avec des tôles ayant pour largeur trois intervalles de membrures, on trouverait le même résultat, puisqu'il y aurait toujours deux membrures contiguës recevant des écarts. Avec des tôles ayant pour largeur 4 intervalles (ce qui ne serait possible qu'avec des membrures très rapprochées), une membrure sur deux ne recevrait pas d'écart, et le cisaillement simple des rivets d'attache de cette membrure interviendrait dans le troisième mode de rupture, dont la résistance serait ainsi égale à $\left(5\dfrac{L}{mD} + 2N\right)\dfrac{\pi D^2}{4} R'_1$, c'est-à-dire surabondante même pour $N = 0$. Mais la résistance du second mode de rupture ne serait pas modifiée, et la résistance relative resterait par suite encore la même.

Dans le cas où l'on pourra placer des couvre-joints transversaux sur les écarts, la résistance relative sera évidemment plus élevée ; l'étude se ferait sans difficulté par le même procédé de raisonnement.

e. — *Revêtement en deux plans. — Virures transversales dans un plan et longitudinales dans l'autre.* — Si l'un des plans du revêtement est formé de virures transversales et l'autre de virures longitudinales (fig. 310), il est aisé de voir que s'il n'y a pas de couvre-joints la résistance relative est la même que dans le cas où les deux plans sont constitués par des virures transversales. La seule différence, c'est que les rivets de capitonnage seront en général inutiles au point de vue de la résistance longitudinale et n'interviendront que pour assurer la solidarité des deux plans.

On étudierait de la même manière la résistance des revêtements en trois plans, qui ne sont guère employés que pour certains ponts blindés formés de plusieurs épaisseurs de tôles superposées. On remarquera seulement que si un seul des trois plans est formé de virures transversales, la résistance relative est limitée à $\dfrac{2}{3}\left(1-\dfrac{\alpha-\dfrac{KD}{2e}}{m}\right)$, c'est-à-dire à une valeur comprise normalement entre 0,60 et 0,65.

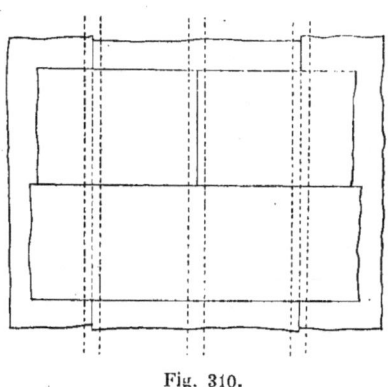

Fig. 310.

**81. Bordé extérieur.** — Le bordé extérieur est l'enveloppe étanche du flotteur qui constitue le navire. Il est formé d'un revêtement en un seul plan, appuyé sur les couples, et qui doit être agencé de manière à présenter une résistance longitudinale aussi grande que possible, car il est une des liaisons principales du navire.

Ce bordé est toujours, par suite, constitué par des virures longitudinales. Dans les constructions du commerce, on emploie soit l'assemblage à clin, soit plus ordinairement l'assemblage à double clin, avec abouts à franc-bord. Depuis quelques années, l'usage de l'assemblage à clin épaulé avec abouts à clin tend à se généraliser; on a soin, dans ce cas, de diriger les clins des abouts de telle sorte que la tôle en saillie soit celle de l'avant, de façon à éviter un ressaut donnant une résistance directe à la translation du navire, et surtout à diminuer l'usure produite sur l'arête, au détriment de l'étanchéité, par la pression des filets liquides. L'assemblage à double clin avec abouts à clins n'a guère été employé jusqu'ici que par les chantiers anglais de Harland et Wolff, à Belfast, et ne s'est pas généralisé à cause de son prix de revient assez élevé.

Dans la marine militaire, l'assemblage à clin n'est employé que pour les embarcations à vapeur, à cause de la faible épaisseur des tôles. L'assemblage à clin épaulé n'est pas usité, comme ne permettant pas de donner aux abouts (qui sont forcément à clins puisqu'il s'agit d'un revêtement étanche) une résistance suffisante. L'assemblage à double clin avec abouts à clin a été appliqué par les chantiers Normand à certains contre-torpilleurs. Le dispositif le plus usuel est l'assemblage à double clin, avec abouts à franc-bord. Jusqu'en 1892, cependant, la plupart des bâtiments à grande vitesse construits en France ont reçu un bordé à francs-bords, dans le but de réaliser une surface de carène parfaitement lisse et de diminuer autant que possible la résistance de frottement. Ce dispositif est beaucoup plus coûteux, à cause de la précision qu'il est nécessaire d'apporter dans le découpage des tôles pour obtenir leur juxtaposition exacte, ce qui exige certaines précautions qui seront étudiées dans la quatrième partie. L'expérience d'un assez grand nombre de constructions récentes, pour lesquelles on est revenu à l'assemblage à double clin, semble démontrer d'ailleurs que les saillies longitudinales des clins, à peu près parallèles à la direction des filets liquides, n'ont pas d'influence appréciable sur la résistance à la marche. Aussi emploie-t-on actuellement d'une façon à peu près exclusive l'assemblage à double clin, avec cales interposées entre les membrures et les virures de recouvrement.

Dans la marine militaire française, cependant, on a conservé souvent l'usage du bordé à franc-bord pour les œuvres mortes, de manière à obtenir une surface bien lisse, plus satisfaisante à l'œil. Dans la marine anglaise, on emploie presque toujours le double clin pour les œuvres mortes, comme pour la carène.

Il y a intérêt, comme nous l'avons dit, à donner au bordé une résistance longitudinale aussi grande que possible. Au droit des couples étanches, on dispose des cales de renfort. Aux membrures non étanches, on espace les rivets de manière à obtenir une résistance comprise en général entre 0,84 et 0,88. Quant au calcul des abouts, l'usage, dans la marine militaire française, est de considérer chaque virure comme travaillant isolément, ce qui implique en général, comme nous l'avons vu, l'emploi de couvre-joints renforcés à trois rangs. Dans la marine anglaise, on se contente de couvre-joints à deux rangs, en admettant une certaine solidarité entre les virures. Sur les grands paquebots, on fait souvent usage pour les œuvres mortes de couvre-joints d'about doubles; mais les couvre-joints renforcés sont évidemment moins lourds et plus avantageux comme laissant la surface extérieure bien lisse.

Il convient de remarquer qu'au point de vue de la solidarité des virures, la disposition à franc-bord est certainement préférable à la disposition à double clin pour les parties à peu près verticales de la muraille. Dans ce dernier cas, en effet, le glissement n'est empêché que par la résistance au cisaillement des rivets des joints longitudinaux, tandis que dans l'assemblage à franc-bord, les virures sont appuyées directement les unes sur les autres.

Pour les joints longitudinaux, nous avons vu qu'un seul rang de rivets était en général suffisant au point de vue de la continuité de résistance. Mais en pratique, sauf dans le cas de tôles de faible épaisseur, on fait usage de joints à deux rangs, de manière à améliorer l'étanchéité et la résistance aux déformations locales.

La figure 311 représente à titre d'exemple le rivetage du bordé de carène du *Jauréguiberry* (bordé à double clin, abouts à francs-bords).

La distribution des virures se fait ordinairement au moyen d'un modèle, comme on le verra dans la quatrième partie. Pour les œuvres mortes, les virures sont dirigées parallèlement aux livets des ponts, et leur largeur est réglée de manière que les joints longitudinaux tombent dans les intervalles compris entre ces livets. Pour le bordé de carène, on règle le nombre et la largeur des virures de manière que les joints longitudinaux tombent entre les lisses. Les galbords sont dirigés parallèlement au diamétral et les virures voisines de la flottaison sont à peu près horizontales. La direction des virures intermédiaires se règle sur le modèle, en conservant autant que possible une largeur constante aux virures, de telle sorte que chaque tôle développée ait la forme d'un rectangle. La direction des virures du bordé règle alors par contre-coup celle des membrures longitudinales. Enfin, la longueur des diverses tôles et la position des points transversaux se règlent d'après les indications que nous avons données au paragraphe précédent; l'arrangement diagonal, avec des tôles ayant pour longueur 5 ou 7 intervalles de membrures, fournit une solution qui est en général la meilleure, s'adaptant bien au cas du bordé à double clin et donnant à peu de chose près le même affaiblissement dans toutes les mailles.

La constance de la largeur des virures n'est réalisable que dans

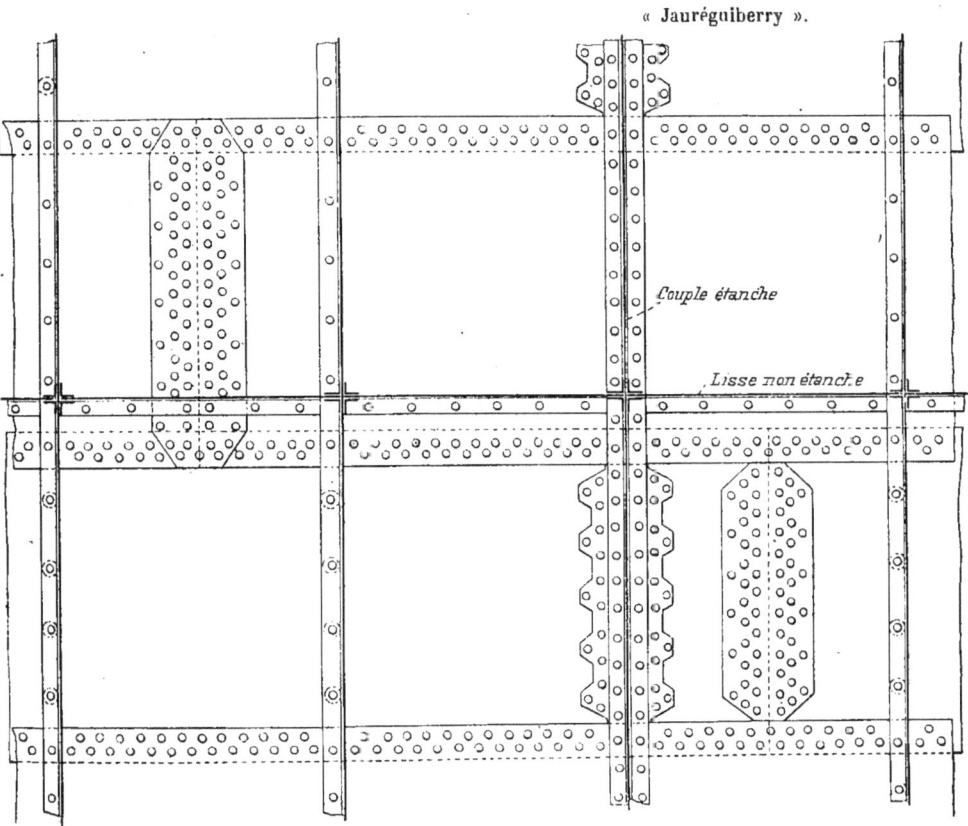

Fig. 311.

la région centrale. A mesure qu'on s'approche des extrémités, les virures augmentent ou diminuent graduellement de largeur, suivant que la longueur développée des sections transversales va en augmentant ou en diminuant. On est amené ainsi à pratiquer des *pointes*, ainsi que nous l'avons vu dans les constructions en bois. Ceci n'offre aucune difficulté si le bordé est à francs-bords (fig. 312). Lorsque les virures sont assemblées à clin, on ramène progressivement la virure que l'on veut supprimer dans le plan de la virure contiguë en la rabotant en sifflet suivant le procédé indiqué au § 79 (fig. 297). Il est d'ailleurs toujours nécessaire, même si le nombre des virures reste constant, de les assembler à franc-bord aux extrémités, pour la commodité de leur attache avec l'étrave et l'étambot, ainsi que nous le verrons plus loin. La figure 313 représente par exemple le cas d'une pointe formée par la suppression d'une virure de recouvrement dans un bordé à double clin.

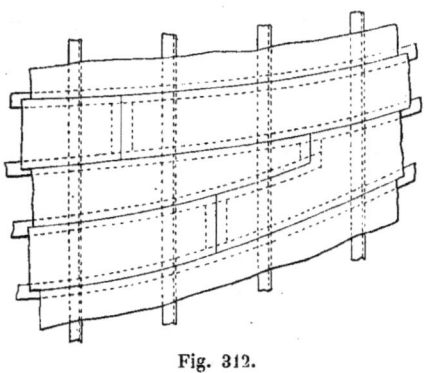

Fig. 312.

L'épaisseur du bordé peut varier d'une virure à l'autre. Elle est en général maxima dans la région des fonds, ainsi que nous l'avons vu; dans certains cas aussi on peut avoir des virures de préceinte renforcées. Les variations d'épaisseur d'une virure à l'autre n'offrent au-

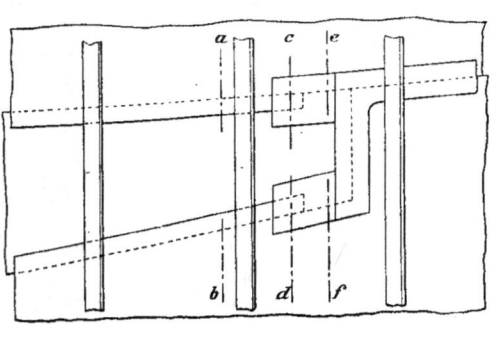

Fig. 313.

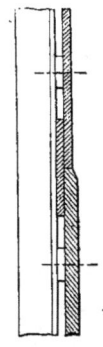

Fig. 314.

cune difficulté lorsque les virures sont assemblées à clin; lorsqu'elles sont assemblées à franc-bord, on laisse continue la surface intérieure du bordé, et on chanfreine le can de la tôle la plus épaisse, de manière à faciliter le matage (fig. 314). La différence d'épaisseur d'une virure à la virure voisine est d'ailleurs en général assez faible et ne dépasse pas 2 $^m/_m$.

Pour une même virure, il est également rationnel de ne pas conserver une épaisseur constante d'un bout à l'autre du navire, de manière à se rapprocher autant que possible des conditions d'égale résistance. Dans la pratique, l'épaisseur d'une virure étant choisie pour la région centrale, on conserve cette épaisseur constante sur une longueur totale comprise entre le tiers et la moitié de la longueur du navire, symétriquement par rapport au couple milieu ; on donne aux tôles extrêmes de la virure cette épaisseur diminuée de 1 à 8 $^m/_m$, suivant les dimensions du navire et la valeur de l'épaisseur moyenne du bordé, et on donne aux tôles intermédiaires des épaisseurs telles que la variation d'épaisseur d'une tôle à la suivante ne dépasse pas 2 $^m/_m$. La fraction de la longueur sur laquelle on conserve l'épaisseur maxima varie d'une virure à l'autre, en raison du décroisement des abouts. Il convient en général de conserver l'épaisseur maxima sur une longueur d'autant plus grande que la virure considérée est plus éloignée de la fibre neutre, c'est-à-dire de commencer la réduction d'épaisseur pour les virures voisines de la flottaison plus tôt que pour celle des hauts et des fonds.

Outre ces variations régulières d'épaisseur, le bordé présente en général certaines parties renforcées. A l'avant, par exemple, à l'aplomb des écubiers servant au passage des chaînes d'ancre, il est indispensable d'accroitre l'épaisseur du bordé, de manière que l'usure produite par le ragage des chaînes et de l'ancre sur la muraille du navire ne puisse produire une détérioration trop rapide. Le plus ordinairement, on dispose dans cette région le bordé en deux plans, de telle sorte que le plan extérieur reçoive seul l'usure et puisse être changé sans que l'on ait besoin de toucher au bordé proprement dit. Cette région doublée est limitée à peu près à l'Æ par une ligne tracée à partir de l'écubier à 45° de la verticale. Vers l'AV, on continue souvent le bordé en deux plans jusqu'à l'étrave; l'étendue de la région renforcée dépend d'ailleurs des formes de l'avant et de la position des écubiers.

Lorsqu'il s'agit d'un navire destiné à combattre par l'éperon, le bordé de carène est toujours doublé dans toute la région de l'avant, jusqu'à l'étrave. Ce renforcement du bordé s'obtient, lorsque les virures sont assemblées à franc-bord, en rapportant un second plan de tôles par-dessus le premier; lorsque les virures sont assemblées à double clin, on réalise le renforcement en élargissant les virures de recouvrement, de telle sorte qu'elles se rejoignent de façon à former le plan extérieur (fig. 315); on rapporte ensuite, à

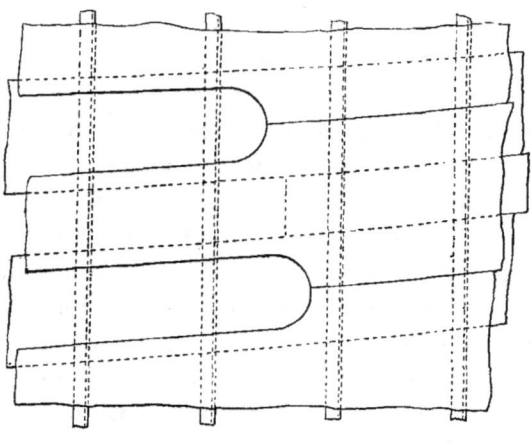

Fig. 315.

l'intérieur, des tôles de placage entre les virures de placage ordinaire, ce qui complète le double bordé.

Lorsque le bordé extérieur doit former platelage de cuirasse, il est toujours doublé et assemblé à franc-bord, de manière à donner une surface lisse, ainsi que nous l'avons déjà expliqué. Tel est le cas, par exemple, de la muraille des croiseurs cuirassés. La hauteur de cette muraille ne dépassant guère 4 à 5 mètres, le nombre de virures est au plus égal à 4 et en général égal à 3. Dans ces conditions, la résistance relative est égale à 0,80 (§ 80) en supposant les écarts placés en maille. Si on veut accroître cette résistance, on est forcé de faire usage de couvre-joints, en prenant des précautions pour qu'ils ne puissent se détacher de la muraille sous l'action du choc des projectiles et former projectiles secondaires. C'est ce que l'on a fait sur certains croiseurs cuirassés en adoptant la disposition représentée par la figure 316. Les joints longitudinaux sont munis de couvre-joints continus par-dessus lesquels passent les membrures, séparées du platelage par des cales ayant l'épaisseur de ces couvre-joints. Les aboust sont placés au droit des membrures, et munis d'un couvre-joint à deux

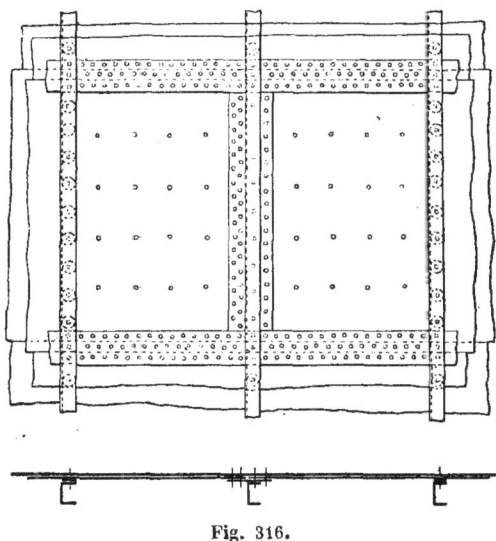

Fig. 316.

rangs servant de cale sous la membrure. On voit que cet accroissement de résistance entraîne une complication assez sensible de la construction.

**82. Bordé des ponts**. — Le bordé des ponts est formé en général d'un seul plan de tôles, disposées par virures longitudinales et assemblées à franc-bord, avec couvre-joints par-dessous, de manière à laisser lisse la surface du pont. Les rivets d'attache avec les barrots étant espacés d'environ 7 diamètres, la résistance relative au droit des barrots est égale à 0,84 environ. Aussi des couvre-joints d'about à deux rangs sont-ils en général suffisants. Les couvre-joints longitudinaux sont soit à deux rangs, soit le plus souvent à un rang; ils sont interrompus à chaque barrot.

Les ponts en tôle, au moins dans les étages supérieurs où la circulation est particulièrement fréquente, doivent être recouverts d'un revêtement destiné à fournir une surface moins glissante qu'une surface métallique et à atténuer la conductibilité et la sonorité des planchers métalliques dans la région des logements. Nous verrons plus loin comment sont disposés ces revêtements, qui sont dans certains cas exécutés en bois. Lorsqu'il en est ainsi, on peut s'affranchir de la nécessité d'avoir une surface lisse, et supprimer les couvre-joints longitudinaux en assemblant les virures à clin épaulé ; les saillies des clins sont alors noyées dans le revêtement en bois.

L'épaisseur des bordés de pont en tôle varie de 3 à 6$^m/_m$ suivant les dimensions des navires. Sur les grands navires, l'épaisseur de 5$^m/_m$ doit être considérée comme un minimum au-dessous duquel il convient de ne pas descendre pour les ponts sur lesquels la circulation est très fréquente ; il est même difficile, lorsque les membrures sont assez espacées, d'obtenir avec cette épaisseur une surface bien régulière et d'éviter les gondolements des tôles entre les barrots. Le pont supérieur reçoit en général une épaisseur plus forte, de 6 à 10$^m/_m$ environ, de manière à accroître la résistance à la flexion longitudinale.

Lorsque les ponts doivent former blindage ou platelage, ils sont constitués au moyen de deux ou trois plans de tôles superposés. On fait tomber les abouts entre les barrots, car il est inutile de chercher à obtenir pour des ponts qui sont ordinairement peu éloignés de la fibre neutre une résistance aussi grande que celle de la muraille latérale. On peut même sans grand inconvénient disposer les virures d'un des plans dans le sens transversal, ce qui facilite le décroisement des joints. La figure 317 représente, à titre

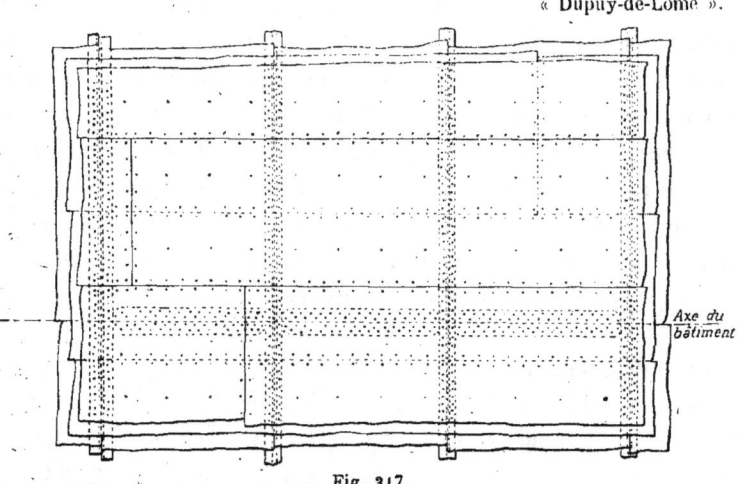

« Dupuy-de-Lôme ».

Fig. 317.

d'exemple, le rivetage du revêtement en trois épaisseurs formant le pont cuirassé du *Dupuy-de-Lôme*. Le premier plan (plan inférieur) est constitué par des virures transversales de $10^m/_m$ d'épaisseur et de $1^m,20$ de largeur, dont les joints tombent sur les barrots, formés par des barres en $\mathrm{I}$ espacées de $1^m,20$. Chaque virure est formée de deux tôles réunies par un couvre-joint placé dans l'axe du navire et dont les rivets ne traversent que le premier plan de tôles. Le second plan est formé de virures longitudinales de même épaisseur, dont les abouts tombent entre barrots. Le troisième plan est formé de virures longitudinales de $20^m/_m$ d'épaisseur, en acier dur, placées à cheval sur celles du second plan, et dont les abouts tombent également entre les barrots. Les écarts transversaux du premier plan sont fixés aux barrots par des rivets de $16^m/_m$ espacés de 3 diamètres et ne traversant que ce plan. Les rivets des abouts du second plan ont également $16^m/_m$; ils sont espacés de 6 diamètres et ne traversent que les deux plans inférieurs. Ceux du troisième plan ont $20^m/_m$, sont espacés de 8 diamètres, et traversent les trois épaisseurs. Il y a en outre des rivets de capitonnage de $20^m/_m$ traversant les trois plans, et disposés par files longitudinales.

**83. Bordé sous cuirasse.** — Le bordé sous cuirasse, nom sous lequel on désigne habituellement le platelage de la cuirasse de ceinture, est un bordé en deux plans dont la hauteur ne dépasse pas en général $2^m,50$. Par suite, si l'on voulait avoir une grande résistance longitudinale, il faudrait faire usage de virures longitudinales de faible largeur, ce qui augmenterait outre mesure le nombre de joints et le travail de rivetage. Le bordé sous cuirasse étant d'ailleurs placé dans la région voisine de la fibre neutre, il n'est pas nécessaire de chercher à lui donner une très grande résistance longitudinale. On constitue habituellement chaque plan soit de deux virures longitudinales, ce qui donne avec les écarts en maille une résistance de 0,70 environ, soit plus simplement de virures transversales, avec écarts tombant sur les membrures. La résistance est réduite à 0,5 environ, mais le travail de rivetage est notablement diminué.

Sur certains bâtiments, on s'est proposé d'accroître cette résistance en plaçant aux abouts des couvre-joints; ceux-ci sont, bien entendu, appliqués sur la face externe du platelage, de manière à être noyés dans le matelas en bois. L'exécution des pièces de ce matelas est par suite un peu plus compliquée, et cette augmentation de poids et de main-d'œuvre ne semble pas justifiée par le bénéfice de résistance obtenu, le bordé sous cuirasse étant toujours très voisin de la fibre neutre, comme nous venons de le dire.

**84. Vaigrage.** — Le vaigrage est disposé de la même manière que le bordé extérieur de carène. Il est constitué par des virures longitudinales, dont le nombre et la largeur sont réglés par la disposition des lisses. Ces virures sont assemblées soit à franc-bord, soit à clin épaulé, soit à double clin. Ces deux dernières dispositions évitent l'emploi de couvre-joints longitudinaux, mais donnent une surface discontinue; en outre, avec le vaigrage à clin épaulé, on est obligé d'épauler les cornières de pourtour des cloisons étanches transversales.

La virure centrale du vaigrage, rivée avec la carlingue centrale, est en général renforcée soit par un surcroît d'épaisseur, soit au moyen d'une virure doublante. Les autres virures ont une épaisseur constante, variant de 4 à 8 $^m/_m$ suivant les dimensions du navire.

Le vaigrage ne formant en général qu'une enveloppe intérieure particielle, il est inutile de chercher à lui donner une résistance relative aussi grande que celle du bordé extérieur. Aussi ne fait-on pas usage de cales de renfort au droit des membrures transversales étanches. Le rivetage des membrures non étanches avec le vaigrage doit d'ailleurs être beaucoup moins espacé que le rivetage de ces membrures avec le bordé extérieur, comme on l'a vu au § 28. La résistance relative du vaigrage est donc limitée à 0,80 environ, et on se contente de donner cette résistance aux jonctions d'about.

Dans le cas où le vaigrage est assemblé à clins, il importe d'éviter que dans les parties déclives de la cale l'eau puisse être arrêtée par les saillies formées par ces clins. Dans l'assemblage à clin épaulé, on doit donc avoir soin de diriger l'épaulement vers le bas; dans l'assemblage à double clin, on ajoute un cordon de remplissage triangulaire en ciment (fig. 318).

Sur les navires de commerce, dans lesquels le vaigrage en tôle est limité à la région des fonds, de manière à former la paroi supérieure du water-ballast, les parois latérales de la cale sont munies d'un vaigrage destiné seulement à empêcher les objets qui composent le chargement de pénétrer dans la maille. Il importe en effet que la maille reste libre, tant pour la circulation de l'eau qui

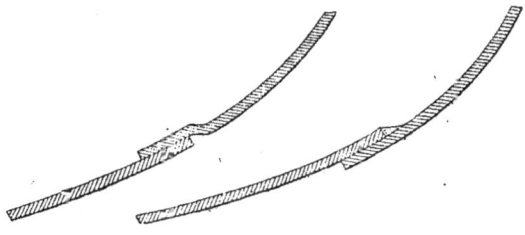

Fig. 318.

peut s'y introduire que pour éviter le contact du chargement avec le bordé extérieur, toujours un peu humide par suite de la condensation de la vapeur d'eau de l'atmosphère, résultant de la différence de température entre la cale et l'eau extérieure. Ce vaigrage latéral est exécuté soit en pièces jointives, si le navire doit recevoir un chargement en vrac, soit le plus souvent à claire-voie. On le constitue alors soit au moyen de lattes en fer plat ou de demi-ronds (fig. 209), soit au moyen de bordages en chêne de 5 à 6 centimètres

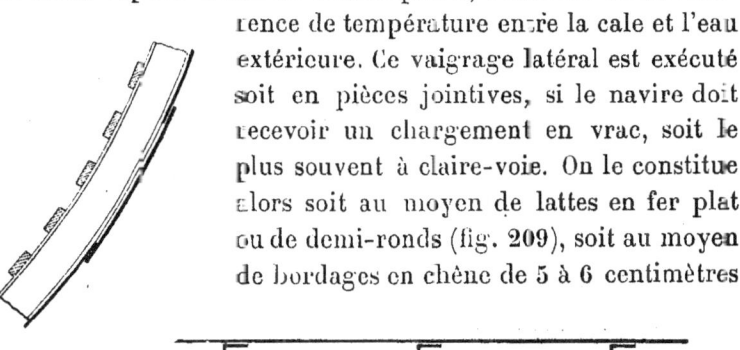

Fig. 319.

d'épaisseur (fig. 319), fixés par des boulons sur la pince intérieure des membrures.

**85. Revêtement en bois de la carène métallique.** — Le doublage en cuivre des bâtiments à bordé en bois (§ 66), outre la protection contre les tarets, présente l'avantage de donner une surface de carène bien lisse, ne se recouvrant pas d'herbes ou de coquillages comme les bordés métalliques, et exigeant par suite des frais d'entretien beaucoup moins fréquents. Lorsqu'il s'agit de navires destinés à faire campagne loin de la métropole, dans des régions où le petit nombre et l'éloignement des stations possédant des bassins de radoub rendent l'entretien de la carène particulièrement difficile, cet avantage acquiert une importance assez considérable pour justifier l'addition d'un semblable doublage.

On ne peut songer à appliquer ce doublage en cuivre directement sur le bordé métallique, car ce doublage n'est pas étanche, et, en admettant même qu'il le fût, la plus petite érosion mettant à nu la surface de la tôle d'acier formerait immédiatement, par l'action galvanique, un foyer d'oxydation très énergique qui percerait rapidement le bordé. Il est donc indispensable d'isoler le doublage en cuivre du bordé métallique, ce qui se fait en appliquant le doublage sur un revêtement en bois fixé sur ce bordé.

Ce revêtement en bois est formé de bordages longitudinaux, de 20 à 25 $^c/_m$ de largeur, disposés par virures jointives comme le bordé des navires en bois. On ne peut les exécuter en chêne, car si par suite d'un défaut de calfatage l'eau venait à pénétrer entre le bordé métallique et le revêtement, il en résulterait comme on l'a vu (§ 20) une destruction simultanée du bois et de la tôle du bordé. On emploie exclusivement, pour ce motif, le bois de teak, qui se débite bien en bordages et ne contient pas d'acide gallique.

La principale difficulté réside dans l'attache du revêtement en bois, qui doit être faite de manière à respecter l'étanchéité du bordé métallique. Les premiers systèmes essayés ont consisté à faire usage de membrures en cornières rivées extérieurement au bordé, et recevant des sortes de fausses membrures en bois, tenues par des boulons, sur lesquelles le revêtement vient se fixer au moyen de vis (fig. 320); entre les membrures d'appui de ce revê-

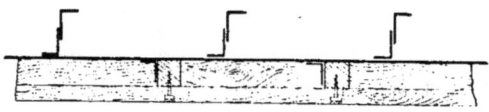

Fig. 320.

tement sont intercalées des cales de remplissage en bois. Ce mode de revêtement (employé aujourd'hui encore dans la marine russe) a l'inconvénient d'être très encombrant et très lourd; en outre, il est difficile d'obtenir l'étanchéité des joints des cales de remplissage, ce qui diminue la préservation du bordé contre l'oxydation.

On a exécuté ensuite des revêtements formés de deux plans de bois (fig. 321). Le plan intérieur est constitué par des bordages transversaux fixés au moyen de prisonniers vissés dans des trous borgnes pratiqués dans les couvre-joints longitudinaux du bordé à franc-bord et dans des bandes de tôle intermédiaires rivées à mi-hauteur des virures. L'épaisseur de ces bandes et des couvre-joints est portée à $32^m/_m$ pour donner une hauteur suffisante à la partie filetée des prisonniers; l'intervalle entre les bordages et le bordé métallique est rempli par des cales en bois. Le plan extérieur est formé de bordages longitudinaux tenus par des vis sur le plan intérieur. La tête de ces vis est noyée de $20^m/_m$ environ dans le bois, et recouverte par un tampon de mastic.

Le poids de ces couvre-joints renforcés et de ces bandes longitudinales est assez considérable. On est arrivé à les supprimer en appliquant directement le premier plan sur le bordé métallique, et en opérant sa tenue au moyen de boulons traversant ce bordé. L'expérience ayant montré que l'on pouvait avec des précautions convenables obtenir une étanchéité satisfaisante au passage de ces boulons, on a fini par supprimer le plan extérieur, et on a été amené ainsi à la disposition actuelle, qui comporte un seul plan.

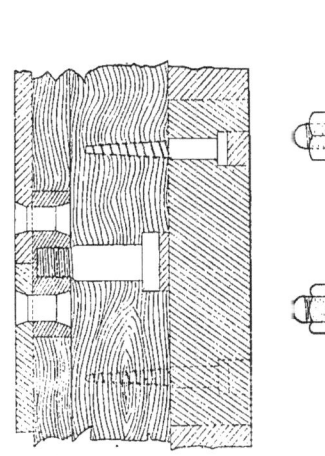
Fig. 321.

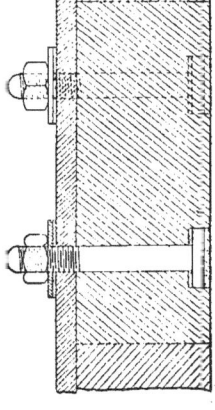
Fig. 322.

Sur presque tous les navires récents, le revêtement est formé de bordages longitudinaux de 75 à 110 $^m/_m$ d'épaisseur, fixés au bordé par des boulons de 16 à 22 $^m/_m$ de diamètre (fig. 322). Ces boulons sont vissés dans un trou taraudé percé dans le bordé, dont l'épaisseur, pour cette raison, ne doit pas être inférieure à 7 $^m/_m$. La tête circulaire de ces boulons est noyée de 5 $^m/_m$ dans le bois et recouverte de mastic; entre cette tête et le fond de son logement est interposée une cravate en chanvre enduite de céruse. Sur l'extrémité filetée du boulon est vissé un écrou serré contre le bordé avec interposition d'une cravate en chanvre enduite de céruse, comprimée entre le bordé et une rondelle circulaire. De cette façon, le passage du boulon dans le bois et dans la tôle est rendu bien étanche, et en cas d'arrachement du revêtement en bois, le boulon reste fixé dans la tôle par son filetage et il ne se produit pas de voie d'eau. Quelquefois, pour améliorer l'étanchéité, on creuse la tête du boulon d'une gorge circulaire dans laquelle peut se loger une tresse plus épaisse (fig. 323). Pour faire l'étanchéité sur l'écrou intérieur, on peut substituer à la cravate de chanvre une rondelle de plomb de 5 $^m/_m$ d'épaisseur, que l'on écrase entre la tôle et la rondelle d'acier, creusée d'une gorge à section triangulaire (fig. 324).

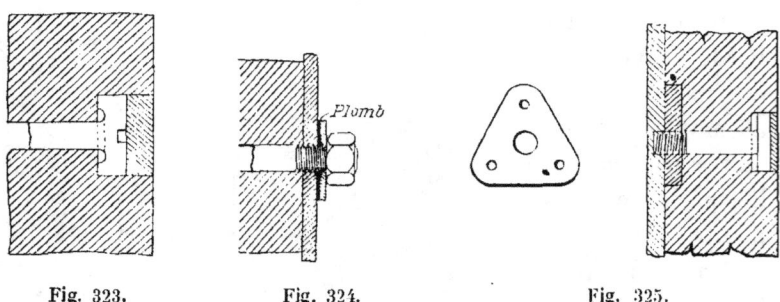

Fig. 323.    Fig. 324.    Fig. 325.

Dans les endroits dont l'accès est difficile, et où il ne serait pas possible de venir mettre en place l'écrou par l'intérieur, on remplace les boulons par des prisonniers pénétrant soit, dans un renfort rivé extérieurement sur le bordé métallique (fig. 325), soit dans un écrou borgne rivé intérieurement sur ce même bordé (fig. 326).

Les boulons de tenue du revêtement en bois sont disposés en quinconce (fig. 327), à raison de 2 ou 3 par maille, ce qui correspond à un espacement de 40 à 60 $^c/_m$ environ. Ils sont confectionnés soit en acier zingué, soit en bronze à haute résistance (1). Avec les boulons en acier, on a l'avantage que si, par suite d'un défaut

---

(1) On a fréquemment employé pour cet usage le métal désigné en Angleterre sous le nom de *naval brass*, qui est une sorte de laiton composé de 62 % de cuivre, 37 % de zinc et 1 % d'étain.

CONSTRUCTION MÉTALLIQUE. — REVÊTEMENTS.

de calfatage, l'eau vient à pénétrer entre le revêtement et le bordé métallique, il n'y a pas tendance à l'oxydation de la tôle autour du boulon ; il faut seulement avoir soin de noyer la tête du boulon d'une quantité suffisante pour l'isoler efficacement du doublage extérieur en cuivre. Les boulons en acier ont par contre l'inconvénient

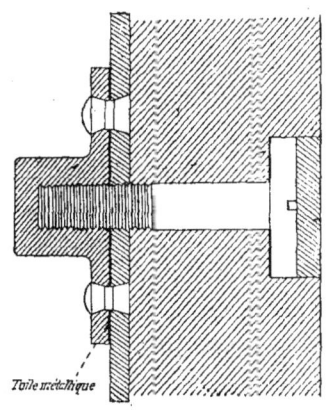

Fig. 326.

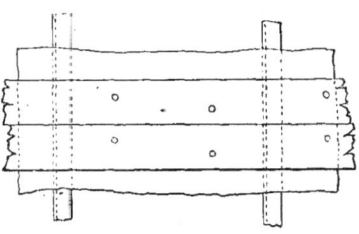

Fig. 327.

de subir à la longue une légère oxydation qui rend leur enlèvement ultérieur très difficile et par suite les réparations du revêtement moins aisées. C'est pour cette raison qu'on préfère en général faire usage de boulons en bronze ; il faut alors, pour le motif indiqué plus haut, exécuter avec beaucoup de soin le calfatage du revêtement.

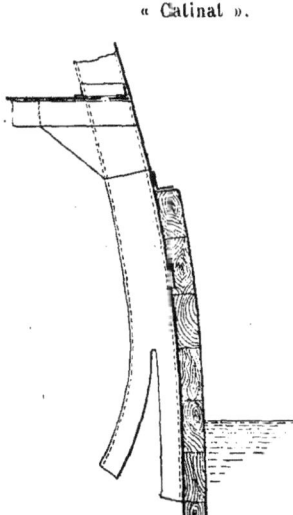

« Catinat ».

Fig. 328.

Le revêtement est arrêté à une ligne à peu près parallèle à la flottaison normale dont la distance à cette flottaison varie entre $0^m,60$ et $1^m,00$. Le can supérieur du dernier bordage est relié au bordé métallique par une cornière (fig. 328). L'épaisseur du revêtement est en général constante sur les 2/3 environ de la longueur du navire, et subit aux extrémités une réduction progressive atteignant 20 $^m/_m$ environ. A la partie inférieure de la carène, le revêtement se termine par des virures de galbord, d'épaisseur en général un peu renforcée, pénétrant dans une râblure pratiquée dans une quille saillante en bois fixée au moyen de boulons sous la tôle quille (fig. 329). Cette quille et les galbords peuvent être exécutés en teak, comme le reste du revêtement. Sur certains bâtiments, on a préféré les exécuter en chêne, ce qui est moins coûteux ; mais il faut alors interposer entre les pièces de chêne et le bordé métallique des bordages plats en teak de quelques centimètres d'épaisseur, de façon à éviter l'action destructive de l'acide gallique que nous avons déjà signalée. On peut aussi confectionner la quille en orme, bois résistant et souple qui se conserve bien dans l'eau de mer ; mais on ne pourrait l'employer pour les galbords, car l'enchevêtrement de ses fibres le rend impropre au débit en bordages.

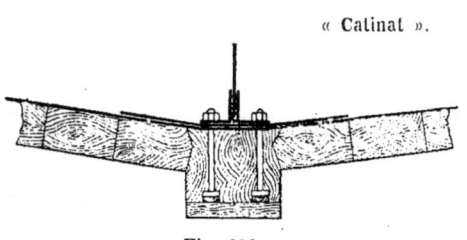

Fig. 329.

Le tableau de la quille saillante est en général égal à 200 $^m/_m$, y compris une fausse quille de 60 à 80 $^m/_m$. La largeur de cette quille est déterminée par la condition qui sera indiquée plus loin relativement aux quilles d'échouage (§ 104).

L'addition d'un revêtement en bois se combine bien avec l'emploi d'un bordé métallique à francs-bords. Il est alors possible de placer les couvre-joints à l'extérieur, en les noyant dans l'épaisseur du revêtement, et on supprime ainsi complètement les cales sous membrure (fig. 328). Lorsqu'il s'agit d'un navire possédant une cuirasse de ceinture, le revêtement en bois est fixé sur cette ceinture au moyen de vis à tête noyée.

**86. Doublage.** — Le doublage est appliqué sur le revêtement en bois sous forme de feuilles rectangulaires fixées par des clous. Le plus ordinairement, ce doublage est exécuté en cuivre. On a essayé quelquefois de substituer au cuivre soit le laiton ordinaire (Cu 68 — Zn 32), soit un alliage analogue appelé souvent métal Müntz (Cu 55 — Zn 42 — Pb 3), soit même le zinc ; on obtient ainsi des doublages plus économiques, mais se salissant plus vite par le séjour dans l'eau de mer.

Les feuilles de cuivre à doublage ont en général comme dimensions $1^m,50 \times 0^m,40$. Leur épaisseur est de $0^m/_m$ 8. Cette épaisseur est portée à 2 $^m/_m$ dans toute la région $N$, pour parer à l'usure ré-

CONSTRUCTION MÉTALLIQUE. — REVÊTEMENTS. 345

sultant du frottement de l'eau pendant la marche. Dans le voisinage des écubiers, pour empêcher la détérioration par le ragage des chaînes, on emploie des feuilles ayant une épaisseur de 5 $^m/_m$ environ.

Entre le doublage et le revêtement en bois, on interpose soit une couche de feutre, soit deux couches de papier imprégné de goudron minéral (le goudron végétal attaquerait le cuivre). Le matelas en feutre, plus épais, exige un dressage moins soigné de la surface extérieure du revêtement, mais, comme il est assez mou, il est difficile d'obtenir une surface de doublage parfaitement lisse et exempte de bosses. On ne l'emploie guère par suite que pour les bâtiments de servitude. Avec un matelas en papier, le doublage conserve bien exactement la forme de la surface extérieure du revêtement.

Les feuilles de doublage sont fixées sur le revêtement au moyen de clous à tête tronconique qui sont faits soit en cuivre, soit en bronze contenant au moins 92 % de cuivre. Il y a huit calibres de clous, dont les dimensions sont données par la figure 330. Sur le

| $l$ | $d$ | $D$ | $h$ | $b$ | $c$ |
|---|---|---|---|---|---|
| millim. | millim. | millim. | millim. | millim. | millim. |
| 50 | 5 | 12 | 3 | 25 | 25 |
| 45 | 5 | 12 | 3 | 20 | 25 |
| 40 | 5 | 10 | 3 | 15 | 25 |
| 35 | 5 | 10 | 3 | 10 | 25 |
| 30 | 5 | 10 | 3 | 6 | 25 |
| 25 | 4 | 9 | 2,5 | 5 | 20 |
| 20 | 3,75 | 9 | 2,5 | 5 | 15 |
| 15 | 3,5 | 8 | 2,5 | 3 | 12 |

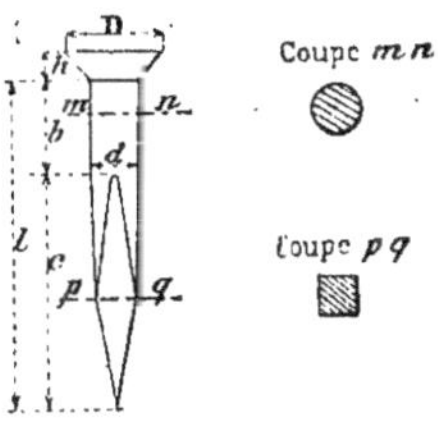

Fig. 330.

contour des feuilles, qui sont assemblées à clin avec un recouvrement de 35 $^m/_m$, on met un rang de clous espacés de 46 à 48 $^m/_m$, de telle sorte qu'il y ait 33 clous sur chaque grand côté, 9 clous sur chaque petit côté (fig. 331). La tenue est complétée par des clous de capitonnage, disposés en losange, dont le nombre est en général de 53 par feuille. Ce nombre peut être un peu diminué dans les parties où la surface du revêtement ne présente qu'une courbure peu accentuée, mais ne doit pas descendre au-dessous de 25. Les trous des clous ne sont pas percés avant la mise en place, pour éviter les bavures qui empêcheraient l'application exacte de la feuille sur le revêtement. On les perce une fois la feuille présentée en place au moyen d'un pointeau conique ayant la pente de la tête du clou, qui emboutit à la fois le cuivre et le bois. Les clous doivent être enfoncés de manière à araser exactement la surface

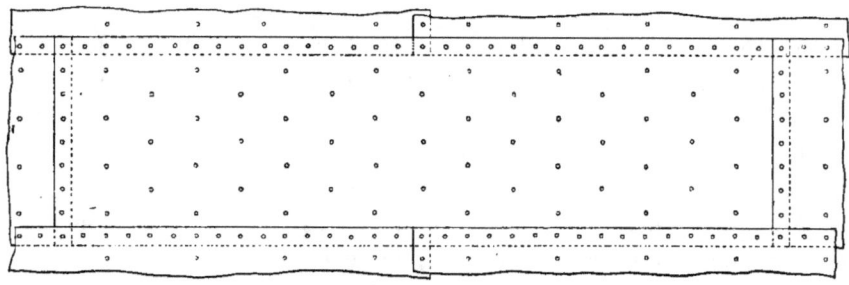

Fig. 331.

extérieure, sans qu'il y ait ni saillie ni dépression par rapport à cette surface.

**87. Revêtement en bois des ponts**. — Le bordé métallique des ponts des navires de commerce est presque toujours recouvert d'un revêtement en bois. Pour les navires de guerre, l'emploi d'un revêtement en bois a été limité au pont supérieur, de manière à atténuer la conductibilité et la sonorité de ce pont, ainsi que nous l'avons déjà expliqué. Sur les bâtiments les plus récents, on a même supprimé ce revêtement, en vue d'écarter toute chance d'incendie au combat et surtout de prévenir les éclats dangereux produits par l'explosion des projectiles au contact des ponts. Le revêtement en bois est alors remplacé par divers revêtements dont il sera parlé plus loin.

Le revêtement en bois des ponts est exécuté de la même manière que le revêtement de la carène. On établit en premier lieu, tout le long du livet en abord du pont, une pièce de bois formant soit fourrure de gouttière s'il s'agit d'un pont intérieur, soit plat-bord s'il s'agit du pont supérieur (fig. 332). Le revêtement est formé de bordages longitudinaux parallèles au diamétral, pénétrant aux extrémités du navire dans des adents pratiqués dans la fourrure de gouttière ou le plat-bord, ainsi que nous l'avons vu dans la construction en bois (§ 59).

Le revêtement en bois a une épaisseur de 60 à 90 $^m/_m$ sur les navires de commerce, 32 à 50 $^m/_m$ sur les navires de guerre. Les bor-

CONSTRUCTION MÉTALLIQUE. — REVÊTEMENTS.

dages, dont la largeur est de 8 à 12 °/ₘ, sont exécutés soit en pin, soit en teak; ce dernier bois est à peu près le seul que l'on puisse employer, à cause de son faible retrait, lorsque l'épaisseur descend au-dessous de 50 ᵐ/ₘ. Pour les pièces d'appui, fourrure de gouttière ou plat bord, on emploie soit le chêne, soit mieux le teak ou l'orme.

Les bordages du revêtement sont fixés sur le bordé métallique au moyen de boulons (fig. 333). Ces boulons ne peuvent être vissés dans la tôle, à cause de sa faible épaisseur; l'étanchéité est obtenue en entourant le fût

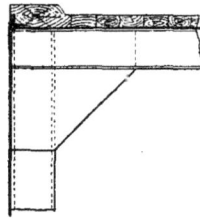

Fig. 332.

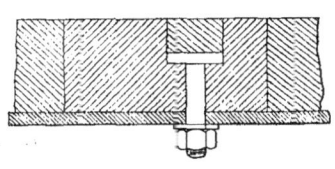

Fig. 333.

du boulon d'un fil enduit de céruse et en écrasant entre une rondelle et le bordé en tôle une cravate de chanvre également enduite de céruse. Il est bon de ne donner à la tête des boulons que la hauteur juste suffisante pour la tenue, afin d'augmenter l'épaisseur du tampon en bois qui la recouvre.

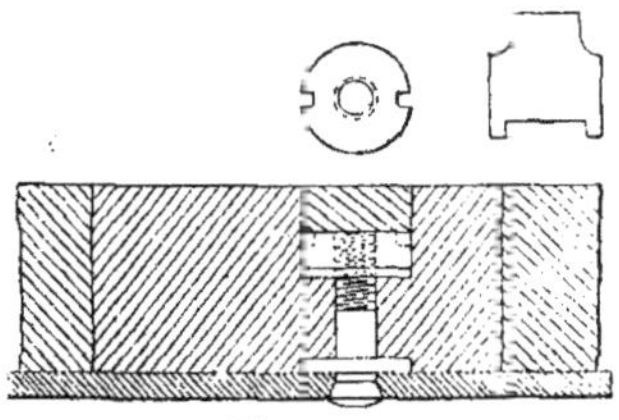

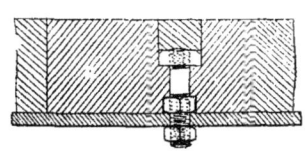

Fig. 334.

Fig. 335.

Il faut apporter beaucoup de soin dans la mise en place et le serrage des boulons pour obtenir par ce procédé une étanchéité satisfaisante. Pour éviter cet inconvénient, on a proposé l'emploi de boulons-rivets (fig. 334) que l'on met en place avant le revêtement en bois et que l'on rive en contretenant la collerette qui s'appuie contre la tôle au moyen d'un tas de forme spéciale. On mate ensuite le pourtour de la collerette et, le bordage une fois mis en place, on serre l'écrou au moyen d'une clef pénétrant dans deux encoches longitudinales. On a aussi essayé l'emploi de boulons à trois écrous (fig. 335), en faisant l'étanche sous les écrous serrés sur la tôle au moyen de cravates en étoupe enduites de céruse. Ces deux systèmes sont assez coûteux, et n'ont été employés que sur certains navires de commerce. Ils deviennent d'ailleurs difficilement applicables dès que l'épaisseur du revêtement en bois descend au-dessous de 50 $^m/_m$.

# CHAPITRE VI.

**Construction métallique. — Charpente des extrémités.**

**88. Charpente de l'avant. — Étrave.** — La facilité avec laquelle on peut donner une forme quelconque aux matériaux métalliques permet de conserver sans modification le mode de construction de la membrure jusqu'au voisinage immédiat de l'extrémité AV; les formes de cette région sont d'ailleurs ordinairement assez affinées pour qu'il soit inutile de faire usage de couples dévoyés. La longueur développée des couples allant en diminuant, les membrures longitudinales vont en se rapprochant peu à peu. Aussi est-il en général impossible de les conserver toutes jusqu'à l'extrémité. Un certain nombre d'entre elles sont alors arrêtées au droit d'un couple ou d'un cloisonnement transversal, de façon que leur espacement ne descende pas au-dessous de $0^m,600$ environ. Ainsi, pour le cuirassé dont la figure 208 représente la coupe au milieu, les lisses n°$^{os}$ 1 et 2 règnent seules d'une extrémité à l'autre. La lisse n° 3 va du couple 5 au couple 91 (les couples, espacés

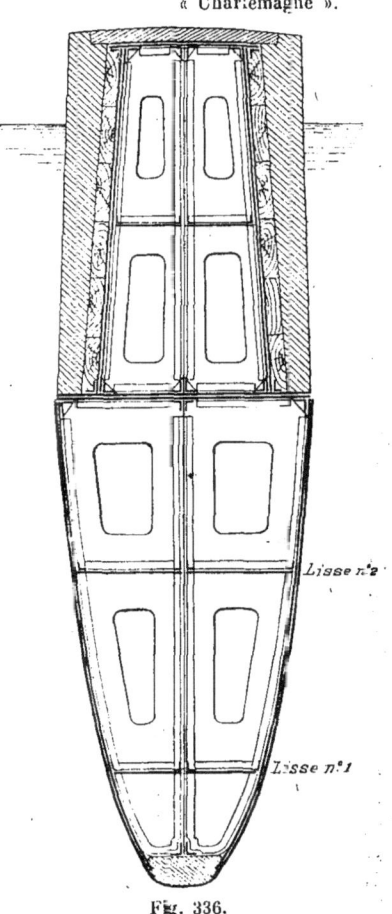

« Charlemagne ».

Lisse n.°2

Lisse n.°1

Fig. 336.

de 1$^m$,20, sont numérotés à partir de l'A'), la lisse n° 4 du couple 9 au couple 87, la lisse n° 5 du couple 19 au couple 82. Les lisses conservées jusqu'à l'extrémité, restant toujours à peu près normales au bordé extérieur, deviennent horizontales et forment ainsi de véritables tablettes (fig. 336).

La carène est fermée à l'avant par une étrave massive. On a essayé quelquefois de faire usage d'étraves en tôlerie, mais la forme très contournée que prennent alors les tôles rend leur exécution très difficile, et en outre ce genre d'étrave ne présente pas une solidité suffisante en cas de choc par l'avant.

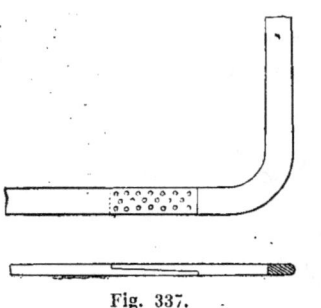

Fig. 337.

Lorsque la quille est formée d'une barre massive, l'étrave est une simple barre ayant à peu près la même section, assemblée avec la quille à écart long (fig. 337). Le bordé vient alors s'appliquer sur la face latérale de l'étrave de la même manière que sur la quille (fig. 338); si l'on veut éviter cette saillie, on fait aboutir le bordé dans une râblure pratiquée dans l'étrave (fig. 339).

Fig. 338.    Fig. 339.

Lorsque la quille est formée de deux barres comprenant entre elles la carlingue, l'étrave s'assemble avec la quille au moyen d'écarts décroisés (fig. 340).

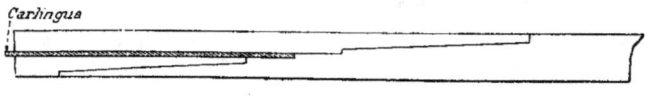

Fig. 340.

Enfin, lorsqu'il n'y a pas de quille saillante, les galbords se ferment graduellement de manière à envelopper d'abord le contour du talon de l'étrave, puis à pénétrer dans les râblures qui y sont pratiquées (fig. 341). L'étrave porte sur sa face intérieure soit une partie méplate sur laquelle viennent s'attacher les cornières de

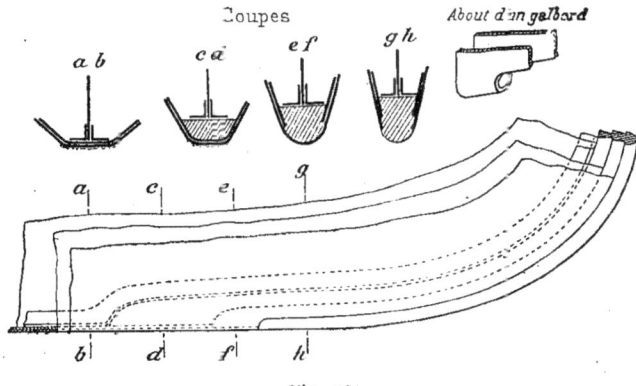

Fig. 341.

pied de la carlingue (fig. 341), soit un épaulement contre lequel vient se river la carlingue, dont la tôle seule est alors prolongée (fig. 342).

Dans le cas où le bordé n'est pas doublé dans la région AV, l'é-

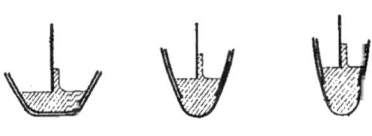

Fig. 342.

trave porte une râblure unique recevant l'aboutissement du galbord extérieur et du bordé, le galbord intérieur venant alors buter contre un épaulement du talon de l'étrave.

Lorsqu'il s'agit d'un bâtiment possédant une cuirasse de ceinture et destiné à combattre éventuellement par l'éperon, la charpente de l'avant doit être particulièrement renforcée. L'étrave est alors arrêtée en général à la chaise de cuirasse et se termine à sa partie supérieure par un talon recourbé soutenant les plaques de cuirasse de l'extrémité AV, qui sont façonnées de manière à constituer l'éperon (fig. 343). Dans l'intervalle compris entre l'étrave et la première cloison étanche transversale, dite *cloison de choc*, la carlingue centrale s'épanouit de manière à former cloison médiane, et la charpente de la région AV se trouve ainsi constituée par un quadrillage composé de cette cloison médiane, de cloisons transversales évidées formant couples et de cloisons à peu près horizontales formées par les tablettes des lisses conservées. Au-dessus du pont cuirassé, les œuvres légères se ferment sur une étrave massive portant une râblure pour l'aboutissement du bordé (fig. 343). Quelquefois, mais plus rarement, l'étrave monte jusqu'au niveau du pont cuirassé, et porte alors à sa partie supérieure des râblures dans lesquelles viennent s'encastrer les plaques de la cuirasse de ceinture.

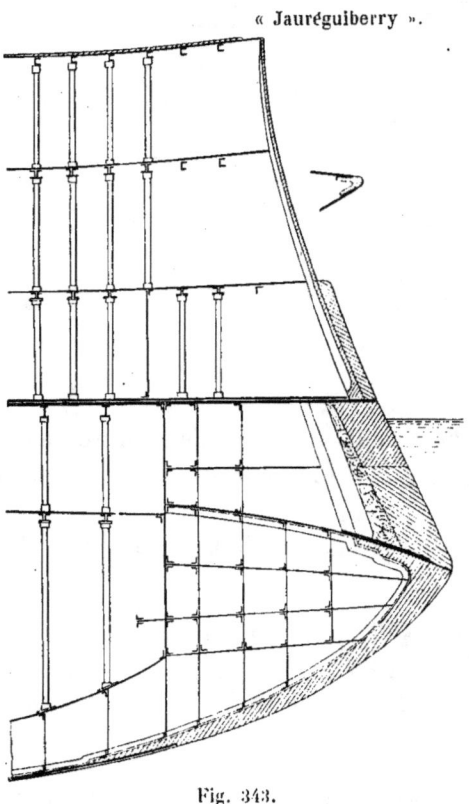

« Jauréguiberry ».

Fig. 343.

Lorsqu'il n'y a pas de cuirasse de ceinture, l'étrave de la charpente des fonds et celle des œuvres-mortes ne forment en général qu'une seule pièce composée au besoin d'éléments écarvés l'un avec l'autre, si les dimensions sont trop considérables pour qu'on puisse la faire d'un seul morceau (fig. 344). S'il y a un pont cuirassé, l'étrave peut être munie d'un talon recevant l'aboutissement de ce pont; le cloisonnement au-dessous de ce pont présente les mêmes dispositions que celles indiquées plus haut.

Sur certains bâtiments, le quadrillage formé par les tablettes et les membrures transversales sur l'avant de la cloison de choc a été remplacé par des guirlandes obliques dirigées à peu près normalement au contour de l'étrave. La charpente ordinaire s'arrête alors à la cloison de choc, et la charpente de l'AV est formée soit seulement par les guirlandes obliques, soit par ces guirlandes et la cloison médiane résultant de l'épanouissement de la carlingue cen-

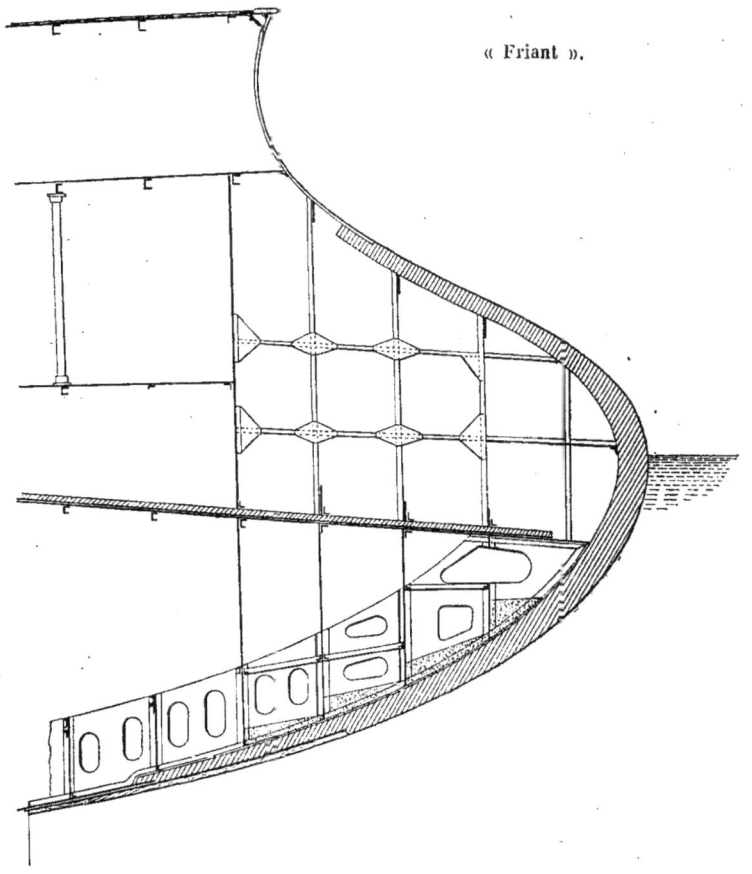

« Friant ».

Fig. 344.

trale. Cette disposition a été appliquée sur certains navires de commerce et sur quelques canonnières cuirassées (fig. 345).

Les étraves massives sont faites le plus souvent en acier forgé. Sur les navires de grande dimension dont le bordé est doublé à l'avant, ce sont des pièces très coûteuses et d'une exécution délicate; aussi a-t-on cherché à les obtenir par moulage. Jusqu'à ces dernières années, la marine militaire n'avait pas admis ce procédé, les moulages d'acier ne présentant pas alors de garanties suffisantes au point de vue de la résistance au choc. Grâce aux progrès de la métallurgie, on réalise actuellement des moulages d'acier qui semblent offrir des conditions de résistance satisfaisantes, et l'emploi d'étraves en acier moulé commence à se généraliser. On met alors bien entendu à profit le mode de confection de cette pièce pour réduire autant que possible son poids tout en conservant sa rigidité, en lui donnant la forme d'une sorte de gouttière creuse entretoisée par de nombreuses nervures. La figure 346 représente une étrave de ce genre.

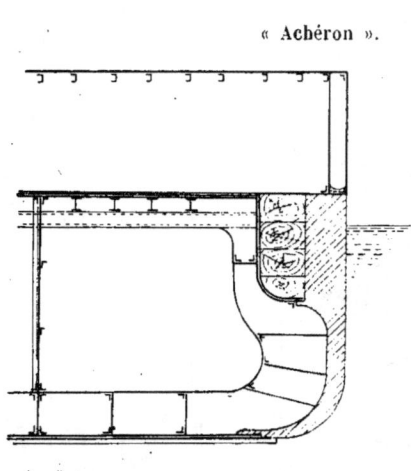

Fig. 345.

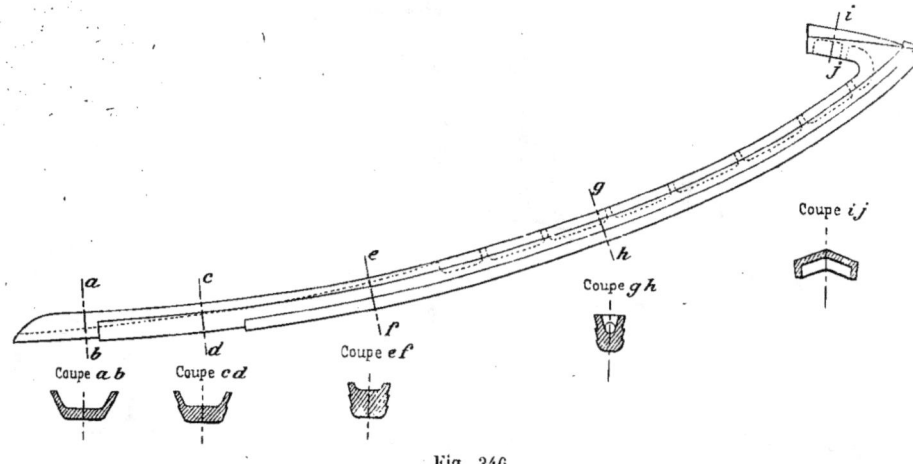

Fig. 346.

**89. Charpente de l'arrière. — Étambot.** — La charpente de l'extrémité arrière est disposée d'une façon assez analogue à celle de l'extrémité avant. Les différences proviennent de la nécessité de fournir les points d'appui du gouvernail et, s'il y a lieu, des hélices. La carène est fermée à l'arrière par une pièce massive appelée *étambot*, dont la forme peut être très variable suivant les dispositions du propulseur et du gouvernail.

Lorsqu'il s'agit d'un navire mû par des voiles, des roues ou des hélices placées latéralement, l'étambot n'a à fournir que les points d'appui du gouvernail. D'une façon générale, le gouvernail est constitué par un plan mince appelé *safran,* pouvant être orienté autour d'un axe généralement vertical. La pièce qui forme l'axe du gouvernail, appelée *mèche,* rentre à l'intérieur du navire par un trou cylindrique appelé *jaumière.* Suivant la disposition la plus simple, le safran est supporté par des gonds appelés *aiguillots,* pénétrant dans les *fémelots* fixés à l'étambot (fig. 347). Le gouvernail est dit alors *non compensé.* Très souvent, dans le but de réduire ainsi que nous le verrons plus tard le moment nécessaire pour maintenir le safran dans une orientation déterminée, on dispose l'axe de la mèche de telle sorte qu'une certaine portion du safran se trouve sur l'avant de cet axe; on a alors un gouvernail *compensé* (fig. 348). Cette com-

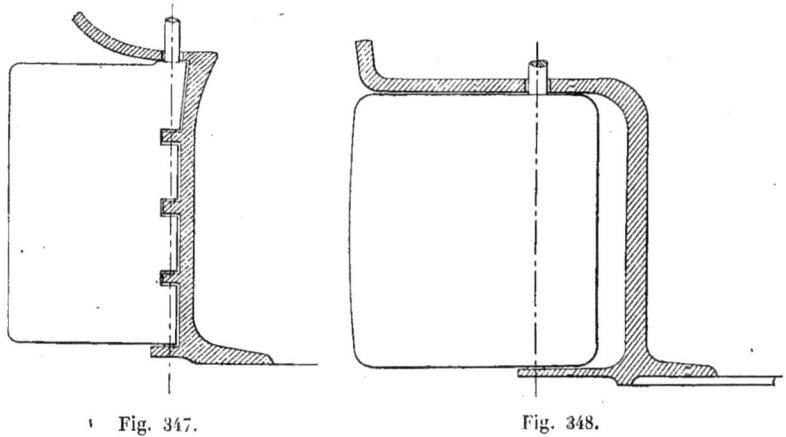

Fig. 347.    Fig. 348.

pensation peut d'ailleurs être obtenue soit en plaçant l'axe de la mèche à une certaine distance du bord antérieur du safran, comme dans la figure 348, soit en ajoutant au safran un *aileron* placé à la partie inférieure et se prolongeant sur l'avant de l'axe de la mèche (fig. 349). Cela étant, l'étambot sera constitué d'une façon générale par une barre massive munie à sa base d'un talon recevant l'attache des galbords et des membrures de la charpente, à sa partie supérieure d'une lunette formant jaumière. Cette barre porte s'il y a lieu dans sa partie verticale les points d'appui du gouvernail et se prolonge au delà de la jaumière de manière à former allonge de poupe (fig. 347 à 350).

Dans le cas d'un gouvernail à aileron, le point d'appui infé-

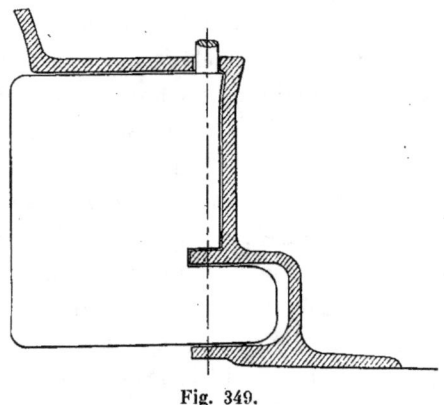

Fig. 349.

rieur peut être supprimé, et l'étambot prend alors la forme représentée par la figure 350. Cette forme est souvent préférée

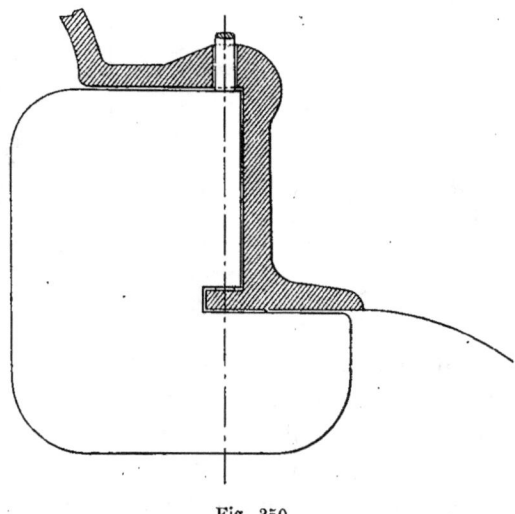

Fig. 350.

comme donnant une simplification du tracé de l'étambot et une diminution de son poids; l'inconvénient qu'elle présente est que, lorsqu'on déplace le bâtiment par remorquage dans un port ou

CONSTRUCTION MÉTALLIQUE. — CHARPENTE DES EXTRÉMITÉS.

une rade, des amarres peuvent venir s'engager et se coincer entre l'aileron et l'étambot.

Lorsqu'il s'agit d'un navire mû par une ou trois hélices, l'étambot doit être dessiné de manière à laisser libre l'espace nécessaire pour l'hélice diamétrale. Si le gouvernail n'est pas compensé, l'étambot forme un cadre complet présentant une disposition analogue à celle des navires en bois (fig. 351). Le montant antérieur du cadre, ou *étambot AV*, porte une lunette pour le passage de l'arbre de l'hélice. Le montant postérieur, ou *étambot AR*, porte les femelots du gouvernail. Anciennement, on faisait porter par cet étambot AR une chaise recevant un palier soutenant l'extrémité AR de l'arbre de l'hélice; cette disposition, qui rend les démontages très difficiles, a été abandonnée, et l'hélice est toujours installée en porte-à-faux, comme le représente la figure 351. Si le

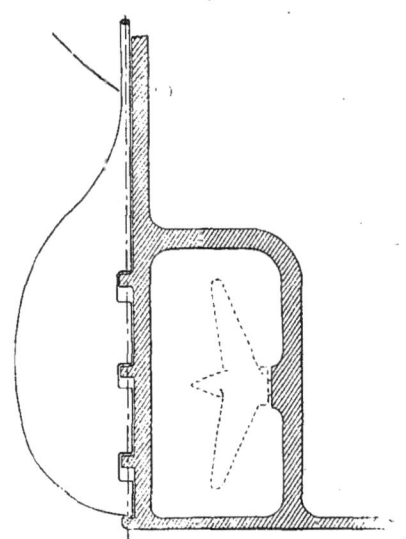

Fig. 351.

gouvernail est compensé, l'étambot AR est forcément supprimé, et l'étambot est seulement muni d'une crosse formant point d'appui inférieur du safran (fig. 352).

Même dans le cas où il s'agit d'un navire à hélices jumelles, on ménage quelquefois une cage dans le plan mince de l'AR, en donnant à l'étam-

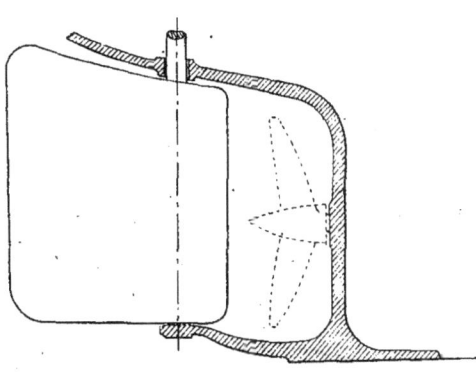

Fig. 352.

bot une forme analogue à celle de la figure 351. Cette disposition, assez usitée sur les grands paquebots, a pour but de favoriser le dégagement des filets liquides rejetés par les ailes des hélices (voir fig. 405).

D'une façon générale, l'étambot doit être dessiné de telle sorte que la partie inférieure du safran soit notablement au-dessus de la ligne de quille prolongée, de façon à préserver le gouvernail soit dans un échouage au bassin, soit dans un échouage accidentel par l'arrière. C'est pour ce motif que le talon ou la crosse de l'étambot sont légèrement relevés comme le montrent les figures 347, 348, 349 et 352. Cette condition n'est pas toujours réalisable sur les navires à faible tirant d'eau, tels que les torpilleurs. Il convient alors que la crosse ne fasse pas corps avec l'étambot, et soit constituée par une pièce rapportée que l'on peut changer sans trop de difficulté en cas de rupture.

Lorsque l'étambot porte une crosse assez longue recevant le point d'appui inférieur du gouvernail (fig. 348 et 352), il importe de tenir compte des efforts transversaux auxquels est soumise cette crosse en raison de la pression des filets liquides sur le safran. La crosse doit par suite être tracée de manière à présenter un moment d'inertie suffisant par rapport à un axe vertical, ce qui conduit à lui donner une largeur plus grande que son épaisseur.

Nous avons dit que l'axe du gouvernail était en général perpendiculaire à la flottaison en charge. Il peut ne pas en être ainsi, et l'étambot doit être alors tracé avec la même inclinaison que cet axe; cette pente de l'étambot porte le nom de *quête*. Cette disposition est rare, et n'est guère usitée que pour les embarcations de plaisance.

En raison de ses dimensions et de ses formes compliquées, l'étambot ne peut guère être fait d'une seule pièce que pour les bâtiments de faible tonnage. Le plus ordinairement il est formé d'éléments écarvés l'un avec l'autre. Lorsque le navire possède un pont cuirassé, l'allonge de poupe s'arrête en général à ce pont (fig. 353). Si les œuvres-mortes se terminent en pointe à l'arrière, l'aboutissement du bordé se fait sur une allonge de poupe portant une râblure, de la même façon que pour l'avant. Mais si les formes sont arrondies, la charpente se ferme naturellement par l'infléchissement du bordé sans qu'il soit nécessaire de faire usage de pièce massive. Ce mode de procéder peut même être appliqué, pour les grands navires, à presque toute la

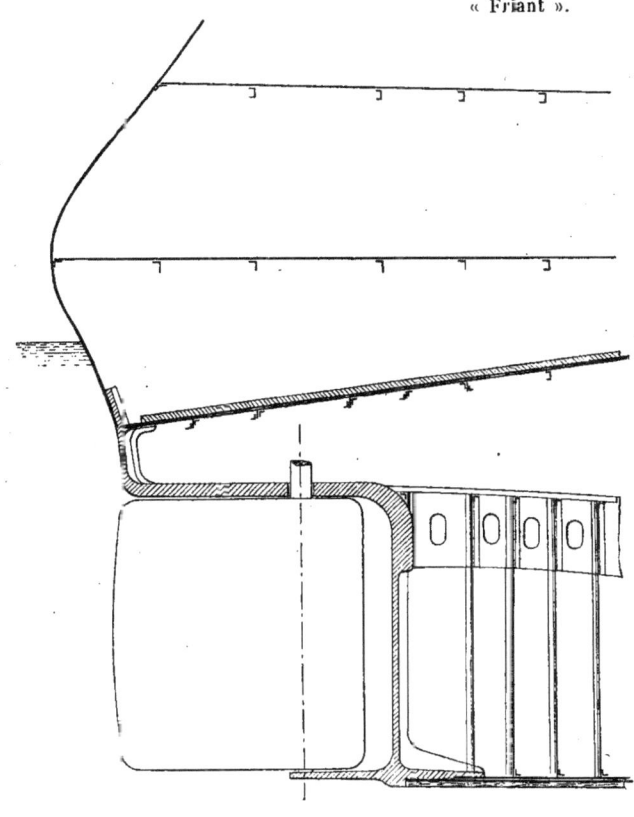

« Friant ».

Fig. 353.

partie AR des œuvres vives qui n'ont pas besoin d'être aussi affinées à l'AR qu'à l'AV. L'étambot peut alors être réduit à une pièce courte formant l'angle inférieur de la carène et portant la crosse (fig. 354).

Les étambots peuvent être confectionnés en acier forgé. Mais, pour ces pièces bien plus encore que pour l'étrave, l'emploi de l'acier moulé est particulièrement recommandable, à cause de la complication du tracé et des chances moins nombreuses d'avaries résultant d'un choc. La figure 355 représente à titre d'exemple

360    ÉTUDE DESCRIPTIVE DE LA CHARPENTE DU NAVIRE.

l'étambot d'un cuirassé à hélices jumelles et à gouvernail non

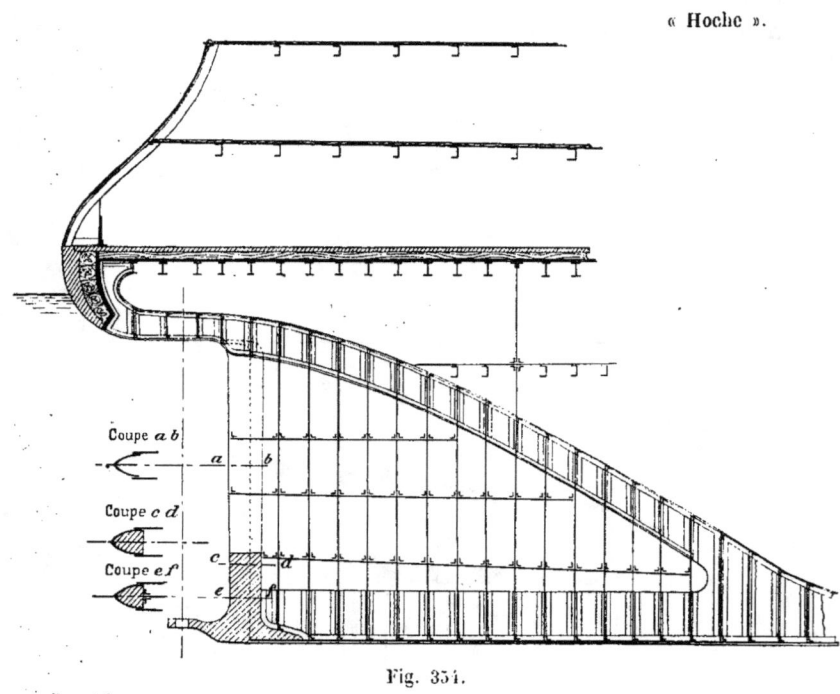

Fig. 354.

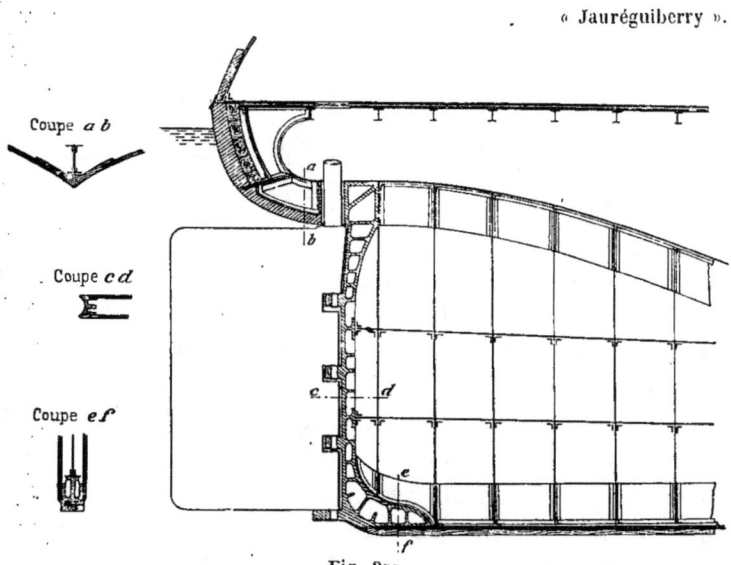

Fig. 355.

compensé. Sur certains bâtiments, la crosse, considérée comme la pièce la plus exposée aux chocs, a été faite en fer, le reste de l'étambot étant en acier moulé.

Lorsque l'étambot n'a pas à porter de fémelots pour la fixation du gouvernail, on lui donne une section de forme ogivale de manière à éviter les remous qui sont une cause d'augmentation de la résistance à la marche (fig. 354).

La charpente de la partie AR de la coque est disposée d'une manière analogue à celle de l'AV. Les lisses conservées jusqu'à l'extrémité AR forment des tablettes à peu près horizontales. La carlingue centrale se sépare le plus ordinairement en deux parties, formant une sorte de fourche dont la branche inférieure suit les galbords jusqu'à l'étambot et dont la branche supérieure, formant marsouin, suit la courbe d'encolure des varangues jusqu'à la partie supérieure de l'étambot (fig. 354 et 355). S'il y a une hélice centrale, les varangues sont traversées normalement par le tube de passage de l'arbre de cette hélice. S'il y a des hélices latérales, leurs arbres rentrent également dans la coque par des tubes traversant la membrure. Les dispositions de ces tubes seront étudiées plus loin dans le chapitre IX.

Dans le cas où les formes des œuvres mortes sont très arrondies à l'arrière, il peut être nécessaire de faire usage de couples dévoyés, de façon à éviter des équerrages exagérés. Les barrots doivent alors être infléchis de manière que leurs extrémités soient ramenées dans le plan du couple pour l'assemblage (fig. 356). Le travail de forge des couples et barrots dévoyés ne présente pas de difficulté particulière, mais il convient d'éviter autant qu'on le peut cette disposition qui diminue la résistance transversale. Il peut être préférable dans ce cas d'arrêter franchement la charpente à un couple ou un cloisonnement transversal et de constituer en arrière de ce couple ou de ce cloisonnement un caisson ayant la forme voulue, dont le bordé est soutenu par des membrures rayonnantes s'appuyant sur la dernière membrure transversale.

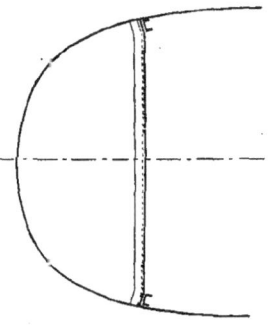

Fig. 356.

**90. Étrave et étambot des navires doublés en bois.** — Lorsqu'il s'agit de navires munis d'un revêtement en bois et d'un doublage en cuivre, on ne peut faire usage d'étraves et d'étambots en acier, ou, si on les conserve, il est indispensable de les isoler complètement du doublage pour prévenir leur corrosion.

Pour la partie $AR$, on fait généralement usage d'un étambot en bronze, muni des râblures nécessaires pour recevoir les aboutissements du revêtement et de la quille en bois (fig. 357). Pour l'extrémité $AV$, on peut opérer de la même manière. Souvent aussi, pour diminuer le poids, on termine la coque métallique par une étrave en acier que l'on fait recouvrir complètement par le revêtement en bois (fig. 358). L'extrémité $AV$ de ce revêtement est renforcée par une armature en bronze tenue par des vis pénétrant dans le revêtement et par des boulons traversant l'étrave en acier dans des trous garnis d'un tampon en bois. Sur certains bâtiments, on a même supprimé l'étrave en acier, en conservant seulement l'armature de renfort en bronze à l'extrémité du revêtement.

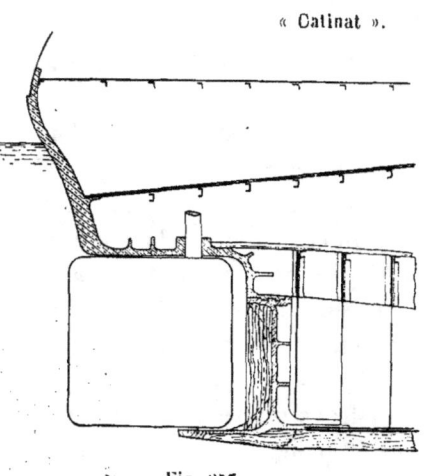

« Catinat ».

Fig. 357.

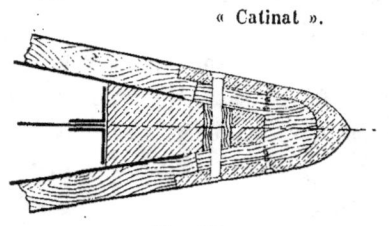

« Catinat ».

Fig. 358.

# CHAPITRE VII.

## Construction composite.

**94. Avantages et inconvénients de la construction composite.** — Lorsque les considérations militaires ne s'opposent pas à l'emploi du bois dans la charpente du navire, on peut évidemment se proposer d'exécuter en fer toute l'ossature de cette charpente, de manière à avoir une légèreté et une rigidité aussi grandes que possible, et d'exécuter en bois tous les revêtements, de façon à améliorer les conditions d'habitabilité et d'entretien de la carène. Ces revêtements en bois concourent d'une manière moins efficace à la résistance longitudinale, mais un emploi judicieux de pièces de liaison métalliques permet de conserver à l'ensemble de la charpente une solidité suffisante. Telle est l'économie générale de la construction dite *composite*, qui, après avoir représenté la transition entre la construction en bois et la construction métallique, s'est conservée à l'époque actuelle dans certaines applications particulières, en raison des avantages inhérents aux revêtements en bois.

La construction composite a l'inconvénient d'être assez coûteuse et de conduire à un poids de coque élevé, à cause de l'épaisseur assez considérable que l'on est obligé de donner au bordé extérieur pour compenser son défaut de rigidité et assurer la tenue de son calfatage. Pour ces motifs, la construction composite a été abandonnée par la marine de commerce, dont les navires ne font jamais dans les pays chauds que des séjours de courte durée. La marine militaire, au contraire, a conservé ce mode de construction pour des navires de station, avisos et canonnières, qui, ayant besoin d'une valeur militaire modérée, sont appelés à séjourner en permanence dans les pays chauds. Le bordé extérieur en bois est bien entendu recouvert d'un doublage en cuivre jusqu'à 1 mètre environ au-dessus de la flottaison.

**92. Bordé extérieur.** — La construction composite ne diffère en somme de la construction métallique qu'en ce que le bordé extérieur et le bordé des ponts sont exécutés en bois, et fixés directement sur les membrures métalliques au lieu d'être appliqués sur un platelage en tôle. La principale difficulté de ce mode de construction réside dans l'agencement du bordé extérieur, soutenu seulement par des membrures étroites et espacées.

Un premier système, imaginé par M. Arman, constructeur à Bordeaux, consistait à faire usage d'une membrure transversale en bois, d'échantillons réduits au strict nécessaire pour le chevillage du bordé. La rigidité de la charpente était obtenue au moyen de porques obliques en fer, reliées à la membrure en bois, frettées intérieurement par des ceintures en tôle formant bauquières, sur lesquelles se fixaient les barrots. Ce système a permis de construire quelques navires de poids de coque très réduit, mais a été abandonné en raison de sa complication.

Le système usuel de construction composite consiste à faire usage de membrures transversales métalliques, reliées extérieurement par un lattage assurant la liaison longitudinale. Ce lattage est formé d'une virure de tôle constituant la quille, rivée sur la partie inférieure des couples dans le plan diamétral, d'une ou plusieurs virures de préceinte en tôle, suivant le nombre de ponts, et, s'il s'agit d'un navire un peu important, d'une virure de bouchain intermédiaire entre la tôle quille et la préceinte inférieure; ces virures de tôle sont reliées par des lattes obliques en fer plat, rivées sur elles et sur les membrures qu'elles croisent. On obtient ainsi un frettage extérieur de la coque, sur laquelle vient s'appliquer le bordé extérieur.

Le plus ordinairement, le bordé extérieur est formé de deux plans de bois, composés de bordages longitudinaux. Le plan intérieur est tenu sur chaque membrure au moyen de deux boulons en acier zingué ou en bronze (fig. 359), sauf à l'aplomb des lattes obliques ou des virures de tôle; dans ce cas, en effet, le bordage est fixé, non sur le couple, mais sur la latte ou la ceinture, afin de ne pas affaiblir le couple déjà percé par les rivets d'attache de la tôle. Les bordages du premier plan sont assemblés à écart long au droit d'un couple. Les bordages du plan extérieur sont reliés à ceux du premier plan par des chevilles en cuivre traversant les deux plans, et, s'il y a lieu, les lattes et ceintures en tôle.

Au lieu d'un bordé formé de deux plans de bordages longi-

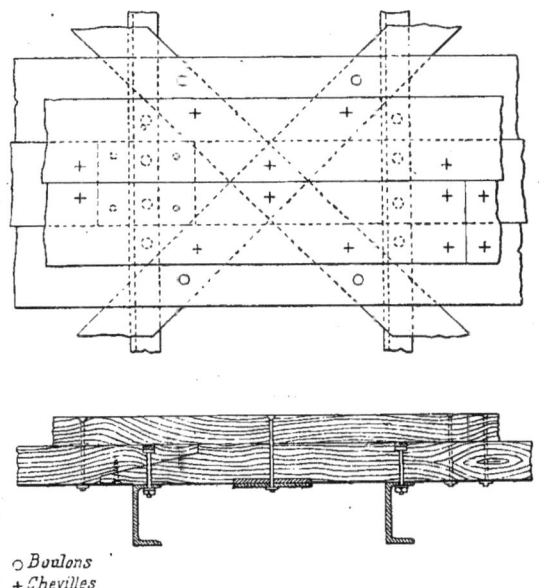

○ Boulons
+ Chevilles

Fig. 359.

tudinaux, on peut faire usage d'un bordé à bordages croisés, formé de trois plans (§ 67). La rigidité du bordé est augmentée et son étanchéité est plus facile à réaliser, mais le prix de revient de la construction est un peu plus élevé.

Pour remédier à la difficulté de tenue du bordé en bois sur les membrures en fer, on a essayé un mode de construction mixte, comportant alternativement une membrure en bois formée d'un couple double à petite maille, et une membrure ordinaire en fer. Ce système, proposé par M. Cazelles et appliqué sur le transport l'*Annamite*, a conduit à un poids de coque très élevé (**51 %**). Il a été repris récemment, avec quelques modifications, et appliqué en 1895 par MM. A. Normand et C$^{ie}$ à la construction de canonnières de station (type *Surprise*). Sur ces bâtiments, la membrure métallique est formée de couples transversaux doubles, comprenant une cornière extérieure de 110 × 70 et une cornière intérieure de 80 × 60 (fig. 360). Ces couples sont espacés de 800 $^m/_m$, et frettés extérieurement par une tôle quille de 1$^m$,14 de largeur et 9$^m/_m$ d'épaisseur, une préceinte (le bâtiment comporte un seul pont) de 8 $^m/_m$ d'épaisseur, et des lattes obliques de 200 $^m/_m$ de largeur et 7 $^m/_m$ d'épaisseur. La liaison longitudinale est bien en-

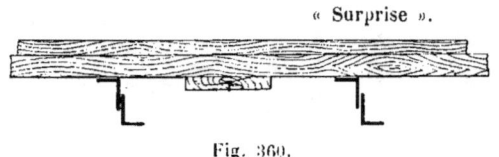

« Surprise ».

Fig. 360.

tendu complétée par des membrures intérieures (carlingue, serres) à la manière habituelle. Au milieu de chaque maille est placée une membrure intermédiaire en teak formée d'un bordage de 280 × 45 ployé de manière à suivre le contour de la coque ; ces membrures, fixées aux lattes et aux virures de tôle, s'étendent de chaque bord de la carlingue centrale à la préceinte. Le bordé extérieur est formé de deux plans de bordages longitudinaux en teak, le plan intérieur ayant 75 $^m/_m$ et le plan extérieur 45 $^m/_m$ d'épaisseur. Le poids de coque ainsi obtenu est de 43,5 %.

**93. Bordé des ponts**. — L'exécution du bordé en bois des ponts ne présente aucune difficulté particulière. La liaison longitudinale étant assurée par les virures de gouttière et d'hiloire et au besoin par un lattage oblique (§ 77), on établit en abord une fourrure de gouttière en bois, fixée par des boulons sur la virure de gouttière. Le bordé est constitué par des bordages longitudinaux fixés aux barrots soit par des vis à bois mises par dessous, soit par des boulons à tête noyée (fig. 361). La tenue par boulons est plus coûteuse et plus lourde, mais plus solide, et on emploie en général alternativement les deux systèmes de fixation, à raison d'un point d'attache par barrot.

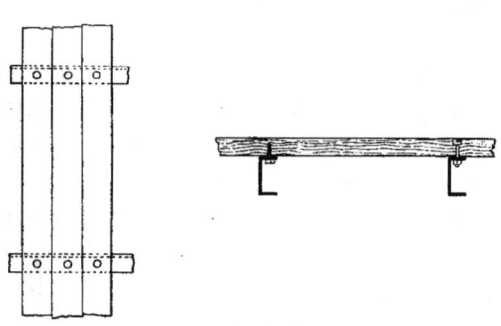

Fig. 361.

Les bordages placés au-dessus des virures de tôle sont fixés sur ces virures et non sur les barrots, afin de ne pas affaiblir ceux-ci outre mesure, ainsi qu'on l'a expliqué au paragraphe précédent. Les abouts des bordages sont placés au droit d'un barrot, sur lequel on rive une petite bande de tôle assez large pour former appui de l'écart (fig. 362). Si l'épaisseur des bordages est assez grande, on assemble les abouts à joint brisé tenu par un boulon traversant la pince du barrot (fig. 363).

Fig. 362.                    Fig. 363.

Dans le cas où le bordé n'a qu'une épaisseur inférieure à 50 $^m/_m$, le calfatage ne serait pas possible en raison de la faible hauteur des surfaces de joint. On emploie alors des bordages bouvetés (fig. 364), c'est-à-dire munis d'une languette et d'une rainure.

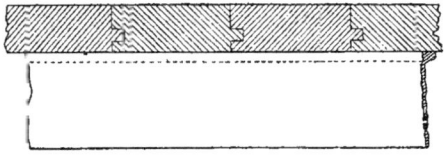

Fig. 364.

En raison de l'usure progressive des bordés de pont, la languette doit être placée au tiers environ de l'épaisseur, comme l'indique la figure. Ces languettes sont bien entendu inutiles pour les bordages appuyés sur les virures de gouttière et d'hiloire.

# CHAPITRE VIII.

## Compartimentage.

**94. Agencement général du compartimentage.** — La faible épaisseur des bordés de carène métalliques, susceptibles d'être crevés sous l'effet d'un choc extérieur, et la nécessité de localiser les voies d'eau qui peuvent se produire, entraînent comme on le sait déjà l'obligation de fractionner le volume intérieur des œuvres vives en un certain nombre de compartiments distincts, séparés les uns des autres par des cloisonnements étanches.

Ces compartiments doivent être assez multipliés pour que, dans l'hypothèse de l'envahissement d'un ou plusieurs de ces compartiments résultant d'une avarie rentrant dans les prévisions normales, la localisation de l'eau soit suffisante pour conserver au navire des conditions de flottabilité et de stabilité qui ne soient pas trop défavorables. Le compartimentage étant arrêté dans ses grandes lignes d'après les obligations de l'aménagement intérieur, on étudie un certain nombre d'avaries hypothétiques et on vérifie, pour chaque hypothèse, les conditions de flottabilité et de stabilité du navire.

On est conduit ainsi, au moins pour les navires de combat pour lesquels l'hypothèse de l'explosion d'une torpille au contact du bordé extérieur doit être envisagée, à un nombre considérable de compartiments. Ce fractionnement de l'intérieur du navire cause une gêne très sensible pour l'arrimage, la ventilation et la circulation. Il est par contre un des éléments importants du système défensif du navire, et constitue un des facteurs essentiels de la puissance militaire d'un navire de combat.

Sur les navires de commerce, pour lesquels l'avarie la plus grave à envisager est celle résultant d'un abordage, on se contente au plus de fractionner la cale au moyen de cloisonnements transversaux suffisamment nombreux pour que, une quelconque des tranches étant supposée remplie, le navire puisse encore se maintenir à flot. Le nombre de ces cloisonnements transversaux peut atteindre ainsi 10 à 13 sur les grands navires de commerce.

Indépendamment de la localisation des voies d'eau, le compartimentage joue un rôle important dans la rigidité de la charpente, les cloisons constituant des pièces de liaison longitudinale ou transversale. Enfin, un certain nombre de cellules de ce compartimentage peuvent aisément être utilisées comme *water-ballast*, c'est-à-dire comme compartiments munis d'un tuyautage permettant de les remplir d'eau ou de les vider à volonté, ce qui fournit un moyen précieux de régler l'enfoncement et l'assiette du navire, de manière à amener ou maintenir la flottaison dans la position la plus favorable, soit au point de vue de la propulsion, soit au point de vue de la stabilité.

La répartition du compartimentage est bien entendu variable d'un navire à l'autre, et nous ne pouvons donner à ce sujet que des indications générales.

**95. Compartimentage de cale.** — Pour les navires de commerce, la pratique générale consiste à établir dans toute la région inférieure, jusqu'au tournant de la cale, un caisson divisé en nombreuses cellules par des cloisonnements transversaux et longitudinaux, formant à la fois double fond étanche et water-ballast (voir fig. 209). A peu de distance de l'extrémité AV, on dispose une cloison étanche transversale complète dite *cloison de choc* ou *cloison de collision*, destinée à prévenir l'envahissement de l'eau en cas d'avarie grave de la charpente de l'AV résultant d'un abordage. Entre cette cloison et l'extrémité AR sont intercalées un certain nombre de cloisons transversales étanches, ou en tout cas munies d'ouvertures pouvant être fermées par des portes étanches, limitant des tranches dont le volume est déterminé dans une certaine mesure par les conditions d'aménagement intérieur. L'appareil moteur, par exemple, occupe en général une tranche distincte, séparée au besoin en deux par une cloison médiane s'il est composé de deux machines. L'appareil évaporatoire occupe de même une tranche spéciale, fractionné au besoin en un certain nombre de groupes correspondant à des compartiments distincts. Les cloisons limitant les soutes à charbon sont également utilisées comme cloisonnements étanches. Les autres cloisons limitent les cales à marchandises, les soutes d'approvisionnements, les compartiments contenant des appareils auxiliaires, etc. Toutes ces cloisons doivent monter au moins jusqu'au pont situé immédiatement au-dessus de la flottaison en charge, et, si on le peut, jusqu'à un pont plus élevé.

Nous signalerons en passant la disposition adoptée sur certains paquebots construits par la compagnie des Messageries Maritimes, en vue de réduire les chances de chavirement en cas d'abordage par le travers. Cette disposition consiste à bifurquer les grandes cloisons transversales à une certaine distance de leur attache avec la muraille (fig. 365). Si en effet un choc vient à se produire par le travers précisément au droit d'une cloison transversale, cette cloison peut se trouver ébranlée ou désorganisée et livrer ainsi accès à l'eau dans les deux tranches contiguës qu'elle sépare. Cet inconvénient se trouve évité par la disposition que nous venons d'indiquer.

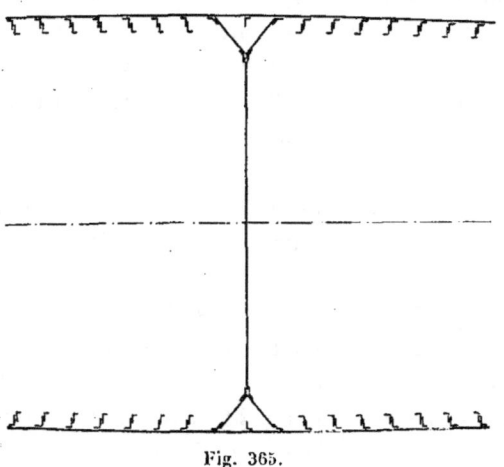

Fig. 365.

Sur les navires de guerre, le cloisonnement est beaucoup plus multiplié que sur les navires de commerce. Le double fond n'est limité au tournant de la cale que sur les bâtiments de faible tonnage (voir fig. 206), et son étendue s'accroît avec les dimensions du navire (fig. 207). Sur les grands bâtiments, on a, dans toute la région située au-dessous du pont blindé, une double coque complète, comprise entre le bordé extérieur et le vaigrage (fig. 208). Cette double coque est divisée en nombreuses cellules par les lisses et couples étanches. Outre la carlingue centrale, il y a au minimum, suivant l'importance du navire, une ou deux lisses étanches de chaque bord. Quant aux couples étanches, leur distance maxima n'excède pas en général 5 à 6 mètres. On obtient ainsi une double coque très compartimentée, dont un certain nombre de cellules peuvent être utilisées comme water-ballast. Intérieurement au vaigrage, on a d'abord à l'avant une cloison de choc, puis des cloisons transversales et longitudinales plus ou moins nombreuses. D'une façon générale, on s'arrange de manière que les cloisons transversales correspondent à des couples étanches et les cloisons longitudinales à des lisses étanches. Dans certaines régions, les ponts inférieurs peuvent également concourir au compartimentage, leurs panneaux étant disposés de manière à recevoir des obturateurs étanches.

Pour donner une idée de la complication du compartimentage d'un grand navire de guerre, la figure 366 représente le comparti-

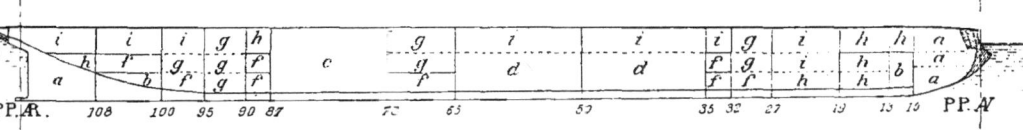

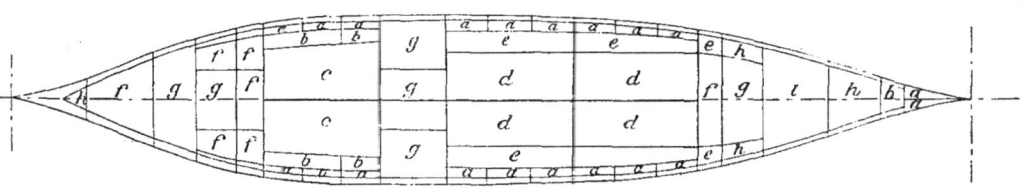

- a. Compartiments vides.
- b. Water-ballast.
- c. Machines motrices.
- d. Chaufferies.
- e. Soutes à charbon.
- f. Soutes à munitions.
- g. Appareils de manœuvre des tourelles.
- h. Soutes d'approvisionnements.
- i. Appareils auxiliaires divers.

Fig. 366.

mentage à l'intérieur de la double coque de la région située au-dessous du pont blindé d'un cuirassé d'escadre de 12000 $^{tx}$ de déplacement. Les numéros inscrits à côté des cloisons transversales sont ceux des couples auxquels elles correspondent (l'espacement des couples est égal à 1 mètre). L'appareil évaporatoire est divisé en quatre groupes égaux; l'appareil moteur comprend deux machines identiques actionnant chacune une hélice. Le faux pont et la plateforme de cale sont étanches dans les régions où ils sont figurés en traits pleins.

**96. Compartimentage au-dessus du pont cuirassé. Tranche cellulaire.** — Lorsque le pont cuirassé, considéré comme limitant la partie supérieure de la cale, est placé au-dessous de la flottaison en charge ou à une faible hauteur au-dessus de cette flottaison, il est nécessaire de compléter la protection du navire par un compartimentage établi au-dessus de ce pont, en vue de limiter la libre circulation de l'eau s'introduisant par les brèches pratiquées au voisinage de la flottaison par les projectiles ennemis, ce qui entraînerait une réduction importante et souvent dangereuse de la stabilité du navire. On est ainsi amené à disposer au-dessus du pont cuirassé une *tranche cellulaire,* dont le compartimentage doit être plus ou moins serré et plus ou moins complet, suivant la position relative du pont cuirassé et de la flottaison.

Une tranche cellulaire complète est limitée à sa partie supérieure par un pont métallique étanche formant plafond. Elle comprend en premier lieu une ceinture continue de cellules formant *cofferdam,* sur toute l'étendue du contour de la muraille du navire. Le cofferdam (voir fig. 207) est limité intérieurement par une cloison parallèle à la muraille, ayant toute la hauteur de la tranche cellulaire, et dont la distance au bordé est comprise en général entre $0^m,60$ et 1 mètre. Cette cloison est croisée par des cloisons transversales étanches complètes occupant toute la section de la tranche cellulaire; le plus souvent ces cloisons transversales sont continues et la cloison intérieure du cofferdam est interrompue à chacune d'elles. Les cellules du cofferdam ainsi obtenues sont elles-mêmes fractionnées au moyen de cloisons transversales partielles, établies au droit d'un couple, et dont l'écartement ne doit pas dépasser $3^m,50$ environ. Il est évident d'ailleurs que l'efficacité du cofferdam sera d'autant plus grande que son compartimentage sera plus serré, et sur les croiseurs cuirassés les plus récents le cofferdam est formé de cellules ayant $0^m,65$ à $0^m,75$ de largeur et $1^m,20$ de longueur, c'est-à-dire qu'à chaque couple correspond un cloisonnement étanche transversal (fig. 257). Sur d'autres bâtiments, le cofferdam est constitué par une double file de cellules, réalisée au moyen d'une cloison longitudinale intermédiaire entre la cloison interne et le bordé extérieur.

Les cellules du cofferdam sont soit laissées vides, soit le plus ordinairement remplies de matières obturantes ou encombrantes destinées à limiter ou atténuer l'importance des voies d'eau, et dont nous parlerons au chapitre XII (§ 125).

Lorsque le cofferdam doit être rempli de matières obturantes ou encombrantes, il est utile que sa face interne soit en tous ses points d'un accès facile, car cette paroi sera toujours crevée par les projectiles pénétrant dans le cofferdam, et il peut y avoir intérêt à effectuer au combat des réparations provisoires, rendues possibles par la présence des matières obturantes ou encombrantes qui atténuent la voie d'eau, de façon à limiter l'envahissement de l'eau à la cellule dont la paroi externe a été percée. On dispose dans ce but, en arrière de la cloison interne du cofferdam, une deuxième cloison distante de celle-ci de $0^m,750$ à $0^m,900$, délimitant un couloir longitudinal fractionné de la même manière que le cofferdam par des cloisonnements transversaux. Sur certains bâtiments, ce couloir n'est fractionné que par les grands cloisonnements transversaux de la tranche cellulaire, percés de portes étanches ; le couloir constitue alors une *coursive* complète, permettant de circuler le long de la cloison interne du cofferdam et d'isoler au besoin telle ou telle partie en cas de voie d'eau trop importante pour permettre la réparation. Bien entendu, la cloison longitudinale interne de la coursive doit alors être percée de distance en distance d'ouvertures munies de portes étanches permettant l'accès dans cette coursive. Sur les bâtiments les plus récents, le couloir est subdivisé de la même manière que le cofferdam, et sa cloison interne est laissée intacte. Cela revient à constituer en arrière de chaque cellule du cofferdam une deuxième cellule laissée vide, dans laquelle on accède par un petit panneau percé dans le plafond étanche limitant la partie supérieure de la tranche cellulaire (fig. 369). Dans tous les cas, il est bon de disposer, un peu au-dessus de la partie inférieure du couloir, un plancher non étanche, formé par exemple d'une tôle percée de trous, de manière à faciliter la réparation d'une voie d'eau (fig. 257).

La partie centrale de la tranche cellulaire est subdivisée par les cloisonnements transversaux et par un certain nombre de cloisons longitudinales, formant des compartiments de volume plus grand que les cellules du cofferdam et du couloir. Ces compartiments peuvent être utilisés comme soutes. Ils sont fréquemment affectés à l'emmagasinage d'une partie de l'approvisionnement de charbon.

La figure 367 représente, à titre d'exemple, le compartimentage de la tranche cellulaire d'un croiseur.

Lorsque la protection du navire est constituée par un caisson blindé dont le plafond est à une certaine distance au-dessus de la flottaison, la tranche cellulaire n'est plus indispensable. Cependant, lorsque la hauteur du caisson blindé au-dessus de la flottaison n'est pas très considérable, on établit à l'étage qui le surmonte une tranche cellulaire incomplète, en compartimentant cet entrepont au moins sur une partie de sa hauteur. Sur les grands cuirassés, par exemple, pour lesquels la hauteur du caisson blindé au-dessus de la flottaison varie de $0^m,50$ à $0^m,90$, on établit en abord un cofferdam de 1 mètre à $1^m,20$ de hauteur (voir fig. 208), que l'on protège exté-

« Friant ».

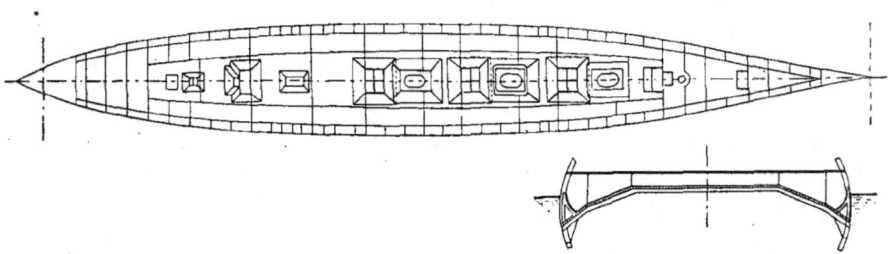

Fig. 367.

rieurement par une cuirasse mince destinée à arrêter les projectiles de calibre modéré à grande capacité d'explosif, qui, s'ils éclataient à l'intérieur de la muraille, pourraient désorganiser le cofferdam sur une étendue assez considérable. Le long de la muraille sont disposés de chaque bord des logements (chambres d'officiers et de maîtres, postes, etc.), limités par une cloison longitudinale et des cloisons transversales, que l'on rend étanches, ou du moins à peu près étanches, sur une hauteur de $1^m,20$ environ, et dont on munit les ouvertures de portes étanches. La partie centrale de l'entrepont est compartimentée au moyen de *barrages*, c'est-à-dire de cloisons incomplètes, transversales et longitudinales, ayant une hauteur de $1^m,20$ environ, raidies par des barres profilées qui montent jusqu'aux barrots de manière à servir en même temps

COMPARTIMENTAGE.

d'épontilles. Ces barrages sont percés d'ouvertures pouvant être fermées par des portes étanches. La figure 368 représente à titre

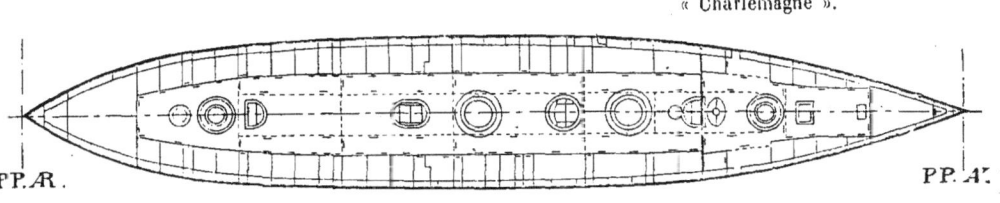

« Charlemagne ».

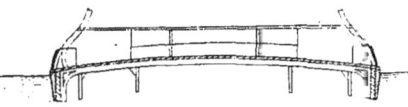

Nota: *Les cloisons de barrage sont représentées en tirets.*

Fig. 368.

d'exemple le compartimentage de l'entrepont situé au-dessus du caisson blindé sur le cuirassé dont la figure 208 représente la coupe au milieu.

Sur les croiseurs cuirassés récents, dont la protection est formée à proprement parler par une tranche cellulaire blindée latéralement, dont le can supérieur est à 2 mètres environ au-dessus de la flottaison, on s'est contenté de disposer en abord de l'entrepont placé au-dessus de cette tranche cellulaire un cofferdam vide sur la cloison intérieure duquel sont attachés des barrages transversaux, espacés de $4^m,80$ (4 intervalles de couples)

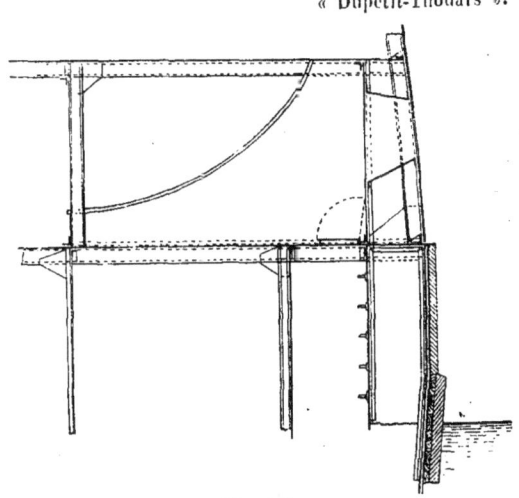

« Dupetit-Thouars ».

Fig. 369.

et relevés en abord de manière à avoir le maximum d'efficacité en cas d'inclinaison considérable du navire (fig. 369).

**97. Numérotage des compartiments de la cale.** — Nous avons vu que sur les navires de guerre on est conduit à un compartimentage de cale très compliqué. Pour faciliter la description topographique du navire, la rédaction des ordres, la préparation des rôles de combat, etc., on a été amené à adopter un numérotage uniforme et rationnel permettant de désigner sans ambiguïté chaque compartiment.

Les cloisons étanches transversales continues sont considérées comme partageant le navire en un certain nombre de *tranches*, que l'on désigne, à partir de l'AV, par la série des lettres majuscules A, B, C,... Les cloisons limitant ces tranches sont désignées par les deux lettres caractéristiques des tranches qu'elles séparent : AB, BC, CD, etc...

S'il existe entre les grandes cloisons étanches transversales d'autres cloisons étanches ne montant pas jusqu'au pont principal, et s'il y a intérêt à les désigner d'une façon spéciale, on les considère comme limitant des tranches secondaires pour lesquelles on emploie la lettre minuscule de la tranche principale, affectée d'indices; on a ainsi par exemple les cloisons $bb'$, $b'b''$, $cc'$, etc.

Tout compartiment est caractérisé par la lettre de la tranche principale à laquelle il appartient, suivie d'un nombre indicateur de deux ou trois chiffres représentant les coordonnées de position du compartiment dans la tranche.

Considérons d'abord les compartiments de la cale proprement dite, c'est-à-dire les compartiments intérieurs au vaigrage. Leur nombre indicateur se compose de trois chiffres, déterminés de la manière suivante. Un navire est en général divisé dans le sens de la hauteur en un certain nombre d'entreponts bien définis, limités par des ponts étanches ou non. Ces ponts peuvent être interrompus ou supprimés en différents points, par exemple dans les compartiments recevant les machines motrices et les chaudières; mais on admet qu'ils sont continués par la pensée dans toute la longueur du navire, et dès lors un compartiment quelconque peut toujours être considéré comme appartenant à un entrepont bien déterminé, fictif ou réel. Ces entreponts sont désignés par la suite naturelle des nombres, 1, 2, 3... en partant du pont principal, c'est-à-dire du pont cuirassé supérieur pour les navires qui en ont deux, et en allant vers les fonds, c'est-à-dire de haut en bas. Le dernier entrepont est limité au vaigrage, les compartiments du double fond possédant un numérotage spécial comme nous allons le voir tout à l'heure.

Dans le cas où l'on juge nécessaire de numéroter les compartiments de la tranche cellulaire, celle-ci est considérée comme divisée par les mêmes tranches que la cale, soit que ses cloisons transversales correspondent à celles de la cale, ainsi que cela a lieu généralement, soit qu'on suppose celles-ci prolongées fictivement, en ayant soin de marquer à la peinture leur trace sur la muraille. L'entrepont cellulaire ainsi divisé est désigné par le chiffre 0.

Lorsqu'un compartiment occupe en hauteur plus d'un entrepont ou est à cheval sur deux entreponts, on admet qu'il appartient à l'entrepont dans lequel se trouve sa porte d'accès principale si cette porte est percée dans une cloison verticale, ou à l'entrepont dans lequel se trouve sa partie supérieure si l'entrée est sur la face horizontale.

Dans ces conditions, on a pour chaque compartiment un chiffre bien déterminé représentant sa cote de hauteur. Ce chiffre forme le chiffre des centaines dans le nombre indicateur du compartiment.

La position en longueur est repérée à partir de la cloison AV de la tranche et en allant vers l'AR. Elle est représentée par les chiffres 1, 2, 3... suivant que le compartiment est le 1$^{er}$, le 2$^{eme}$, le 3$^{eme}$... à partir de la cloison. Si un compartiment occupe en longueur plusieurs tranches fictives ou réelles, ou est à cheval sur deux tranches, il est considéré comme appartenant à la tranche dans laquelle se trouve sa porte d'accès. Le chiffre de repère ainsi obtenu forme le chiffre des dizaines du nombre indicateur.

La position en largeur est repérée à partir du plan diamétral en s'éloignant de ce plan, et est désignée par la suite naturelle des chiffres impairs pour les compartiments de tribord, des chiffres pairs pour ceux de babord. Pour les compartiments placés dans l'axe du navire, la cote de largeur est représentée par le chiffre 0. S'il arrive, ce qui est d'ailleurs exceptionnel, que l'on ait dans une tranche plus de 4 compartiments à babord ou plus de 5 à tribord, on emploie pour les derniers compartiments le chiffre de repère 8 ou 9 affecté de l'indice *bis*, *ter*, etc. Le chiffre de repère de la position en largeur forme le chiffre des unités du nombre indicateur.

Dans ce qui précède, on doit entendre par compartiment tout espace délimité par les cloisons ou les ponts et ayant une affectation distincte. Cette division en compartiments ne correspond pas forcément à la division en cellules étanches, une même cellule pouvant être formée par la réunion de plusieurs compartiments.

Cela posé, le symbole H 213, par exemple, représentera un compartiment de la tranche H (la 8ᵉᵐᵉ à partir de l'AV), situé dans le 2ᵐᵉ entrepont (entre le faux pont et la plate-forme de cale), le 1ᵉʳ sur l'AR de la cloison GH et le second à tribord en partant du plan diamétral (fig. 371).

Il peut arriver, exceptionnellement d'ailleurs, que des compartiments rapprochés soient susceptibles de recevoir le même nombre indicateur; il suffit alors, pour lever la difficulté, de supposer prolongées une ou plusieurs cloisons partielles des compartiments voisins, soit dans le sens transversal, soit dans le sens longitudinal. Supposons par exemple que la tranche D soit compartimentée, à la hauteur du 3ᵐᵉ entrepont, comme le représente la figure 370. On voit qu'en appliquant strictement les règles ci-dessus exposées on aurait deux compartiments portant le numéro D 322. On supposera prolongée par la pensée la cloison longitudinale partielle, et on aura alors uniformément le chiffre 4 comme chiffre des unités pour les compartiments en abord.

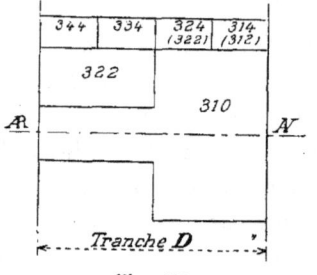

Fig. 370.

Passons maintenant aux compartiments du double fond et de la double coque. On range sous cette dénomination les compartiments compris entre le bordé extérieur et le vaigrage étanche, que celui-ci soit appliqué partout sur les membrures comme dans les fonds du navire, ou qu'il se relève en abord pour former cloison longitudinale distante de la membrure comme cela a lieu sur certains bâtiments. Si le vaigrage reste appliqué sur les membrures jusque sous le pont principal, tout autre compartiment limité en abord par des cloisons longitudinales rentre dans le numérotage ordinaire.

Les compartiments du double fond et de la double coque, ainsi définis, sont caractérisés par un nombre indicateur de deux chiffres, la cote de hauteur n'ayant ici aucune signification. Le chiffre des dizaines donne la cote de longueur définie comme plus haut, et le chiffre des unités la cote de largeur, comptée à partir du plan diamétral le long du contour du bordé. Les compartiments du double fond étant soit laissés vides, soit utilisés comme water-ballast, le mot compartiment est pris ici dans le sens de cellule étanche.

Le symbole E 25, par exemple, représentera donc une cellule étanche du double fond, située dans la tranche E, la seconde à partir de la cloison DE et la 3$^{me}$ à tribord à partir du diamétral.

Pour chaque bâtiment, on fait une étude spéciale d'après les règles que nous venons d'indiquer, et on dresse un plan de compartimentage, donnant le chiffre indicateur de chaque compartiment, qui est en somme le plan de repère topographique du navire. Les quelques cas particuliers qui peuvent se présenter se résolvent facilement en s'inspirant de ce qui a été dit plus haut.

A titre d'exemple, la figure 371 représente la coupe longitudinale, la coupe horizontale à hauteur de la plate-forme de cale et la coupe transversale au milieu du plan de compartimentage du cuirassé dont les grandes divisions sont indiquées par la figure 366. Sur ce bâtiment (voir figure 254), le vaigrage se retourne horizontalement au-dessous du pont blindé pour former pare-éclats. Pour le numérotage, on a considéré l'espace compris entre le pont cuirassé et ce pare-éclats comme formant une tranche cellulaire, dont les compartiments ont un nombre indicateur composé de 3 chiffres, celui des centaines étant zéro.

**98. Mode de construction des cloisonnements étanches.** — Une cloison étanche n'est autre chose qu'un bordé métallique formé d'un seul plan de tôles, et les procédés de construction que nous avons étudiés au § 79 lui sont par suite applicables. Les cloisonnements horizontaux étant formés par les bordés de pont,

380   ÉTUDE DESCRIPTIVE DE LA CHARPENTE DU NAVIRE.

« Charles Martel »

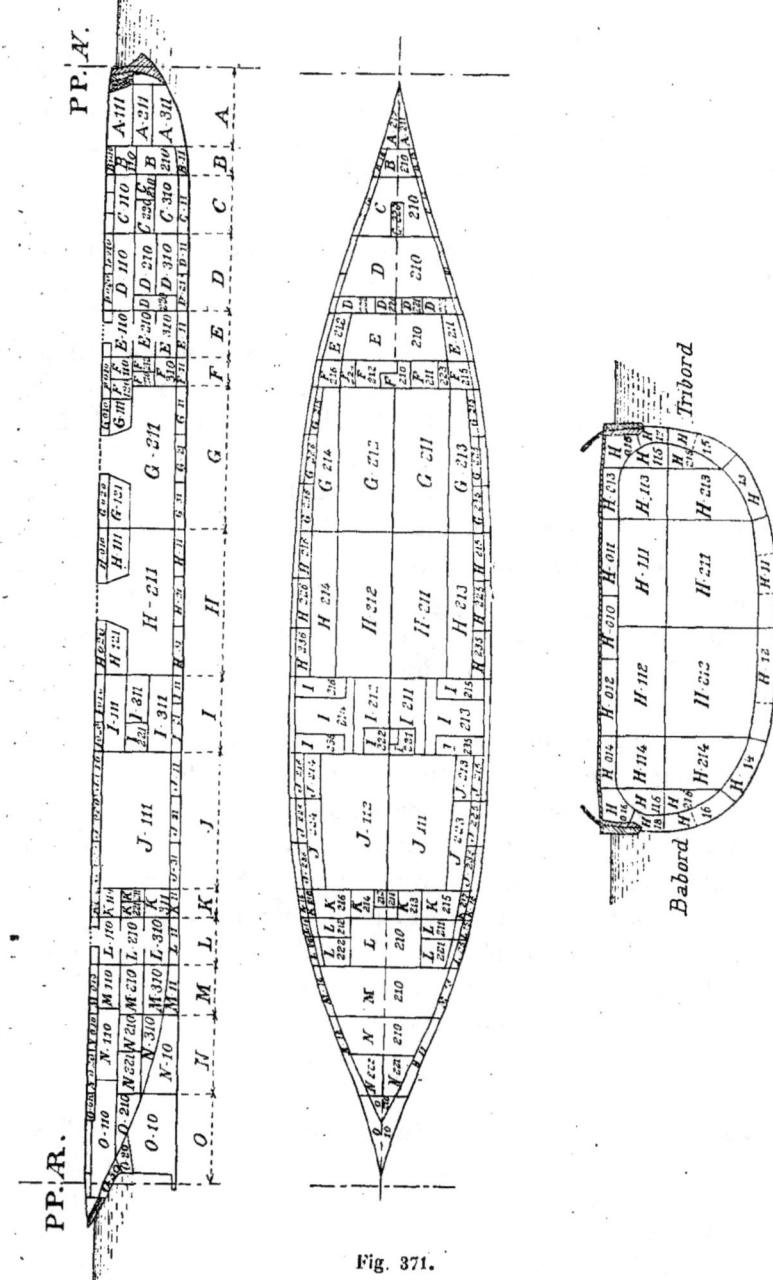

Fig. 371.

dont les dispositions ont déjà été indiquées, nous n'avons à considérer ici que les cloisonnements transversaux et longitudinaux, c'est-à-dire des cloisons verticales ou inclinées. Ces cloisons doivent être spécialement construites en vue de résister à la charge d'eau résultant de l'envahissement d'un des compartiments qu'elles limitent. Pour ne pas être amené à leur donner une épaisseur exagérée, on les raidit au moyen de nervures ayant pour objet d'accroître le moment d'inertie de leur section. Ces nervures sont obtenues soit par des déformations des tôles constituant la cloison, soit par l'addition de barres profilées rivées à la cloison ; ces barres profilées peuvent d'ailleurs être employées soit comme montants verticaux, soit comme entretoises horizontales, soit concurremment dans les deux sens.

Considérons en premier lieu les cloisonnements dont l'accroissement de moment d'inertie est obtenu au moyen de déformations des tôles. Tout d'abord, on peut faire rentrer dans cette catégorie les cloisons d'aménagements construites au moyen de tôles ondulées ou nervées (§ 17). Un procédé analogue est appliqué souvent pour les cloisons de très grandes dimensions ayant à supporter des efforts considérables, telles que les cloisons longitudinales séparant les compartiments des machines motrices. La cloison est alors formée de virures verticales comprenant chacune une seule tôle, ployée en forme de gouttière et assemblée à clin avec les virures contiguës (fig. 372). On obtient par

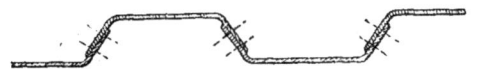

Fig. 372.

ce procédé des cloisons bien rigides, qui n'ont que l'inconvénient d'être assez encombrantes, ce qui fait restreindre leur emploi au cas que nous venons d'indiquer.

Un autre procédé, employé par la C$^{ie}$ des Forges et Chantiers de la Méditerranée, consiste à faire usage de virures verticales formées d'une seule tôle, munies d'un bord tombé jouant le rôle de montant et assemblées à clin (fig. 373) ; une cornière rivée le long du bord tombé augmente le moment d'inertie. Cette disposition est particulièrement intéressante en ce qu'elle permet sans difficulté de donner au bord tombé une largeur variable, c'est-à-dire de faire croître régulièrement le moment d'inertie du haut en bas de la cloison. On obtient ainsi une répartition rationnelle de la matière, la charge d'eau allant en augmentant de la tête au pied de la cloison.

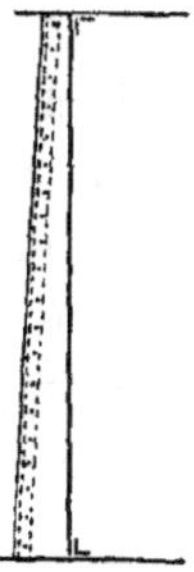

Un procédé tout à fait analogue, appliqué sur certains bâtiments, consiste à munir chaque tôle de deux bords tombés, et à assembler les tôles les unes avec les autres au moyen de couvre-joints placés sur la surface opposée aux nervures (fig. 374).

Fig. 373.

Lorsque, pour donner au cloisonnement la rigidité voulue, on fait usage de barres profilées rivées sur la cloison, ces barres sont généralement disposées comme montants verticaux, de manière à s'assembler à leurs extrémités avec les couples ou les barrots de la charpente. Elles peuvent être, suivant les cas, soit des cornières, soit des T, soit des [, soit des I. Les deux pre-

Fig. 374.

miers profils doivent être préférés toutes les fois qu'on le peut; les deux autres ont l'inconvénient d'être difficiles à river lorsque la hauteur de l'âme est peu considérable, à cause du rapprochement des deux pannes. Quant aux tôles de la cloison, elles peuvent être distribuées par virures verticales ou horizontales. Si on fait usage de virures verticales, on les assemble à double clin ou à franc-bord, en faisant tomber les joints soit entre les montants, soit au droit des montants qui doivent être alors des T ou des I. Dans le cas où l'assemblage est fait à franc-bord, il est bon de faire usage de couvre-joints doubles (fig. 375); l'étanchéité a ainsi plus de chance d'être conservée en cas de déformation de la cloison sous l'effort de la charge d'eau. Si on fait usage de virures horizontales, on les assemble également à double clin ou à franc-bord, les couvre-joints horizontaux placés du même côté que les montants étant dans ce dernier cas interrompus à chaque montant. L'emploi de virures horizontales a l'avantage de permettre de faire varier l'épaisseur des tôles d'une virure à l'autre, en fai-

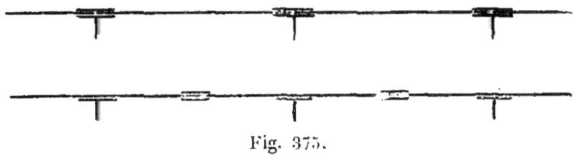

Fig. 375.

sant croître régulièrement cette épaisseur de la tête jusqu'au pied de la cloison, pour donner une variation rationnelle du moment d'inertie, ainsi que nous l'avons expliqué plus haut. (voir fig. 207 et 208).

Lorsqu'il s'agit de cloisons de grande hauteur et de grande surface, on peut être conduit à des échantillons assez forts pour les montants et les tôles. En vue d'obtenir une réduction de poids grâce à une meilleure répartition de la matière, on a essayé, dans

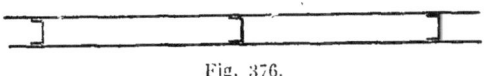

Fig. 376.

certains cas, l'emploi de cloisons *doubles*, formées de deux bordés parallèles reliés par des montants en $\sqsubset$ ou en $\mathbf{I}$ (fig. 376). Mais ce genre de cloisons présente de très nombreux inconvénients. D'abord, l'augmentation théorique du moment d'inertie que l'on réalise par rapport à une cloison de même poids, formée des mêmes montants et d'un bordé unique d'épaisseur égale à la somme des deux bordés de la cloison double, est probablement compensée par le défaut de solidarité entre les deux bordés, qui ne sont reliés que par l'intermédiaire des montants. On a bien essayé d'établir des entretoises de capitonnage reliant les deux bordés l'un à l'autre dans l'intervalle des montants, mais l'accroissement de poids qui en résulte détruit le bénéfice de l'augmentation du moment d'inertie. En second lieu, le montage et le rivetage du caisson de faible épaisseur qui constitue la cloison offrent d'assez nombreuses difficultés, et, une fois la cloison terminée, il devient peu aisé d'y fixer les cornières, brides d'attache, etc., qui doivent prendre appui sur elle pour la tenue des tuyautages ou appareils divers placés dans le voisinage. Enfin, et c'est là peut-être l'objection la plus importante, le bordé du caisson n'a qu'une épaisseur relativement faible (5 à 6 $^m/_m$ environ), et on ne peut mater que la face extérieure. Il est donc difficile de réaliser une étanchéité bien complète, et d'empêcher que, par suite de la déformation de la cloison sous la pression de l'eau, il ne se produise des suintements amenant peu à peu le remplissage de l'intérieur du caisson, c'est-à-dire l'accroissement de la charge supportée par la face limitant le compartiment non envahi.

Il est donc préférable, pour les cloisons fortement chargées, soit d'employer le système à tôles plissées de la figure 372, soit de consolider les montants en établissant entre eux une liaison à l'aide de poutres d'entretoisement horizontales. Ces poutres d'entretoisement pourront, dans certains cas, être fournies par les ponts horizontaux venant s'appuyer sur une des faces de la cloison.

Un dernier système de construction des cloisonnements étanches consiste à combiner l'emploi de montants avec celui de déformations des tôles. Dans ce système, appliqué notamment sur beaucoup de torpilleurs, les tôles sont disposées par virures horizontales, et munies de deux bords tombés, comme dans le cas de la figure 374; sur la face opposée à ces bords tombés sont fixés des montants verticaux en cornières (fig. 377). On obtient ainsi une rigidité suffisante avec des tôles de très faible épaisseur.

Une cloison étanche étant une paroi destinée à supporter une charge d'eau, il est indispensable, non seulement de donner à cette paroi une rigidité suffisante, mais encore de réaliser un encastrement aussi parfait que possible sur tout son pourtour. Pour les tôles, cet encastrement est obtenu au moyen de cornières, simples ou doubles suivant l'importance de la cloison, épousant le contour de la cloison et la reliant au vaigrage ou au bordé, aux cloisons qui la croisent, et au bordé du pont auquel elle s'arrête à sa partie supérieure. Dans certains cas, cet encastrement peut être complété par l'emploi de taquets en tôle armée de cornières placés de distance en distance de manière à assurer l'invariabilité de l'angle du bord de la cloison avec les murailles auxquelles il est fixé. Sur quelques navires à double coque, en vue d'améliorer l'encastrement du pied des cloisons

Fig. 377.

transversales, on a exhaussé les membrures transversales correspondant à ces cloisons, en interrompant le vaigrage, de manière à assembler ces membrures à clin avec la cloison (fig. 378).

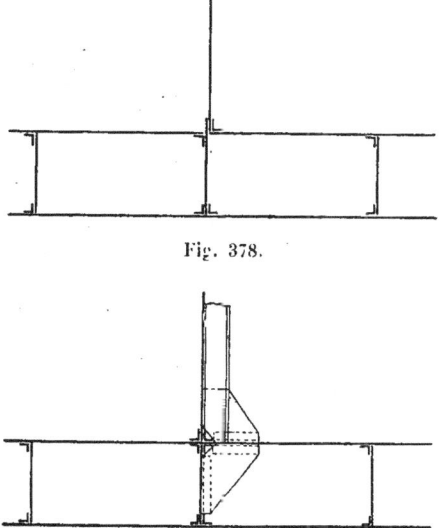

Fig. 378.

Fig. 379.

Cette disposition a l'inconvénient de réduire la liaison longitudinale formée par le vaigrage, et n'a guère été reproduite. Le plus ordinairement, les cloisons viennent seulement buter contre le vaigrage, ainsi que le représente la figure 379. Quand aux montants, leur encastrement est obtenu soit en les munissant à la tête et au pied de taquets en tôle armée de cornières (fig. 379), soit en fendant leurs extrémités suivant un système analogue à celui des attaches des barrots. Lorsqu'il s'agit de cloisons intérieures rivées sur vaigrage, et qu'on ne peut faire correspondre leurs montants aux membrures transversales ou longitudinales de la double coque, on doit avoir soin de placer un contre-taquet au-dessous du vaigrage de manière à s'opposer à sa déformation (fig. 379).

Nous n'avons pas à examiner ici les procédés de calcul des cloisons étanches, et nous nous contenterons de donner quelques indications sur les bases qu'il convient d'adopter pour ce calcul. Les dimensions superficielles de la cloison sont déterminées par le plan de compartimentage. Pour la hauteur d'eau à admettre comme point de départ de la courbe de mise en charge, il faudrait déterminer la hauteur maxima correspondant au cas d'envahissement le plus défavorable ; il est en général inutile de faire ce calcul, et on peut se contenter de prendre comme point de départ une hauteur d'eau s'élevant à une certaine distance au-dessus de la flottaison, $0^m,50$ à $1^m$ par exemple. Cela étant, le but que l'on cherche à atteindre est de réaliser une paroi aussi rigide que possible avec le minimum de poids. On devra donc en général étudier comparativement un certain nombre des systèmes que nous avons indiqués, et déterminer ainsi quel est celui qui présente le plus d'avantage. L'encastrement du pourtour de la cloison et des extrémités des montants n'étant jamais parfait, il est prudent de faire le calcul dans les deux hypothèses extrêmes de la cloison complètement encastrée et de la cloison simplement appuyée sur son pourtour, et d'adopter des résultats intermédiaires entre ceux trouvés par les deux méthodes.

Enfin, on doit toujours effectuer le calcul de la flèche maxima probable correspondant à la charge d'eau définie plus haut. Il ne suffit pas en effet de vérifier qu'en aucun point la charge du métal n'atteint une valeur exagérée, et on doit également s'assurer que la déformation de la cloison ne dépassera pas les limites admissibles (8 à 10 $^m/_m$ au maximum). Les cloisons une fois construites sont d'ailleurs essayées directement sous charge d'eau ainsi qu'on le verra dans la 4$^{me}$ partie.

# CHAPITRE IX

### Installations relatives à la propulsion et la navigabilité.

**99. Mâture.** — Lorsque le navire doit être mû par la pression du vent agissant sur des voiles, ces voiles sont supportées par des *mâts* fixés à la coque. Le pied de ces mâts repose comme nous le savons dans une emplanture, et ils sont maintenus au passage de chaque pont par un étambrai. Leur tenue est complétée par des cordages appelés *haubans* et *étais*, fixés à l'extrémité supérieure, et dont nous verrons plus tard la répartition. Même pour les navires ne recevant aucune voilure, on est obligé de conserver au moins un et souvent deux mâts, pour le service des signaux à grande distance. Ces mâts peuvent d'ailleurs être construits de manière à supporter des plateformes armées de canons de petit calibre, en raison des avantages que présente pour ces pièces une grande hauteur de commandement.

Les mâts étaient tous autrefois confectionnés en bois. On n'emploie plus guère le bois aujourd'hui que pour les mâts de faible échantillon ou pour les pièces de mâture portées par les mâts proprement dits, ceux-ci étant presque toujours maintenant construits à l'aide de matériaux métalliques.

Les mâts en bois ne font pas, à proprement parler, partie de la coque. Ils sont seulement maintenus par le coinçage dans les étambrais et par la tension des étais et des haubans. Ils ont la forme d'un solide de révolution dont le diamètre maximum est au sixième de la longueur à partir du pied, et dont le diamètre minimum, à l'extrémité supérieure, est égal aux 2/3 du diamètre maximum. La valeur du diamètre maximum est réglée d'après l'importance et la surface des voiles que doit porter le mât, ainsi que nous le verrons dans la 5$^{me}$ partie. L'ensemble de la voilure supportée par un mât constitue un *phare*. Lorsque la totalité du phare est portée par un mât formé d'une pièce unique, ce mât est dit *à pible*. Le plus souvent le mât est fractionné en plusieurs pièces. La pièce inférieure, appelée *bas-mât*, et celle qui est fixée à la coque. La liaison entre le bas-mât et la pièce de mâture qui le surmonte s'obtient en les décroisant sur une certaine longueur; la pièce supérieure passe dans un trou cylindrique percé dans une traverse appelée *chouquet* (fig. 380), fixée sur un tenon pratiqué à l'extrémité du bas-mât; sa partie inférieure est engagée dans une mortaise formée par deux pièces longitudinales appelées *élongis*, fixées sur les faces latérales du bas-mât et soutenues au moyen de taquets appelés *jottereaux*, et une pièce transversale appelée *barre traversière*. Une seconde barre traversière, placée de l'autre côté du bas-mât, complète avec les élongis la charpente de la *hune*, plate-forme de veille et de manœuvre fournissant en même temps les points d'appui des haubans de la mâture haute.

Les mâts en bois sont confectionnés en pin, autant qu'on le peut d'une seule pièce. Ce n'est que pour les bas-mâts de grande dimension qu'on est obligé de recourir à des assemblages. Le mât est alors divisé en trois séries de pièces; il est formé d'un plan de bois appelé *mèche*, placé dans le plan diamétral et ayant comme épaisseur la moitié environ du diamètre (fig. 381) et de deux plans latéraux appelés *jumelles*. La mèche et les jumelles sont elles-mêmes formées de pièces assemblées les unes avec les autres par des écarts convenablement décroisés. L'ensemble est maintenu par des cercles en fer plat espacés d'une quantité à peu près égale au diamètre du mât, et mis en place après avoir été chauffés de manière à former frettes.

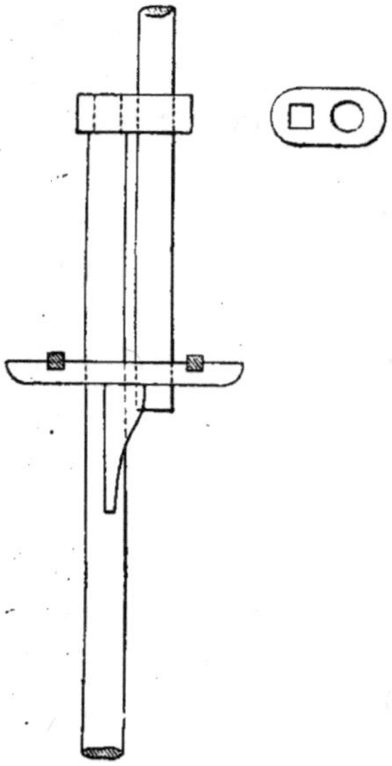

Fig. 380. 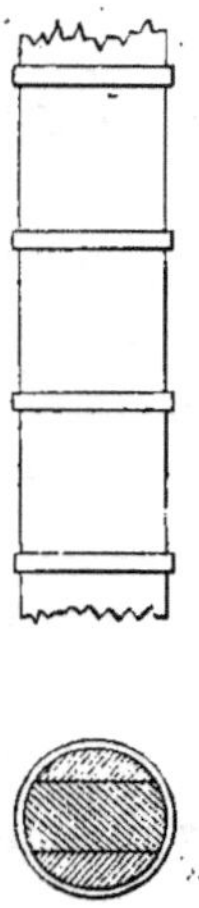     Fig. 381.

Sur tous les navires de combat actuels, et même sur la plupart des navires de commerce, les bas-mâts sont exécutés en tôle. Ils sont alors formés d'un noyau creux composé de deux, trois ou quatre bandes de tôle disposées par virures verticales, et raidies intérieurement par des montants en barres profilées. On peut se contenter d'assembler les virures à clin (fig. 382), mais on obtient un aspect extérieur plus satisfaisant en les assemblant à franc-bord, avec montants en T formant couvre-joints (fig. 383). Si le mât a

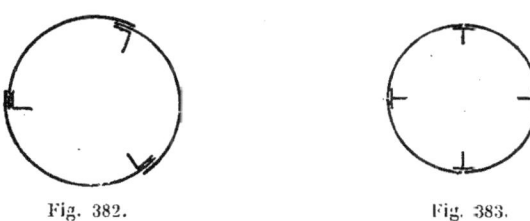

Fig. 382.    Fig. 383.

des dimensions suffisantes, on dispose des échelons fixés aux montants intérieurs, de manière à permettre l'entretien et la réfection de la peinture à l'intérieur du mât.

Les mâts en tôle, au lieu d'être simplement coincés dans des étambrais comme les mâts en bois, sont rivés à la coque. Ils constituent ainsi de puissantes épontilles assurant l'entretoisement des différents ponts qu'ils traversent. Au passage de chaque pont, la liaison est obtenue au moyen de deux collerettes en cornière rivées l'une sur le bordé du pont, l'autre sous une tôle de renfort fixée sous les barrots (fig. 384). Le mât est souvent renforcé en ce point

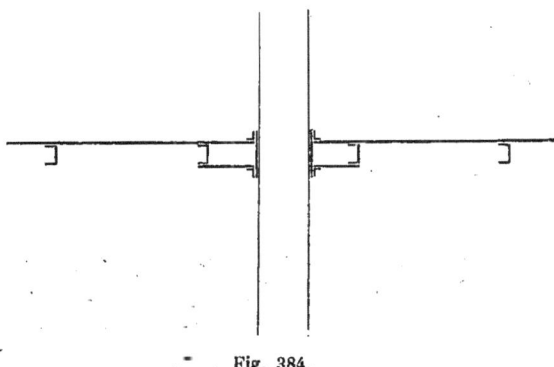

Fig. 384.

par une virole de tôle doublante, pour atténuer les effets de la corrosion que peut produire le séjour des eaux de lavage et de pluie au contact du pied du mât.

En raison de la solidité de l'encastrement des mâts ainsi fixés, il est inutile de les faire descendre jusqu'à la carlingue. On les arrête en général au pont cuirassé, avec lequel ils s'assemblent par une simple collerette en cornière (fig. 385).

Lorsque le mât n'est destiné à supporter ni voilure, ni artillerie, il porte simplement à sa partie supérieure des consoles rivées soutenant une petite plateforme, et est prolongé soit par un *mât de*

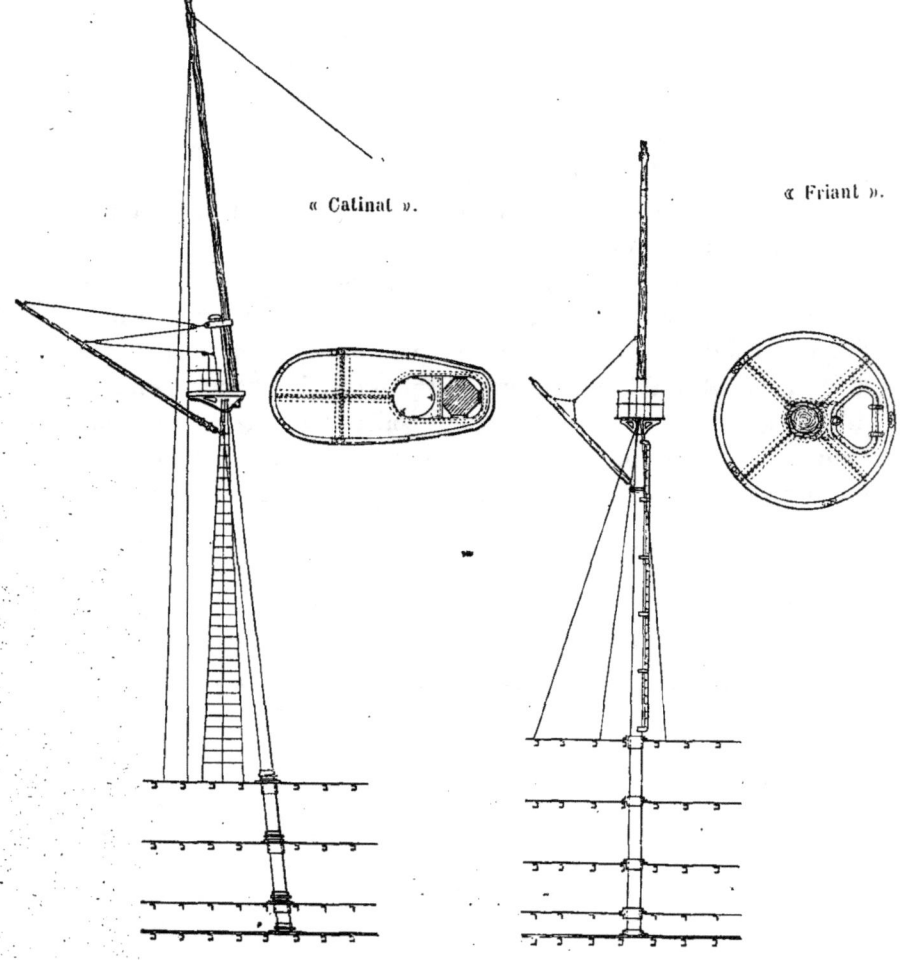

Fig. 385.

*flèche* en bois tenu par un chouquet, soit par une gaule en bois emmanchée directement sur l'extrémité du noyau creux, de manière à former un mât à pible (fig. 385). Si le mât doit porter une voilure, la hune et les pièces de mâture haute sont établies comme on le verra en étudiant le gréement.

Lorsque le mât doit supporter des pièces d'artillerie, c'est-à-dire former *mât militaire*, il est nécessaire de donner aux plate-formes des dimensions assez grandes, et d'assurer au mât une tenue suffisante pour lui permettre de résister aux efforts d'inertie développés dans les mouvements de roulis et aux réactions de tir des pièces. Pour ne pas avoir un nombre exagéré de haubans et d'étais, encombrant le pont supérieur et gênant le tir des pièces placées au niveau de ce pont, on a essayé l'emploi de mâts *tripodes*, formés d'un bas-mât appuyé par deux béquilles obliques (fig. 386). Ces béquilles sont construites de la même manière que le mât, mais en trois parties reliées par des pinces en cornières, afin de faciliter le montage.

Les mâts tripodes sont encombrants. On préfère en général augmenter la section du mât de manière à lui donner un moment d'inertie suffisant pour que sa tenue soit assurée par son encastrement dans la coque, cette tenue pouvant d'ailleurs être complétée par un petit nombre de haubans et d'étais. On est arrivé ainsi à accroître le diamètre dans de notables proportions, jusqu'à $1^m,80$ et même $1^m,90$. On a profité alors de ces gros diamètres pour loger dans l'intérieur du mât des escaliers facilitant l'accès des plate-formes armées de canons. Le mât militaire, tel qu'il a été construit sur un assez grand nombre de navires récents, comprend un noyau central cylindrique d'un diamètre de $0^m,500$ à $0^m,700$, suivant la hauteur du mât, établi comme un mât ordinaire au moyen de bandes verticales et d'armatures intérieures en cornières ou en $T$ (fig. 387). Concentriquement à ce noyau est disposée une enveloppe cylindrique en tôle, formée de virures verticales assemblées à franc-bord, laissant entre elle et le noyau central un espace annulaire de $0^m,600$ de largeur. L'enveloppe et le noyau sont reliés par des marches rayonnantes en tôle disposées en hélice, de manière à former un escalier en spirale. Avec les dimensions indiquées plus haut, la courbe de gironnement de cet escalier est un cercle dont la circonférence est de $3^m,80$ environ; en donnant aux marches une largeur au giron égale à 19°/ₘ, on a ainsi 20 marches par spire complète ; la hauteur d'une marche étant de 20°/ₘ environ, le pas AB de l'hélice est voisin de 4 mètres. On a donc la possi-

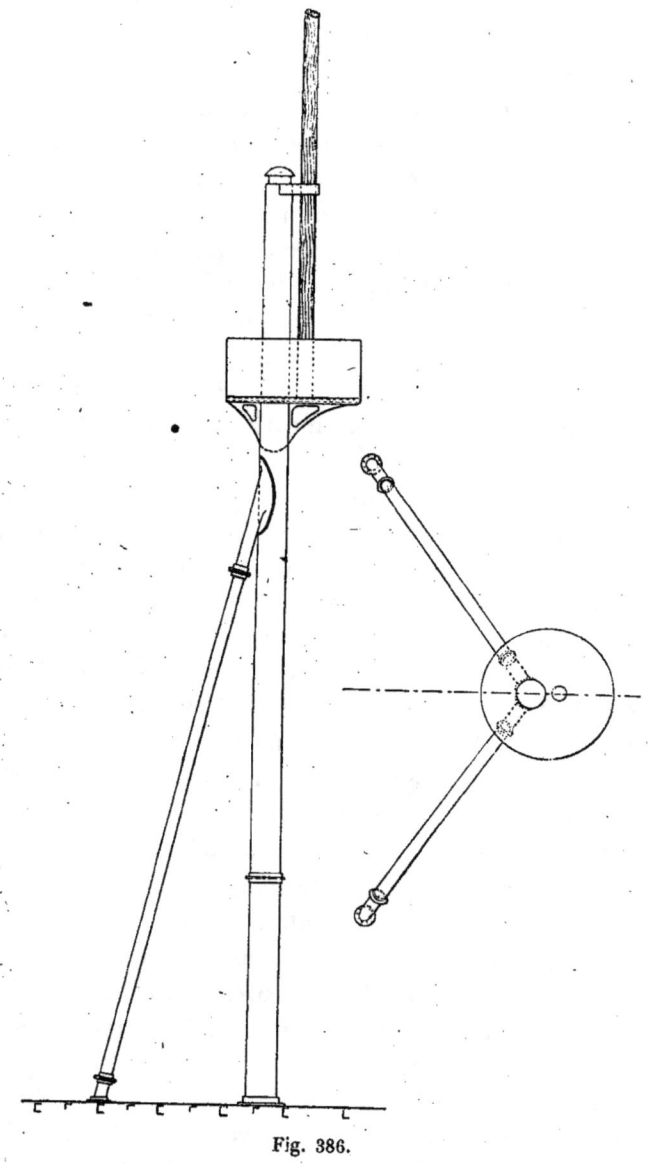

Fig. 386.

bilité d'intercaler une seconde spire de sens inverse, ce qui donne deux escaliers entre-croisés ; un de ces escaliers peut être affecté à la montée et l'autre à la descente, ce qui évite les croisements de personnel, difficiles à cause de la faible largeur de l'espace annulaire. Ce mode de construction donne un ensemble bien rigide, à cause des entretoises rayonnantes formées par les marches. On a réalisé ainsi, avec un noyau en tôle de 3 à 5 $^m/_m$, une enveloppe en tôle de 4 $^m/_m$, et des marches en tôle de 3 $^m/_m$, des mâts qui, bien que portant, ainsi qu'on va le voir, une artillerie assez lourde reposant sur des plateformes très élevées, ont une tenue suffisante sans le secours d'aucun hauban.

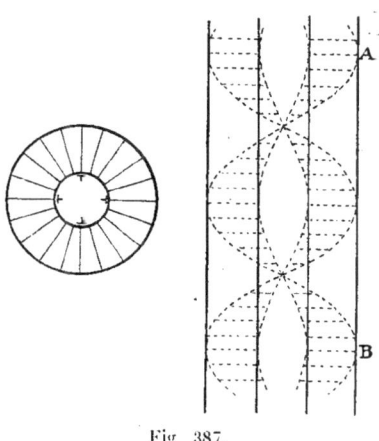

Fig. 387.

L'enveloppe extérieure du mât est arrêtée comme nous l'avons dit au pont blindé. Quant au noyau central, il est utilisé comme

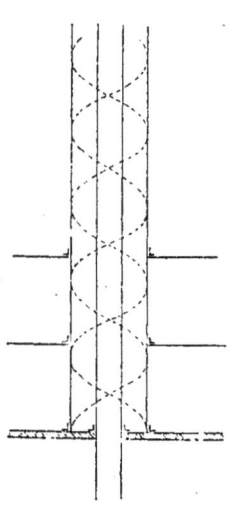

Fig. 388.

passage de munitions pour le service des canons portés par les plate-formes. Il traverse par suite le pont blindé, en se prolongeant au besoin jusqu'à la soute à munitions, si celle-ci peut être établie à l'aplomb du mât (fig. 388). L'enveloppe est percée de portes donnant accès dans l'intérieur du mât aux divers étages ; il faut, bien entendu, deux portes à chaque étage, diamétralement opposées. une pour chaque escalier. Sur le pourtour de chacune de ces portes, on rive, intérieurement à l'enveloppe, une tôle de renfort de 4 ou 5 $^m/_m$ d'épaisseur, et, pour faciliter la circulation, on dispose en regard de chaque porte une marche plus large, ayant 35 à 40 $^c/_m$ de largeur au giron, de manière à former palier ; les spires sont ainsi discontinues (fig. 389). Afin de ne pas affaiblir outre mesure l'enveloppe, il est bon de donner au pas des spires une valeur légèrement différente de la hauteur d'entrepont, afin que les portes percées aux divers étages ne se correspondent pas exactement en file verticale.

A la partie supérieure, l'enveloppe est arrêtée au niveau d'une

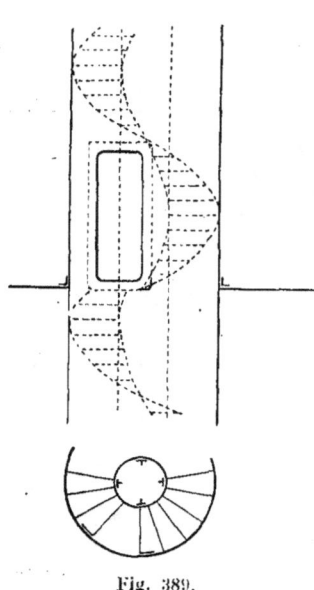

Fig. 389.

plate-forme circulaire ou carrée constituant la hune militaire, formée par un plancher en tôle soutenu par des consoles extérieures, entouré d'un garde-corps en tôle raidi par des montants, et auquel aboutissent les deux escaliers en spirale (fig. 390). Sur le pourtour de cette plate-forme sont disposés quatre supports pour canons à tir rapide de 47$^m/_m$, auxquels on peut assurer un champ de tir de 90° environ. Au-dessus de la hune militaire ainsi établie, le noyau central est seul prolongé. Il porte en premier lieu une plate-forme circulaire, de construction analogue à celle de la hune inférieure, à laquelle on accède par une échelle rivée extérieurement contre le mât.

Cette plate-forme a été souvent utilisée comme seconde hune militaire (fig. 390), recevant quatre supports pour canons à tir rapide de 37$^m/_m$, mais dans les constructions les plus récentes on y a installé exclusivement les appareils télémétriques et les transmetteurs d'ordres destinés à permettre la conduite du tir pendant le combat. A son extrémité supérieure, le noyau supporte une troisième plate-forme sur laquelle est fixé le socle d'un projecteur électrique. Enfin, le mât en tôle est prolongé par un mât de flèche en bois fixé au noyau central par un chouquet et une console en tôlerie, destiné à porter les points d'attache nécessaires pour le service des signaux de navigation et de combat, ainsi qu'un sémaphore pour signaux de combat (voir 5$^{me}$ partie). Ce mât de flèche doit avoir une hauteur de 15 mètres au moins, et est quelquefois fractionné en deux pièces (fig. 391). Sur certains navires, on a disposé entre la hune militaire et le pont supérieur des plateformes extérieures formant galerie circulaire autour de l'enveloppe, auxquelles on accède soit par des escaliers intérieurs soit par des portes percées dans l'enveloppe, et qui ont été utilisées pour l'installation des postes d'observation ou de commandement

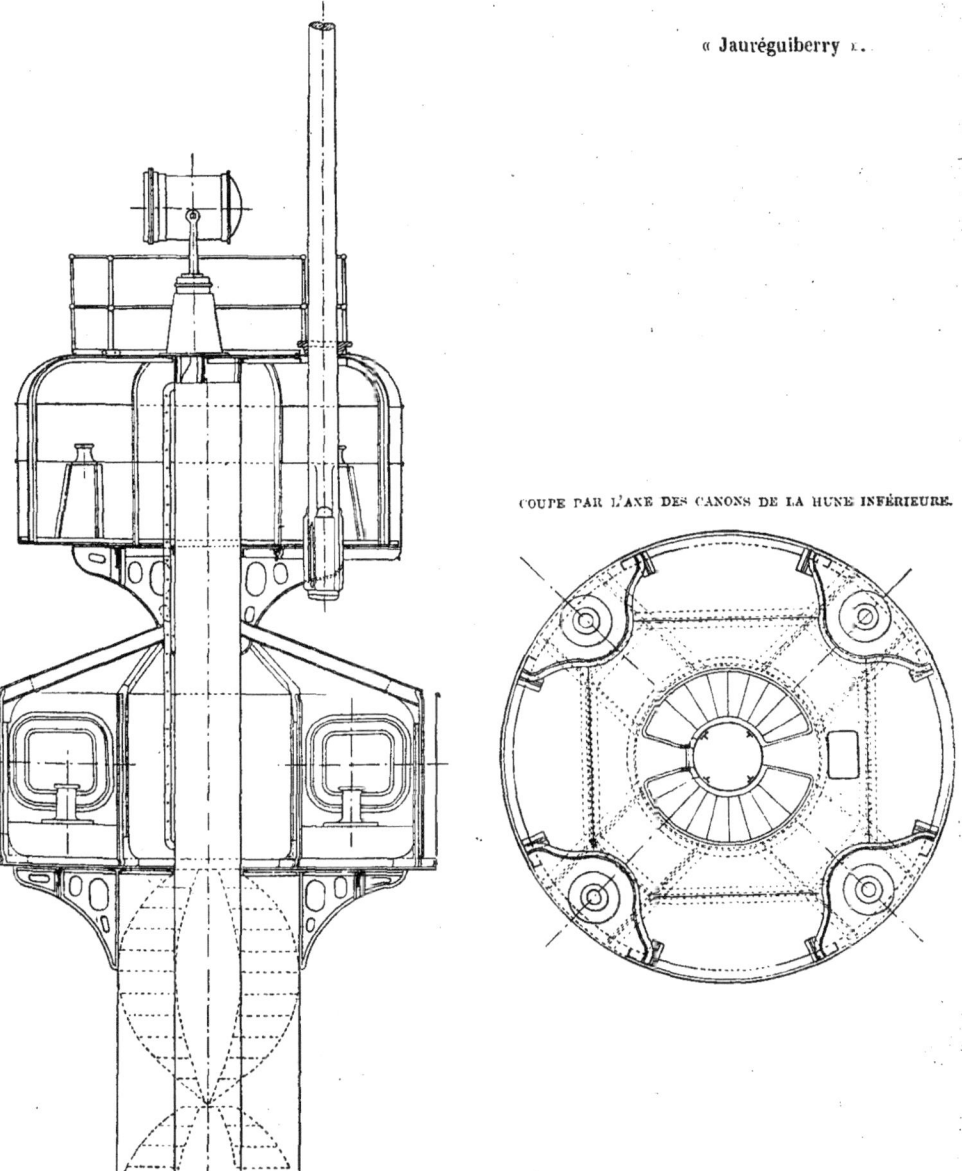

« Jauréguiberry ».

COUPE PAR L'AXE DES CANONS DE LA HUNE INFÉRIEURE.

Fig. 390.

pour le tir de l'artillerie et des torpilles. La figure 391 représente l'ensemble d'un mât militaire établi comme nous venons de l'indiquer.

Jusqu'à ces dernières années, la plupart des grands navires de combat ont été munis de deux mâts militaires. Suivant les dispositions actuellement en vigueur, les cuirassés et croiseurs cuirassés reçoivent un mât militaire à l'avant et un mât pour signaux à l'arrière. Le mât militaire (fig. 392), de $1^m,800$ de diamètre extérieur, porte une hune armée de canons de $47^m/_m$, dont le plancher est établi à $20^m$ au-dessus de la flottaison en charge. Les escaliers intérieurs s'arrêtent au niveau de la passerelle supérieure, et au-dessus de ce point l'entretoisement du noyau et de l'enveloppe est réalisé par 4 consoles verticales en tôlerie dirigées suivant les plans bissecteurs des plans médians longitudinal et transversal. Une échelle verticale placée à l'intérieur de l'enveloppe permet l'accès à la hune militaire; la disposition de cette hune a subi d'assez fréquentes modifications, et aucun modèle définitif n'a été arrêté jusqu'ici. La hune servant d'observatoire télémétrique et la plateforme du projecteur sont placées respectivement à $23^m$ et $26^m$ de la flottaison, la hauteur de commandement du projecteur étant ainsi fixée à $27^m,50$. Le mât de flèche, d'une

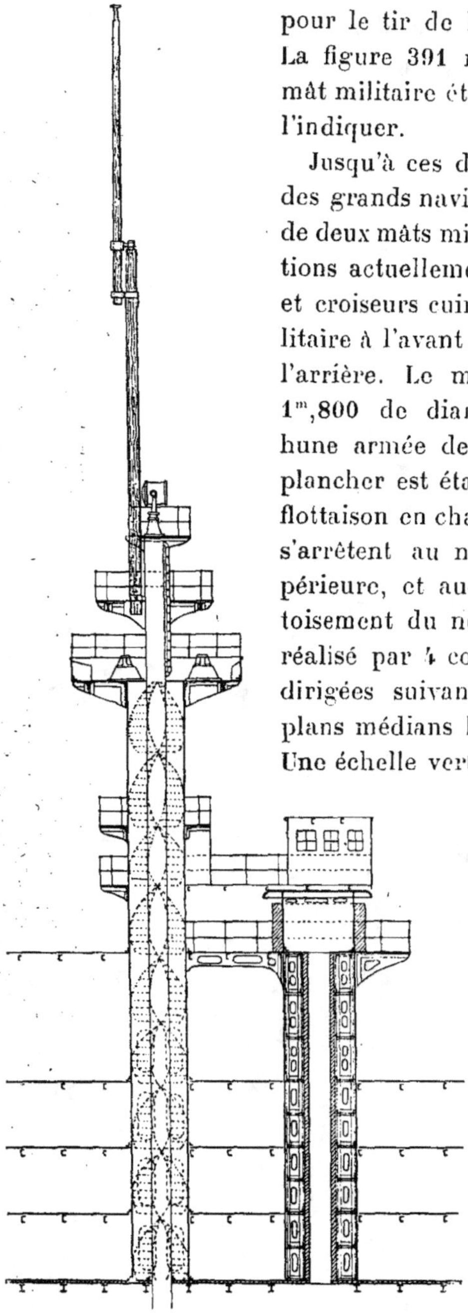

Fig. 391.

PROPULSION ET NAVIGABILITÉ.         397

seule pièce, a son extrémité supérieure à 41$^m$,60 de la flottaison. Le mât de signaux (fig. 393), contre-tenu par des haubans, est formé d'un noyau de 700$^m/_m$ de diamètre, en tôle de 6$^m/_m$, terminé par une petite plate-forme d'observation dont le plancher est établi à 26$^m$ de la flottaison, et prolongé par un mât de flèche identique à celui du mât AV. Il supporte en outre un projecteur, établi sur une plate-forme soutenue par des consoles rivées au noyau, dont le plancher doit se trouver à 3 mètres au moins au-dessous du bord supérieur des cheminées, afin d'être suffisamment en dehors du panache de fumée.

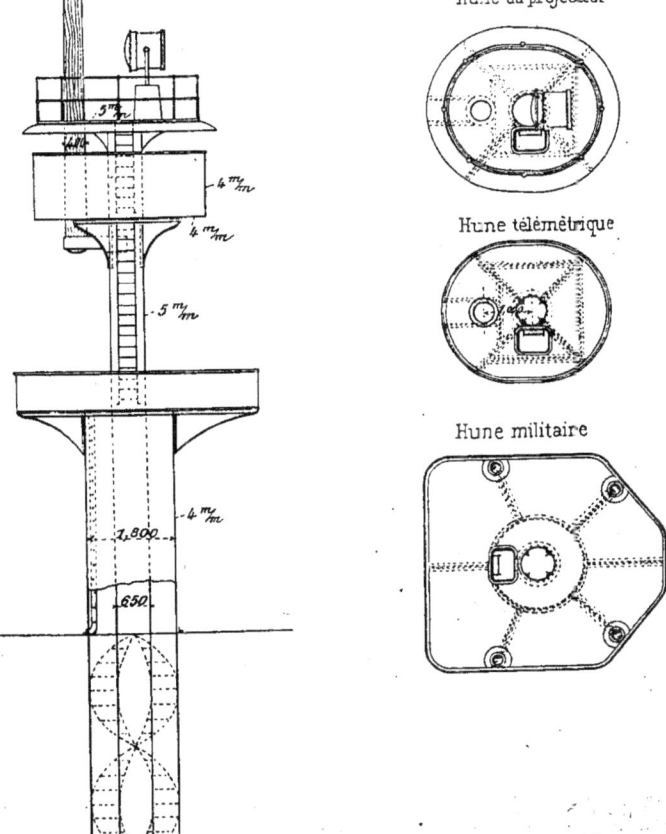

Fig. 392.

398  ÉTUDE DESCRIPTIVE DE LA CHARPENTE DU NAVIRE.

Les mâts à noyau central et enveloppe extérieure n'ont été employés jusqu'ici qu'en France. Dans les autres marines on a préféré avoir un mât ordinaire, maintenu par des haubans. Les mâts mili-

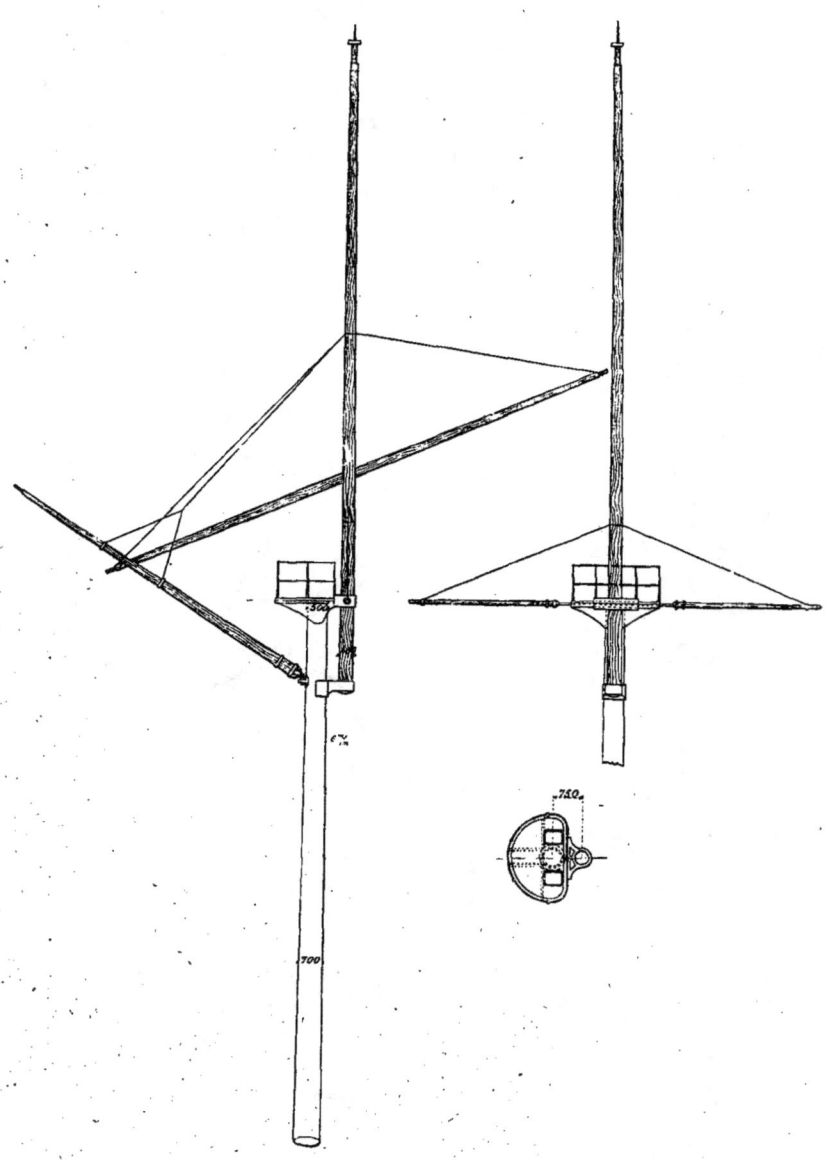

Fig. 393.

taires des navires anglais ont un diamètre de $91^c/_m$, avec échelle extérieure rivée contre le mât sur toute sa hauteur. La hune inférieure, armée de 3 canons de $47^m/_m$, est établie à peu près à la même hauteur que sur les navires français, la hune supérieure, qui porte le même armement que la hune inférieure, est à 26 mètres environ au-dessus de la flottaison. Le foyer du projecteur est à 30 mètres au-dessus de la flottaison, et le mât est prolongé par un mât de flèche de 20 mètres. Le mât est maintenu par 4 étais sur l'AV, 4 étais sur l'AR, et 2 haubans de chaque bord, un certain nombre de ces attaches pouvant être larguées pour dégager le tir des pièces du pont supérieur.

**100. Carlingages de l'appareil moteur. Entourages de cheminées.** — Lorsque le navire comporte un propulseur actionné par une machine, cette machine doit être établie sur une base solide reliée aussi intimement que possible à la charpente du navire. On constitue dans ce but, au moyen de tôles et de cornières, une assise qui porte le nom de *carlingage*. Les bâtis de la machine sont fixés sur cette assise au moyen de boulons appelés *boulons de fondation*, traversant les pièces horizontales des cornières de la partie supérieure du carlingage. La forme de l'assise dépend de la forme du bâti de la machine, et est par conséquent très variable. On doit s'arranger autant que possible de façon que les pièces de la charpente proprement dite du navire concourent à la constitution du carlingage; autrement dit, les pièces longitudinales du carlingage doivent correspondre à des lisses, et les pièces transversales à des couples. La distribution des lisses et des couples est réglée en conséquence dans toute l'étendue des compartiments de machines. Pour les couples, assez rapprochés, il suffit de les répartir en accord avec l'agencement du carlingage; pour les lisses, on est conduit en général à établir, sur la longueur du compartiment des machines, des lisses supplémentaires.

La figure 394 représente à titre d'exemple la disposition adoptée sur un bâtiment possédant deux hélices actionnées chacune par une machine verticale. Sur toute la longueur de la chambre des machines s'étendent deux poutres creuses formées de trois tôles; chaque poutre est appuyée directement sur une des lisses de la charpente (lisses n° 1 et 2) et sur une lisse supplémentaire établie dans le double fond. Les faces supérieures des deux poutres sont dans un même plan horizontal, et forment le *plan de pose* de la machine. Des taquets triangulaires placés au droit de chaque couple appuient latéralement les poutres.

D'une façon générale, les poutres de carlingage doivent être exécutées en tôle pleine et non en tôle évidée. Le but des évidements est en effet de se rapprocher des conditions d'égale résistance, c'est-à-dire d'accroître le travail de déformation dont est susceptible la pièce considérée. Or, pour un carlingage de machine,

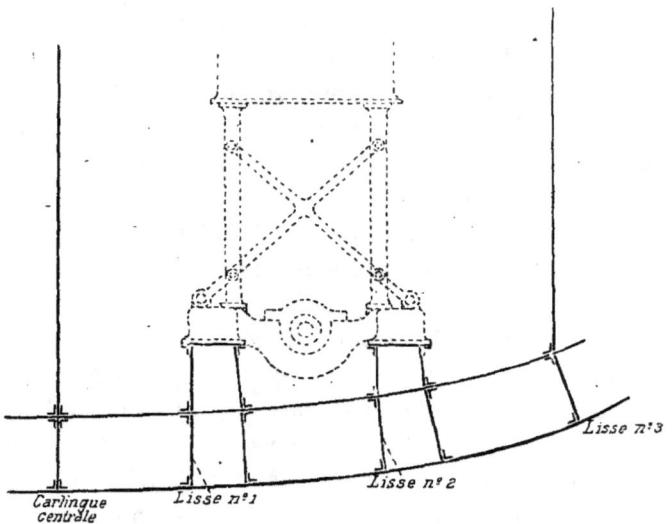

Fig. 394.

il y a avant tout intérêt à établir une assise aussi indéformable que possible, et non une assise élastique. Les poutres en tôle pleine doivent être néanmoins percées des anguillers nécessaires pour la circulation de l'eau. Ces anguillers doivent être formés par un canal étanche traversant la poutre, de façon que l'eau ne puisse pénétrer et séjourner à l'intérieur de la poutre creuse, dont l'entretien serait difficile (fig. 395).

Outre les carlingages de la machine motrice, on a à établir des assises analogues pour diverses parties de l'appareil moteur, telles que les machines de servitude, les paliers de butée, etc. Les assises des paliers de butée, en particulier, doivent être étudiées de manière à être reliées aussi intimement que possible à la charpente du navire le palier de butée étant précisément l'organe destiné à équilibrer la poussée du propulseur.

Les cheminées de l'appareil évaporatoire traversent les différents ponts dans des panneaux; elles doivent être indépendantes de la

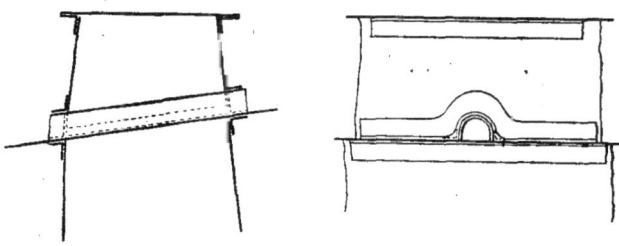

Fig. 395.

coque, de façon que leur dilatation ne soit pas gênée. Pour protéger contre le rayonnement les entreponts traversés par les cheminées, on établit autour d'elles des enveloppes concentriques en tôle montant jusqu'à une hauteur de 2$^m$50 au moins au-dessus du pont supérieur. Ces enveloppes forment ainsi à chaque étage une sorte de surbau ayant toute la hauteur de l'entrepont. L'espace annulaire compris entre la cheminée et son enveloppe est ouvert librement à sa partie supérieure et est utilisé pour la ventilation, ainsi que nous le verrons plus tard; la cheminée porte seulement un capot empêchant la pluie de pénétrer dans cet espace (fig. 396).

Lorsque la cheminée n'a pas des dimensions trop considérables, son poids est supporté par les chaudières; pour les grands

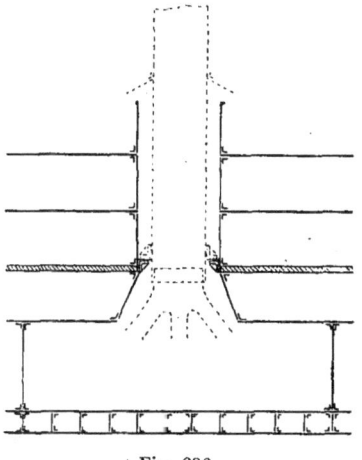

Fig. 396.

navires, on fait souvent porter la cheminée par des taquets s'appuyant sur des consoles rivées à l'enveloppe (fig. 396); la partie inférieure ou *culotte* de la cheminée est alors seule fixée aux chaudières et pénètre dans la partie supérieure par un joint glissant permettant sa dilatation. Le guidage de la cheminée est assuré par des consoles en cornières rivées dans le voisinage de la partie supérieure de l'enveloppe, et, si la cheminée dépasse beaucoup l'enveloppe, par des haubans en chaîne munis de ridoirs.

**101. Tubes de sortie et supports extérieurs des arbres porte-hélices.** — Un arbre porte-hélice passe de l'intérieur à l'extérieur du navire dans un tube cylindrique laissant pénétrer l'eau par sa partie postérieure, et fermé à son extrémité antérieure par un *presse-étoupes* placé dans une partie accessible de l'intérieur du navire et empêchant l'entrée de l'eau dans la cale. Cet arbre est soutenu en divers points de sa longueur par des coussinets fixés dans des paliers. L'hélice étant installée en porte-à-faux, le palier extrême est établi à peu de distance sur l'avant de cette hélice; entre ce palier AR et le palier de butée, placé à l'intérieur sur l'AR de la machine motrice, il existe, suivant la longueur de l'arbre, un, deux ou même trois paliers intermédiaires. S'il s'agit

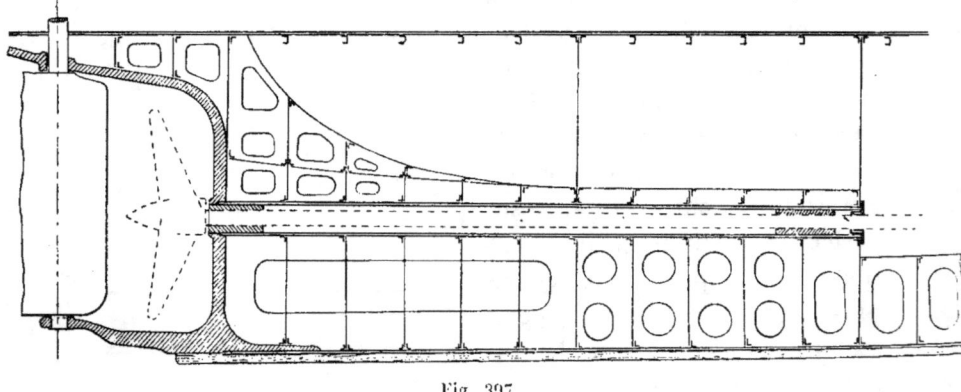

Fig. 397.

d'une hélice centrale (fig. 397), le tube vient s'ajuster dans la lunette de l'étambot, et le palier AR est encastré dans cette lunette. S'il y a des hélices établies latéralement (fig. 398), le tube est en général arrêté dans le voisinage de son intersection avec la surface de la carène; il y a alors un palier placé à l'extrémité du tube, et le palier AR établi près de l'hélice est soutenu par des supports fixés extérieurement sur la carène.

Dans le cas d'une hélice centrale, le tube est exécuté soit en acier moulé, soit le plus souvent en tôle. On le confectionne souvent au moyen de deux plans de tôles, se servant mutuellement de couvre-joints. Il traverse à peu près normalement les varangues des couples de l'arrière, surélevées et au besoin élargies en conséquence, et se termine à une dernière varangue surélevée ou à une cloison

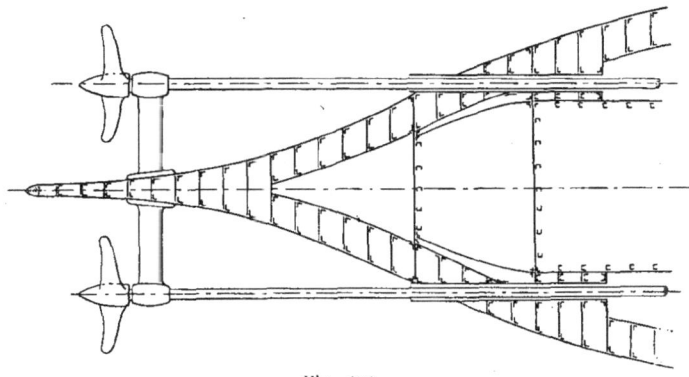

Fig. 398.

transversale, de manière que le presse-étoupes soit d'accès facile. Il est relié à chacune des varangues qu'il traverse par une collerette en cornière.

Les tubes d'arbres porte-hélices latéraux sont établis d'une façon analogue. Mais dans ce cas, en raison de l'acuité de l'angle sous lequel le tube rencontre la carène, un assez grand nombre de couples se trouvent coupés obliquement par le tube. Pour ne pas produire une saillie trop considérable sur la carène, on coupe franchement la plupart d'entre eux, et on se borne à infléchir ceux qui n'ont besoin que d'être légèrement déviés. Pour les couples coupés, les bouts interrompus des cornières ou des barres qui constituent chaque couple sont réunis par dessus le tube au moyen d'un bout de

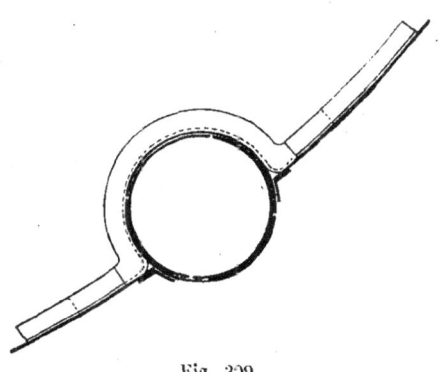

Fig. 399.

cornière ou de barre de même échantillon, contournant la section transversale du tube et adossée aux deux barres qu'elle réunit de manière à se décroiser avec elles (fig. 399). Tous les couples coupés sont reliés par des entretoises longitudinales; on peut par exemple faire passer le tube entre deux lisses, qui jouent ainsi le rôle d'entremises, ou encore faire suivre à une lisse la direction de l'axe du tube et la réunir au tube par des cornières longitudinales.

A son extrémité AV, le tube est terminé par une collerette en cornière le fixant à la cloison transversale qui porte le presse-étoupes. A l'ÆR, la disposition est variable, suivant que le tube est ou non prolongé en dehors de la carène. Si l'on ne veut avoir aucune saillie hors de la coque, on termine le tube par une pièce en acier moulé rivée avec lui, munie d'une collerette oblique recevant dans une râblure l'aboutissement du bordé (fig. 400). On peut aussi

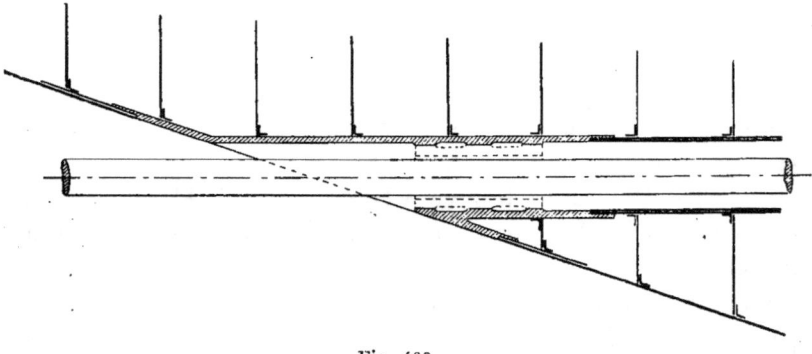

Fig. 400.

évidemment faire le tube tout entier en acier moulé.

Cette disposition a l'avantage de laisser la carène parfaitement lisse, mais a l'inconvénient d'imposer une position du coussinet de sortie du tube assez éloignée de l'hélice et par conséquent du palier ÆR. Si, pour mieux répartir les points d'appui de l'arbre, on veut pouvoir reporter sur l'ÆR ce coussinet, on prolonge le tube en tôle hors de la carène, et on le fait aboutir à un étrier en acier moulé fixé à la coque par un patin (fig. 401). L'étanchéité à la sortie du tube est obtenue au moyen d'une collerette en tôle ployée rivée au tube et au bordé. Pour éviter les remous sur l'arrière de l'étrier, on le prolonge par un casque en tôle mince en forme d'ogive, entourant l'arbre.

Si les formes du navire sont très affinées, il peut arriver que même avec cette disposition on ait encore entre le palier AR et le

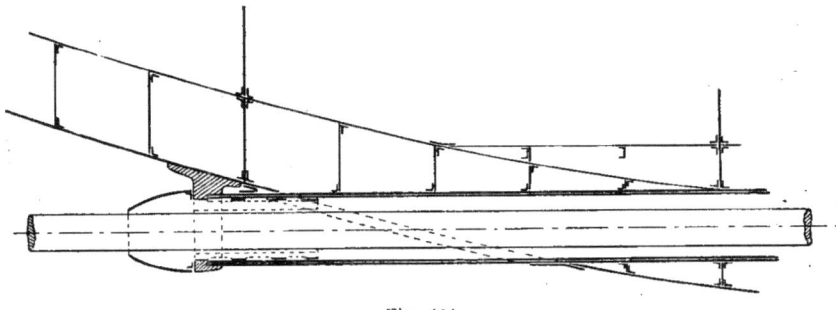

Fig. 401.

coussinet de sortie du tube une distance jugée trop considérable. On ajoute alors un palier intermédiaire soutenu par des supports

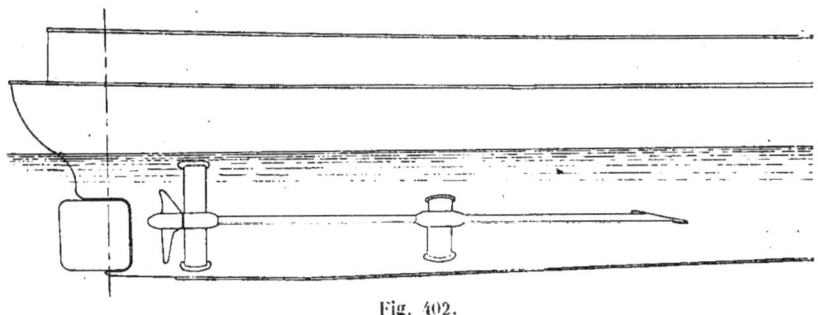

Fig. 402.

extérieurs dans les mêmes conditions que le palier AR. (fig. 402).

Les dispositions que nous venons d'indiquer sont celles en usage dans la marine française, avec quelques variantes peu importantes. Dans le cas où le navire est doublé en bois et cuivre, on ne peut, bien entendu, faire usage d'étriers et de collerettes en acier. Le tube tout entier est alors exécuté en bronze, et reçoit les râblures nécessaires pour l'aboutissement du revêtement en bois. La figure 403 représente une disposition de ce genre.

Sur les navires anglais et américains, on rencontre souvent des dispositions assez différentes. Quelquefois, le tube est prolongé jusqu'au palier AR (fig. 404), ce qui donne un peu moins de discontinuité dans la région de ce palier et permet de rapprocher autant qu'on le veut les coussinets de l'arbre. Très souvent, les deux arbres

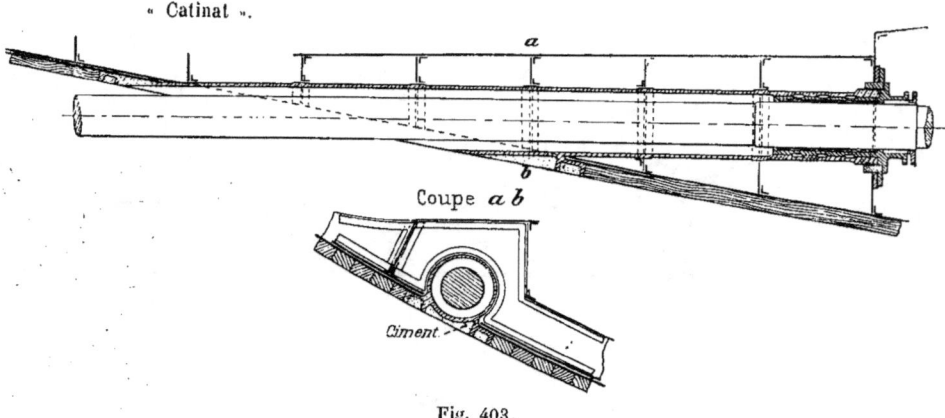

« Catinat ».

Coupe $ab$

Ciment.

Fig. 403.

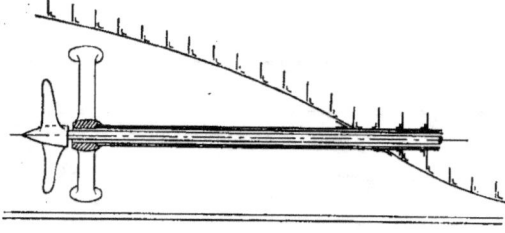

Fig. 404.

porte-hélices latéraux sont complètement enveloppés par la coque jusqu'à l'emmanchement du propulseur, c'est-à-dire que le canal formé par le tube de passage de l'arbre est développé de manière à constituer une sorte de patin à peu près horizontal se raccordant avec les formes de la carène; on a ainsi ce qu'on appelle un *arrière en croix* (fig. 405). Cette disposition supprime toute saillie brusque de la carène, et protège efficacement sur toute leur étendue les arbres, dont les paliers peuvent être répartis d'une manière quelconque; mais il y a augmentation notable de la surface mouillée, et par suite de la résistance de frottement. En somme, au point de vue de la résistance à la marche, les résultats obtenus avec un arrière en croix ou avec un arrière à supports extérieurs saillants munis d'ogives bien dessinées paraissent sensiblement identiques; l'arrière en croix est un peu plus lourd, et l'emploi aujourd'hui usuel d'arbres creux, plus légers et plus rigides, permet de faire usage sans inconvénient de coussinets très espacés.

PROPULSION ET NAVIGABILITÉ.   407

Dans les arrières en croix, les couples de construction, sauf ceux qui n'ont besoin que d'être légèrement infléchis, sont coupés pour

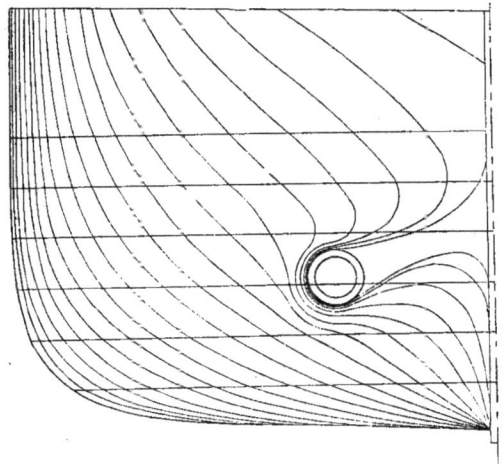

Fig. 405.

laisser passer l'arbre ou conservent le contour qu'ils auraient eu dans le cas d'un arrière ordinaire (fig. 406); le patin est alors constitué par des couples rapportés extérieurement, formés d'une cornière adossée à la cornière extérieure du couple ordinaire et de taquets en tôle. Les deux patins viennent buter à l'AR contre deux bras faisant corps avec l'étambot. La figure 407 représente un

« Oceanic ».

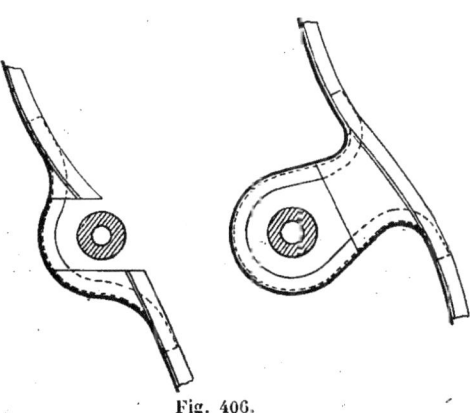

Fig. 406.

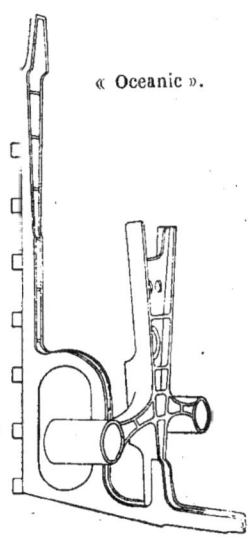

Fig. 407.

étambot de ce genre. L'évidement pratiqué dans cet étambot a pour but de favoriser le dégagement des filets liquides, ainsi que nous l'avons déjà signalé plus haut au § 89.

Lorsqu'on fait usage de supports extérieurs, ceux-ci sont composés en principe de deux bras fixés d'une part à la coque par des patins, d'autre part à un moyeu creux à l'intérieur duquel est établi le palier de l'arbre (fig. 408). Ces bras ont une section

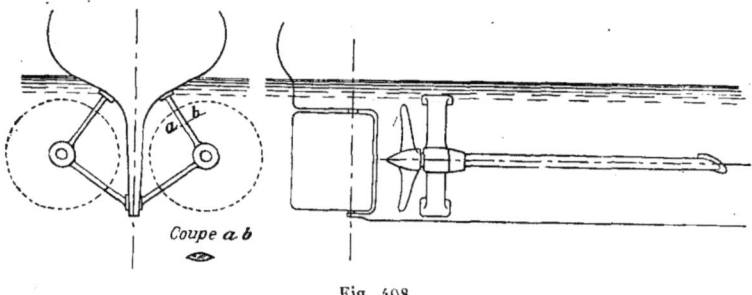

Fig. 408.

affinée à double ogive de manière à présenter une résistance directe aussi faible que possible et à ne pas gêner l'arrivée de l'eau aux hélices. En outre, la face N du moyeu est munie d'un casque ogival disposé comme celui de l'étrier terminant le tube dans la figure 401.

Le moyeu et les deux bras peuvent être exécutés par moulage d'une seule pièce, soit en acier, soit en bronze s'il s'agit d'un navire doublé en bois (fig. 409). Quand les supports sont de grande dimension, on les constitue souvent, pour faciliter le montage, de plusieurs pièces assemblées les unes avec les autres. On peut par exemple (fig. 410) faire venir de fonte avec le moyeu deux amorces sur lesquelles viennent se fixer par des prisonniers deux tôles cintrées entretoisées par une barre en [ ou en I. Les patins d'attache, en acier moulé, portent des amorces identiques sur lesquelles se fixent les extrémités des bras. Autrement, les bras sont formés par deux étraves rectilignes (fig. 411) butant contre le moyeu et contre la coque, munies de râblures dans lesquelles s'attachent les tôles formant bordé. Des collerettes en cornière relient ces bras au moyeu et à la coque; l'assemblage des bras et du moyeu est consolidé par une équerre en acier forgé.

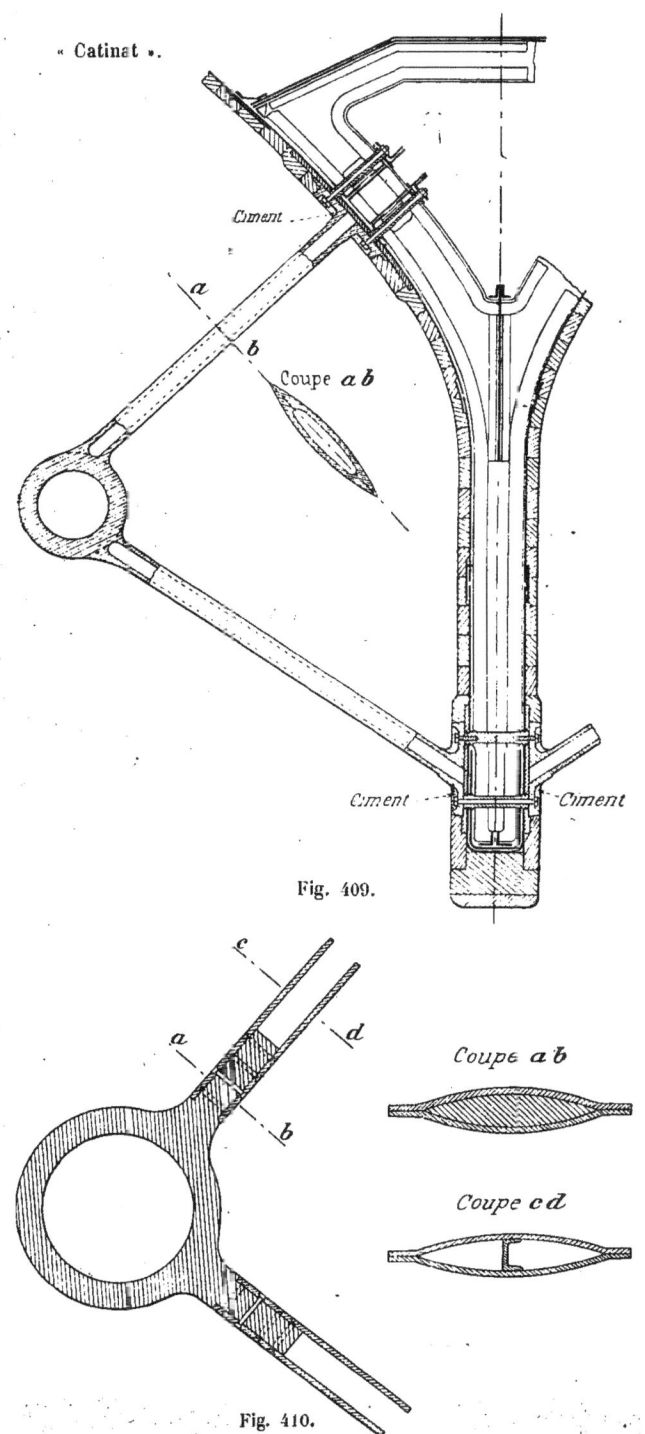

Fig. 409.

Fig. 410.

Les bras creux formés de pièces assemblées sont remplis de brai, chauffé de manière à être suffisamment fluide, au moyen de trous percés dans le bordé en tôle et bouchés ensuite par des prisonniers. On évite ainsi qu'un défaut d'étanchéité laissant pénétrer de l'eau à l'intérieur ne puisse amener une corrosion des bras et compromettre la tenue des hélices.

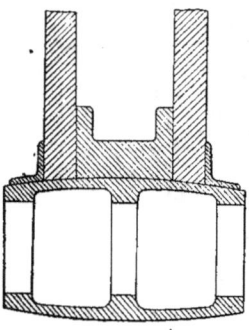

Le moyeu est évidé comme le représente la figure 411, de manière à présenter trois surfaces cylindriques recevant les portées du coussinet. On peut aussi faire le moyeu d'assemblage (fig. 412), au moyen de trois anneaux en acier moulé reliés par des cornières à un bordé en tôle aboutissant dans des râblures pratiquées dans les anneaux extrêmes. Dans tous les cas il est bon de disposer à la partie inférieure deux ou trois lattes longitudinales en tôle ployée (fig. 412), pour faciliter le démontage du coussinet, qu'on peut alors faire glisser sans que ses portées saillantes mordent sur les saillies du moyeu.

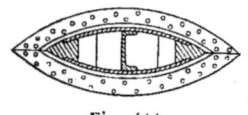

Fig. 411.

L'**attache des bras avec la coque** doit être faite avec un soin tout particulier, car la rigidité des supports du palier AR est indispen-

« Charles Martel ».

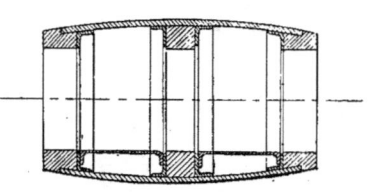 

Fig. 412.

sable pour éviter les fouettements de l'arbre porte-hélices et les vibrations de l'arrière du navire. La coque doit être fortement consolidée au droit des patins d'attache (fig. 409). Le plus souvent on peut disposer ces patins à l'aplomb d'une lisse, de part et d'autre de laquelle on ajoute au besoin des entremises de manière à former un quadrillage solide.

PROPULSION ET NAVIGABILITÉ.    411

Dans les constructions anglaises, l'attache est faite quelquefois d'une façon différente (fig. 413). Les patins ont la forme d'une queue aplatie, venant se river sur le côté d'une lisse ou sous le platelage d'un pont pour le bras supérieur, sur une semelle venue de fonte avec l'étambot pour le bras inférieur. L'étanchéité est obte-

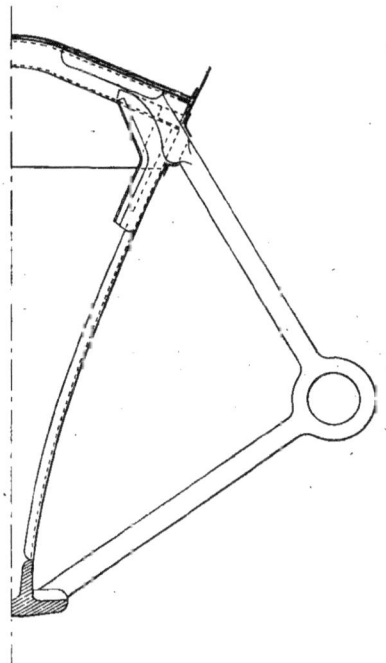

Fig. 413.

nue au passage du bras supérieur à travers le bordé au moyen d'une collerette en cornière.

**102. Tambours.** — Lorsque le navire est mû par des roues, celles-ci sont le plus souvent disposées latéralement, dans le voisinage de la section milieu, en porte-à-faux à l'extrémité d'un arbre moteur transversal. Pour protéger ces roues et empêcher l'eau soulevée par les pales d'être projetée sur le pont, on enferme chaque roue dans une sorte de cage demi-cylindrique appelée *tambour*. Cette cage est établie de la manière suivante.

L'arbre transversal des roues est soutenu par deux paliers de butée voisins de la muraille, fixés sur une console en tôlerie rivée soit à l'intérieur soit à l'extérieur du bordé. Sur l'AV et sur l'AR de chaque roue, à peu près au niveau de son axe, on dispose une poutre transversale rivée au bordé, ayant une longueur un

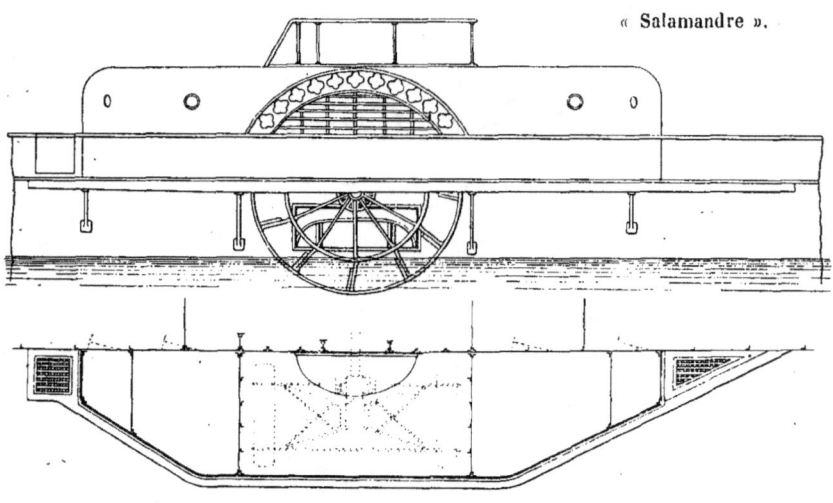

« Salamandre ».

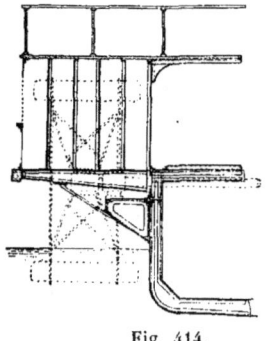

Fig. 414.

peu supérieure à la saillie des roues (fig. 414). Les extrémités de ces poutres sont reliées à la muraille par deux poutres obliques, et entre elles par un élongis longitudinal. Les poutres obliques sont soutenues par des béquilles rivées au bordé. Les deux poutres transversales et l'élongis supportent le *tambour*, ayant la forme d'un dôme demi-cylindrique en tôle raidie par des cornières, dont la face verticale externe est percée d'évidements. Les espaces triangulaires compris entre les poutres obliques et les poutres transversales portent le nom de *jardins*. Ils sont recouverts d'un bordé horizontal, et sont en général mis en communication avec l'intérieur du navire par des portes percées dans la muraille, et utilisés pour loger des offices, bouteilles, lavabos, etc.

PROPULSION ET NAVIGABILITÉ.    413

Pour les canonnières et les remorqueurs destinés au service des rivières, pour lesquels il y a intérêt à réduire le plus possible la largeur, on dispose souvent les roues à l'extrémité AR. Le navire a dans ce cas à l'arrière la forme d'un chaland rectangulaire; les roues ont leurs paliers fixés sur deux poutres longitudinales (fig. 415), et sont enveloppées par un tambour reposant

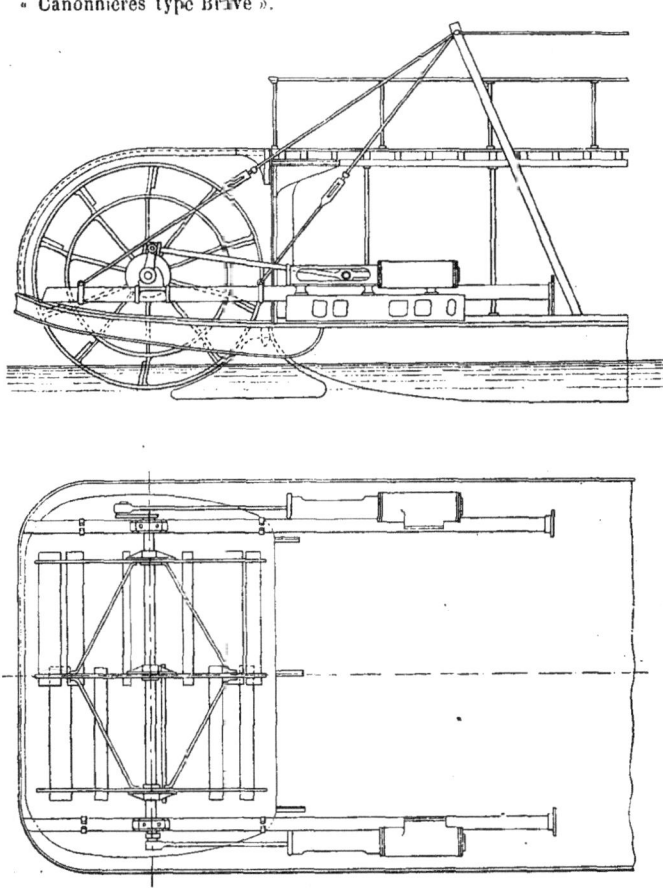

« Canonnières type Brave ».

Fig. 415.

sur un cadre rectangulaire qui prolonge les formes de la coque. Autrement, les roues peuvent être logées dans un ressaut ménagé dans la charpente, ainsi que le montre la figure 416, représentant un remorqueur construit en Angleterre pour le service du Niger.

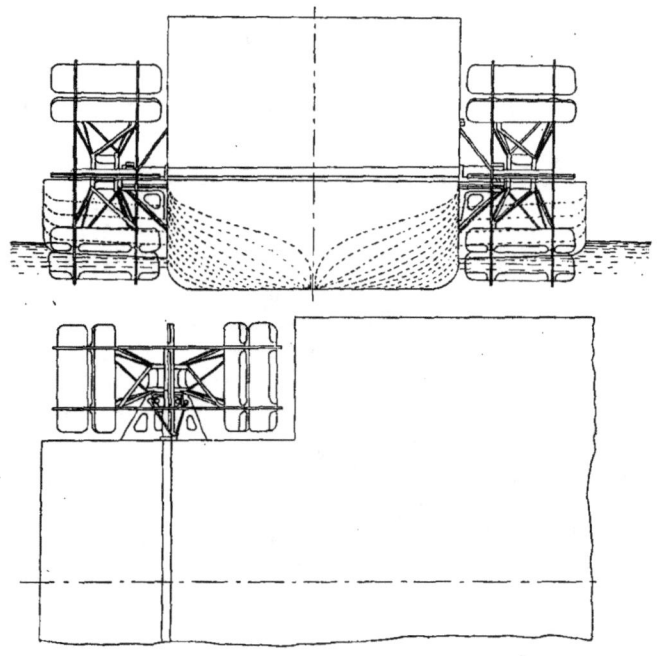

Fig. 416.

**103. Manchons de prise d'eau. — Crépines.** — Le fonctionnement de l'appareil moteur exige l'installation de tubulures d'entrée ou de sortie d'eau au-dessous de la flottaison, pour l'aspiration ou le refoulement des diverses pompes. Ces tubulures, qu'on confond sous le nom général de *prises d'eau*, sont munies d'un robinet d'arrêt en bronze terminé par une bride circulaire. Lorsque ce robinet peut être placé contre la face intérieure du bordé, on rive avec le bordé une rondelle en fer dont une des faces est ajustée suivant le contour de la muraille; l'autre face est dressée de manière à recevoir la bride du robinet, qui se fixe au moyen de prisonniers (fig. 417). Entre la bride en bronze et la rondelle de fer, on interpose une rondelle de plomb placée entre deux lits de mastic de minium, de manière à empêcher le contact entre le fer et le bronze, qui déterminerait l'oxydation rapide de la rondelle.

PROPULSION ET NAVIGABILITÉ.    415

Lorsqu'il existe une double coque, le robinet d'arrêt doit être placé à l'intérieur du vaigrage, de façon à pouvoir être manœuvré et visité facilement; on dispose alors un manchon étanche traversant la double coque. Ces manchons sont exécutés ordinairement en tôle soudée, et ont une forme tronconique s'ils doivent être munis d'une *crépine*, ainsi que nous allons le voir tout à l'heure. Ils sont fixés au bordé et au vaigrage par des collerettes en cornière, dont on laisse l'angle apparent, de manière à faciliter le matage (fig. 418). Au lieu d'arrêter le manchon au

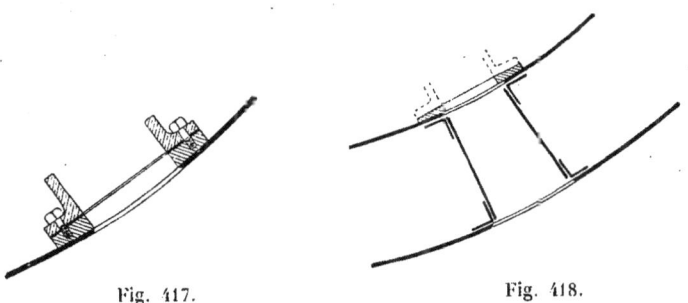

Fig. 417.                Fig. 418.

vaigrage, on peut le prolonger à l'intérieur, en le terminant par une collerette en cornière renversée qui reçoit la pince du robinet (fig. 419). L'étanchéité de ces manchons ayant une grande importance, on adopte souvent la disposition représentée par la figure 420, qui diminue le travail de matage et de rivetage; le

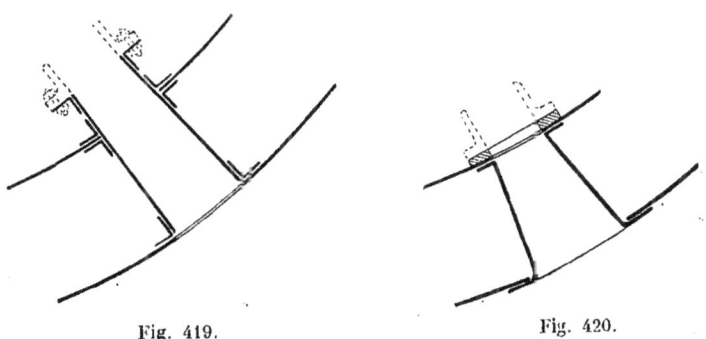

Fig. 419.                Fig. 420.

manchon est fait d'une seule pièce, soit en acier moulé, soit en tôle emboutie et soudée, et on lui donne une forme suffisamment évasée pour qu'il puisse être mis en place par l'extérieur.

Lorsque le navire reçoit un revêtement en bois et un doublage en cuivre, il est nécessaire de faire usage de manchons en bronze. Ces manchons sont en deux pièces (fig. 421); l'une des pièces, mise en place par l'intérieur, porte une bride venant se fixer sur une rondelle en fer rivée au bordé métallique; l'autre pièce est une collerette circulaire reliée à la bride intérieure par des boulons en bronze. Le pourtour de la tête de ces boulons et le joint de la collerette et de la pièce principale sont matés. L'isolement du bronze et de l'acier est obtenu au moyen d'un manchon en plomb à bords rabattus, comme le montre la figure.

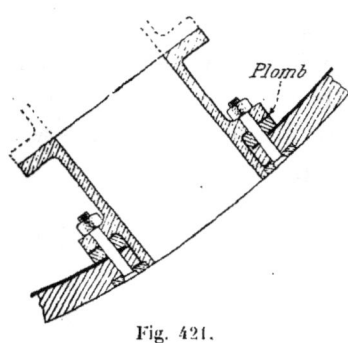

Fig. 421.

Toutes les tubulures d'entrée d'eau doivent être munies extérieurement d'un grillage s'opposant à l'introduction des herbes ou des saletés qui pourraient être aspirées et venir engorger le robinet d'arrêt ou la pompe. Ces grillages portent le nom de *crépines*. La crépine peut être obtenue en laissant continue la tôle du bordé extérieur, et la perçant de trous donnant une section totale convenable. Ce procédé est assez usité sur les navires de commerce. Il a l'inconvénient de ne pas permettre la visite des manchons par l'extérieur, le navire étant échoué dans un bassin de radoub. Pour les navires de guerre, construits presque toujours avec double coque, on fait usage de crépines rapportées extérieurement et facilement amovibles. Ces crépines sont formées d'une calotte légèrement bombée, en tôle zinguée percée de trous circulaires; elles sont fixées au moyen de prisonniers vissés dans le bordé. Lorsque le diamètre de la crépine dépasse $200^{m/m}$ environ, on la raidit au moyen d'une armature intérieure formée d'une cornière placée longitudinalement (fig. 422). Pour faciliter le démontage et le remontage des crépines, dans les visites au bassin, on peut avantageusement les tenir au moyen de prisonniers à double filetage, qu'on n'a pas besoin de dévisser pour enlever la crépine, et qui peuvent être ainsi matés une fois pour toutes.

Les trous des crépines ont en général un diamètre de 12 $^m/_m$, ce chiffre étant légèrement réduit pour les crépines de faible dimension ; leur distance de circonférence en circonférence est

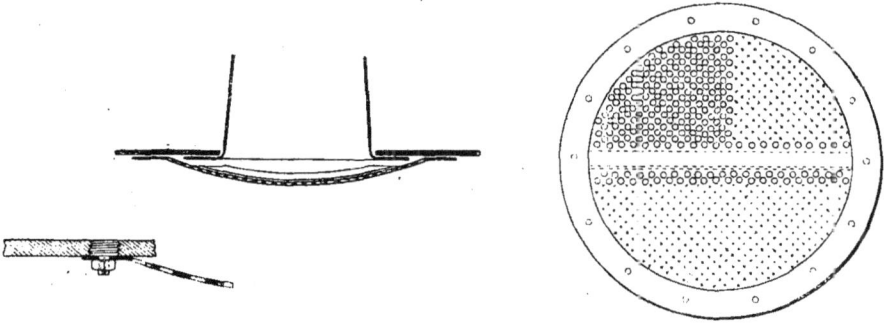

Fig. 422.

d'environ 4 $^m/_m$. On détermine leur nombre par la condition que la section totale des trous soit égale à trois fois environ la section du tuyau de prise d'eau, ce qui détermine l'évasement du manchon.

Pour les crépines de très grand diamètre et dans le cas d'un navire à vitesse élevée, la section totale calculée comme nous venons de l'indiquer peut être insuffisante pour l'afflux de l'eau quand le navire est en marche. On peut alors soit augmenter le nombre de trous, soit accroître un peu la saillie de la crépine et ménager sur l'AR une sorte de poche non percée de trous (fig. 423).

Dans le cas d'un navire doublé en cuivre, les crépines sont bien entendu confectionnées en cuivre ou en bronze.

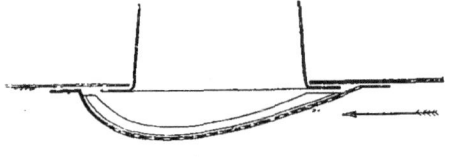

Fig. 423.

Pour faciliter les réparations à flot, les prises d'eau sont repérées au moyen de plaques de laiton fixées sur la muraille ou sur le pont supérieur dans le plan transversal de chaque tubulure. Chaque plaque porte la désignation de la prise d'eau à laquelle elle correspond, ainsi que l'indication de sa distance à la flottaison en charge comptée suivant le contour du couple.

CONSTRUCTION DU NAVIRE.

**104. Quilles d'échouage. — Quilles de roulis. — Défenses.** — Lorsque le navire n'a pas de quille saillante, on rapporte souvent au-dessous de la tôle-quille une fausse quille en bois destinée à protéger les galbords en cas d'échouage accidentel et à servir de surface d'appui au navire dans un échouage au bassin. Cette *quille d'échouage* est formée de pièces de teak mises bout à bout, maintenues par des vis à bois ou par de longs rivets traversant les pannes verticales de deux cornières fixées sur la tôle quille (fig. 424). Ces cornières sont tournées soit vers

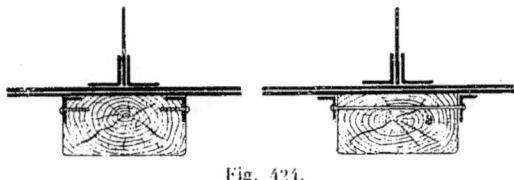

Fig. 424.

l'intérieur, soit vers l'extérieur.

Il importe qu'une avarie de la quille d'échouage n'entraîne pas de voie d'eau; pour cela, ses cornières d'attache sont reliées à la tôle quille par des prisonniers affaiblis par une gorge circulaire au ras de cette tôle (fig. 425). De plus, les galbords ont en général une épaisseur suffisante pour que ces prisonniers ne les traversent pas complètement; s'il n'en est pas ainsi, on rive à l'intérieur une cale de renfort triangulaire tenue par trois rivets et soigneusement matée.

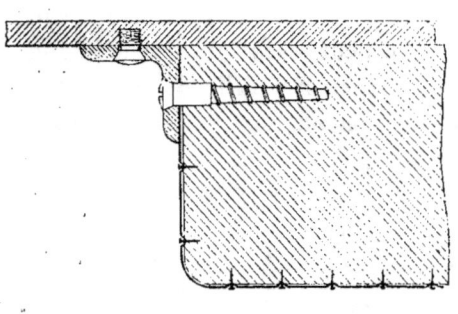

Fig. 425.

La quille d'échouage est protégée extérieurement par un doublage en tôle zinguée de $1^{m}/_{m}$, pincé sous les cornières d'attache et tenu par des clous de capitonnage (fig. 425).

La quille d'échouage est établie sur toute la longueur de la partie rectiligne du fond de carène. A ses extrémités, on peut la faire aboutir dans des râblures ménagées dans l'étrave et l'étambot; le plus ordinairement, on se contente de l'arrêter franchement en effilant ses extrémités en forme d'ogive.

La hauteur de la quille d'échouage varie de 100 à 200 $^m/_m$ suivant l'importance du navire. Sa largeur est déterminée par la condition que sa surface totale soit telle que la charge par unité de surface, dans un échouage au bassin, ne soit pas trop voisine de la charge d'écrasement du bois. On admet en général $0^k,10$ à $0^k,16$ par millimètre carré. On est ainsi conduit, pour les grands navires, à des largeurs atteignant $0^m,900$ et même $1^m,00$. La quille est alors formée de deux ou trois séries de pièces juxtaposées ; pour assurer leur tenue, on fait correspondre une cornière à chaque face de joint (fig. 426).

Lorsqu'il s'agit d'un navire très lourd ou ayant une grande tendance à la déformation transversale, on dispose souvent des quilles d'échouage latérales, de part et

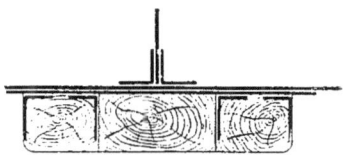

Fig. 426.

d'autre de la quille d'échouage centrale (voir fig. 208). Ces quilles sont établies au droit d'une lisse et construites de la même manière que la quille centrale, mais avec une largeur égale à la moitié environ de celle de cette quille. Pour faciliter la préparation des chantiers d'échouage, il convient que les faces inférieures des diverses quilles d'échouage soient établies dans un même plan. La plupart des grands navires cuirassés reçoivent ainsi trois quilles d'échouage ; quelquefois la quille centrale est supprimée, et les quilles latérales existent seules. Sur des canonnières de rivière, à fonds plats et à faible tirant d'eau, on peut en placer jusqu'à cinq ou six, de manière à contrebalancer en cas d'échouage la tendance à la déformation transversale résultant de la valeur élevée du rapport de la largeur au creux.

Les quilles d'échouage exercent une influence réductrice sur l'amplitude des roulis, en raison de la surface directe qu'elles opposent à l'eau dans ce mouvement. Mais, pour que cette influence fût suffisamment marquée, il serait nécessaire d'augmenter notablement la valeur du tableau des quilles d'échouage. On préfère donc disposer des *quilles de roulis*, spécialement construites en vue de fournir une surface résistante convenable dans les mouvements de roulis. Ces quilles doivent évidemment être placées aussi loin que possible de l'axe d'oscillation du navire, c'est-à-dire approximativement de l'intersection du plan diamétral et de la flottaison en charge; d'autre part, elles ne doivent faire saillie ni au-dessous de la ligne de quille ni en dehors de la projection horizontale du navire pour ne pas subir d'avaries dans un échouage au bassin ou dans un accostage contre un quai. On est ainsi conduit à les placer dans la région du bouchain (fig. 427).

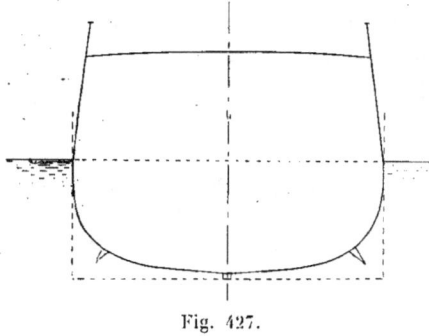

Fig. 427.

Les quilles de roulis sont établies suivant la direction d'une membrure longitudinale, sur la moitié ou les 2/3 de la longueur du navire. Leur hauteur dépend de la surface du plan résistant que l'on a besoin de réaliser; elle atteint 900$^m/_m$ sur les grands navires modernes. Lorsque les quilles de roulis n'ont qu'une faible hauteur, on peut les constituer à l'aide d'une âme en tôle à boudin, reliée au bordé par deux cornières (fig. 428). Lorsque la hauteur dépasse 300$^m/_m$ environ, on est obligé de donner à la quille une section triangulaire, pour s'opposer à son déversement. La figure 429 représente le mode de construction employé sur beaucoup de paquebots; le caisson creux formé par la quille est comblé au moyen de remplissages en sapin, pour éviter que par suite d'un défaut d'étanchéité l'eau ne puisse s'introduire à l'intérieur, occasionnant

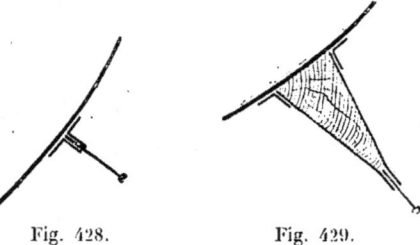

Fig. 428.　　　　Fig. 429.

un surcroît de poids notable. La figure 430 représente le mode de construction adopté dans la marine militaire sur les bâtiments les plus récents; les membrures transversales de la quille creuse sont espacées de 2$^m$,40 environ (2 intervalles de couples). Sur certains navires, les caissons formés par les quilles de roulis ont été laissés vides, des portes de visite ménagées de distance en distance permettant l'entretien de la peinture; mais en raison de la difficulté d'assurer l'étanchéité, on préfère maintenant remplir complètement ces caissons au moyen de plateaux de liège découpés suivant le contour de la section droite de la quille, juxtaposés et noyés dans du mastic de minium et de céruse.

Dans le cas d'un navire doublé en cuivre, les quilles de roulis sont formées de pièces de bois fixées sur une armature métallique rivée à la coque, et recouvertes par le doublage (fig. 431). On a

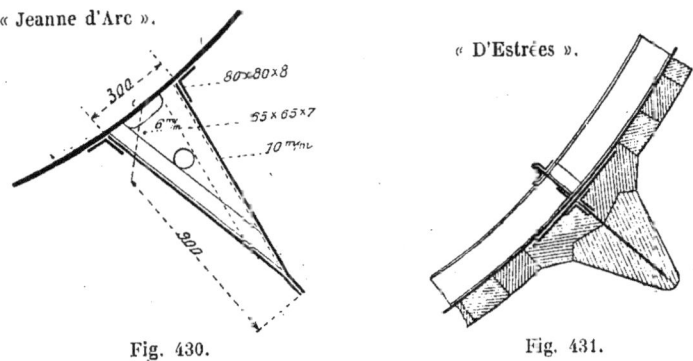

Fig. 430.                Fig. 431.

fait aussi quelquefois usage de quilles creuses en bronze, formées de tronçons obtenus par moulage.

Lorsqu'un navire a une flottaison affinée à l'AR, il arrive souvent que les hélices forment une saillie en dehors de la projection horizontale du contour du navire. Pour empêcher qu'elles ne subissent d'avarie dans un accostage contre un quai ou un autre bâtiment, on dispose des *défenses*, formées de tiges pleines ou creuses placées un peu au-dessus de la flottaison. Sur les petits bâtiments, tels que les torpilleurs ces défenses sont fixées à demeure (fig. 432). Sur les grands navires, on les attache sur charnières, de manière à pouvoir les maintenir relevées en temps ordinaire le long de la coque.

Sur les bâtiments à bordé de très faible épaisseur, tels que les torpilleurs, ou exposés à des accostages fréquents, tels que les remorqueurs ou bâtiments de servitude divers, on installe des ceintures latérales en bois, au-dessus de la flottaison, de manière à former contour saillant sur la moitié environ de la longueur du navire. Ces ceintures sont constituées au moyen de pièces de bois mises bout à bout, reliées au bordé par des cornières, de la même façon que les quilles d'échouage (fig. 433). On prend la même précaution pour les navires à roues, de façon à préserver les tam-

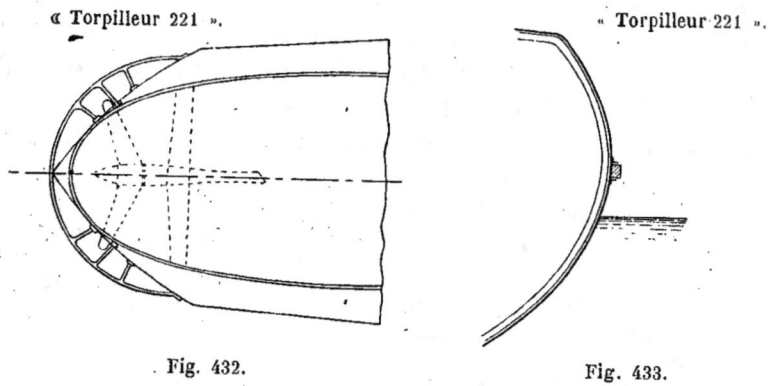

Fig. 432.   Fig. 433.

bours d'une déformation pouvant gêner la rotation des roues (voir fig. 414).

# CHAPITRE X

## Installations relatives à l'habitabilité.

**105. Pavois et garde-corps.** — En abord du pont supérieur, il est nécessaire de disposer des garde-corps assurant la sécurité du personnel. Ces garde-corps peuvent être formés soit par des *pavois* en tôle, si l'on juge nécessaire d'accroître la hauteur de franc bord, soit par de simples *chandeliers* formant barrière à claire-voie.

Les pavois fixes sont formés d'un bordé en tôle établi soit dans le prolongement de la muraille latérale, soit en retrait par rapport à cette muraille, et appuyé de distance en distance par des montants. Si les pavois n'ont qu'une faible hauteur, on leur fait porter à la partie supérieure un plat-bord en bois formant lisse d'appui (fig. 434). Souvent, on leur fait supporter des caissons longitudinaux destinés à recevoir pendant le jour les hamacs de l'équipage. Les dispositions de ces caissons, qui portent le nom de *bastingages*, seront étudiées dans la 5ᵐᵉ partie. Lorsque le navire possède une teugue et une dunette, on établit souvent les pavois au niveau des ponts supérieurs de cette teugue et de cette dunette, et on les relie par une sorte de passerelle longitudinale de 0ᵐ,60 environ de largeur, appelée *passavant*, courant le long des pavois, et au-dessous de laquelle sont disposés les bastingages (fig. 435).

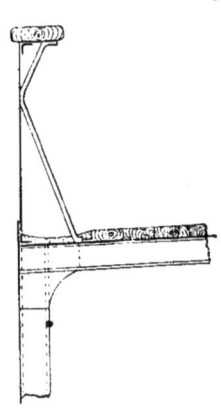

Fig. 434.

Lorsque les pavois sont placés dans le prolongement de la muraille latérale, les montants peuvent être formés par le prolongement des couples. Le plus souvent, les couples sont arrêtés au pont supérieur, et les montants sont formés soit de béquilles en fer rond (fig. 434) si le pavois est de faible hauteur, soit de consoles en tôlerie (fig. 435) s'il doit porter des bastingages. Dans tous les cas, il est nécessaire de ménager en abord du pont des gaillards un caniveau pour l'écoulement des eaux, en pratiquant au besoin des anguillers dans les consoles en tôlerie. S'il y a un revêtement en bois sur le pont supérieur, on arrête ce revêtement à une cornière longitudinale, et le caniveau est limité par cette cornière et par la cornière reliant le bordé extérieur au bordé métallique du pont supérieur. Quelquefois on ajoute un remplissage en ciment (fig. 434). L'eau circulant le long du caniveau est renvoyée au dehors par des ouvertures appelées *dalots*, dont nous verrons plus tard la disposition.

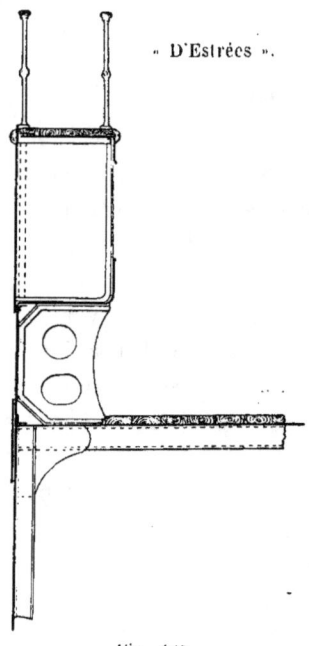

« D'Estrées ».

Fig. 435.

Lorsque des pièces d'artillerie sont installées sur le pont des gaillards, il est nécessaire de pouvoir supprimer au combat une partie des pavois pour dégager le champ de tir. On est amené alors à disposer en certains points de la muraille des pavois rabattables, formés de mantelets montés sur charnières. Chaque mantelet est constitué par un panneau rectangulaire en tôle bordé d'un cadre en cornière. La longueur de ces mantelets ne peut guère dépasser 1 mètre, car il faut que chacun d'eux puisse être manœuvré à la main sans trop de difficulté.

Lorsque les pavois sont relevés, ils sont tenus par des broches à clavette engagées dans des taquets formés par exemple par le prolongement des cornières du cadre (fig. 436) et par des tringles à crochet. Les mantelets contigus sont réunis entre eux par des verrous ou des boulons à charnière; pour compléter leur liaison, on ajoute souvent un plat-bord en bois formé de bouts que l'on fixe une fois les mantelets relevés au moyen de broches à clavettes.

Les pavois rabattables sont d'une exécution assez compliquée, et leur manœuvre est un peu longue et quelquefois pénible si elle n'a pas été effectuée depuis longtemps. Aussi les évite-t-on autant qu'on le peut. On n'est obligé d'en faire usage que pour les navires dont le pont des gaillards est à faible hauteur au-dessus de l'eau, et qu'il est indispensable de protéger contre les coups de mer dans les circonstances ordinaires de la navigation.

Toutes les fois que les ponts découverts sont à une distance suffi-

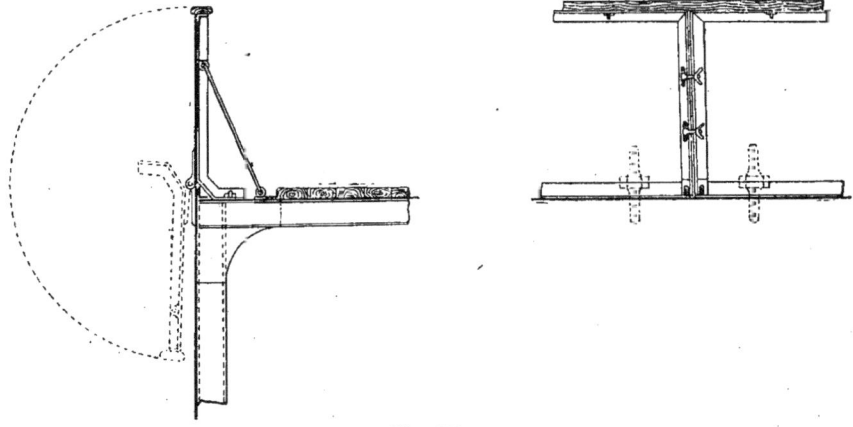

Fig. 436.

sante au-dessus de la flottaison, les garde-corps sont formés par des *chandeliers*, réunis à leur partie supérieure par une main-courante en fer ou en bois appelée *rambarde*, et au milieu de leur hauteur par une tringle ou une chaîne, de manière à former barrière à claire-voie. Ces chandeliers, espacés de 1$^m$ environ, sont formés généralement de tubes de fer creux. On ne fait en laiton que les chandeliers placés dans le voisinage immédiat des compas, pour qu'ils n'exercent pas d'influence perturbatrice sur l'aiguille aimantée. A leur partie inférieure, les chandeliers se terminent par une embase circulaire s'attachant soit sur le plat-bord en bois au moyen de vis (fig. 437), soit par des rivets sur le bordé en tôle du pont. Au milieu de sa hauteur, le tube porte un renflement percé d'un trou cylindrique dans lequel passe soit une tringle en fer creux, soit une chaîne (fig. 438). A la partie supérieure, si l'on veut avoir une main-courante en fer, on ménage un renflement sphérique percé d'un trou dans lequel passe une tringle en fer creux (fig. 437). Si l'on veut avoir une rambarde en bois, on termine le chandelier par une petite embase cylindrique munie d'une goupille, sur laquelle on pose une latte en fer plat dont la tenue est

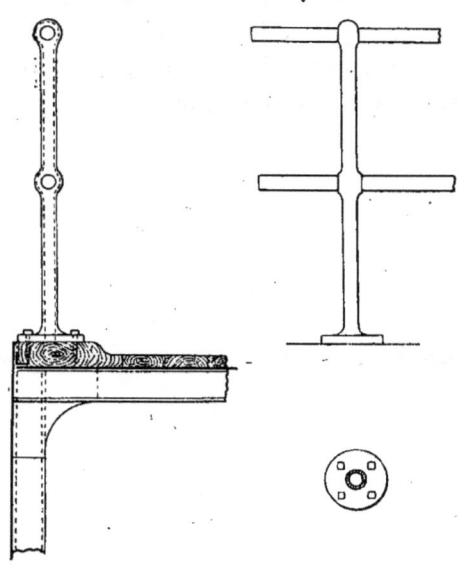

Fig. 437.

effectuée en rivant la goupille; sur cette latte est fixée la rambarde en bois, au moyen de vis mises par-dessous (fig. 438).

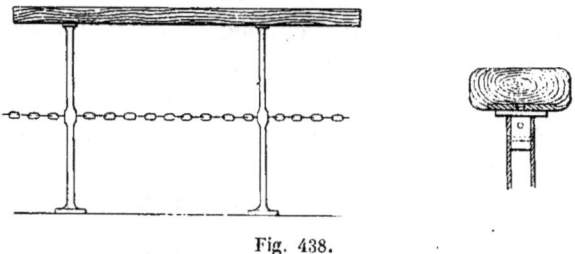

Fig. 438.

On a souvent besoin de disposer les chandeliers de façon à être rabattables, pour dégager le champ de tir d'une pièce d'artillerie ou pour faciliter une manœuvre d'embarcation par exemple. Il importe que le rabattement et la remise en place de ces chandeliers puisse s'effectuer aussi rapidement que possible. Une disposition très simple est la suivante (fig. 439). A la partie supérieure de

INSTALLATIONS RELATIVES A L'HABITABILITÉ.

chaque chandelier, l'embase qui porte la rambarde est formée de deux parties articulées l'une sur l'autre. A son pied, le chandelier est terminé par une fourche reliée par un boulon à l'embase fixée sur le pont. La partie verticale de cette embase est munie d'un plan

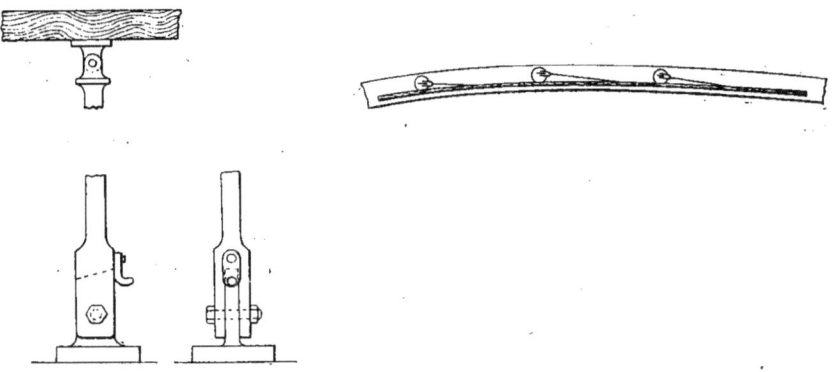

Fig. 439.

incliné, de sorte qu'un verrou suffit pour maintenir le chandelier vertical ou le dégager instantanément. Dans ces conditions, en ayant soin d'orienter convenablement les axes parallèles des articulations de la tête et du pied, et de faire usage d'une chaîne à mi-hauteur des chandeliers, on peut rabattre d'un seul coup un grand nombre de chandeliers avec leur rambarde, celle-ci étant sectionnée aux points voulus.

**106. Échelles et entourages de panneaux. — Caillebotis. — Claires-voies.** — Les panneaux percés dans les ponts doivent toujours rester ouverts pour la circulation et l'aération. Ceux d'entre eux qui doivent être utilisés pour la circulation d'un entrepont à l'autre sont munis d'*échelles* de communication. Toutes les fois qu'on n'est pas obligé de restreindre les dimensions des panneaux, on dispose deux échelles (fig. 440) placées en sens inverse l'une de l'autre. Autant que possible, les échelles sont dirigées dans un plan transversal, pour que leur usage soit plus facile dans les mouvements de roulis. Ces échelles étaient souvent confectionnées en bois, mais maintenant on

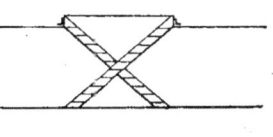

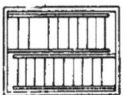

Fig. 440.

les exécute exclusivement en fer, pour éviter les chances d'incendie et les éclats dangereux. Le mode de construction le plus simple consiste à faire usage de limons en tôle de 8 $^m/_m$ environ, largement évidée, avec marches en tôle portées par deux bouts de cornière (fig. 441). Les marches en tôle ont l'inconvénient d'être très glissantes. Pour y remédier, on fait usage de marches en tôle striée ou en tôle ajourée et munie de saillies obtenues par emboutissage (fig. 441). Pour les échelles des étages occupés par les logements, on recherche plus d'élégance, et on emploie des marches en tôle pleine recouverte de linoleum maintenu au bord antérieur de la marche par une latte striée en bronze (fig. 442).

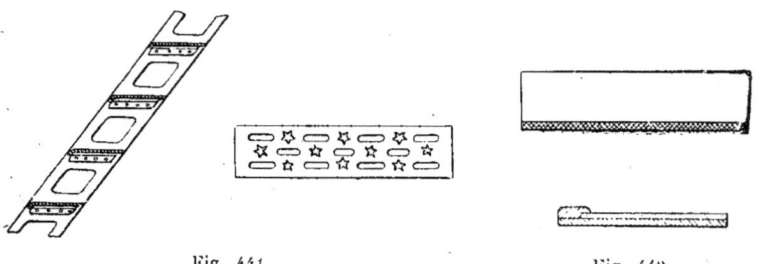

Fig. 441.                    Fig. 442.

Lorsque les panneaux doivent servir exclusivement à l'aération, on les munit d'un grillage appelé *caillebotis*. Les caillebotis en

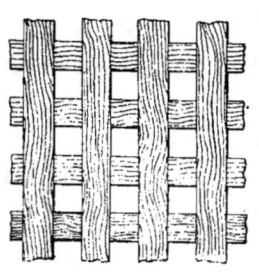

Fig. 443.

bois (fig. 443) sont formés de lattes entrecroisées entaillées à mi-épaisseur ; leur emploi est maintenant très restreint, pour les raisons précédemment indiquées. Les caillebotis en fer peuvent être confectionnés de la même manière que les caillebotis en bois ; mais on obtient des grillages plus légers et moins coûteux en les construisant au moyen de fers plats ondulés rivés les uns contre les autres. Ces fers plats ont $3^m/_m$ d'épaisseur et $30^m/_m$ de largeur ; ils sont placés de champ et rivés à l'intérieur d'un cadre en fer, comme le montre la figure 444.

Les caillebotis sont supportés par des cornières rivées contre la face intérieure des surbaux. Si le panneau a de grandes dimensions, on est obligé de fractionner le caillebotis, de manière que chacun de ses éléments soit convenablement soutenu et resle d'un poids maniable. On dispose alors dans l'intérieur du panneau des sortes de faux-barrots appelés *galiotes*; ces galiotes doivent être agencées de telle sorte qu'un quelconque des éléments du

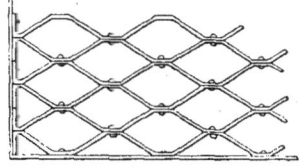

Fig. 444.

caillebotis puisse être enlevé sans que les autres risquent de tomber. Si la galiote a une portée assez considérable, on la constituera au moyen de deux cornières et d'une âme en tôle formant saillie (fig. 445); dans le cas contraire, on se contentera d'une simple cornière munie de broches rivées perpendiculairement à sa panne horizontale (fig. 446), qui maintiendront le caillebotis dont le cadre recevra les épaulements nécessaires.

Lorsque le panneau doit être utilisé pour le passage éventuel

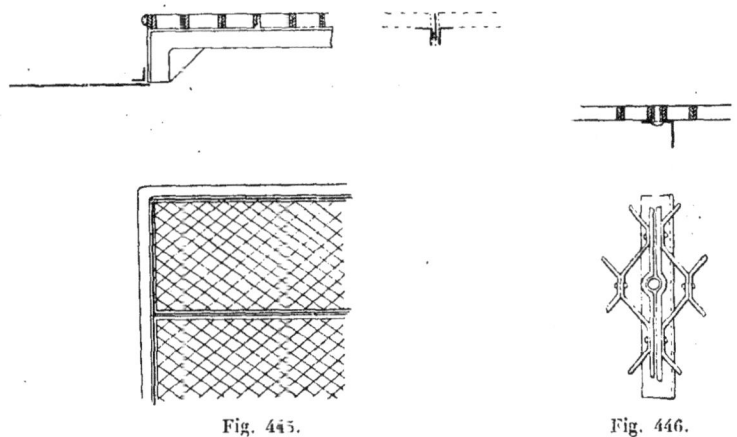

Fig. 445.   Fig. 446.

d'objets de grande dimension, il est nécessaire de faire les galiotes démontables. Leurs extrémités s'appuient alors sur des consoles en cornière rivées au surbau.

Les panneaux des entreponts couverts sont munis d'un entourage formant garde-corps. Ces gardes-corps sont constitués par des chandeliers en fer ou en laiton fixés dans des pattes rivées sur le surbau (fig. 447).

Les panneaux percés dans le pont supérieur exigent quelques installations spéciales. Il faut en général se réserver la possibilité de les fermer hermétiquement, en cas de mauvais temps, à moins que le pont ne soit assez élevé au-dessus de la flottaison pour que

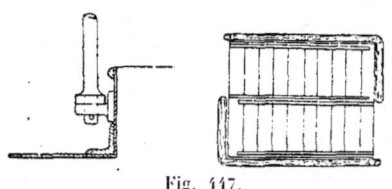

Fig. 447.

les coups de mer ne soient pas à craindre. On emploie dans ce but des mantelets formés d'une série de volets à charnière, repliés en temps normal contre une des faces verticales du surbau. Ces

mantelets ne sont pas absolument étanches, mais suffisent pour empêcher l'irruption de l'eau au moment d'un coup de mer. Dans le cas de bâtiments très ras sur l'eau, tels que les torpilleurs, les panneaux doivent être bien entendu fermés par des mantelets étanches, établis comme nous le verrons plus loin.

Même dans le cas où le pont supérieur est assez distant de la flottaison pour que les coups de mer ne soient pas à redouter, il est nécessaire de protéger les entreponts inférieurs contre la pluie et les embruns. Pour les panneaux munis d'échelles, on installe deux arceaux croisés, en fer ou en laiton, réunissant les chandeliers d'angle (fig. 448). On a ainsi un *dôme*, sur lequel on peut placer un *capot* en toile. Quant aux panneaux servant seulement à l'aération, on les surmonte d'un chapiteau vitré appelé *claire-voie* (fig. 449). Les deux parois inclinées formant le toit de ce

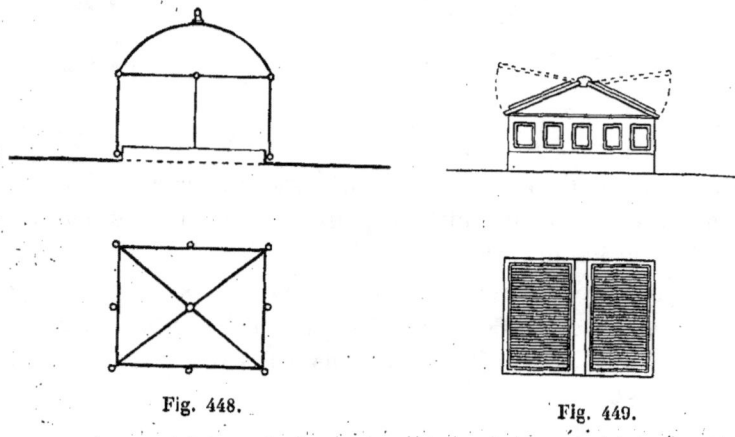

Fig. 448.    Fig. 449.

chapiteau sont vitrées et munies de charnières longitudinales permettant de les relever pour l'aération. Leur vitrage est protégé par un grillage en laiton contre la chute d'objets tombant de la mâture ou les chocs accidentels. Les claires-voies sont exécutées soit en bois, soit plutôt aujourd'hui en tôle. Lorsqu'il s'agit d'un panneau placé dans le voisinage immédiat d'une pièce d'artillerie, la claire-voie doit être démontable, de manière à pouvoir être remplacée au combat par un mantelet de protection contre le souffle de la pièce, ainsi que nous le verrons plus loin. La claire-voie est alors disposée de manière à s'emboîter sur le surbau, auquel elle est fixée par des boulons à charnière par exemple.

**107. Mantelets et portes étanches.** — Les cloisons qui limitent les divers compartiments étanches du navire doivent être percées d'un certain nombre d'ouvertures, qu'il est par suite nécessaire de munir d'obturateurs étanches.

Pour les cellules de la double coque et les compartiments destinés à rester vides ou formant water-ballast, on se contente de percer une ouverture appelée *trou d'homme*, ayant les dimensions strictement nécessaires pour permettre d'accéder à l'intérieur. On donne habituellement à ces trous d'homme une forme ovale, le grand axe ayant 500 $^m/_m$ et le petit axe 400 $^m/_m$. Avec un ovale de 400 × 300, un homme de grosseur moyenne peut encore passer à la rigueur sans trop de difficulté. Dans certains cas, faute de place suffisante, on réduit les dimensions du trou à 350 × 250, mais alors le compartiment n'est accessible qu'à des hommes particulièrement minces. On fait aussi quelquefois usage de trous d'hommes circulaires; le diamètre minimum admissible est alors 350 $^m/_m$; on adopte habituellement un diamètre de 380 $^m/_m$, et même de 400 $^m/_m$ si on le peut.

Les trous d'homme sont fermés au moyen de mantelets en tôle appelés *bouchons de trou d'homme*. Le bord du trou est garni sur une face d'une bande

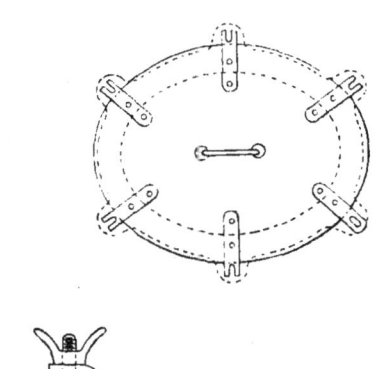

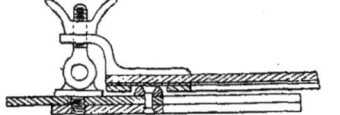

Fig. 450.

de renfort (fig. 450), et sur l'autre d'un demi-rond, de façon à éviter les angles vifs qui gêneraient le passage. Le bouchon est muni d'une poignée et de pattes échancrées dans lesquelles peuvent s'engager des boulons de serrage à charnière, dont la partie fixe est vissée dans des parties élargies du renfort. L'étanchéité est obtenue au portage du demi-rond à l'aide d'une bande de caoutchouc ou mieux de cuir, maintenu par deux lattes vissées dans la tôle du bouchon.

Lorsque le trou d'homme est percé dans une paroi verticale ou inclinée, on peut avantageusement laisser fermée l'échancrure d'une des pattes, comme le représente la figure 450. De cette façon, lorsqu'on desserre les écrous à oreilles, le bouchon reste maintenu par un boulon, autour duquel il peut pivoter sans tomber; on maintient l'ouverture démasquée en accrochant le bouchon avec un petit loquet.

Pour les compartiments étanches dont l'ouverture d'accès est percée dans un pont, on dispose des panneaux à fermeture étanche construits d'une manière analogue. Ces panneaux sont en général de forme rectangulaire, et leur dimension est réglée par celle des objets qu'il est nécessaire d'introduire dans le compartiment. L'étanchéité est obtenue au portage du can supérieur du surbau, de la même manière que pour les trous d'homme (fig. 451). Les boulons à charnière sont fixés à des pattes rivées sur le surbau. Le mantelet porte une poignée de manœuvre et deux charnières de manière à pouvoir être relevé. Le nœud de ces charnières doit être rejeté en dehors du surbau, de manière que le serrage puisse se faire même du côté où elles sont placées.

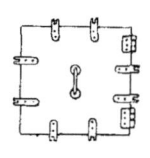
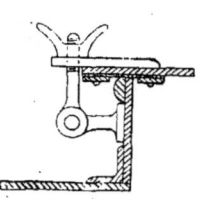

Fig. 451.

Enfin, il existe des compartiments dont l'ouverture d'accès est percée dans une paroi verticale. D'autre part, on est souvent obligé, pour faciliter la circulation, de percer quelques ouvertures dans les grandes cloisons étanches transversales.

Les ouvertures ainsi percées dans des parois verticales sont fermées au moyen de portes étanches, qu'il est indispensable de pouvoir manœuvrer indifféremment d'un côté ou de l'autre de la cloison. Ces ouvertures ont en général 0<sup>m</sup>,70 de largeur; on descend quelquefois à 0<sup>m</sup>,65 et même 0<sup>m</sup>,60. Leur hauteur dépend de la hauteur d'entrepont, et dans certains cas des dimensions des objets qui doivent pouvoir les traverser (bennes de munitions par exemple). D'une façon générale, pour simplifier la construction, il convient de faire toutes les portes de même dimension, ou du moins de n'avoir qu'un nombre très restreint de dimensions différentes.

Le système le plus simple pour l'installation des portes étanches consiste à les disposer d'une façon analogue aux mantelets de panneaux décrits tout à l'heure, mais en effectuant le serrage au moyen de verrous montant sur des taquets en plan incliné, manœuvrés par des tourniquets dont l'axe traverse la cloison (fig. 452). L'ouverture, dont la forme est celle d'un rectangle à

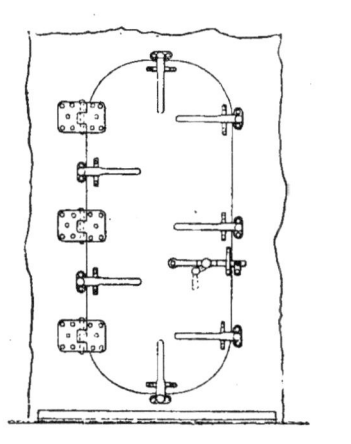

coins arrondis, est garnie d'un renfort rivé sur son pourtour. L'étanchéité est obtenue au moyen d'une bande de caoutchouc ou de cuir fixée à la cloison, contre laquelle vient presser un demi-rond rivé à la porte. La porte est munie d'une poignée de manœuvre, de trois charnières dont le nœud est

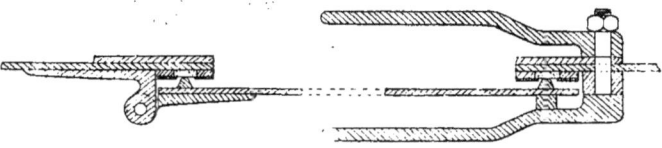

Fig. 452.

rejeté en dehors pour ne pas gêner le serrage, et d'un loquet ou d'un pêne, manœuvré d'un côté ou de l'autre de la cloison à l'aide d'une poignée, entrant en prise dès qu'on pousse la porte contre la cloison, de façon à la maintenir dans les circonstances ordinaires et à assurer une première fermeture rapide, en cas d'envahissement, avant le serrage des verrous. Les tourniquets sont en général au nombre de sept, comme le montre la figure. Les dispositions prises pour réaliser l'étanchéité sont un peu variables. Lorsqu'on fait usage de caoutchouc, on peut employer une cornière rivée à la porte au lieu d'un demi-rond (fig. 453). Lorsqu'on fait usage de cuir, on se sert d'une bande repliée sur elle-même et maintenue par une latte vissée (fig. 454). On peut alors supprimer le demi-

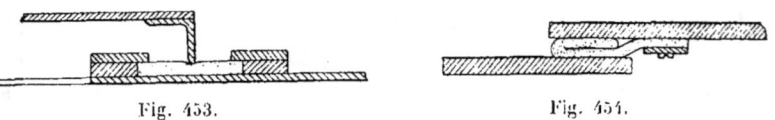

Fig. 453.   Fig. 454.

rond ou la cornière, et la porte vient simplement s'appliquer sur la bande de cuir. L'emploi du cuir est préférable à celui du caoutchouc ; le cuir se conserve mieux, pourvu qu'on prenne la précaution de le graisser de temps en temps.

Les bandes de cuir ou de caoutchouc peuvent être bien entendu fixées sur la porte au lieu de l'être sur la cloison. De même les verrous peuvent être fixés sur la porte, et les taquets à plan incliné sur la cloison.

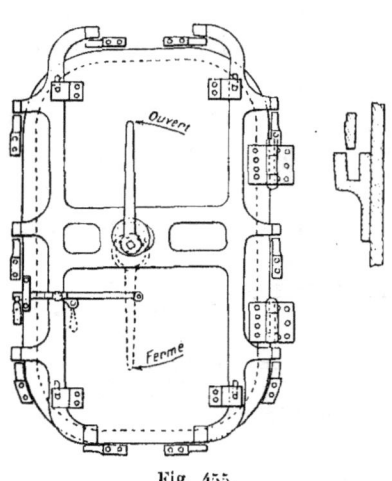

Fig. 455.

Pour les ouvertures percées dans des cloisons importantes, et que les exigences de la circulation forcent à laisser libres en temps normal, il convient de s'attacher à rendre aussi rapide que possible la fermeture de la porte étanche. On emploie en général dans ce but les portes système *Conord*, dans lesquelles les verrous sont rendus solidaires les uns des autres et manœuvrés au moyen d'un levier unique (fig. 455). Les verrous, au nombre de 10, font partie d'un cadre plat en forme d'H, appliqué contre la porte et coulissant verticalement dans des glissières. Ce cadre est mû au moyen d'un excentrique actionné par un levier ; lorsqu'on abaisse le cadre, les verrous, dont le bord est un peu aminci, viennent prendre appui dans des gâches fixées à la cloison ; lorsque le cadre est relevé, un loquet ou un pène assurent la fermeture comme dans les portes ordinaires. Le calage du levier par rapport au cadre doit être fait comme l'indique la figure ; de cette façon le poids du système mobile tend à faciliter la fermeture et il est plus facile de réaliser un serrage énergique en pesant sur le levier.

Les portes système Conord donnent une fermeture bien hermétique. Elles ont l'inconvénient d'être très coûteuses ; en outre, il est assez difficile de régler le cadre de manière que le serrage des verrous soit uniforme sur tout le pourtour de la porte. Aussi a-t-on fait quelquefois usage de portes à cinq verrous (fig. 456), dans lesquelles on ne conserve qu'une moitié du cadre ; les charnières doivent être au nombre de trois. Avec ce système simplifié, l'étanchéité est suffisante lorsque la pression de l'eau tend à appliquer la porte contre la cloison. Elle n'est pas très complète lorsque l'eau agit dans le sens opposé. On pourrait, il est vrai, ajouter du côté des charnières des verrous supplé-

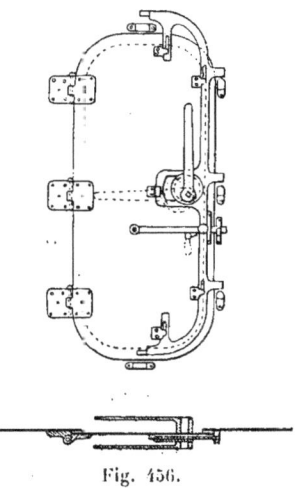

Fig. 456.

mentaires à tourniquet identiques à ceux représentés par la figure 452.

Il semble d'ailleurs que la simultanéité de manœuvre des verrous ne donne qu'un avantage un peu illusoire. Les portes à cadre sont très lourdes, et, lorsqu'elles ne sont pas manœuvrées très fréquemment, il peut être difficile de faire prendre d'un seul coup tous les verrous dans leur gâche. La porte à tourniquets a l'avantage de la légèreté et de l'économie, et donne la possibilité de régler individuellement le serrage de chacun des verrous. En outre, deux ou trois verrous en prise suffisent pour empêcher la porte d'être repoussée, et on a ensuite tout le temps nécessaire pour compléter le serrage des autres verrous. La condition essentielle, c'est que le système de fermeture soit aussi simple et robuste que possible, et qu'une surveillance rigoureuse soit exercée à la mer et pendant le combat de manière que les portes soient strictement fermées toutes les fois que leur ouverture n'est pas indispensable ; le plus léger oubli peut en effet annuler toute la sécurité résultant du compartimentage. De plus, le personnel doit être fréquemment exercé à la manœuvre de fermeture des portes. Il suffit de rappeler à ce sujet la catastrophe du cuirassé anglais *Victoria* (juin 1893), abordé par le *Camperdown* pendant une manœuvre et coulant par suite de l'envahissement progressif de l'eau pénétrant par des portes étanches non fermées.

Lorsqu'une ouverture est percée dans le voisinage de la partie inférieure d'une cloison, on peut craindre qu'en cas d'envahissement d'eau on n'ait pas le temps d'effectuer la manœuvre de fermeture. On a essayé pour les portes de ce genre l'emploi de systèmes de fermeture fonctionnant automatiquement ou manœuvrables d'un entrepont supérieur. Parmi les portes automatiques, nous citerons celles installées sur le *Caïman* (fig. 457). Sur chacune des faces de la cloison est disposée une porte, qu'un fort ressort spiral tend à appliquer sur l'ouverture ; chaque porte est maintenue ouverte en temps ordinaire par un loquet solidaire d'un flotteur placé au ras du plancher du compartiment. L'irruption de l'eau d'un côté ou de l'autre provoque le déclanchement de la porte, que la pression de l'eau contribue ensuite à maintenir fermée ; des verrous à tourniquet permettent de compléter ensuite l'étanchéité. Dans le même ordre d'idées, on a essayé de rendre le système de fermeture manœuvrable d'un point placé à une certaine distance de la porte, dans un entrepont supérieur par exemple. On a employé ainsi des portes à charnières horizontales, maintenues relevées au moyen d'un loquet que l'on peut déclancher au moyen de tringles ; la porte retombe alors en vertu de son

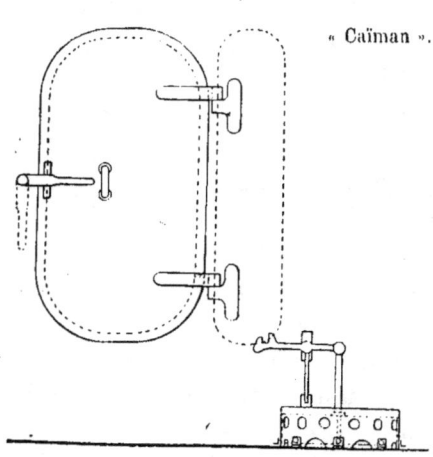

Fig. 457.

poids et est appliquée sur la cloison par la pression de l'eau comme dans le système précédent (il y a, bien entendu, une porte de chaque côté de la cloison); on a essayé de même des portes à coulisse, maintenues entre des glissières verticales, et se coinçant par leur poids dans leurs rainures de guidage lorsqu'on déclanche leur loquet de retenue. Tous ces systèmes présentent l'inconvénient qu'une manœuvre intempestive ou involontaire peut blesser le personnel. Aussi est-il préférable d'employer des portes à coulisse, guidées soit verticalement soit horizontalement, et solidaires soit d'une crémaillère actionnée par un pignon, soit d'un écrou actionné par une tige filetée, le pignon ou la tige étant manœuvrés à distance au moyen d'une transmission mécanique (voir § 180). On évite ainsi le danger d'un déclanchement accidentel, mais la manœuvre est forcément lente; en outre, tous les systèmes automatiques ou manœuvrables à distance ont l'inconvénient commun qu'un fragment de bois ou de charbon ou une saleté quelconque peut s'engager sous la porte pendant sa manœuvre et rendre impossible sa fermeture. La meilleure disposition consiste en somme à éviter autant que possible les ouvertures percées à la partie inférieure des cloisons. Lorsqu'on ne peut faire autrement, on emploie des portes à coulisse avec manœuvre à vis ou à crémaillère; le cas ne se présente guère que pour les ouvertures destinées à permettre la mise en communication éventuelle de certains compartiments, pour la facilité de l'épuisement, ainsi qu'on le verra dans la 5$^{\text{me}}$ partie, et pour les ouvertures percées dans les cloisons de soutes à charbon pour permettre l'arrivée du charbon sur les parquets des chambres de chauffe. Ces ouvertures sont munies de vannes en bronze coulissant verticalement dans des rainures. La figure 458 représente le dispositif généralement adopté pour les portes des soutes à charbon.

Pour parer dans une certaine mesure aux inconvénients résultant de l'obligation de ménager dans les cloisons étanches des portes qui peuvent être accidentellement laissées ouvertes, on installe sur les bâtiments à compartimentage développé un système d'avertisseurs de voie d'eau. Ces avertisseurs sont constitués en utilisant, pour fermer le circuit d'une pile, l'eau qui aurait envahi le compartiment où ils sont installés. Les contacts sont placés dans le voisinage du point le plus bas de chaque compartiment, à un endroit facilement accessible, et soigneusement protégés contre l'oxydation et les chocs; ils communiquent par un double fil avec une sonnerie et un tableau indicateur placés dans le poste central répétiteur d'ordres (voir 5ᵐᵉ partie). Pour ne pas exagérer la complication, l'installation de ces avertisseurs est limitée aux compartiments dans lesquels, en temps de combat, le personnel ne doit ni séjourner ni pénétrer, dont l'accès nécessite l'ouverture d'une porte ou d'un panneau étanche, et dont le remplissage individuel déterminerait pour le navire une bande supérieure à 2° ou un changement d'assiette de plus de 40 ᵐ/ₘ.

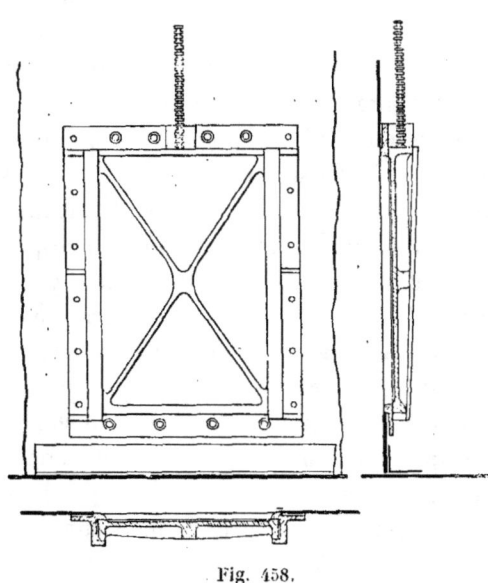

Fig. 458.

**108. — Cloisons et portes d'emménagements.** — Les cloisons d'emménagement intérieur, destinées à limiter les divers logements dans les entreponts placés au-dessus de la flottaison, étaient autrefois constituées par des panneaux de menuiserie en bois. On a employé ensuite des cloisons formées de panneaux plans en tôle encadrés par des montants en bois mouluré. On les exécute aujourd'hui exclusivement au moyen de tôles nervées ou ondulées de 1 ᵐ/ₘ à 1ᵐ/ₘ,5 d'épaisseur, dont les profils ont été indiqués au § 17. Les tôles ondulées, plus raides, doivent être employées lorsque la cloison qu'elles constituent doit concourir à l'épontillage; les tôles nervées, en raison des parties planes qui séparent les diverses nervures, rendent plus facile l'installation intérieure des logements; elles sont en outre plus légères à épaisseur égale (1).

---

(1) De 1889 à 1891, on a essayé l'emploi de cloisons d'emménagement en carton d'amiante, de poids intermédiaire entre les tôles ondulées et les tôles nervées. Les résultats

Les cloisons sont formées par des tôles ayant toute la hauteur de l'entrepont, et munies à la tête et au pied d'une cornière de 30 × 30. Pour les tôles ondulées, la cornière doit être épaulée de manière à suivre les sinuosités de la tôle ; pour les tôles nervées, on emploie des bouts de cornière droits, en les plaçant du côté opposé aux nervures (fig. 459). Lorsque le pied de la cloison doit être étanche, c'est-à-dire lorsqu'elle fait partie du compartimentage d'une tranche cellulaire incomplète, il suffit d'enfoncer dans le vide existant entre la cornière et chaque nervure un tampon de bois trempé dans un mastic

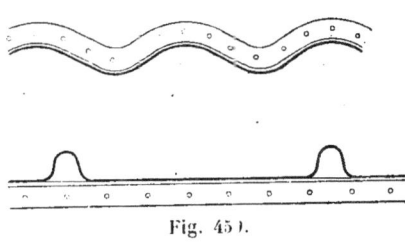

Fig. 459.

de céruse, sur lequel on ajoute au besoin un peu de ciment. On interpose en outre du papier enduit de céruse entre la tôle et la cornière de pied.

Les tôles consécutives d'une même cloison sont assemblées à clin au moyen d'un rang de rivets ; pour les tôles nervées, on place le clin soit à mi-distance entre deux nervures soit au droit d'une nervure (fig. 460). Lorsque la cloison est dirigée longitudinalement,

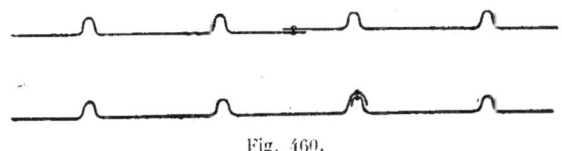

Fig. 460.

elle est arrêtée au-dessous des barrots, sa cornière de tête étant rivée sous la panne inférieure de ces barrots. Les espaces vides entre les barrots sont fermés par des panneaux en tôle plane percée de trous, appelés *paracloses* (fig. 461) ; quelquefois ces paracloses sont complétés par un volet à glissière permettant de fermer à volonté les trous, suivant les besoins d'aération.

Lorsqu'on fait usage de tôles nervées pour les cloisons longitudinales limitant intérieurement une série de logements, on a soin de

---

ont été assez bons, mais cet essai n'a pas été reproduit en raison du prix de revient trop élevé.

placer les nervures du côté de l'intérieur du navire. En outre, on ajoute en haut et en bas des bordures en bois formant corniche moulurée et plinthe (fig. 461). On obtient ainsi du côté des cour-

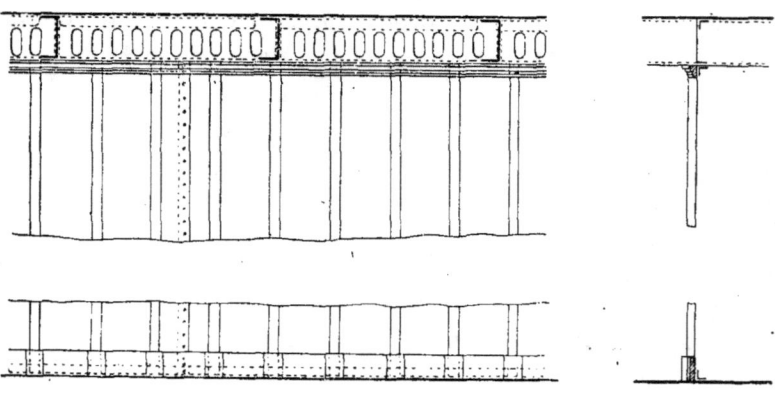

Fig. 461.

sives un aspect d'épontillage léger très satisfaisant à l'œil. Du côté de l'intérieur des logements, on rapporte dans chaque nervure une baguette en bois légèrement moulurée, tenue par des vis (fig. 462).

Fig. 462.

On a ainsi des parois bien planes, et les baguettes fournissent en outre des points d'appui commodes pour la fixation des objets d'ameublement.

Les portes des cloisons d'emménagements ont en général comme dimensions $0^m,70$ de largeur et $1^m,75$ de hauteur. Elles peuvent être établies soit à charnière, soit à coulisse. Les portes à coulisse ferment généralement assez mal, à cause du jeu nécessaire à leur coulissage; elles sont en outre bruyantes dans les mouvements de roulis et de tangage; on ne les emploie guère que lorsque la faible largeur des coursives est un obstacle au développement des portes à charnière. Qu'elles soient à charnière ou à coulisse, les portes doivent être placées du côté des coursives, à l'extérieur des locaux, de manière à ne pas réduire l'espace disponible pour les logements et faciliter l'installation des tentures de portière dans les chambres d'officiers et de maîtres. Les portes à charnière doivent porter un crochet ou un loquet permettant de les maintenir ouvertes et de les empêcher de battre au roulis.

Les portes d'emménagements doivent avoir une rigidité suffisante pour ne pas se voiler tout en étant aussi légères que possible. Pour les cloisons en tôle ondulée, on peut employer des portes en tôle ondulée, obtenues par emboutissage, présentant des ondulations analogues à celles de la cloison dans deux directions rectangulaires (fig. 463). Pour les cloisons en tôle nervée, on emploie plutôt des portes formées de panneaux plans en tôle encadrés dans des montants en bois légèrement moulurés (fig. 464). Le panneau supérieur des portes reçoit habituellement un châssis vitré, à verre dépoli ou

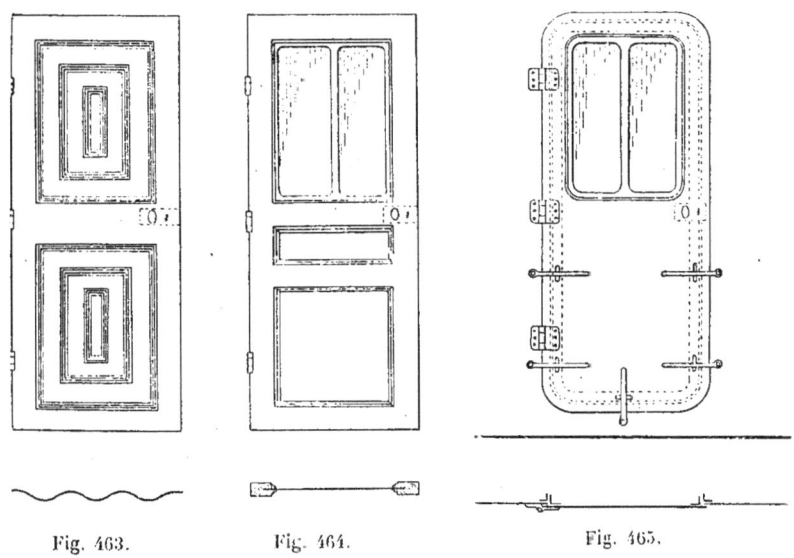

Fig. 463.   Fig. 464.   Fig. 465.

mieux strié, ainsi que le représente la fig. 464. On obtient ainsi un peu plus de clarté dans les coursives et entreponts.

Les cloisons d'emménagements établies immédiatement au-dessus du pont cuirassé doivent quelquefois être faites étanches sur une certaine hauteur, lorsque, ainsi que nous l'avons vu, elles font partie d'une tranche cellulaire incomplète. Les portes fixées à ces cloisons doivent alors être étanches jusqu'au même niveau. Quelquefois, on a conservé la porte ordinaire en lui adjoignant un volet plein ayant la hauteur voulue, muni de verrous à tourniquet de manière à former une sorte de demi-porte étanche, et rabattu en temps ordinaire contre la cloison. Le plus souvent, on fait usage de portes en tôle pleine raidie par un cadre en cornière, munies d'une bande de cuir ou de caoutchouc et de verrous à tourniquet comme les portes étanches ordinaires; dans la moitié supérieure, qui n'a pas besoin d'être étanche, on conserve le châssis vitré (fig. 465).

**109. Revêtements des parois des logements et des ponts.** — Nous avons déjà signalé l'influence fâcheuse de la conductibilité thermique des parois métalliques au point de vue de l'habitabilité. Cet inconvénient est atténué autant qu'on le peut par l'emploi de revêtements isolants. En outre, pour les ponts métalliques sur lesquels la circulation est fréquente, il est nécessaire de faire usage d'un revêtement moins glissant que la tôle. Sur les paquebots on fait usage de revêtements en bois, mais sur les navires de combat on est obligé de recourir à d'autres procédés.

Pour les planchers des entreponts couverts, aux étages affectés au logement du personnel, on fait usage de tapis en linoleum uni de 4 à 7 $^m/_m$ d'épaisseur; ce tapis, livré en bandes de 0$^m$,70 environ de largeur, est appliqué directement sur le bordé métallique par **virures** longitudinales, et fixé au moyen d'une colle spéciale à base de caoutchouc. Les joints sont recouverts au moyen de lattes en laiton de 2$^m/_m$ vissées dans la tôle (fig. 466). Dans les carrés et les chambres d'officiers, on emploie du linoleum de 4 $^m/_m$ à dessins, de type uniforme.

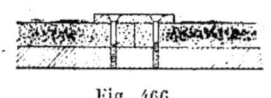

Fig. 466.

Pour les ponts supérieurs, exposés directement aux rayons du soleil, on renonce actuellement, comme nous l'avons déjà indiqué, à l'emploi d'un revêtement en bois. Divers genres de revêtements sont en cours d'essai pour être appliqués à ces ponts; on a expérimenté dans cet ordre d'idées l'emploi de tapis en linoleum de forte épaisseur, de briquettes de subérine (poudre de liège agglomérée en briquettes parallélipipédiques), de xylolithe (produit aggloméré à base de sciure de bois, de fabrication allemande, susceptible d'être découpé sous forme de bordages), et enfin d'un tapis formé d'un tissu pégamoïdé collé sur une thibaude en toile d'amiante et recouvert d'une peinture vernissée.

INSTALLATIONS RELATIVES A L'HABITABILITÉ.

Pour les parois verticales et les plafonds des logements, on se sert d'enduits isolants contenant soit de la sciure de bois, soit du liège en menus fragments, soit du caoutchouc. La peinture à la sciure de bois a la composition suivante :

| | |
|---|---:|
| Huile de lin lithargisée | 24$^k$ |
| Litharge brute | 6 |
| Farine de lin | 11,7 |
| Sciure de bois alunée | 11,7 |
| Siccatif en poudre (chlorure ou bioxyde de manganèse) | 0,3 |
| Eau | 46,3 |
| | 100$^k$ |

Les tôles sont d'abord recouvertes d'une première couche de peinture au minium ordinaire ; s'il s'agit de tôles zinguées, on ne met de minium que sur les têtes de rivets. Lorsque cette première couche est sèche, on applique une couche générale de minium, que l'on recouvre immédiatement, avec une truelle, d'une couche de l'enduit à la sciure de bois. On laisse sécher, on applique une deuxième couche du même enduit, et on la recouvre après dessiccation d'une mince couche de céruse, que l'on polit avec du papier sablé. Le tout est revêtu ensuite d'une couche de peinture blanche ordinaire. On emploie avantageusement les peintures laquées que l'on trouve couramment dans le commerce et qui, supportant bien le lavage à l'eau, sont d'un entretien facile.

Pour la peinture au liège, on prépare d'abord l'enduit suivant :

| | |
|---|---:|
| Minium en poudre | 58$^k$5 |
| Peinture en pâte (ocre jaune) | 23,5 |
| Peinture délayée blanche | 6 |
| Siccatif en poudre | 6 |
| Essence de térébenthine | 6 |
| | 100$^k$ |

On met sur les tôles une première couche de minium ordinaire ; lorsqu'elle est sèche, on met une première couche de l'enduit ci-dessus en opérant par portions de 2 mètres carrés environ au maximum, et sur cet enduit on projette à la main du liège en menus fragments. On laisse sécher, puis on met une deuxième couche d'enduit sur laquelle on projette du liège en poudre. Après dessiccation on recouvre d'une couche de peinture ordinaire.

La peinture au caoutchouc s'obtient en faisant dissoudre des déchets de caoutchouc dans de l'essence de térébenthine. On met d'abord sur les tôles deux couches de cette peinture, et par-dessus on applique du papier buvard épais collé à la colle de pâte ordinaire comme du papier de tenture. Avec des tôles nervées, il est commode d'employer du papier buvard en rouleaux de 50 $^c/_m$ de largeur. En coupant ces rouleaux en deux, on a des bandes de 25 $^c/_m$, ce qui permet de n'avoir aucun joint apparent du côté des baguettes qui viennent recouvrir les bords des bandes de papier, et sur l'autre face de dissimuler les joints dans l'angle des nervures, dont l'écartement d'axe en axe est de 239$^m/_m$ (voir fig. 31). Par-dessus le papier buvard on applique une ou deux couches de peinture ordinaire.

L'enduit au papier buvard sur peinture au caoutchouc est plus léger et plus économique que les deux autres; il donne des parois parfaitement lisses. Aussi son emploi tend à se généraliser pour les parois verticales, le plafond étant recouvert de peinture au liège ou à la sciure de bois, plus facile à appliquer dans ce cas en raison des saillies formées par les barrots.

Pour les parois de logements formées par le bordé extérieur, les enduits que nous venons d'indiquer ne donneraient qu'un résultat insuffisant. On recouvre la face interne du bordé de peinture au liège ou à la sciure de bois, et on ajoute un lambrissage fixé sur la panne intérieure des couples de manière à former une lame d'air dans chaque maille. On a fait souvent usage de lambrissages constitués par des panneaux en linoleum de 1$^m/_m$ fixé sur des châssis en bois. Pour restreindre autant que possible l'emploi de matériaux en bois, il est préférable de se servir de panneaux en tôle zinguée de 1$^m/_m$ d'épaisseur (1), sur lesquels on colle au besoin du linoleum de 1 $^m/_m$; ces panneaux sont fixés sur la panne intérieure des couples par des lattes en laiton vissées, de manière à être facilement amovibles et à permettre l'entretien et le nettoyage des lames d'air.

Les panneaux de lambrissage doivent être percés de trous à la

---

(1) On a aussi employé quelquefois des tôles de zinc de 0$^m/_m$ 8 d'épaisseur.

partie inférieure et à la partie supérieure, pour que l'air puisse se renouveler dans la maille et y circuler librement (fig. 467). Il est bon de placer à la partie inférieure de chaque lame d'air un cordon triangulaire en ciment, pour éviter toute accumulation d'eau en ce point par l'effet du bouge du pont ou des mouvements de roulis.

Dans les logements d'officiers, on fait souvent usage depuis quelques années de lambrissages recouverts de linoleum à dessins dit *lincrusta*. On a ainsi des revêtements d'un entretien facile et d'un bel aspect décoratif.

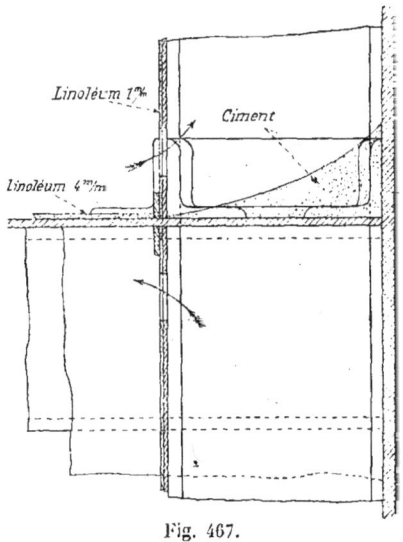

Fig. 467.

**110. Hublots et sabords.** — Les entreponts couverts sont éclairés latéralement au moyen de *hublots* ou de *sabords* percés dans la muraille.

Les hublots sont des ouvertures circulaires garnies d'une fermeture vitrée étanche. Les hublots fixes (fig. 468) comprennent une

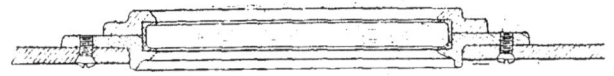

Fig. 468.

glace plane circulaire enchâssée dans une monture en bronze fixée au bordé par des vis à tête fraisée. Lorsque l'ouverture percée dans la muraille doit être utilisée non seulement pour l'éclairage, mais aussi pour l'aération, on fait usage de hublots *à ouvrir* (fig. 469), dans lesquels la glace est enchâssée dans une garniture mobile autour d'une charnière verticale portée par une collerette fixée au bordé. La garniture mobile porte une patte échancrée dans laquelle vient s'engager un *tire-bord*, c'est-à-dire un boulon à charnière muni d'un écrou à oreilles, et l'étanchéité est obtenue au moyen d'une bande circulaire de cuir encastrée dans la monture mobile et s'appuyant sur un bourrelet ménagé dans la monture fixe.

Lorsque les hublots ne sont pas très éloignés de la flottaison, il faut se prémunir contre la rupture accidentelle du verre, soit par un

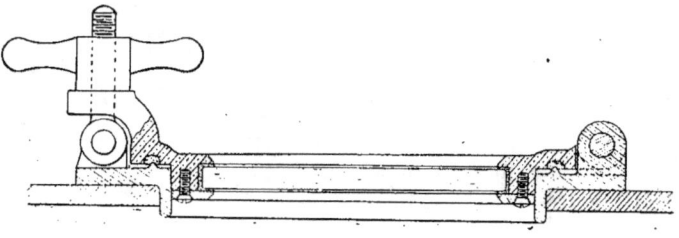

Fig. 469.

coup de mer soit par un choc quelconque. On dispose dans ce but des *tapes de sûreté* formées par un volet plein en bronze. La garniture fixe du hublot porte alors à sa partie supérieure une charnière horizontale sur laquelle est montée la tape, qui porte une bande de cuir annulaire et est serrée au moyen d'un boulon à charnière (fig. 470).

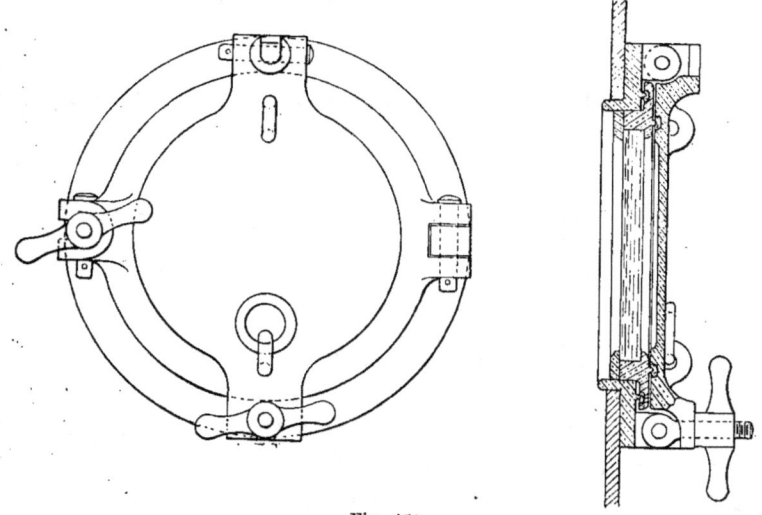

Fig. 470.

En temps ordinaire, la tape est maintenue relevée par un crochet. Ces tapes de sûreté sont disposées sur tous les hublots dont l'axe est à moins de 3$^m$,50 au-dessus de la flottaison. Pour les hublots

INSTALLATIONS RELATIVES A L'HABITABILITÉ.          447

dont la hauteur au-dessus de la flottaison est comprise entre 3$^m$,50 et 5$^m$,50, la garniture fixe est munie de la charnière destinée à recevoir éventuellement la tape de sûreté, mais cette tape n'est pas mise en place et on en délivre seulement quelques-unes au bâtiment pour pouvoir être utilisées en cas de besoin. Enfin, les hublots dont la distance à la flottaison est supérieure à 5$^m$,50 ne reçoivent pas de tape de sûreté.

Les hublots qui n'ont pas de tape de sûreté doivent néanmoins pouvoir être masqués pendant la nuit, lorsque le bâtiment a

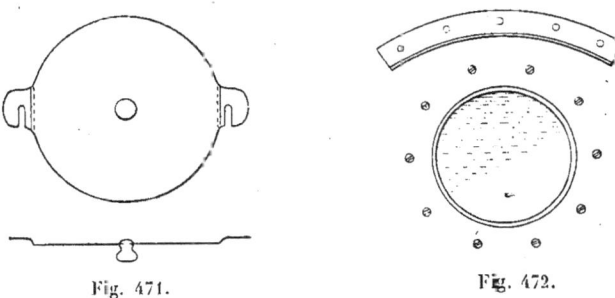

Fig. 471.          Fig. 472.

besoin de naviguer, en cas de guerre, avec tous ses feux extérieurs éteints. On dispose pour cela des obturateurs formés d'une rondelle en tôle de 2$^m$/$_m$ (fig. 471), munie en son centre d'un bouton et portant deux pattes échancrées que l'on peut agrafer sur deux vis saillantes fixées à la garniture en bronze du hublot. En temps ordinaire, les obturateurs sont accrochés à côté du hublot contre la paroi du logement.

Lorsqu'un hublot est ouvert, il faut que l'eau qui peut s'égoutter le long de la muraille ne pénètre pas à l'intérieur du navire. Pour cela, on rive extérieurement sur le bordé, au-dessus de chaque hublot à ouvrir, une petite arcade en cornière de 30 × 30 (fig. 472). A l'intérieur,

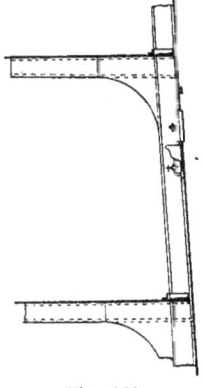

Fig 473.

on dispose au-dessous du hublot un petit bassin destiné à recueillir l'eau qui aurait pu suinter par suite d'un défaut d'étanchéité de la garniture (fig. 473). Ce bassin est mis en communication par un tuyau garni d'une crépine soit avec un collecteur amenant l'eau à une caisse d'où elle peut être évacuée, soit simplement avec l'extérieur. Cette dernière disposition doit être employée toutes les fois qu'on le peut, de façon à éviter une complication de tuyautage; le tuyau d'évacuation doit alors être muni d'un robinet d'arrêt. Lorsqu'il y a un lambrissage intérieur, on entoure le hublot d'une sorte d'entonnoir évasé en tôle mince se raccordant avec la paroi du lambrissage (fig. 474); cet entonnoir, recouvert de peinture blanche, forme une sorte de réflecteur qui donne beaucoup de clarté; sa partie inférieure peut être aisément disposée de manière à former bassin. L'évasement doit être réglé de manière à ne pas gêner l'ouverture de la garniture mobile, et, le cas échéant, la mise en place de la tape de sûreté.

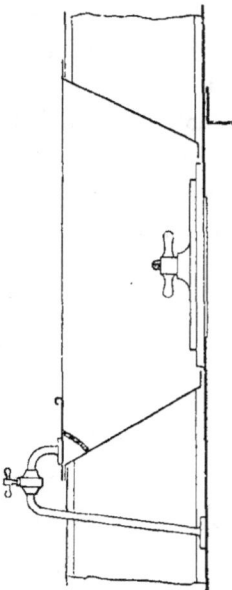

Fig. 474.

Les figures 468 à 470 représentent les modèles de hublots adoptés dans la marine militaire. Il en existe cinq types, caractérisés par le diamètre de la glace, dont les données sont fournies par le tableau suivant :

| DIAMÈTRE DE LA GLACE. | ÉPAISSEUR DE LA GLACE. | NOMBRE DE TIRE-BORDS (pour les hublots à ouvrir). |
|---|---|---|
| 170 $^m/_m$ | 14 $^m/_m$ | 1 |
| 200 | 16 | 1 |
| 250 | 20 | 1 |
| 300 | 23 | 3 |
| 350 | 26 | 3 |

Exceptionnellement, on a employé dans certains cas des hublots plus grands, atteignant 400 et 450 $^m/_m$ de diamètre.

Sur les paquebots, on fait usage de hublots en général plus compliqués. Dans certains systèmes, la garniture porte-verre peut être orientée autour d'un axe vertical de manière à favoriser l'aération du logement. Dans d'autres, la garniture est creuse et comporte une série de conduits munis de soupapes automatiques laissant entrer l'air et s'opposant à l'envahissement de l'eau lorsqu'un coup de mer vient frapper le hublot. Certains modèles comportent une glace rectangulaire d'assez grandes dimensions. Tous ces systèmes ont l'inconvénient d'être lourds et compliqués. Malgré cela, les hublots sont seuls employés sur les paquebots, de préférence aux sabords, parce qu'ils sont plus faciles à fermer rapidement et à maintenir bien étanches.

Dans la marine militaire, les sabords sont préférés en principe aux hublots pour les logements, en vue d'assurer les meilleures conditions d'hygiène et d'habitabilité. Cependant, en raison de la plus grande difficulté de réaliser l'étanchéité des pièces de fermeture, on emploie exclusivement des hublots pour les ouvertures placées à moins de $2^m,50$ de la flottaison ainsi que pour certaines ouvertures placées à plus grande hauteur, mais pour lesquelles l'utilité d'un sabord n'est pas évidente, principalement pour les ouvertures percées à l'avant du navire, plus exposé aux coups de mer.

Les sabords sont des ouvertures de forme rectangulaire pouvant être obturées par des mantelets à charnière, maintenus relevés en temps normal. Jusqu'à l'époque actuelle, les dispositions ont été variables; celles que l'on adopte aujourd'hui sont les suivantes.

L'ouverture percée dans la muraille a la forme d'un rectangle à coins arrondis. Sauf obligations spéciales, les dimensions de l'ouverture sont comprises entre $0^m,50$ et $0^m,60$ pour la largeur, entre $0^m,60$ et $0^m,70$ pour la hauteur, dimensions qui permettent de n'avoir qu'un mantelet d'une seule pièce. Sur son pourtour, l'ouverture est garnie de renforts rivés formant une feuillure de $20^m/_m$ de largeur (fig. 475) dans laquelle vient s'encastrer le mantelet, monté sur deux charnières horizontales et portant une bande de cuir de $4^m/_m$ repliée de manière à former bourrelet plat, suivant la disposition déjà indiquée pour les portes étanches. Le serrage est obtenu au moyen de deux tire-bords de $18^m/_m$ de diamètre, en bronze ou en laiton, placés à la partie inférieure; ces tire-bords sont munis d'écrous à manette ou à poignée, avec arrêt limitant la course de l'écrou. Les pattes échancrées sur lesquelles ils viennent prendre appui sont montées sur charnière de façon à démasquer l'ouverture une fois rabattues.

Le mantelet est formé d'une tôle d'épaisseur au plus égale et en général un peu inférieure à celle du bordé, sauf pour les ouvertures exposées au souffle des pièces d'artillerie, dont les mantelets doivent être renforcés en conséquence. Il est garni d'un hublot

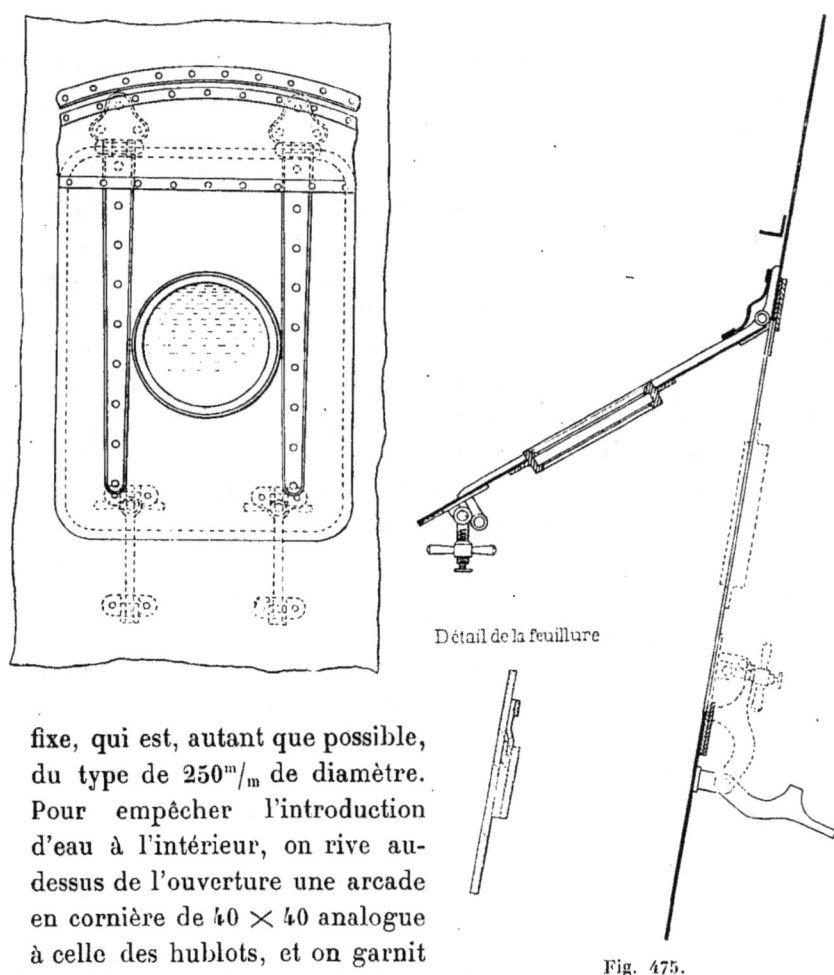

fixe, qui est, autant que possible, du type de 250$^m/_m$ de diamètre. Pour empêcher l'introduction d'eau à l'intérieur, on rive au-dessus de l'ouverture une arcade en cornière de 40 × 40 analogue à celle des hublots, et on garnit le can supérieur du mantelet d'un

Détail de la feuillure

Fig. 475.

tablier en cuir recouvrant les charnières, fixé par deux lattes d'un côté au bordé de l'autre au mantelet (fig. 475).

Le mantelet de sabord doit être manœuvré sans difficulté, et doit pouvoir occuper trois positions : fermé, relevé horizontalement pour démasquer complètement l'ouverture, et à demi-ouvert, sous une inclinaison de 45° environ, en cas de mauvais temps. Dans ce dernier cas, on dit que le mantelet est disposé en *ardoise*. Pour les sabords percés dans l'entrepont situé au-dessous du pont supérieur, on se contente en général de fixer au mantelet un bout de chaîne à patte d'oie, appelé *itague*, qui s'attache au point voulu à un crochet fixé au plat-bord (fig. 476). Cette disposition était autrefois appliquée uniformément à tous les sabords, la chaîne d'itague des sabords des entreponts inférieurs rentrant à l'intérieur par un trou percé dans la muraille et muni d'un manchon en cuir appelé *maugère* entourant la chaîne sur une certaine longueur pour empêcher les rentrées d'eau. Actuellement, tous les mantelets de sabords des entreponts inférieurs (et même souvent aussi ceux de l'entrepont supérieur) sont munis d'un système de manœuvre actionné de l'intérieur. Il y en a deux types légèrement différents. Dans l'un, représenté par la figure 477, le mantelet est soulevé à la main et maintenu au moyen de deux béquilles latérales se fixant dans

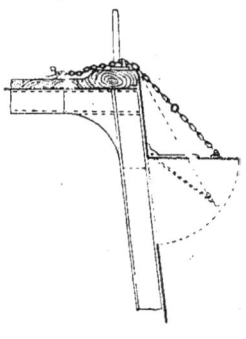

Fig. 476.

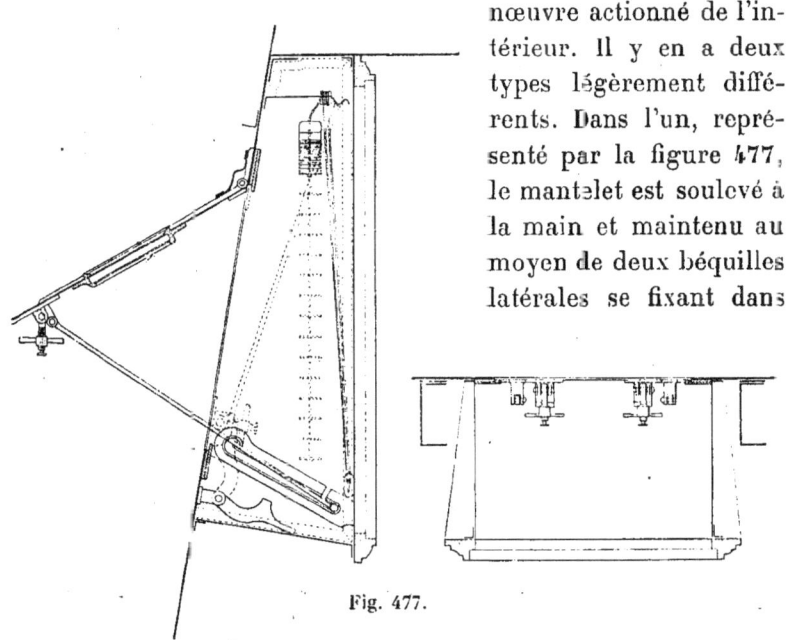

Fig. 477.

une coulisse à deux crans. Dans l'autre (fig. 478), le relevage du mantelet est effectué au moyen d'un mouvement de sonnette à cliquet sur lequel on agit à l'aide d'un levier amovible supporté en temps ordinaire par des crochets fixés à la muraille à proximité du sabord ; une **béquille** placée de l'autre côté assure la tenue du mantelet.

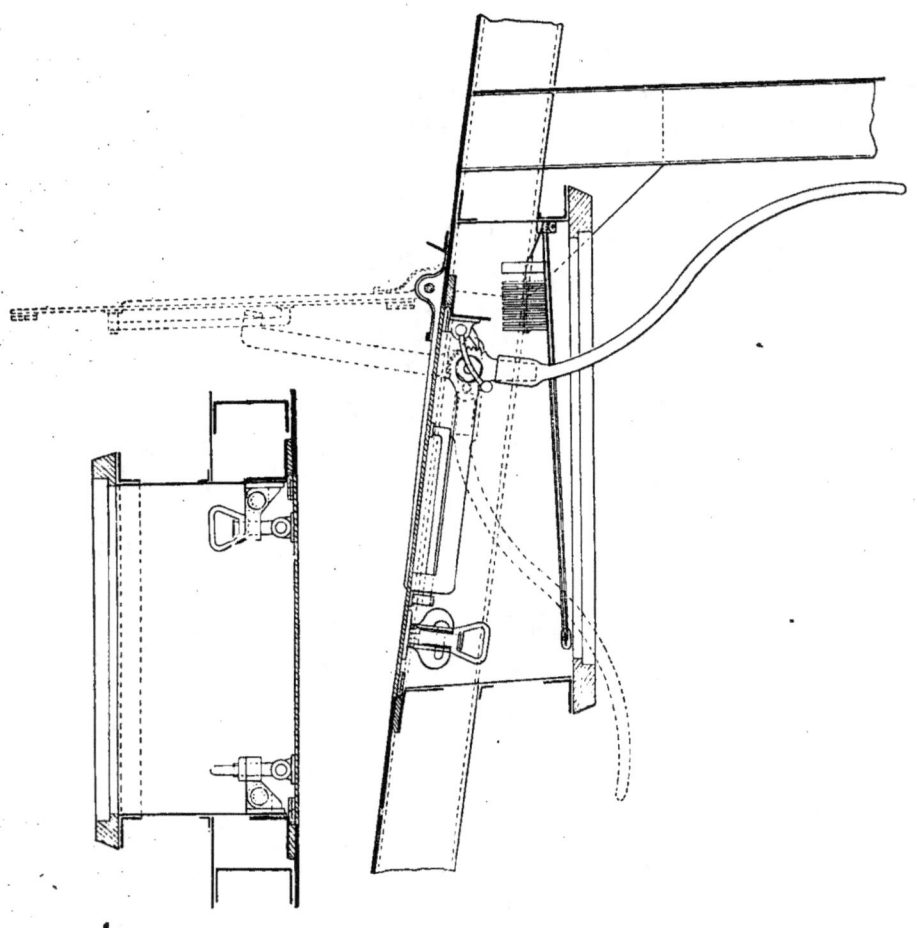

Fig. 478.

A l'intérieur de la muraille, les sabords correspondant aux logements sont munis d'un châssis vitré à deux vantaux établi comme une fenêtre ordinaire et fermé par une crémone. Ces châssis ont quelquefois été faits en fer, mais sont le plus ordinairement exécutés en bois. Ils sont portés par un encadrement en bois fixé par des vis sur la face intérieure du lambrissage ou sur le cadre en tôle mince formant l'entourage du sabord. L'espace libre entre le châssis vitré et le mantelet extérieur est utilisé pour l'installation d'un store à lames, du type appelé communément *jalousie* (fig. 477 et 478).

Les dispositions que nous venons d'indiquer s'appliquent aux sabords ordinaires, mais on a besoin en général de percer dans la muraille quelques ouvertures destinées à un rôle spécial. Tels sont en premier lieu les sabords affectés à l'embarquement du charbon. Ces sabords doivent être au nombre de quatre ou six de chaque bord, formant deux ou trois groupes; l'écartement des deux sabords d'un même groupe ne doit pas excéder 10 mètres, de façon qu'un même chaland charbonnier (dont la longueur varie entre $12^m,50$ et $15^m$), puisse les desservir simultanément. Les seuillets de ces sabords doivent être établis à une hauteur au-dessus de la flottaison comprise entre $2^m,20$ et $2^m,80$. La hauteur de l'ouverture doit être comprise entre $0^m,65$ et $0^m,80$, sa largeur entre $0^m,75$ et $0^m,80$. Avec ces dimensions, un mantelet d'une seule pièce serait en général trop lourd à manœuvrer. On le

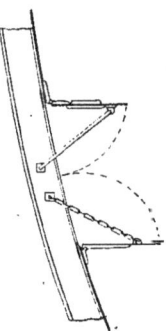

Fig. 479.

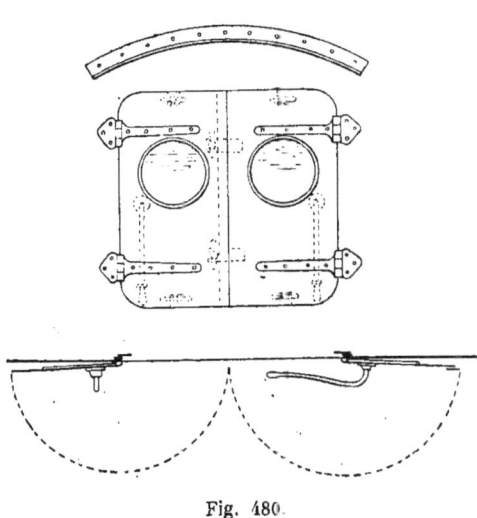

Fig. 480.

sépare alors en deux, soit dans le sens de la hauteur (fig. 479) soit dans le sens de la longueur (fig. 480). Dans le premier cas, le mantelet supérieur est garni d'un hublot fixe; il est relevé soit au moyen d'une itague, soit mieux par un système analogue à celui des sabords ordinaires. Le mantelet inférieur est retenu par deux chaînettes (fig. 479); il porte une latte rivée formant feuillure dans laquelle vient s'encastrer le mantelet supérieur, serré par des tire-bords à la manière ordinaire. Dans le second cas, les deux vantaux se rabattent à plat sur la muraille de chaque côté de l'ouverture; ils sont garnis d'un hublot fixe et d'un levier à rotation permettant de les fermer aisément de l'intérieur (fig. 480).

Sur tous les navires munis de tubes lance-torpilles, il est nécessaire de disposer des sabords pour l'embarquement des torpilles. Les dimensions des sabords d'embarquement du charbon sont suffisantes pour cette manœuvre, et en général on peut en disposer un de chaque bord de façon à être utilisé le cas échéant pour la rentrée à bord des torpilles. Il convient seulement dans ce cas, pour faciliter la manœuvre, de ne pas trop descendre au-dessous de $0^m,80$ pour la hauteur de l'ouverture.

Lorsque des pièces d'artillerie sont disposées dans un entrepont couvert non protégé, leur volée fait saillie hors de la muraille à travers un sabord de dimensions déterminées par l'étendue du champ de tir et les angles de pointage positif et négatif de ces pièces. Ce sabord doit être agencé de manière à donner une fermeture

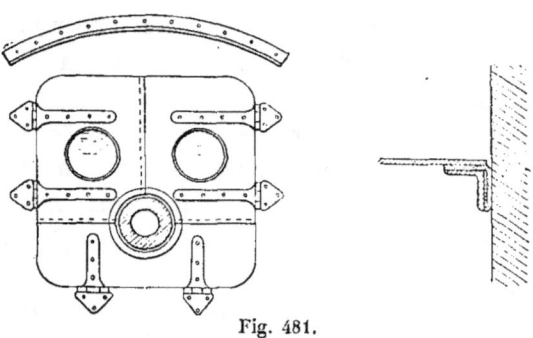

Fig. 481.

étanche en s'appliquant exactement sur la volée de la pièce. La disposition la plus commode consiste à scinder le mantelet en trois parties disposées comme l'indique la figure 481. La pièce est maintenue horizontalement, et la volée se trouve par suite plus rapprochée du seuillet de sabord, l'angle de pointage négatif étant toujours beaucoup plus faible que l'angle de pointage positif. Les deux vantaux supérieurs, garnis de hublots fixes, sont munis de leviers à rotation. Le mantelet inférieur, dont le poids est restreint, peut en général être relevé à la main. Ce mantelet inférieur étant remis en place le premier, on fait reposer la volée dans l'échancrure qu'il porte, et qui est bordée d'une cornière garnie d'un bourrelet en cuir replié. On rabat ensuite les deux vantaux, dont les échancrures sont bordées de la même manière, et on les fixe avec des tire-bords par le procédé habituel.

# INSTALLATIONS RELATIVES A L'HABITABILITÉ.

Enfin, lorsque les échelles donnant accès au navire, dont nous verrons plus tard la disposition, ont leur plate-forme supérieure au niveau d'un entrepont couvert ou d'un pont supérieur garni en abord de pavois, il est nécessaire de percer dans la muraille ou dans les pavois des ouvertures formant les portes d'accès du navire. Ces portes, dites *sabords de coupée*, sont fermées au moyen de mantelets en deux ou trois pièces, de disposition analogue à celles que nous venons de décrire (fig. 482). En raison des grandes dimensions de ces sabords, la tenue des mantelets au moyen de tire-bords distribués sur leur pourtour pourrait être insuffisante. On dispose dans ce cas une ou deux traverses amovibles, supportées en abord par des consoles en cornière, et recevant dans des encoches des boulons de serrage à charnière convenablement répartis (fig. 482).

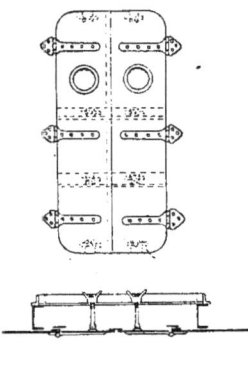

Fig. 482.

Le même mode de construction s'applique aux sabords latéraux servant à l'embarquement direct des chevaux dans l'entrepont des transports-écuries. Ces sabords spéciaux doivent avoir comme dimensions $2^m,00$ à $2^m,10$ de hauteur et $1^m,20$ à $1^m,25$ de largeur.

# CHAPITRE XI.

## Installations relatives à la puissance offensive.

**111. Répartition et emplacement des pièces d'artillerie.**
— Dans l'ancienne flotte à voiles, le mode de propulsion imposait aux navires une méthode de combat consistant à défiler à contre-bord l'un par rapport à l'autre. On était amené ainsi à installer des canons en nombre aussi grand que possible, tirant par le travers avec un champ de tir horizontal assez restreint, dans une ou plusieurs batteries superposées dont les sabords étaient disposés en échiquier. Les anciens vaisseaux de premier rang, avec un déplacement de 6000 à 6500$^{tx}$, recevaient jusqu'à 120 et même 130 canons répartis en quatre étages superposés. Sur la teugue et la dunette, on installait deux pièces de fort calibre tirant l'une *en chasse*, c'est-à-dire vers l'avant du navire, l'autre *en retraite*, c'est-à-dire vers l'arrière.

Ces dispositions ont été conservées sur les premiers bâtiments cuirassés. Mais l'introduction de la cuirasse a eu comme première conséquence de forcer à accroître le calibre et surtout la longueur des pièces d'artillerie, de manière à augmenter la puissance de perforation ; d'où accroissement du poids des pièces, et par suite réduction de leur nombre. En second lieu l'adoption des éperons a conduit à envisager l'idée du combat en pointe, et par suite à augmenter le nombre des pièces tirant en chasse et en retraite. L'accroissement graduel de la vitesse des navires ne permettait plus d'ailleurs d'admettre que le nombre de coups tirés pendant un passage rapide à contre-bord pût être suffisant.

En résumé, les conséquences des progrès de l'art naval au point de vue de la vitesse et de la puissance défensive ont été l'augmentation de la longueur et par suite du poids des pièces d'artillerie, et la diminution de leur nombre. On a été conduit ainsi à doter chaque navire de canons de différents calibres, choisis d'après la puissance défensive probable de l'adversaire à combattre, et judicieusement répartis de manière à avoir un champ de tir aussi étendu et aussi dégagé que possible, et à suppléer par la rapidité de manœuvre et l'amplitude du secteur battu à la réduction du nombre des pièces.

Il est aisé de se rendre compte que la répartition des pièces en abord, dans une batterie couverte, conduit pour chaque pièce à un champ de tir très restreint, même en perçant un sabord d'assez grandes dimensions (fig. 483). Les problèmes auxquels donnait lieu l'installation de ces batteries portaient précisément sur l'obtention d'un champ de tir aussi grand que possible

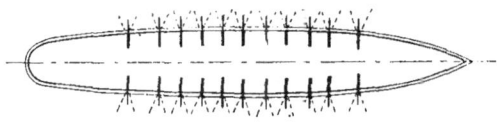

Fig. 483.

avec un sabord de dimensions aussi réduites que possible. On y arrivait, par exemple, en reportant l'axe vertical de rotation de l'affût tout près de l'ouverture, de manière que la partie de la volée traversant le sabord restât à peu près immobile pendant les mouvements de pointage en direction. Mais il est difficile, même par ces procédés, d'obtenir un champ de tir dépassant 60°. En outre, il y a intérêt à installer les pièces à une hauteur aussi grande que possible au-dessus de la flottaison, tant pour rendre leur tir possible même en cas de mauvais temps que pour leur donner un commandement convenable sur le navire adverse.

Sur les navires actuels, les pièces d'artillerie sont installées autant que possible sur les ponts supérieurs découverts. Au point de vue du calibre, on distingue la *grosse artillerie*, comprenant les calibres de 194 $^m/_m$ et au-dessus, la *moyenne artillerie*, comprenant les calibres de 90 $^m/_m$, 100 $^m/_m$, 138 $^m/_m$ 6 et 164 $^m/_m$ 7, et la *petite artillerie*, comprenant les calibres de 65 $^m/_m$ et au-dessous. Les pièces de gros calibre, réservées aux navires sur lesquels une fraction importante du déplacement est consacrée à la protection, sont installées en *tourelles*, c'est-à-dire montées sur une plate-forme tournante protégée par un blindage annulaire. Dans les tourelles *en barbette* (fig. 484), le blindage annulaire, de forme circulaire ou elliptique, enveloppe seulement les appareils de manœuvre de la pièce et les mécanismes d'approvisionnement; la pièce est en saillie au-dessus de ce blindage, et n'est protégée que par un capot ou *masque* en forme de coupole, d'épaisseur relativement faible, fixé sur la plate-forme tournante. Dans les tourelles *fermées*, les seules en usage aujourd'hui, le masque est développé de manière à former une coupole mobile, fixée à la plate-forme tournante, et ses parois verticales ont une épaisseur donnant une protection équivalente à celle du blindage annulaire fixe (fig. 485). La volée de la pièce traverse la paroi de la coupole dans un sabord ayant juste les dimensions nécessaires pour permettre le pointage en hauteur. Des capots munis de fenêtres assurent au chef de pièce un champ de visée suffisant. Dans certains cas, deux pièces identiques sont associées l'une à l'autre dans une même tourelle fermée (fig. 486); elles sont fixées sur la même plate-forme tournante, mais leurs mécanismes de pointage en hauteur et de chargement sont indépendants.

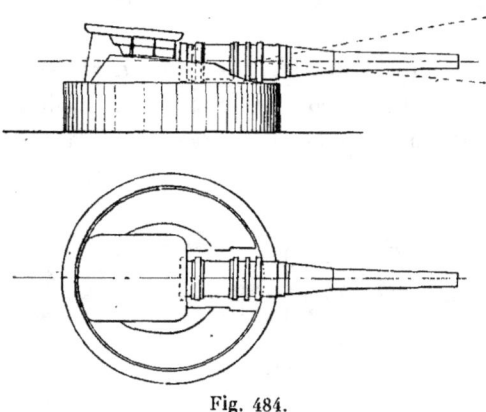

Fig. 484.

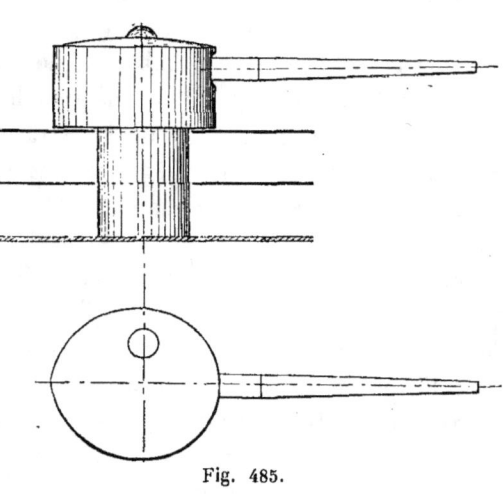

Fig. 485.

INSTALLATIONS RELATIVES A LA PUISSANCE OFFENSIVE.   459

Les pièces de gros calibre d'un navire sont en général au nombre de quatre au plus. On les répartit soit en deux tourelles (à un ou deux canons) placées dans l'axe l'une à l'avant, l'autre à l'arrière (fig. 487), soit en quatre tourelles, dont deux sont placées dans l'axe et deux placées latéralement (fig. 488), les œuvres mortes ayant dans ce cas une rentrée suffisante pour bien dégager le champ de tir des piè-

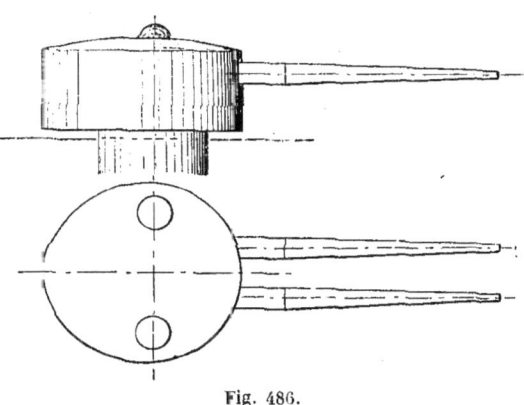

Fig. 486.

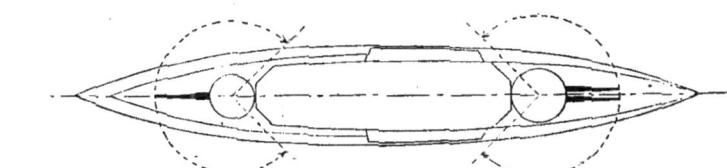

Fig. 487.

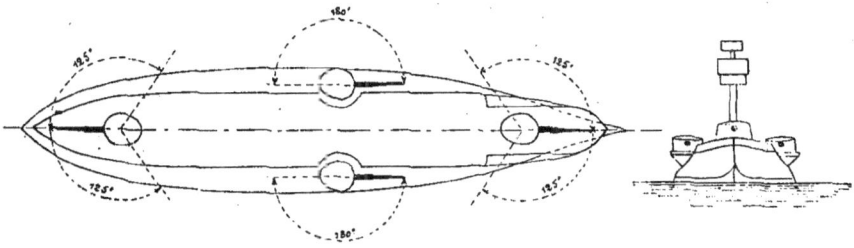

Fig. 488.

ces en abord. La disposition comprenant deux tourelles dans l'axe est celle que l'on emploie aujourd'hui dans la plupart des cas.

La moyenne artillerie peut être installée de façons assez diverses. Sur les navires de grandes dimensions, où une fraction considérable du poids est affectée à la protection, une partie au moins des pièces de moyen calibre, dont le nombre total ne dépasse pas 20, est installée soit en tourelles (à un ou à deux canons), soit dans une sorte de casemate blindée établie dans un entrepont couvert et constituant un *réduit*. Les pièces installées en réduit tirent par des sabords, dont l'ouverture est limitée au strict nécessaire et protégée par un masque mobile fixé à l'affût et suivant les mouvements de pointage en direction de la pièce (voir fig. 545). La forme du réduit est combinée de manière qu'une partie des embrasures des sabords puisse être établie dans des pans coupés ménagés en retrait dans les œuvres mortes, de façon à obtenir un champ de tir aussi étendu que possible. On a ainsi des réduits à 8 canons, par exemple (fig. 489). Les autres

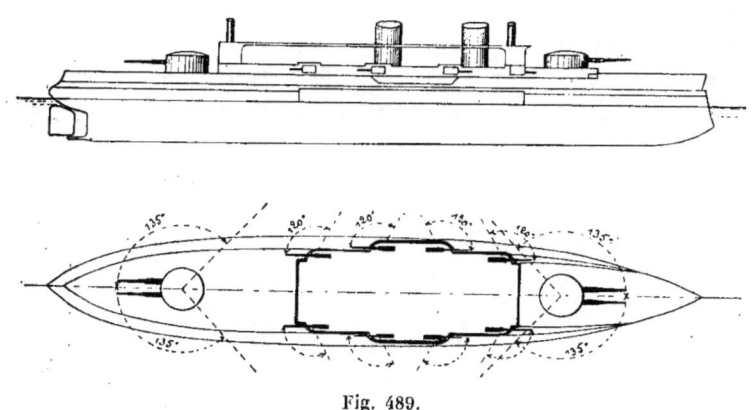

Fig. 489.

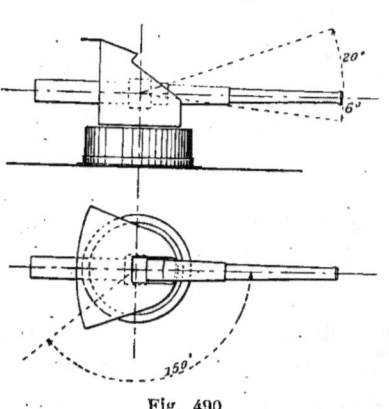

Fig. 490.

pièces de moyen calibre, s'il en existe, sont alors installées sur le pont supérieur, soit en tourelles, soit simplement protégées par des *masques* d'une épaisseur de 54 à 75 $^m/_m$, comprenant une partie annulaire fixe de faible hauteur et une visière mobile portée par l'affût (fig. 490). Pour les bâtiments à protection relativement réduite, les pièces de moyen calibre sont exclusivement protégées par des masques. Elles sont alors réparties sur les ponts supérieurs de manière à obtenir un croisement convenable des feux et un champ de tir aussi grand que possible (fig. 491). On est ainsi conduit fréquemment à ménager des pans coupés dans les œuvres mortes; pour les pièces placées en abord, on accroît le champ de tir en les installant sur des plate-formes en *encorbellement*, faisant saillie sur la muraille (fig. 491).

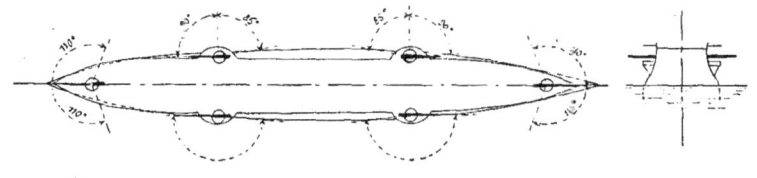

Fig. 491.

Quant à la petite artillerie, on a employé pendant un certain temps pour sa protection des masques de $4^{m}/_{m}$ d'épaisseur en acier durci. Ces masques ont été abandonnés, et actuellement les pièces de petit calibre ne reçoivent aucune protection. On les répartit sur les ponts supérieurs, sur les hunes militaires s'il en existe, et quelquefois en divers points des entreponts couverts, de manière à obtenir un croisement de feux assurant le flanquement complet du navire. Leur nombre atteint 25 à 30 sur les grands bâtiments.

Le nombre et la répartition des pièces d'artillerie d'un navire ayant été arrêtés, la détermination de leur position exacte doit faire l'objet d'une étude minutieuse ayant pour but l'examen du meilleur parti à tirer de l'emplacement choisi, en vue de l'étendue du champ de tir et de la facilité d'installation et de manœuvre. Il importe, par suite, de connaître exactement l'encombrement total de chaque pièce. Pour les pièces en tourelle, cet encombrement est celui de la coupole mobile et de la volée, et il suffit d'assurer la possibilité d'accès à la tourelle. Quant aux pièces installées en réduit ou à découvert, leur encombrement résulte non seulement des dimensions du canon, de son affût et des organes de pointage, mais encore de la nécessité de réserver, pour toutes les directions comprises dans le champ de tir, l'espace suffisant pour le service de la pièce. Il faut, pour chacune de ces directions, avoir la possibilité d'ouvrir et de fermer la culasse, d'introduire les munitions (qui peuvent être pour les canons à tir rapide des douilles ou des cartouches d'assez grande longueur), de **manœuvrer le cordon tire-feu**. On doit également se préoccuper du chemin décrit par le masque, s'il en existe, dans les mouvements de pointage en direction, et, ainsi que nous le verrons plus tard, ménager à proximité immédiate de la pièce un parc pouvant contenir un certain approvisionnement de munitions. Enfin, pour toutes les pièces, il faut s'assurer que les deux surfaces coniques engendrées par la volée aux angles maxima de pointage positif ou négatif ne rencontrent aucun obstacle dans l'étendue du champ de tir, et que, aux positions extrêmes, l'axe de tir passe à une distance suffisante des divers points de la coque pour que celle-ci ne puisse être endommagée par le souffle, et ne rencontre aucun objet en saillie tel qu'une patte d'ancre, une grue de manœuvre d'embarcations, etc.

On ne doit pas perdre de vue que l'encombrement à prévoir pour une pièce n'est pas toujours symétrique par rapport à l'axe de cette pièce, les organes de pointage étant en général placés sur le côté. Il suit de là que si l'on a à installer deux canons identiques dans deux régions symétriques du navire, l'étude doit parfois être faite complètement et distinctement pour chaque bord. Les pièces d'artillerie les plus récentes (mod. 1893 et suivants) ont été combinées de manière à permettre la fixation des organes de pointage soit à droite, soit à gauche, suivant l'emplacement du canon, ce qui facilite beaucoup l'installation.

La détermination de l'emplacement exact des pièces s'effectue ainsi par tâtonnement, soit à l'aide d'épures, soit au moyen de gabarits en carton qu'on déplace sur la feuille de dessin. Dans le cas où on opère à bord d'un navire existant, on emploie des gabarits en bois en vraie grandeur.

**112. Installation des canons reposant sur un pont.** — L'emplacement définitif d'une pièce ayant été déterminé, il faut établir pour cette pièce un *plan de pose* parallèle à la flottaison en charge, consolidé de manière à supporter non seulement le poids de la pièce et de ses accessoires, mais aussi les efforts dus au tir. Nous n'avons pas à examiner ici les procédés de détermination de ces efforts; nous ferons seulement remarquer qu'il s'agit d'efforts dynamiques, et non d'efforts statiques, ce qui empêche

INSTALLATIONS RELATIVES A LA PUISSANCE OFFENSIVE.   463

d'appliquer intégralement les méthodes de calcul usuelles de résistance des matériaux. Dans beaucoup de cas on est obligé de procéder par comparaison, en se basant sur les résultats acquis dans les installations antérieures.

Les pièces de moyen calibre de modèle récent sont montées sur un châssis supporté par un bâtis portant le nom de *sellette*. Cette sellette, de forme circulaire, vient se fixer sur une pièce également circulaire en acier moulé, appelée *sous-sellette*, qui constitue un socle fixé à la charpente du navire (fig. 492). Sur cette char-

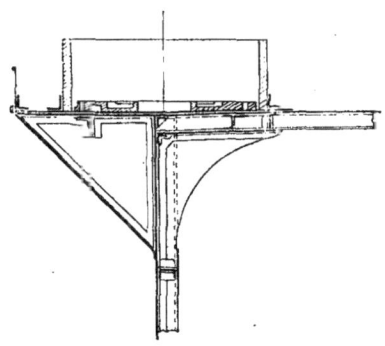

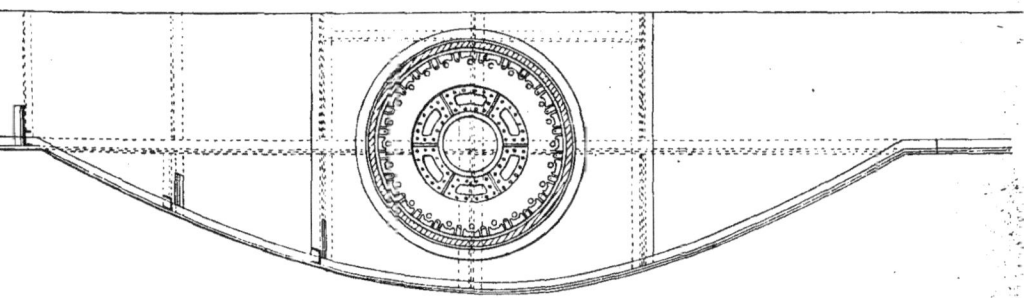

Fig. 492.

pente on établit une tôle de renfort, sur laquelle vient se fixer au moyen de rivets la sous-sellette, dont la face inférieure est gabariée suivant le bouge du pont ou de l'encorbellement, et dont la face supérieure est dressée de manière à former un plan parallèle à la flottaison en charge. La sous-sellette est entourée d'un blindage annulaire tenu par une forte cornière; elle porte des bossages percés d'un trou cylindrique, auxquels correspondent des bossages identiques ménagés dans la sellette. Dans ces bossages passent les boulons de tenue de la sellette, qui traversent la sous-sellette et sont munis d'un écrou et d'un contre-écrou placés par-dessous; ces boulons sont exécutés en acier mi-dur spécial, forgé et recuit, donnant une résistance à la rupture de 50$^k$ avec un allongement minimum de 22 %. La mise en place de ces boulons doit être effectuée avec le plus grand soin, car le manque d'uniformité et de simultanéité dans la fatigue du boulonnage pourrait amener des ruptures. On vérifie avec soin le portage de chaque boulon, et on ajoute sur le contre-écrou un ergot s'opposant à son desserrage. Avant la commande des sous-sellettes, on doit s'assurer de la concordance rigoureuse du tracé et de la distribution de leurs bossages avec ceux de la sellette de l'affût.

La charpente doit être consolidée en vue de supporter le poids de la pièce et les efforts dus au tir. Pour les pièces placées en abord, on établit l'axe de la pièce à peu près à l'aplomb de la muraille (fig. 492), et on ajoute en dessous des entremises de renfort, réparties de manière à ne pas gêner la mise en place des boulons de sellette. Pour les pièces placées dans l'axe on établit en dessous un épontillage robuste, soit au moyen d'épontilles ordinaires soit au moyen de consoles en tôlerie.

Pour les pièces d'artillerie de modèle ancien, à recul moins limité et par conséquent à réactions moins vives, on se contentait d'établir un plan de pose formé de fortes fourrures en chêne, dans lesquelles s'encastraient une douille en bronze recevant la *cheville ouvrière* ou pivot de l'affût et les *circulaires* en bronze formant chemin de roulement pour les galets de cet affût.

Les pièces de petit calibre sont fixées sur un *support* remplaçant la sous-sellette, dont la hauteur est réglée par la condition que le pointeur puisse encore tenir l'épaule appuyée sur la crosse de pointage à l'angle de tir négatif maximum.

Pour les canons de 65 $^m/_m$, le support est en acier moulé, de forme tronconique (fig. 493). On rive sur le bordé métallique une cale de renfort annulaire en tôle, dont la face supérieure est dressée parallèlement à la flottaison, et sur laquelle vient reposer la pince circulaire formant la base du support. La tenue est effectuée

INSTALLATIONS RELATIVES A LA PUISSANCE OFFENSIVE.     465

au moyen de boulons identiques aux boulons de sellette décrits plus haut. Si le pont est recouvert d'un bordé en bois, on établit au-dessus de la cale de renfort un massif en bois dépassant légèrement le bordé, qui reçoit

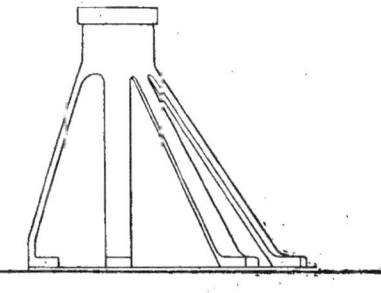

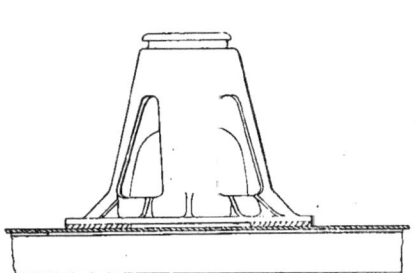

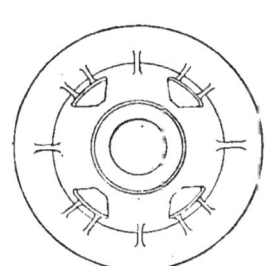

Fig. 493.

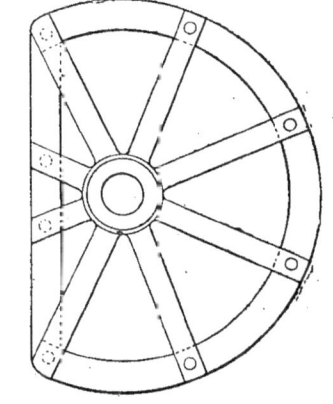

Fig. 494.

le support et est traversé par ses boulons de tenue.

Les canons de $47^m/_m$ sont montés sur une *boîte à pivot* en bronze s'encastrant dans un support en acier dit *à crinoline* (fig. 494), dont l'installation s'exécute comme celle du support pour canon de $65^m/_m$. Dans les hunes militaires, on établit une console en tôlerie dans laquelle vient s'encastrer la boîte à pivot (voir fig. 390).

Quant aux canons de $37^m/_m$, les canons revolvers, à peu près abandonnés maintenant, étaient montés sur un chan-

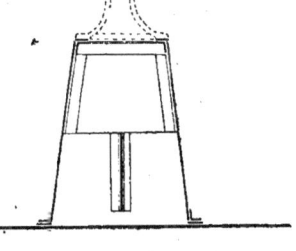

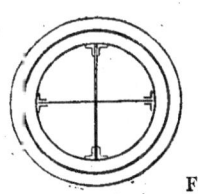

Fig. 495.

CONSTRUCTION DU NAVIRE.     30

delier en bronze fixé par une embase sur le bordé du pont. Les canons actuels sont montés sur une boîte à pivot reposant sur un support tronconique en tôlerie (fig. 495).

**113. Installation des canons en tourelles.** — Le mode d'installation des canons en tourelles a subi de nombreuses variations et améliorations graduelles ayant pour objet de soustraire, autant que possible, les mécanismes de chargement et de manœuvre du canon et sa charpente de soutien aux chances d'avaries résultant du choc des projectiles ennemis. Nous laisserons de côté la comparaison et la discussion des divers systèmes adoptés ou proposés, et nous nous contenterons ici d'exposer le mode de construction employé, avec quelques variantes, sur la plupart des bâtiments mis en chantier depuis 1888.

En principe, le canon est supporté par un châssis formé de deux parties articulées l'une sur l'autre. La pièce inférieure est fixée sur une *plate-forme* supportant les blindages mobiles et recevant, comme nous le verrons tout à l'heure, le mouvement de rotation autour d'un axe vertical. La pièce supérieure, qui supporte le canon et les freins de recul, est reliée à la pièce inférieure par une charnière à axe horizontal et peut être levée ou abaissée de manière à donner les mouvements de pointage en hauteur. L'axe de l'articulation est reporté aussi près que possible de l'ouverture percée dans le blindage pour le passage de la volée, de manière que les dimensions de cette embrasure soient réduites au strict nécessaire. La plate-forme, en tôlerie, est fixée à la partie supérieure d'un tube légèrement tronconique appelé *fût-pivot*, reposant à sa partie inférieure dans une crapaudine boulonnée sur un carlingage en tôlerie solidement relié à la charpente des fonds (fig. 496). A sa partie supérieure, le fût-pivot porte une couronne de guidage tournant librement dans une sorte d'étambrai circulaire; cet étambrai est porté par une charpente annulaire en tôlerie encastrée à son pied dans la charpente du pont cuirassé. Le fût-pivot traverse les ponts inférieurs dans des panneaux circulaires, et n'est par suite tenu qu'en deux points. La charpente annulaire est entourée par un blindage concentrique reposant sur le pont blindé, et laissant entre lui et la charpente un vide de 8 à $10^c/_m$. Enfin, le blindage de la coupole mobile est porté par la plate-forme et se décroise sur une hauteur de $10^c/_m$ environ avec le blindage fixe. Avec cette disposition, un coup de canon peut venir frapper le blindage fixe et lui faire même subir une déformation assez importante sans que les organes de soutien et de manœuvre de la tourelle soient atteints. En outre, les réactions transmises à la coque par l'effet du tir ou du choc d'un projectile sur la coupole mobile sont beaucoup moins vives à cause de l'élasticité de la charpente d'appui ; la pièce est pour ainsi dire montée à la partie supérieure d'une verge flexible. Le pointage en direction est obtenu soit au moyen d'une couronne dentée calée sur le fût-pivot et actionnée par des engrenages mûs à la main ou par un moteur, soit au moyen d'un tambour sur lequel s'enroulent des chaînes fixées à des presses hydrauliques ; tous ces mécanismes sont logés au-dessous du pont cuirassé. L'arrivée des munitions se fait par l'intérieur du fût-pivot. Pour les pièces de moyen calibre, le pivot est constitué comme un pivot de grue ordinaire : pour les pièces de gros calibre, on emploie un pivot hydraulique, c'est-à-dire que le fût-pivot porte à sa base un piston pénétrant dans un *pot de presse*. En faisant arriver de l'eau avec une pression suffisante sous le piston, on sou-

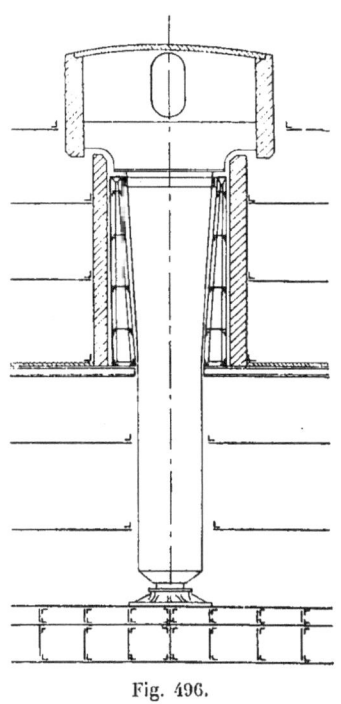

Fig. 496.

lève l'ensemble de la tourelle mobile de 30 à 40$^m/_m$ et on obtient ainsi un pivot à frottement très doux. Lorsqu'on n'a pas besoin de mouvoir la tourelle, on supprime la pression sous le piston et la masse mobile vient alors reposer sur la partie supérieure de la charpente annulaire par l'intermédiaire de butoirs convenablement disposés. Dans d'autres systèmes, la plate-forme ou la charpente annulaire porte des couronnes de galets sur lesquels repose la masse mobile en temps ordinaire. Pour permettre à la tourelle de tourner, il suffit de la soulever très légèrement au moyen du pivot de manière à réduire la pression sur les galets, le poids de la masse mobile étant alors réparti entre ces galets et la crapaudine.

Le mode d'établissement des pièces en tourelle mobile, dont nous venons d'exposer les lignes principales, entraîne des difficultés de construction assez nombreuses, principalement pour la charpente annulaire. La plate-forme est formée par un quadrillage de poutres armées en tôles et cornières, dont la disposition dépend du nombre de canons et du système d'affût. Le plus ordinairement, pour une tourelle ne comportant qu'un seul canon, la plate-forme est constituée par deux longrines parallèles à l'axe du canon, correspondant aux flasques du châssis, croisées à angle droit par des membrures discontinues (fig. 497). Sur les faces latérales de la plate-forme viennent se river les deux tôles formant platelage de la cuirasse de la coupole mobile, munies à leur partie inférieure d'une cornière formant chaise d'appui. Le tracé de la plate-forme dépend de la distribution des organes de manœuvre et de chargement du canon, étudiée de manière à donner un développement de blindage mobile aussi réduit que possible. On est conduit souvent ainsi à une plate-forme ovoïde, comme le représente la figure 497. Dans tous les cas, la plate-forme se termine à sa partie inférieure par une embase circulaire venant s'attacher sur le fût-pivot. Ce fût-pivot (fig. 498) est constitué ordinairement par deux viroles de tôle superposées, formées de virures verticales convenablement décroisées. A la partie supérieure, le fût-pivot porte des membrures d'entretoisement qui reçoivent l'attache des poutres de la plate-forme, auxquelles elles correspondent. A la base, les deux tôles viennent buter dans une râblure pratiquée dans une pièce en acier moulé qui porte le pivot.

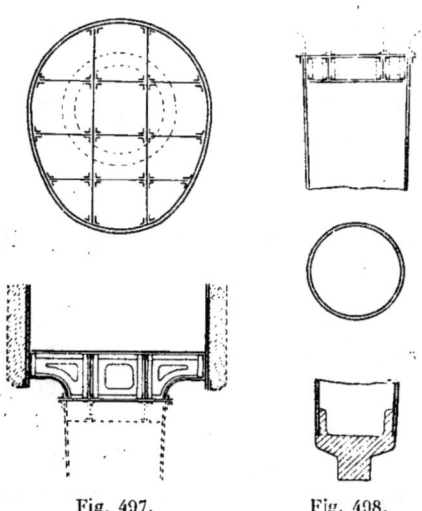

Fig. 497.   Fig. 498.

La crapaudine (fig. 499) repose sur un carlingage formé par un quadrillage en tôles armées de cornières, correspondant aux

INSTALLATIONS RELATIVES A LA PUISSANCE OFFENSIVE. 469

couples et aux lisses, dont la face supérieure est dressée parallèlement à la flottaison. Pour les pièces de gros calibre, on renforce la charpente en ajoutant des couples et des lisses intercalaires sur une certaine étendue dans la région voisine du pied

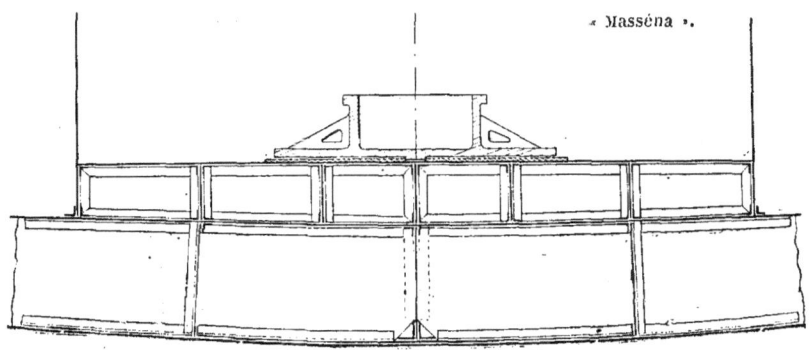

« Masséna ».

Fig. 499.

du fût-pivot. Il importe en effet que le poids de la masse mobile et les efforts développés par le tir se répartissent sur une surface de charpente aussi étendue que possible. Sur la face supérieure du carlingage, on rive une assise en tôle de $20^{m}/_{m}$ environ d'épaisseur, sur laquelle vient se fixer la crapaudine en acier moulé, tenue au moyen de boulons. La crapaudine porte en général un téton cylindrique de centrage venant s'encastrer dans un évidement de l'assise ; entre l'assise et le dessous de la crapaudine, on dispose une cale en tôle de $10^{m}/_{m}$ environ, dont on règle l'épaisseur exacte de manière à amener le fût-pivot à la position voulue.

La charpente annulaire doit être construite de manière à résister aux efforts de flexion provenant des réactions de tir qui tendent au départ du coup à faire reculer toute la masse mobile, et de la pression exercée par la masse mobile sur la couronne de guidage dans les mouvements de tangage et de roulis. En outre, pour les tourelles à pivot hydraulique, la charpente annulaire doit pouvoir supporter directement le poids total de la masse mobile, lorsque la tourelle cesse d'être soulevée par la pression sous le pivot. Le poids de la masse mobile peut atteindre des valeurs très élevées

470 ÉTUDE DESCRIPTIVE DE LA CHARPENTE DU NAVIRE.

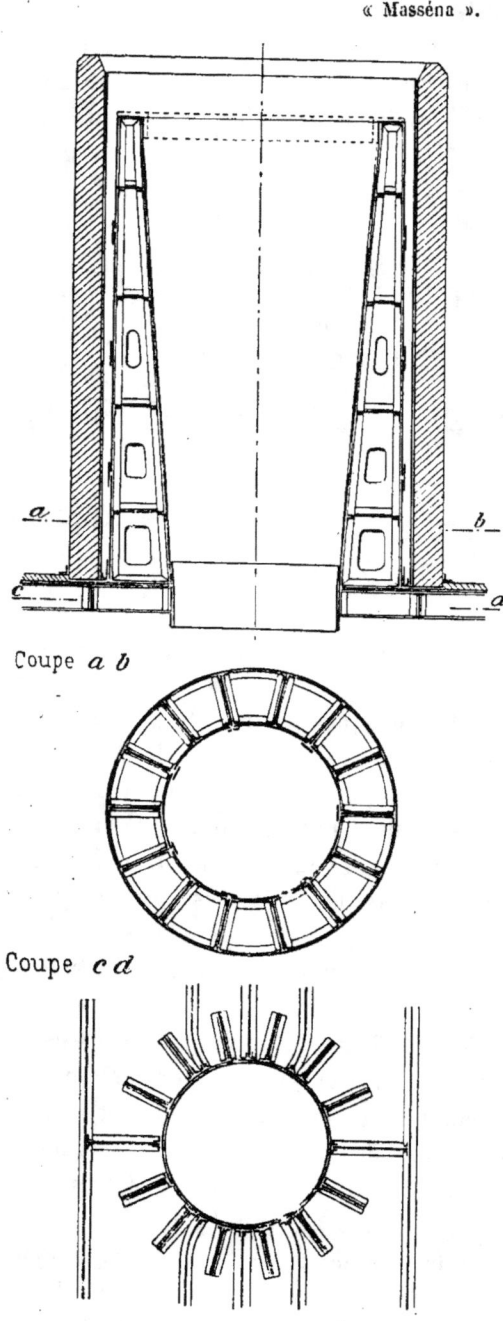

« Masséna ».

Coupe $ab$

Coupe $cd$

Fig. 500.

pour les gros calibres, 500$^{tx}$ environ pour une tourelle contenant deux canons de 305$^m/_m$. On a ainsi des efforts considérables sur la charpente annulaire, dont les calculs d'établissement doivent faire l'objet d'une étude minutieuse. Cette charpente est constituée par des membrures rayonnantes en tôle armée de cornières, recouvertes extérieurement et intérieurement par un bordé (fig. 500). Ces membrures, de forme trapézoïdale, sont entretoisées horizontalement par des lisses intercostales. La face supérieure de cette espèce de tour en tôlerie reçoit la couronne de guidage du fût-pivot. L'encastrement du pied de la charpente annulaire doit être exécuté aussi solidement que possible, car la hauteur de ces charpentes, qui dépend de la hauteur de commandement de la pièce, peut atteindre jusqu'à 4 ou 5 mètres sur les grands navires. Le système représenté par la figure 500 consiste à faire usage d'une tôle ployée rivée à la base du bordé extérieur de la charpente annulaire, formant une sorte de grande cornière rivée sur le platelage du pont blindé et dont l'aile horizontale supporte le blindage annulaire fixe ; le bordé intérieur est doublé à la partie inférieure par une virole de renfort et prolongé jusqu'au-dessous des barrots du pont cuirassé, auxquels il est relié par des bouts de cornières verticaux ; il est en outre relié au platelage du pont blindé par des taquets rayonnants placés à l'aplomb des membrures. Un autre système, plus encombrant mais plus solide, consiste à prolonger les membrures de la charpente annulaire jusqu'au niveau du pont situé immédiatement au-dessous du pont cuirassé (fig. 501) ; l'encastrement est ainsi beaucoup amélioré, mais l'installation des organes de pointage en direction est un peu moins facile.

Dans le cas où la charpente annulaire doit supporter soit une partie, soit la totalité du poids de la masse mobile, il est indispensable d'établir au-dessous de cette charpente un épontillage robuste, de manière à s'opposer à l'affaissement du pont cuirassé. Dans la plupart des cas, il est impossible d'établir des épontilles directes, car l'installation des organes de pointage en direction et des mécanismes d'introduction des munitions dans le fût-pivot exige qu'on laisse disponible un espace assez étendu tout autour du fût-pivot. On est conduit alors à faire usage d'hiloires plus ou moins développées, s'étendant jusqu'aux cloisons les plus rapprochées et soutenues par des montants fixés le long de ces cloisons, de manière à constituer des sortes d'arcs en tôlerie soutenant la charpente annulaire. Tel est le procédé appliqué dans l'exemple représenté par la figure 502. La consolidation est obtenue au moyen de deux hiloires longitudinales, soutenues par des montants rivés contre les cloisons qui limitent à l'$AV$ et à l'$AR$ la tranche comprenant la tourelle. Entre ces deux hiloires sont placés deux montants intermédiaires servant à consolider les cloisons et à les empêcher de fléchir. Des montants latéraux et quelques épontilles placées là où il a été possible d'en mettre complètent la charpente de soutien.

Dans le système de tourelle mobile que nous venons de décrire, il est nécessaire d'empêcher que dans un coup de mer l'eau puisse s'introduire entre le blindage fixe et la coupole mobile. Lorsque

« Charlemagne ».

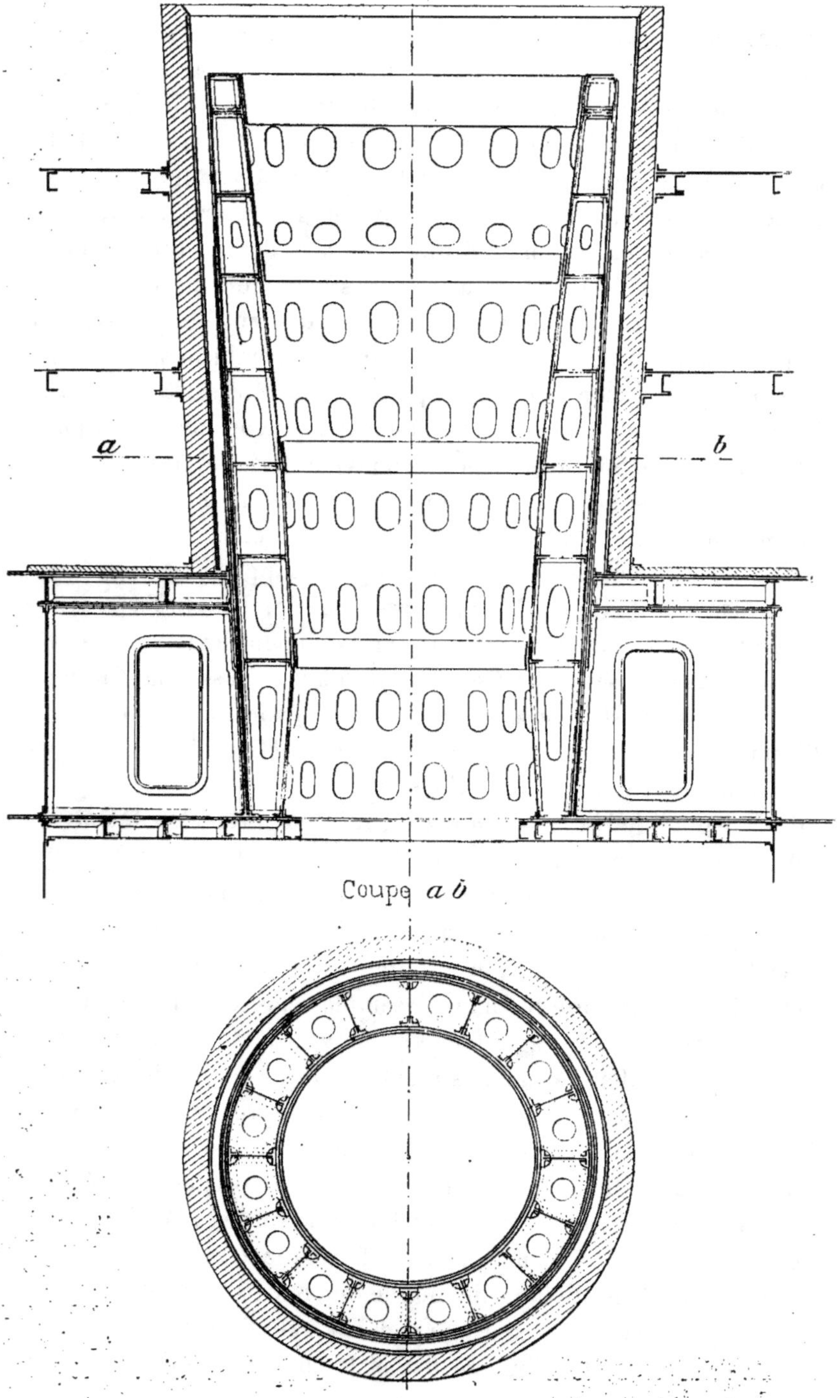

Coupe $ab$

Fig. 501.

INSTALLATIONS RELATIVES A LA PUISSANCE OFFENSIVE. 473

la tourelle mobile n'est pas établie complètement au-dessus du niveau d'un pont (fig. 503), on ménage dans la charpente de ce pont un panneau circulaire, concentrique à l'axe de rotation de la tourelle, dont le surbau est formé par une cornière placée comme l'indique la figure. Tout autour de la couronne mobile est rivé un toit incliné en tôle mince, soutenu de distance en distance par des taquets, et dont le bord porte une garniture en cuir appelée *braie*, fixée par une latte vissée et retombant verticalement contre la cornière formant surbau. Extérieurement à cette braie est disposé un cercle formé d'une latte de fer mince portée de distance en distance par des œillères cousues à la braie ; ce cercle est en plusieurs parties réunies par des broches de serrage. Lorsqu'on ne se sert pas de la tourelle, il suffit de serrer ces broches pour appliquer la braie contre la cornière et réaliser une étanchéité bien complète. Pour manœuvrer la tourelle, on desserre un peu les broches, et la tourelle peut alors tourner librement, la braie frottant légèrement contre la cornière et donnant encore une étanchéité suffisante.

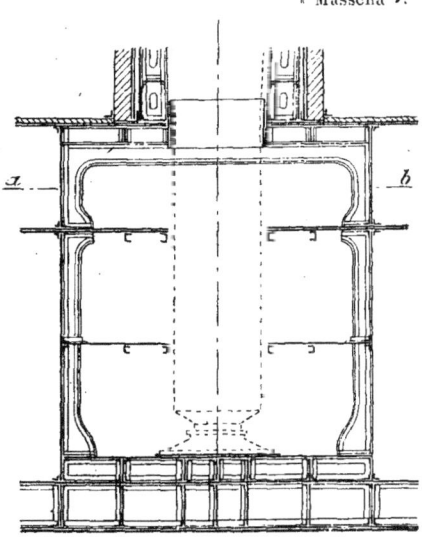

« Masséna ».

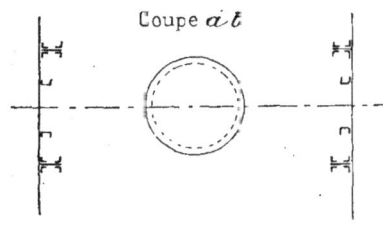

Coupe $a\,b$

Fig. 502.

Lorsque la tourelle est à pivot hydraulique, la cornière d'appui de la braie doit être remplacée par un surbau en tôle de hauteur convenable pour que, la masse mobile étant soulevée comme nous l'avons vu de 30 à 40 $^m/_m$ pour la manœuvre, le recouvrement de la braie conserve encore une valeur suffisante.

Dans le cas où la tourelle est entièrement placée au-dessus d'un pont, ce pont est rivé par une cornière avec le blindage fixe. On peut alors installer une braie moins développée au moyen d'une cornière rivée sur le pont concentriquement à l'axe de rotation et d'une garniture en cuir suspendue au-dessous de la plate-forme mobile (fig. 504).

**114. Consolidations contre les effets du souffle des pièces d'artillerie.** — Lorsque, dans certaines régions du champ de tir, la volée d'une pièce se trouve à une faible distance de la coque, il est nécessaire de se préoccuper de l'action du souffle de la pièce au moment

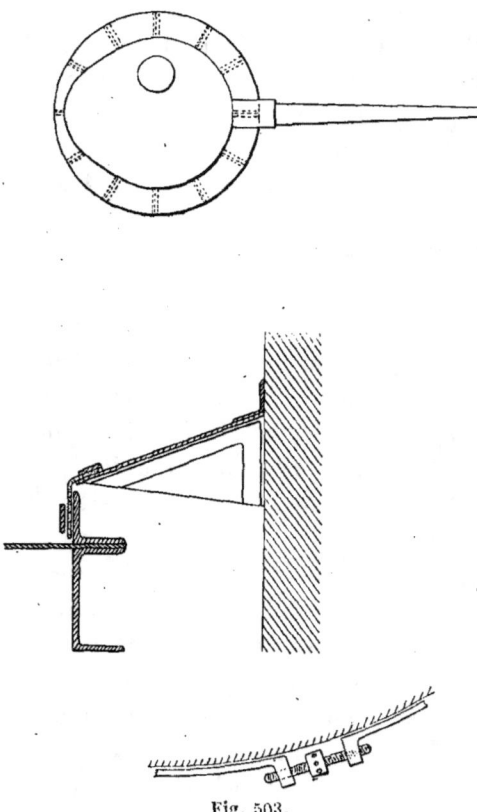

Fig. 503.

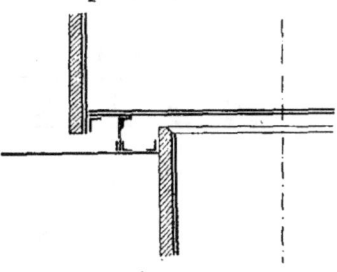

Fig. 504.

du départ du projectile. La valeur et la répartition des efforts mis en jeu de cette manière est très variable, pour un calibre donné, avec la longueur de la pièce, le poids de la charge employée et la distance de la volée au point considéré. Avec les pièces de modèle ancien, à faible longueur d'âme, la détente des gaz de la poudre s'opérant en grande partie au dehors de la pièce, les effets du souffle étaient beaucoup plus violents qu'avec les pièces modernes, de grande longueur, dans lesquelles la détente s'effectue plus progressivement, il n'y a guère actuellement que pour les pièces de très gros calibre que l'effet du souffle exige des consolidations spéciales, pourvu que la volée ne soit pas à une distance inférieure à 70 ou 80 centimètres de la muraille ou d'un pont.

La zone dans laquelle les effets du souffle peuvent être assez considérables pour amener une déformation permanente des matériaux de la charpente métallique ne peut être délimitée d'une manière bien précise. Tout ce qu'on peut dire, c'est que la zone dangereuse peut être considérée comme limitée approximativement par une sorte de gerbe d'autant plus allongée que la vitesse initiale du projectile est plus considérable (fig. 505). Pour une pièce de 305 $^m/_m$ mod. 1887, par exemple, tirant parallèlement à une paroi distante de l'axe de tir de $2^m,50$ à $3^m,50$, avec une vitesse initiale de 700 mètres environ, les déformations maxima sont constatées dans une région MN telle que les droites OM et ON soient inclinées respectivement sur la verticale OH d'environ 30° et 70°.

Si l'on diminue la vitesse initiale, la zone MN se rapproche de

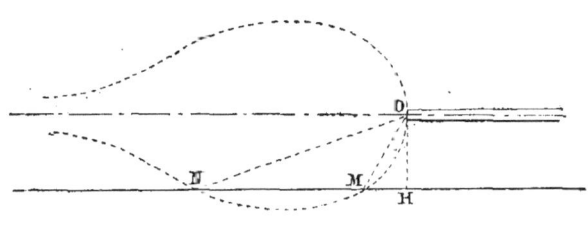

Fig. 505.

OH; avec les anciennes pièces à faible longueur d'âme, la zone de déformation maxima se trouvait à peu près exactement à l'aplomb de la volée. Tout autour de la zone MN, on aura des zones concentriques dans lesquelles les déformations iront en décroissant progressivement. Ces efforts d'enfoncement, dûs à la surpression causée par la détente brusque des gaz, ne sont d'ailleurs pas les seuls qui se produisent. L'air environnant, violemment refoulé, revient sur lui-même, et il se produit des zones de *dépression* se juxtaposant aux zones de *surpression*, suivant un phénomène analogue à celui des ondulations concentriques causées par la chute d'une pierre dans l'eau. Les divers points de la paroi situés dans la zone dangereuse doivent être considérés comme soumis à des efforts alternatifs, la paroi tendant à être successivement enfoncée et soulevée. Si un panneau, par exemple, placé dans la zone dangereuse, est fermé par un mantelet, il pourra très bien arriver que ce mantelet, assez robuste pour résister à l'enfoncement, soit arraché par l'effort produit par la dépression.

Dans la plupart des cas, sur les navires modernes, la seule paroi pour laquelle on ait à se préoccuper des effets du souffle est le pont au-dessus duquel sont établies les tourelles contenant des canons de gros calibre ; ces effets sont surtout à redouter dans la région arrière, à cause de l'affinement moins grand des formes et par suite du plus grand écartement des murailles latérales soutenant le pont (fig. 506). Pour mettre un pont ainsi disposé en état de résister aux effets du souffle, on peut employer deux

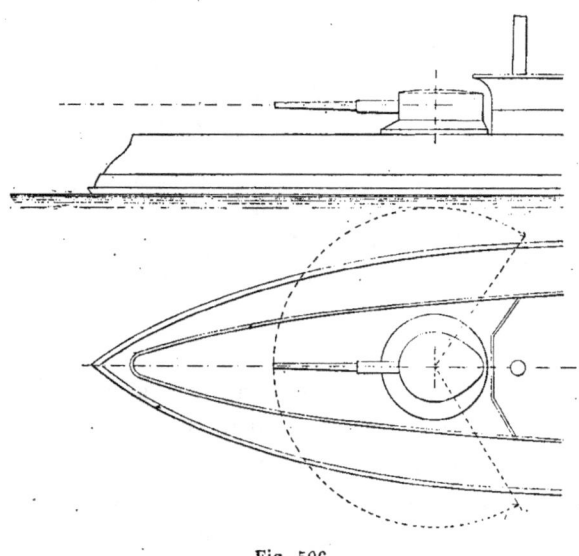

Fig. 506.

procédés très différents. Un premier système consiste à renforcer les barrots de manière à leur donner un moment d'inertie suffisant pour permettre la suppression de tout épontillage rigide dans la zone considérée comme dangereuse ; le pont constitue ainsi une sorte de membrane élastique encastrée seulement sur son pourtour, susceptible de céder et de reprendre ensuite sa forme primitive. Le second procédé consiste au contraire à consolider le pont au moyen d'un épontillage robuste le reliant au pont blindé, en plaçant des hiloires ou des épontilles en nombre suffisant pour assurer la rigidité. Les expériences faites jusqu'à ce jour semblent montrer que ce dernier système est préférable. Avec un pont élastique, il peut se faire qu'après un premier coup de canon il revienne exactement à sa position primitive, mais après plusieurs coups consécutifs tirés dans la même direction, ce qui est en somme un cas probable dans la pratique, il est impossible d'empêcher une déformation permanente que les coups ultérieurs ne feront qu'accentuer et qui peut amener une dislocation de la charpente. En outre, ce système entraîne des difficultés de construction assez nombreuses ; les cloisons d'emménagement placées au-dessous du pont doivent être faites en deux parties susceptibles de coulisser légèrement l'une par rapport à l'autre, et les épontilles, qu'il est bien difficile de supprimer complètement, doivent être munies à leur tête de tampons à ressort permettant la déformation élastique du pont. Avec le système à pont renforcé rigide, il importe de remarquer que les attaches du pied et de la tête des épontilles de renforcement doivent être étudiées de manière à résister à la traction aussi bien qu'à la compression.

Il n'est guère possible de donner des règles précises pour la détermination de l'épontillage de consolidation. On ne peut que se baser sur les résultats antérieurement acquis pour les bâtiments déjà construits. Lorsque, dans les essais de tir d'un navire, certaines avaries se produisent, elles fournissent souvent des indications utiles pour l'avenir. Il convient de remarquer à ce sujet que l'emploi d'un revêtement en bois sur le bordé métallique donne de bons résultats à ce point de vue particulier, le revêtement agissant alors comme un matelas légèrement élastique qui répartit les effets du souffle sur une grande étendue de la charpente ; avec les bordés métalliques, il n'est pas rare d'observer des déformations locales entre les barrots. Aussi est-il nécessaire de rapporter une tôle doublante donnant une épaisseur convenable, indépendamment des consolidations établies sous les barrots.

On a essayé quelquefois de constituer dans la région la plus exposée au souffle un véritable matelas élastique. Nous citerons à titre d'exemple une disposition employée sur certaines canonnières hollandaises, construites avec des échantillons assez légers et portant à l'A/ une pièce de gros calibre. Parallèlement au pont, à une distance de 15 $^c/_m$ environ, est établie une tôle de 20 $^m/_m$ portée par des boulons disposés le long de ses bords et munis en dessus et en dessous de la tôle de rondelles Belleville ; on a ainsi une sorte de bouclier élastique protégeant le pont (fig. 507).

Les sabords ou panneaux situés dans la région dangereuse doivent être munis de mantelets renforcés en conséquence. Pour les sabords, on se contente de donner au mantelet une épaisseur plus forte, et d'ajouter des barres de serrage analogues à celles représentées sur la figure 482. Pour les panneaux, on dispose des man-

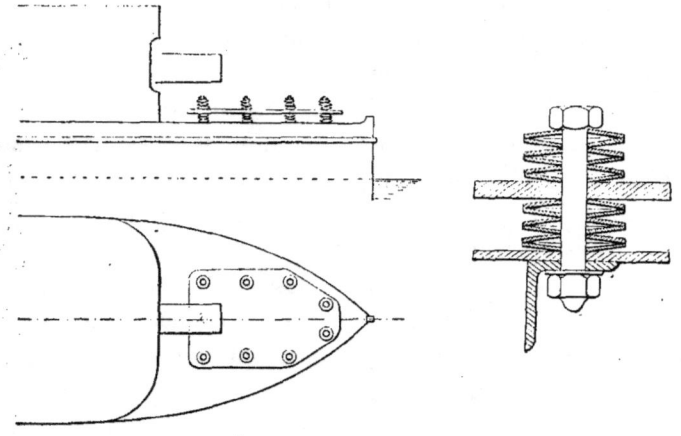

Fig. 507.

telets de combat que l'on met en place au moment voulu, et qui, ainsi que nous l'avons indiqué, doivent être établis de manière à résister à des efforts de soulèvement aussi bien qu'à des efforts d'enfoncement.

La région dans laquelle se développent des efforts suffisants pour produire une déformation des matériaux de la charpente est en somme assez limitée. Mais la région dans laquelle se développent des surpressions ou dépressions appréciables est beaucoup plus étendue, et il faut quelquefois se préoccuper d'abriter le personnel contre les effets du souffle. Il peut arriver en effet que par suite de la disposition relative des pièces d'artillerie les servants d'une pièce,

INSTALLATIONS RELATIVES A LA PUISSANCE OFFENSIVE. 479

par exemple, soient exposés à être blessés ou tout au moins fortement gênés par le souffle d'une autre pièce. On installe alors pour les protéger soit des rideaux en tôle, soit quelquefois des rideaux amovibles en toile. Le mieux est de disposer autant que possible l'artillerie de manière à ne pas être obligé de faire d'installation de ce genre.

**115. Installations relatives aux tubes lance-torpilles.** — Les tubes lance-torpilles, en raison de la faible vitesse initiale qu'il est nécessaire d'imprimer à la torpille, ne nécessitent pas d'installations bien spéciales. Sur certains torpilleurs et avisos-torpilleurs, et même sur quelques cuirassés étrangers, on a à l'AV un tube fixe débouchant dans une lunette pratiquée dans l'étrave. Ce tube vient aboutir sur la face AR de la cloison de choc et traverse les membrures de l'AV auxquelles il est relié par des cornières; son installation est assez analogue à celle d'un tube de sortie d'arbre porte-hélice.

Les tubes de lancement mobiles sont installés sur un affût monté sur un pivot et muni de galets se déplaçant sur un chemin de roulement qui est fixé soit sur un pont soit sous barrots. Dans le premier cas, l'affût est porté par une sorte de sous-sellette en tôlerie et tire par un sabord ordinaire s'il est établi dans un entrepont couvert. Dans le second, le tube franchit la muraille dans une sorte

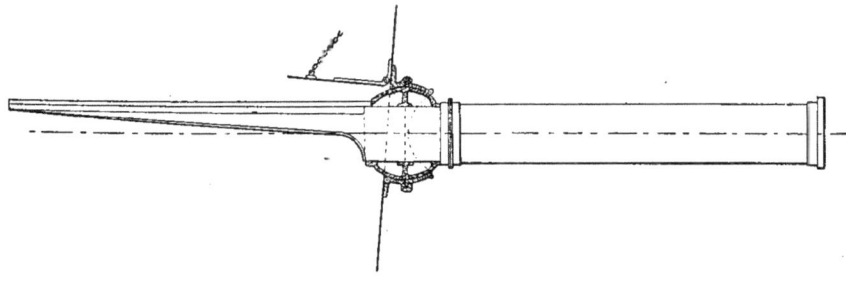

Fig. 508.

de rotule sphérique en bronze formant joint étanche, dont la partie fixe est rivée sur la muraille et est reliée à la partie mobile par un emmanchement à baïonnette (fig. 508). En temps ordinaire, le tube est rentré à l'intérieur et amarré le long de la muraille par exemple; un mantelet à charnière permet alors l'obturation du sabord de tir en cas de mauvais temps.

Enfin, les tubes de lancement sous-marins sont établis à poste fixe et sont munis d'une vanne de fermeture à leur débouché hors de la coque. Cette vanne, en bronze, est fixée contre le bordé de la même manière qu'un robinet de prise d'eau.

# CHAPITRE XII.

### Installations relatives à la puissance défensive.

**116. Répartition du poids consacré à la protection.** — Le développement de la métallurgie au $xix^e$ siècle devait forcément conduire à l'idée d'appliquer extérieurement au navire des plaques métalliques susceptibles d'arrêter les projectiles ennemis, c'est-à-dire de consacrer une certaine fraction du poids total du navire à sa protection. La première tentative de ce genre remonte à 1854, époque à laquelle furent construites quatre *batteries flottantes*, revêtues extérieurement de plaques de fer de $110^{cm}/_m$ d'épaisseur, qui prirent part avec succès à la guerre de Crimée. Quelques années après on mit en chantier, sur les plans de Dupuy-de-Lôme, les premières frégates cuirassées (type *Gloire*), et depuis cette époque tous les grands navires de combat ont été dotés d'une cuirasse protectrice plus ou moins étendue.

Sur les premiers navires cuirassés, la fraction du poids total affectée à la protection était d'environ 10 à 15 %. Les progrès de l'artillerie entraînèrent d'abord l'obligation d'accroître l'épaisseur de la muraille métallique, puis la réduction progressive de la surface protégée, de manière à ne pas exagérer le poids total du cuirassement. Sur certains garde-côtes, destinés à jouer principalement un rôle défensif, on est arrivé à affecter 40 % du poids total à la protection. Ce chiffre ne peut guère être dépassé, sous peine de rompre l'équilibre rationnel entre la puissance offensive, la puissance propulsive et la puissance défensive du navire. Le progrès a dû, par suite, être cherché du côté de la nature du métal employé pour les blindages. L'acier ordinaire a d'abord remplacé le fer; puis aux premiers aciers sont venus se substituer des aciers spéciaux, combinaisons ferreuses que l'introduction de métaux tels que le chrome et le nickel a permis de doter de qualités de résistance remarquables. Enfin, depuis 1890, le durcissement artificiel de la surface extérieure (procédé Harvey), obtenu par des cémentations et des trempes convenablement réglées, a permis de réduire l'épaisseur de blindage correspondant à une résistance donnée. L'épaisseur de métal nécessaire pour arrêter les projectiles doués de la puissance de perforation maxima a pu ainsi, après avoir atteint 55 et même 61 centimètres, revenir à des valeurs plus modérées, qui sont à l'époque actuelle voisines de 30 à 35 centimètres.

Si l'on examine les navires de combat les plus récents, on trouve que la fraction du poids total consacrée à la protection varie de 0 à 37 %, environ suivant l'importance que l'on veut donner à la puissance défensive. En moyenne, cette fraction est de 35 % pour les garde-côtes, sur lesquels la vitesse peut être un peu sacrifiée à la protection, de 30 % pour les cuirassés d'escadre, qui doivent concilier une grande puissance offensive avec une protection aussi complète que possible, une vitesse élevée et un rayon d'action étendu. Sur les croiseurs cuirassés, pour lesquels la vitesse et le rayon d'action acquièrent une importance prépondérante, le poids relatif de protection oscille en général entre 20 et 25 %; sur les croiseurs ordinaires, il varie de 10 à 20 %. Enfin, sur les bâtiments légers pour lesquels la vitesse est le facteur principal, on se contente d'une protection très réduite; certains contre-torpilleurs et la plupart des torpilleurs ne reçoivent même aucune protection.

Le poids total consacré à la protection doit être bien entendu l'objet d'une répartition rationnelle, afin d'être utilisé aussi avantageusement que possible. Le calibre du plus fort canon contre lequel on veut protéger le navire étant donné, la première chose à faire est d'assurer le maintien du navire à flot, c'est-à-dire, suivant l'expression fréquemment employée, de blinder à la fois sa flottabilité et sa stabilité. Ceci s'obtiendra au moyen de cuirassements horizontaux et verticaux convenablement associés, ainsi que nous l'avons déjà indiqué au § 69. En second lieu, les pièces d'artillerie devront recevoir une protection aussi complète que le permettra le poids dont on dispose. Enfin, la sécurité de la transmission des ordres pendant le combat devra être assurée au moyen d'abris convenablement protégés.

Pour mettre en évidence la distribution du poids total de blindage sur différents navires, le tableau suivant indique la répartition de ce poids sur un cuirassé d'escadre, sur un croiseur cuirassé et sur un croiseur *protégé*, c'est-à-dire un croiseur possédant seulement un pont cuirassé et une artillerie moyenne abritée par des masques :

|  | CUIRASSÉ D'ESCADRE. | CROISEUR CUIRASSÉ. | CROISEUR PROTÉGÉ. |
|---|---|---|---|
|  | % | % | % |
| Protection de la flottabilité et de la stabilité. | 21,25 | 20,65 | 13,0 |
| Protection de l'artillerie. | 7,30 | 4,10 | 0,1 |
| Protection du commandement. | 0,85 | 0,35 | 0,2 |
| Poids total de protection, en centièmes du déplacement. | 29,4 | 25,1 | 13,3 |

Laissant de côté l'étude de l'agencement rationnel des diverses parties du cuirassement, que nous n'avons pas à entreprendre ici, nous nous occuperons seulement du mode de décomposition des murailles cuirassées et de la fixation sur la charpente des plaques qui les constituent.

**117. Matelas.** — Au début de l'emploi des blindages, on se préoccupait de constituer une muraille douée d'une certaine élasticité, de façon à amortir partiellement l'effet du choc des projectiles et l'empêcher d'être transmis trop brusquement à la charpente. On faisait usage dans ce but de plaques appliquées sur un matelas en bois de forte épaisseur, atteignant 40 ou 50 $^c/_m$ sur les premiers navires cuirassés. Avec les charpentes métalliques, on a d'abord reproduit la même disposition; puis on a reconnu que la présence du matelas était inutile, et toutes les plaques de blindage sont à l'époque actuelle fixées directement sur la muraille en tôle. Il n'y a exception que pour les plaques d'épaisseur supérieure à 12 $^c/_m$ environ formant ceinture de flottaison, pour le motif suivant. Les plaques de blindage sont uniformément fabriquées en partant d'une ébauche plane à section rectangulaire ou trapézoïdale, qui est ensuite déformée de manière que sa surface extérieure présente en chaque point la courbure voulue; cette opération étant faite séparément pour chacune des plaques qui constituent la muraille, on voit que si l'on règle la déformation des plaques de telle sorte que leurs faces extérieures juxtaposées forment une surface continue, leurs faces intérieures formeront en général une surface discontinue. Pour des plaques de faible épaisseur, les variations d'une plaque à l'autre seront insensibles et pourront être négligées. Mais pour des plaques épaisses ces variations atteindront quelquefois 10 à 15 $^m/_m$, et il serait alors impossible d'appliquer directement ces plaques sur une surface continue. C'est ainsi que pour les ceintures de flottaison, dont l'épaisseur est en général supérieure à 12 $^c/_m$, on est obligé de conserver un matelas en bois, dans lequel il est aisé de pratiquer les ressauts nécessaires pour que la surface extérieure des plaques juxtaposées soit parfaitement continue. L'épaisseur de ce matelas peut alors être très réduite. Sur les grands cuirassés, on emploie actuellement des matelas de ceinture de 10 à 15 $^c/_m$ d'épaisseur, et on descend même quelquefois jusqu'à 7 ou 8 $^c/_m$. Dans le cas particulier où la surface extérieure de la muraille cuirassée est une surface développable, il est évident que la surface extérieure des plaques restera continue et il devient possible alors de les appliquer directement sur un platelage en tôle, sans interposition de matelas, quelle que soit leur épaisseur; tel est en général le cas des blindages de tourelles.

Le matelas de ceinture est exécuté en teak, pour les motifs déjà indiqués à plusieurs reprises. Sur les anciens navires cuirassés à charpente métallique, dont le matelas avait encore une forte épaisseur, on cherchait à incorporer dans ce matelas des pièces de renforcement destinées à concourir à la résistance longitudinale de la coque. Ces pièces de renforcement (en anglais *stringers*) étaient par exemple des cornières à pannes inégales rivées au double bordé sous cuirasse (fig. 509). Cette disposition a été abandonnée, et le matelas est simplement constitué aujourd'hui par un plan de virures longitudinales juxtaposées (fig. 510); les pièces d'une même virure ne sont pas écarvées et on se contente de les décroiser et de leur donner la plus grande longueur possible (7 à 9 mètres).

Les virures du matelas sont tenues sur le double platelage soit au moyen de prisonniers vissés dans ce platelage (fig. 511), soit au moyen de boulons en acier à tête circulaire plate, noyée dans l'épaisseur du bois et recouverte par un tampon en teak (fig. 512); l'étanchéité est obtenue de la même manière que pour les boulons de tenue des revêtements en bois (§ 85). Chaque virure reçoit un ou deux boulons d'attache par maille, disposés en quinconce et répartis de manière à se décroiser avec les boulons de

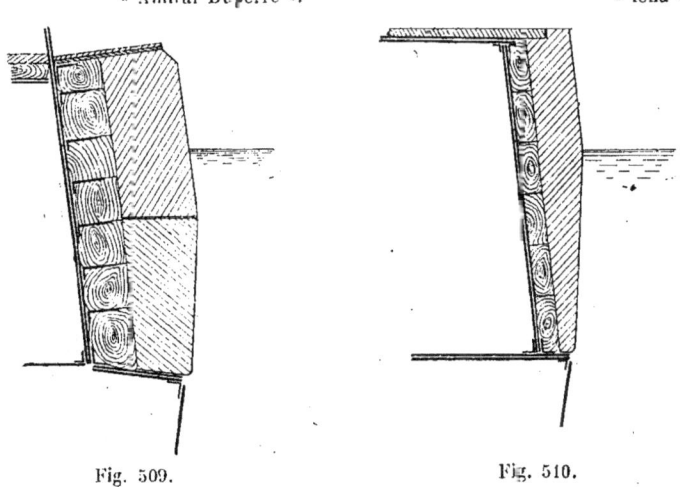

« Amiral Duperré ».          « Iéna ».

Fig. 509.          Fig. 510.

tenue du blindage. Avant la mise en place des virures de bois, le platelage est recouvert d'une couche épaisse de peinture au mi-

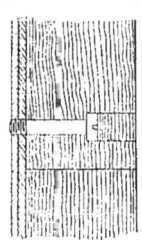 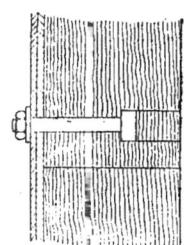

Fig. 511.          Fig. 512.

nium et à la céruse; les joints du matelas sont soigneusement calfatés.

**118. Ceinture de flottaison.** — La ceinture de flottaison, formant muraille latérale du caisson blindé dont la disposition d'ensemble a été indiquée au § 69, a son can inférieur établi au-dessous de la flottaison à une profondeur suffisante pour ne pas émerger dans les mouvements normaux de roulis; on prend en général comme point de départ une amplitude maxima de roulis de 8° environ; la distance du can inférieur de la ceinture à la flottaison, qui dépend par suite de la largeur du navire, est ainsi de $1^m,40$ à $1^m,50$ pour les navires de 20 à $22^m$ de largeur. Quant au can supérieur, sa distance à la flottaison dépend de la hauteur que l'on juge nécessaire de donner au caisson blindé pour assurer une bonne réserve de stabilité; elle varie entre $0^m,500$ et $0^m,900$. La ceinture de flottaison a ainsi une hauteur totale de $2^m$ à $2^m,50$ environ. Sur un certain nombre de navires anciens, elle est formée de deux virures de plaques (fig. 509); mais on a reconnu qu'il y avait intérêt, au point de vue de la résistance au choc des projectiles, à réduire autant que possible l'étendue des lignes de joint d'une muraille cuirassée; la ceinture de flottaison est par suite composée actuellement dans la plupart des cas d'une seule virure (fig. 510), la longueur des plaques étant limitée, pour une épaisseur donnée, par le poids maximum imposé par la puissance de l'outillage de fabrication des usines, soit 45 à $50^{tx}$ environ. On n'emploie la division en deux virures que lorsque le caisson blindé a une très grande hauteur ou comporte des plaques d'épaisseur différente (fig. 257), ou encore à l'extrémité AV lorsque le can inférieur de la ceinture est fortement abaissé pour former l'éperon (fig. 516).

La ceinture de flottaison occupe soit la totalité, soit une partie seulement du contour de la flottaison, ses extrémités étant dans ce cas raccordées par des traverses fermant à l'AV et à l'AR le caisson blindé. Le décuirassement des extrémités, usité sur la plupart des cuirassés anglais, n'a été adopté en France que pour l'extrémité arrière, et encore dans quelques cas spéciaux où on a cherché à simplifier la forme de la région arrière du caisson blindé, le navire étant complété par un caisson en tôlerie de faible étendue rapporté extérieurement au blindage (fig. 513).

L'épaisseur des plaques n'est pas en général constante sur toute la hauteur de la ceinture. La partie de cette ceinture qui est normalement immergée ne peut en effet être découverte que par une inclinaison du navire, et il est rationnel de tenir compte de l'augmentation de l'angle d'incidence sous lequel les projectiles pourront venir la frapper. On est conduit ainsi à adopter une section de forme pentagonale, constituée au-dessus de la flottaison par un rectangle et au-dessous par un trapèze. Tel est le cas de la cuirasse **représentée par la figure 510, dont l'épaisseur est de 320** $^m/_m$ jusqu'à 200 $^m/_m$ au-dessous de la flottaison en charge normale, et dont l'épaisseur au can inférieur est réduite à 120 $^m/_m$; le contour en ligne brisée peut appartenir soit à la face extérieure (fig. 510), soit à la face intérieure (fig. 257), le matelas présentant alors les variations d'épaisseur voulues. Il est également rationnel, pour arriver à une répartition de matière aussi avantageuse que possible, de ne pas conserver à la ceinture une épaisseur constante de l'avant à l'arrière. En effet, plus le rayon de courbure d'une surface est faible, plus sont restreintes les chances qu'un projectile la frappe normalement. L'épaisseur des plaques, en un même point de leur hauteur, ira

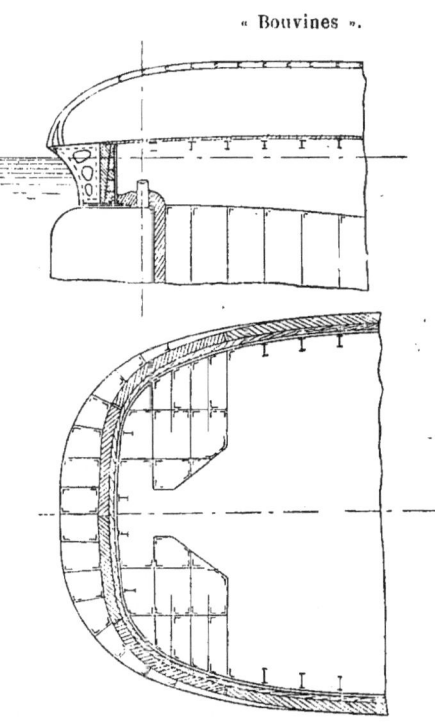

Fig. 513.

donc en diminuant du centre vers les extrémités, à mesure que le rayon de courbure de la flottaison augmentera ou que l'affinement des formes réduira les chances d'un coup venant frapper normalement la muraille. De même, à l'extrémité AR, l'inclinaison de la muraille par rapport à la verticale conduira souvent à des réductions proportionnées d'épaisseur (fig. 514). Ainsi, pour un navire ayant dans la région centrale des plaques de ceinture ayant 400 $^m/_m$ au can supérieur et 150 $^m/_m$ au can inférieur, les épaisseurs des plaques des extrémités

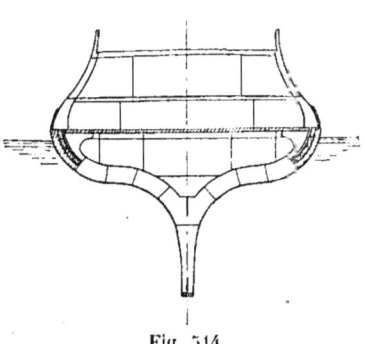

Fig. 514.

seront réduites par exemple à 320 $^m/_m$ et 150 $^m/_m$ pour l'avant, à 300 $^m/_m$ et 110 $^m/_m$ pour l'arrière.

Le can supérieur de la cuirasse de ceinture porte en général une feuillure recevant la virure en abord du pont cuirassé (fig. 515). L'ajustage des plaques de ceinture est plus compliqué, mais on augmente ainsi la résistance de l'assemblage du cuirassement vertical et du cuirassement horizontal. Souvent le can supérieur et le can inférieur des plaques sont chanfreinés obliquement, de manière à gagner un peu de poids (fig. 515).

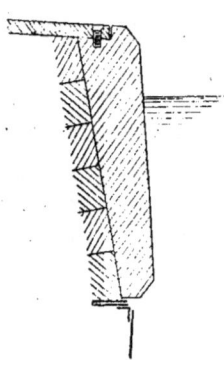

Fig. 515.

La figure 516 représente à titre d'exemple la division en plaques de la ceinture de flottaison d'un navire. Cette division est identique pour les deux bords, afin de faciliter les tracés nécessaires pour la commande des plaques. Sur les anciens cuirassés, l'éperon était constitué par une plaque en forme de fourche à deux branches symétriques ; l'exécution des plaques de ce genre

« Jauréguiberry. »

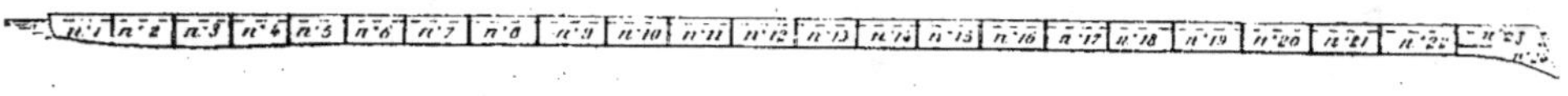

Fig. 516.

est très coûteuse et sur tous les navires récents les plaques symétriques de l'extrémité AV sont simplement taillées en biseau de manière à s'ajuster l'une contre l'autre dans le plan diamétral, à moins qu'elles n'aboutissent dans une râblure de l'étrave convenablement prolongée.

Au point de vue de la résistance à la pénétration, il y aurait intérêt à ce que toutes les plaques fussent assemblées à joint vif. Mais la mise en place deviendrait à peu près impossible, en raison de la difficulté d'obtenir des plaques ayant des dimensions rigoureusement exactes et d'autre part des déformations qui peuvent se produire dans la charpente pendant son exécution et fausser légèrement les cotes inscrites sur les plans de commande des plaques. Il est par suite nécessaire de prévoir un jeu de 8 à 10 $^m/_m$ environ entre les cans des plaques, ainsi qu'entre le can inférieur et la chaise.

Au moment de la mise en place, on balance la position exacte des plaques de manière que les vides réels entre les plaques aient à peu près tous la même valeur ; ces vides sont comblés par un calfatage d'étoupe bien serrée, recouverte d'un peu de ciment.

La tenue des plaques de ceinture doit être faite avec des précautions spéciales, de manière à offrir une résistance convenable au choc des projectiles. On faisait autrefois usage de boulons mis en place par l'extérieur et traversant complètement la plaque. Mais ces trous constituaient des points faibles facilitant la fragmentation de la plaque au moment du choc d'un projectile ; on a été amené par suite à n'employer pour la tenue des plaques de ceinture que des boulons prisonniers, mis en place par l'intérieur et vissés dans un trou borgne. En outre, on les a disposés de telle sorte qu'ils travaillent exclusivement par traction. Au moment où la plaque est frappée par un projectile, elle tend d'abord à être enfoncée, et ce mouvement est suivi d'un mouvement de rappel dû à l'élasticité de la charpente de soutien. L'attache des boulons est agencée de telle sorte qu'ils n'entrent en jeu que pendant ce mouvement de rappel et qu'ils puissent même céder légèrement, ce qui amortit le choc qu'ils subissent et réduit leurs chances de rupture.

La figure 517 représente le type de boulons d'attache usité actuellement. Le boulon se compose d'un fût cylindrique, muni à ses extrémités de filetages à profil semi-circulaire, et dont les sections aux divers points sont réglées de manière qu'il agisse autant que possible comme un solide d'égale résistance à la traction. Une des extrémités filetées pénètre dans un trou borgne pratiqué dans la plaque et ayant juste la profondeur suffisante pour que le nombre de filets en prise donne une résistance équivalente à celle de la section droite de la partie élégie du fût. Pour un boulon de 70 $^m/_m$, par exemple, la profondeur du trou borgne est de 57 $^m/_m$. L'extrémité filetée du boulon est munie d'un téton qui vient buter contre le fond du trou borgne et assure l'arrêt du filetage dans la position convenable, le serrage étant fait à bloc ; ce serrage est effectué au moyen d'une clef engagée dans un bout hexagonal ménagé à l'autre extrémité du boulon. A l'intérieur de la muraille, le boulon reçoit un écrou hexagonal s'appuyant sur une plaque hexagonale engagée dans une coupelle de même forme dans laquelle est placée une rondelle de caoutchouc. Cette rondelle, fortement comprimée par le serrage de l'écrou, conserve néanmoins une élasticité suffisante pour que le boulon ne se rompe pas dans le mouvement de rappel. L'étanchéité est obtenue au moyen d'un tube en tôle concentrique au boulon, à chaque extrémité duquel est placée une rondelle de gutta-percha qui se trouve comprimée par le serrage de l'écrou. Ce tube vient remplir exactement le trou percé dans le platelage et dans le matelas, trou dont le diamètre est légèrement supérieur au diamètre hors filets de manière à permettre la mise en place du boulon.

Le serrage de la rondelle de caoutchouc doit être fait de manière à la réduire à la moitié de son épaisseur. On est sûr de cette façon de réaliser un serrage à peu près uniforme pour les divers boulons de tenue de la plaque.

Au point de vue de l'absorption de la force vive de choc dans le mouvement de rappel, il est utile que le volume du boulon, et par suite la longueur du fût, soit aussi grand que possible. Avec les matelas d'épaisseur réduite que l'on emploie aujourd'hui, la longueur du fût est forcément assez faible. Sur les cuirassés anglais, on emploie une disposition destinée à remédier à cet inconvénient, et qui consiste à reporter

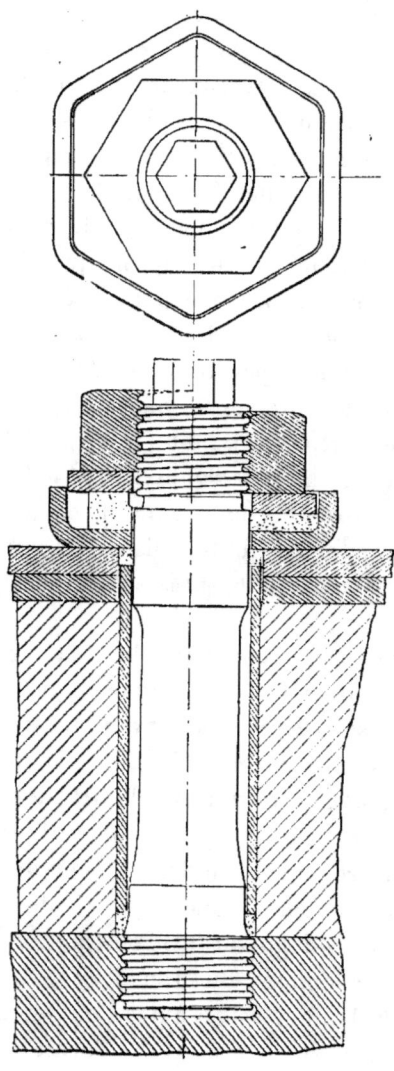

Fig. 517.

INSTALLATIONS RELATIVES A LA PUISSANCE DÉFENSIVE. 491

la coupelle de serrage à une certaine distance en arrière du platelage au moyen d'un manchon en acier moulé (fig. 518). Le tube est supprimé, l'étanchéité étant obtenue par le rivetage et le matage de l'embase du manchon. En France, on préfère supprimer la saillie gênante que font les manchons à l'intérieur du platelage, et conserver la disposition de la figure 517, quelle que soit la longueur du fût.

Le système de boulons prisonniers que nous venons de décrire exige qu'on ait en arrière du platelage l'espace nécessaire pour le recul des outils de perçage et pour la mise en place des boulons. En certains endroits, notamment aux extrémités, il peut arriver qu'on ne dispose pas d'une place suffisante. On fait alors usage, exceptionnellement, de boulons traversant complètement la plaque, mis en place par l'extérieur (fig. 519). La tête du boulon est tronconique ; elle est légèrement noyée dans l'épaisseur de la plaque, et recouverte de ciment. Du côté de l'intérieur, le serrage est fait de la même manière que pour les boulons de la figure 517, et l'étanchéité est obtenue au moyen d'une rondelle en gutta-percha écrasée par la coupelle et noyée dans l'épaisseur de la tôle intérieure du platelage.

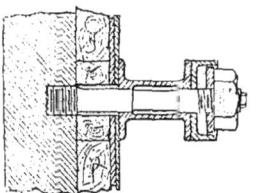

Fig. 518.

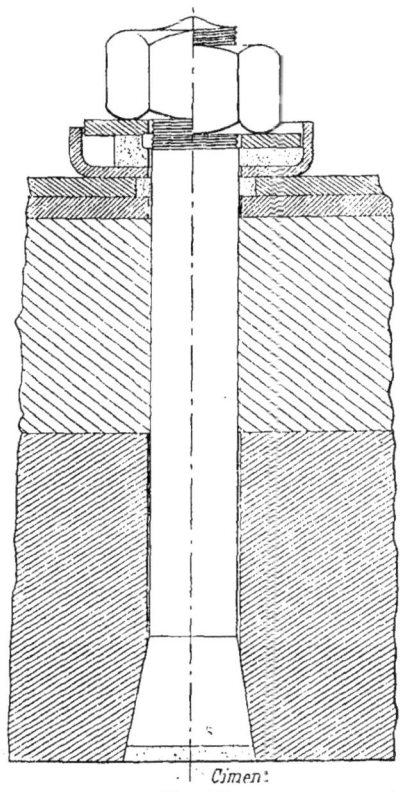

Fig. 519.

Les plaques de l'extrémité $N$, ainsi que celles de l'extrémité $AR$ si la flottaison n'a pas une forme arrondie, viennent s'appliquer l'une contre l'autre par une face plane située dans le plan diamétral. Les deux plaques sont réunies par des files de boulons (fig. 520) dont la tête et l'écrou, de forme tronconique, sont arasés après la mise en place. Quelquefois, ces boulons traversent des dés encastrés par moitié dans chacune des deux plaques,

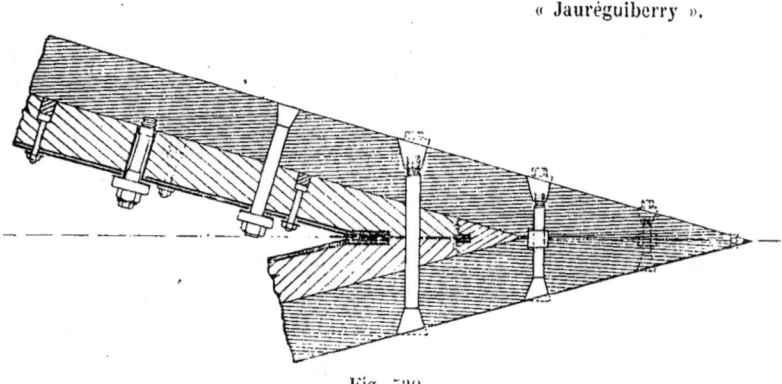

« Jauréguiberry ».

Fig. 520.

de façon à les empêcher de glisser l'une par rapport à l'autre au moment d'un coup d'éperon. Près de l'arête extrême, pour éviter le bâillement du joint, on place une rangée de rivets dont les têtes sont également arasées. Les trous de passage de ces boulons ou rivets d'attache des plaques extrêmes ne doivent être percés à l'avance que dans une seule des deux plaques; sans cette précaution, il serait bien difficile d'arriver à obtenir une coïncidence exacte; une fois les plaques fixées à demeure, on perce la seconde plaque en se servant des trous de la première comme guides.

Entre les plaques de ceinture et le matelas en bois, on interpose des plaques de feutre enduit de brai, tenues par des clous à doublage. On assure ainsi un bon contact, et on empêche l'eau de circuler trop facilement entre la cuirasse et le matelas.

Le poids de la ceinture de flottaison, sur les cuirassés les plus récents, représente environ 10,5 % du déplacement, dont 0,7 % pour le matelas, 9,7 % pour les plaques et leur boulonnage d'attache, et 0,1 % pour le feutre et le calfatage (étoupe, cales, ciment, peinture, etc.). Sur les garde-côtes, les plaques de ceinture représentent environ 14 % du déplacement.

**119. Murailles cuirassées sur platelage.** — Toutes les fois que l'épaisseur des plaques de blindage ne dépasse pas 12 %, on peut, comme nous l'avons dit, les appliquer directement sur le platelage en tôle. Tel est le cas de la muraille latérale des croiseurs cuirassés, des cuirasses minces protégeant le cofferdam dans les tranches cellulaires incomplètes, des murailles des réduits de protection de l'artillerie.

Les cuirasses de cofferdam sont composées d'une seule virure de plaques, de la même manière que la ceinture de flottaison. Pour les murailles de croiseurs cuirassés et pour les réduits, on peut avoir plusieurs virures. En pratique, on n'emploie guère de plaques de largeur supérieure à 2 mètres, et on préfère leur donner la plus grande longueur possible, de manière à les faire concourir dans une certaine mesure à la résistance longitudinale. Les usines n'étant pas outillées en général pour tremper des plaques de plus de 9 mètres de longueur, ce chiffre doit être considéré comme un maximum. Sur certains croiseurs cuirassés, on a cherché à accroître la résistance longitudinale en plaçant des clefs le long des lignes de joint de la muraille blindée (fig. 521), de manière à s'opposer au glissement des virures l'une par rapport à l'autre. Ces clefs sont placées, au nombre de 2 à 4 par empature de plaque, dans toute la région centrale sur la moitié environ de la longueur du navire; elles sont constituées par une clavette en fer à section rectangulaire avec coins arrondis, ayant 70 $^m/_m$ de longueur et 40 $^m/_m$ de hauteur; chaque clef est tenue en place par une vis traversant le platelage. Pour être vraiment efficaces, ces clefs doivent être ajustées avec beaucoup de précision, et le bénéfice de résistance ainsi réalisé ne paraît pas compenser l'augmentation considérable de main d'œuvre qu'il entraîne. Aussi en général se dispense-t-on d'en faire usage.

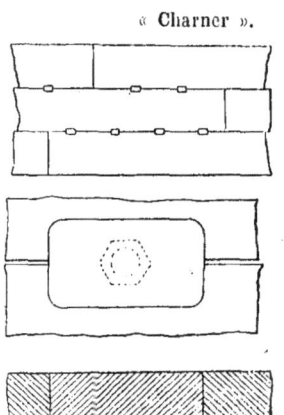

« Charner ».

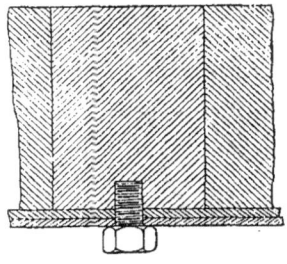

Fig. 521.

Les plaques de muraille appliquées directement sur platelage sont fixées au moyen de vis présentant une disposition analogue à celle des boulons de tenue des plaques de ceinture (fig. 522). Le fût élégi est entouré d'un tube en tôle soudée ayant le diamètre du trou qu'il est nécessaire de percer dans le platelage pour l'introduction de la partie filetée de la vis. Le serrage est fait sur une rondelle de caoutchouc avec plaque et coupelle hexagonales. Il n'y a pas de rondelles de gutta-percha; l'étanchéité s'obtient en interposant entre la coupelle et le platelage et entre la tête de la vis et la plaque des cravates en chanvre enduites de céruse. Sur certains navires, on a fait usage d'une rondelle de gutta-percha écrasée dans une gorge à section triangulaire pratiquée mi-partie dans la coupelle, mi-partie dans le platelage (fig. 523). Le premier procédé, exigeant

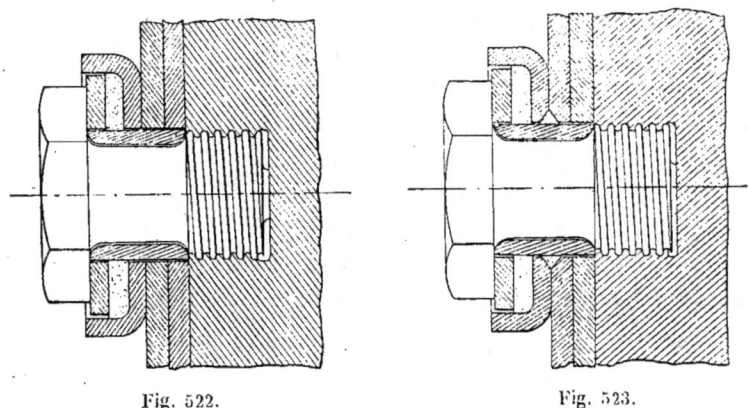

Fig. 522.          Fig. 523.

moins de main-d'œuvre, est beaucoup plus simple et donne une étanchéité parfaitement suffisante. Entre les plaques et le platelage on interpose simplement une couche de peinture épaisse au minium et à la céruse.

Dans certains cas, les murailles cuirassées latérales doivent être percées par des hublots. On dispose alors extérieurement des *tapes de combat* ayant l'épaisseur du blindage (fig. 524). Ces tapes ont la forme d'un tronc de cône, de manière à ne pas être enfoncées à l'intérieur par le choc d'un projectile. Elles sont tenues relevées en temps ordinaire par une chaîne accrochée à un taquet, et sont maintenues fermées

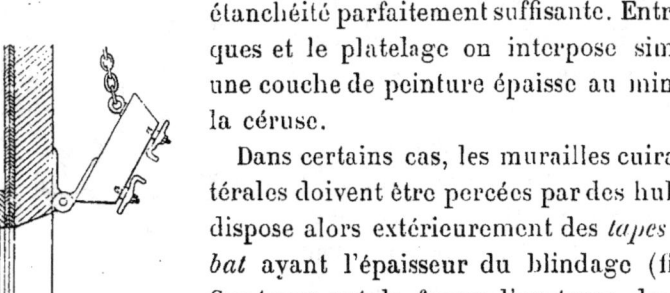

Fig. 524.

au combat au moyen de verrous. La monture en bronze du hublot est fixée sur une cale annulaire en fer d'épaisseur suffisante pour recevoir les mortaises des verrous et pour permettre la fermeture de la glace une fois les verrous en place, car la tape de combat n'est nullement étanche.

Sur les cuirassés récents, la cuirasse de protection du cofferdam représente environ 1,5 à 2 %  du déplacement. Quand à la muraille des croiseurs cuirassés, elle représente de 6 à 15 % du déplacement suivant l'agencement du système de protection.

**120. Pont cuirassé.** — Les plaques de blindage des ponts cuirassés ont une épaisseur ne dépassant pas actuellement 80 à 90 $^m/_m$: elles sont par suite appliquées directement sur le double platelage en tôle. Elles sont disposées par virures longitudinales de $1^m,50$ environ de largeur (fig. 525). La longueur maxima étant limitée à 9 mètres ainsi que nous l'avons vu, la distribution des plaques

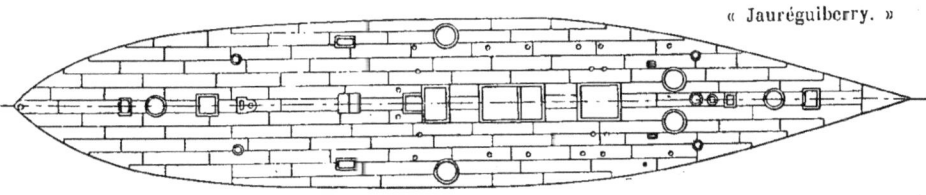

« Jauréguiberry. »

Fig. 525.

dépend des différentes ouvertures qu'il est nécessaire de réserver dans le pont. Quelquefois on a fait usage de clefs, mais on s'affranchit en général de cette complication, pour les motifs indiqués plus haut; le pont cuirassé étant d'ailleurs toujours assez voisin de la fibre neutre, il est inutile de chercher à accroître outre mesure sa résistance longitudinale. Les abouts des plaques sont placés au droit des barrots, de manière que les boulons d'attache puissent être distribués sans gêner le rivetage des abouts du platelage, placés ordinairement au milieu de la maille.

Lorsque le pont cuirassé est à peu près horizontal, toutes les plaques ont la même épaisseur. Mais lorsqu'il affecte la forme d'une carapace courbe, les plaques placées en abord doivent recevoir une épaisseur plus forte que celle de la partie centrale, en accord avec la diminution de l'angle d'incidence sous lequel elles ont chance d'être frappées par les projectiles. Lorsque les barrots du pont ont une courbure continue, on conserve à chaque plaque une épaisseur constante dans toute son étendue, et on se contente de faire varier l'épaisseur en passant d'une virure à la virure voisine (fig. 526); si le ressaut qui en résulte ne se trouve pas dissimulé dans

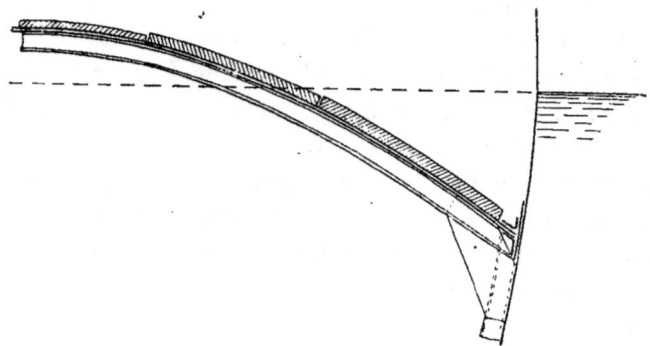

Fig. 526.

des compartiments où il n'apporte aucune gêne (dans des compartiments de tranche cellulaire, par exemple), on pratique des chanfreins pour conserver la continuité de la surface du pont.

Pour éviter l'emploi de plaques cintrées, et simplifier l'exécution du blindage, on donne souvent aux barrots courbes un profil polygonal (fig. 527). Le pont se compose alors d'une partie centrale à

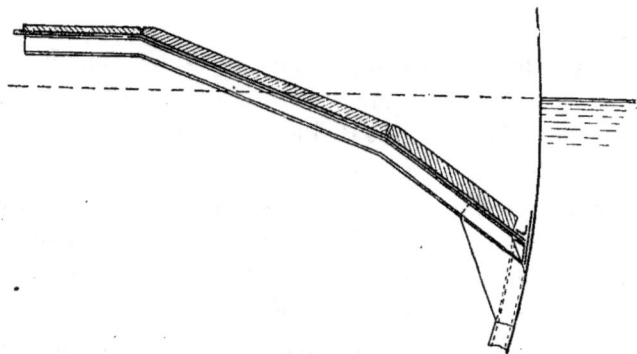

Fig. 527.

peu près horizontale et de talus inclinés recevant des plaques d'épaisseur proportionnée à leur inclinaison. Des chanfreins pratiqués dans ces plaques évitent tout ressaut brusque de la surface du pont.

# INSTALLATIONS RELATIVES A LA PUISSANCE DÉFENSIVE.

Les plaques de pont, en raison de leur faible épaisseur, sont tenues ordinairement au moyen de boulons à tête tronconique (fig. 528); l'écrou est serré par-dessous sur une rondelle de caoutchouc comprimée entre le platelage et une plaque de serrage en forme de coupelle légèrement emboutie; l'étanchéité n'a pas besoin en effet d'être aussi complète que pour la muraille latérale. Lorsque l'épaisseur de la plaque ne dépasse pas 60 $^m/_m$, le diamètre des boulons d'attache est inférieur à 32 $^m/_m$, ainsi que nous le verrons plus loin. On peut alors remplacer les boulons par des rivets (fig. 529), en ayant soin d'employer une fraisure renforcée du côté du platelage, dont la faible épaisseur ne permet pas de donner à la fraisure tronconique une hauteur suffisante au point de vue de la résistance à la traction.

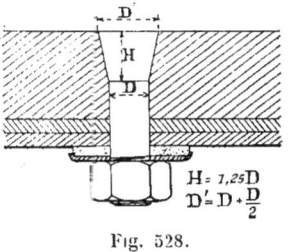

Fig. 528.

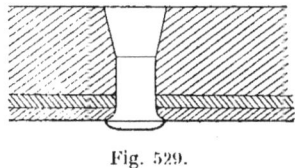

Fig. 529.

Lorsqu'il est nécessaire de se prémunir contre la projection des têtes de boulons ou de rivets sous l'effet du choc d'un projectile, c'est-à-dire lorsqu'il n'existe pas de pare-éclats, on fait usage pour la tenue des plaques de pont de prisonniers vissés dans un trou borgne. Ces prisonniers (fig. 530) sont à filet demi-circulaire comme

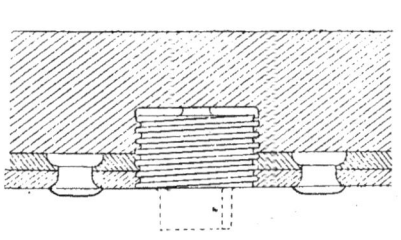
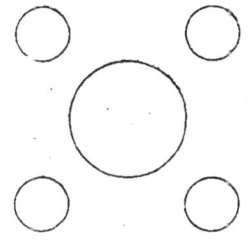

Fig. 530.

les boulons de tenue de la ceinture, et sont vissés à la fois dans le platelage et dans la plaque. Ils sont munis, pour la mise en place, d'un bout carré qu'on enlève ensuite au burin. On s'oppose au dévissage en matant le contour de la section qui arase le platelage.

Pour assurer l'accostage des deux tôles du platelage, indispensable pour la continuité du filetage, on dispose autour de chaque prisonnier quatre rivets de capitonnage à fraisure renforcée. Ces prisonniers fatiguent évidemment beaucoup plus que les vis ou boulons à serrage élastique, puisque les filets travaillent par écrasement et cisaillement dans les deux mouvements successifs d'enfoncement et de rappel. On les emploie parce qu'ils ne donnent lieu à aucune saillie sur le platelage et qu'ils ne peuvent se détacher sous l'effet d'un choc; on augmente d'ailleurs leur nombre pour compenser leur infériorité de résistance, ainsi que nous le verrons plus loin.

Dans le cas où le pont cuirassé est interrompu en abord par le double bordé sous la cuirasse de ceinture, prolongé en vue d'assurer la liaison avec les œuvres mortes, il est complété par une virure de plaques formant tablette, engagées dans la feuillure de la cuirasse de ceinture et fixées au moyen de prisonniers sur la plaque de ceinture, et, si le matelas a une épaisseur suffisante, de vis à bois pénétrant dans la virure supérieure de ce matelas (fig. 531).

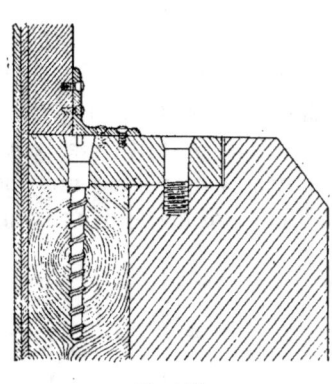

Fig. 531.

Le rapport du poids du pont cuirassé au déplacement total est très variable suivant le mode de répartition de la protection. Sur les garde-côtes, il est de 10 % environ, de 7,5 à 8 % sur les cuirassés d'escadre. Sur les croiseurs cuirassés, il varie de 3 à 10 % suivant l'importance donnée à la muraille latérale. Sur les croiseurs dont le pont cuirassé forme l'unique protection, ce pont représente de 4 à 13 % environ du déplacement.

**121. — Surbaux et entourages de panneaux. Tapes cuirassées.** — Le pont cuirassé est percé d'un assez grand nombre d'ouvertures (fig. 525), qui se divisent en deux catégories; les unes peuvent être tenues fermées en temps ordinaire, les autres doivent rester ouvertes même pendant le combat. La première catégorie comprend les trous servant à l'introduction du charbon dans les soutes, et certaines ouvertures nécessaires pour le démontage ou la manœuvre d'objets placés au-dessous du pont cuirassé, tels que mèche de gouvernail, couvercles de cylindres des machines principales, etc. La seconde comprend tous les panneaux nécessaires à la circulation et à l'aération, les passages de cheminées, de munitions, etc.

Les ouvertures de la première catégorie, dont le nombre est bien entendu aussi restreint que possible, sont en général de forme circulaire. On les munit d'une tape de fermeture ayant l'épaisseur du pont blindé, à laquelle on donne une forme légèrement tronconique et qui repose dans une feuillure ménagée dans la plaque de pont (fig. 532). La tape est munie d'un anneau permettant de la soulever. L'étanchéité est obtenue au moyen d'une rondelle de caoutchouc placée dans la feuillure. Quelquefois on prend la précaution d'ajouter des agrafes de fixation pour empêcher que le choc d'un projectile en un point voisin ne puisse faire sauter la tape hors de son logement

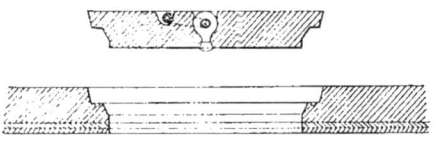

Fig. 532.

Pour l'introduction des torpilles au-dessous du pont cuirassé, il est en général impossible d'utiliser un des panneaux servant à la circulation ou à l'aérage. On pratique alors dans le pont une ouverture rectangulaire de $4^m,10$ de longueur et $0^m,50$ de largeur (pour les torpilles de $450\ ^m/_m$), dont la grande dimension est dirigée transversalement et qui est établie dans l'intervalle de deux barrots. Cette ouverture est fermée en temps ordinaire par un mantelet ayant l'épaisseur du blindage, monté sur charnières et reposant dans une feuillure.

Quant aux panneaux qui doivent rester ouverts, il faut, bien entendu, les munir d'une protection spéciale pour empêcher qu'un projectile ne puisse pénétrer par là au-dessous du pont blindé. Le procédé consiste à donner au surbau une épaisseur suffisante pour arrêter le choc d'un projectile et une hauteur suffisante pour qu'un projectile arrivant sous l'angle de chute maximum ne puisse passer par dessus le surbau sans rencontrer forcément le surbau de la face opposée (fig. 533). Si $\omega$ est cet angle de chute, AB la plus grande dimension linéaire du panneau (c'est-à-dire la diagonale si le panneau est rectangulaire), on voit immédiatement que la hauteur AC du surbau doit être égale à AB $tg$ ω. On admet en général ω = 10° et quelquefois ω = 8°. On a alors $tg$ 10° = 0,176, $tg$ 8° = 0,14. La hauteur du surbau doit donc être normalement comprise entre les $\frac{15}{100}$ et les $\frac{17}{100}$ de la dimension maxima. Bien entendu, s'il s'agit d'un panneau pratiqué dans une partie inclinée du pont (fig. 534), la

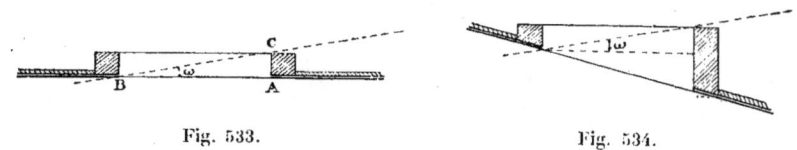

Fig. 533.   Fig. 534.

hauteur du surbau est variable sur le pourtour de l'ouverture, de manière que son can supérieur soit dans un plan horizontal.

La hauteur du surbau étant ainsi déterminée, son épaisseur est réglée d'après le calibre du projectile auquel on veut pouvoir résister, et peut atteindre par conséquent 35 à 40 $^c/_m$. Pour améliorer la résistance, on dispose les surbaux de manière à les encastrer dans le pont blindé et à les appuyer contre un platelage.

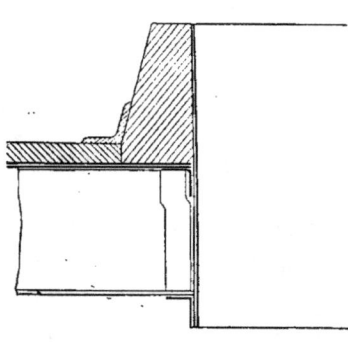

Fig. 535.

Une cornière d'entourage assure leur jonction avec le pont blindé (fig. 535). La section du surbau est soit rectangulaire, soit le plus ordinairement trapézoïdale, de manière à mieux répartir la matière au point de vue de la protection. Suivant la disposition actuellement usitée, on compose le surbau de deux pièces (fig. 536). On n'a pas admis jusqu'ici l'emploi de l'acier moulé, qui permettrait de faire des surbaux d'une seule pièce, à cause de son défaut de résistance au choc. Sur beaucoup de navires, on trouve des surbaux en quatre pièces, ayant par exemple la disposition

INSTALLATIONS RELATIVES A LA PUISSANCE DÉFENSIVE.   501

de la figure 537, avec clefs en queue d'aronde assurant la jonction des pièces.

La tenue des surbaux sur les platelages est effectuée au moyen

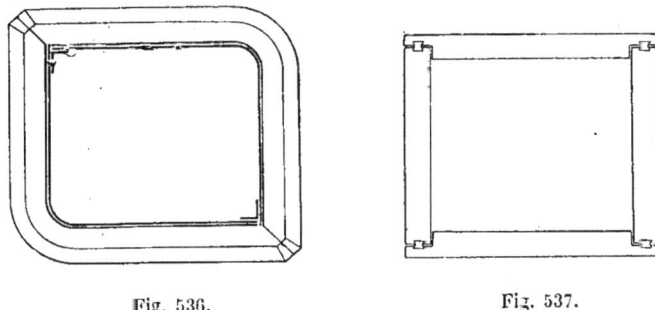

Fig. 536.   Fig. 537.

de prisonniers du type représenté par la figure 530. Pour la face inférieure, on peut aussi se servir de vis analogues à celles représentées par la figure 522.

Lorsqu'il s'agit d'un panneau ayant une grande longueur, on serait conduit à un surbau de hauteur et par suite de poids exagéré. Il est souvent préférable dans ce cas de couper lorsqu'on le peut le panneau en deux parties, en laissant continu un des barrots du pont blindé, et de faire supporter par ce barrot une traverse assemblée avec les surbaux latéraux au moyen de tenons à queue d'aronde et de cornières (fig. 538).

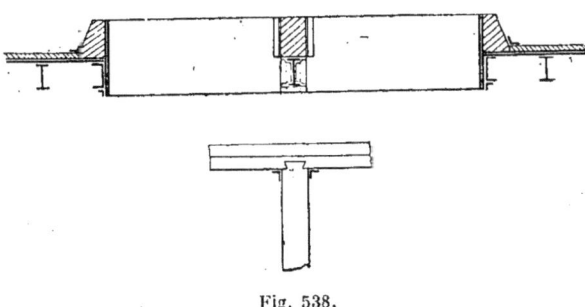

Fig. 538.

Sur certains navires, dans le but de faciliter le ricochement des projectiles, on a remplacé les surbaux par des glacis, formés de plaques inclinées à 20° environ sur l'horizontale, dont le bord supérieur est à la hauteur déterminée par la valeur admise pour l'angle de chute (fig. 539). Le panneau est entouré par un sur-

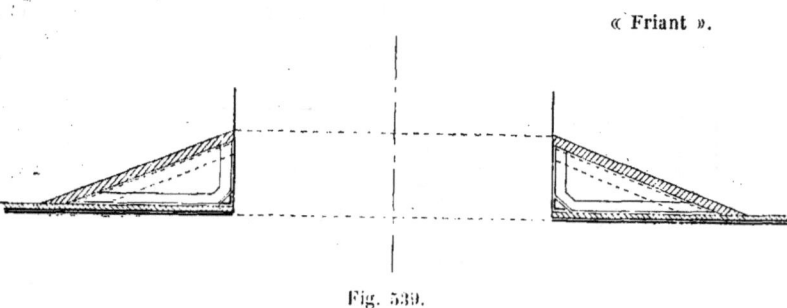

« Friant ».

Fig. 539.

bau vertical en tôle, comme un panneau ordinaire, et les plaques du glacis sont appuyées soit sur un matelas en bois à section triangulaire, soit sur des taquets en tôles et cornières rivés au pont et au surbau en tôle; ces plaques sont tenues dans le premier cas par des vis à bois, dans le second par des prisonniers vissés dans les cornières des taquets. Pour les panneaux de faible dimension, il est plus simple d'appuyer le glacis sur des cales massives en fer à section triangulaire.

La valeur de 8 à 10° admise pour l'angle de chute maximum des projectiles ne se rapporte évidemment qu'aux projectiles de gros et de moyen calibre, tirés à distance normale de combat par des pièces n'ayant qu'une hauteur de commandement relativement modérée. Pour des projectiles de petit calibre, tirés à courte distance par les pièces placées dans les hunes militaires, on peut avoir, bien entendu, des angles de chute plus considé-

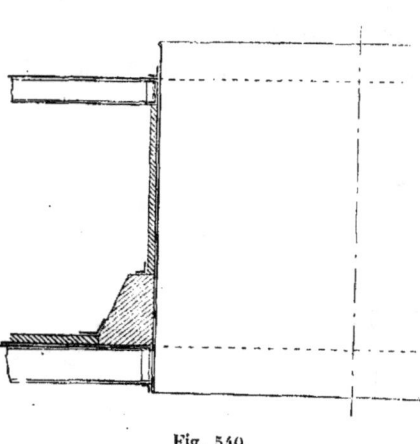

Fig. 540.

rables. Pour parer à cette éventualité, sur presque tous les cuirassés récents, on a prolongé verticalement les surbaux du pont cuirassé au moyen de plaques d'entourage ayant une épaisseur suffisante pour arrêter les projectiles de petit calibre et montant assez haut pour empêcher leur pénétration au-dessous du pont blindé. L'épaisseur admise pour ces entourages, avec l'artillerie de petit calibre actuelle varie de 54 à 72 $^m/_m$ (platelages compris). Quant à la hauteur, on fait en général monter les plaques d'entourage jusqu'au-dessous des barrots du pont placé au-dessus du pont blindé (fig. 540). On a ainsi un tambour cuirassé entourant complètement le panneau, et dans la paroi duquel on perce les portes nécessaires à la circulation. Ces portes sont fermées au combat par des mantelets à charnière ayant l'épaisseur du blindage (fig. 541) et portant contre des feuillures pour ne pas risquer d'être enfoncées par un projectile. En raison du poids de ces portes, il est utile de les munir d'un tirant

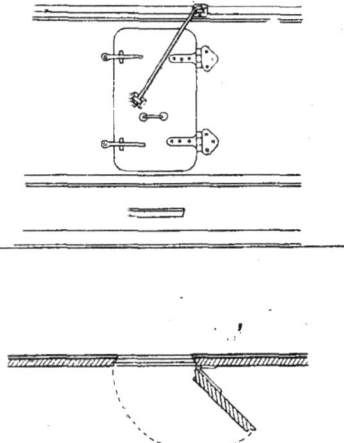

Fig. 541.

pivotant autour d'une charnière, de manière à empêcher que le couple de déversement dû au poids de la porte ne risque de fausser ses charnières.

Pour la protection de certains panneaux destinés seulement à l'aération, on a également fait usage, surtout en Angleterre, de caillebotis blindés, c'est-à-dire de grillages formés de barres massives soutenues à leurs extrémités par des supports en fer rivés au surbau.

Sur les cuirassés d'escadre et garde-côtes récents, le poids des surbaux et entourages des panneaux du pont cuirassé représente 1,5 à 2 % du déplacement. Sur les croiseurs n'ayant qu'un pont cuirassé, la proportion varie de 1 à 1,5 %. Sur les croiseurs cuirassés, dont les murailles latérales apportent déjà une certaine protection, le poids des surbaux varie en moyenne de 0,7 à 1 % du déplacement.

**122. Blindages de protection de l'artillerie.** — La disposition d'ensemble des tourelles cuirassées a déjà été indiquée au § 113. La protection comprend un blindage annulaire fixe et une coupole mobile. Le blindage annulaire fixe est formé ordinairement de plaques ayant toute la hauteur de l'anneau, et dont le nombre est déterminé par la condition de ne pas dépasser le poids maximum imposé par les nécessités de fabrication. Ces plaques sont appuyées contre un double platelage formé de virures verticales décroisées, et fixées contre ce platelage au moyen de prisonniers du type représenté par la figure 530. Dans certains cas, cependant, le blindage fixe est constitué par plusieurs troncs de cône superposés, de pente différente, et chaque tronc de cône est alors indépendant, le platelage seul étant continu. L'anneau cuirassé est encastré dans le pont blindé (fig. 542), auquel il est relié par une cornière. Les bordés et les barrots des différents ponts viennent se fixer sur cet anneau au moyen de cornières.

Lorsque l'épaisseur du cuirassement annulaire n'est pas très considérable, pour les pièces de moyen calibre par exemple, on le fait quelquefois reposer sur un surbau plus épais, assurant la protection de l'ouverture percée dans le pont blindé pour le passage du fût-pivot (fig. 543).

« Masséna. »

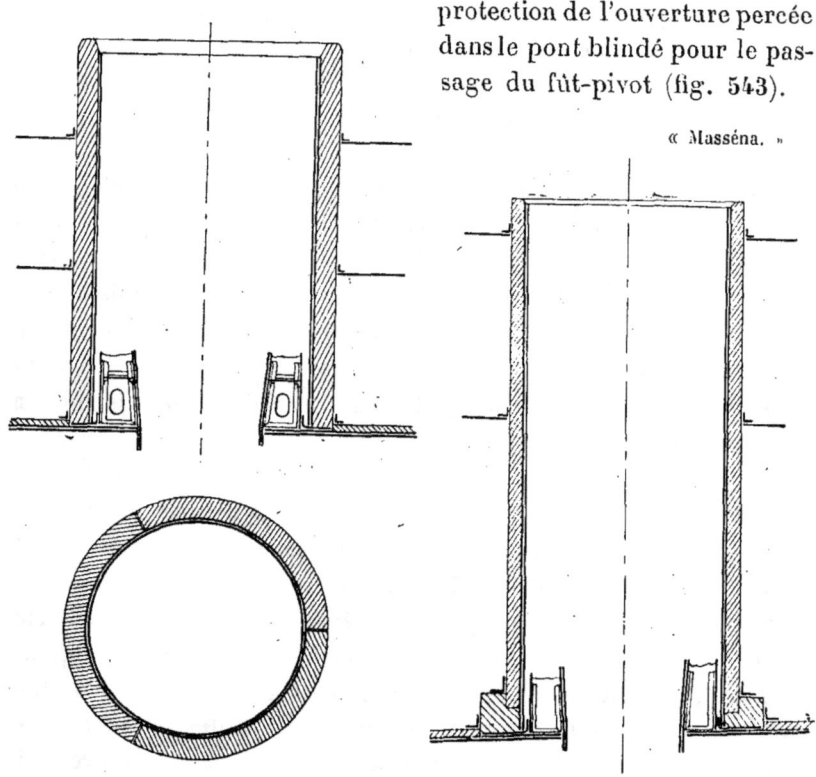

Fig. 542.              Fig. 543.

INSTALLATIONS RELATIVES A LA PUISSANCE DÉFENSIVE. 505

Le cuirassement des coupoles mobiles est constitué d'une façon analogue. Il est formé de plaques ayant toute la hauteur de la coupole et appliquées sur le platelage rivé à la plate-forme (fig. 544).

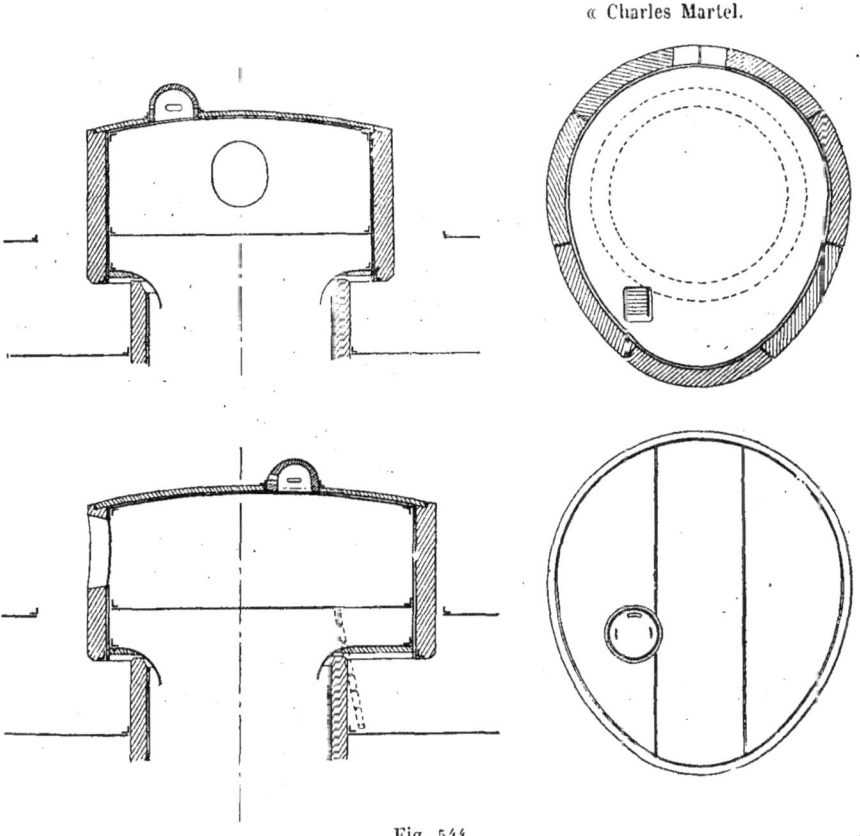

Fig. 544.

Ce platelage est vertical ou incliné suivant la disposition de la chambre de tir. Le plafond de la coupole est formé par des plaques également fixées sur un double platelage. Dans ce plafond sont encastrés un ou plusieurs capots de visée que l'on peut exécuter en acier moulé en raison de leurs faibles dimensions et de la courbure très accentuée de leur surface (fig. 544).

Les plaques de cuirassement des coupoles mobiles sont fixées sur leur platelage au moyen de prisonniers, comme celles du blindage annulaire fixe. Pour écarter toute chance de projection d'éclats à l'intérieur de la chambre de tir, dont les dimensions sont restreintes au strict nécessaire, on a pris souvent la précaution de relier l'une à l'autre les deux tôles du platelage non par des rivets, mais par des prisonniers du type représenté par la figure 75. Cette précaution a même été étendue quelquefois à tous les platelages recevant des plaques fixées au moyen de prisonniers sans saillie. Dans la marine anglaise, on a conservé pour la tenue des plaques de tourelles l'emploi de vis analogues à celles représentées par la figure 522, dont la tête est recouverte d'une calotte en tôle emboutie de 5 $^m/_m$ environ, tenue par des prisonniers vissés dans le platelage. On évite ainsi les chances de projection des têtes de vis à l'intérieur, mais les calottes de ce genre sont assez encombrantes.

L'accès de la chambre de tir de la coupole mobile se fait par une ouverture percée soit dans le plafond, soit dans la muraille latérale, soit dans le plancher. Lorsque l'ouverture d'accès est pratiquée dans le plafond, on la munit d'un surbau disposé comme ceux des panneaux du pont cuirassé. Lorsqu'elle est percée dans la cuirasse latérale, on la place directement à l'opposé de l'embrasure de volée et on la protège au moyen d'une porte blindée, à rotation ou à coulisse. La disposition la plus favorable au point

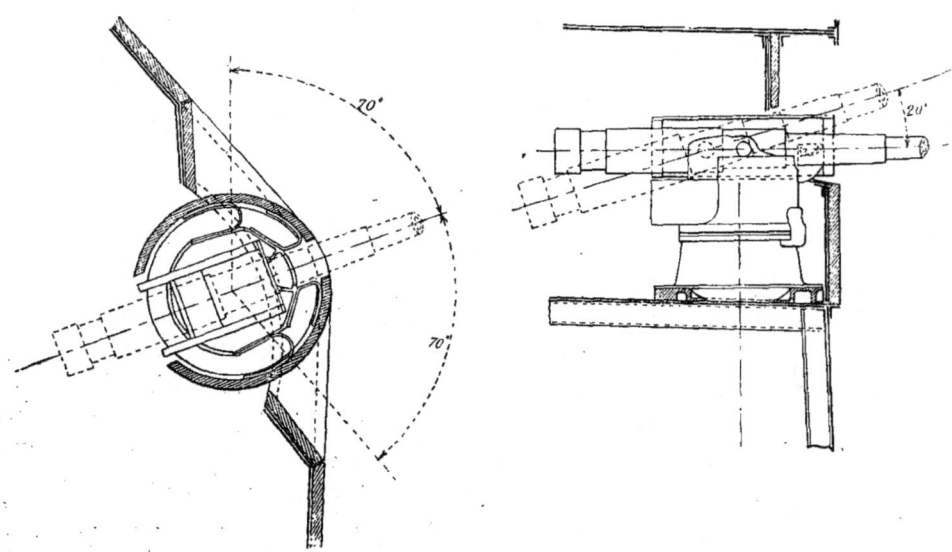

Fig. 545.

de vue de la protection consiste à percer le panneau d'accès dans le plancher de la coupole, ce qui est possible lorsque cette coupole a une forme ovoïde et fait saillie sur le blindage fixe annulaire (fig. 544). Le plancher de la plate-forme doit, bien entendu, recevoir dans ce cas un blindage horizontal assurant la continuité de protection, et le panneau d'accès peut être muni d'un mantelet blindé à charnière ou à coulisse.

Quant aux murailles de réduits ou aux parties fixes des masques, leur disposition ne présente rien de particulier. La forme des embrasures des réduits doit seulement être étudiée de manière à assurer une protection aussi complète que possible. La figure 545 représente la disposition généralement adoptée aujourd'hui.

**123. Blindages de protection du commandement.** — Il est indispensable d'abriter au combat le commandant du navire ainsi que le personnel et les appareils nécessaires à la manœuvre du gouvernail et à la transmission des ordres aux machines, aux chefs de pièce, etc. On établit dans ce but, sur une passerelle ou sur le pont supérieur, dans une situation où la vue est bien dégagée, un réduit cuirassé appelé *blockhaus*, relié à la région abritée par le pont cuirassé par un tube d'une épaisseur suffisante pour assurer la protection des organes de commande du gouvernail et de transmission des ordres (fig. 546).

Les dispositions actuellement adoptées pour l'installation de ce blockhaus sont les suivantes. D'une façon générale, le blockhaus a la forme d'une ellipse dont le grand axe est dirigé transversalement, de manière à permettre autant que possible la vue vers l'AR. On le place ordinairement sur l'AV des cheminées et du mât AV, mais on doit s'efforcer de faire en sorte qu'il ne soit pas à une distance de l'extrémité AV inférieure au quart

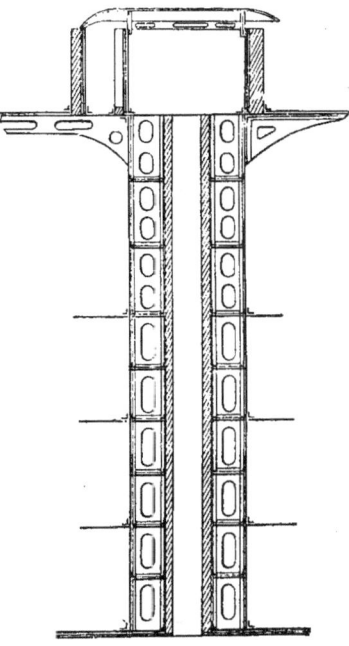

Fig. 546.

de la longueur totale du bâtiment. On doit également éviter de placer des pièces de petite artillerie dans son voisinage trop immédiat.

Le blockhaus est constitué par des plaques verticales appliquées contre un double platelage, et dont le can supérieur est à hauteur telle qu'on puisse voir aisément par-dessus (fig. 547). La protection est complétée par un toit formé ordinairement de plusieurs épaisseurs de tôle, soutenu par le platelage du blockhaus convenablement prolongé et percé de fenêtres de visée. Le plancher du pont sur lequel repose le blockhaus est également renforcé par une plaque ou par plusieurs épaisseurs de tôle de manière à assurer la continuité de la protection. L'ouverture d'accès, de 500$^m/_m$ de largeur, est ménagée dans la paroi AR et protégée contre les coups d'enfilade par une plaque verticale formant traverse, appuyée par un prolongement du toit.

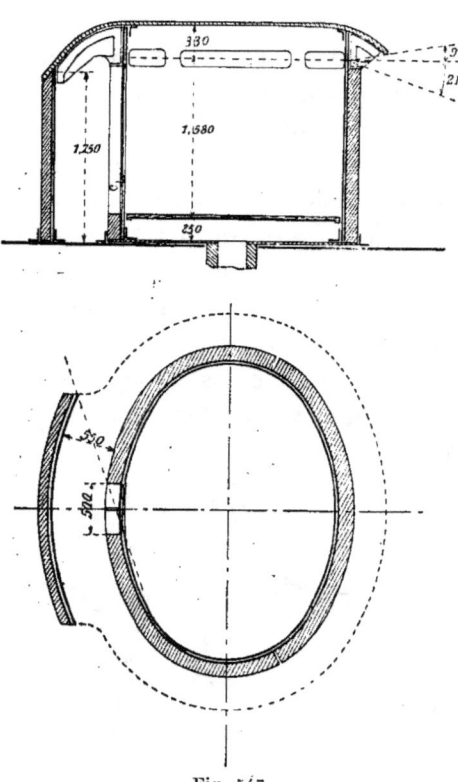

Fig. 547.

En ce qui concerne les épaisseurs de cuirassement et les dimensions des blockhaus, on distingue 4 catégories de bâtiments, savoir :

les cuirassés portant pavillon d'officier général ;
les cuirassés ne portant pas pavillon d'officier général ;
les croiseurs cuirassés ;
les croiseurs protégés.

La règle suivie est de donner à l'épaisseur totale du cuirassement vertical, platelages compris, une valeur voisine de celle du calibre de la plus grosse pièce d'artillerie portée par le bâtiment, ce qui a conduit aux chiffres ci-après :

$300^m/_m$ pour les cuirassés ;
$200^m/_m$ pour les croiseurs cuirassés ;
$160^m/_m$, $140^m/_m$ ou $100^m/_m$, suivant les cas, pour les croiseurs protégés.

Ces épaisseurs peuvent être réduites de 1/6 sur la partie Æ, sous réserve qu'en aucun point l'épaisseur du cuirassement vertical ne soit inférieure à $100^m/_m$. L'épaisseur du plafond est uniformément fixée à $40^m/_m$. Celle du plancher est fixée à $50^m/_m$ sur les cuirassés et croiseurs cuirassés, à $40^m/_m$ sur les croiseurs protégés. L'épaisseur de la traverse Æ est égale aux 2/3 de l'épaisseur maxima du cuirassement vertical.

A titre exceptionnel, certains petits bâtiments peuvent recevoir des abris protégeant contre la mousqueterie et les éclats. Ces abris ont une épaisseur de 30 à $40^m/_m$, avec plafond de $20^m/_m$ ; ils ne comportent ni tube blindé, ni plancher spécialement renforcé.

En ce qui concerne les dimensions intérieures, les blockhaus des cuirassés ne portant pas pavillon d'officier général et des croiseurs cuirassés ont $4^m,00 \times 2^m,50$, de manière à pouvoir loger neuf personnes pendant le combat. Ceux des croiseurs protégés ont $3^m,00 \times 2^m,20$, et peuvent recevoir 6 personnes. Ceux des petits bâtiments, lorsqu'ils existent, doivent être établis de façon à contenir 2 à 4 personnes.

Pour les cuirassés portant pavillon d'officier général, on adopte des dispositions spéciales. Il importe en effet que pendant le combat l'amiral puisse intervenir à chaque instant dans la direction de la route en s'adressant directement au capitaine de pavillon (officier commandant le navire) sans passer par l'intermédiaire de portevoix. D'autre part, il y a intérêt à ne pas placer l'amiral et le capitaine de pavillon dans un même espace resserré où ils se gêneraient mutuellement. On augmente en conséquence la dimension longitudinale du blockhaus (fig. 548), et on le sépare en deux parties par une cloison incomplète formée de deux tôles de même épaisseur que celles du platelage. La région Æ, dont le plafond est surélevé, communique avec la région AV par deux petits escaliers.

Le blockhaus est relié aux régions protégées du navire par un tube

510    ÉTUDE DESCRIPTIVE DE LA CHARPENTE DU NAVIRE.

cylindrique dans lequel passent les organes de commande du gouvernail, les porte-voix, les câbles pour transmissions électriques, etc. On admet actuellement qu'il y a intérêt à réduire le diamètre

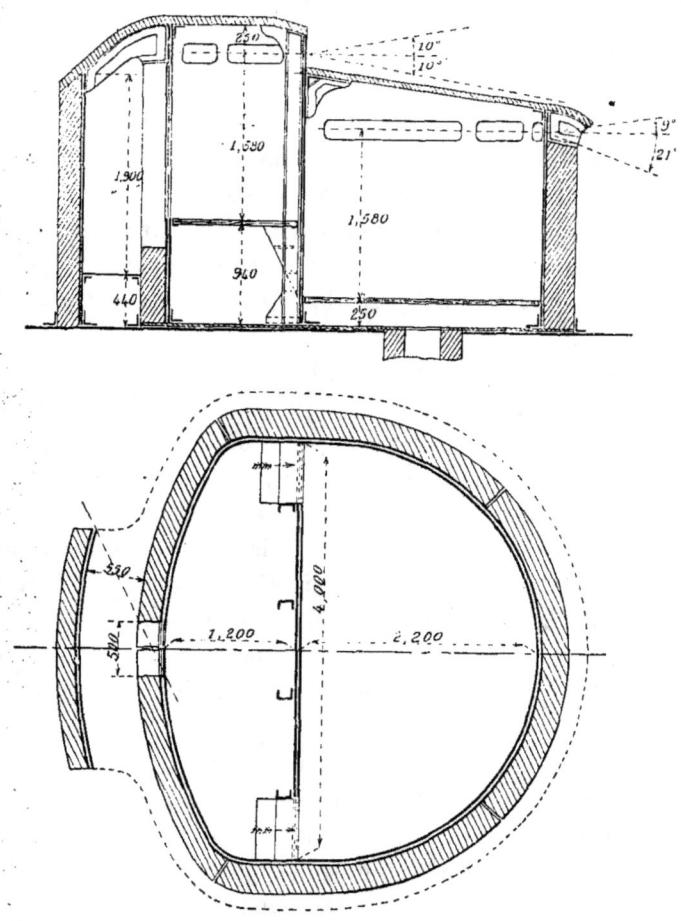

Fig. 548.

intérieur de ce tube à la dimension strictement nécessaire pour le passage des transmissions, soit $300^m/_m$ pour les grands bâtiments, en munissant au besoin le tube, le long de sa génératrice AR, de portes de visite fermées par des volets à charnière pour faciliter les démontages et réparations des transmissions. On donne alors au tube, en raison de la réduction de son diamètre, une épaisseur égale à la moitié de l'épaisseur maxima du cuirassement vertical du blockhaus. Mais sur la plupart des grands navires récents on a disposé des tubes de plus grande dimension, atteignant 600$^m$/$_m$ de diamètre intérieur avec une épaisseur de 200$^m$/$_m$, ce qui permet d'y établir des échelons assurant une communication protégée entre le blockhaus et les étages inférieurs.

Le tube de protection des transmissions d'ordres constitue une épontille concourant utilement à la tenue du blockhaus. Cette tenue est complétée par des membrures en tôlerie et des épontilles ordinaires (fig. 546). A sa partie inférieure, le tube est bien entendu encastré dans le pont blindé, auquel il est relié par une cornière.

Lorsque le blockhaus est établi à une grande hauteur au-dessus du pont blindé, on peut être obligé de fractionner le tube en deux pièces, pour faciliter sa fabrication. Les deux pièces doivent alors être assemblées solidement l'une avec l'autre, pour qu'un projectile venant frapper le tube ne risque pas de les séparer. On peut adopter dans ce but la disposition suivante; chacune des deux pièces est terminée par des tenons s'emboitant les uns dans les autres; la longueur des pièces est réglée de façon que le joint tombe à hauteur d'un pont, et on les consolide par un manchon en tôle formant couvre-joint et deux collerettes en cornières rivées l'une sur le bordé du pont, l'autre sous une tôle de renfort rivée sous les barrots (fig. 549).

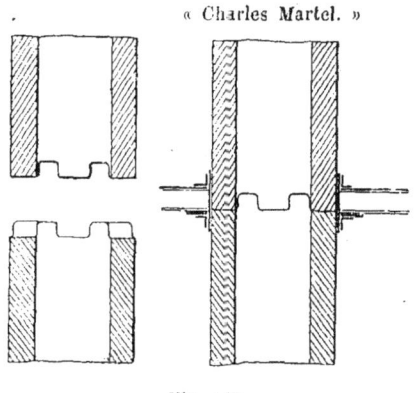

« Charles Martel. »

Fig. 549.

**124. Dimensions et répartition des boulons d'attache des plaques de cuirasse.** — Les boulons ou vis d'attache d'une plaque de cuirasse n'ont pas seulement pour but de supporter cette plaque; ils doivent encore la mettre en état de résister aux réactions provenant du choc des projectiles, et, si la plaque vient à être fissurée ou fragmentée, retenir autant que possible les différents fragments en les empêchant de se détacher de la muraille. La section totale du boulonnage d'attache d'une plaque doit donc être proportionnée au poids de cette plaque, et en même temps le nombre des points d'attache doit être proportionné à la surface de cette plaque. Nous désignerons par S la section de boulonnage par tonneau de poids de la plaque, exprimée en centimètres carrés, et par N le nombre des points d'attache par mètre carré de surface. Si on se donne S et N, le diamètre des boulons à employer est fixé en fonction de l'épaisseur de la plaque. Supposons en effet que l'épaisseur soit uniforme. Soit E cette épaisseur, $\Sigma$ la surface de la plaque, D le diamètre des boulons. On a :

$$S = \frac{10 \times N \frac{\pi D^2}{4} \times \Sigma}{\Sigma \times E \times 7,85} = \frac{10 \times N \pi \frac{D^2}{4}}{E \times 7,85}$$

D et E étant exprimés en millimètres. Le coefficient $\frac{10\pi}{4 \times 7,85}$ est très sensiblement égal à l'unité. On a donc :

$$D = \sqrt{\frac{S}{N}} \cdot \sqrt{E}$$

ce qui détermine D lorsqu'on se donne S et N. Si l'épaisseur de la plaque est variable, il suffit de décomposer cette plaque en bandes suffisamment étroites pour qu'on puisse considérer leur épaisseur comme constante, et la formule précédente indiquera la valeur convenable de D pour chacune de ces bandes.

Considérons d'abord les plaques traversées complètement par leurs boulons d'attache ; ce cas ne comprend plus guère, ainsi que nous l'avons vu, que des plaques de pont. Les expériences de tir ont montré que pour ces plaques la valeur de S devait varier entre 60 et 70 et celle de N entre 4 et 5. On a ainsi approximativement $D = 3,8 \sqrt{E}$. L'épaisseur des plaques de pont ne variant qu'entre des limites assez restreintes, on a été conduit à adopter en pratique la formule plus simple :

$$D = 18 + 0,2 E$$

c'est-à-dire que pour une plaque de $60^m/_m$, par exemple, on emploiera des boulons de $30^m/_m$.

Lorsque la tenue est faite au moyen de rivets, il convient d'augmenter un peu leur diamètre, à égalité d'épaisseur. En effet, la tension initiale développée par le refroidissement du rivet après sa mise en place a pour effet de réduire la tension disponible pour résister au choc. De plus, on doit prévoir que l'exécution du rivetage sera forcément moins uniforme que le serrage des boulons. Pour ces motifs, on adopte pour la détermination du diamètre des rivets la formule :

$$D = 20 + 0,2\ E.$$

Le diamètre des boulons ou rivets d'attache étant ainsi fixé, on règle le nombre de boulons ou de rivets pour chaque plaque par la condition que la valeur de S soit comprise entre 60 et $70^c/_m{^2}$, en forçant la valeur de S à mesure que l'épaisseur diminue, car les chances de fragmentation sont d'autant plus grandes que la plaque est plus mince. En général on s'arrange pour que S soit compris entre 60 et 65 si la plaque a plus de $70^m/_m$ d'épaisseur, entre 65 et 70 pour les épaisseurs plus faibles. Ainsi une plaque de pont pesant $8200^k$ et ayant $70^m/_m$ d'épaisseur pourra recevoir 66 boulons de $32^m/_m$ $\left( \dfrac{66 \times 8\ ^c/_m{^2},\ 0^4}{8,2} = 65^c/_m{^2} \right)$.

Examinons maintenant le cas de plaques fixées au moyen de vis ou de boulons-vis pénétrant dans des trous borgnes. Un trou borgne de profondeur H, pratiqué dans une plaque d'épaisseur E, lui cause un certain affaiblissement ; le rapport $\dfrac{E - H}{E}$, diminuant à mesure que H augmente, peut être considéré comme variant en sens inverse de l'affaiblissement de la plaque et par suite comme représentant approximativement le *coefficient de résistance* de la plaque. Il sera donc rationnel, pour mettre les plaques dans des conditions de résistance comparables et ne pas s'exposer à trop les affaiblir en regard de leurs attaches, de conserver à ce coefficient de résistance une valeur sinon constante, du moins peu différente d'une plaque à l'autre. Supposons d'abord qu'on laisse le coefficient de résistance constant, et posons $\dfrac{E - H}{E} = \alpha$, d'où :

$$H = E\,(1 - \alpha).$$

La valeur de H se compose de deux parties (fig. 550) ; l'une $a$ représente la hauteur de filetage en prise dans la plaque, l'autre $b$

la profondeur de la gorge qu'on est obligé de pratiquer pour faire le taraudage et permettre le dégagement de la matière. Lorsque le

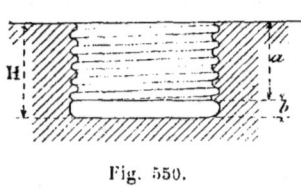

Fig. 550.

diamètre D du fût du boulon varie, la valeur de $a$ doit varier proportionnellement à D, car la tenue du filetage est proportionnelle à $a$ D' (D' étant le diamètre au fond des filets, proportionnel à D puisque le boulon est un solide d'égale résistance), et doit varier proportionnellement à $\frac{\pi D^2}{4}$ c'est-à-dire à $D^2$.

Quant à la valeur de $b$, elle décroît en réalité un peu à mesure que le diamètre augmente; mais comme elle ne représente qu'une fraction très faible de H, on peut admettre sensiblement que H varie proportionnellement à D et poser :

$$H = \beta D$$

$\beta$ étant une constante. On a alors :

$$D = \frac{1-\alpha}{\beta} E$$

c'est-à-dire que D devra varier proportionnellement à l'épaisseur. En réalité, on a reconnu qu'il convenait d'augmenter légèrement le coefficient de résistance à mesure que l'épaisseur augmente, de façon à obtenir pour les faibles épaisseurs des diamètres relativement un peu plus forts et à réduire ainsi le nombre des points d'attache ; on a donc admis la loi empirique :

$$\frac{E-H}{E} = m + n E$$

ce qui donne :

$$D = \frac{1}{\beta}\left[(1-m)E - n E^2\right]$$
$$= \lambda E - \mu E^2.$$

Les valeurs des coefficients $\lambda$ et $\mu$ ont été déterminées au moyen d'expériences de tir. On a trouvé ainsi $\lambda = 0,263$ et $\mu = 0,00018$, ce qui conduit finalement aux chiffres suivants, qui représentent la loi de variation adoptée :

INSTALLATIONS RELATIVES A LA PUISSANCE DÉFENSIVE. 515

| E | D | E | D |
|---|---|---|---|
| 550 à 501 | 90 | 155 à 136 | 36 |
| 500 à 401 | 80 | 135 à 121 | 32 |
| 400 à 321 | 70 | 120 à 101 | 28 |
| 320 à 261 | 60 | 100 à 81 | 24 |
| 260 à 211 | 50 | 80 à 61 | 20 |
| 210 à 181 | 45 | 60 à 45 | 16 |
| 180 à 156 | 40 | | |

La valeur du coefficient de résistance $\frac{E - H}{E}$ varie ainsi de 0,87 à 0,76.

Les chiffres inscrits dans le tableau ci-dessus n'ont pas un caractère absolument obligatoire. On peut être amené à augmenter ou à diminuer légèrement le diamètre des boulons que l'on emploie, soit pour ne pas avoir dans l'étendue d'une même plaque trop de calibres différents, soit pour tenir compte de certaines formes particulières de plaques. Mais il y a intérêt à se rapprocher autant que possible des règles indiquées pour maintenir les cuirasses dans des conditions normales d'affaiblissement en regard des trous borgnes.

Le diamètre des boulons étant déterminé, leur nombre est réglé de façon que la section de boulonnage par tonneau de poids de la plaque soit aussi voisine que possible des chiffres suivants :

| ÉPAISSEUR. | SECTION DE BOULONNAGE. |
|---|---|
| 550 à 400 $^m/_m$ | 35 $^c/_m{}^2$ |
| 350 à 200 $^m/_m$ | 45 $^c/_m{}^2$ |
| 150 à 50 $^m/_m$ | 55 $^c/_m{}^2$. |

Considérons enfin le cas de plaques fixées au moyen de prisonniers. Le filetage de ces prisonniers étant le même que celui des boulons, il est évident que la tenue à attribuer à chaque prisonnier est celle du boulon dont la vis a les mêmes dimensions de filetage. Mais pour qu'on puisse adopter ainsi le prisonnier correspondant au boulon qui conviendrait à l'épaisseur de plaque considérée, il faut que les deux tôles du platelage aient une épaisseur telle que le nombre de filets en prise dans ces tôles soit suffisant pour l'équivalence de résistance, c'est-à-dire égale à la quantité désignée précédemment par *a* (fig. 550). Le tableau ci-dessous indique, pour les diverses épaisseurs de plaques, le calibre des prisonniers (diamètre hors filets) et l'épaisseur minima des platelages qu'il convient d'adopter, d'après ce qui précède :

| ÉPAISSEUR des plaques. | CALIBRE des prisonniers. | ÉPAISSEUR des platelages. |
|---|---|---|
| 550 à 501 | 118 | 2 × 30 |
| 500 à 401 | 106 | 2 × 26 |
| 400 à 321 | 94 | 2 × 24 |
| 320 à 261 | 80 | 2 × 20 |
| 260 à 211 | 68 | 2 × 17 |
| 210 à 181 | 60 | 2 × 15 |
| 180 à 156 | 54 | 2 × 13 |
| 155 à 136 | 49 | 2 × 12 |
| 135 à 121 | 46 | 2 × 11 |
| 120 à 101 | 41 | 2 × 10 |
| 100 à 81 | 37 | 2 × 9 |
| 80 à 61 | 32 | 2 × 8 |
| 60 à 45 | 28 | 2 × 6 |

Toutes les fois qu'on le peut, il convient de fixer d'après ces règles l'épaisseur des platelages d'appui des plaques de cuirasse, de manière à pouvoir employer des prisonniers aussi gros que possible et à ne pas exagérer le nombre des attaches. Dans le cas où l'épaisseur du platelage est déterminée à priori et ne peut être prise à volonté, le diamètre des prisonniers doit être fixé d'après l'épaisseur du platelage, et non d'après celle de la plaque. Pour les épaisseurs non comprises dans le tableau, on prend le diamètre se rapportant à l'épaisseur immédiatement inférieure. Ainsi, pour des platelages formés de deux tôles de 18 ou de 19$^m$/$_m$, on prendra des prisonniers de 68$^m$/$_m$.

Quant au nombre des prisonniers, il est réglé de telle sorte que **la section totale de boulonnage par tonneau de plaque ait les valeurs suivantes :**

| ÉPAISSEUR. | SECTION DE BOULONNAGE. |
|---|---|
| 550 à 400 $^m$/$_m$ | 55 à 60 $^c$/$_m{^2}$ |
| 350 à 200 $^m$/$_m$ | 60 à 65 $^c$/$_m{^2}$ |
| 150 à 50 $^m$/$_m$ | 65 à 75 $^c$/$_m{^2}$ |

Le nombre des boulons ou prisonniers nécessaires pour la tenue d'une plaque étant déterminé, on les répartit suivant des files dirigées parallèlement aux cans de la plaque. Les files les plus voisines de ces cans sont tracées de telle sorte que la distance de leur axe au bord de la plaque soit comprise entre 15 et 30 $^c/_m$ environ, cette distance étant d'autant plus grande que l'épaisseur est plus forte.

Les autres files sont en nombre variable, la répartition devant être étudiée séparément pour chaque plaque en tenant compte de la position des joints du platelage, des membrures d'appui du platelage, etc. Dans le cas d'une plaque à épaisseur variable, d'une plaque de ceinture à profil pentagonal par exemple (fig. 551), on

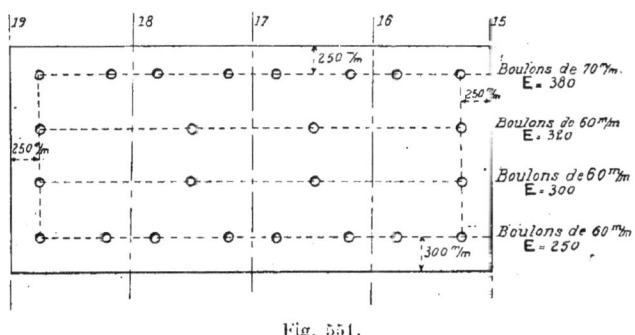

Fig. 551.

fait varier le diamètre des boulons sur les diverses files parallèles aux cans supérieur et inférieur d'après l'épaisseur de la plaque au niveau de chaque file, la section totale de boulonnage étant toujours déterminée par les règles que nous avons indiquées.

**125. Matières obturantes et encombrantes.** — La puissance défensive d'un navire à tranche cellulaire peut être utilement complétée par l'emploi de matières obturantes ou encombrantes destinées à atténuer ou à limiter l'importance des voies d'eau susceptibles de se produire par les brèches du cofferdam.

Le procédé employé primitivement dans ce but consistait à remplir les diverses cellules du cofferdam d'un mélange de fibres et de pulpe de noix de coco obtenu par décortiquage de l'enveloppe du fruit. Ce mélange, assez improprement désigné sous le nom de *cellulose*, est composé d'environ $\frac{14}{15}$ de poudre et $\frac{1}{15}$ de fibres; il est tassé dans les compartiments du cofferdam de manière que la densité soit égale à 0,12. Si un projectile vient à traverser le cofferdam, la matière pulvérulente ne peut transmettre l'ébranlement causé par le passage du projectile ; elle referme automatiquement la brèche, les fibres donnant un feutrage suffisant pour l'empêcher de s'écouler complètement. Si l'eau vient ensuite à envahir le compartiment par la brèche pratiquée dans sa paroi, la cellulose forme un barrage présentant une assez grande résistance à l'imbibition, au moins dans toutes les parties situées en dehors du passage du projectile. Il y a donc atténuation notable, sinon réduction complète, de la voie d'eau, ce qui donne la possibilité d'effectuer une réparation provisoire de la cloison intérieure.

Malheureusement, la cellulose de coco se conserve mal au contact des parois métalliques, et subit au bout d'un certain temps une décomposition la transformant en une sorte d'humus noirâtre n'ayant plus qu'une faible résistance à l'imbibition. En outre, elle est assez combustible et, après avoir été traversée par un obus, est susceptible de brûler lentement en dégageant une fumée très épaisse. Pour ces motifs, la cellulose de coco a été abandonnée. Depuis quelques années, on essaie de la remplacer par une matière assez analogue dite *cellulose Marsden* ou *corn-pith*, formée de fibres de maïs. La cellulose de maïs, bourrée à la densité de 0,120, paraît donner de meilleurs résultats que la cellulose de coco. Elle s'imbibe plus lentement et moins complètement. Dans la pratique, l'absorption d'eau amène la densité du bourrage à 1,00 environ pour la cellulose de coco, à 0,8 seulement pour la cellulose de maïs.

Dans le cas où le projectile fait explosion dans l'intérieur du cofferdam, la désorganisation de la cellulose est beaucoup plus complète, et son imbibition se fait alors assez rapidement pour annihiler presque complètement ses qualités obturatrices. C'est pour cela que l'on cherche souvent à protéger extérieurement les cofferdams au moyen d'un cuirassement forçant les projectiles à faire explosion avant de pénétrer dans la cellule.

On a également cherché à accroître l'efficacité des cofferdams en les remplissant non de matières obturantes, mais de matières simplement encombrantes destinées à limiter l'importance de la quantité d'eau introduite dans le cofferdam et la réduction de stabilité qui en est la conséquence. Les expériences faites jusqu'à ce jour n'ont pas encore démontré la supériorité de tel ou de tel des procédés proposés, et nous nous contenterons de décrire rapidement les divers systèmes essayés.

1° *Boîtes en fer-blanc.* — Les cellules du cofferdam sont remplies au moyen de petites caisses en fer-blanc, soudées de manière à être étanches, et de forme prismatique pour faciliter autant que possible l'arrimage. Cela équivaut en somme à fragmenter le cofferdam en cellules extrêmement nombreuses et de très faible volume.

2° *Briquettes de zostère.* — La zostère est une plante marine, sorte d'herbe à longue tige rampante appelée communément varech ou goëmon; le cofferdam est rempli au moyen de sacs prismatiques formés d'une enveloppe en toile goudronnée bourrée de feuilles de zostère desséchées.

3° *Cubes de typha.* — Ce sont des cubes formés d'une sorte de feutre comprimé, constitué par des poils extraits du chaton femelle du typha, plante aquatique connue sous le nom de massette ou masse d'eau, assez abondante dans les étangs et les rivières.

4° *Sachets d'amiante.* — Le cofferdam est bourré au moyen de sacs plastiques formés d'une enveloppe cubique en toile souple imperméabilisée par une couche de pégamoïd, remplie à la densité de 0,100 par un feutre composé de 80 % de fibres d'amiante bleu et de 20 % de crin. La compressibilité assez grande de ces sachets leur permet de se serrer les uns contre les autres par suite de leur flottabilité et de produire ainsi une obturation plus ou moins complète de la brèche.

Dans le même ordre d'idées, il convient de citer les paillets automatiques dont l'emploi a été proposé par M. Coville, directeur des ateliers des Forges et

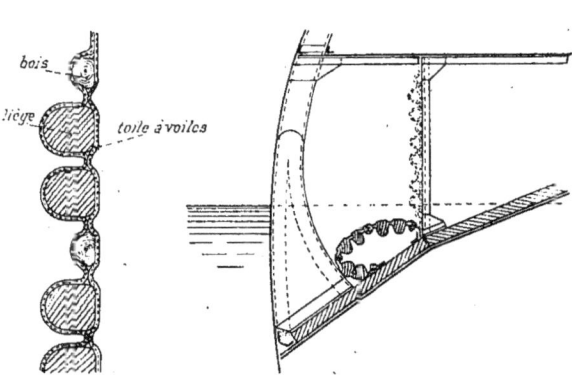

Fig. 552.

Chantiers de la Méditerranée au Havre. Dans chaque cellule du cofferdam est placé un paillet formé d'une sorte de matelas composé de baguettes en bois et en liège cousues dans une enveloppe en toile (fig. 552). Ce paillet, de forme rectangulaire, est fixé par un de ses côtés au pied de la cloison intérieure du cofferdam et enroulé sur lui-même comme l'indique la figure. Si l'eau vient à envahir la cellule, le paillet se déroule en vertu de sa flottabilité et vient s'appliquer contre la cloison interne en bouchant le trou produit par le passage du projectile et limitant l'envahissement de l'eau à la cellule crevée extérieurement.

# QUATRIÈME PARTIE

PROCÉDÉS D'EXÉCUTION DE LA CHARPENTE DU NAVIRE

## CHAPITRE PREMIER

**Préparation de la construction.**

**126. Tracé à la salle** — Le plan des formes d'un navire, dessiné sur papier à petite échelle, ne définit la surface extérieure de ce navire que d'une manière tout à fait insuffisante pour l'exécution de la charpente. Une cote relevée sur un plan à l'échelle de $\frac{1}{100}$, par exemple, avec une erreur de $\frac{1}{10}$ de millimètre, donnerait une erreur réelle de 1 centimètre, suffisante pour altérer la continuité des formes.

La première opération d'une construction consiste donc à effectuer le tracé des formes du navire *en vraie grandeur*, en partant du tracé à petite échelle établi par l'auteur des plans. Ce tracé est exécuté sur le plancher d'une salle dite *salle à tracer* ou *salle des gabarits*. Autant que possible, les dimensions de cette salle doivent être suffisantes pour que les trois projections du tracé puissent être disposées de la même manière que dans le tracé sur papier, ou tout au moins pour que le longitudinal et l'horizontal puissent être tracés à la manière habituelle, le vertical étant superposé aux deux autres projections. Avec les dimensions des grands navires modernes, il peut arriver que la salle dont on dispose n'ait qu'une longueur inférieure à la longueur du navire. On trace dans ce cas séparément la moitié $AV$ et la moitié $AR$ du navire, en réglant leur superposition de manière que les diverses lignes ne se confondent pas trop, et en ayant soin de prolonger le tracé de chaque moitié un peu au delà du couple milieu, de façon à assurer la continuité.

Lorsqu'on est obligé de superposer l'horizontal et le longitudinal, il est bon, pour rendre le tracé moins confus, d'adopter pour les sections longitudinales, qui ne sont que des courbes de vérification, la même équidistance que pour les lignes d'eau.

Le plancher de la salle à tracer est constitué par un bordé épais en bois bien raboté, choisi avec le plus grand soin de manière à être exempt de nœuds ou de défauts susceptibles de gêner le tracé. Autant que possible, la salle est aménagée dans les combles d'un bâtiment, de manière à pouvoir être éclairée par en haut; les vitrages doivent d'ailleurs être munis de rideaux permettant d'éviter des jeux de lumière gênants.

Les procédés matériels employés pour le tracé à la salle diffèrent bien entendu de ceux employés pour le tracé sur papier. Pour les lignes droites, on ne peut se servir de règles qui seraient peu exactes ou trop lourdes à manœuvrer. Les droites de longueur moyenne, ne dépassant pas 6 mètres environ, sont tracées au cordeau, en se servant d'une ligne de charpentier frottée de craie dont on maintient les extrémités aux points voulus en lui donnant une certaine tension et qu'on laisse retomber après l'avoir légèrement écartée du sol en la pinçant en son milieu. Pour les droites de plus grande longueur, une légère oscillation transversale du cordeau au moment où on l'abandonne suffit pour fausser le tracé. On procède alors par fractions. Si la longueur ne dépasse pas 12 à 15 mètres, on fixe le cordeau tendu à une des extrémités A de la droite (fig. 553) et on maintient l'autre bout du cordeau soulevé par un billotage de façon qu'il tangente exactement la branche verticale d'une équerre à chapeau amenée au contact du second point B déterminant la droite. On projette sur le sol, au moyen d'un fil à plomb ou d'une équerre à chapeau, un certain nombre

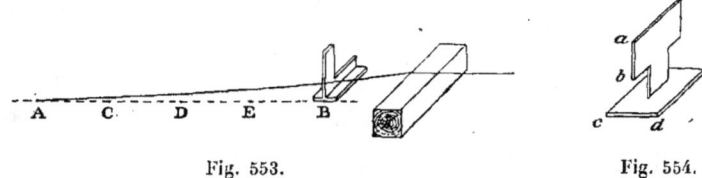

Fig. 553.  Fig. 554.

de points C, D, E, appartenant à la droite, et on bat le cordeau entre ces points. On peut aussi se servir de voyants (fig. 554), taillés de façon que les arêtes *a b* et *c d* soient dans un même plan vertical. On aligne un certain nombre de ces voyants, espacés de 3 ou 4 mètres, et on les dégauchit de manière que les arêtes *a b* soient exactement dans un même plan; on obtient ainsi des points de la droite, que l'on réunit au cordeau. Enfin, pour les droites de très grande longueur, telles que les lignes principales du quadrillage, on emploie soit des voyants, soit mieux un fil d'acier raidi à chaque extrémité par un palan, dont on projette sur le sol avec le fil à plomb un certain nombre de points.

Lorsqu'une ligne droite a été ainsi tracée par fractions, il est nécessaire de vérifier après coup que ces diverses fractions se raccordent bien. Pour cela, on se place à une extrémité, et on vise la ligne en la dégauchissant avec un fil à plomb qui doit pouvoir la masquer entièrement.

Pour le tracé des perpendiculaires, on emploie la méthode usuelle des arcs de cercle, en se servant de compas à verge (fig. 555) for-

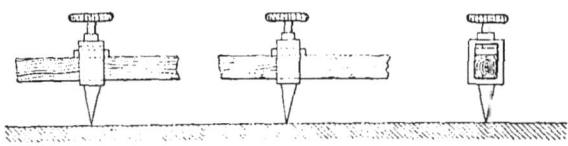

Fig. 555.

més d'une règle en bois de pin le long de laquelle coulissent deux curseurs munis de pointes et de vis de pression. Comme la règle est assez flexible, ce qui peut fausser la valeur du rayon, on contrôle l'exactitude du tracé des perpendiculaires en portant sur les côtés de l'angle droit des longueurs égales respectivement à 3 et 4 mètres, par exemple, et en vérifiant que la longueur de l'hypoténuse est bien égale à 5 mètres.

Les lignes courbes (couples, lignes d'eau, livets, etc.) sont tracées au moyen de lattes flexibles, à section rectangulaire, en bois de pin choisi dans des déchets de mâture, exempt de nœuds et de défauts quelconques susceptibles de nuire à la régularité de la courbure. Ces lattes, qui ont $8^c/_m$ environ de hauteur et de 2 à $5^c/_m$ d'épaisseur, sont faites aussi longues que possible, mais ne peuvent guère dépasser 15 à 20 mètres; aussi les termine-t-on à chaque extrémité par un biseau, de manière à pouvoir assembler plusieurs lattes bout à bout, au moyen d'écarts longs tenus par des boulons (fig. 556). On les fixe sur le plancher au moyen de clous coniques

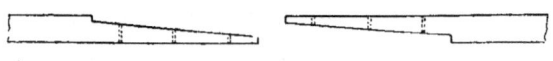

Fig. 556.

très effilés (fig. 557); ces clous sont placés alternativement d'un bord et de l'autre de la latte, qu'ils maintiennent ainsi par pression latérale; ils sont munis d'une tête circulaire plate, ce qui permet de les arracher aisément au moyen d'un marteau à panne fendue. La position de la latte une fois réglée, on trace la courbe au moyen d'un bâton de craie taillé en coin effilé.

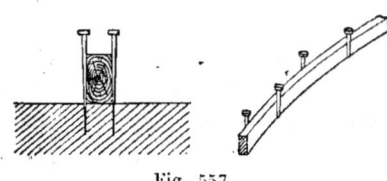

Fig. 557.

Pour le report des ouvertures d'une projection sur l'autre on se sert de règles en bois à section trapézoïdale (fig. 558) dont on utilise le bord aminci en le plaçant en contact avec la trace d'un couple par exemple, et en y marquant les demi-ouvertures de toutes les lignes d'eau rencontrées par ce couple.

Fig. 558.

Des règles de même forme, mais graduées, servent au report sur le tracé des différentes dimensions métriques. Les graduations de ces règles doivent faire l'objet d'un contrôle minutieux, car toutes les données numériques du navire exécuté en dépendent, et il est avantageux que l'erreur de ces graduations soit par excès plutôt que par défaut, afin de ne pas réduire le déplacement.

Le tracé s'effectue de la même manière qu'un tracé sur papier, en partant des ordonnées relevées sur le plan à petite échelle. On trace d'abord les couples et les lignes d'eau, et on en déduit les sections longitudinales et un certain nombre de lisses planes, dont on règle la position ainsi que nous le verrons plus loin. En général, au moins pour les grands bâtiments, on double le nombre des couples de tracé de manière à mieux définir la surface. Le balancement s'exécute soit par les procédés indiqués au § 10, soit quelquefois en matérialisant au moyen de lattes un certain nombre des lignes du tracé, ce qui permet de juger d'un coup d'œil de la continuité obtenue et de faire rapidement les retouches nécessaires. Lorsque le balancement est terminé, on relève en vraie grandeur les ordonnées de la carène tracée, et on refait les calculs de déplacement et de stabilité relatifs à la ligne d'eau 10. Il est en effet indispensable d'exécuter le navire, non seulement de manière que ses formes reproduisent aussi fidèlement que possible celles du plan à petite échelle, mais aussi de manière que son déplacement, son maître couple, sa surface de flottaison et son rayon métacentrique latitudinal coïncident exactement avec les prévisions de l'auteur du plan. Ce résultat ne sera pas atteint en général du premier coup et on est obligé de retoucher le tracé primitif, principalement dans les fonds, de manière à obtenir les valeurs voulues. En ce qui concerne le déplacement, il est difficile d'obtenir un chiffre rigoureusement égal à celui indiqué par l'auteur du plan, et pour éviter des retouches trop longues on admet d'ordinaire en pratique que le déplacement calculé d'après le tracé à la salle doit être supérieur à celui prévu par l'auteur du plan, l'écart n'excédant pas $0,4°/_0$.

Le tracé ainsi réalisé représente les formes extérieures définitives du navire. Les différentes dimensions définissant ces formes sont transcrites sur un registre appelé *devis de tracé*, qui constitue le document permettant de reproduire à un moment quelconque soit le navire entier, soit telle ou telle partie de ce navire. Ce devis de tracé renferme les dimensions principales, le tracé de l'AV et de l'AR par abscisses et ordonnées, le tracé du maître couple, la position des traces des lisses planes, les demi-ouvertures suivant les lignes d'eau et les lisses planes, les demi-ouvertures et hauteurs des couples suivant les lisses à double courbure; il est complété ultérieurement comme nous le verrons tout à l'heure. En même temps, on refait à l'aide des ordonnées inscrites dans le devis les calculs complets de déplacement et de stabilité, qui forment également le document définitif auquel on devra se référer pour tous les calculs relatifs au navire.

Le tracé ainsi établi est celui de la surface extérieure du navire, et il faut passer de là aux divers tracés permettant la représentation en vraie grandeur des pièces entrant dans la construction. En premier lieu, on repère sur le longitudinal, d'après les indications du devis d'échantillons, la position des plans de gabariage des couples de construction, et on trace sur le vertical les intersections de la surface avec les plans de tous ces couples. On trace ensuite la *surface hors membres*, qui s'obtient par la méthode générale suivante (1). Soient P Q R, (fig. 559) trois lignes consécutives, trois

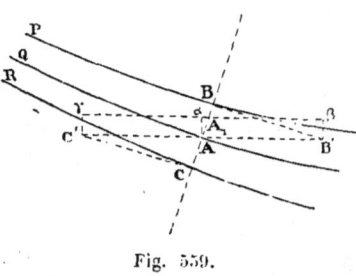

Fig. 559.

lignes d'eau par exemple, du tracé hors bordé. Considérons un point A de la ligne Q et par ce point faisons passer un plan vertical normal à la surface de la carène. L'intersection de ce plan avec celui de la ligne d'eau Q est une droite B A C normale au contour de cette ligne. Cherchons le rabattement autour de B A C de l'intersection du plan auxiliaire avec la surface de la carène; les points projetés en B et C se rabattent en B′ et C′ à des distances égales à l'intervalle des lignes d'eau; en faisant passer un trait continu par les points B′, A et C′, on a le rabattement cherché. En A, B′, et C′ on mène les normales à la courbe tracée et sur ces normales on porte des longueurs A$\alpha$, B′$\beta$, C′$\gamma$, égales à l'épaisseur du bordé (augmentée s'il y a lieu de l'épaisseur des cales interposées entre la membrure et le bordé). La courbe $\gamma$ $\alpha$ $\beta$ passant par les points ainsi obtenus est le rabattement de l'intersection du plan auxiliaire avec la surface hors membres, et le point $A_1$ où elle rencontre l'axe de rabattement B A C est un point de l'intersection du plan de la ligne d'eau Q avec la surface hors membres.

Dans les régions où la courbure de la surface de la carène est peu accentuée, la courbe B′AC′ se confond sensiblement avec une ligne droite. On peut alors faire la construction plus simplement (fig. 560) en menant A B normale à la ligne d'eau Q en A, et construisant le triangle rectangle ayant pour côtés A B et B B′ $\left(\text{B B}' = \dfrac{p}{10}\right)$. On trace A$\alpha$ perpendiculaire à AB′ et égal à l'épaisseur du bordé et on mène par $\alpha$ une parallèle à A B′ qui détermine le point $A_1$. Lorsqu'il s'agit

---

(1) Pour les navires de commerce, dont le déplacement est essentiellement variable, et pour lesquels les caractéristiques de la carène n'ont pas besoin d'être connues avec une grande précision, on se dispense en général du tracé hors bordé, et on effectue du premier coup le tracé hors membres.

PRÉPARATION DE LA CONSTRUCTION.    527

d'un bordé métallique de faible épaisseur, il est suffisamment exact de porter cette épaisseur sur les normales telles que AB.

Dans le cas où la charpente des fonds est formée de poutres d'assemblage, on trace par les mêmes procédés la surface *intérieur membres,* qui se déduit de la surface hors membres au moyen de la hauteur du double fond relevée sur les plans à petite échelle. Pour les navires à cuirasse latérale, on trace de même la surface *hors*

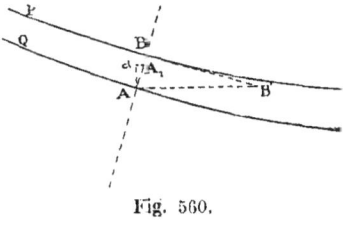

Fig. 560.

*platelage* et, s'il y a lieu, la surface *hors matelas,* une fois que le tracé des plaques a été exécuté ainsi que nous le verrons tout à l'heure. Les ouvertures définissant toutes ces surfaces sont transcrites sur le devis de tracé.

Il faut ensuite tracer les différents ponts. La coupe au maître dessinée par l'auteur du plan représente la position des ponts, leur bouge et leur distance de ligne droite en ligne droite. On reporte ces lignes droites sur le tracé du maître couple, et on trace le contour du trait supérieur des barrots, par l'un des moyens suivants.

Dans la construction en bois, le tracé des barrots d'un pont était autrefois toujours déduit de la ligne droite et du bouge par le procédé graphique dit du *quart de nonante.* Soit AB la demi-ligne droite (fig. 561), AC le bouge; avec AC pour rayon, on décrit le

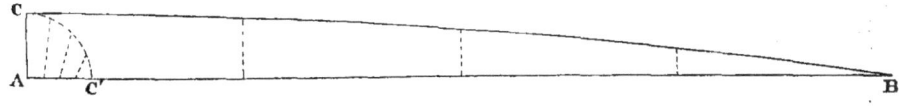

Fig. 561.

quart de cercle CC', et on le partage en un certain nombre de parties égales. On divise de la même manière les longueurs AC' et AB. On joint les points de division de AC' à ceux du cercle, et par les points de division de AB on mène des ordonnées égales aux longueurs ainsi obtenues. Ces ordonnées définissent le contour CB du barrot.

Lorsque le bouge a une valeur assez forte, la construction précédente donne une courbe s'abaissant un peu trop brusquement aux extrémités. On la modifie alors légèrement en joignant les points de division du cercle (fig. 562) à un point O, tel que O A

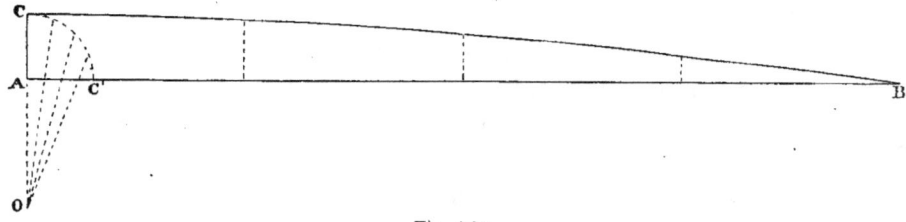

Fig. 562.

soit égal à 2 A C, et en prenant pour ordonnées de la courbe les longueurs interceptées sur les vecteurs issus de O par le rayon A C'.

Lorsque le bouge est faible, on substitue quelquefois à la courbe obtenue par le quart de nonante l'arc de parabole défini par les points C et B (fig. 563). Pour cela, on trace B D égal et parallèle à

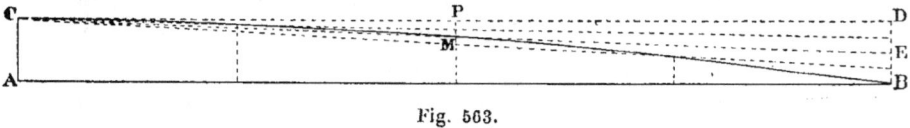

Fig. 563.

A C. On divise B D et A B en un même nombre de parties égales. Les intersections des vecteurs joignant C aux points de division de B D avec les ordonnées correspondantes menées par les points de division de A B sont des points de la parabole. En effet, pour le point M par exemple, on a :

$$\frac{MP}{CP} = \frac{ED}{CD} \qquad \frac{ED}{BD} = \frac{CP}{CD}$$

$$\frac{MP}{CP} = \frac{\overline{BD} \cdot \overline{CP}}{\overline{CD}^2}$$

$$\overline{CP}^2 = \frac{\overline{CD}^2}{\overline{BD}} \cdot MP.$$

Dans la construction métallique, il est ordinairement beaucoup plus simple de donner aux barrots la forme d'un arc de cercle, ce qui permet de définir la courbure de la pièce par l'indication de son rayon et facilite son cintrage. Pour tracer par points ces grands arcs de cercle, on peut employer deux méthodes. En premier lieu, on peut appliquer une construction analogue à celle de l'arc de parabole. On trace B D égal et parallèle à A C (fig. 564); on divise

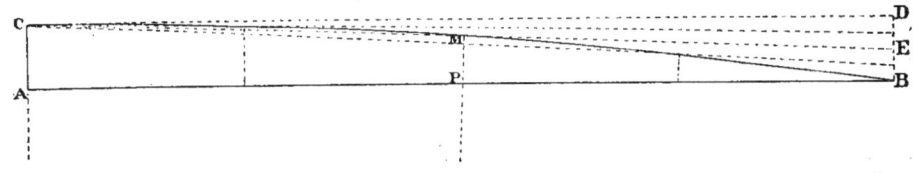

Fig. 564.

A B et B D en un même nombre de parties égales, et on joint C aux points de division de B D. Les pieds des perpendiculaires abaissées de chaque point de division de A B sur le vecteur correspondant sont des points du cercle. En effet, soit O le point de concours de C A et M P. On a :

$$\frac{OA}{AP} = \frac{CD}{DE}$$

d'où :

$$\frac{OA}{CD} = \frac{AP}{DE} = \frac{AB}{BD}.$$

Donc O A est constant et toutes les droites telles que M P concourent au même point. Le point M appartient donc bien au cercle de rayon O C. Dans la pratique, on trouve souvent plus commode de calculer la valeur d'un certain nombre d'ordonnées. On connaît la corde B D $= 2\,l$ et la flèche A C $= f$ du segment de cercle (fig. 565). Le rayon R est donné par :

$$l^2 = f(2R - f)$$

$$R = \frac{l^2 + f^2}{2f}$$

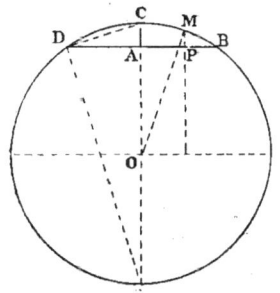

Fig. 565.

et en appelant $x$ et $y$ l'abscisse et l'ordonnée d'un point tel que M, on a :

$$(y + R - f)^2 + x^2 = R^2$$

$$y = \sqrt{R^2 - x^2} - (R - f).$$

On calcule ainsi un nombre d'ordonnées suffisant pour bien définir la courbe, en choisissant pour $x$ des valeurs simples, par exemple 0ᵐ,50, 1ᵐ,00, 1ᵐ,50, etc. Ces ordonnées calculées sont inscrites sur le devis de tracé.

Le tracé des barrots au maître couple étant ainsi obtenu, on règle le tracé des livets des différents ponts, d'où l'on déduira ensuite de la même manière le tracé de tous les barrots. Les plans à petite échelle indiquent la tonture approximative, que l'on reporte sur le longitudinal. On rectifie ensuite s'il y a lieu le tracé des livets de manière à obtenir une courbure bien régulière, ce qui est très important au point de vue de l'aspect extérieur du bâtiment. Les livets étant arrêtés, on relève leurs intersections avec les couples et on inscrit les demi-ouvertures et les hauteurs correspondantes sur le devis de tracé.

Quant aux membrures longitudinales, on commence par marquer leur position sur le tracé du maître couple d'après les indications de la coupe au maître et du devis d'échantillons. La direction de ces membrures est commandée en général comme nous l'avons déjà vu par celle des virures de bordé, qui est réglée ainsi que nous le verrons tout à l'heure. La direction des virures de bordé étant supposée connue, on marque sur le vertical les points tels que A, B, C, D (fig. 566), définis par leur distance à l'axe comptée suivant le contour des couples de construction, et appartenant, pour chacun de ces couples, à la lisse considérée. On rectifie à la latte le tracé A B C D de manière à obtenir une courbure régulière, et on a ainsi l'intersection de la lisse avec la surface hors membres. Lorsqu'il s'agit d'un navire à double coque, par les points A, B, C... on mène des normales A $a$, B $b$, C $c$... aux couples de construction, rencontrant en $a$, $b$, $c$... les intersections des plans de gabariage avec la surface intérieur membres. On joint à la latte les points $a$, $b$, $c$... et on a l'intersection avec cette surface de la lisse cherchée, qui est une surface réglée dont les génératrices sont A $a$, B $b$, C $c$...

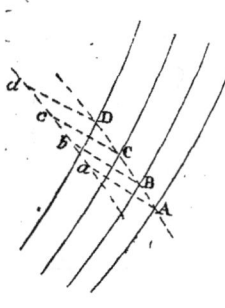

Fig. 566.

Tous ces tracés sont effectués à la craie, mais une fois qu'une ligne est définitivement arrêtée on la repasse au crayon ou à la sanguine pour qu'elle ne puisse plus s'effacer. En outre, sur les traces rectilignes des lisses planes et des couples, on colle des bandes de papier sur lesquelles les lignes du tracé sont dessinées au crayon, de ma-

PRÉPARATION DE LA CONSTRUCTION.    531

nière que les intersections soient bien exactement définies. Sur ces bandes de papier, on inscrit des lettres et numéros de repère permettant de reconnaître d'un coup d'œil les diverses lignes. Par exemple, 9 H. H M signifiera : 9$^{me}$ section horizontale de la surface hors membres.

**127. Modèles.** — Dès que la surface hors membres a été tracée et réglée, on confectionne un modèle en bois du navire à l'échelle de $\frac{1}{20}$. En général, on dispose ce modèle de manière qu'une moitié représente la surface hors membres, et l'autre moitié la surface hors bordé et s'il y a lieu hors cuirasse. Cette seconde moitié est utilisée plus tard pour les études de détail relatives aux ancres, aux passerelles, aux embarcations, etc. Sur la première moitié du modèle, on trace au crayon les plans de gabariage des couples de construction, puis, sur le contour du maître couple, on marque la distribution des virures indiquée par la coupe au maître, et partant de là on étudie la décomposition du bordé. La direction des virures se règle au moyen de lattes à dessin fixées par des punaises; la distribution des abouts est réglée d'après l'espacement des couples et la longueur maxima admise pour les tôles.

S'il y a un double fond, on exécute de même un demi-modèle de la surface intérieur membres, et on étudie sur ce modèle la répartition des joints du vaigrage.

Enfin, on fait un modèle de la surface du pont blindé, sur lequel on étudie la répartition des joints du platelage et la décomposition en plaques du cuirassement.

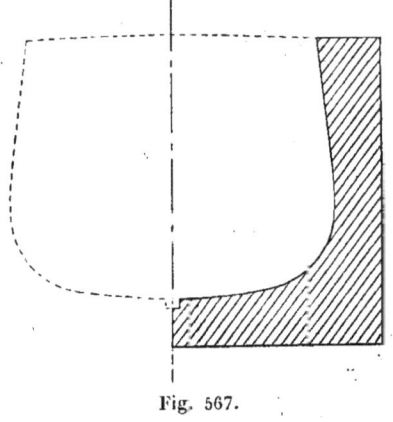

Fig. 567.

Tous ces modèles s'exécutent à l'aide de profils ou *gabarits* transversaux (fig. 567), taillés dans des planchettes minces en sapin que l'on découpe en les superposant aux diverses sections d'un vertical dessiné sur papier, d'après le devis de tracé, à l'échelle de $\frac{1}{20}$.

**128. Commande des matières.** — La commande des matières nécessaires pour la construction doit être faite de manière à ne pas occasionner de retard pour les opérations de mise en œuvre. L'ordre et la répartition des diverses commandes ont une influence capitale sur la bonne marche du travail, et des dispositions bien prises suffisent pour amener un gain notable sur la durée totale de la construction.

Dès la réception des plans du navire à construire, un relevé sommaire effectué sur les plans à petite échelle permet de déterminer approximativement le poids total des barres de chaque profil et des tôles de chaque épaisseur dont on aura besoin pour la construction. Ces renseignements sont suffisants pour permettre la division en lots de la fourniture et la passation des marchés. Chaque marché ne spécifie pas en détail les dimensions des tôles ou barres profilées, mais seulement leurs échantillons, leurs profils, leurs dimensions maxima, le prix du kilogramme pour les diverses catégories de pièces livrées, et les quantités totales approximativement nécessaires. Le lotissement et l'échelonnement des délais de livraison doivent être bien entendu réglés d'après l'ordre de mise en œuvre et de montage des pièces. On prévoit en général une majoration éventuelle de 30 % à 50 % sur le poids total à livrer au prix spécifié, de manière à permettre la commande ultérieure de matériaux non compris dans les quantités primitivement prévues.

Pour les marchés de tôles, les dimensions maxima courantes sont en général les suivantes :

| ÉPAISSEUR DES TÔLES. | DIMENSIONS MAXIMA | | |
|---|---|---|---|
| | LONGUEUR. | LARGEUR. | SURFACE. |
| 1,5 et 2 $^m/_m$ | 3$^m$,50 à 4$^m$ | 1$^m$,00 à 1$^m$,40 | 3$^{m2}$,5 à 3$^{m2}$,75 |
| 3 $^m/_m$ | 6$^m$,50 à 7$^m$ | 1$^m$,40 à 1$^m$,50 | 6 $^{m2}$ |
| 4 et 5 $^m/_m$ | 8$^m$ | 1$^m$,50 à 1$^m$,80 | 6$^{m2}$,5 |
| 6 et 7 $^m/_m$ | 8$^m$ | 1$^m$,80 | 7$^{m2}$,5 |
| 8 et 9 $^m/_m$ | 10$^m$ | 1$^m$,80 | 8$^{m2}$ |
| 10, 11 et 12 $^m/_m$ | 10$^m$ | 1$^m$,80 | 9$^{m2}$ |
| 13 à 20 $^m/_m$ | 10$^m$ | 1$^m$,80 | 8$^{m2}$ |
| 20 $^m/_m$ et au-dessus. | 10$^m$ | 1$^m$,80 | 6$^{m2}$,5 |

On peut, bien entendu, prévoir dans les marchés des tôles de dimensions supérieures à celles que nous venons d'indiquer. On peut atteindre ainsi 2$^m$,10 pour la largeur et 13$^{m2}$ pour la surface maxima. Mais le prix de ces tôles est un peu plus élevé que pour les dimensions courantes.

Pour les bandes servant à la confection des couvre-joints, la largeur maxima est de 0$^m$,40, la longueur maxima de 15 mètres et la surface maxima de 6$^{m2}$.

Sauf exceptions très rares, toutes les tôles commandées sont rectangulaires. On prévoit en général dans les marchés la faculté de commander des tôles trapézoïdales à côtés rectilignes. Le prix de ces tôles est majoré de 3 francs par 100 kilogrammes, et la diminution de déchet compense rarement cet accroissement du prix d'achat.

Pour les barres profilées, la longueur maxima est ordinairement de 15 mètres. Exceptionnellement, pour des barrots de ponts de grands navires, on peut commander des barres atteignant 20 mètres, mais leur prix est en général majoré.

Enfin, les rivets sont commandés sous forme de barres rondes bien calibrées, d'une longueur de 3$^m$ à 3$^m$,50. Le découpage de ces barres et l'emboutissage de la tête des rivets s'exécutent au moyen de machines spéciales, que nous n'avons pas à décrire ici. On peut aussi commander les rivets tout confectionnés aux Forges de la Chaussade, à Guérigny. Comme première approximation, on peut admettre que le poids total des rivets nécessaires à la construction d'une coque métallique représente 5 à 5,5 % du poids total de cette coque.

Dès que les marchés sont passés, au fur et à mesure du tracé à la salle, on prépare les commandes définitives, sous forme de bordereaux contenant la spécification détaillée des pièces à livrer. Pour les barres profilées, on mesure la longueur sur le tracé à la salle; pour les membrures transversales, par exemple, il suffit de faire un relevé direct pour quelques couples, et de déterminer les longueurs des pièces des couples intermédiaires par interpolation. Pour les tôles de bordé et de vaigrage, on relève les dimensions sur les modèles, en se servant de feuilles de papier à calquer qui fournissent rapidement un développement suffisamment exact de chaque tôle. Toutes les pièces doivent être, bien entendu, commandées avec un léger excédent de dimensions, de manière à permettre l'ajustage et à parer aux malfaçons ou erreurs possibles. Pour les barres profilées, on admet en général un excédent de longueur de $2\,^c/_m$. Pour les tôles non façonnées, on peut admettre un excédent de $2\,^c/_m$ sur la largeur et de $3\,^c/_m$ sur la longueur. Si la tôle doit être travaillée et recevoir une forte courbure, il est prudent d'augmenter un peu ces chiffres, et de porter l'excédent de longueur et de largeur jusqu'à 8 ou $10\,^c/_m$.

Dans les bordereaux de commande, chaque pièce est désignée par un repère conventionnel formé de lettres qui précisent sa destination. Par exemple le repère C M. B P S signifiera : *Charles Martel*, bordé du pont supérieur. Ces marques sont inscrites à la peinture sur les pièces chez le fournisseur, au moment de la recette, et permettent le récolement rapide à l'arrivée et le classement dans les dépôts de matières du chantier.

Les premières pièces à commander sont les tôles et profilés nécessaires pour la quille, les galbords et la carlingue centrale, puis les pièces des membrures transversales et longitudinales, puis les pièces de charpente des ponts, les tôles de bordé et de vaigrage, les tôles et montants des cloisons intérieures, etc. Il est prudent de lancer dès le début la commande de l'étrave et de l'étambot, qui sont des pièces d'exécution assez compliquée et par suite assez longue. On fournit pour chacune de ces pièces un plan coté, avec nombreuses coupes transversales, relevé sur le tracé en vraie grandeur, et un modèle en bois à l'échelle de $\frac{1}{10}$ pour préciser la configuration de la pièce.

**129. Commande des blindages**. — Les délais assez longs nécessaires pour la réception des blindages, tant à cause de la durée effective de fabrication que du petit nombre d'usines possédant l'outillage convenable (1), imposent l'obligation d'effectuer les commandes dès le début de la construction.

Aussitôt que le tracé à la salle est suffisamment avancé, on étudie la décomposition en plaques des diverses surfaces cuirassées, et

---

(1) Les Forges de la Chaussade, à Guérigny, ne sont outillées jusqu'ici que pour la fabrication des plaques de pont. Les usines privées fabriquant actuellement des blindages sont au nombre de six, savoir : Schneider et C<sup>ie</sup>, au Creusot. — Forges et Aciéries de la marine et des chemins de fer, à Saint-Chamond. — Marrel frères, à Rive-de-Gier. — C<sup>ie</sup> anonyme des Forges de Châtillon et Commentry, à Montluçon. — C<sup>ie</sup> des Fonderies, forges et aciéries de Saint-Étienne, à Saint-Étienne. — Société anonyme des aciéries et forges de Firminy, à Firminy.

on établit des plans à petite échelle représentant le mode de décomposition prévu, avec le poids et les dimensions approximatives de chaque plaque. Ces premiers documents permettent la passation des marchés. On exécute ensuite le tracé définitif de chaque plaque.

Pour bien comprendre la marche à suivre pour ces tracés, il est nécessaire de connaître au moins sommairement le procédé de fabrication des plaques. Le point de départ est un lingot d'acier de dimensions convenables obtenu par moulage. Ce lingot doit subir en premier lieu un *forgeage*, ayant pour but d'améliorer les qualités d'homogénéité du métal et d'amener la masse à une forme peu différente de la forme définitive. Ce forgeage est exécuté, suivant les usines, au pilon ou au laminoir, mais dans tous les cas la plaque forgée se présente sous la forme d'une pièce plane, à section rectangulaire ou trapézoïdale, découpée suivant un contour à peu près rectangulaire. La plaque forgée est ensuite *gabariée*, c'est-à-dire amenée à sa forme définitive; pour cela, la plaque reposant sur des appuis est déformée au moyen d'une pression suffisante exercée progressivement aux divers points de la face qui doit devenir concave, jusqu'à ce qu'on ait obtenu en chaque point la courbure voulue. La plaque gabariée est découpée suivant le contour exact et subit ensuite les opérations de recuit et de trempe dans le détail desquelles nous n'avons pas à entrer ici.

Pour vérifier la courbure pendant le gabariage, on se sert de gabarits en tôle mince appelés *profils* que l'on applique sur la face concave de la plaque. On voit donc qu'il n'y a pas indépendance complète entre les deux faces d'une plaque et qu'on ne peut les tracer toutes deux d'une manière quelconque. Ce que l'usine a besoin de connaître, c'est la face de gabariage, c'est-à-dire la face concave; c'est par suite cette surface qui doit être exactement définie par les tracés de commande. Mais d'un autre côté le constructeur du navire part de la surface extérieure, qui avec les formes habituelles est précisément la face convexe, et qui doit être un élément d'une surface continue; il devra donc déduire la surface intérieure de la surface extérieure, en s'arrangeant de manière que chaque plaque présente l'épaisseur voulue et soit *développable sur un plan*. Avec les plaques d'épaisseur variable, telles que les plaques de ceinture, la surface intérieure peut alors être discontinue d'une plaque à l'autre, ce qui impose l'obligation de conserver un matelas en bois, ainsi que nous l'avons déjà indiqué.

Cela posé, le tracé d'exécution d'une plaque de blindage s'effectue de la manière suivante. Ayant déterminé le contour de la surface extérieure de la plaque, on mène une normale à cette surface au voisinage du point de rencontre de ses diagonales, et on fait passer par cette normale un plan sensiblement parallèle aux grands côtés de la plaque, qui est dit *plan milieu longitudinal*, puis un plan perpendiculaire au précédent, mené à peu près parallèlement aux petits côtés de la plaque, et dit *plan milieu transversal* (fig. 568). Perpendiculairement à l'intersection de ces deux plans, et à une distance suffisante de la face extérieure pour laisser la plaque tout entière d'un même côté, on trace un troisième plan, dit *plan de repère*, qui forme avec les deux premiers un système orthogonal par rapport auquel sera repérée la plaque. Parallèlement aux plans milieux, transversal et longitudinal, on trace des plans de coupe auxiliaires, en nombre variable suivant la courbure de la plaque, qui sont dits *plans de profil en long* et *plans de profil en travers*. Cela fait, on développe les intersections de la face extérieure de la plaque par les deux plans milieux. Pour le plan milieu longitudinal, par exemple, on obtient par un rabattement cette intersection A B en vraie grandeur (fig. 569). On applique une latte sur le contour

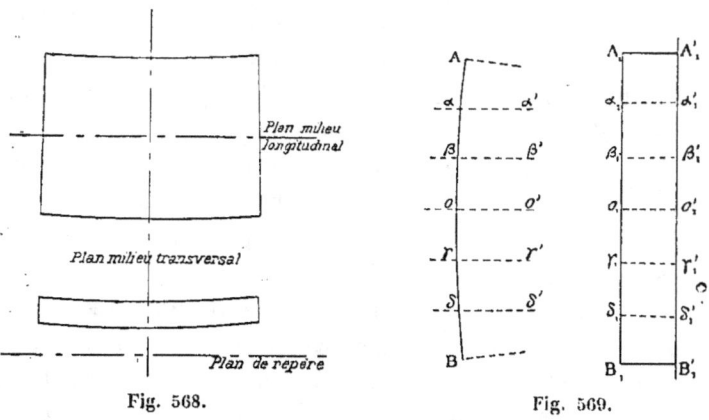

Fig. 568.  Fig. 569.

A B, et on y marque les intersections $\alpha$, $\beta$, O, $\gamma$, $\delta$, des plans de profil en travers. On reporte la latte le long d'une ligne droite $A_1 B_1$, sur laquelle on marque les points $\alpha_1$ $\beta_1$ $O_1$ $\gamma_1$ $\delta_1$, et par ces points

PRÉPARATION DE LA CONSTRUCTION.

on trace des droites faisant avec $A_1 B_1$ les mêmes angles que ceux que font avec A B les traces des plans de profil en travers. Parallèlement à $A_1 B_1$, à la distance indiquée par le devis d'échantillons, on mène une droite $A'_1 B'_1$ qui représente le développement de l'intersection de la face de placage par le plan milieu longitudinal. On opère de la même manière dans le plan milieu transversal, ce qui donne le développement $C_1 D_1 C'_1 D'_1$ de l'intersection de la plaque par ce plan (fig. 570). On déduit de là le développement des intersections de la face de placage par les divers plans de profil. Pour le plan $\alpha$, par exemple (fig. 569), on effectue le développement de l'intersection avec la face extérieure, de la même manière que pour le plan milieu transversal, et sur la trace du plan milieu longitudinal on porte une longueur égale à $\alpha_1 \alpha'_1$. Par l'extrémité $\alpha'_1$ de cette longueur on fait passer un contour identique à $C'_1 D'_1$ (fig. 570), et on a le développement de l'intersection de la face de placage par le plan $\alpha$. Pour les plans des écarts et ceux des cans supérieur et inférieur, on opère de la même manière que pour les plans de profil, leur position étant définie par les angles qu'ils font avec les plans milieux transversal et longitudinal.

On trace ensuite le développement de la face extérieure. Pour cela on trace deux droites rectangulaires (fig. 571), sur lesquelles

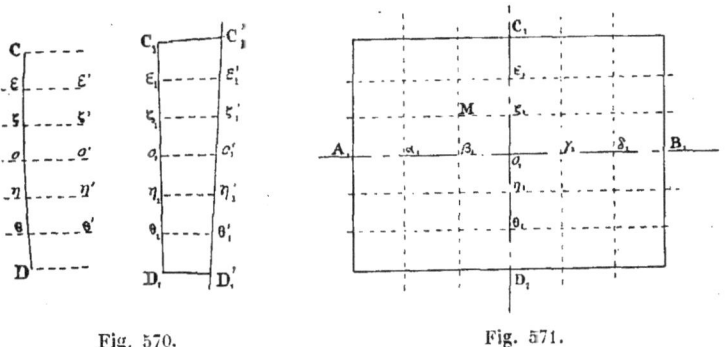

Fig. 570.   Fig. 571.

on reporte les développements $A_1 B_1$ et $C_1 D_1$. Un point tel que M du développement est défini par ses distances $M\beta_1$ et $M\zeta_1$, aux points $\beta_1$ et $\zeta_1$, relevées en vraie grandeur sur les développements des coupes par les plans de profil $\beta$ et $\zeta$. On obtient ainsi le contour développé de la plaque. On développe de la même manière la face

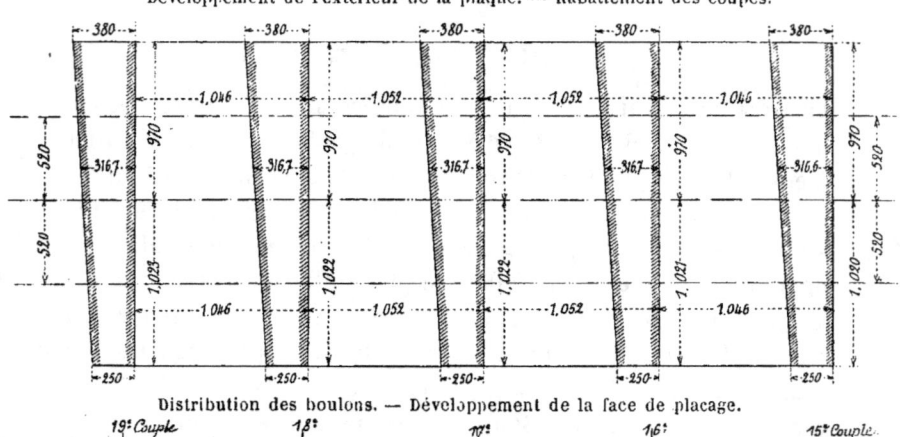

Développement de l'extérieur de la plaque. — Rabattement des coupes.

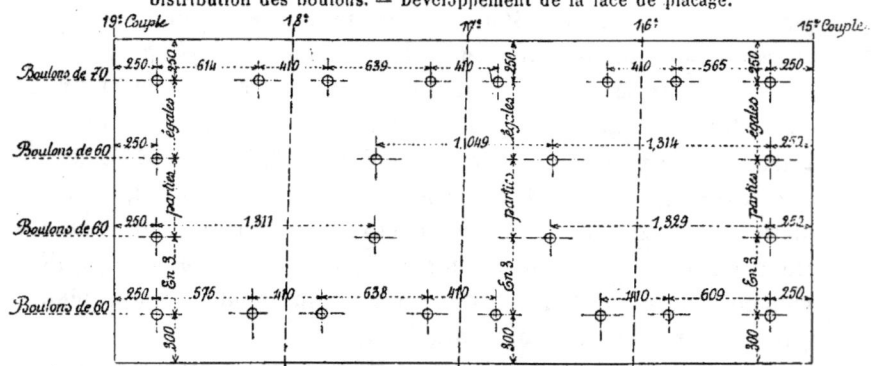

Distribution des boulons. — Développement de la face de placage.

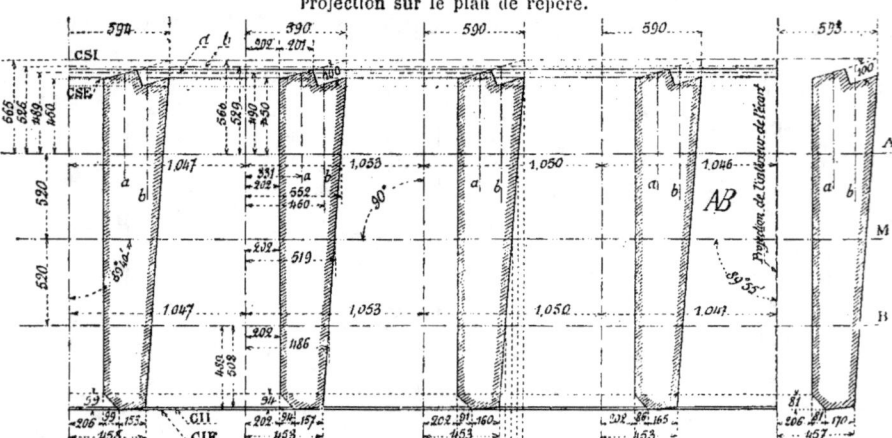

Projection sur le plan de repère.

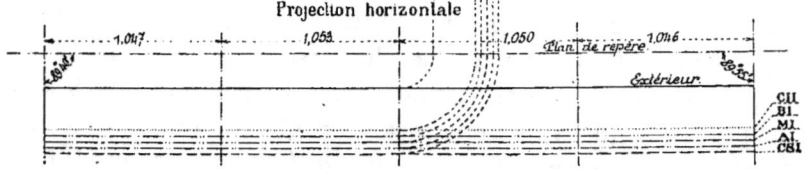

Projection horizontale

Fig. 572. — *Charles Martel*, plaque de cuirasse de ceinture n° 7.

CSE Can supérieur extérieur.
CSI — — intérieur.
CIE Can inférieur extérieur.
CII — — intérieur.

intérieure, sur laquelle on reporte les traces des plans de gabariage des couples de la charpente, ce qui permet d'étudier la distribution des boulons d'attache (voir fig. 551).

Tous ces tracés étant faits sur le plancher de la salle, on établit pour chaque plaque un dessin coté (à l'échelle de $\frac{1}{10}$ en général) représentant :

1° le développement de la face extérieure avec le rabattement des profils en travers développés ;

2° la projection de la plaque sur le plan de repère avec le rabattement des profils en travers ;

3° la projection des lignes de contour de la plaque sur le plan milieu longitudinal ;

4° le développement de la face de placage avec l'indication de la distribution des boulons d'attache, et s'il y a lieu des trous ou évidements à pratiquer dans la plaque ;

5° le tracé des trous borgnes à percer dans la plaque pour chaque calibre de boulons.

La figure 572 représente à titre d'exemple un tracé de ce genre.

Lorsque la plaque comporte des chanfreins et des feuillures, on prolonge d'abord fictivement les surfaces qui la limitent, et on considère la plaque comme ayant le profil ABCD (fig. 573). Une fois le tracé effectué, on reporte sur les rabattements en vraie grandeur des profils le tracé des feuillures et chanfreins (fig. 572). On opère de la même manière pour les plaques à section pentagonale (fig. 573).

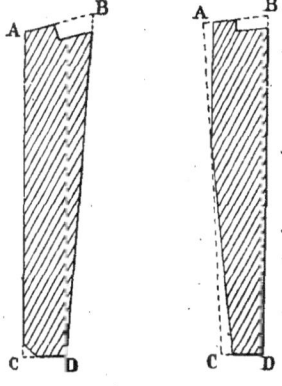

Fig. 573.

La décomposition des plaques de ceinture et de muraille étant faite symétriquement par rapport au plan diamétral, on n'effectue les tracés que pour un bord. Le dessin de commande étant exécuté sur papier, on en fait un premier calque ; on retourne ce calque à l'envers et on le calque à nouveau ; on a ainsi les clichés des plans de commande des deux plaques symétriques, dont on peut obtenir le nombre de reproductions voulu.

Pour les plaques appliquées sur platelage, il est indispensable que la surface de placage soit absolument continue. La surface hors platelage étant réglée dans le tracé à la salle, c'est de cette surface que l'on déduit la surface extérieure; il résulte de là que si d'une extrémité à l'autre du navire on doit faire varier l'épaisseur des plaques d'une même virure, il y aura un ressaut dans la surface extérieure entre deux plaques consécutives d'inégale épaisseur. Ce ressaut n'aura d'ailleurs aucune importance tant qu'il n'excédera pas 2 ou 3 $^m/_m$, ce qui pourra être réalisé avec les plaques d'épaisseur modérée, ne dépassant pas 10 à 12 $^c/_m$ dans la région centrale.

Pour les plaques de forme peu contournée, le plan de commande établi comme nous venons de le dire fournit les données suffisantes pour l'exécution. L'usine peut en effet y relever les éléments nécessaires à la confection des gabarits de coupe ou profils en tôle mince qui, présentés sur la face concave de la plaque pendant sa déformation, permettront de vérifier le gabariage. Pour les plaques très compliquées, on a quelquefois exécuté des gabarits destinés à définir les formes avec plus de précision. Ces gabarits sont confectionnés en tôle de 8 à 10 $^m/_m$, pour ne pas risquer de se déformer pendant le transport; ils comprennent une série d'éléments taillés suivant le contour des intersections de la face de placage par les plans de profil, et disposés de manière à pouvoir s'assembler facilement et à représenter ainsi la surface de placage tout entière (fig. 574). L'exécution de ces gabarits est délicate et coûteuse; il est préférable de ne pas en faire usage toutes les fois qu'il est possible de s'en dispenser.

Dans le cas d'une muraille cuirassée de grande longueur, appuyée sur un platelage (pont blindé, muraille latérale), il est nécessaire de tenir compte dans la commande de l'allongement que subit le platelage pendant l'opération du rivetage, le martelage des têtes de rivets tendant à étirer le métal de la tôle. Cet allongement n'est nullement négligeable, et peut atteindre 50 à 70 $^m/_m$ pour un platelage de 100 mètres de longueur. Comme on ne peut pas toujours répartir cet allongement sur les différents joints transversaux, parce que les plaques sont commandées toutes percées et qu'il peut être impossible de modifier suffisamment

PRÉPARATION DE LA CONSTRUCTION.

l'emplacement prévu pour les boulons dans la maille, il est bon de commander une ou deux plaques aux extrémités avec un léger

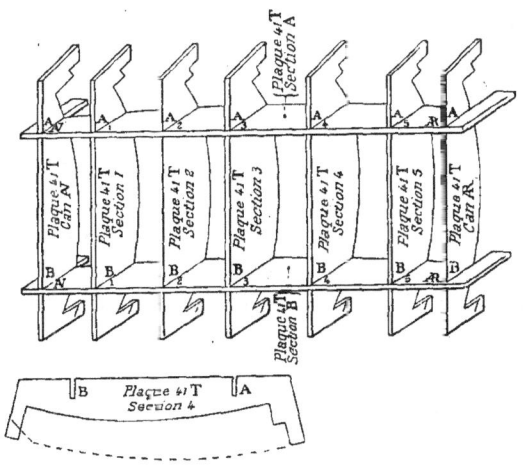

Fig. 574.

excédent de longueur, que l'on coupera avant la mise en place de la quantité voulue.

**130. Confection des gabarits de construction.** — La confection des membrures transversales et longitudinales s'opère à l'aide de gabarits relevés sur le tracé à la salle et permettant à l'atelier de construction d'exécuter les diverses pièces façonnées en conformité rigoureuse avec ce tracé.

Pour définir les galbords, on établit pour chaque tôle des gabarits de coupe figurant le contour de la section transversale de la face intérieure. Ce sont des planchettes en bois taillées d'après les contours relevés sur le vertical du tracé à la salle (fig. 575); elles doivent être au nombre de trois au moins pour chaque tôle, une au milieu et une à chaque extrémité. Si la

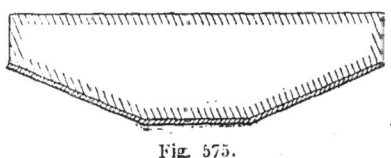

Fig. 575.

tôle doit être façonnée à chaud, ces planchettes sont remplacées ensuite par des feuilles de tôle mince découpées suivant le même contour, et que le forgeron peut appliquer sur la pièce pendant sa confection pour en contrôler les formes.

Pour compléter la définition de la quille et faciliter le montage, on applique sur le longitudinal du tracé à la salle une règle à section carrée de 5 c/m environ de côté, formée de tronçons assemblés bout à bout à écart long au moyen de boulons de manière à suivre toute la longueur du navire. Sur cette règle, dite *règle de perpignage*, on marque la position des plans de gabariage des couples de construction, les écarts des tôles de galbord, et l'indication des sections transversales dans lesquelles ont été relevés les gabarits de coupe. Avec les plans à petite échelle définissant le rivetage, on a ainsi tous les éléments nécessaires pour l'exécution des galbords et le repérage des talons des couples.

Pour les pièces des membrures transversales, il est nécessaire de définir le contour extérieur, c'est-à-dire l'intersection du plan de gabariage avec la surface hors membres, et de plus le contour intérieur s'il s'agit d'une tôle, l'équerrage aux divers points s'il s'agit d'une barre profilée. Les gabarits de contour sont formés ordinairement de planches minces en bois réunies les unes aux autres au moyen de clous et consolidées par des écharpes. La figure 576 représente par exemple le gabarit de contour d'une tôle faisant partie d'un couple d'un navire à double fond et le gabarit de contour d'une barre profilée constituant un élément d'un couple. Ces gabarits de contour se taillent en vraie grandeur sur le vertical du tracé à la salle. Quant aux équerrages, il est indispensable pour l'exécution des pièces de les relever dans des plans normaux au contour du couple. Soit M,M' (fig. 577) un point du contour d'un couple C, C' pour lequel on veut avoir l'équerrage. On détermine au moyen des lignes d'eau l'intersection C'$_1$ de la

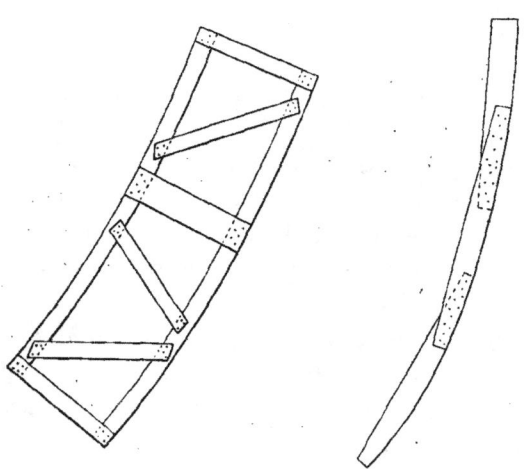

Fig. 576.

PRÉPARATION DE LA CONSTRUCTION.      543

surface hors membres par un plan auxiliaire $C_1$ mené parallèlement à celui du couple à une certaine distance égale à 10 c/m par

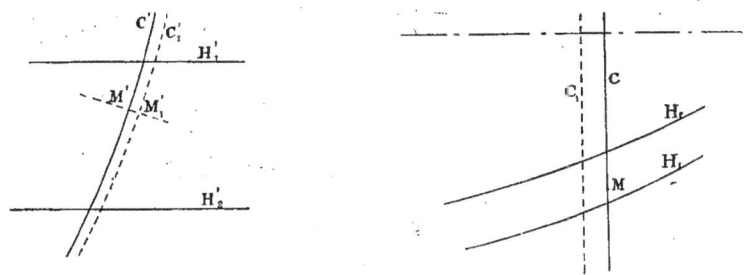

Fig. 577

exemple. La trace sur le vertical du plan normal en M, M' au contour du couple est la normale en M' au contour C', qui rencontre en $M_1$ le contour $C'_1$. Pour avoir l'équerrage, il suffira de rabattre l'intersection de la carène par ce plan normal. Pour effectuer commodément cette construction, on taille une planchette en bois rectangulaire de telle sorte que ses côtés AB et CD soient parallèles et distants de 10 c/m (fig. 578). Par un point $m$ du côté AB on trace

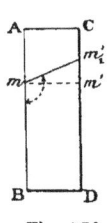

Fig. 578.

$m\ m'$ perpendiculaire à AB et sur CD on porte $m'\ m'_1$ égal à la longueur $M'\ M'_1$ relevée en vraie grandeur sur le vertical (fig. 577) ; l'angle B $mm'_1$ est l'angle d'équerrage cherché. Sur la même planchette, qui prend le nom de *planchette d'équerrage*, on reporte ainsi les valeurs de l'angle d'équerrage pour un certain nombre de points du couple. Le gabarit de contour et la planchette d'équerrage donneront tous les renseignements nécessaires pour l'exécution, pourvu que les points où l'équerrage a été relevé soient repérés sur le gabarit de contour.

On relève d'habitude l'équerrage pour chaque couple à des intervalles égaux distants de 1 mètre, mesurés suivant le développement du contour. Pour cela, on marque sur quelques couples, de distance en distance, les points obtenus en appliquant sur leur contour une latte portant des repères distants de 1 mètre, le premier repère étant placé dans le plan diamétral. On joint à la latte les points obtenus sur le vertical, et on a un réseau de courbes qui doivent être continues et qui forment ce qu'on appelle les *courbes des mètres,* que l'on désigne par les repères 1M, 2 M,… (fig. 579).

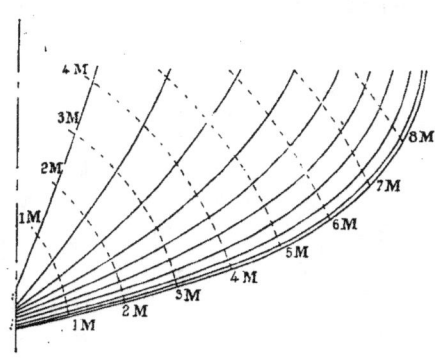

Fig. 579.

Sur la planchette de chaque couple, on inscrit l'équerrage relevé à l'intersection du contour de ce couple avec toutes les courbes des mètres.

Pour faciliter la construction et le montage, on reproduit sur chaque gabarit de contour la trace des lisses de construction, la trace des lisses planes du tracé, les points de rencontre des contours extérieur et intérieur avec les courbes des mètres, la position des joints longitudinaux du bordé et du vaigrage, la forme des épaulements s'il en existe, etc. Les gabarits des diverses pièces sont assemblés sur le plancher de la salle de manière à représenter le contour entier du couple ; cela fait, pour permettre les vérifications pendant le montage, on trace une corde joignant le pied du couple à un point de sa partie supérieure et on relève en un certain nombre de points de cette corde la flèche du contour du couple, suivant une perpendiculaire à la corde. On note ces flèches, et on marque sur le gabarit les traces de la corde et au besoin de quelques autres lignes droites entrecroisées. On est ainsi assuré de pouvoir réassembler plus tard bien exactement tous les gabarits isolés, pour la vérification de l'ensemble du couple.

On ne fait de gabarits que pour une moitié du couple, le même gabarit pouvant servir pour les deux bords ; mais il est alors nécessaire que toutes les lignes et indications qu'on y trace soient reproduites sur ses deux faces.

Pour les barrots, il est en général inutile de confectionner des gabarits. Il suffit de connaître les ordonnées du contour supérieur en un certain nombre de points. Lorsque ce contour est un arc de cercle, la valeur du rayon suffit à le définir et les ordonnées calculées comme nous l'avons vu pour des valeurs d'abscisse équidistantes suffisent pour la vérification.

Pour les lisses de construction continues, des gabarits sont né-

# PRÉPARATION DE LA CONSTRUCTION.

cessaires. A l'exception de la carlingue centrale, le tracé à la salle ne permet pas d'obtenir la surface de ces lisses en vraie grandeur, puisque ce sont des surfaces réglées qui ne sont en général ni planes ni développables. On procède alors de la manière suivante. Soit une lisse dont le trait extérieur est ABCD (fig. 580) et dont A$a$, B$b$... sont des génératrices. Ces génératrices, étant situées dans les plans des couples, sont projetées en vraie grandeur sur le vertical. Cela étant, on considère un plan horizontal H′ et on construit les gabarits des trapèzes tels que A $a$ A′ $a'$, qui sont tracés en vraie grandeur sur le vertical. On reporte ces gabarits sur l'horizontal du tracé à la salle, en les disposant verticalement et en faisant coïncider les

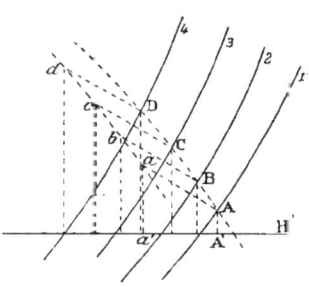

Fig. 580.

côtés tels que A′$a'$ avec les traces des couples (fig. 581), et les points tels que A′ avec la projection horizontale du trait extérieur de la lisse. On fixe ces gabarits sur le plancher au moyen de tasseaux, et on a ainsi dans l'espace, en grandeur et en position, une série de génératrices de la lisse. On pourra de cette façon confectionner directement le gabarit des éléments de cette lisse.

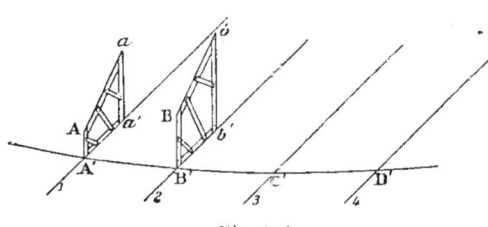

Fig. 581.

On peut aussi effectuer le développement de la lisse par fractions. Ce procédé est suffisamment exact, au moins pour la partie centrale, lorsque la surface de la lisse ne diffère pas beaucoup d'une surface plane. Le développement se fait tôle par tôle, c'est-à-dire par éléments d'une longueur de 5 à 7 mètres. Soit A$a$E$e$ le contour de la tôle (fig. 582). A mi-distance entre A et $e$ et perpendiculairement à la direction moyenne des génératrices A$a$, B$b$... on mène une droite MN qui représente la trace d'un plan normal au plan des couples. Ce plan coupe les génératrices en des points projetés en $p, q, r$...... que l'on peut rabattre en $p', q', r'$... On fait passer une latte par ces points, et on développe en $p_1 q_1 \ldots t_1$ la courbe $p' q' \ldots t'$ représentant l'intersection de la lisse et du plan auxiliaire. Par les points $p_1 q_1 \ldots$ on mène des perpendiculaires à $p_1 t_1$ et

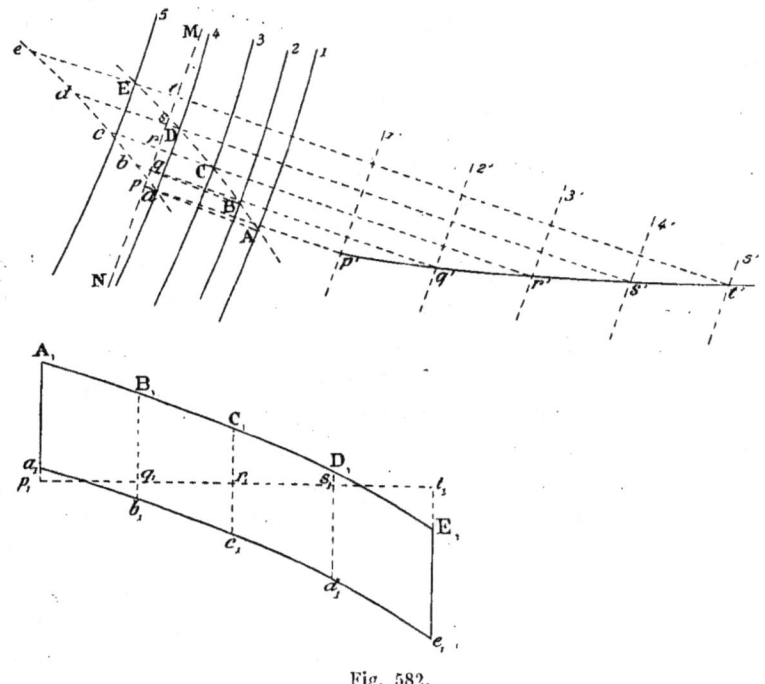

Fig. 582.

sur ces perpendiculaires on porte des longueurs $p_1 A_1 = p A$, $p_1 a_1 = p a$, etc. On a ainsi le développement approximatif $A_1 a_1 E_1 e_1$ de la tôle, et on peut construire son gabarit.

Pour les lisses formées de tronçons intercostaux, les gabarits de chaque tronçon se relèvent sur place, une fois les membrures transversales montées. Mais on a toujours besoin de connaître à l'avance, au moins approximativement, les dimensions et la forme des tôles. Pour cela, on considère chaque tronçon $A a B b$ (fig. 582) comme un quadrilatère à côtés rectilignes dont les côtés $Aa$ et $Bb$ sont connus en vraie grandeur, et dont on peut faire le rabattement approximatif par le procédé indiqué ci-dessus.

Pour faciliter le montage des membrures transversales, on confectionne d'après le tracé à la salle des *lisses de perpignage*, formées de lattes à section carrée de 5 °/m de côté environ que l'on

# PRÉPARATION DE LA CONSTRUCTION

applique le long du contour rabattu des lisses planes du tracé, et sur lesquelles on repère la trace des plans de gabariage des couples. Il est inutile de les assembler à écart long; il suffit de les décroiser sur une certaine longueur, leur face de contact étant placée dans le plan de la lisse plane considérée (fig. 583), et de tracer des

Fig. 583.

traits de repère sur l'empature. Aux extrémités du navire, il arrive en général que le plan de la lisse coupe le contour des couples sous un angle assez notablement différent d'un angle droit. La section droite de la latte doit alors être taillée d'après des gabarits que l'on relève en vraie grandeur sur le vertical (fig. 584). Ces lisses de perpignage servent ultérieurement comme lisses de montage; elles s'appliquent par flexion plane sur la surface hors membres au fur et à mesure de l'avancement du montage des membrures transversales; elles permettent ainsi de régler exactement l'écartement de ces membrures et servent en même temps à les maintenir en attendant la mise en place des lisses de construction et du bordé. A ce point de vue, lorsque le bordé est à double clin, il convient de faire tomber les lisses planes sur les virures de recouvrement, de manière à pouvoir mettre en place les virures de placage sans toucher aux lisses de montage, qu'elles remplacent ensuite pour la mise en place des virures de recouvrement. De même, d'une façon générale, les lisses planes du tracé doivent être dirigées de manière à tomber entre les lisses de construction.

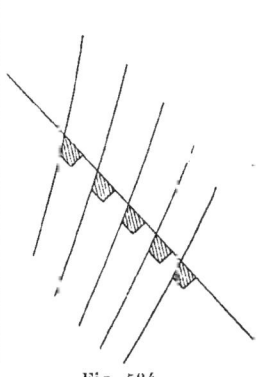

Fig. 584.

# CHAPITRE II.

## Installation du chantier de construction.

**131. Cale de construction.** — Le chantier de montage se compose essentiellement d'une série de billotages en bois appelés *tins*, alignés de distance en distance et destinés à supporter le poids du navire par l'intermédiaire de sa quille. On peut employer dans ce but la ligne de tins établie au fond d'un bassin de radoub, la mise à l'eau du bâtiment après sa construction s'opérant alors par simple remplissage du bassin. Mais ce procédé a l'inconvénient d'immobiliser pendant un temps assez long le bassin de radoub, et comme le nombre de ces bassins est rarement supérieur au strict nécessaire, on préfère le plus souvent effectuer la construction sur un plan incliné appelé *cale de construction*, dont la pente est dirigée vers la mer et calculée de manière à permettre la mise à l'eau par glissement, c'est-à-dire le *lancement* du navire.

Dans la pratique, chaque chantier de construction possède un certain nombre de cales inclinées, que l'on utilise pour les constructions successives, en leur faisant subir au besoin les modifications nécessitées par l'accroissement des dimensions des navires. Dans le cas où l'on est amené à construire une cale nouvelle, il est nécessaire d'étudier minutieusement ses dispositions en vue de rendre aussi aisées que possible les opérations de montage et de mise à l'eau pour toutes les constructions ultérieures.

La pente de la cale doit être telle que, le navire étant supporté par des pièces de bois reposant sur des coulisses convenablement suiffées, la composante de son poids parallèle au plan de glissement soit suffisante pour vaincre la résistance de frottement, ce qui exige que le coefficient de frottement ait une valeur inférieure à la pente de ce plan de glissement. Les dispositions relatives aux opérations de mise à l'eau seront étudiées dans la $6^{ème}$ partie; il suffit d'indiquer pour le moment que la valeur minima que l'on puisse réaliser pour le coefficient de frottement, dans les conditions ordinaires des lancements, est d'environ 0,036, soit à peu près $\frac{1}{28}$, et que la pente du chemin de glissement, bien que n'étant pas forcément identique à la pente de la cale, ne peut jamais en différer beaucoup. On doit donc considérer une pente de $\frac{1}{25}$, soit 40$^m$/$_m$ par mètre, comme le minimum admissible pour une cale de construction.

Si l'on n'avait en vue que la facilité du lancement, il y aurait évidemment intérêt à donner à la pente de la cale une valeur assez forte, mais il faut aussi tenir compte de la configuration du terrain sur lequel la cale doit être établie. Le choix de l'emplacement de la cale est commandé par celui de l'atelier de construction, qui doit être aussi voisin que possible pour éviter les pertes de temps dans le transport des matières, et par la nécessité d'avoir, dans la direction de l'axe de la cale, un espace libre suffisant pour le lancement, c'est-à-dire présentant une longueur au moins égale au double de la longueur du plus grand navire prévu. Si l'on dispose dans ces conditions d'un terrain bien dégagé s'étendant jusqu'à la berge avec une pente comprise entre $\frac{1}{12}$ et $\frac{1}{20}$, la solution la plus simple consiste évidemment à adopter pour la cale la pente naturelle du terrain. Mais en général la pente naturelle du terrain aura une valeur beaucoup plus faible, et il est aisé de voir que l'établissement d'une cale de pente supérieure à celle du terrain environnant peut entraîner divers inconvénients. Avec un terrain d'une pente moyenne de $\frac{1}{40}$, l'extrémité d'une cale ayant une pente de $\frac{1}{16}$ et 200 mètres de longueur sera à 7 mètres environ en contre-haut par rapport au terrain environnant (fig. 585), ce qui rendra

Fig. 585.

très difficile la manutention des pièces de l'extrémité du navire et entraînera dans cette région une hauteur exagérée pour les *accores*, c'est-à-dire pour les arcs-boutants servant à maintenir le navire pendant le montage. On peut atténuer ces inconvénients en établissant une partie de la cale en déblai, et en protégeant sa partie inférieure contre l'envahissement de l'eau par un barrage étanche ou *bâtardeau* que l'on démolira au moment du lancement (fig. 586);

Fig. 586.

c'est souvent la solution la plus avantageuse, mais cela dépend de la nature du terrain, qui influe sur le prix de revient des terrassements.

Dans les arsenaux de la marine militaire en France, la pente adoptée pour toutes les cales de construction est égale à $\frac{1}{12}$, soit $83^m/_m$ par mètre. Dans les chantiers privés, les pentes des cales sont en général plus faibles, pour des raisons d'économie, et varient entre $\frac{1}{15}$ et $\frac{1}{20}$; on a même été quelquefois jusqu'à $\frac{1}{22}$. Il importe d'ailleurs de remarquer que la pente d'une cale doit être d'autant plus forte que le poids du navire à lancer est plus faible. On verra en effet dans la 6ème partie que le coefficient de frottement va en augmentant lorsque la charge sur la surface de glissement diminue; pour des remorqueurs, des chalands, etc., il convient d'adopter une pente au moins égale à $\frac{1}{10}$.

La largeur de la cale de construction est commandée par la possibilité de l'établissement de l'appareil de lancement; à ce point de vue, il est bon que cette largeur ne soit pas inférieure au tiers de la largeur du plus grand navire prévu. Quant à la longueur, non seulement elle doit être au moins égale à celle du plus grand navire prévu, mais il est en outre indispensable que la cale soit prolongée au-dessous du niveau de l'eau sur une certaine longueur, suffisante pour que le navire puisse atteindre sans secousse le tirant d'eau nécessaire pour flotter; ce prolongement porte le nom d'*avant-cale*. En somme, on voit que l'étude du tracé d'une cale de construction est intimement liée à celle des procédés de lancement que l'on veut employer.

La cale de construction doit enfin être établie d'une manière suf-

INSTALLATION DU CHANTIER DE CONSTRUCTION.

fisamment solide pour éviter les tassements susceptibles de se produire sous la charge qu'elle supporte, charge qui peut atteindre en certains points jusqu'à 7 ou 800 ᵗˣ par décimètre carré au moment du lancement de gros navires. Le mode de construction est donc variable avec la nature du sol, et, une fois la cale établie, sa solidité limite le poids des navires qu'elle peut servir à construire, ou plus exactement le poids maximum que doivent avoir ces navires au moment de leur lancement. L'époque de la mise à l'eau peut être en effet assez variable et dépend de circonstances multiples (heure des plus hautes marées, nécessité de débarrasser la cale de construction, etc.). Tantôt on lance le navire entièrement terminé, prêt à faire ses essais; tantôt au contraire on effectue la mise à l'eau dès que le bordé extérieur est en place et que le montage et le rivetage des liaisons longitudinales sont suffisamment avancés pour que le navire ne risque pas de se déformer une fois à flot.

Dans les arsenaux de la marine militaire, lorsque les cales ne peuvent être établies sur le roc, elles sont construites en maçonnerie et fondées sur pilotis. Dans les terrains de résistance moyenne, on bat des files de pieux parallèles (fig. 587), comprenant par exem-

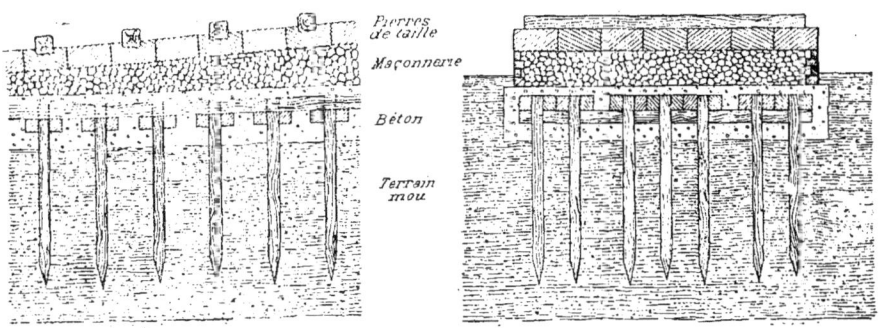

Fig. 587.

ple trois files dans la région centrale, et deux files de chaque bord à peu près à l'aplomb de la position prévue pour les coulisses de lancement (voir 6ᵉᵐᵉ partie). Les têtes de ces pieux sont réunies par des longrines et des traverses formant un grillage noyé dans une couche de béton, au-dessus de laquelle on élève la maçonnerie. Le parement supérieur est en pierres de taille, et porte des cannelures transversales dans lesquelles on incruste des traverses en chêne maigre de 40°/ₘ environ d'équarrissage. Ces traverses, appelées quelquefois *corps morts,* ont toute la largeur de la cale et sont espacées de 1ᵐ,50 à 2ᵐ d'axe en axe ; elles servent d'appui aux tins formant le chantier de montage, ainsi qu'aux coulisses de l'appareil de lancement.

Les cales ainsi établies ont une durée à peu près illimitée, mais sont très coûteuses. Dans les chantiers de l'industrie privée, on se contente souvent comme fondations d'un grillage en bois noyé dans du béton, sans pilotis. En outre, au lieu de maçonnerie, on emploie quelquefois des empilages de bois formés de plans successifs de longrines et de traverses, solidement chevillées entre elles (fig. 588).

Les corps morts ou les traverses supérieures de la cale reçoivent

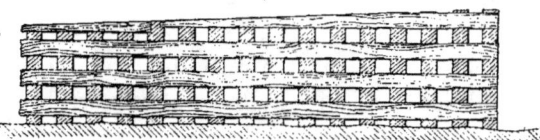

Fig. 588.

les tins destinés à supporter le navire. Ces tins sont formés d'empilages de bois dont la hauteur totale doit être réglée de façon à permettre le matage extérieur et le rivetage du bordé des fonds, ce qui exige une hauteur libre de 1ᵐ à 1ᵐ,20 au-dessous des galbords. Chaque tin est constitué par des billotages de 0ᵐ,90 à 1ᵐ,00 de longueur superposés verticalement, rendus solidaires par de grands clous enfoncés obliquement et par des gardes clouées et contretenues par des arcs-boutants s'opposant au déversement du tin sous l'action du poids du navire (fig. 589). Sur ces billotages est fixée une pièce dont la face supérieure est dressée suivant l'inclinaison voulue et sur laquelle repose la quille du navire. Cette pièce supérieure doit pouvoir être démontée, comme nous le verrons, soit pour permettre la mise en place d'une fausse quille, soit pour l'établissement de la coulisse de lancement. On peut par exemple, pour faciliter son enlèvement, la tronçonner partiellement au moyen d'un trait de scie pénétrant jusqu'à mi-épaisseur, de manière à pouvoir la fendre aisément au moyen d'un coin ; on

# INSTALLATION DU CHANTIER DE CONSTRUCTION.

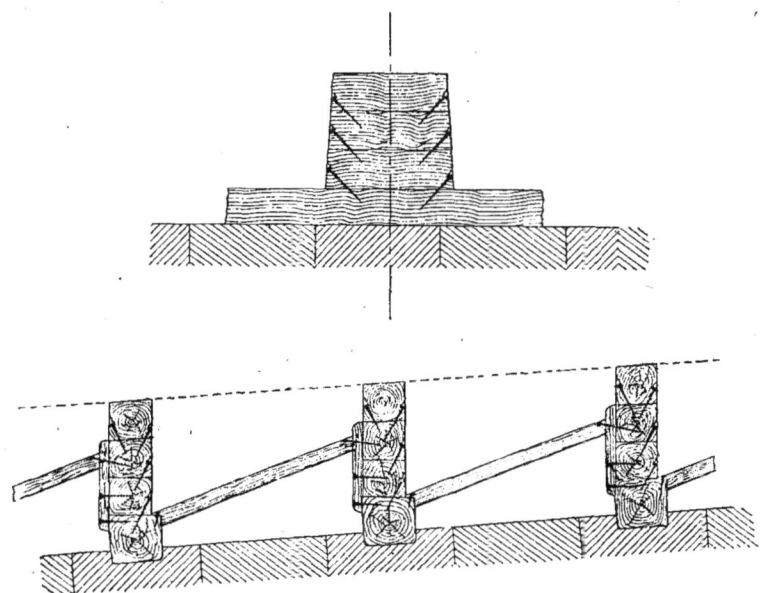

Fig. 589.

peut aussi la faire reposer sur deux languettes taillées en biseau (fig. 590).

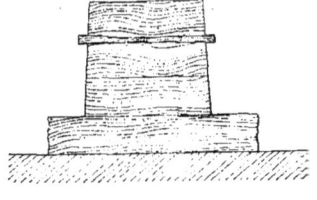

Fig. 590.

On peut être amené dans certaines circonstances, comme nous le verrons dans la 6${}^{ème}$ partie, à construire le navire parallèlement au rivage, et à le lancer par le travers. Les cales de construction en travers sont établies dans les mêmes conditions que les cales en long; on peut seulement adopter dans ce cas sans inconvénient des pentes assez fortes, variant de $\frac{1}{7}$ à $\frac{1}{10}$.

**132. Toitures et échafaudages de cale.** — Le séjour sur cale était autrefois prolongé intentionnellement, pour les navires construits en bois, de manière à obtenir une meilleure dessiccation des pièces de la charpente, et par suite une plus grande résistance à la pourriture. Les types de bâtiments étant peu nombreux et à peu près immuables, il était possible d'abandonner le navire une fois monté *en bois tors*, c'est-à-dire avec toutes les pièces de charpente en place à l'exception des revêtements, pendant une période dont la durée était prolongée autant que possible et pouvait atteindre et même dépasser une vingtaine d'années. Il était par suite indispensable de protéger la charpente contre les intempéries, et les cales de construction étaient recouvertes d'une toiture fixe soutenue par des pieds droits en maçonnerie. Ces *cales couvertes*, dont un certain nombre existent encore à Cherbourg, Lorient et Toulon, sont devenues à peu près inutilisables en raison de l'accroissement des dimensions des navires, et, par mesure d'économie, leur mode d'installation n'a pas été reproduit sur les cales de construction établies par la suite(1). Avec la construction métallique, d'ailleurs, on a tout intérêt à accélérer autant que possible la construction, et avec les procédés de travail actuels la durée du séjour sur cale d'un grand bâtiment peut ne pas dépasser sept à huit mois. Dans presque tous les chantiers de l'industrie privée, on se contente d'établir de chaque côté de la cale, un peu en dehors de la projection du contour du navire, une double file de pieds-droits auxquels on fixe des traverses supportant les échafaudages nécessaires pour le travail extérieur (fig. 591). Dans le voisinage de la partie milieu

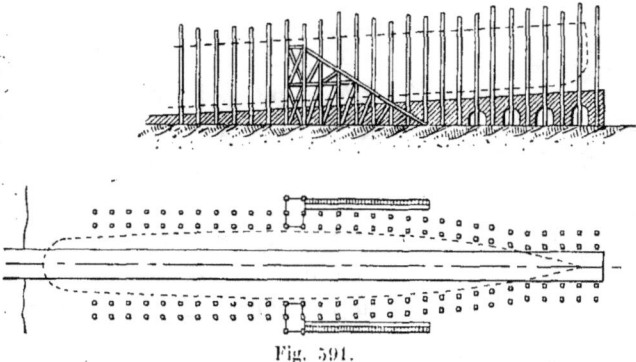

Fig. 591.

et à hauteur du pont supérieur du navire, on établit une plate-forme soutenue par ces pieds-droits et reliée au sol par un plan incliné portant sur une partie de sa largeur des marches d'escalier et sur l'autre partie un plan de glissement ; ce plan incliné et une passerelle volante joignant la plate-forme au pont supérieur faci-

---

(1) L'emploi de cales couvertes avec murs en maçonnerie et toiture n'a été conservé qu'en Russie, dans les chantiers de construction établis sur les bords de la mer Baltique et de la Néva, en raison de la rigueur du climat de ces régions.

INSTALLATION DU CHANTIER DE CONSTRUCTION.

litent l'accès du personnel et des matériaux lorsque les pièces principales de la charpente sont en place.

Dans les arsenaux de la marine militaire, on protège en général les cales de construction par des hangars couverts en charpente; ces hangars ont l'inconvénient d'être assez coûteux, et souvent de ne pouvoir être utilisés pour les constructions consécutives à leur établissement qu'au prix de remaniements importants, par suite de l'accroissement de longueur des navires; mais ils sont évidemment très avantageux au point de vue de l'abri qu'ils fournissent en tout temps au personnel contre la pluie et le soleil, abri qui peut être aisément complété par des masques en planches cloués extérieurement sur les pieds-droits. En outre, si les fermes du hangar sont établies avec une solidité suffisante, elles fournissent des points d'appui précieux pour le levage et la manutention des pièces pendant le montage de la charpente.

Depuis quelques années, certains arsenaux sont revenus au moins partiellement à l'emploi de cales couvertes, en faisant usage de hangars à charpente métallique et à toiture en tôle ondulée. La première de ces cales, construite à Lorient en 1896 (fig. 592), se

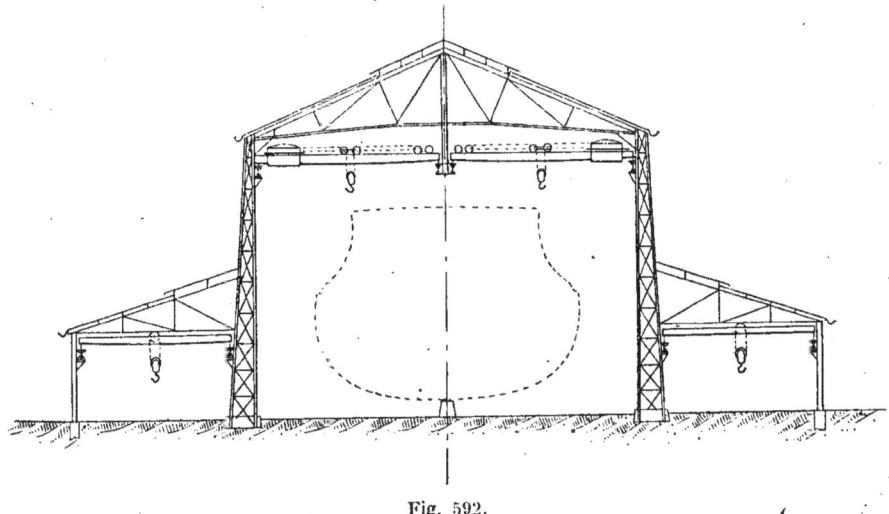

Fig. 592.

compose d'une nef centrale ayant 29 mètres de hauteur, 130 mètres de longueur et 30 mètres de largeur, et de deux travées latérales de 60 mètres de longueur et 12 mètres de largeur formant halles de travail couvertes. La nef centrale est desservie par deux ponts roulants de 3200$^k$ mûs électriquement; chacune des halles latérales possède un pont roulant de même puissance. Une seconde cale à peu près identique, mais ne comportant pas de halles de travail latérales, a été installée dans le même arsenal en 1898. Enfin, on procède actuellement à Cherbourg à l'installation d'une cale couverte identique comme dimensions à celle représentée par la fig. 592, mais comportant au lieu de deux ponts roulants à déplacement longitudinal 11 paires de chariots roulants de 3000$^k$ à déplacement transversal; les chemins de roulement de ces chariots sont espacés de 10 mètres d'axe en axe, chacun d'eux desservant par suite un rectangle de 10 mètres de longueur et 15 mètres de largeur. Les opérations de main-d'œuvre sont ainsi grandement facilitées, mais des constructions aussi coûteuses ne peuvent être justifiées que si l'on est assuré de pouvoir les employer pour un grand nombre de navires.

**133. Halle de travail.** — Outre l'atelier où s'effectue la mise en œuvre des matériaux et la cale où s'effectue leur montage définitif, le chantier doit comprendre comme annexe une *halle de travail* permettant l'assemblage préparatoire d'une partie des pièces de la charpente, et notamment des couples, comme nous le verrons plus loin; cette halle de travail doit être couverte pour permettre de travailler à l'ombre, car une variation de température de 25 à 30° donne pour les matériaux métalliques un allongement de 0$^m/_m$3 à 0$^m/_m$4 par mètre, soit 5 à 6 millimètres pour un couple de 15 mètres de développement, et peut nuire gravement à la précision du montage. Le sol est recouvert, au moins en partie, d'un plancher formé de bordages épais et bien dressé, de manière à constituer une salle à tracer auxiliaire que l'on utilise avantageusement dans bien des cas, par exemple pour le tracé et le relevé des gabarits de tôles des cloisons étanches, la vérification des barrots, etc. C'est là que l'on trace le contour exact et la position des trous de rivets des tôles, là aussi que l'on exécute une partie du travail de rivetage.

La halle de travail doit être établie à proximité immédiate de la cale de construction et de l'atelier, en raison des transports successifs nécessaires pour certaines pièces, principalement pour les tôles des revêtements, ainsi que nous le verrons plus loin. Elle peut être construite à demeure, au moyen de fermes métalliques;

# INSTALLATION DU CHANTIER DE CONSTRUCTION.

dans beaucoup de chantiers on se contente de hangars établis à peu de frais avec des matériaux de démolition. Les dimensions superficielles doivent être aussi grandes que possible, suffisantes en tout cas pour permettre l'assemblage simultané sur le sol de deux couples complets.

**134. Installations accessoires.** — Le chantier doit comprendre encore un dépôt de matières, organisé de manière à rendre aussi rapides que possible le classement et l'emmagasinage des matériaux bruts à leur arrivée, ainsi que leur enlèvement au fur et à mesure des besoins pour la mise en œuvre, et un réseau de voies ferrées permettant le transport rapide des pièces au moyen de wagonnets.

Le procédé le plus simple pour l'emmagasinage des tôles consiste à disposer des paires de longrines parallèles à demi noyées dans le sol, supportant de distance en distance des montants constitués par des tiges verticales ou des cornières en forme d'A (fig. 593). Les tôles sont placées de champ, transversalement aux longrines, et appuyées contre les montants. Elles sont ainsi soustraites au contact du sol humide, et les eaux de pluie ne peuvent séjourner à leur surface. On a en outre la facilité de répartir les tôles dans les divers casiers d'après leur affectation

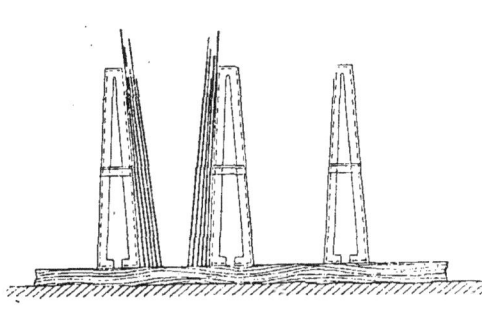

Fig. 593.

prévue, et d'enlever une tôle quelconque sans déranger les autres. Parallèlement aux files de longrines courent des voies ferrées sur lesquelles circulent les wagonnets de transport. L'installation est avantageusement complétée par des appareils de levage mobiles, ponts roulants ou grues montées sur chariot. Les barres profilées sont emmagasinées de la même manière, mais parallèlement à la direction des voies ferrées. Le long du dépôt de matières doit être, bien entendu, établie une voie de raccordement avec le réseau des compagnies de chemins de fer pour faciliter le déchargement à l'arrivée.

Le réseau des voies ferrées du chantier doit desservir le dépôt de matières, l'atelier, la halle de travail et la cale de construction. Les voies à faible largeur du système Decauville, qui peuvent être aisément déplacées en cas de besoin, sont avantageuses pour cet usage. Sur le parcours de ces voies doit être établi un pont bascule pour le pesage des pièces terminées avant leur montage définitif.

Enfin, la cale de construction doit être pourvue d'engins mécaniques de levage permettant la manutention rapide des pièces. Nous avons déjà cité dans cet ordre d'idées les ponts roulants des cales couvertes de Lorient et de Cherbourg. L'arsenal de Chatham, en Angleterre, possède une installation analogue. Quelquefois, on établit au-dessus de la cale de construction un pont roulant monté sur deux pieds-droits reposant sur des galets, et pouvant ainsi se déplacer sur deux voies ferrées parallèles d'un bout à l'autre de la cale (Bordeaux, Belfast). Aux chantiers de Penhoët, à Saint-Nazaire, on fait usage de quatre mâts de charge installés aux quatre angles de la cale, qui constituent des grues tournantes de portée suffisante pour desservir la majeure partie de l'espace occupé par le navire. Citons enfin la disposition récemment adoptée en Amérique par les chantiers Cramp (fig. 594), qui consiste à associer les cales de cons-

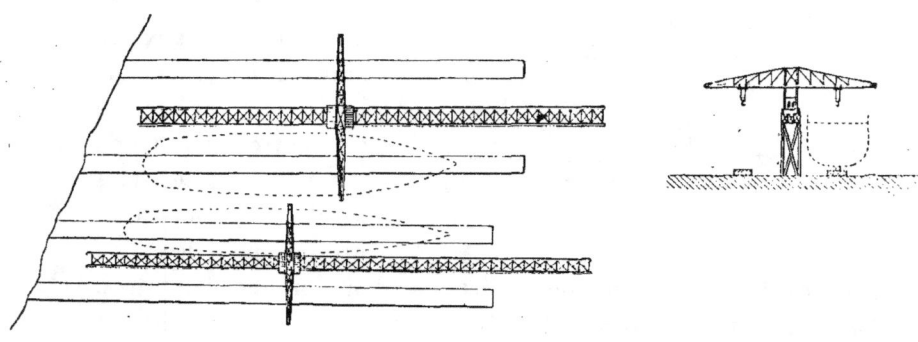

Fig. 594.

truction par paires et à établir entre chaque groupe de cales une sorte d'appontement sur lequel circule une grue à deux bras symétriques formant ponts roulants. Ce qu'il convient de ne pas oublier, c'est que la multiplicité des engins de levage est plus précieuse que leur puissance, car on a bien rarement à manier des poids supérieurs à 2000$^k$ tandis qu'il est essentiel de pouvoir mener simultanément en divers points les opérations de montage. Aussi obtient-on dans beaucoup de cas une installation plus économique et parfaitement suffisante en faisant usage de palans accrochés suivant les besoins soit aux pieds-droits entourant la cale, soit aux fermes de la toiture, et manœuvrés à l'aide de nombreux treuils mécaniques actionnés par la vapeur ou mieux par l'électricité, disséminés tout autour de la cale ou fixés provisoirement sur un pont. Pour la mise en place des plaques de blindage de pont, lorsque leur poids excède $2000^k$, il suffit d'établir un plan incliné analogue à celui de la figure 591 et de les faire monter le long de ce plan au moyen des treuils dont nous venons de parler.

# CHAPITRE III.

## Mise en œuvre des matériaux de construction.

**135. Travail des pièces de bois.** — Nous nous contenterons de donner quelques indications sommaires sur les procédés d'exécution des pièces de la charpente en bois. D'une façon générale, les pièces droites sont débitées à la scie ; les pièces courbes peuvent être dégrossies et même dans certains cas débitées complètement à la scie, le parage définitif étant contrôlé au moyen de gabarits. Néanmoins, il est utile de connaître les procédés de taille directe des pièces de bois, qui peuvent aujourd'hui encore trouver quelquefois leur application.

Considérons par exemple une pièce de couple, définie par le gabarit de son contour extérieur et les valeurs des échantillons sur le droit et sur le tour. La pièce de bois choisie dans les approvisionnements ayant une configuration quelconque, il faut d'abord déterminer deux faces parallèles distantes d'une quantité égale à l'échantillon sur le droit. Pour cela, les deux extrémités de la pièce étant dressées suivant des plans (à la scie par exemple), on cloue sur ces deux faces des règles AB et CD (fig. 595), que l'on dégauchit de manière que leurs arêtes AB et CD soient dans un même plan. On marque les traces $ab$ et $cd$ de ces règles sur les faces extrêmes. De A en C, par exemple, on tend un cordeau, et, plaçant l'œil en O,

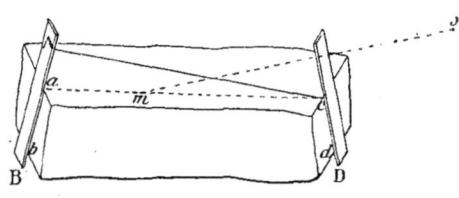

Fig. 595.

on dégauchit ce cordeau par l'arête CD, ce qui permet de marquer sur la pièce un certain nombre de points tels que $m$, appartenant au plan défini par AB et CD. On a ainsi la trace $ac$ de ce plan sur la face supérieure. On retourne la pièce, et on détermine de la même manière la trace $db$. Cela fait, on travaille la pièce au moyen d'un

MISE EN ŒUVRE DES MATÉRIAUX DE CONSTRUCTION. 561

outil à tranchant perpendiculaire au manche, appelé *herminette* (fig. 596), qui est l'outil principal du charpentier. Avec l'herminette, on abat d'abord deux chanfreins inclinés suivant $a p c r$

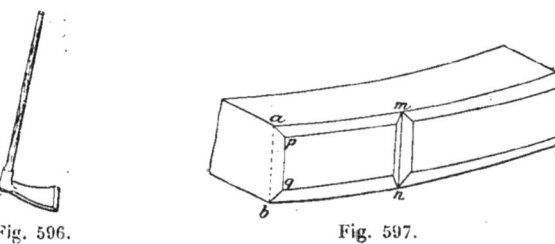

Fig. 596.  Fig. 597.

et $b q d s$ (fig. 597). Puis, de distance en distance, on pratique des entailles triangulaires telles qu'une règle placée en contact avec le fond $m n$ de l'entaille ait ses points $m$ et $n$ sur les traces $a c$ et $b d$; c'est ce qu'on appelle *cueillir* les lignes $a c$ et $b d$. On abat enfin à l'herminette les excédents de matière, et on dresse à l'aide d'une varlope la surface $a c b d$ en y appliquant une règle dans différentes directions. La face $a c b d$ étant connue, on détermine aisément les intersections de la

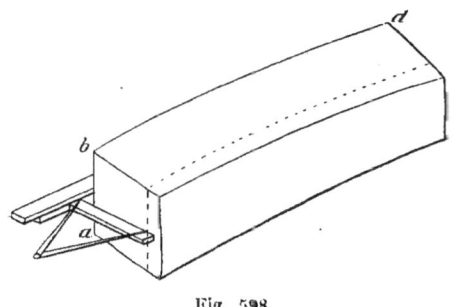

Fig. 598.

pièce par un plan parallèle au moyen d'une règle, d'une équerre et d'un compas fixé à l'ouverture voulue (fig. 598), et on taille la seconde face de la même manière que la première. On fait ensuite reposer la pièce sur une des faces planes, et sur la face opposée on marque le contour du gabarit. Soit $f f'$ ce contour (fig. 599), et supposons d'abord que le couple n'ait pas d'équerrage. En un point $m$ de $f f'$ on mène une normale à cette courbe, et

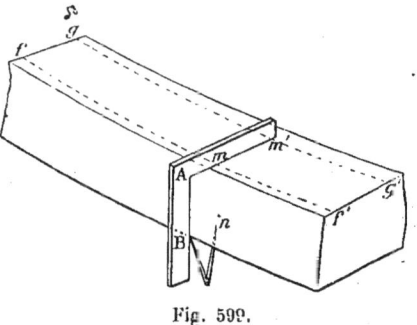

Fig. 599.

le long de cette normale on applique une équerre de façon que

CONSTRUCTION DU NAVIRE. 36

le point B par exemple soit en contact avec l'arête de la pièce. On relève au compas la longueur A m, et en la reportant en B n on a un point n de l'intersection de la face inférieure de la pièce par la face courbe du couple. On détermine de même un certain nombre de points ; en portant sur les normales telles que m m' l'échantillon sur le tour, on a la trace g g' de l'intersection de la seconde face courbe avec la face supérieure, et on en déduit la quatrième arête ; il n'y a plus qu'à cueillir ces lignes de la façon précédemment indiquée, et à terminer la pièce en éboutant les extrémités.

Si le couple est équerré, il suffit de remplacer l'équerre droite par une fausse équerre ouverte à l'angle d'équerrage, et d'opérer ensuite comme ci-dessus.

Les pièces de bordé ne sont taillées qu'une fois la membrure montée. Dans toutes les régions où la courbure n'est pas trop accentuée, on taille des pièces planes que l'on applique par flexion sur la surface hors membres. Il importe seulement de s'arranger de manière que la pièce arrive à sa forme définitive par flexion plane, sans effort de torsion dû à une flexion oblique. Pour éviter l'*épaule*, terme adopté pour désigner cette flexion oblique, on emploie la méthode dite du *brochetage*. Le contour du bordage étant tracé sur la surface hors membres en MNPQ (fig. 600), on applique sur cette surface une latte rectiligne AB, de telle sorte qu'elle soit comprise entre les lignes MP et NQ et qu'elle soit fléchie sans épaule. Sur cette latte on cloue de distance en distance des biquettes a a', b b'..... normales à sa direction et sur lesquelles on marque les points de rencontre avec MP et NQ. On reporte la latte et ses biquettes sur le bordage plan, en ayant soin de placer la latte dans la direction des fibres, et on a ainsi le développement des arêtes longitudinales.

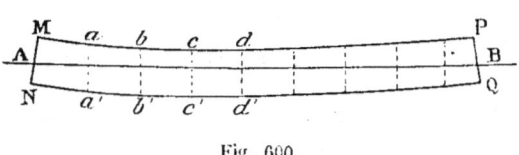

Fig. 600.

Lorsque la courbure de la surface hors membres n'est pas très prononcée, l'élasticité naturelle du bois permet au bordage taillé de s'appliquer sans difficulté à l'endroit voulu. Si l'on juge que l'effort de flexion peut être assez considérable pour dépasser la limite d'élasticité du bois, on soumet le bordage taillé à l'*étuvage*, c'est-à-dire qu'on le maintient pendant quelques heures au contact de vapeur d'eau à 100°. Le bois subit ainsi un ramollissement appréciable ; on le met en place encore chaud et on le maintient au moyen de coins et de taquets ; une fois refroidi, il conserve la courbure voulue. Les étuves que l'on emploie pour cette opération sont constituées par de longs cylindres horizontaux en bois formés de douves de sapin frettées par des cercles en fer et fermés à leurs extrémités par des couvercles maintenus par des vis de pression. La vapeur y est envoyée par une petite chaudière chauffée avec des déchets de bois.

Lorsqu'il s'agit d'un bordage ayant une forte épaisseur, l'étuvage peut ne donner qu'une flexibilité insuffisante. On est alors obligé de tailler complètement la pièce suivant la courbure voulue ; on a ainsi ce qu'on appelle une *pièce de tour*, que l'on obtient de la manière suivante. Le contour extérieur du bordage étant tracé en M N P Q sur la surface hors membres (fig. 601), on détermine un plan normal à cette surface, au milieu environ de la largeur ; pour cela on marque deux points $a$ et $b$ sur les côtés M N et P Q, et en ces points on fixe les bouts d'un cordeau qu'on maintient en un point O ; on applique une équerre sur

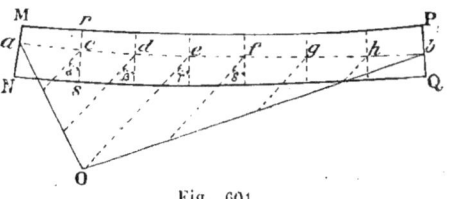

Fig. 601.

la surface hors membres de façon qu'une de ses branches soit dirigée à peu près normalement aux côtés M P et N Q et que l'autre branche tangente le cordeau ; on déplace ensuite l'équerre et le point O jusqu'à ce que le côté de l'équerre se dégauchisse avec le plan $a\,O\,b$. On fixe alors le point O, et on trace l'intersection $a\,b$ du plan $a\,O\,b$ avec la surface hors membres en visant un certain nombre de points. On relève sur place le gabarit du contour $a\,b$, et on y marque les traces $c, d, e \ldots$ d'une série de plans normaux à la carène et au contour $a\,b$ ; enfin, on relève les équerrages $\alpha, \beta, \gamma \ldots$ et les longueurs $a\,M$, $a\,N$, $c\,r$, $c\,s$, etc.

Cela posé, si on imagine une pièce de bois dont la face supérieure soit parallèle au plan $a\,O\,b$, à une distance égale à la plus grande des longueurs telles que $a\,M$, $c\,r \ldots$ et si on suppose en même temps la surface de placage exécutée, on voit que cette surface couperait le plan supérieur de la pièce de bois suivant une certaine courbe $a'b'$ (fig. 602), et que réciproquement, si cette courbe était connue, elle pourrait être employée comme un gabarit ordinaire avec les équerrages $\alpha, \beta, \gamma\ldots$ pour exécuter la surface de placage. Or, si l'on projette le contour $ab$ sur le plan supérieur de la pièce en $a_1 b_1$, on voit que $a'b'$ se déduit de $a_1 b_1$ en portant sur les traces des sections

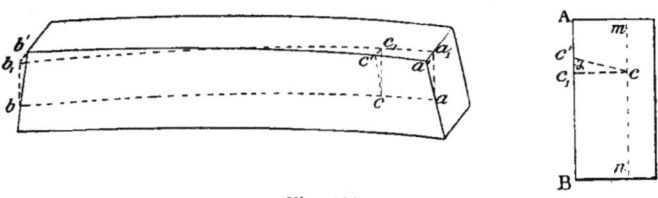

Fig. 602.

parallèles telles que $c c_1 c'$ des longueurs $c_1 c'$ que l'on obtient en vraie grandeur sur une planchette d'équerrage en menant une parallèle $mn$ à l'arête AB à une distance égale à $c c_1$ (distance du plan $aOb$ à la face supérieure de la pièce mise en œuvre), et construisant le triangle $c c' c_1$, dont l'angle en $c'$ est égal à $\alpha$. Il suffit donc de tracer sur la face supérieure de la pièce le contour du gabarit, ce qui donne $a_1 b_1$, et d'en déduire $a'b'$ par la construction indiquée. On construit de même l'intersection de la surface de placage avec la face inférieure, et on exécute cette surface, sur laquelle on présente le gabarit $ab$ de manière à en marquer la trace. En portant ensuite sur les droites telles que $c c'$, normales à $ab$ (fig. 603), des longueurs $cr$, $cs$ ... égales aux longueurs relevées sur la surface hors membres, on a les intersections MP et NQ des cans supérieur et inférieur du bordage avec la surface de placage. Il n'y a

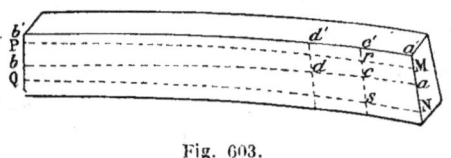

Fig. 603.

plus qu'à exécuter ces cans au moyen d'une équerre, et enfin à travailler la face extérieure parallèlement à la face de placage.

Quelle que soit la précision du travail, il y a toujours de légères retouches à faire sur la surface de placage. Pour les exécuter, on procède au *triquage*, c'est-à-dire qu'on présente la pièce en place, sur la surface hors membres. On mesure au compas le vide maximum $mn$ existant entre la pièce et la surface hors membres (fig. 604), et, le compas étant fixé à cette ouverture, on le promène le long du can du bordage en tenant une de ses pointes appliquée

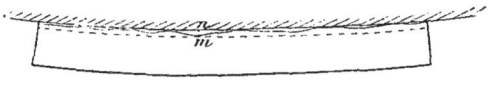

Fig. 604.

contre la carène; on trace ainsi une ligne qui marque la limite du bois à enlever.

**136. Travail à froid des tôles.** — La mise en œuvre des pièces métalliques comprend d'une façon générale le découpage de la pièce plane suivant les dimensions voulues, le cintrage, l'équerrage (s'il s'agit de barres profilées) et le perçage des trous de rivets nécessaires pour l'assemblage. Tous ces travaux s'exécutent autant que possible à froid, et on ne chauffe les pièces que lorsque l'étendue de la déformation à faire subir au métal impose l'emploi d'une température élevée.

Théoriquement, les tôles sont livrées planes; mais en pratique elles arrivent souvent au chantier plus ou moins déformées par les manutentions diverses subies dans leur transport. Il est donc nécessaire en général de leur faire subir avant tout un *planage* pour faire disparaître ces déformations. Ce planage s'exécute au moyen de machines composées en principe de cinq ou sept rouleaux disposés comme l'indique la figure 605; les rouleaux inférieurs sont animés d'un mouvement de rotation qui entraîne la tôle, et l'ensemble des rouleaux supérieurs peut être élevé ou abaissé d'après l'épaisseur de la tôle à planer. Pour les tôles d'épaisseur infé-

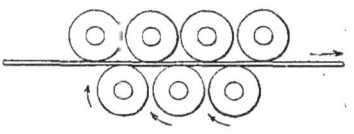

Fig. 605.

rieure à $3^m/_m$, ce procédé est difficilement applicable à cause de la flexibilité de la tôle qui revient sur elle-même après avoir cédé sous la pression des rouleaux; on est obligé de faire passer sous les rouleaux en même temps que la tôle de petites cales d'épaisseur convenable, placées au-dessus de chaque bosse, de manière à obtenir la déformation permanente voulue, et cette méthode exige des ouvriers très exercés. Dans la plupart des cas, on effectue le planage des tôles minces en les frappant au marteau sur un marbre horizontal en fonte bien dressé. On a essayé d'employer de la même manière des marteaux mécaniques alternatifs à mouvement très rapide, mais le planage obtenu ainsi est en général beaucoup moins régulier qu'avec le martelage à la main.

Le *cintrage* des tôles qui doivent présenter une surface courbe peut être dans beaucoup de cas exécuté mécaniquement. On se sert d'une machine analogue à la machine à planer, mais comportant seulement trois rouleaux (fig. 606). La tôle étant entraînée par les

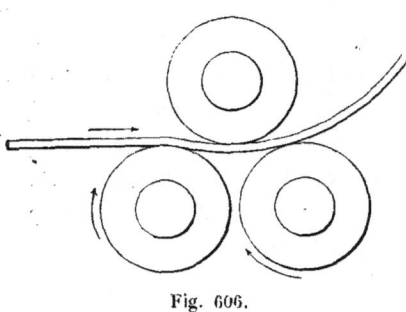

Fig. 606.

cylindres inférieurs et le cylindre supérieur étant abaissé convenablement, on voit que la tôle se cintrera suivant une surface cylindrique dont le rayon de courbure dépendra de la position du cylindre supérieur. En abaissant inégalement les deux extrémités de ce cylindre, on cintrera la tôle suivant une surface conique. En combinant l'abaissement inégal des extrémités du cylindre avec une présentation oblique de la tôle, suivant une direction variable, on obtiendra une surface gauche réglée qui pourra représenter avec une approximation suffisante une surface quelconque, pourvu que la courbure ne soit pas trop prononcée.

On agit bien entendu par déformations progressives, en faisant plusieurs passes, de manière à ne pas altérer le métal. On peut ainsi arriver à façonner au rouleau la plus grande partie des tôles du bordé extérieur et du vaigrage. Les tôles de forme très compliquée ont seules besoin d'être travaillées à chaud, par les procédés que nous examinerons plus loin. Pour suivre le cintrage, on se sert de gabarits de coupe représentant les intersections de la surface à obtenir par des plans auxiliaires connus, c'est-à-dire en pratique de gabarits relevés sur les gabarits de confection des couples; ces gabarits sont présentés après chaque passe sur la face concave de la tôle, sur laquelle on a tracé au préalable des lignes de repère indiquant la trace développée des plans de gabariage des couples.

Dans la plupart des cas, les tôles de galbord sont façonnées d'une manière analogue. On emploie une presse hydraulique dont le sommier fixe reçoit la tôle reposant sur des tasseaux, et dont le sommier mobile presse sur la face supérieure par l'intermédiaire de cales dont on règle à volonté la hauteur et l'emplacement.

Le découpage des tôles suivant le contour voulu est effectué au moyen de cisailles mécaniques. Le travail de la cisaille n'est pas très précis et produit une légère déformation du can de la tôle; en outre, les qualités du métal peuvent être altérées par écrouissage sur une zone de 1 à 2 $^m/_m$ de largeur tout le long du trait de cisaille. Pour les assemblages à clin, le découpage à la cisaille est parfaitement suffisant; cependant, si l'on redoute les effets de l'altération par écrouissage, il est nécessaire d'enlever par rabotage la zone altérée; cette opération est d'ailleurs nécessaire si le can de la tôle doit être chanfreiné pour permettre le matage. Pour les assemblages à franc-bord, qui exigent une grande précision, on dégrossit le travail à la cisaille et on ménage un excédent de matière que l'on enlève par rabotage. Le rabotage et le chanfreinage des cans des tôles peuvent s'exécuter au moyen de machines dites à raboter et à chanfreiner, que nous n'avons pas à décrire ici. On emploie aussi fréquemment pour ce genre de travail des meules en émeri aggloméré tournant à grande vitesse, devant lesquelles on promène le can de la tôle à raboter.

Le perçage des trous de rivets peut être exécuté par poinçonnage. Le poinçon est une broche cylindrique en acier très dur, encastrée dans un bloc recevant un mouvement alternatif vertical. La pièce à percer est posée sur une matrice dont le diamètre est légèrement supérieur à celui du poinçon, et par où s'échappe la débouchure. Le poinçon est souvent muni d'un téton, ce qui permet de déterminer bien exactement la position du trou, dont le centre est toujours repéré au

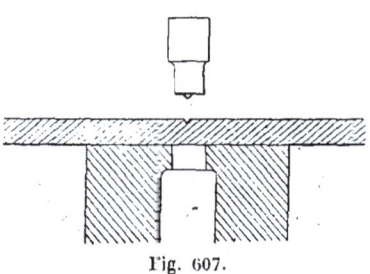

Fig. 607.

moyen d'un coup de pointeau (fig. 607). En raison de la différence de diamètre entre le poinçon et la matrice, différence qui est indispensable pour que le poinçon ne se brise pas et qui varie en général de $0^m/_m,5$ pour les trous de $5^m/_m$ de diamètre à $4^m/_m$ pour ceux de $30^m/_m$, le trou débouché par poinçonnage n'est pas exactement cylindrique ; il affecte la forme d'un tronc de cône un peu irrégulier, dont la petite base a le diamètre du poinçon et la grande base celui de la matrice (fig. 608). Aussi doit-on toujours poinçonner les pièces par leur surface de placage, de manière que le trou ait déjà à peu près la forme définitive qu'il doit avoir après exécution de la fraisure ; ce procédé a en outre l'avantage de rejeter les bavures du côté de la face extérieure, et d'empêcher

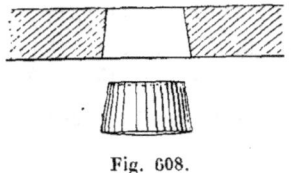

Fig. 608.

qu'elles puissent nuire à l'accostage des pièces. En réglant convenablement l'excédent de diamètre de la matrice, on peut même arriver à réaliser par poinçonnage une fraisure de pente suffisante pour qu'elle n'ait pas besoin d'être retouchée. Pour une tôle de $10^m/_m$, par exemple, avec un poinçon de $19^m/_m$ et une matrice de $25^m/_m$, on peut réaliser une fraisure de pente égale à 1/4. Ce procédé n'est applicable que pour les tôles d'épaisseur au moins égale à $8^m/_m$, car si l'épaisseur est trop faible, la tôle insuffisamment soutenue par la matrice fléchit et se capitonne sous l'action du poinçon ; en outre, l'écrouissage produit par le travail du poinçonnage détermine une altération assez profonde des qualités du métal sur une zone annulaire de $1^m/_m 5$ environ d'épaisseur ; cette altération est peu importante pour le fer, mais peut modifier notablement les conditions de résistance du métal pour certaines nuances d'acier. Aussi préfère-t-on souvent terminer le trou par alésage au profil définitif, ce qui enlève en même temps une partie au moins de la zone altérée. C'est la méthode que l'on emploie habituellement dans les arsenaux de la marine, les trous étant d'abord débouchés au moyen d'un poinçon ayant un diamètre inférieur de $2^m/_m$ à celui du trou définitif, et terminés ensuite par alésage ; on est sûr de cette manière de faire disparaître en totalité la zone altérée. Souvent même les trous sont percés entièrement au foret, au moins pour les tôles de forte épaisseur ; il n'y a que les tôles minces qui sont percées exclusivement par poinçonnage. Dans les chantiers de l'industrie privée, on généralise beaucoup plus l'emploi du poinçonnage, qui est plus rapide et plus économique, et on se contente de régulariser après coup la fraisure.

L'alésage de la fraisure se fait au moyen de forets à langue d'aspic (fig. 609) taillés à la pente voulue. Lorsqu'on a besoin d'aléser également la partie cylindrique, ou lorsqu'on veut exécuter entièrement le travail au foret, on emploie avantageusement les fo-

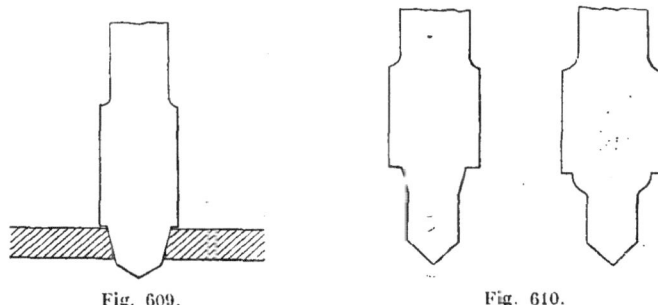

Fig. 609.    Fig. 610.

rets-fraises (fig. 610), qui ne sont autre chose que la combinaison de deux forets, dont l'un a exactement le profil de la fraisure à obtenir.

Les évidements des tôles se découpent en poinçonnant une série de trous en contact les uns avec les autres, et en ragréant à la meule le contour irrégulier ainsi obtenu (fig. 611). On emploie aussi quelquefois des machines spécialement disposées pour le découpage de trous elliptiques, mais le procédé précédent est de beaucoup le plus simple.

La déformation du bord des tôles nécessaire pour l'assemblage à clin épaulé s'exécute au moyen de machines qui sont des espèces de laminoirs formés de deux rouleaux gabariés (fig. 612).

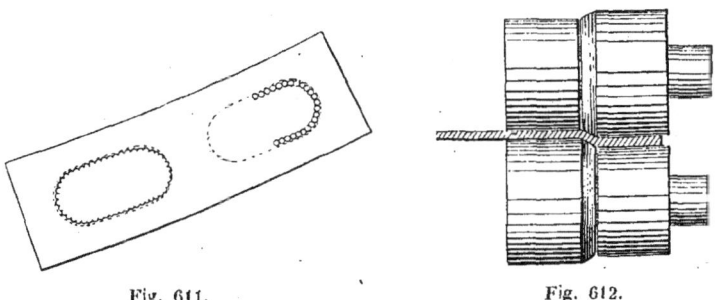

Fig. 611.    Fig. 612.

Le rouleau supérieur peut être abaissé progressivement de manière à obtenir graduellement la forme voulue par une série de passes.

**137. Travail à froid des barres profilées.** — Le découpage des barres profilées s'exécute soit au moyen de cisailles mécaniques, soit le plus souvent au moyen de scies à ruban. Le perçage des trous se fait de la même manière que pour les tôles.

Le cintrage des barres profilées ne peut être exécuté à froid que si la courbure est très faible, en raison de la grande résistance à la flexion due à la forme de la section droite des barres. Il n'y a guère que les barrots qui puissent être cintrés de cette manière. Bien qu'on les commande souvent tout cintrés, ainsi que nous l'avons dit, il est en général nécessaire de les retoucher un peu, pour corriger les déformations causées par le transport. Ces corrections s'exécutent au moyen de presses horizontales à vis ou à piston hydraulique, dont le sommier mobile agit dans une direction intermédiaire entre deux supports fixes contre lesquels est appuyée la barre profilée (fig. 613). En réglant la course du piston, on déforme graduellement la barre, que l'on déplace longitudinalement de manière à agir successivement sur les divers points de sa longueur.

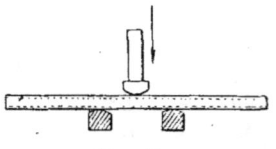

Fig. 613.

Dès que la courbure est un peu prononcée, il est nécessaire de chauffer la pièce avant de la déformer. L'équerrage des ailes ne peut également être exécuté qu'à chaud, par les procédés que nous indiquerons tout à l'heure.

**138. Travail à chaud des tôles.** — Lorsqu'une tôle doit être façonnée suivant une surface à courbure très accentuée, il est nécessaire de chauffer le métal pour lui donner une malléabilité suffisante. On commence par exécuter un gabarit en bois représentant *en relief* la surface extérieure convexe de la tôle; ce gabarit est constitué par des profils en bois relevés dans deux directions rectangulaires et assemblés au moyen de tasseaux cloués (fig. 614). En partant de ce gabarit, on confectionne un moule *en creux* de la surface convexe de la tôle, soit au moyen de déchets de cornières assemblés comme les éléments du gabarit

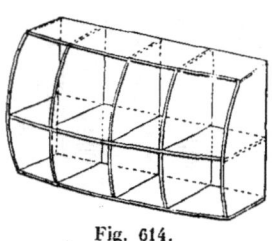

Fig. 614.

en bois, soit au moyen de terre battue dans laquelle on façonne l'empreinte voulue. La tôle chauffée dans un four à la température convenable est posée sur ce moule, et on l'y enfonce à coups de masse en opérant aussi rapidement que possible pour qu'elle n'ait pas le temps de trop se refroidir. Les retouches partielles s'exécutent au moyen de chaudes locales ultérieures, soit en chauffant la partie à retoucher sur un feu de forge, soit, si la retouche est faible, en posant sur cette partie une gueuse de fonte chauffée au blanc dans un four.

Les tôles de galbord sont quelquefois façonnées à chaud. Certains chantiers possèdent même des machines spéciales pour cet usage, dont le principe est le suivant. Le long d'un bloc central en fonte peuvent être fixées de distance en distance des consoles gabariées de manière à représenter les diverses sections transversales du galbord (fig. 615). La tôle chauffée étant posée à plat sur la table supérieure du bloc de fonte, on fait reposer sur ses bords deux lourds rouleaux en fonte supportés par des bras articulés. En abaissant ces rouleaux soit à la main, soit mécaniquement, on force la tôle à se plier suivant le contour dessiné par les consoles. Si l'on n'a pas de machine spéciale, on peut construire avec des bouts de cornière une série de gabarits de coupe, et en les assemblant à distance voulue former un moule sur lequel on applique la tôle à coups de masse comme il a été indiqué plus haut.

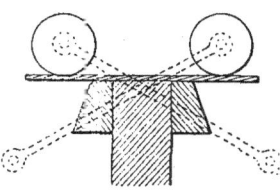

Fig. 615.

Les bords tombés que l'on peut avoir à façonner pour certains assemblages s'exécutent à chaud sans difficulté; si le bord tombé a une assez grande longueur, on a intérêt à façonner une sorte de moule, suivant le procédé usité pour les tôles de galbord, de manière à pouvoir obtenir la forme voulue en une seule chaude.

Les opérations de soudure que l'on a à exécuter quelquefois exigent que l'on commence par amincir les lèvres des parties à souder de manière à former des *amorces* (fig. 616); l'agglomération du métal est obtenue ensuite par martelage, la disposition des amorces permettant aux coups de marteau d'agir à peu près normalement aux surfaces à réunir. Pour la confection des amorces et pour la soudure, la pièce subit seulement des chaudes locales au feu de forge.

La soudure, c'est-à-dire l'agglomération par martelage des surfaces de contact, ne peut être obtenue qu'avec certaines qua-

Fig. 616.

lités de métal. Le fer se soude avec beaucoup de facilité, mais il n'en est pas de même de l'acier. D'une façon générale, l'acier est d'autant plus difficile à souder qu'il est plus dur, et la soudure n'est même possible pratiquement qu'avec les aciers très doux. L'acier doux de construction, dont les caractéristiques ont été indiquées au § 18, peut se souder assez facilement, sous réserve de certaines précautions. Il est indispensable que les surfaces de contact des amorces soient parfaitement décapées, c'est-à-dire débarrassées de toute trace d'oxyde; on y parvient en interposant entre les amorces avant le martelage un mélange de borax et de limaille de fer, soit projeté simplement sur les surfaces à réunir (procédé Brongniaux), soit comprimé à l'avance dans les mailles d'une toile métallique de manière à former une plaque de $1^{m}/_{m}$ d'épaisseur environ que l'on intercale entre les amorces (procédé Laffitte). En outre les amorces doivent être chauffées au rouge clair, car au-dessous de cette température le borax ne fond pas et la soudure reste imparfaite.

**139. Travail à chaud des barres profilées.** — Le cintrage et l'équerrage des barres profilées de grande longueur constituant des éléments de membrure s'exécute sur une sorte de plate-forme horizontale disposée dans l'atelier à côté des fours à réchauffer, et qui porte le nom de *plaque à cintrer*. La plaque à cintrer est formée de blocs rectangulaires en fonte, de 10 à 12 centimètres d'épaisseur, juxtaposés et fixés sur un quadrillage de madriers à demi-noyés dans le sol. Ces blocs sont percés de nombreux trous ronds de $3^{c}/_{m}$ environ de diamètre, qui servent à enfoncer des broches pour l'opération de cintrage, ainsi que nous le verrons tout à l'heure (fig. 617). Les dimensions de la plaque à cintrer doivent être assez grandes pour permettre le cintrage des plus grandes pièces de membrure, soit environ de 25 à 30 mètres de longueur sur 10 à 15 mètres de largeur.

Dans le même atelier, à proximité de la plaque à cintrer, doit être établi un *panneau de tracé*, c'est-à-dire un plancher en bois bien dressé, de dimensions suffisantes pour permettre le tracé du vertical complet du navire. Sur ce panneau, on figure le vertical hors membres du navire, et, si la membrure est formée de poutres armées, le vertical intérieur membres; ce tracé s'effectue soit au moyen des ordonnées fournies par le devis de tracé, soit plus commodément au moyen des gabarits en bois dont nous avons indiqué le mode de confection; les lignes sont d'abord tracées à la craie, puis, lorsque le balancement est fait, gravées dans le bois au moyen d'une pointe. On trace bien entendu les courbes des mètres, de manière à avoir les points où l'équerrage a été mesuré. Les pièces de membrure devant être contrôlées par présentation directe sur le panneau de tracé, on figure le vertical complet, c'est-à-dire successivement la moitié AV et la moitié AR du navire, avec les deux branches symétriques de chaque couple. En outre, on cloue sur le plancher du panneau des gardes en fer demi-rond de manière à ne pas brûler le bois lorsque la pièce encore chaude sera présentée sur le tracé. Lorsque le dessin du vertical est achevé, on façonne à chaud des gabarits en fer feuillard donnant le contour de chaque couple, qui serviront pour le cintrage, ainsi que nous allons le voir tout à l'heure. Enfin, d'après la planchette d'équerrage, on découpe des morceaux de tôle mince donnant l'angle voulu aux différents points de la pièce.

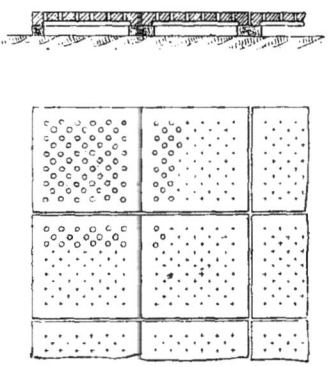

Fig. 617.

Ces opérations préliminaires étant exécutées, le gabariage d'une pièce de membrure se fait de la manière suivante. La barre droite étant chauffée dans le four est amenée sur la plaque à cintrer, et on lui donne d'abord l'équerrage voulu. Cette opération se fait souvent depuis quelques années au moyen de machines spéciales, qui sont des sortes de laminoirs à galets tronconiques dont on peut faire varier à volonté l'orientation, mais dans beaucoup de cas on l'exécute à la main. Supposons d'abord qu'il s'agisse d'une cornière. Si elle doit être équerrée en gras, on la fait reposer sur la plaque dans la position indiquée par la figure 618, et on la force à s'ouvrir en frappant à coups de masse sur l'arête. De temps en temps, on retourne la cornière et on présente les gabarits d'équerrage pour contrôler le travail. Pendant cette première partie de l'opération, les pannes se voilent et se déforment toujours un peu; on les rectifie en plaçant successivement chacune d'elles à plat sur la plaque et en promenant tout le long de la barre une chasse plane sur laquelle on frappe à coups de masse (fig. 619) :

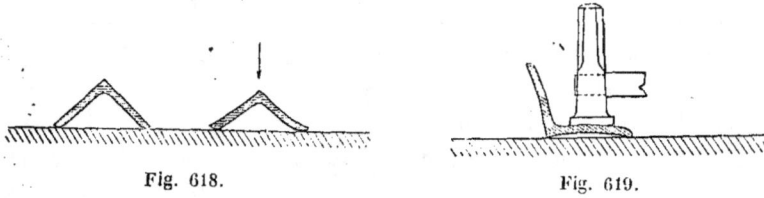

Fig. 618.   Fig. 619.

pendant ce travail, la cornière est maintenue fixée à la plaque au moyen de *valets* enfoncés dans les trous de cette plaque (fig. 620). Si la cornière doit être équerrée en maigre, on fixe une de ses ailes sur la plaque comme il vient d'être dit, et on frappe à la masse sur l'autre aile de manière à la fermer à l'angle voulu, en ayant soin de contretenir l'aile horizontale au moyen d'une chasse plane sur laquelle on frappe de temps en temps pour que cette aile ne se déforme pas (fig. 621). L'équerrage des barres

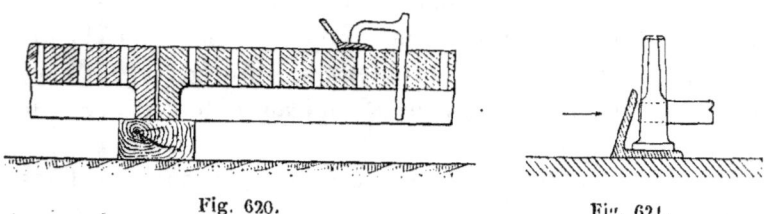

Fig. 620.   Fig. 621.

en T, en C et en I s'obtient par le même procédé (fig. 622); pour les barres en I, on fait reposer l'âme sur des cales placées

MISE EN OEUVRE DES MATÉRIAUX DE CONSTRUCTION.

de distance en distance et on frappe sur ces points d'appui en même temps qu'on équerre les ailes pour empêcher la barre de se gondoler.

Lorsque l'équerrage n'est pas trop considérable, il peut être ordinairement exécuté en une seule chaude. Lorsqu'il est terminé, on remet la barre dans le four et on la ramène à la température suffisante pour permettre le cintrage. Pendant ce temps, on trace à la craie sur la plaque à cintrer, au moyen du gabarit en fer feuillard dont nous avons parlé plus haut, le contour du trait extérieur du couple, et tout le long de la concavité de ce contour on dispose des broches en fer enfoncées dans les trous de la plaque à cintrer (fig. 623). Lorsqu'un trou de la plaque ne tangente pas exactement le contour tracé, on augmente le diamètre de la broche au moyen de rondelles dont on possède un jeu d'épaisseurs variées. La barre étant à la température voulue, on l'amène sur la plaque, et on fixe une de ses extrémités contre la première broche. On saisit ensuite l'autre extrémité au moyen d'une griffe, et en agissant sur cette griffe avec un palan actionné par un treuil on force la barre à s'appliquer sur le contour représenté par les broches. On facilite la déformation soit en frappant sur la barre à coups de masse soit en la poussant au

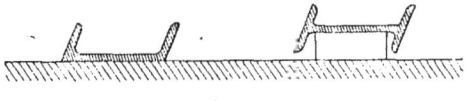
Fig. 622.

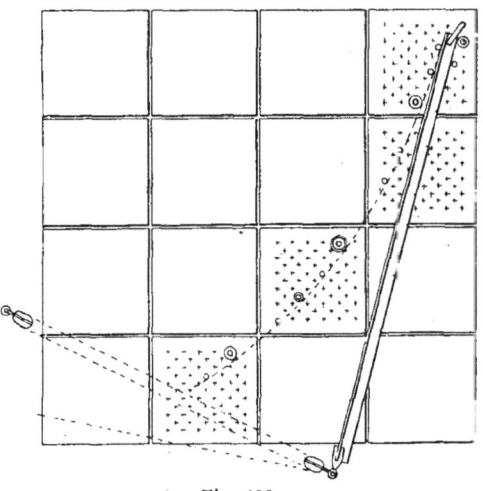
Fig. 623.

moyen de *leviers à secteur* (fig. 624), prenant appui dans un trou de la plaque et permettant d'exercer un effort de poussée énergique et continu.

Lorsque la barre est cintrée, on la maintient en place en en-

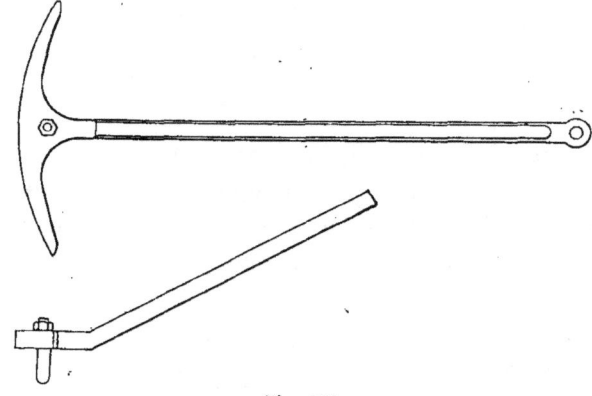

Fig. 624.

fonçant des broches le long de son contour convexe et en plaçant des valets de distance en distance. On présente alors le gabarit en fer feuillard et les gabarits d'équerrage, et on fait à la masse les petites retouches nécessaires. Toute cette opération doit être menée assez rapidement pour pouvoir être exécutée en une seule chaude, car la barre cintrée ne pourrait plus en général être remise dans le four à réchauffer, dont on ne peut exagérer les dimensions sans augmenter beaucoup la dépense de combustible.

Dès que la barre est refroidie au-dessous du rouge sombre, on enlève les broches et on transporte la pièce sur le vertical du panneau de tracé, de manière à vérifier son gabariage. Les petites retouches qui peuvent être nécessaires sont exécutées au moyen de chaudes locales.

Le procédé que nous venons d'indiquer exige au minimum deux chaudes. Avec les matériaux en fer, qui peuvent être travaillés sans inconvénient à température plus basse que les matériaux en acier, on peut arriver à exécuter l'opération entière en une seule chaude. On fait alors en premier lieu le cintrage, de la façon décrite plus haut, et on donne ensuite l'équerrage aux divers points en se servant de leviers à griffe (fig. 625), au moyen desquels on ouvre ou ferme l'aile verticale à l'angle voulu en même temps qu'on frappe sur l'aile horizontale pour la maintenir en contact avec la plaque. Les leviers à griffe ont l'inconvénient de déformer un peu les ailes dans le voisinage de l'arête; or, une fois la cornière cintrée, il est difficile de retoucher l'aile sur laquelle on a agi avec le levier à griffe, puisqu'on ne peut plus l'appliquer sur la plaque. C'est une des raisons qui conduisent à exécuter l'équerrage en premier lieu lorsqu'on veut avoir un travail soigné. En outre, l'acier ne pouvant être martelé à une température inférieure au rouge cerise sous peine de subir une altération profonde, il est impossible avec ce métal de faire tout le travail en une seule chaude.

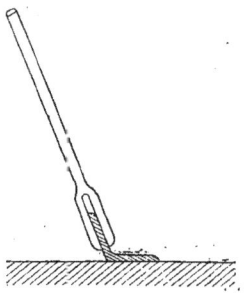

Fig. 625.

Outre le cintrage et l'équerrage des pièces de membrure, on a souvent à exécuter divers travaux de forge sur les barres profilées. On se contente pour cela de chaudes locales, effectuées à l'aide d'un feu de forge ordinaire. Soit par exemple une cornière à couder de manière que ses deux branches forment un angle vif. Supposons d'abord qu'il s'agisse d'un coude en dehors; si la cornière n'est pas de très fort échantillon, on peut se contenter de la replier au marteau (fig. 626), la matière s'étirant de $a$ en $b$ en diminuant un peu d'épaisseur; on pare les deux ailes au marteau, et on assure l'acuité de l'angle en le martelant sur le bord de la table d'une enclume. Si la cornière est de fort échantillon, ou si l'on ne veut pas avoir de diminution dans l'épaisseur de l'aile, on pratique une entaille à la tranche dans la cornière droite, on la ploie suivant l'angle voulu, et après avoir façonné des amorces sur les deux lèvres de l'entaille on rapporte un morceau de tôle que l'on soude de manière à compléter la pièce (fig. 627). Pour faire un coude en dedans, si l'épaisseur de l'aile est faible, on ploie la barre et on refoule la matière au marteau de manière à aplatir le bourrelet qui s'est formé dans l'angle (fig. 628); on enlève

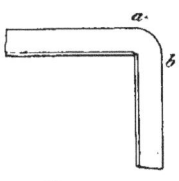

Fig. 626.

ensuite à la tranche l'excédent de matière. Si l'épaisseur est trop considérable pour que le ployage soit facile, on pratique à la tranche une entaille ayant l'angle voulu, on façonne des amorces, et on soude les deux lèvres après avoir ployé la barre (fig. 629). Si la cornière doit être équerrée, on donne l'équerrage au marteau après avoir façonné le coude.

Pour les barres en T, on opère de la même façon que pour une cornière. Pour les ⊏ et les I, on ne peut opérer par soudure et on est forcé de refouler la matière au marteau; on facilite le travail en perçant dans le voisinage de la fibre neutre

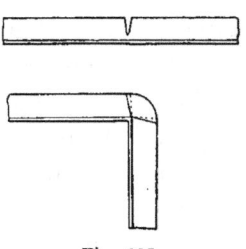

Fig. 627.

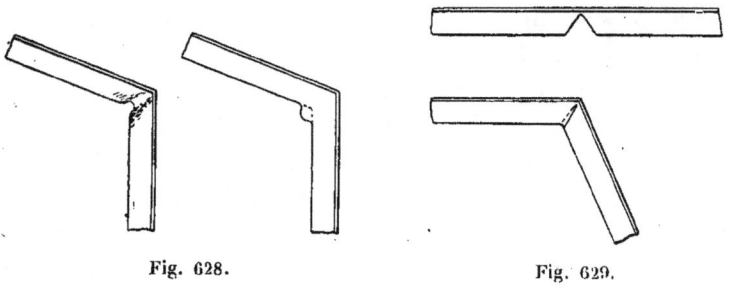

Fig. 628.  Fig. 629.

un trou qui ne diminue pas sensiblement la résistance de la barre, mais rend beaucoup plus aisée la déformation (fig. 630).

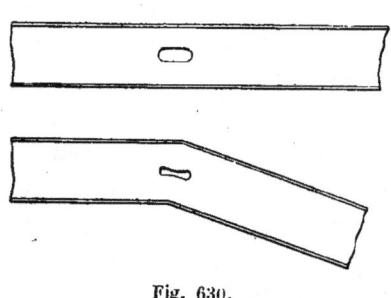

Fig. 630.

Les barres en ⊏ et en I sont souvent fendues à leur extrémité soit pour suivre le contour d'une tôle varangue, soit pour former talon. Pour effectuer cette opération, on perce d'abord à l'endroit voulu un trou de 15 à 20 $^m/_m$ de diamètre destiné à empêcher la déchirure du métal de se propager plus loin pendant le cintrage. On fend ensuite la barre (fig. 631), soit à chaud avec une tranche soit à froid à la cisaille ou à la scie circulaire, ou encore en poinçonnant une série de trous, ainsi qu'on l'a vu pour le découpage des évidements. On chauffe alors l'extrémité de la barre et on cintre sur la plaque par les procédés ordinaires. Les bords de la fente sont ensuite régularisés à la meule.

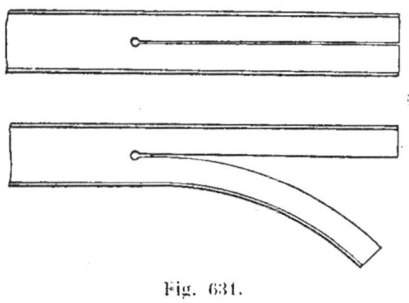

Fig. 631.

Si l'on a à reproduire un assez grand nombre de fois la même déformation, par exemple pour des talons de barrots, on a avantage à confectionner un moule en fonte suivant le contour voulu, et à se servir de ce moule, fixé sur la plaque à cintrer, au lieu de broches figurant des points du contour; le travail est ainsi plus rapide et plus exact.

Les épaulements s'exécutent au moyen d'une chaude locale comme un travail de forge ordinaire (fig. 632). Si l'on a un grand nombre d'épaulements semblables, on a intérêt à faire une étampe et à ébaucher le travail au marteau pilon ou à la presse. Pour une cornière extérieure de membrure, par exemple, on commencera par marquer sur la barre droite l'emplacement de tous les épaulements, puis on les ébauchera à la presse ou au pilon avec une étampe de dimensions un peu trop faibles. On fera ensuite l'équerrage et le cintrage sur la plaque,

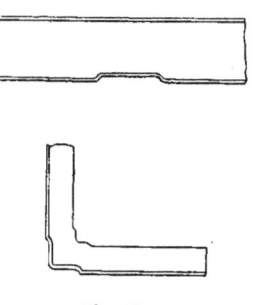

Fig. 632.

et on achèvera à la main tous les épaulements au feu de forge. D'une façon générale, la confection des épaulements est un travail assez délicat et long; aussi doit-on s'attacher à en réduire le nombre autant que possible.

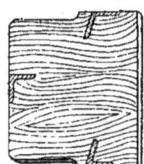

Fig. 633.

Les emboutis nécessaires pour assurer l'étanchéité au passage d'une barre à travers un bordé étanche (fig. 248) se façonnent également à la main d'après un gabarit relevé sur place et composé d'une planchette taillée suivant le contour voulu le long de laquelle on figure l'échantillon et l'équerrage que doivent avoir les bords (fig. 633). Si l'on a à reproduire la même pièce un grand nombre de fois, on confectionne une étampe et on façonne les emboutis à la presse hydraulique.

**140. Précautions à prendre pour la mise en œuvre des matériaux en acier.** — On sait que les propriétés mécaniques des métaux, et en particulier celles des divers aciers, peuvent être influencées d'une manière très notable par les déformations permanentes et les variations de température que l'on fait subir au métal. Lorsqu'on fait subir à un métal une certaine déformation permanente, ce métal s'écrouit, c'est-à-dire que sa limite élastique s'élève d'autant plus que la déformation a été plus accentuée et produite plus rapidement. Si, ayant porté le métal écroui à une température convenable, on le laisse ensuite se refroidir lentement, sa limite élastique s'abaisse; c'est le phénomène du *recuit*. En réglant convenablement la température du recuit et la vitesse de refroidissement, on peut faire disparaître ainsi les effets de l'écrouissage. Enfin, si le métal porté à une certaine température est refroidi rapidement, il y a en général modification de sa structure, et par suite de ses propriétés; c'est le phénomène de la *trempe*; pour l'acier, en particulier, le refroidissement brusque produit le plus souvent un durcissement du métal, c'est-à-dire une élévation de la limite élastique et de la charge de rupture.

Avec le fer, les modifications produites par écrouissage, recuit ou trempe sont peu importantes et pratiquement négligeables; il n'en est pas de même pour les aciers, qui subissent en général des modifications d'autant plus importantes qu'ils sont de nuance plus dure. C'est ce qui explique les insuccès rencontrés au début de l'emploi de l'acier comme métal de construction; il n'était pas rare alors de voir des pièces complètement terminées se briser d'elles-mêmes sans cause apparente; la connaissance plus approfondie des propriétés des métaux ferreux a permis de déterminer les précautions nécessaires pour leur mise en œuvre et d'établir des méthodes de travail donnant toute sécurité.

Nous avons déjà indiqué l'utilité de percer les trous par alésage et de chanfreiner les cans des tôles cisaillées de manière à faire disparaître les régions altérées. De plus, toute déformation permanente à froid ne doit être donnée que très lentement et très progressivement, pour ne pas écrouir le métal; l'emploi de la presse hydraulique est précieux pour cet usage. Sauf nécessité absolue, on ne doit pas marteler l'acier à froid; si on est obligé de le faire, il est indispensable de faire disparaître l'écrouissage par un recuit convenable.

Le travail à chaud ne doit être exécuté qu'entre des limites de température déterminées, qui pour les aciers ordinaires sont voisines de 1000° et 750° (jaune clair et rouge cerise). Les déformations doivent être données au moyen de chocs aussi peu violents que possible; on emploie avantageusement soit des masses en cuivre, soit mieux encore de gros maillets en bois. Il est nécessaire d'éviter tout refroidissement brusque ou inégal après une chaude; la pièce doit être placée sur le sol, recouverte au besoin de sable ou d'escarbilles, à l'abri des intempéries et des courants d'air. Enfin, on ne doit pas hésiter à recuire toute pièce ayant subi des déformations importantes et pour laquelle on peut redouter une altération sensible des propriétés mécaniques.

Le recuit s'exécute soit dans des fours spéciaux, soit au moyen d'une sorte de four volant consistant en un emplacement mis en communication par un tuyautage avec la cheminée d'un four à réchauffer, et sur lequel on limite au moyen de cadres formés de briques encastrées dans des châssis en fer un espace de forme et de dimension appropriées aux pièces à recuire. Ces cadres sont assemblés au moyen de broches et lutés avec de la terre; à une extrémité du four ainsi construit on allume un feu de copeaux ou de déchets de bois, puis on ferme le four et on y laisse la pièce pendant 24 heures pour qu'elle se refroidisse lentement.

Les pièces de forme compliquée se déforment un peu pendant le recuit. On ne fait les retouches qu'à la presse, et en procédant très lentement pour ne pas altérer le métal.

Les opérations de recuit sont longues et donnent un supplément notable de main-d'œuvre. Avec l'acier doux de construction que fournissent couramment les usines métallurgiques, on peut souvent se dispenser de pratiquer le recuit, sauf pour les pièces très fortement travaillées. L'acier mi-dur que l'on commence à employer depuis 1896 est plus sujet à la trempe, et sa mise en œuvre exige que l'on prenne toutes les précautions que nous avons indiquées.

# CHAPITRE IV.

## Montage sur cale.

**141. Réglage de la cale.** — Pendant la mise en œuvre des premiers matériaux de la construction, en dispose la cale en vue des opérations de montage. On vérifie d'abord l'état des traverses en bois en les sondant à la tarière et on change au besoin celles qui présentent un commencement de pourriture. On règle ensuite la surface des pièces supérieures des tins de manière qu'elle soit exactement à la pente voulue. On se sert pour cela d'un *gabarit de pente* (fig. 634), formé d'un bordage dressé

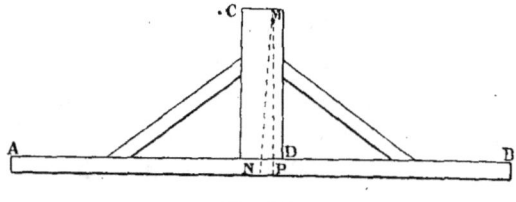

Fig. 634.

AB de 8 à 10 mètres de longueur, et d'une planche CD de 3 mètres environ de hauteur fixée transversalement à AB par des écharpes. Sur chacune des faces de CD on trace un triangle MNP dont un côté MP est perpendiculaire à AB et l'autre MN fait avec MP l'angle de pente voulu. Le bordage AB reposant sur la face supérieure de plusieurs tins consécutifs, un fil à plomb fixé en M doit s'appliquer exactement suivant MN. L'alignement des tins se vérifie au moyen de voyants, et sur la face supérieure de chaque tin on grave la trace du plan diamétral du navire.

On détermine ensuite la position que devra occuper le navire sur sa cale dans le sens de la longueur. Cette position dépend du mode de lancement prévu, et peut être commandée par la vitesse que doit posséder le navire au moment de son entrée dans l'eau, ainsi qu'on le verra dans la 6^me partie. On établit alors les tins de l'avant à la hauteur voulue pour suivre le contour de l'étrave, si celle-ci se raccorde avec la quille par une partie élancée.

Sur les cales dirigées perpendiculairement au rivage, on place toujours le navire de façon que l'arrière soit du côté de l'eau. Le but de cette disposition est de réduire les efforts supportés par la charpente du navire au moment du lancement; d'une part en effet le tirant d'eau Æ est en pratique toujours supérieur au tirant d'eau AV, ce qui diminue l'angle dont le navire doit tourner pour atteindre sa flottaison d'équilibre, et d'autre part il y a intérêt à ce que la réaction de la cale pendant le pivotement soit appliquée à la région AV, de construction plus robuste que le talon de l'étambot.

**142. Traçage des pièces.** — La préparation des pièces de la construction comprend en premier lieu le *traçage*, c'est-à-dire la figuration du contour exact suivant lequel la pièce doit être découpée, ainsi que des trous de rivets ou d'évidements dont elle doit être percée. Ce traçage s'exécute à la halle de travail, tantôt avant, tantôt après les opérations de cintrage, ainsi que nous le verrons plus loin.

Le contour des pièces est tracé au cordeau, à la craie, d'après les gabarits relevés soit sur le tracé à la salle, soit sur la charpente elle-même au cours du montage. On ligne ensuite sur la pièce la trace de toutes les pièces qui s'assemblent ou se décroisent avec elles, et on procède à la distribution du rivetage. Cette distribution se fait, soit d'après les plans à petite échelle, s'il s'agit de joints qui ont été l'objet d'une étude spéciale, soit d'après le *carnet de rivetage*, sorte de barème préparé à l'avance et qui contient, toutes calculées pour les différents types de joints usuels et les différentes épaisseurs de tôle, les formules que nous avons indiquées dans la 2^me partie. Le carnet de rivetage est bien entendu spécial à la construction en vue de laquelle il a été établi, puisque les valeurs numériques qu'il renferme dépendent de la valeur adoptée pour le coefficient K (§ 38) et de la loi de correspondance admise entre les épaisseurs des pièces et les diamètres des rivets. Le nombre de rangs de rivets du joint étant défini par le plan à petite échelle, le carnet de rivetage fournit les valeurs théoriques de l'écartement dans chaque file, valeurs dont on cherche à se rapprocher autant que possible en tenant compte de la longueur imposée pour les diverses lignes du joint, du décroisement des pièces, etc.

Lorsque deux pièces doivent être réunies l'une à l'autre par des rivets, on ne peut exécuter séparément le traçage et le perçage des trous du joint, car il serait bien difficile d'obtenir ainsi après montage une coïncidence suffisamment exacte de ces trous. Une des pièces ayant été tracée et percée, on la présente sur l'autre pièce et on reporte directement sur cette seconde pièce la position des trous percés dans la première. Ce report s'effectue quelquefois au moyen de tampons cylindriques en bois que l'on trempe dans de la peinture à la céruse et que l'on enfonce dans les trous percés de manière à faire sur la pièce non percée des marques circulaires blanches. Ce procédé est simple, mais a l'inconvénient de ne pas définir le centre du trou à percer d'une manière précise. Dans les travaux soignés, on emploie un instrument formé d'un pointeau bien centré coulissant à frottement doux à l'intérieur d'un tube cylindrique que l'on engage dans le trou (fig. 635). On a bien entendu un jeu de tubes de calibres correspondant à tous les diamètres de trous employés.

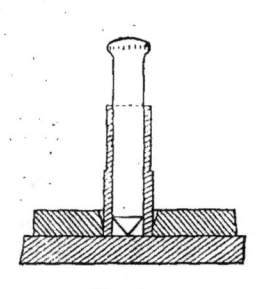

Fig. 635.

Les trous ainsi repérés sur une pièce, du côté de sa face de contact avec la pièce qui lui est reliée, doivent être reportés sur la face opposée s'il s'agit de trous à percer au foret, car il y a intérêt à exécuter ce perçage du côté de la fraisure, pour éviter le retournement de la pièce. Ce report s'exécute au moyen d'un petit instrument appelé *rapporteur*, formé d'une bande de tôle mince repliée sur elle-même et dans les branches de laquelle sont percés deux petits trous exactement en regard l'un de l'autre (fig. 636). L'un

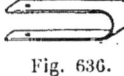

Fig. 636.

des trous étant maintenu au moyen d'un pointeau en coïncidence avec le repère, l'autre donne sur la seconde face l'emplacement où doit être frappé le coup de pointeau.

Le traçage étant ainsi effectué, on marque d'une manière indélébile le contour suivant lequel la pièce doit être découpée en frappant une série de coups de pointeau le long des lignes de contour. On complète ensuite le repérage des trous de rivets en gravant avec un petit compas à ouverture fixe appelé *rouanne* (fig. 637) un cercle de diamètre un peu supérieur à celui du

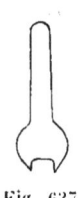

Fig. 637.

trou à percer; on a ainsi un cercle concentrique au trou, qui permet de vérifier après coup l'exactitude du travail de perçage. Certains chantiers font usage dans le même but d'un poinçon à quatre pointes qui définit le cercle concentrique par les sommets du triangle équilatéral inscrit. Mais il est préférable, ainsi que nous le verrons plus tard, d'éviter les coups de pointeau dans les parties où ils subsisteraient après le montage.

On marque enfin à la peinture blanche l'indication du diamètre des trous à percer, et la pièce est envoyée à l'atelier pour être découpée, rabotée et percée.

**143. Montage des membrures.** — Les pièces qu'il est nécessaire de monter en premier lieu sont les galbords (ou la quille massive si elle existe), et la carlingue centrale si elle est continue. Les fausses quilles rapportées extérieurement ne sont montées que plus tard, par bouts, en enlevant les pièces supérieures d'un certain nombre de tins consécutifs, que l'on remplace ensuite par des pièces de hauteur convenablement réduite, et opérant ainsi par portions successives. Le traçage des tôles de galbord s'effectue, après leur cintrage, suivant les indications des règles de perpignage. Lorsque les tôles de galbord et de carlingue et leurs cornières de jonction ont été découpées et percées, on les assemble provisoirement par tronçons à la halle de travail pour bien vérifier leur exactitude, et on peut alors les reporter sur la cale de construction, où on les place sur les tins à la position voulue, en les assemblant au moyen de boulons.

Le montage des membrures peut être effectué de façon assez différente suivant le mode de décomposition de la charpente. Dans le cas où toutes les membrures transversales sont continues, celles-ci sont préparées séparément d'après les gabarits, puis montées et réglées sur la cale de construction, et tenues provisoirement au moyen des lisses de perpignage. On peut alors relever sur place les gabarits des membrures longitudinales. Lorsqu'il y a des membrures longitudinales continues, on est obligé de procéder par tronçons, en montant d'abord la partie des membrures transversales comprise entre la carlingue centrale et la première lisse continue, puis cette lisse continue, puis les deuxièmes tronçons des membrures transversales, et ainsi de suite. L'exactitude des formes peut dans ce cas être assez difficile à réaliser, et c'est une des raisons qui conduisent à ne pas exagérer le tronçonnement des membrures transversales, ainsi que nous l'avons déjà dit (§ 73).

Lorsque la membrure transversale est tronçonnée par un ou plusieurs ponts continus, on peut quelquefois accélérer les opérations de montage en les effectuant séparément pour les parties de la charpente ainsi rendues indépendantes. Supposons par exemple qu'il s'agisse d'un navire possédant un pont blindé séparant la charpente en deux parties distinctes, disposition très fréquente ainsi que nous l'avons vu. On pourra monter sur la cale de construction toute la partie de la charpente située au-dessous du pont blindé, et effectuer dans un autre point du chantier un montage provisoire de la charpente située au-dessus de ce pont, qu'il suffira ensuite de démonter et de remonter à sa place définitive. Ce procédé de travail, qui permet d'utiliser simultanément et sans gêne un personnel plus nombreux, exige bien entendu que l'on dispose d'un emplacement suffisamment dégagé aussi rapproché que possible de la cale de construction et de la halle de travail. On figure sur cet emplacement la surface supérieure du pont continu au moyen de billotages en bois fixés sur des longrines noyées dans le sol au droit de chaque couple. On a ainsi une sorte de moule représentant la surface du pont, et on part de là pour opérer le montage provisoire des œuvres légères.

Le traçage des membrures se fait à la halle de travail d'après les gabarits relevés sur le tracé à la salle. Supposons d'abord qu'il s'agisse d'un couple formé d'une âme en tôle bordée de cornières. Pendant qu'on exécute sur la plaque le cintrage et l'équerrage des cornières, on effectue d'après les gabarits le traçage des différentes tôles. Ces tôles étant découpées et percées (1), on figure sur le plancher de la halle de travail, au moyen des gabarits, le contour complet du couple, et on assemble les tôles sur ce tracé au moyen de boulons.

Dans le cas d'un couple discontinu coupé par des lisses continues, on assemble les tôles des tronçons consécutifs en interposant entre elles des cales de même épaisseur que les tôles de lisse (fig. 638). On présente alors en place les cornières cintrées, on y reporte les trous du rivetage de conjugaison avec les tôles, on fait la division de leur rivetage d'attache avec le vaigrage ou le bordé, et on effectue à l'atelier leur perçage complet.

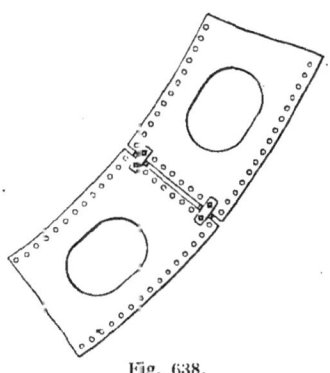

Fig. 638.

Dans le but de faciliter le perçage à l'atelier, qui présente quelques difficultés lorsqu'il s'agit d'une pièce cintrée de grande longueur, on fait quelquefois le perçage des cornières avant leur cintrage; on applique sur le contour du gabarit une latte sur laquelle on repère la position des divers joints, et on la développe sur la barre droite, ce qui permet de faire la distribution du rivetage. Le traçage des tôles ne peut alors être terminé qu'après qu'on y a reporté les trous des cornières cintrées. Ce procédé a l'inconvénient de fausser un peu la distribution du rivetage d'attache avec les revêtements, car pendant le cintrage l'étirement de la matière ne se fait pas uniformément, et il y a modification de l'écartement des trous, qui ont en outre tendance

---

(1) Lorsqu'il s'agit d'un couple muni de cornières sur ses deux faces, c'est-à-dire dans lequel les trous n'ont pas à être fraisés, on peut avantageusement percer d'un seul coup les pièces symétriques en les superposant, le traçage ayant été fait pour une seule d'entre elles. On peut même, dans la région centrale, percer ainsi d'un seul coup des tôles appartenant à plusieurs couples consécutifs. Mais lorsque les trous ont besoin d'être fraisés, il est en général préférable de tracer et percer chaque tôle individuellement, afin de simplifier sa manutention.

à s'ovaliser. Dans les constructions soignées, on ne fait le traçage et le perçage des barres profilées qu'après leur cintrage; l'emploi de machines à percer horizontales permet d'ailleurs d'effectuer le perçage à l'atelier sans trop de difficulté.

Pour les couples formés simplement d'une barre profilée, on opère de façon analogue, en faisant d'abord le cintrage et l'équerrage de la barre, puis le traçage et le perçage, et en reportant ensuite les trous de rivets sur les varangues ou taquets fixés au couple.

Les différentes pièces qui constituent un couple ayant été ainsi préparées séparément, on les assemble au moyen de boulons en vérifiant à l'aide des gabarits leur concordance avec le tracé à la salle; on fait à la lime ou au burin les petites corrections d'ajustage qui peuvent être nécessaires, et, une fois la forme du couple bien réglée, on rive au moins partiellement les divers éléments qui le constituent; ce rivetage peut être avantageusement effectué au moyen de riveuses mécaniques. Autant que possible, on rive complètement chaque tronçon indépendant du couple: il peut cependant être impossible d'agir ainsi pour les tronçons de très grandes dimensions, en raison des difficultés de leur transport sur la cale de construction; on peut alors établir en tête de cette cale une plate-forme sur laquelle on achèvera le rivetage, et d'où le couple pourra être aisément amené par glissement au point voulu. Lorsqu'un couple est assemblé et rivé, on y repère au moyen des gabarits les traces des lisses planes, des lisses de construction et des joints des virures du bordé et du vaigrage.

Le couple ou le tronçon de couple étant amené sur la cale de construction de telle sorte que son pied occupe à peu près l'emplacement voulu, il faut le faire pivoter de manière à l'amener à sa position définitive, c'est-à-dire de façon que son plan de gabariage soit normal au plan diamétral et, suivant la disposition usuelle, normal à la flottaison en charge prévue. Cette opération s'appelle la *levée* du couple, d'où le nom de *couples de levée* sous lequel on désigne assez souvent les couples de construction. Lorsque le couple est d'une seule pièce, formé de deux branches symétriques, ainsi que cela avait lieu dans la construction en bois, il est indispensable d'éviter qu'il puisse se déformer pendant le pivotement.

Pour cela, pendant qu'il repose à plat sur la cale de construction, on rend ses deux branches solidaires l'une de l'autre au moyen de *planches d'ouverture* (fig. 639), bordages dirigés perpendiculairement à l'axe du couple et sur lesquels on a reporté d'après le tracé à la salle la largeur du couple. Ces planches d'ouverture doivent être placées un peu en contre-bas de la ligne droite d'un pont, et de manière que leur can supérieur soit exactement perpendiculaire à l'axe du couple; enfin, le can de l'une d'elles doit être creusé d'une rainure sur toute sa longueur; les opérations de montage sont ainsi facilitées comme nous allons le voir. Le couple ainsi préparé est levé au moyen de palans, c'est-à-dire amené dans un plan sensiblement vertical, et présenté à peu près à la position qu'il doit occuper. Lorsque le couple est formé de plusieurs tronçons, on lève séparément les divers tronçons,

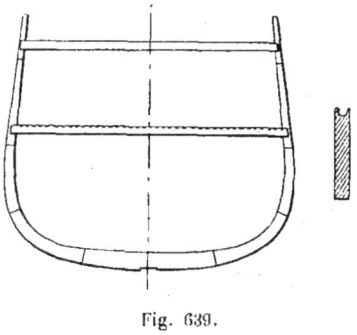

Fig. 639.

et on réunit après levage les tronçons symétriques par des planches d'ouverture dont la position a été repérée à l'avance sur ces tronçons.

Le levage de chaque couple ou de chaque tronçon de couple doit être suivi d'un réglage ayant pour but de l'amener exactement

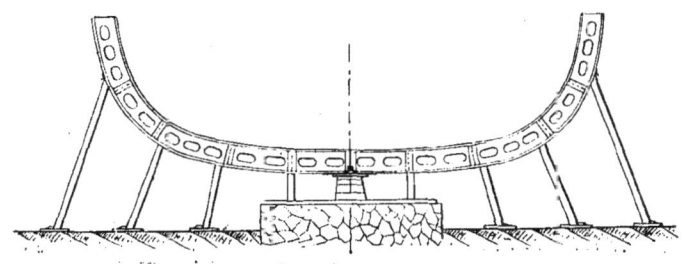

Fig. 640.

à la position voulue. Considérons, pour fixer les idées, un couple formé de deux tronçons symétriques de part et d'autre d'une carlingue centrale continue (fig. 640). Les deux tronçons étant levés et soutenus au moyen de palans, on les présente contre la carlingue de manière que les bouts de cornière de jonction (qui n'ont pas été rivés à la varangue et dont l'aile en contact avec la carlingue n'est pas encore percée) occupent la place indiquée par leurs traces dessinées sur la carlingue. On soutient alors le couple au moyen d'arcs-boutants en pin de 20 à 30 $^c/_m$ d'équarrissage, appelés *accores*, butant à leur pied contre un taquet fixé à une semelle en bois tenue dans le sol par de longs clous, et à leur tête, si leur inclinaison par rapport au couple est un peu forte, contre un bout de cornière tenu par des boulons passant dans les trous destinés à l'attache du bordé. La position de la tête des accores doit être réglée de manière à ne pas gêner la mise en place des lisses de montage et des lisses de construction. Entre leur pied et le taquet fixé à la semelle sont interposés deux coins dirigés en sens inverse, ce qui permet de régler la position de l'accore et par suite celle du couple dans le sens transversal (fig. 641). On ajoute quelques accores obliques dirigées vers le bas de la cale pour s'opposer provisoirement au déversement du couple, et on procède au réglage. Pour cela, on met en place une planche d'ouverture, d'après les repères tracés sur le couple, et on verse de l'eau dans la rainure pratiquée dans son can supérieur. On a ainsi un niveau qui permet en agissant sur les coins des accores de placer le can supérieur de la planche d'ouverture dans un plan horizontal, et par suite l'axe du couple, qui lui est perpendiculaire, dans un plan vertical coïncidant avec le plan diamétral. Pour placer ensuite le plan du couple normalement au plan diamétral, on peut, soit rendre égales les distances mesurées d'un même point de l'axe de la quille, non situé dans le plan du couple, à deux points symétriques repérés sur celui-ci, soit employer une grande équerre dont une branche est placée contre le pied de la carlingue et qui doit, placée successivement d'un bord et de l'autre dans deux posi-

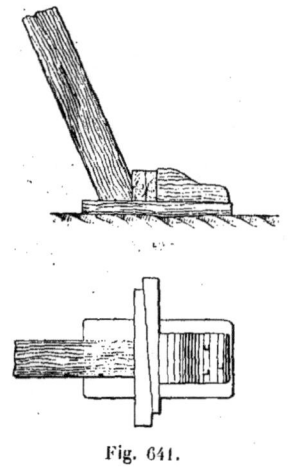

Fig. 641.

tions symétriques, tangenter exactement deux points symétriques repérés sur le couple. Cette partie du réglage s'effectue au moyen des accores dirigées obliquement par rapport au plan du couple. Enfin, il reste à donner au plan du couple l'inclinaison voulue. La pente du plan de gabariage étant connue, puisqu'on connaît sa direction par rapport à la ligne de quille et la pente de celle-ci, on construit un gabarit de pente analogue à celui représenté par la fig. 634, mais formé seulement d'un bordage sur lequel est figuré l'angle de pente, et que l'on applique contre la trace du plan diamétral sur les planches d'ouverture ; ce réglage s'effectue également au moyen des accores obliques au plan du couple. Une fois le réglage terminé, on repère les trous des cornières de jonction avec la carlingue, on les perce et on assemble le couple avec la carlingue au moyen de boulons.

Le montage des couples se fait en commençant par la région centrale et en continuant de part et d'autre vers les extrémités. Dès qu'un certain nombre de couples ont été montés et réglés, on les relie au moyen des lisses de perpignage, qui constituent des membrures longitudinales provisoires et rendent très rapide le réglage des couples suivants puisque les plans de gabariage y ont été repérés. Ces lisses sont tenues par des boulons, et dès qu'elles sont en place on supprime les accores dirigées vers l'Ar, en conservant seulement celles qui sont dans le plan du couple. Elles permettent la vérification de la continuité des formes et par suite le réglage définitif des couples, dont les cornières de jonction avec la carlingue peuvent alors être rivées.

Lorsque les couples sont tronçonnés par des lisses continues, on monte d'abord la première série de tronçons par les procédés que nous venons d'indiquer, puis la première lisse continue, puis la seconde série de tronçons, et ainsi de suite. Quant aux lisses discontinues, on relève leurs gabarits sur place une fois les membrures transversales réglées, et on les monte par tronçons intercostaux. Lorsque toutes les lisses de construction sont en place et que la continuité de la surface hors membres a été contrôlée au moyen des lisses de perpignage, on procède au rivetage de l'attache des lisses avec les couples.

Pour faciliter le montage et le réglage des couples de la partie centrale, on emploie dans certains chantiers du commerce un procédé un peu différent, qui consiste à fixer à l'avance dans l'espace les lisses de perpignage, au moyen de tasseaux cloués sur des pieds-droits intercalés entre les couples. Ces lisses, portant l'indication des traces des plans de gabariage, permettent d'effectuer rapidement la mise en place des couples ou des tronçons de couples, par rapport auxquels elles agissent comme des ceintures extérieures de soutien. Dès que la partie centrale a été réglée, on fixe les lisses de perpignage sur les couples, et on continue de proche en proche le montage. Ce procédé est un peu plus rapide, mais moins sûr que celui qui consiste à faire usage de planches d'ouverture, car il est difficile de placer à l'avance en position bien précise les lisses de perpignage, et l'exactitude des formes est beaucoup moins bien assurée.

Les barrots des ponts peuvent être montés en même temps que les couples et utilisés dans ce cas comme planches d'ouverture. Ce procédé est quelquefois employé, mais il exige une grande précision de travail, car de cette façon, à mesure que les couples sont réglés, les livets du pont se trouvent par là même déterminés, et, si quelque erreur a été commise, la continuité de sa surface peut être altérée. Aussi préfère-t-on souvent ne monter les barrots qu'après coup.

Les barrots étant cintrés à la courbure voulue, on vérifie cette courbure à la halle de travail au moyen d'un certain nombre d'ordonnées calculées à l'avance. On marque leur longueur et les angles sous lesquels ils doivent être coupés à leurs extrémités, et on fait la distribution du rivetage d'attache avec le bordé et les taquets de liaison avec la membrure. Les barrots sont ensuite percés à l'atelier, puis montés sur la cale à la position voulue. Pour cela, on met en place les planches d'ouverture de trois couples convenablement espacés. La position de ces planches d'ouverture a été repérée sur le tracé à la salle de manière que leur can supérieur soit à une distance connue de la flottaison en charge par exemple. On s'assure qu'elles se dégauchissent bien l'une par l'autre, et on a ainsi trois droites déterminant un plan parallèle à la flottaison en charge. Cela fait, dans le plan de chaque couple on tend un cordeau se dégauchissant avec les trois règles, et on obtient la trace des livets en abord en portant à partir de ce cordeau des longueurs relevées sur le tracé à la salle. Pour la mise en place des barrots, on fait reposer leur partie centrale sur une hiloire en bois formée d'un bordage placé le champ et muni d'entailles pratiquées à l'espacement voulu. Cette hiloire est soutenue par des épontilles en bois et des accores obliques l'empêchant de se déverser (fig. 642). Les deux extrémités des barrots étant soutenues provisoirement, on les règle d'après la position tracée du livet, en réglant en même temps la position de l'hiloire centrale au moyen de coins engagés sous les épontilles et les accores. Lorsque le barrot est réglé, on présente les taquets d'assemblage, dont on peut alors repérer les trous, on perce ces taquets, et on fixe les barrots à la membrure soit au moyen de boulons soit en faisant immédiatement le rivetage. On ne conserve plus alors comme soutien que l'hiloire centrale, qui restera en place jusqu'au rivetage complet du bordé et de l'épontillage définitif. Il est bon de placer cette hiloire un peu en dehors du plan diamétral pour ne pas avoir à la déplacer lors de la mise en place de

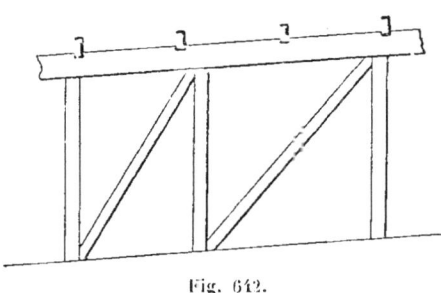

Fig. 642.

l'épontillage. Le pont inférieur étant ainsi réglé et épontillé sur la carlingue, les autres s'en déduisent d'après les valeurs des hauteurs de ligne droite en ligne droite et des bouges.

Lorsque le navire est suffisamment lié, c'est-à-dire après la mise en place définitive des lisses de construction et des barrots, on peut supprimer une partie des accores; le nombre des accores conservées dépend des dimensions et du poids de la charpente. Pour les grands navires, on conserve en général quatre rangées d'accores de chaque bord; les accores d'une même rangée sont distantes de 2 à 4 intervalles de couple, et leur tête est placée au droit d'une lisse de construction; les accores des diverses files sont bien entendu décroisées, de manière qu'il y ait au moins une accore de chaque bord dans le plan de chaque couple.

L'étrave et l'étambot sont réglés et soutenus au moyen d'accores de la même manière que les couples. Leurs trous d'attache avec les galbords et le pied des couples sont percés ordinairement sur place.

Lorsque le navire est monté en plusieurs parties, les œuvres légères sont montées à part, comme nous l'avons indiqué, sur un gabarit du pont cuirassé. On les remonte à leur position définitive après la mise en place du platelage de ce pont et de ses plaques de blindage, tout au moins des plaques en abord sur lesquelles repose le pied des couples. Si, ainsi que cela arrive quelquefois, les plaques en abord n'ont pas été livrées en temps utile par suite de retards dans la fabrication, on peut remonter les membrures des œuvres légères sur des cales en bois fixées sur le platelage du pont et ayant l'épaisseur des plaques ; mais la mise en place ultérieure de ces plaques est rendue ainsi très difficile.

**144. Montage des revêtements et cloisons**. — Les gabarits des tôles de revêtement se relèvent sur place une fois les membrures montées. Nous étudierons d'abord le montage du bordé extérieur, et nous examinerons successivement le cas d'un bordé à clins et d'un bordé à francs-bords.

Admettons par exemple qu'il s'agit d'un bordé à double clin. On rectifie à la latte les lignes de joint repérées sur les membrures, et on procède en premier lieu à la confection des gabarits des tôles de placage. Pour chaque tôle, on construit un gabarit en bois formé d'un cadre en planches minces flexibles entretoisé par des planches verticales figurant en position et en grandeur les pinces d'attache de la membrure et du bordé (fig. 643). Sur ce gabarit,

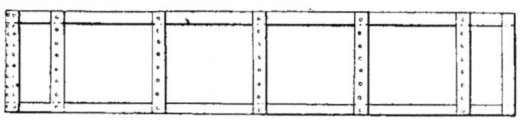

Fig. 643.

présenté en place, on reporte les trous déjà percés dans la membrure au moyen d'une broche en fer chauffée au rouge, et, si les abouts sont à clin, le rivetage d'about de la tôle précédente (1). On

---

(1) Lorsqu'il s'agit d'une tôle très mince, de poids assez faible pour être aisément ma-

le transporte ensuite sur la surface de placage de la tôle, ce qui permet de tracer le contour de la tôle et son rivetage d'attache avec la membrure. On fait alors la distribution des rivets des lignes de joint. Après avoir été percée et découpée à l'atelier, la tôle est fixée en place au moyen de boulons. Si les abouts sont à franc-bord, on a en général avantage à préparer en premier lieu les couvre-joints transversaux; leurs dimensions étant peu variables d'un about à l'autre, on peut en superposer un certain nombre et les percer en pile d'après un gabarit unique, leur faible poids permettant ensuite de les manier facilement pour le fraisage (voir la note au bas de la page 587). On monte alors les couvre-joints en même temps que les tôles, en reportant sur le gabarit de chaque tôle les trous d'attache du couvre-joint d'about préalablement fixé à la tôle précédente.

Lorsque les virures de placage ont été ainsi exécutées, on relève de la même manière les gabarits des tôles de recouvrement, sur lesquels on reporte le rivetage d'attache avec la membrure et le rivetage des joints longitudinaux.

Avec un bordé à double clin, même si les abouts sont à franc-bord, leur faible longueur permet de les obtenir du premier coup avec une précision suffisante pour que le matage puisse être exécuté dans de bonnes conditions. Mais dans le cas d'un bordé à franc-bord la grande étendue des joints longitudinaux exige des précautions plus minutieuses. On confectionne d'abord les couvre-joints longitudinaux (supposés continus); pour cela, on applique sur la membrure un gabarit en bois mince de la largeur du couvre-joint, et on y repère les pinces d'attache des couples; on développe ce gabarit, on le reporte sur le couvre-joint préalablement raboté à la largeur voulue, et on fait le traçage; le couvre-joint percé est présenté en place, ce qui détermine la position des trous des rivets d'attache avec les couples, qui ont été réservés jusque là, et une fois ces trous percés sur place, on fixe provisoirement le couvre-joint au moyen de quelques faux rivets, car on ne peut se servir de boulons à cause de la saillie qu'ils formeraient; ces faux rivets, traversant seulement le couple et le couvre-joint, seront enlevés plus tard au moment du rivetage définitif.

niable, on peut présenter directement la tôle elle-même, et se dispenser de la confection d'un gabarit.

Imaginons maintenant les couvre-joints longitudinaux en place et le travail des tôles déjà commencé. Le contour de la tôle à préparer étant ABCD (fig. 644), on confectionne un gabarit donnant le

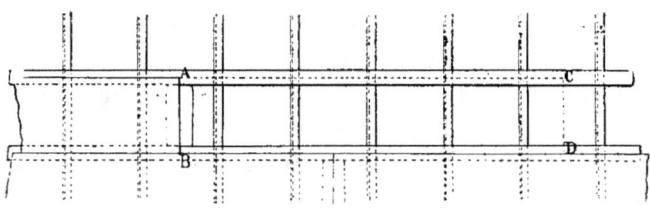

Fig. 644.

contour des arêtes AB et BD et on le reporte sur la tôle, dont on trace ainsi deux côtés, les autres pouvant rester bruts. On découpe ces deux côtés, et on présente la tôle en place en effectuant au burin et à la lime les retouches qui peuvent être nécessaires pour l'accostage exact avec les tôles contiguës. On repère sur la tôle deux ou trois trous que l'on perce sur place, de manière à pouvoir la fixer au moyen de boulons; on y reporte les trous des couvre-joints longitudinaux et des membrures, et on y marque le contour des arêtes AC et CD. On perce sur place deux trous correspondant à des trous du couvre-joint d'about AB (déjà percé), et deux trous correspondant à des trous du couvre-joint de l'about CD, dont on a fait à l'avance le traçage. On fixe ces deux couvre-joints à la tôle au moyen de boulons et l'ensemble des trois pièces est reporté à l'atelier où on fait le perçage complet et le découpage des arêtes AC et CD. La tôle revient ensuite au chantier et est fixée définitivement en place. On voit que chaque tôle fait ainsi deux voyages; il en est de même des couvre-joints d'about, chacun d'eux allant à l'atelier successivement avec chacune des tôles qu'il doit réunir.

Le procédé que nous venons de décrire peut subir diverses modifications. On peut par exemple traiter les couvre-joints verticaux comme les couvre-joints horizontaux, ce qui évite le transport de ces couvre-joints et le perçage sur place nécessaire pour leur fixation à la tôle. On peut encore, au moins pour la région centrale, travailler d'un seul coup les quatre arêtes d'après gabarit; ce procédé est beaucoup plus simple, mais il exige des ouvriers particulièrement soigneux et exercés ; pour le bordé des œuvres légères, dont l'étanchéité est moins importante que celle du bordé de carène, on peut l'employer sans inconvénient.

Lorsqu'il s'agit de tôles très façonnées, qu'il est nécessaire de travailler à chaud, on confectionne un moule, ainsi que nous l'avons indiqué au § 138, et on prépare en même temps un gabarit de placage qui détermine le contour des cans, et qui, appliqué sur la tôle façonnée, permet d'effectuer le traçage. On opère ensuite comme pour les tôles ordinaires, mais l'ajustage est très délicat, à cause du contour courbe des cans.

Le vaigrage s'exécute de la même manière que le bordé extérieur. Quant aux bordés des ponts, pour lesquels l'étanchéité a une importance moindre et dont les lignes de joint sont rectilignes, on travaille d'un seul coup les quatre arêtes de chaque tôle d'après gabarit, en opérant comme pour les tôles d'un bordé à clins. Si le bordé est mince, on présente les tôles elles-mêmes, ce qui évite la confection des gabarits. Les couvre-joints rabotés à la largeur voulue sont ensuite présentés en place, tracés, et remontés sur boulons après perçage.

Lorsqu'on travaille d'un seul coup d'après gabarit les quatre cans des tôles d'un revêtement à francs-bords (bordé des œuvres légères, bordé des ponts, platelage, etc.), il est prudent de faire couper de distance en distance, de trois en trois par exemple, une tôle avec un surcroît de longueur de 1 à 2 $^m/_m$ et de se réserver de même de trois en trois virures un excédent de largeur de 0 $^m/_m$ 5 à 0 $^m/_m$ 75. On rend ainsi nécessaire un léger ajustage sur place, mais on a de cette façon la possibilité de compenser les défauts de longueur ou de largeur qui peuvent résulter du cisaillage et du rabotage des cans des autres tôles.

Pour les cloisons étanches, qui sont en général planes, on trace leur contour sur le plancher de la halle de travail et on y relève les gabarits si cette opération n'a pas été déjà exécutée à la salle. Lorsque les tôles de la cloison sont assemblées à double clin, il est commode de faire usage de gabarits sur les bords longitudinaux desquels on cloue une feuille mince de fer-blanc, ce qui permet d'ajuster en position les gabarits de deux tôles voisines, en superposant les feuilles de fer-blanc qui sont découpées de manière à représenter le gabarit des clins ; on peut ainsi faire la distribution du rivetage sur l'une des feuilles et la reporter sur l'autre au moyen d'un pointeau; les deux gabarits désassemblés donnent alors immédiatement le traçage des joints longitudinaux des tôles. Toutes les tôles ayant été tracées et percées, on les assemble sur le plancher de la halle de travail de manière à représenter l'ensemble de la cloison, et on peut alors repérer les trous des montants et des cornières de pourtour. On fait ensuite le remontage définitif à bord.

Lorsqu'il s'agit d'un revêtement en tôle présentant une surface plane ou développable, composé de tôles uniformément rectangulaires, on peut supprimer le travail assez long de la confection des gabarits en faisant usage de lattes analogues aux lattes de perpignage, que l'on présente sur le tracé à la salle et sur lesquelles on repère toute les indications nécessaires. Considérons pour fixer les idées un bordé de pont à bouge suffisamment faible pour qu'on puisse l'assimiler à une surface développable. On emploiera deux lattes, que l'on présentera l'une sur le vertical l'autre sur le longitudinal. Sur la première, on reportera la position des joints longitudinaux, et on y figurera ensuite la distribution de toutes les files de rivets transversales, qui se projetteront sur elle en vraie grandeur, et la position des axes des files de rivets longitudinales. Sur la seconde latte, on reportera de même la position des joints transversaux des diverses virures et des axes des files de rivets transversales, et on y figurera la distribution des lignes de rivetage longitudinales. On aura ainsi tous les éléments nécessaires pour tracer directement une tôle quelconque, les tôles des virures en abord ayant seules besoin d'être tracées d'après gabarit par le procédé ordinaire.

Les cloisons d'emménagement, en tôle nervée ou ondulée, sont découpées sur place au moyen de cisailles à main et percées également à bord au moyen de poinçonneuses à main.

Les trous d'homme, les portes de communication, les hublots, les sabords etc. ne sont en général percés que sur place, au burin, après le montage définitif des cloisons et des revêtements. Il est rare en effet que les études de détail soient assez avancées au moment du montage de la charpente pour qu'on puisse fixer avec précision l'emplacement de ces divers trous.

**145. Essai des cloisonnements étanches**. — L'importance des cloisonnements étanches exige qu'on vérifie directement leur étanchéité et leur résistance à la charge d'eau. Pour chaque cloison, on remplit un des compartiments qu'elle limite et on la soumet pendant 6 heures consécutives à une charge d'eau égale à la charge maxima qu'elle peut être appelée à supporter. La cloison essayée dans ces conditions ne doit donner lieu qu'à des suintements sans importance et ne conserver après l'essai aucune déformation permanente sérieuse.

Pour apprécier les déformations, on dispose parallèlement à la surface de la cloison des montants verticaux en bois (fig. 645), munis de curseurs formés d'une réglette taillée en pointe glissant à frottement dur dans une coulisse en queue d'aronde. Un repère au crayon tracé avant l'essai permet de suivre et de relever les flèches aux différents points; l'essai terminé, on ramène les réglettes au contact de la cloison, et on peut ainsi mesurer les déformations permanentes.

Les compartiments de la double coque limités par le bordé extérieur doivent toujours être essayés sur cale, pour qu'on

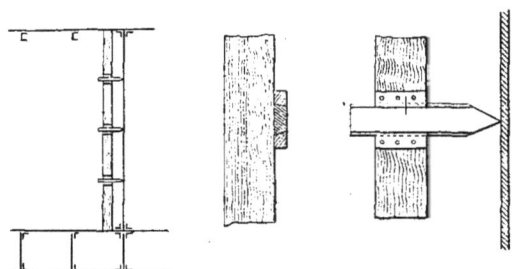

Fig. 645.

puisse apprécier et améliorer au besoin l'étanchéité du bordé de carène. Pour les autres compartiments, on peut faire l'essai soit sur cale, en ayant soin d'augmenter convenablement l'accorage au-dessous du compartiment rempli d'eau, soit à flot, pourvu qu'il s'agisse d'un compartiment dont le remplissage ne donne pas un moment d'inclinaison exagéré. Pour les compartiments de grand volume tels que les compartiments de machines et de chaudières, on fait quelquefois l'essai en construisant en arrière de la cloison à éprouver un bâtardeau en bois bien calfaté et solidement arc-bouté, et remplissant seulement l'intervalle entre le bâtardeau et la cloison. On évite ainsi l'introduction dans le navire d'un poids d'eau considérable, mais l'étanchéité du bâtardeau est très difficile à réaliser d'une façon convenable.

Les cloisons de faible dimension et de moindre importance qui subdivisent les grands compartiments de la cale sont essayées simplement à la lance, c'est-à-dire en promenant le long des coutures le jet d'une forte pompe à incendie. Les cloisons de tranche cellulaire sont essayées en remplissant d'eau les différents compartiments de cette tranche jusqu'à 50 %$_m$ au-dessus de la flottaison. La partie supérieure de ces cloisons n'est essayée qu'à la lance.

Le bordé des œuvres-mortes est essayé à la lance. On vérifie de la même manière l'étanchéité des entourages de hublots et des mantelets de sabord.

**146. Rivetage.** — Les rivets sont confectionnés au moyen de machines à étamper assez analogues à celles qui servent à la frappe des monnaies. Le point important, c'est la détermination de la longueur à ajouter à l'épaisseur totale des pièces à réunir pour avoir la longueur totale de barre nécessaire pour la confection d'un rivet ayant une forme déterminée de tête et de rivure. Les divers chantiers font usage pour cette détermination de règles empiriques déduites d'essais directs. Ces règles sont un peu variables, car elles dépendent de la valeur admise pour l'excès du diamètre du trou sur celui de la barre, et aussi du mode de chauffage des rivets. Sur un même chantier, d'ailleurs, la quantité dont la barre se refoule peut varier légèrement d'un rivet à l'autre sous l'influence de circonstances assez multiples : température extérieure, promptitude plus ou moins grande des frappeurs, petites variations dans l'alésage des trous, etc. Le tableau ci-après indique à titre d'exemple les règles admises dans l'arsenal de Brest pour les rivets en acier extra-doux :

## MONTAGE SUR CALE.

| Les chiffres du tableau indiquent les excédents de longueur nécessaires pour fournir la matière des portions teintées en noir sur les figures. | | CALIBRE DES RIVETS. | | | | | | | | | | |
|---|---|---|---|---|---|---|---|---|---|---|---|---|
| | | 6 | 8 | 10 | 12 | 14 | 16 | 18 | 20 | 22 | 24 | 26 |
| | | millim. | millim. | millim. | millim. | millim. | millim. | millim. | millim. | millim. | millim. | millim. |
| Côté de la tête. | Tête tronconique, fraisure tronconique de pente 1/4. | 16 | 18 | 21 | 24,2 | 27 | 28,8 | 31 | 35,5 | 40 | 43 | 48 |
| | Tête bombée, fraisure tronconique de pente 1/4. | 2,5 | 3 | 3,5 | 5 | 5,5 | 6 | 7 | 8 | 9 | 10 | 13,5 |
| | Tête bombée, fraisure renforcée convexe. | 4,7 | 4,8 | 5 | 6,7 | 7,4 | 8,1 | 8,3 | 8,9 | 9,7 | 10,5 | » |
| | Tête bombée, fraisure renforcée concave. | 7 | 7 | 9 | 9,2 | 9,9 | 10,6 | 12,3 | 13 | 13,7 | 14,1 | » |
| Côté de la rivure. | Rivure bombée, fraisure tronconique de pente 1/4. Rivure mécanique. | 2,5 | 3,5 | 4,5 | 5,5 | 6,5 | 7,5 | 8,5 | 9,5 | 10,5 | 11,5 | 12,5 |
| | Rivure à la main. | 3 | 4 | 5 | 6 | 7 | 8 | 9 | 10 | 11 | 12 | 13 |
| | Rivure bombée, fraisure renforcée convexe. Rivure mécanique. | 5 | 5,8 | 6,5 | 7,2 | 8 | 9,3 | 10,5 | 11,6 | 12,5 | 13 | » |
| | Rivure à la main. | 5,3 | 6,2 | 7 | 8 | 9,5 | 11,4 | 13 | 14,4 | 15,5 | 16,5 | » |
| | Rivure bombée, fraisure renforcée concave. Rivure mécanique. | 8 | 8,8 | 9,5 | 10 | 11 | 12 | 14 | 16,3 | 18 | 18,5 | » |
| | Rivure à la main. | 7,4 | 8,2 | 10 | 11 | 12,1 | 13,5 | 15,5 | 17,5 | 18,5 | 19 | » |
| | Rivure plate, fraisure tronconique de pente 1/4. Rivure mécanique. | 2,4 | 2,6 | 3,2 | 3,6 | 4 | 4,3 | 4,5 | 6 | 7 | 7,5 | 10 |
| | Rivure à la main. | 2,6 | 2,8 | 3,6 | 4 | 4,6 | 5 | 6 | 7,5 | 8,5 | 9,5 | 11 |
| | Rivure plate, fraisure renforcée convexe. Rivure mécanique. | 2,6 | 2,8 | 3 | 3,5 | 4 | 4,6 | 5,3 | 6 | 7 | 8 | » |
| | Rivure à la main. | 3,4 | 3,8 | 4 | 4,5 | 5 | 5,8 | 6,7 | 8 | 9 | 10,5 | » |
| | Rivure plate, fraisure renforcée concave. Rivure mécanique. | 3,5 | 4,5 | 5,5 | 6,5 | 7,3 | 8 | 8,3 | 9,6 | 10,5 | 11,5 | » |
| | Rivure à la main. | 5,6 | 6,8 | 7,5 | 8,2 | 9 | 10 | 11,2 | 12,6 | 14 | 15 | » |

Pour les rivets en acier au nickel, avec fraisure tronconique de pente 1/2, on a obtenu expérimentalement les résultats suivants. Si l'on désigne par E l'épaisseur totale des pièces à réunir, la longueur L du rivet de calibre D doit être :

$$L = E + 0,65\ D \text{ pour les rivures bombées}$$
$$L = E + 0,5\ D \quad \text{pour les rivures plates.}$$

Pour fabriquer un rivet de longueur L, avec tête bombée de flèche égale à $\dfrac{D}{5}$, la longueur L' de barre nécessaire est :

$$L' = L + 0,5\ D + 0,5\ \frac{L}{D} + 3\,{}^m/_m \quad \text{pour } D \leqslant 16\,{}^m/_m.$$
$$L' = L + 0,5\ D + \frac{L}{D} + 4\,{}^m/_m \quad \text{pour } D \geqslant 18\,{}^m/_m$$

Ce qui importe avant tout, c'est d'éviter les rivets trop courts, qu'on est obligé de changer après coup. Un rivet un peu trop long offre moins d'inconvénient, à condition toutefois que les ouvriers soient assez exercés pour s'en apercevoir dès les premiers coups de marteau, de façon à avoir le temps de couper d'un coup de burin l'excédent de matière pendant que le rivet est encore bien chaud. Il doit être absolument interdit de rogner au burin un rivet refroidi, l'ébranlement ainsi causé pouvant compromettre la tenue.

Avant de mettre en place un rivet, il faut s'assurer que les trous qui composent son logement sont en coïncidence bien exacte. S'il n'en est pas ainsi, il est nécessaire de ragréer le trou de manière qu'il soit bien cylindrique. Avec les matériaux en fer, on employait pour cette opération des broches coniques en acier que l'on enfonçait à coups de masse de manière à refouler la matière en excès. Ce procédé doit être rigoureusement proscrit pour les matériaux en acier, à cause de l'altération par écrouissage qui en résulterait ; on se sert alors d'*alésoirs* (fig. 646),

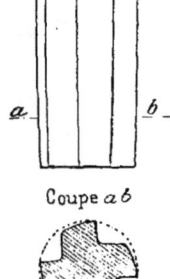

Fig. 646.

outils à 4 tranchants manœuvrés à la main comme un vilebrequin ; il est même prudent de confectionner en fer les broches qui servent à déplacer et accoster les tôles, pour être sûr que les ouvriers ne les emploieront pas au ragréage des trous afin de gagner du temps.

Jusqu'au diamètre de 8 $^m/_m$ inclusivement, les rivets sont mis en place à froid. Pour les calibres plus forts, il est nécessaire de chauffer le rivet au rouge clair. Le type de four employé pour cette opération varie beaucoup suivant les différents chantiers. Le système le plus simple consiste à faire usage de petits fours portatifs composés d'un foyer en briques soutenu par quatre pieds (fig. 647), muni à sa partie inférieure d'une grille formée de tiges de fer rondes et à sa partie supérieure d'un orifice de dégagement. Les parois antérieure et postérieure du four sont traversées par un tube en tôle ouvert à ses deux extrémités, dans lequel on place les rivets à chauffer, qui sont ainsi soustraits au contact direct des flammes. Entre les pieds du four est disposé un bassin plat contenant un peu d'eau et formant cendrier. On emploie aussi des forges portatives ordinaires, auxquelles est adjoint un petit ventilateur à moteur électrique qui permet de régler aisément et exactement la température.

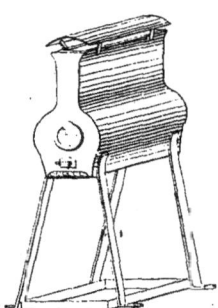

Fig. 647.

Dans certains chantiers, au lieu de fours portatifs nombreux, déplacés suivant les besoins du service, on dispose à côté de la cale de construction trois ou quatre fours fixes en maçonnerie, munis d'une sole pour le chauffage des rivets.

Les rivets très longs, tels que ceux qui servent à la réunion des galbords avec une quille massive, à la jonction des plaques de cuirasse des extrémités, etc., ne doivent être chauffés que du côté de la rivure, pour ne pas être soumis au refroidissement à une tension de retrait exagérée. On peut alors se servir de fours composés d'un foyer cubique en briques réfractaires (fig. 648), muni d'une grille à sa partie inférieure, et dont les faces latérales sont percées de trous dans lesquels on engage les rivets en plaçant la tête en dehors. Un soufflet de forge fournit le tirage nécessaire au début pour l'allumage du combustible placé sur la grille. Bien entendu, lorsqu'un rivet n'a été chauffé que du côté de la rivure, il est nécessaire de mater soigneusement le pourtour de la tête après la mise en place.

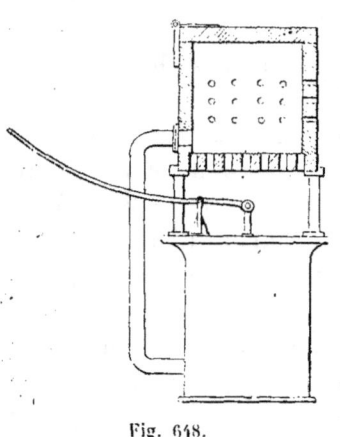

Fig. 648.

Les rivets doivent être transportés du four à l'endroit où ils doivent être mis en place aussi rapidement que possible, pour éviter le refroidissement. C'est pour cela que l'emploi de fours portatifs est en général préférable à celui de fours fixes, bien que ceux-ci soient plus économiques. Un même four desservant plusieurs équipes de riveurs, on l'installe sur un pont ou sur un échafaudage, et on dispose des conduits formés de bouts de tuyaux en tôle mince de fer ou de zinc agrafés bout à bout et allant du four à chaque équipe. Un signal d'appel (par exemple une corde courant le long du tuyau et portant à son extrémité un morceau de bois) prévient l'ouvrier chargé de la surveillance du four, qui prend avec une pince le rivet demandé et le jette dans le tuyau voulu.

Une équipe de riveurs se compose de trois ouvriers, un *appuyeur* et deux *frappeurs*. L'appuyeur, placé du côté de la tête du rivet, reçoit le rivet chaud venant du four, le saisit avec une pince, l'engage dans son trou, et l'y enfonce par quelques coups de marteau légers. Il contretient ensuite la tête au moyen d'un tas en fer appelé *abatage* fixé à l'extrémité d'un levier qui prend appui sur un crochet tenu par un boulon passant dans un trou de rivet voisin (fig. 649). Si la tête est tronconique ou bombée, l'abatage est creusé d'une cavité de forme correspondante. Les deux frappeurs, placés de l'autre côté, façonnent alors la rivure aussi rapidement que possible en alternant leurs coups; pendant les premiers instants, ils emploient des marteaux d'un poids de $2^k,500$ environ, de manière à bien remplir la fraisure; ils terminent la rivure, qui doit être achevée lorsque le rivet est refroidi au rouge sombre, au moyen de coups donnés très rapidement avec des marteaux du poids de $1^k,250$. Lorsque la rivure est bombée, on achève son façonnage au moyen d'une

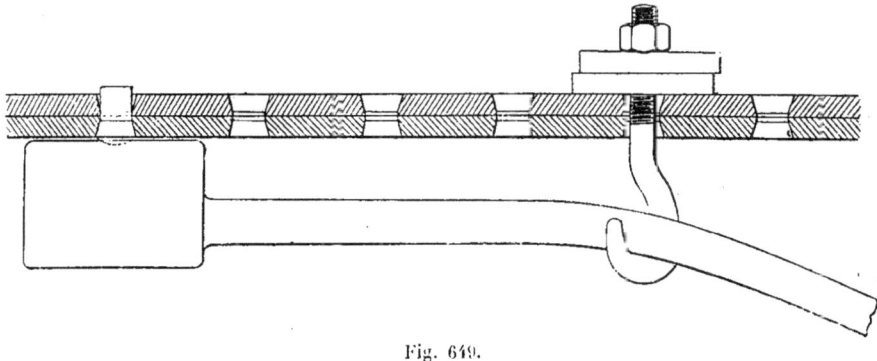

Fig. 649.

*bouterolle*, creusée suivant la forme voulue et sur laquelle on frappe à coups de masse (fig. 650).

Pour les rivets de petit calibre, mis en place à froid, l'équipe comprend seulement deux ouvriers, un appuyeur et un frappeur, celui-ci utilisant un seul marteau du poids de 1$^k$,250 environ. L'abatage, d'un poids de 5 à 6$^c$, est tenu directement à la main.

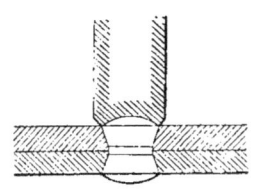

Fig. 650.

Avant de mettre en place un rivet, il faut avoir soin d'accoster les pièces le plus exactement possible, au moyen de boulons de montage bien serrés placés dans les trous voisins. On doit s'abstenir, avec les tôles d'acier, de la pratique qui consiste à frapper au marteau tout autour du trou pour produire l'accostage.

Le rivetage peut être dans certains cas exécuté mécaniquement. Les riveuses mécaniques se composent en principe d'un bâti en forme de C dont l'une des branches porte le tas et l'autre une bouterolle actionnée par une presse hydraulique par exemple; ce bâti est fixé à une tige de suspension permettant de l'orienter de diverses manières, et par suite de le présenter chaque fois dans la position la plus favorable pour le travail (fig. 651). Le rivetage mécanique est beaucoup plus rapide que le rivetage à la main, mais il ne peut guère être employé qu'à la halle de travail, pour le rivetage des tronçons des lisses et des couples. La forme des bâtis des riveuses ne permet en effet évidemment d'opérer que sur une pièce dont le bord est accessible et dont les dimensions superficielles sont restreintes ; en

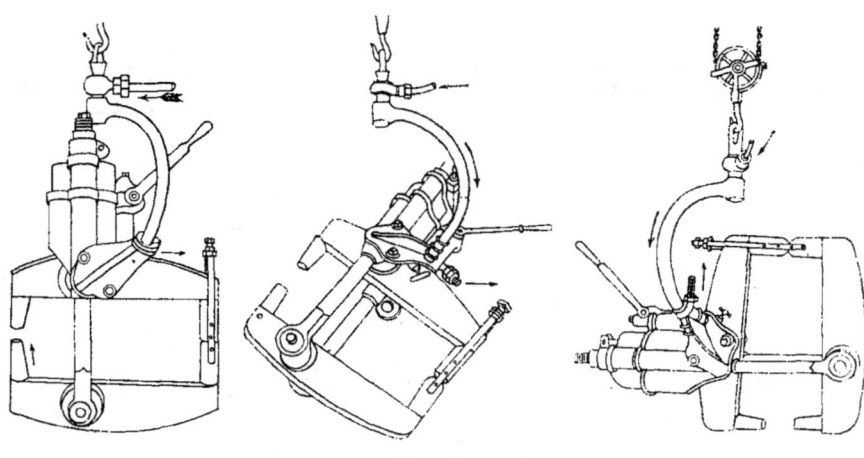

Fig. 651.

outre, les riveuses mécaniques sont encombrantes et lourdes et ne peuvent être déplacées qu'au moyen de palans. La majeure partie du rivetage de la charpente ne peut donc être exécutée qu'à la main. Depuis quelques années, cependant, on commence à faire usage de riveuses pneumatiques, constituées par un marteau actionné par un petit moteur à air comprimé, que l'on présente en face du rivet contretenu par un abatage suivant le procédé ordinaire. Ces riveuses sont assez maniables, mais ont l'inconvénient d'exiger l'établissement d'une canalisation d'air comprimé coûteuse et encombrante.

La manière dont s'effectue le rivetage à la main exige, comme on le voit, qu'on dispose de part et d'autre des pièces de l'espace suffisant pour la mise en place de l'abatage et la confection de la rivure. Pourvu que le côté de la rivure soit convenablement dégagé, on peut, au moyen de pinces et de tas de forme spéciale, arriver à mettre en place et à appuyer les rivets dans des endroits où le côté de la tête n'est pas directement accessible. On est amené ainsi quelquefois, pour faciliter le travail, à percer des trous d'évidement qu'on ferme après coup au moyen d'une plaque rapportée tenue par des prisonniers. On ne doit remplacer les rivets par des prisonniers que lorsque le rivetage est absolument impossible.

**147. Matage et calfatage.** — Le matage est un refoulement du métal le long des lignes de joint ayant pour but de serrer énergiquement les deux pièces en contact. Nous avons déjà indiqué au § 24 le principe de cette opération. Pour les joints à franc-bord, on fait usage d'un matoir à gorge (fig. 652), sorte de burin sur lequel l'ouvrier frappe à coups de marteau et dont l'extrémité a un profil légèrement convexe pour assurer la localisation des déformations obtenues. Pour les joints à clin, on emploie un matoir à extrémité lisse (fig. 653); lorsqu'il s'agit d'une tôle, il faut,

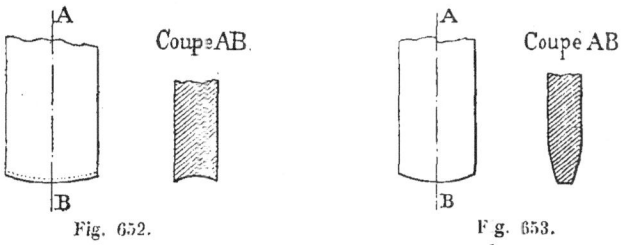

Fig. 652.  Fig. 653.

comme nous l'avons vu au § 24, chanfreiner au préalable le can de cette tôle de manière que les coups de matoir puissent être dirigés obliquement sans tendre à la soulever; l'angle que l'on donne à ce chanfrein est habituellement de 65 à 70°. Pour le pourtour des têtes de rivets, on fait usage de matoirs à extrémité aiguë, terminée par un biseau ayant un angle de 70° environ. Enfin, pour les joints à franc-bord dont l'accostage est très précis, on se contente quelquefois de frapper tout le long du joint avec un matoir à dents, constitué par un burin de même forme que celui de la figure 653, mais dont l'extrémité méplate est creusée de stries entrecroisées.

En principe, le matage doit toujours être exécuté du côté par lequel arrive l'eau, de façon que l'eau ne puisse s'introduire et séjourner entre les faces du joint. On mate d'ailleurs des deux côtés lorsqu'on veut assurer une étanchéité parfaite.

Lorsque le matage ne peut être exécuté d'une manière convenable, soit par suite de l'écartement trop grand des rivets d'attache, soit par suite de l'épaisseur trop faible des tôles qui se déformeraient sous les coups de matoir, l'étanchéité ne peut être obtenue qu'au moyen d'un joint plastique. Nous avons déjà indiqué au § 74 le procédé qu'il convient d'employer dans ce cas, et qui consiste à interposer entre les faces du joint des bandes de toile ou de papier enduites de mastic, qui sont fortement serrées par le rivetage. Au lieu du mastic ordinaire de minium et de céruse, composé de 80 % de minium et de 20 % de céruse en pâte délayée dans de l'huile de lin, on a quelquefois employé avec avantage le mastic des fontainiers, dont la composition est la suivante :

>     Suif. . . . . . . . . . . .   30 k.
>     Colophane . . . . . .   20 k.
>     Chaux vive en poudre.   28 k.

Ce mastic adhère bien aux tôles lorsque leur surface est sèche, et dispense de l'emploi d'une toile.

Dans le cas des revêtements formés de plusieurs plans de tôle d'assez forte épaisseur (platelages, tubes d'arbres porte-hélice, etc.), il est à peu près impossible d'obtenir un accostage exact des divers plans de tôles sur toute leur étendue ; un léger défaut de matage suffit alors pour permettre une introduction d'eau entre les tôles, ce qui provoque leur oxydation et donne lieu à des suintements dont l'origine est parfois très difficile à trouver. On a obtenu dans ce cas de bons résultats en injectant entre les plans de tôle du suif fondu que l'on refoule avec une pompe dans un raccord vissé dans un trou percé dans l'une des tôles, que l'on bouche ultérieurement avec un prisonnier.

L'étanchéité des faces de joint des matériaux en bois est obtenue par calfatage, c'est-à-dire par refoulement dans les coutures d'étoupes provenant du décommettage de vieux cordages goudronnés, légèrement cordées à la main. Pour calfater un joint, on commence par *ouvrir* ce joint, c'est-à-

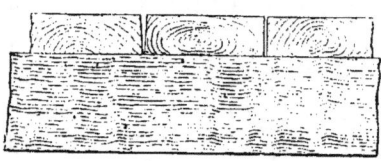

Fig. 654.

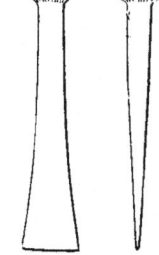

Fig. 655.

dire par lui donner une section légèrement évasée (fig. 654) au moyen d'un *fer taillant* (fig. 655), sorte de ciseau plat à lame tranchante, sur lequel on frappe au moyen d'un *maillet de calfat* (fig. 656), formé d'un fût cylindrique en bois de fil bagué à ses extrémités pour ne pas se fendre. Pour les joints de grande épaisseur, on les ouvre au moyen d'un *pataras taillant* (fig. 657), outil analo-

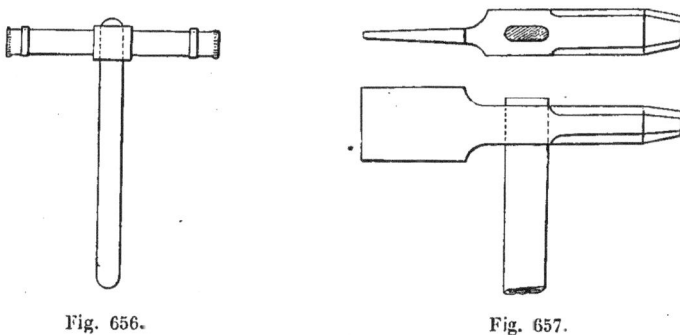

Fig. 656.                Fig. 657.

gue au fer taillant mais de plus grande dimension, qui est tenu par un manche en bois et sur lequel on frappe à coups de masse. Le joint étant ouvert de manière que sa largeur à la surface soit de $5^{m}/_{m}$ au moins, on y refoule d'abord un morceau de petit cordage goudronné appelé *bitord*, puis des cordons d'étoupe de grosseur proportionnée à la largeur du joint, en nombre suffisant pour que, bien serrés dans le joint, ils laissent du côté de l'extérieur un vide de $10^{m}/_{m}$ environ de profondeur, nécessaire pour que le bois, en gonflant dans l'eau, ne fasse pas *cracher* l'étoupe. Le bitord et les étoupes sont refoulés au moyen du *fer travaillant*, de même forme que le fer taillant, mais à biseau émoussé. On termine le travail en se servant de fers rainés, ne différant du fer ordinaire qu'en ce que le biseau est muni d'une ou deux rainures, suivant la largeur du joint (fig. 658). Pour les joints de forte épaisseur, on emploie au lieu de fers des pataras travaillants, qui dérivent de la même manière du pataras taillant.

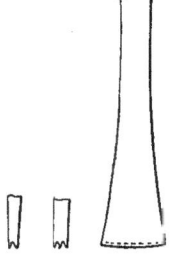

Fig. 658.

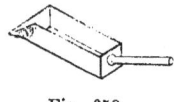

Fig. 659.

Le vide ménagé à la partie extérieure du joint, au-dessus des cordons d'étoupe, est rempli avec du goudron minéral suffisamment chauffé pour être bien fluide, que l'on verse le long du joint, au moyen d'une sorte de cuiller à bec (fig. 659). Pour les coutures des murailles latérales, on remplace le goudron par du mastic formé de 3/4 d'ocre rouge et 1/4 de brai gras.

Outre les joints, on calfate de façon analogue les gerces et fentes importantes que peut présenter le bois. Si l'on découvre un vice local (nœud, trou de taret, etc.) susceptible de donner issue à l'eau, on découpe le bordage de manière à creuser un vide rectangulaire que l'on comble au moyen d'une pièce rapportée, appelée *romaillet*, dont le pourtour est soigneusement calfaté. Nous ne pouvons énumérer ici en détail les précautions minutieuses qu'il était nécessaire de prendre pour obtenir l'étanchéité de la muraille des navires en bois, et les indications sommaires que nous avons données suffisent pour faire comprendre le mode de procéder.

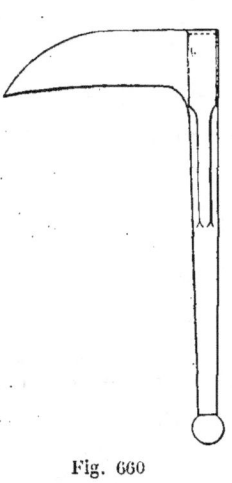

Fig. 660

Lorsqu'on a besoin de refaire le calfatage d'un joint, on enlève les étoupes au moyen d'un fer recourbé dit *bec à corbin* (fig. 660).

**148. Doublage.** — Lorsqu'un navire à coque métallique doit être revêtu d'un doublage en cuivre, nous avons vu qu'il était nécessaire d'interposer entre ce doublage et le bordé en acier un revêtement en bois. Le bordé métallique une fois rivé et maté, on ligne les cans du bordé en bois sur la surface de la carène, et on fait la distribution des boulons d'attache en ayant soin de les décroiser convenablement avec les rivets du bordé. On perce les trous au foret à un diamètre inférieur de $2^{m}/_{m}$ à celui des boulons, et on les taraude ensuite au diamètre définitif. On recouvre le bordé d'une couche de peinture épaisse au minium et à la céruse, et on applique les bordages en bois, préalablement étuvés si la courbure de la surface est trop accentuée. Ces bordages étant maintenus provisoirement en place au moyen de coins, on perce au moyen d'une mèche passant dans un guide vissé dans le trou de la tôle un avant-trou qui sert ensuite de guide pour l'alésage du logement définitif du boulon. On met alors en place les boulons, en prenant les précautions indiquées au § 85 pour obtenir l'étanchéité. On rebouche avec du mastic les logements des têtes des boulons, et on calfate tous les joints. Cela fait, on procède au lissage général de la carène, de manière à obtenir une surface parfaitement continue. On applique sur la carène des lattes flexibles, et on marque toutes les bosses ou irrégularités qu'elle présente. On pare au rabot, et on ligne les cans des virures de doublage; on applique alors soit les feuilles de feutre, soit mieux, ainsi que nous l'avons vu, deux couches de papier d'emballage enduit de goudron minéral, et on cloue les feuilles de doublage suivant les indications que nous avons données au § 86. Pour enfoncer les clous, on a soin de se servir d'une chasse sur laquelle on frappe à coups de marteau, pour éviter que le martelage direct ne produise une dépression du cuivre autour de chaque clou. Enfin, pour obtenir une surface bien lisse, on promène sur la carène une plane formée d'une plaque de tôle de $5^m/_m$ environ d'épaisseur, légèrement convexe, fixée à un tasseau en bois articulé à l'extrémité d'un manche de $1^m,50$ de longueur (fig. 661). On promène

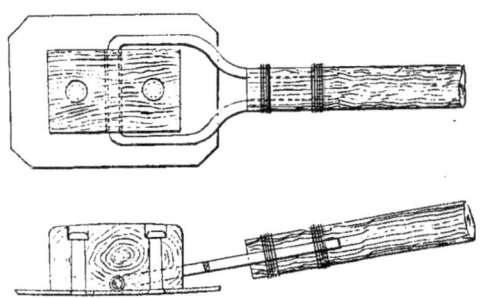

Fig. 661.

cette plane sur la surface du doublage et on frappe à la masse sur le tasseau en bois pour la régulariser.

# CHAPITRE V

## Mise en place des plaques de blindage.

**149. Perçage des trous des boulons d'attache.** — Dès qu'une plaque de cuirasse a été livrée au chantier, on commence par en vérifier la forme au moyen de gabarits de coupe construits d'après la surface sur laquelle doit s'appuyer cette plaque. Pour les plaques appliquées sur matelas, il suffit de construire, au moyen de planches en bois découpées suivant les profils, un gabarit représentant la plaque; ce gabarit est présenté sur le matelas, auquel on a eu soin de laisser un léger surcroît d'épaisseur, et permet de tailler exactement la surface d'appui de la plaque. Pour les plaques appuyées sur platelage, la surface de celui-ci étant imposée, on peut être obligé de retoucher un peu la face de placage; ces retouches s'exécutent au burin, s'il s'agit d'une bosse locale, à la presse hydraulique s'il s'agit d'une déformation un peu étendue.

Pour percer les trous des boulons d'attache, on relève d'abord un gabarit de la surface de placage, sur lequel on repère les centres des trous qui y sont percés. Pour cela, on enfonce dans chaque trou, à frottement dur, un tampon en bois calibré au diamètre intérieur des filets et muni d'une broche cylindrique en fer exactement centrée, faisant saillie de 2 à 3 $^c/_m$ (fig. 662). Le gabarit étant fait d'un cadre en planches minces entretoisées par des écharpes passant à côté des trous, on découpe dans une tôle mince des bandes que l'on perce d'un trou ayant le diamètre de la broche et que l'on cloue sur les planches du gabarit.

Les gabarits de placage étant tous confectionnés, on les présente sur la surface d'appui, matelas ou platelage, et on règle leur position exacte, de manière à obtenir une largeur à peu près uniforme pour les joints. On repère alors les centres des trous en se servant d'un pointeau et d'un tube, comme pour le repérage des trous de rivets.

MISE EN PLACE DES PLAQUES DE BLINDAGE. 613

L'axe des trous que l'on a à percer pour le passage des boulons d'attache doit coïncider exactement avec l'axe des trous déjà percés dans la plaque. Supposons d'abord qu'il s'agisse d'une plaque fixée sur matelas. On relève sur la plaque, aussi exacte-

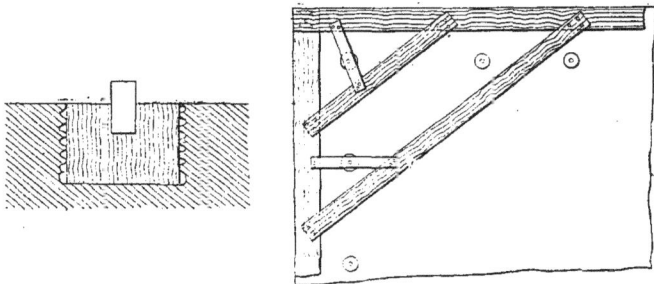

Fig. 662.

ment que possible, la direction de l'axe de chaque trou en y enfonçant un cylindre en bois et construisant deux fausses équerres donnant l'équerrage dans deux plans rectangulaires (fig. 663). Au moyen d'une tarière, dont la direction est guidée à l'aide de ces fausses équerres, on perce dans le matelas un avant-trou ayant à peu près le diamètre du fût du boulon. Le double placelage est ensuite percé d'un trou prolongeant l'avant-trou du ma-

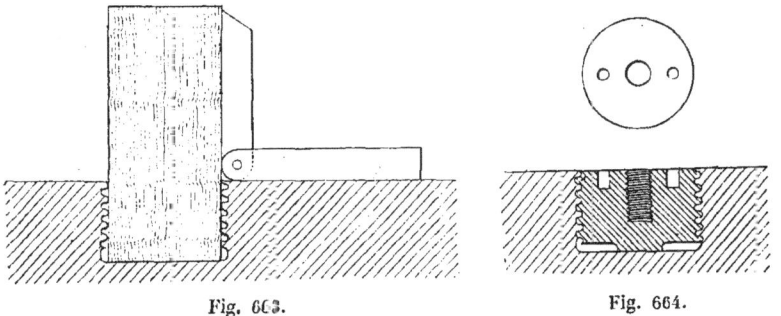

Fig. 663.                    Fig. 664.

telas au moyen d'un foret à langue d'aspic manœuvré par une clef à rochet. Le trou définitif n'est percé qu'après la mise en place de la plaque. On introduit avant cette opération, dans les trous de la plaque, des dés en fer reproduisant exactement la partie filetée du boulon (fig. 664). Ces dés sont munis d'un trou filé centré sur leur axe et de deux trous lisses excentrés permettant de les visser au moyen d'une clef. Une fois la plaque en place, on visse par l'intérieur dans ces dés des tiges filetées qui s'engagent dans le trou central, et se trouvent ainsi exactement dirigées suivant les axes des trous de la plaque. Le trou définitif est alors percé au moyen d'outils centrés sur ces tiges. Pour le

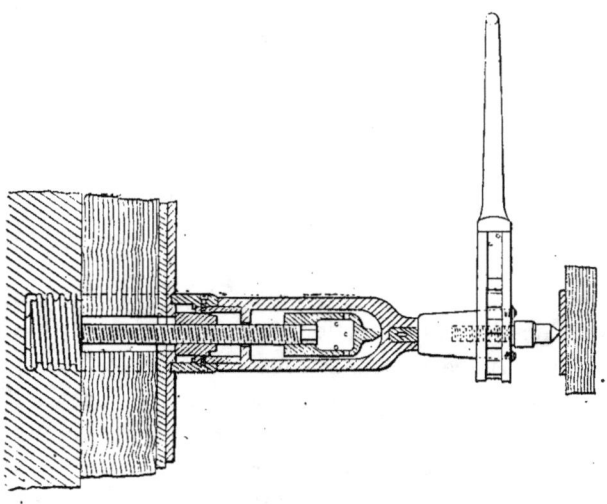

Fig. 665.

perçage du platelage, on emploie un alésoir dont l'avance est réglée à la main (fig. 665); pour le matelas, on se sert d'une

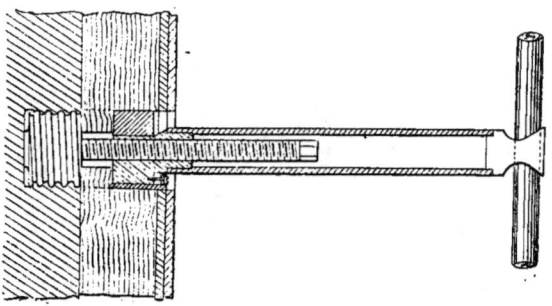

Fig. 666.

arière dont l'avance est donnée par la tige filetée elle-même (fig. 666). On dévisse ensuite le dé, par exemple au moyen d'un tube portant à son extrémité deux petits tenons s'enfonçant dans les trous de ce dé, et on le ramène à l'intérieur au moyen de la tige filetée. Il n'y a plus qu'à mettre en place le boulon d'attache et à en effectuer le serrage.

Lorsque le matelas n'a qu'une faible épaisseur, on peut accélérer les opérations de perçage en perçant directement le trou de passage du boulon à son diamètre définitif, par le procédé suivant. L'axe du trou étant repéré sur la face extérieure du matelas, on fixe sur le matelas un porte-outil constitué par un trépied à vis calantes, au centre duquel est logé un guide en bois terminé par une pointe que l'on fait coïncider avec le repère de l'axe du trou (fig. 667). On règle ensuite les vis calantes, de manière que

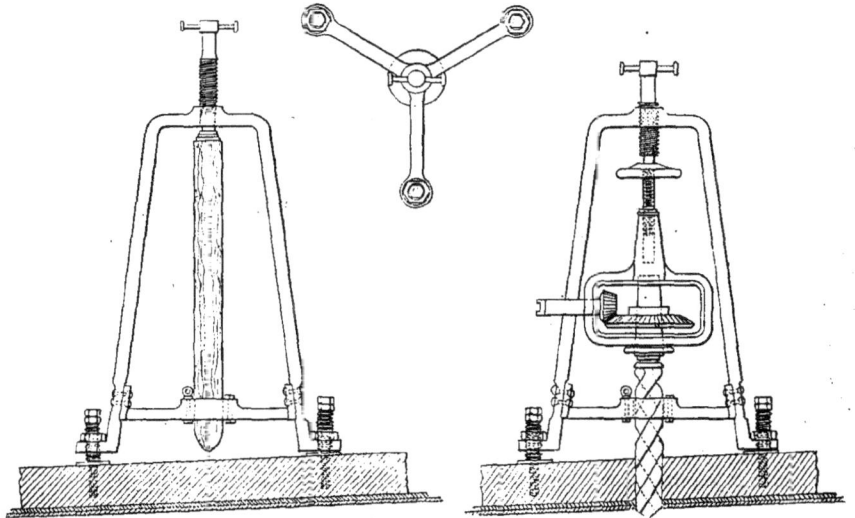

Fig. 667.

l'axe du guide coïncide avec la direction de l'axe du trou à percer, ce qui s'obtient au moyen de fausses équerres relevées sur la plaque elle-même comme il a été dit plus haut (fig. 663). On enlève alors le guide, et on le remplace par un porte-foret actionné mécaniquement, dont l'outil est maintenu par la lunette de centrage du guide; en faisant usage de forets hélicoïdaux, il est possible de percer ainsi d'un seul coup au diamètre voulu le matelas et le platelage.

Dans le cas d'une plaque appuyée sur platelage, on procède d'une manière analogue. On perce d'abord dans le platelage un avant-trou centré sur le repère fourni par le gabarit de placage, et on alèse le trou définitif au moyen d'un outil centré sur une tige filetée vissée dans un dé, comme le cas précédent.

**150. Cuirassement sur cale.** — Les plaques de cuirasse de pont sont en général les seules que l'on mette en place pendant que le navire est encore sur sa cale de construction. Les autres plaques sont ordinairement de poids trop considérable pour pouvoir être soulevées et maniées par les appareils de levage dont on dispose sur le chantier. Les plaques du pont cuirassé, dont le poids ne dépasse guère 8000 à 8500$^k$, sont amenées à hauteur du platelage soit par les ponts roulants s'ils sont assez puissants, soit par le plan incliné dont nous avons parlé au § 132. Elles sont ensuite traînées à poste au moyen de palans. Le platelage du pont est recouvert d'une couche épaisse de peinture à la céruse et au minium. Une fois toutes les plaques mises en place et fixées, on coule du ciment dans tous les joints, en prenant la précaution d'enfoncer des cales métalliques dans ceux dont la largeur dépasserait 8 à 10 $^m/_m$.

**151. Cuirassement au bassin.** — Les plaques de ceinture et celles de la muraille latérale peuvent être mises en place pendant que le navire est échoué dans un bassin de radoub. On construit autour du navire une plate-forme en bois établie au-dessous du

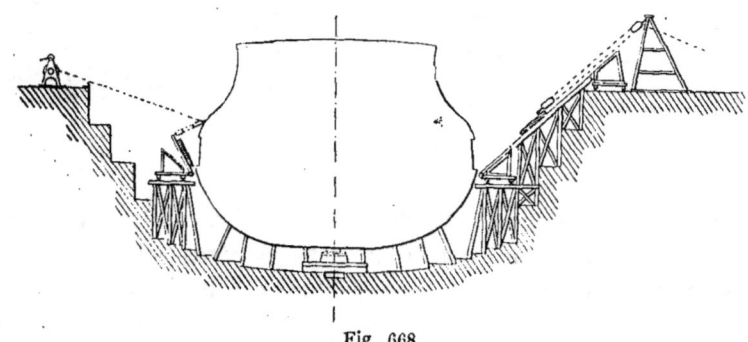

Fig. 668.

niveau du can inférieur des plaques. Cette plate-forme porte une voie ferrée sur laquelle roulent des chariots formés d'un truc et d'un tablier oscillant autour d'un axe horizontal (fig. 668). La position de la voie ferrée est réglée de manière que, le chariot supportant une plaque posée sur le tablier et étant amené en face de l'emplacement de cette place, le pivotement du tablier amène la plaque précisément à la position voulue. Le long du bord supérieur du bassin est établie une autre voie ferrée sur laquelle circulent des chariots munis d'un tablier fixe incliné de même pente que le tablier mobile des chariots de la voie ferrée inférieure. La voie ferrée supérieure est raccordée avec une voie passant sous un appareil de levage assez puissant pour manœuvrer les plaques. Enfin, de chaque côté du bassin est établi un plan incliné raccordant les chariots des voies ferrées inférieure et supérieure.

Les choses étant ainsi disposées, le chariot de la voie supérieure, portant une plaque, est amené en regard du plan incliné. On laisse glisser la plaque, retenue par des griffes, de manière à la faire reposer sur le tablier du chariot de la voie inférieure. Celui-ci étant roulé à la position voulue, il n'y a plus qu'à faire pivoter le tablier mobile au moyen de palans pour amener la plaque en place. On la règle exactement au moyen de coins et de crics à engrenages ou de vérins hydrauliques.

La mise en place au bassin des plaques de ceinture, dont le poids peut atteindre 45 à 48$^{tx}$, exige un outillage assez coûteux. Tout cet outillage peut, il est vrai, être utilisé pour un assez grand nombre de bâtiments, sous réserve de quelques modifications peu importantes. L'inconvénient principal de ce procédé, c'est que le montage préalable des voies ferrées est assez long et que, bien que l'opération marche rapidement une fois les appareils montés, la durée totale du séjour au bassin se trouve dépasser de deux mois environ, pour un grand cuirassé, celle qui est normalement nécessaire pour la mise en place du gouvernail, des arbres porte-hélices et de leurs supports, etc.

Pour les plaques peu épaisses formant la muraille latérale des croiseurs cuirassés, on peut quelquefois employer des procédés analogues, mais plus simples, dans le cas où la mise en place à flot de la virure inférieure serait gênée par l'état d'enfoncement du bâtiment. On établit alors par exemple deux rances en bois formant chemin de glissement incliné que l'on déplace de manière à les amener successivement en regard de chaque plaque. Les

**618   PROCÉDÉS D'EXÉCUTION DE LA CHARPENTE DU NAVIRE.**

pièces inférieures des deux rances sont articulées de manière à former *bridolles*, c'est-à-dire à soutenir la plaque en la faisant pivoter pour l'amener à sa position définitive (fig. 669).

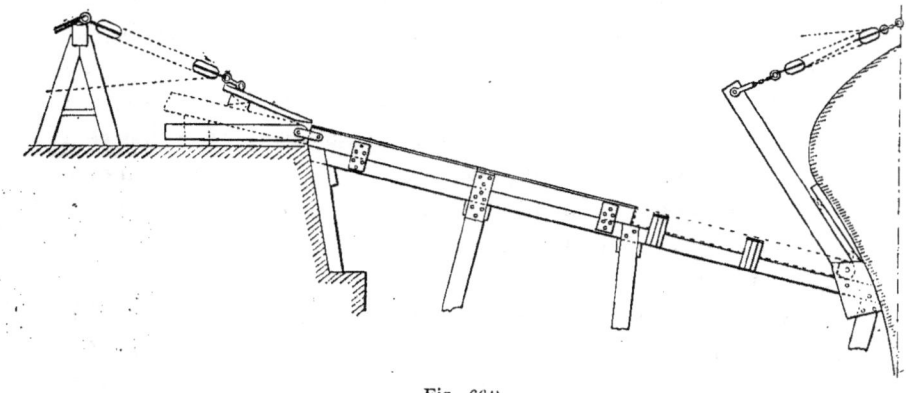

Fig. 669.

**152. Cuirassement à flot.** — La mise en place des plaques de cuirasse pendant que le navire est à flot est en général le procédé le plus pratique et le plus simple. Il suffit de disposer soit d'une grue fixe établie au bord d'un quai, et devant laquelle on déplace le navire au moyen d'amarres, soit mieux d'une grue flottante ou *ponton-mâture* que l'on déplace au moyen d'amarres, le bâtiment restant fixe. Il est commode pour la manœuvre que la grue soit pourvue de deux crochets de levage à action indépendante.

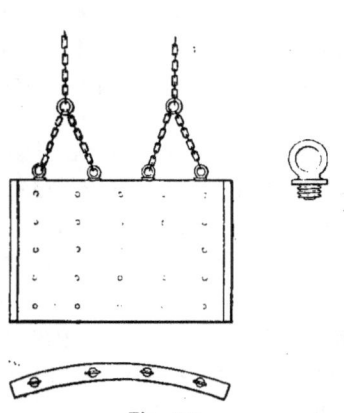

Fig. 670.

Pour saisir et manœuvrer les plaques sans gêner la mise en place, la méthode la plus simple consiste à faire usage de *tire-fonds* à œil, vissés dans des trous borgnes pratiqués dans le can supérieur de la plaque, que l'on bouche après coup au moyen de tampons filetés (fig. **670**). Les plaques de tourelles, de blockhaus, de muraille, peuvent être présentées en place très aisément par ce procédé. En ce qui concerne les plaques de ceinture, la difficulté provient de ce que les plaques du pont cuirassé ont dû dans la plupart des cas être mises en place avant la mise à l'eau, pour permettre le montage des œuvres légères, et viennent s'engager dans une feuillure des plaques de ceinture,

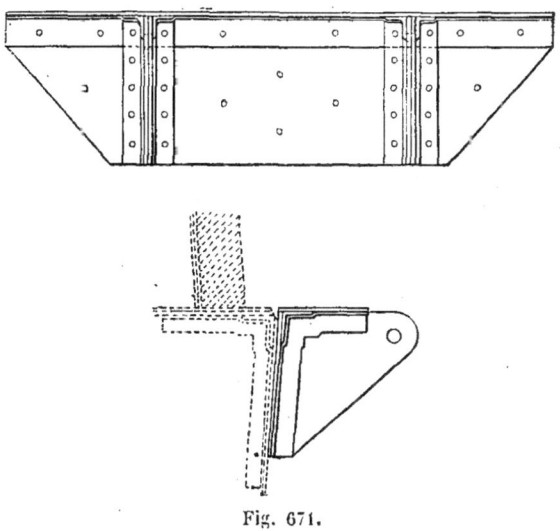

Fig. 671.

ce qui empêche de soutenir celles-ci jusqu'au dernier moment par leur can supérieur.

Les méthodes employées pour la mise en place à flot des plaques de ceinture varient un peu suivant les différents chantiers, mais dérivent en somme du même principe. A l'aplomb de chaque ligne de joint, on fixe sur la carène, au niveau de la chaise, une

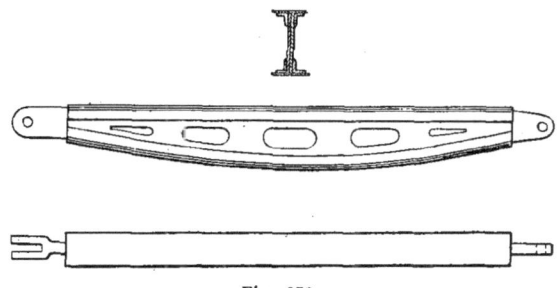

Fig. 672.

forte console en tôles et cornières munie de deux taquets percés chacun d'un trou (fig. 671). Ces consoles sont tenues par des rivets aussi nombreux que possible, coïncidant avec des rivets d'attache du bordé avec les couples et la cornière de tablette, que l'on fait sauter ou que l'on a réservés jusqu'alors; on ajoute quelques rivets de capitonnage pour compléter la tenue. On prépare en second lieu deux fortes poutres en tôlerie (fig. 672), munies à leur tête d'un œil dans lequel peut venir crocher un palan, à leur pied d'une ferrure à fourche que l'on peut articuler au moyen d'un boulon engagé dans les trous des taquets, de manière à former bridolles. Les deux bridolles étant ainsi disposées au droit de la plaque à mettre en place, on les fait reposer sur des empilages de bois supportés par un chaland accosté le long du navire (fig. 673), et on présente au-dessus d'elles la plaque, soutenue dans une position un peu

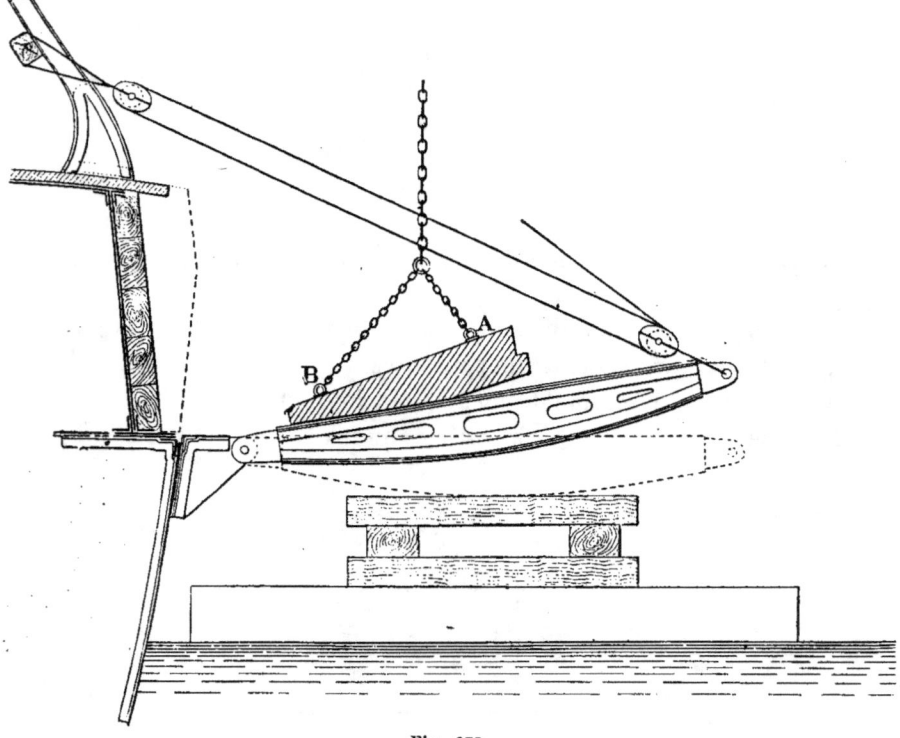

Fig. 673.

inclinée par 4 tire-fonds vissés dans les trous des boulons d'attache. On fait pivoter les bridolles, de manière qu'elles viennent maintenir la plaque, le can inférieur de celle-ci reposant sur les consoles. On mollit alors les chaînes du ponton-mâture, on enlève les tire-fonds B, que l'on remplace par les dés qui serviront de guide pour le perçage, et on raidit à nouveau les chaînes du ponton fixées aux tire-fonds A (fig. 674). En combinant ensuite le mouvement du ponton et celui des bridolles, on continue le pivotement de la plaque jusqu'à ce qu'elle ne fasse plus qu'un angle de 25 à 30° avec la verticale. On décroche alors les tire-fonds A que l'on remplace par des dés filetés; puis, en raidissant les palans des bridolles, on fait basculer la plaque qui vient porter sur un garni en bois C disposé à l'avance contre la virure en abord du pont blindé (fig. 675). On ajoute un calage D entre le dos de la plaque

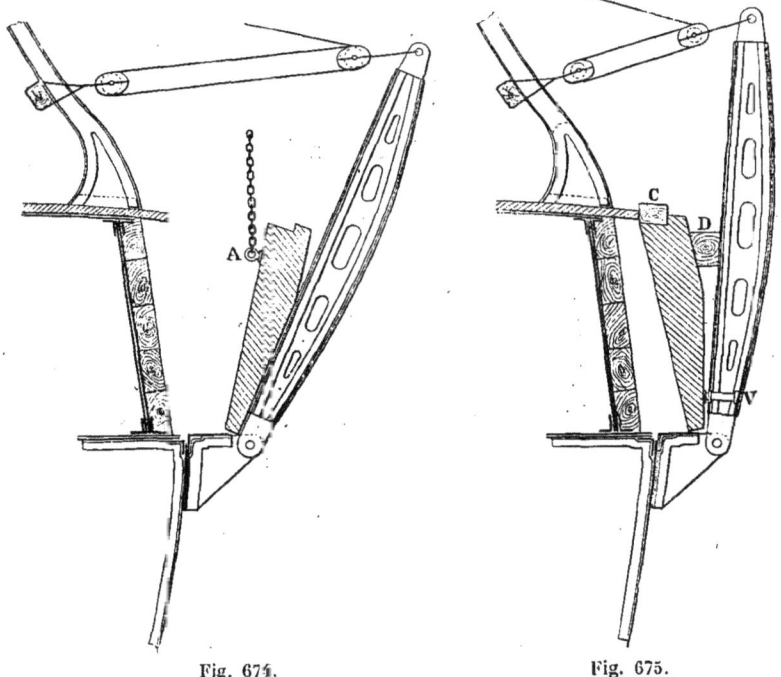

Fig. 674.  Fig. 675.

et les bridolles, on remplace le garni C par des coins, et on dispose deux vérins hydrauliques V prenant appui sur les cornières extérieures des bridolles. Au moyen de ces vérins on pousse le pied de la plaque, et on diminue progressivement l'épaisseur du calage C en même temps qu'on augmente celle de D au moyen de coins. On amène ainsi la plaque en place. Dès qu'elle est présentée contre le matelas, préalablement recouvert de feuilles de feutre brayé, on visse aux angles quatre des tiges filetées, et en serrant à l'intérieur des écrous sur ces tiges on force la plaque à bien accoster le matelas et on la tient en place ; on peut alors enlever les bridolles et les reporter en face de la plaque voisine.

Nous avons décrit la manœuvre de mise en place dans le cas le plus compliqué, c'est-à-dire dans celui où le pont blindé s'infléchit en abord avec une pente supérieure à celle de la chaise, et où par conséquent la plaque ne peut être amenée en position que par double pivotement. Lorsque cette difficulté ne se présente pas, on peut simplifier la manœuvre, en soutenant la plaque au moyen de tire-fonds vissés soit dans la rangée supérieure des trous d'attache, soit dans le can supérieur. On peut ainsi la présenter avec le ponton de manière à la faire reposer par son can inférieur sur la tablette, dans une position légèrement inclinée. On accoste alors les bridolles, qui n'ayant plus besoin de soutenir le poids de la plaque peuvent être de simples poutres en bois, et, après avoir largué les chaînes du ponton, on fait basculer la plaque au moyen de ces bridolles.

La mise en place des plaques de ceinture doit s'effectuer en suivant l'ordre des plaques, c'est-à-dire en allant par exemple d'une extrémité vers l'autre. Il est en effet assez difficile de placer une plaque dans l'intervalle compris entre les deux plaques voisines. L'ordre suivi dépend de l'assiette du bâtiment au début de l'opération, et de l'état d'enfoncement prévu à la fin de la mise en place.

# TABLE DES MATIÈRES
## DU TOME PREMIER

## PREMIÈRE PARTIE
### DÉFINITION ET REPRÉSENTATION DES FORMES DU NAVIRE

#### CHAPITRE PREMIER
##### NOTIONS GÉNÉRALES. DÉFINITION DES DIMENSIONS PRINCIPALES DU NAVIRE.

|  | Pages |
|---|---|
| Définitions et notions générales. | 1 |
| Plans de repère. Dimensions principales. | 4 |
| Fond de carène. Profondeur de carène. Tirants d'eau. | 7 |
| Maître couple. Plan de dérive. | 11 |
| Description sommaire de la charpente au point de vue de la terminologie technique | 12 |
| Considérations sur les formes extérieures du navire. | 17 |

#### CHAPITRE II
##### REPRÉSENTATION DES FORMES DU NAVIRE

| | |
|---|---|
| Mode de représentation des formes du navire. | 21 |
| Règles de tracé des plans de navire. | 22 |
| Exécution d'un tracé d'après devis. | 27 |
| Balancement | 33 |
| Légendes, courbes et détails divers à inscrire sur le plan des formes. | 36 |

## DEUXIÈME PARTIE
### MATÉRIAUX EMPLOYÉS POUR LA CONSTRUCTION ET PROCÉDÉS D'ASSEMBLAGE

#### CHAPITRE PREMIER
##### MATÉRIAUX EMPLOYÉS POUR LA CONSTRUCTION EN BOIS

| | |
|---|---|
| Avantages et inconvénients de la construction en bois. | 37 |
| Bois employés pour la construction des navires. | 38 |

Densité des bois de construction... 39
Classement des bois de construction... 42

## CHAPITRE II

### MATÉRIAUX EMPLOYÉS POUR LA CONSTRUCTION MÉTALLIQUE

Avantages et inconvénients de la construction métallique... 44
Forme des matériaux métalliques... 47
Métaux employés pour la construction métallique... 50

## CHAPITRE III

### ASSEMBLAGE DES MATÉRIAUX EN BOIS

Modes d'assemblage des pièces de bois... 55
Chevilles et gournables... 58
Clous et vis à bois... 61
Calfatage... 64

## CHAPITRE IV

### ASSEMBLAGE DES MATÉRIAUX MÉTALLIQUES

Modes d'assemblage des matériaux métalliques... 65
Matage... 68
Proportions des rivets et prisonniers... 69
Choix du diamètre des rivets... 77
Distance des rivets au bord des pièces... 83

## CHAPITRE V

### CALCUL DES ASSEMBLAGES RIVÉS

Espacement des rivets... 84
Espacement des files de rivets... 88
Joints à une seule file de rivets... 90
Joints à plusieurs files de rivets également espacés... 95
Joints à plusieurs files de rivets inégalement espacés. Couvre-joints renforcés... 98
Théorie générale des joints rivés... 104
Réductions de largeur... 123
Ruptures obliques... 126
Distribution des rivets dans les joints étanches... 138
Emploi de rivets de diamètre variable... 140
Choix du métal des rivets... 140
Exemples de calcul d'assemblages rivés... 144
Cales de renfort... 156

# TROISIÈME PARTIE

## ÉTUDE DESCRIPTIVE DE LA CHARPENTE DU NAVIRE

### CHAPITRE PREMIER

#### ÉTUDE GÉNÉRALE DES EFFORTS SUPPORTÉS PAR LA CHARPENTE DU NAVIRE

| | Pages. |
|---|---|
| Efforts longitudinaux... | 167 |
| Efforts transversaux... | 173 |
| Efforts dus à la propulsion... | 178 |
| Efforts dus au rôle spécial des pièces... | 179 |
| Solidarité des liaisons longitudinales et transversales... | 180 |
| Continuité de résistance... | 181 |

### CHAPITRE II

#### DÉTERMINATION DES ÉCHANTILLONS DE LA CHARPENTE

| | |
|---|---|
| Comparaison des résistances longitudinales... | 183 |
| Détermination des échantillons... | 190 |
| Devis d'échantillons. Coupe au milieu... | 194 |

### CHAPITRE III

#### CONSTRUCTION EN BOIS

| | |
|---|---|
| Agencement général de la charpente... | 196 |
| Couples... | 198 |
| Quille et carlingue... | 202 |
| Remplissage des fonds... | 204 |
| Lattage de la membrure... | 206 |
| Ceintures des ponts... | 207 |
| Vaigrage... | 208 |
| Bordé extérieur... | 210 |
| Plat-bord... | 214 |
| Charpente des ponts... | 215 |
| Porques... | 220 |
| Charpente de l'avant. Étrave... | 221 |
| Charpente de l'arrière. Étambot... | 226 |
| Sabords et panneaux... | 233 |
| Épontillage... | 235 |
| Tenue des mâts... | 237 |
| Doublage... | 241 |
| Charpentes à bordages croisés... | 242 |
| Introduction graduelle du fer dans la construction en bois... | 243 |

### CHAPITRE IV

#### CONSTRUCTION MÉTALLIQUE. — CHARPENTE

| | |
|---|---|
| Agencement général de la charpente... | 245 |
| Quille... | 256 |

TABLE DES MATIÈRES

Pages.
Membrures transversales. .................................. 260
Membrures longitudinales. .................................. 267
Mode de tronçonnement des membrures transversales et longitudinales . . 269
Croisement des membrures transversales et longitudinales. .......... 277
Membrure sous cuirasse. .................................... 287
Membrure des œuvres légères. ............................... 295
Charpente des ponts. ....................................... 298
Épontillage ................................................ 308

## CHAPITRE V

CONSTRUCTION MÉTALLIQUE. — REVÊTEMENTS INTÉRIEURS ET EXTÉRIEURS

Agencement des bordés métalliques .......................... 310
Résistance relative des bordés métalliques .................... 316
Bordé extérieur ............................................ 328
Bordé des ponts ........................................... 335
Bordé sous cuirasse. ....................................... 337
Vaigrage. ................................................. 338
Revêtement en bois de la carène métallique. ................... 339
Doublage. ................................................. 344
Revêtement en bois des ponts ............................... 346

## CHAPITRE VI

CONSTRUCTION MÉTALLIQUE. — CHARPENTE DES EXTRÉMITÉS

Charpente de l'avant. Étrave. ................................ 349
Charpente de l'arrière. Étambot. .............................. 354
Étrave et étambot des navires doublés en bois ................. 362

## CHAPITRE VII

CONSTRUCTION COMPOSITE

Avantages et inconvénients de la construction composite ......... 363
Bordé extérieur. ........................................... 364
Bordé des ponts ........................................... 366

## CHAPITRE VIII

COMPARTIMENTAGE

Agencement général du compartimentage. ..................... 368
Compartimentage de cale. ................................... 369
Compartimentage au-dessus du pont cuirassé. Tranche cellulaire. .. 372
Numérotage des compartiments de la cale. .................... 376
Mode de construction des cloisonnements étanches. ............ 379

## CHAPITRE IX

INSTALLATIONS RELATIVES A LA PROPULSION ET A LA NAVIGABILITÉ

Mâture. ................................................... 387
Carlingages de l'appareil moteur. Entourages de cheminées. ..... 399

| | Pages |
|---|---|
| Tubes de sortie et supports extérieurs des arbres porte-hélices | 402 |
| Tambours | 411 |
| Manchons de prise d'eau. Crépines | 414 |
| Quilles d'échouage. Quilles de roulis. Défenses | 418 |

## CHAPITRE X

### INSTALLATIONS RELATIVES A L'HABITABILITÉ

| | |
|---|---|
| Pavois et garde-corps | 423 |
| Échelles et entourages de panneaux. Caillebotis. Claires-voies | 427 |
| Mantelets et portes étanches | 431 |
| Cloisons et portes d'emménagements | 438 |
| Revêtements des parois des logements et des ponts | 442 |
| Hublots et sabords | 445 |

## CHAPITRE XI

### INSTALLATIONS RELATIVES A LA PUISSANCE OFFENSIVE

| | |
|---|---|
| Répartition et emplacement des pièces d'artillerie | 456 |
| Installation des canons reposant sur un pont | 462 |
| Installation des canons en tourelles | 466 |
| Consolidations contre les effets du souffle des pièces d'artillerie | 474 |
| Installations relatives aux tubes lance-torpilles | 479 |

## CHAPITRE XII

### INSTALLATIONS RELATIVES A LA PUISSANCE DÉFENSIVE

| | |
|---|---|
| Répartition du poids consacré à la protection | 481 |
| Matelas | 483 |
| Ceinture de flottaison | 485 |
| Murailles cuirassées sur platelage | 492 |
| Pont cuirassé | 495 |
| Surbaux et entourages de panneaux. Tapes cuirassées | 498 |
| Blindages de protection de l'artillerie | 503 |
| Blindages de protection du commandement | 507 |
| Dimensions et répartition des boulons d'attache des plaques de cuirasse | 511 |
| Matières obturantes et encombrantes | 517 |

# QUATRIÈME PARTIE

## PROCÉDÉS D'EXÉCUTION DE LA CHARPENTE DU NAVIRE

### CHAPITRE PREMIER

#### PRÉPARATION DE LA CONSTRUCTION

| | |
|---|---|
| Tracé à la salle | 521 |
| Modèles | 531 |

Commande des matières............................ 532
Commande des blindages........................... 534
Confection des gabarits de construction............ 541

## CHAPITRE II
### INSTALLATION DU CHANTIER DE CONSTRUCTION

Cale de construction.............................. 548
Toitures et échafaudages de cale.................. 553
Halle de travail.................................. 556
Installations accessoires......................... 557

## CHAPITRE III
### MISE EN ŒUVRE DES MATÉRIAUX DE CONSTRUCTION

Travail des pièces de bois........................ 560
Travail à froid des tôles......................... 565
Travail à froid des barres profilées.............. 570
Travail à chaud des tôles......................... 570
Travail à chaud des barres profilées.............. 572
Précautions à prendre pour la mise en œuvre des matériaux en acier... 580

## CHAPITRE IV
### MONTAGE SUR CALE

Réglage de la cale................................ 582
Traçage des pièces................................ 583
Montage des membrures............................. 585
Montage des revêtements et cloisons............... 594
Essai des cloisonnements étanches................. 599
Rivetage.......................................... 600
Matage et calfatage............................... 607
Doublage.......................................... 610

## CHAPITRE V
### MISE EN PLACE DES PLAQUES DE BLINDAGE

Perçage des trous des boulons d'attache........... 612
Cuirassement sur cale............................. 616
Cuirassement au bassin............................ 616
Cuirassement à flot............................... 618

FIN DE LA TABLE DES MATIÈRES DU TOME PREMIER.

# Augustin CHALLAMEL, Librairie Maritime et Coloniale
### PARIS, 17, RUE JACOB.

---

## Cours de l'École d'application du Génie Maritime

**Théorie du Navire.** (1re partie. Équilibre et stabilité en eau calme), par M. CLAUZEL, directeur de l'École. 1 vol. in-8° accompagné d'un atlas in-4° de 56 planches et 28 tableaux. .... **20 fr.**

**Cours d'Électricité,** par E. AUBISSON DE CAVARLAY, ingénieur de la Marine, sous-directeur de l'École. 2 forts volumes grand in-8°, illustré de nombreuses gravures.... **28 fr.**

## Cours de l'École Supérieure de Maistrance de la Marine

### Cours pratique de Construction Navale

**1re partie : Géométrie du Navire,** calculs de déplacement et de stabilité, par CH. DOYÈRE, ingénieur de la Marine, grand in-8°, illustré de 116 gravures et de tableaux hors texte.... **8 fr.**

**2e partie : Charpentage, Constructions en bois.** Tracé des plans de navire, cales de Construction, par G. MAUGAS, ingénieur de la Marine, grand in-8°, illustré de nombreuses gravures.... **10 fr.**

**3e partie : Constructions en fer et en acier,** par CH. DOYÈRE, gr. in-8° illustré de 400 gravures.... **14 fr.**

**4e partie : Mise à l'eau et Passage au bassin, Installation des emménagements et des services principaux,** par GAYDE, ingénieur de la Marine, gr. in-8°, illustré de 333 gravures.... **18 fr.**

**Cours pratique et théorique de machines à vapeur,** par C. DE MONTCHOISY, ingénieur en chef de la Marine. 2 forts volumes gr. in-8° avec nombreuses gravures et 8 planches hors texte. (3e édition).... **24 fr.**

**Électricité pratique,** par M. L. CALLOU, ingénieur de la Marine. 1 volume gr. in-8°, illustré de 300 gravures. (2e édition).... **8 fr.**

---

**Traité de Rivetage,** par G. MAUGAS, Ingénieur de la Marine. 1 volume in-8° avec nombreuses figures.... **6 fr.**

**Machines auxiliaires en usage dans les bâtiments de la flotte,** par P. GUILLAUME, mécanicien inspecteur général de la Marine. 3 volumes in-8°, accompagnés de 3 atlas in-folio contenant 212 planches gravées. Cartonnés toile.... **110 fr.**
(Chaque volume, texte et atlas, se vend séparément, T. I, 33 fr.; T. II, 34 fr.; T. III, 44 fr.).

**Manuel du manœuvrier,** à l'usage des élèves de l'École Navale et de l'École d'Application, rendu obligatoire la dépêche ministérielle du 28 septembre 1889. 2e édition corrigée suivant dépêche ministérielle du 5 avril 1895. 3 volumes in-8°, accompagnés de nombreuses planches. Cartonnés toile.... **17 fr.**
(Les volumes se vendent séparément : tome I, 7 fr.; tome II, 5 fr.; tome III, 5 fr.)

**Tables de Logarithmes,** à dix décimales et tables de navigation, par G. FRIOCOURT, ancien professeur à l'École Navale. 1 fort volume gr. in-8°. Broché.... **9 fr.**

**Tables des azimuts du Soleil, de la Lune et des Étoiles,** par LABROSSE, ancien officier de marine. 1 volume in-8° (accompagné d'une traduction anglaise, allemande et espagnole) (10e édition).... **11 50**

**Tables nautiques,** pour abréger et simplifier les calculs journaliers à la mer (complément des tables d'azimuts), par LABROSSE, in-8° avec planches (2e édition).... **6 50**

**Tables destinées à abréger les calculs nautiques,** par PERRIN, capitaine de vaisseau, in-8° avec figures. 5e édition.... **3 50**

**Termes nautiques** (sea terms), anglais français, par E. POUNAIN, capitaine de frégate; in-16, cartonné toile (3e édition) (ouvrage adopté pour l'École Navale).... **3 50**

---

### BIBLIOTHÈQUE DES CAPITAINES DE COMMERCE
### et des candidats aux examens de la marine Marchande.
(Ouvrages rédigés conformément aux programmes.)

**LE CATALOGUE EST ENVOYÉ FRANCO SUR DEMANDE**

www.ingramcontent.com/pod-product-compliance
Lightning Source LLC
Chambersburg PA
CBHW071202230426
43668CB00009B/1043